精选一批有特色的选修课、专题课与有影响的演讲,以课堂录音为底本,整理成书时秉持实录精神,不避口语色彩,保留即兴发挥成分,力求原汁原味的现场氛围。希望借此促进校园与社会的互动,让课堂走出大学围墙,使普通读者也能感知并进而关注当代校园知识、思想与学术的进展动态和前沿问题。

三联讲坛

This series covers a great array of college courses and speeches, selected for their intellectual distinction and scholarly excellence. The lectures were transcribed from classroom recordings and retain their stylistic character as they were originally delivered. Our hope is to open the college classroom to the outside world and add a new dimension to the interaction between university and society. The point is not only for the common reader to get in touch with the cutting-edge ideas on campuses, but also for the academia's search for knowledge to become more meaningful by engaging people from the "real world".

三联讲坛

邓晓芒 著

哲学史方法论十四讲

生活·讀書·新知 三联书店

Copyright © 2019 by SDX Joint Publishing Company.
All Rights Reserved.

本作品版权由生活·读书·新知三联书店所有。
未经许可，不得翻印。

图书在版编目（CIP）数据

哲学史方法论十四讲／邓晓芒著．—北京：生活·读书·新知三联书店，2019.4（2021.6 重印）
（三联讲坛）
ISBN 978-7-108-06246-8

Ⅰ．①哲…　Ⅱ．①邓…　Ⅲ．①哲学史－方法论　Ⅳ．①B1

中国版本图书馆 CIP 数据核字（2018）第 040984 号

责任编辑	吴思博
装帧设计	康　健
责任校对	龚黔兰
责任印制	卢　岳
出版发行	生活·讀書·新知 三联书店
	（北京市东城区美术馆东街 22 号 100010）
网　　址	www.sdxjpc.com
经　　销	新华书店
印　　刷	北京隆昌伟业印刷有限公司
版　　次	2019 年 4 月北京第 1 版
	2021 年 6 月北京第 2 次印刷
开　　本	787 毫米 × 1092 毫米　1/16　印张 33.5
字　　数	463 千字
印　　数	08,001-13,000 册
定　　价	88.00 元

（印装查询：01064002715；邮购查询：01084010542）

缘 起

对于孟子而言,"得天下之英才而教育之"乃人生乐事之一;对于学子来说,游学于高等学府,亲炙名师教泽,亦是人生善缘。惜乎时下言普及高等教育尚属奢望,大学一时还难望拆除围墙,向社会开放课堂。有鉴于此,我社精选一批有特色的选修课、专题课与有影响的演讲,据现场录音整理成书,辑为"三联讲坛"文库,尝试把那些精彩的课堂,转化为纸上的学苑风景,使无缘身临其境的普通读者,也能借助阅读,感知并进而关注当代校园知识、思想与学术的进展动态和前沿问题。

一学校有一学校之学风,一学者有一学者之个性。"三联讲坛"深望兼容不同风格之学人,并取人文社科诸专业领域,吸纳自成一家之言之成果,希望以此开放格局与多元取向,促进高校与社会的互动,致力于学术普及与文化积累。

作为一种著述体例,"三联讲坛"文库不同于书斋专著:以课堂录音为底本,整理成书时秉持实录精神,不避口语色彩,保留即兴发挥成分,力求原汁原味的现场氛围。作者如有增删修订之补笔或审阅校样时之观点变易、材料补充,则置于专辟的边栏留白处,权作批注;编者以为尤当细味深究或留意探讨的精要表述,则抽提并现于当页的天头或地脚。凡此用意良苦处,尚望读者幸察焉。

"三联讲坛"文库将陆续刊行,祈望学界与读者并力支持。

生活·读书·新知三联书店
二〇〇二年五月

目 录

第三版序言……………………………………………………… 1

第一讲　绪　论………………………………………………… 1
第二讲　哲学史方法论新探…………………………………… 27
第三讲　论历史感
　　　　——现代解释学的启示…………………………… 64
第四讲　中国哲学中的反语言学倾向………………………… 103
第五讲　中西辩证法的生存论差异…………………………… 138
第六讲　辩证逻辑的本质……………………………………… 182
第七讲　关于道家哲学改造的临时纲要……………………… 216
第八讲　西方哲学史中的实体主义和非实体主义…………… 250
第九讲　胡塞尔现象学导引…………………………………… 289
第十讲　马克思的人学现象学思想…………………………… 326
第十一讲　苏格拉底和孔子的言说方式比较………………… 361

第十二讲　让哲学说汉语
　　——从康德三大批判的翻译说起 ················· 397

第十三讲　对中国百年西方哲学研究中实用主义偏向的检讨 ········ 440

第十四讲　中国百年西方哲学研究的十大文化错位 ············ 478

后　记 ································· 526

再版后记 ································ 528

第三版序言

本书初版由重庆大学出版社出版于2008年，2014年又出了一个修订版，其实并没有对内容作什么修订，只是排版上作了些改进，最后加了一篇对批评文章的回应。现在这个版本应该算第三版了，由三联书店惠允出版。这次我从头至尾进行了一番逐字逐句的认真校订，改正了不少错误和欠妥的地方，补足了第十三讲后面未完成的部分，使这个版本的质量有了较大的改观。

本书虽然属于讲演录性质，不像正规的学术著作那样引经据典、旁征博引，但我以为，其学术性绝不应因此而有所降低，相反，书中许多方法论的问题国内尽管讨论得也不少，但像本书这样将方法论用于研究哲学史和哲学中的具体个案的却并不多。明眼人大概可以看出，我的哲学思想的底色还是基于从黑格尔到马克思的历史和逻辑相统一的传统，但我已将这一传统和现代西方哲学，特别是胡塞尔现象学所带来的新思路进行了融合，并由此使这一传统具备了更为锐利的思想锋芒。我致力于证明，现代西方哲学其实并没有和"古典"哲学相脱离，恰好相反，它使得古典哲学中的那些精华部分得以展现出自身的全部生命潜能。

有不少年轻朋友都在猜测，我多年以前就在预告我将构筑自己个人的哲学体系，那会是一个什么样的体系？其实仔细读过本书的人几乎已经可以看出，就其最高原理而言，我的哲学思想基本上都已经在这里面体现了，尤其是《辩证逻辑的本质》《道家哲学改造的临时纲要》和《马克思的人学现象学思想》诸篇，都已经可以从中看出一种"体系"的苗头。再加上我于2013年给本科生讲"哲学导论"课后所作的录音整理（最近将以《哲学起步》为题由商务印书馆出版）更是直接将我想要表达的哲学通过讲课的方式进行了通俗化的引导。我设想，我所要建立的哲学大概不会像许多哲学体系那样，为了成体系而搞得晦涩不堪，在纯粹概念的王国里天马行空地遨游，而会尽量接"地气"，尤其是接中国哲学和中国文化的地气。因此，正如本书所呈现出来的那样，我的哲学几乎注定是建立在中西哲学和文化的比较之上的。当然，我的中西比较至今还是文化批判性的，而在正式的哲学体系中，它将更多地是描述性的，批判毕竟不是目的而是手段。当我们达到了对中西双方的更深层次的理解以后，就可以着手来考虑如何在一个共同的基础上建立起当代的一种更加彻底的哲学思维了。

  不知不觉，我明年也即将跨入70岁这一阶梯了，人生七十古来稀，我却一点也没有这种感觉。就我的自我感觉而言，我觉得我还只有40多岁，正是大干一场的时候。我自己有时候都感到奇怪，我为什么没有年龄的概念？也许是因为，我每天与之打交道的都是些永恒的对象，哪怕我考虑当前的时代，也是着眼于未来几百年。我常常想起古希腊的那些哲学家，好像基本上没有早死的，除非他自杀（就连自杀都是为了永生）或是被迫害致死，差不多都能够活到80多岁，考虑到当时低下的医疗条件和生活水平，几乎是想活多久就活多久。他们都能够活到把自己想干的事情干完。和现代那些郁郁寡欢，甚至惶惶不可终日的哲学家相比，我觉得古代那些哲人更为亲切。我必须像他们那样，好好计算我的生命。

邓晓芒

2017年8月9日于喻家山

第一讲 | 绪 论

我们哲学史方法论的课现在就开始了。这个课程是一个传统课程,哲学史方法论在20世纪70年代末和80年代初,我们武大哲学系刚刚开始研究生招生的时候就有。当时哲学史教研室很小,包括中哲和西哲,西哲包括古典的和现代的,都在一个教研室,江天骥、萧萐父、陈修斋、杨祖陶,这几位老先生共同在这个哲学史教研室里面担纲,那时就开了这门课。我是1979年读的硕士研究生,还有上一届1978级的和我们在一起,这是我们读的一门必修课。整个教研室,中哲、西哲的研究生在一起研讨怎么样看待哲学史的问题,是当时的一个热门话题。现在这个话题好像不太有人提起来了,但在当时是一个非常重要的话题。当时正在展开"实践是检验真理的标准"的大讨论,这场讨论实际上也涉及如何看待哲学史。说起来是一个方法问题,实际上是一个基本立场问题,如何看待人类几千年来的文化遗产,如何对待和评价人类的精神财富。按照"文化大革命"时期以及以前长期以来通行的、官方的看法,也就是从苏联的日丹诺夫那里接收下来的一整套苏式理论、日丹诺夫的理论、日丹诺夫的哲学史观来看,简单说可以用一句话概括:哲学史就是唯物主义和唯心主义斗争,最后唯物主义战胜唯心主义的历史。整个哲学史就是这样一个观点。我们当时从苏联也翻译了哲学史的教材,基本上就是用这个哲学观点来贯穿的,就是西方哲学史——当然苏联只能写西方哲学史,它不能写俄罗斯哲学史,俄罗斯没有什么哲学史,他们的哲学史就是西方哲学史,写到现代才有了罗蒙诺索夫这样一些俄国哲学家,但基本上是西方哲学史。那么在苏联人的哲学史里面,就是两条线索,一条是唯物主义线索,一条是唯心主义线索,哲学史描绘这两条线索是如何"两军对战"的,在每一个阶段不断地互相争斗,而这种斗争的背后又是一种阶级斗争。所以,哲学史归根结底被看作阶级斗争史。当时在哲学界和哲学史界占统治地位的就是这样一个日丹诺夫的定义——哲学思想的发展史就是阶级斗争的历史。

所以当时以及更早出版的好几本欧洲哲学史、西方哲学史的著作,基本上都是按照这样一个模式来写的。这个模式表现在写作上面,无非就是一开始就谈社会历史条件,然后是生产和经济的发展,奴隶社会经济呀,封建社会经济呀,资本主义社会经济呀,等,然后是从这个社会经济发展中所产生出来的阶级关系、阶级斗争。把阶级斗争分析出来以后,就把它往那些哲学家的头上去套,这个哲学家代表哪个阶级,那个哲学家代表哪个阶级,所有的哲学观点都是代表某个阶级的利益提出来的,那么利益不同,当然所反映出来的哲学观点也就不同了。所以哲学观点讲来讲去实际上都是利益的不同,都是耍嘴皮子的事情,最后都是一些利益冲突、利害冲突,代表哪个阶级的利益的问题。这是以往哲学史的传统写法,今天看起来好像很荒谬,但是在当时是不可动摇的。凡是讲到哲学史,就必须要这样写,包括我们的先生,像陈修斋先生、杨祖陶先生写的《欧洲哲学史稿》,里面也有这方面的痕迹。当然他们那本可以说这种痕迹是最淡的。陈先生和杨先生他们特别注重学理的分析,书里面有很多思想分析,比如哲学思想究竟怎么样争论,有哪些问题,是怎么样过来的,他们比较重视这个。所以在当时流行的好几本西方哲学史、欧洲哲学史教材里,陈先生、杨先生这本是最具有学术品位的。但还是脱离不了这种影响,要戴上一个帽子、一个紧箍。

所以20世纪80年代初,我们哲学史教研室的几位老先生深感我们受苏联的日丹诺夫定义的束缚太深,根本就放不开。你想在哲学史里面谈点哲学，几乎是不可能的。动不动人家就要批判你，混淆了阶级矛盾，混淆了阶级界限。对唯心主义要加以纯学术的评价，那就是抬高了它的地位，你只能够骂它，不能够评价它。所以，当时那些哲学史著作我们今天读起来，不能当学术的东西来读，当历史来看勉强可以。就是说那个时候是那样的，碰到唯心主义就骂，碰到不喜欢的就给它扣上了唯心主义的帽子，这是当时通行的一种做法。

那么后来，20世纪80年代初开始思想解放，有的人就想在里面松动一下了。松动了一下，就找到了一条列宁的语录。列宁这条语录是在《哲学笔记》里面谈到的：哲学史是人类认识发展的历史，是人类的认识史。人类的认识史，这就和阶级斗争离得比较远了。你不能说哪个阶级有认识，哪个阶级就没认识。这就有一点混淆阶级矛盾和阶级界限了。这样一说呢，哲学史就比较好讲了。讲人类认识，你当然可以讲唯心主义是错误的，唯物主义是正确的，但是你要讲明白，为什么是正确的，认识上出了什么问题，就还有一些理论性了。所以当时一个比较松动的提法，就是把哲学史理解为人类的认识史。这就把日丹诺夫的那个定义一下子冲掉了。日丹诺夫的那个定义是没有根据的，没有文本根据。他就是想当然的，马克思强调阶级斗争了，他就说一切都是阶级斗争，所有的问题都是阶级斗争。思想上的问题不拿到阶级斗争上面来解释，几乎是不可能的。

列宁提出来的"认识史"观点，给当时的哲学界带来了活力，带来了生气，大家纷纷引证列宁这个观点来解释哲学史上的一些观点和理论，这就有一定余地了。不过列宁的这个认识史的观点虽然有一定松动，但还是有他的局限性。哲学史怎么仅仅就是认识史？认识史还包括自然科学呀，还有数学，这些也是认识史，那么哲学史跟这些认识史有什么区别？再加上哲学史还有别的方面，除了认识以外，它还跟道德呀、法律呀、宗教呀、艺术呀、审美呀这些东西都有关系，怎么能够把它仅仅限制在"认识"这一个方面？所以列宁的这个"认识史"观点也被人们怀疑，当时还在武汉大学哲学系的王荫庭先生，经过和俄文本原文的对照，认为这个"认识史"其实是翻译错了的。列宁讲了认识史，但讲的不是哲学史，哲学史讲的是另外一回事，在排版的时候把它排到底下了，但是按照列宁的手稿，不应该排在那个后面，而应该另外排。所以这个观点在起到一定的作用以后，人们也开始怀疑，就是说，哲学史不能够这样简单地把它定义为或归结为另外的什么史。哲学史就是哲学史，你就要用哲学的眼光去看它，你不能用科学的眼光，不能用阶级斗争的眼光，也不能用道德的眼光、政治的眼光把它还原为某种别的东西。

  所以，20世纪80年代的思想解放是经历了非常艰难的过程的，我们在座的不了解情况可能觉得很奇怪，包括我们哲学系，当时一大批老先生，当然他们中有些人学问是做得很好的，但是思想始终受到禁锢，非常敏感，当时有一句话叫作"政治敏感性"嘛。一个人失去了政治敏感性，失去了阶级斗争的警惕性，当时就是一个罪。所以，在讨论的过程中经常遇到这样的情况：有些人就会出来说，你这是抹杀了阶级斗争了，你这是放松了阶级斗争的警惕性了。但是我们那几届研究生进来以后，个个都是有"反骨"的，对于以往的那些东西，甚至是深恶痛绝，觉得思想受这种东西的限制，那还谈什么哲学。我们那两届研究生都是从底下直接上来的，大部分都没上过大学，都是自己看点书，然后有自己的体会。所以在讨论会上，大家发言都非常踊跃，都想把自己的观点表达出来。一个教室里面二三十人，简直就很难找到一个说话的机会，逮着一个说话的机会就不断地说，而且一争起来就面红耳赤，就拍桌子，甚至于互相骂起来。当时这种情况非常普遍。老师呢，基本上就是在旁边听，在结束的时候就出来作一番总结，作一番调和。因为老师的观点也在不断地开放，也在松绑。当时就觉得我们这几届研究生的思想特别活跃，有的简直超出了老师的意料。当时的气氛就是开放嘛，就是要解放思想嘛，所以也没有什么打棍子的现象。当时的好几门课，"两史"——西哲史和中哲史的课程有好多，中国哲学史还有原著、经典，西方哲学史也有亚里士多德啊、康德啊、黑格尔这些课程。但是，最使人感到激动的、感到兴奋的，就是哲学史方法论课。

因为只在哲学史方法论课上，大家不受自己的专业限制，能够发表自己的见解。方法论嘛，不单是中哲的方法论，也是西哲的方法论；也不单是马克思主义的方法论（那时也有"马哲"的来听课的）。方法论是可以适用于一般的哲学的，而且还不单适用于一般的哲学。适用于一般的哲学了，那就什么都适用了，什么领域，它都可以适用。所以，这是武大的一个优良传统，方法论课在别的学校没有，只有在武汉大学哲学系哲学史教研室有——后来分成了中国哲学史教研室和西方哲学史教研室，但是这个课还是合在一起开，还是两室合开的一门课。这传统一直保持了好多年，一直到前几年才分成两门课，就是西哲史有一个方法论课，中哲史也有一个方法论课。这是前几年才开始的，因为随着学科的分化，专业越来越具体了。而在此之前都是在一起，经常是，中哲主持这个课，也请西哲的老师讲；西哲主持这个课，也请中哲的老师去讲，这就打破了学科的限制和界限。

这个传统当时在国内似乎只有武汉大学有，也就带来了武汉大学哲学系的特点。就是说，我们的研究生经过这样的思想训练，毕业出去，人家就发现，武大毕业出去的研究生比较具有理论层次，比较有思想。特别是中哲、西哲的一出去，人家就发现你不光是搞文本的，你不仅仅是读了那几本书，你经过方法论的训练，你有自己的考虑，你知道怎么处理这些材料。这个传统一直影响到今天，我们今天讲名气嘛，也许北大、复旦可能排在我们的前面，但是实际上我们这里毕业出去的学生有自己的特色。其中最重要的一个特色，就是在思辨能力方面，在哲学的把握能力、领悟能力这些方面比较突出。当然，我们也有我们的弱点，我们对外交流等方面，可能赶不上他们。但是，作为哲学系的学生，首先最重要的是哲学方面的素养，这是我们的长处，所以，哲学史方法论课，对于武汉大学哲学系来说，是一个品牌课程。我们在20世纪80年代出过一本《哲学史方法论文集》，武大出版社出的，当时收集了一些老师在上方法论课的时候的文章，还有一些研究生的文章，大家想要了解的话，还可以到资料室去翻一翻。后来还打算出第二本论文集，曾经由我来主编过，搞了一个打印稿，但没有出版。方法论课这个传统一直延续到今天，这是我首先想要跟大家交代的一段历史。

今天因为时间的关系，不能谈很多，不能够进入正题，下面要谈的就算是一个绪论。在绪论里面，我想谈三个问题。第一个问题是，一个哲学史需不需要一个方法论；第二个是，什么是哲学史的方法论；第三个就是如何学习哲学史方法论。

首先我们来看一看，哲学史需不需要一个方法论。我记得1996年我们在昆明曾经开过一个会，是由北大哲学系主持的。当时举办这个会议就是为了讨论新编一套《西方哲学资料选编》。北大以前编过一套《西方哲学资料选编》，这一套包括好几本，比如《古希腊罗马哲学》，商务印书馆出的，影响很大，不断地再版。还有一本《中世纪哲学》在计划中，但还没有出来，可能有一些译稿，至今还压在老先生们的抽屉里面，也许有的老先生已经过世了，就没有搞了。再一个就是《十六—十八世纪西欧各国哲学》，基本上把近代的西方哲学理了一下，两条线，一个是唯理论，一个是经验论，影响是很大的，选的也很好，都是经典著作里面的段落。还有一本是《十八世纪法国哲学》，爱尔维修啊，狄德罗啊，伏尔泰啊，卢梭啊，这些大家的代表作，都有一些片段选在里面。还有一本是《十八世纪末—十九世纪初的德国哲学》，就是讲德国古典哲学的，康德、费希特、谢林、黑格尔、费尔巴哈，这些代表人物的著作段落选在里面。这是北大在20世纪60年代选编的一套书，这在各个大学的老的哲学系资料室里面都有，武大哲学系也有，有好几套。这套书影响非常大，非常深远。但是到了20世纪90年代，北大的哲学系觉得这套东西已经不够了，因为人们的知识面已经远远不是20世纪60年代那样了。再一个，对于经典文本的理解，这套书也显出当初选编时的一些局限性。有些局限希望加以弥补，有些没有收入进去的东西，希望能够更多地收入进去，而有些东西呢，希望能够减少一些。比如说，20世纪80—90年代开始国内对康德的东西比较重视了，对黑格尔和费尔巴哈的东西就有一些忽略，再比如《十九世纪俄国民主主义哲学》，就是车尔尼雪夫斯基等一些人的哲学文章。当时人们就觉得这些东西其实算不上哲学的经典，所以希望能够重新编一次多卷本的西方哲学史资料。所以1996年我们就在昆明开了会，在会上大家就讨论如何编这些资料。

当时就有两种意见，一种意见是按照外国人的编法，看外国人是怎么编的，外国人重视什么东西，我们就重视什么东西。这当然很简便了，也能够紧跟西方现代最时髦、最新的潮流。这一派的观点认为，对于西方哲学的研究，我们中国人只能跟在外国人的屁股后面走，因为西文不是我们的强项，这个我们绝对赶不上，你搞一辈子，你搞几辈子，你也赶不上人家。人家的希腊文、拉丁文这些东西从小就有基本训练，我们没有这个训练，我们在西方哲学的研究方面不可能超越西方。所以他们主张，我们目前当务之急就是大量地翻译和介绍西方的观点，不要有自己的什么看法，或者是提出自己的观点，或者是用自己所体会到的某种方法对它加以整理或处理，这都是用不着的，这都是白费力气。过几十年回过头来看，你做的那些工作都是无用功，真正能贴近原文的还是西方哲学家，他们搞自己的东西嘛，应该比我们搞得要更精密，这是毫无疑问的。这是一派观点。这个观点还表现在对资料的处理方面，就是对资料尽量地不要遗漏，要重视资料的整理，凡是能够在西方造成影响、有定评的，我们就要收进来，不要受任何观点的左右。这种观点有一定的意义，因为在此之前，我们的资料选编也好，翻译也好，都受到意识形态的左右，甚至有意地歪曲，有意地删节，不喜欢的东西，我们就把它删掉。至于翻译嘛，好办得很，当时又没有版权问题，我们搞我们的，这句话我们不喜欢，我们就把它删掉。现代西方哲学涉及很多东西，凡是涉及马克思主义的，我们把它删掉，就当没有这回事。这是很简单的一种方法，但是我们后来呢就觉得这个太过分了，还是要客观嘛。所以这些人认为，我们所能做的工作，就是资料工作，就是尽量完整地反映出西方哲学的概貌就够了。

那么另外一派在会上提出的观点认为，编资料集还是要有哲学的层次，哲学史不光是历史，它还是哲学。历史上有那么多的哲学家，不要说你搞一个资料选编根本不可能把他们全部都收进来，哪怕你搞一个大全，都不可能把他们全部收进来。浩如烟海的资料嘛，你怎么可能把它们全部收进来？所以必须要有选择，而要有选择，就要有观点，就要有自己的取舍。历史上有些东西风靡一时，过了几年，过了几十年，没人提了。为什么没人提了？它到底有没有价值？现在西方哲学家的观点，比较重视某些人，把他提出来，搞得很热闹，是不是真的就那么重要？你就盲目地相信他们，跟着他们转，过几十年他们又不提了，那你也不提了？那还有什么意义呢？哲学史的作用究竟是什么呢？当时包括我在内，有几个人提出来，哲学史的意义还是在于提高国人的哲学素养。要提高素养，你就不能简单地把它看成是一大堆资料的编纂、汇集，而必须要有取舍。你要分得清哪些东西是重要的，哪些东西对西方的哲学精神具有代表性，这就需要有哲学观点了。你自己没有任何哲学观点，你如何能够取舍？你如何能够看出，哪些东西具有代表性，哪些东西是重要的，哪些东西是枝节的？比如说，车尔尼雪夫斯基究竟是不是一个伟大的哲学家？当时我们吹得不得了，跟着苏联吹，后来苏联也不吹了，那么我们怎么办？当时在会上的争论非常激烈，不仅仅包括选编怎么选，而且包括哲学史怎么写，都有很激烈的争论。有的人认为，写哲学史就是把资料客观地、原原本本地摆出来，而且在那个时候实际上也出了几本这样写成的哲学史，像人大出的基本上就是摆资料的哲学史，复旦出的全增嘏的那个本子不完全是摆资料，也有些观点，但那些观点是陈旧的。这些书要么就用旧的观点和意识形态来处理这些资料，要么就完全不设观点来处理这些资料。

当时我们提出来，既不要用意识形态来处理资料，也不可能完全不用观点，而是必须要有自己的观点，要有自己的哲学观点。你写哲学史嘛，没有点哲学的观点，你不是一个哲学家，怎么能写哲学史呢？当然国外有，像梯利这些人写的哲学史，就是大学教授的哲学史。所谓大学教授的哲学史，跟哲学家的哲学史是不一样的，他就是摆资料，而且他了解在历史上哪些哲学家曾经被看作是重要的和产生了重大影响的。这是一种知识性的哲学史。你读了他这个哲学史，你就知道，西方哲学史上出现过哪些哲学现象，这是一种。另外一种哲学史就是哲学家的哲学史，哲学家的哲学史有两个代表。一个是黑格尔。黑格尔的《哲学史讲演录》是哲学家的哲学史。他完全把这些哲学史料融化为他自己哲学观点里面的一个环节来加以阐述。再一个就是罗素。罗素的《西方哲学史》是很精彩的，得过诺贝尔文学奖。罗素的《西方哲学史》为什么能得诺贝尔文学奖？因为它文采飞扬，而且里面的机智、嬉笑怒骂，不受任何拘束，他就是他，你从罗素的《西方哲学史》里面可以看出罗素。他讲任何一个人，都表现出是他罗素在那里说话。这也很有意思。这就是哲学家的哲学史，他用自己的哲学观点来褒贬、评价所有哲学史上的人物。当然罗素的那种写法可以得文学奖，但是他不见得能够得哲学奖。从哲学的角度来看，他带有某种哲学家的片面性，他的哲学是片面的真理嘛。黑格尔的哲学当然也是片面的真理，但是黑格尔是这样一个哲学家，他尽量想做到用自己的哲学观点去把客观精神的历史、客观思想的历史揭示出来。所以，黑格尔的哲学史也有他的偏见，也有他的片面性，但是你可以从里面把握到人类哲学发展的某种规律性。你要从罗素的哲学史里面把握规律性那是不可能的，它没有什么规律，就是罗素站在他自己现代人逻辑实证主义、逻辑经验主义的立场上来衡量，他用一杆标尺来衡量这个哲学家不行，那个哲学家可以，某某人有新的发现，都是用他的标准来衡量的，比如莱布尼茨，那是最伟大的哲学家，为什么呢？因为他是数理逻辑的先驱者嘛，罗素就是搞数理逻辑的。所以，罗素完全是用自己的片面的立场来褒贬。这个在黑格尔的术语里面叫作"反思的哲学史"，用自己的标准去衡量、去褒贬历史上的人物。至于历史上的人物他们的思想在客观上、在人类思想史上处于哪个阶段，这个他不管。他骂的那些人，在他看来那真是要不得，要不得的你为什么要写出来呢？你不写出来不就得了吗？他要写出来，不写的话他就没有文采了，他要骂他们。

所以，我还是比较倾向于黑格尔的这种哲学史，我们下一次就要谈黑格尔哲学史观，谈黑格尔《哲学史讲演录》里面的导言，它体现了黑格尔的哲学史观。这个哲学史观在黑格尔以后没有人继承，马克思、恩格斯看出了它的价值，并加以推崇，但是马克思、恩格斯没有写出一部哲学史来，后来也没有人继承，所以从黑格尔以后它就成了绝学。但是我们从黑格尔那里可以看出，他想要搞的东西我们今天是不是应该尝试一下？我跟赵林老师编写的《西方哲学史》里面有一点这个意思，但是因为篇幅的关系，再一个因为是给本科生写的，不可能写得太长，不可能像现在流行的那样，动不动就是多卷本，那谁买得起呀！所以我们尽量地压缩，压缩成了35万字，我都嫌多了，我当时的计划是把它压缩到30万字以内。但是后来因为赵林老师那一部分写得太多了，我拼命地砍，结果他写的那部分还是比我的多。我们在里面尽量地想要带一点这个意思，就是把哲学史写成人类的哲学思想一个接一个是怎么样发展起来的历史。历史上哲学家都是这样的，他接受了前人的哲学思想以后，觉得还不够，觉得还有矛盾，解决不了，于是他又提出一种观点，试图把它加以解决，于是就提出了一种新的哲学思想。那么后来的人也是这样，人类的哲学思想就是这样发展起来的。人类是一个整体，作为一个文化和文明的整体，人与人的思想是互相影响、互相提携、互相促进的。你不要觉得某个哲学思想就是从哪个天才脑子里面忽然蹦出来的，不是的，他从小就要受教育，哪怕他是天才，也要有一些前提，他没有受过教育，那他就不可能有这样的哲学思想。所以他是和整个人类文化精神融于一体的。在这一点上，黑格尔的绝对精神有他一定的道理。当然我们不能像黑格尔那样相信这就是一个上帝，这就是世界历史中的一个神，地上的神，在那里行进，我们不能那样去考虑，但是我们从人类文化和人类精神生活的总体性方面可以承认，人类的思想是体现为一个整体的。

所以哲学史应该这样来写，把人类的哲学思想看作一个整体，凡是能够促进人类哲学思想的，他在人类哲学史上就会留下一笔。如果你不能够促进，你只是凭自己的天才，你跟其他人无关，提出来一个东西，那么你怎么就知道别人就不如你聪明？别人可能也提出过，而且你提出的那个东西很可能就在别人提出的范围之内，而且人家早就解决了，或者人家早就想到了，甚至比你想得更宽。所以那种东西是昙花一现的，在哲学史上是留不下来的。不管你多聪明，如果你不了解人类哲学思想发展所达到的高度，不在这个高度上面去发挥你的天赋，那么你那个天才是浪费了的，你在人类哲学思想的底层发挥你的天赋，你做人家已经做过的事情？那你不是浪费吗。不管你多么有天赋，人与人的差距不是很大的。所以从这个角度来说，我们应该把哲学史看成是人类哲学思想发展的有规律的过程，一个接一个。

所以，在1996年的会上我就提出来，我将来要写一部哲学史就要这样写，就是要把它写成人类哲学思想从低层次向高层次发展的一个逻辑过程。这个逻辑当然不是那样死板的，它可能有跳跃，有的人也可能超前，超越了他的时代，在一定程度上超越时代是可能的。有的人特别有天赋，他预见到了一些东西，想的可能比别人超前不止一步，而是超前两步、三步。但是，总的来说，人类哲学思想的发展大体上有个规律性，不可能在古希腊的时候就有我们今天的解释学呀、现象学呀、马克思的实践哲学呀。当然我们可以追溯到那个时候，但是那个时候毕竟是一个低层次，你可以从里面挖掘一些思想出来，但是当时的人不一定就有你那种思想。人类经过长期的发展以后才可能有今天现代哲学这样一套理论。以当代哲学为例：我当时在会上提出来，当代哲学有没有规律？当代哲学看起来五花八门，各说各的，特别是后现代以后，多元化以后，你哪里可以从里面找到一个规律，找到一个逻辑？你不是把当代哲学思想定死了，成了标本了？那不行。会上引起很多人反对，说那怎么可能。他们认为至少从黑格尔以后哲学就不可能写出规律来了。但是我尽量地还是想，对于黑格尔以后的哲学，我们应该把这样的思维方式至少作为一个尝试，来贯彻一下，现代哲学、当代哲学，也有一个逻辑在里头。为什么从胡塞尔就发展出海德格尔？为什么从海德格尔又发展到后现代、德里达、福柯这些人？虽然他们自己认为自己是多元化，没有任何规律，没有任何理性，思想就是从脑子里面蹦出来的，但是我们作为哲学史的研究者，还是要试图从里面找出某种规律性的东西。比如说，哪怕后现代、反逻各斯中心主义、反理性、反人性、"人已经死了"，是不是真的？你可以通过分析发现，其实他们在提倡一种更高的理性主义和人性：过去的人已经死了，文艺复兴、启蒙时代的那种人已经死了，但是现代的人诞生了。现代的人诞生了是不是就成了动物了呢？显然不是。他还是一种人嘛，一种更高层次的人。这种更高层次的人肯定是近代以来人的理想的进一步深化，进一步发展，没有这个前提，现代人难免不堕落为动物。

所以，这里头还是有一种内在的、隐秘的东西，我们不能够跟在西方人屁股后头，人家说什么我们就跟着说一句，我们还是要有我们自己的分析。我当时就说，有一天说不定我会写一部当代哲学史，把这些人都按照秩序纳入进去，大家都笑，都说你这是痴心妄想。当然我现在也没有拿出来，但是我还是有这个想法。从那以后，我开始写一部《西方形而上学史》，写了古希腊部分，但是一直放在那里了。我的计划是很大的，想要一直写到当代，形而上学嘛，西方当代人也讲形而上学，有海德格尔《形而上学导论》嘛，他们对形而上学怎么看，西方现代、后现代派是不是就是把形而上学完全 pass 过去了呢？不可能的。形而上学是西方的传统，他们绝对摆脱不了这个传统。以各种形式，哪怕是反形而上学的形式来表达一种新的形而上学的观点，这是西方的一个又粗又大的传统。

这是那个会议上的一个争论，当然不光是在那次会议上，在此之前已经有争论了，在20世纪80年代他们就开过会，我没去参加，就有过这样的争论。有的人认为还是要有我们自己的立场、观点和方法，另外一些人就认为，不需要任何观点和方法，你就把人家原原本本地介绍过来，你的翻译没有错就得了。人家搞的什么样子，你根本就不知道，你怎么能够用方法？你的方法用在什么地方？你先得把人家的东西搞过来，搞过来以后，你会发现你根本用不着方法。搞过来以后，你就会发现，人家那么多东西，已经研究到那样的高度了，我们什么时候能够赶上？趁早死了这条心，不要在这方面去追赶，人家搞一点，你就把它介绍过来。这种观点在此之前已经有，在此之后呢，也有一些这方面的争论。这是两种倾向。

那么我们现在来反思一下这两种倾向。实际上方法论的缺乏可以被看作中国学术的一种传统弱点，我们不重视方法，不仅仅是我们今天不重视方法，我们中国传统哲学里面从来都不重视方法，不重视方法论。关于方法，我们也讲过文章学啊，怎么做八股文啊，怎么遣词造句啊，但是缺乏方法论，我们从来都不重视方法论，不重视认识论。我们已经能够把握到这个文章怎么做了，但是我们从来不去考察我们是怎么做出来的。做文章有没有一个"论"？在这个方面我们不太讲究，要讲到这方面，就是只可意会不可言传了，"我就是这样做出来的，我也不知道是怎么做出来的"。文章有方法，但是没有"方法论"，没有方法论，就说明我们这个层次没有办法提高。当然有些东西是没有办法讲方法论的，比如说小说怎么写呀，诗怎么写呀，这个是没有办法讲方法论的，那些文艺理论都是隔靴搔痒，当然还需要自己去操练、去实践、去体会。你读多了，"熟读唐诗三百首，不会作诗也会吟"嘛，搞多了你就慢慢入门了，入门以后能到哪一个层次就看你的天分了。所以这个方面不可能有方法论，但是学术应该有方法论。

比如说政治学、伦理学等方面，你是用一种什么方法得出来的。孔子说，"吾道一以贯之"，他那个道一以贯之是怎么样贯的，他不说，反正你自己去体会，我讲那么多话，你可以看出里面有一个道在贯穿，但是它是怎么样贯的，在方法论上怎么样来理解，那个没办法说，只有你自己去体会。所以，老是把方法论的问题归结到一种只可意会不可言传的方面，使我们的思维层次受到了阻碍，使我们的哲学层次也受到了阻碍，所以讲到方法，我们历来的学术方法就陷入了考据啊、音韵啊、训诂啊，顶多就是分类、编纂这方面。经史子集，四大部类嘛。经史子集的分类其实是很粗糙的，是不严密的。什么是经，什么是史，什么是子，子里面有很多就是经典嘛,但是出于儒家偏见,它们只能归于"子"。这样的分类是非常粗糙、非常表面的。如同中医里面的药材分类,这个药是凉性的,那个药是温性的,凉性的里面有矿物类,有动物类,有植物类,都混在一起,它不管你客观上是什么类,他只管我这味药是用来治什么毛病的,就把它归到某一类。但是治什么毛病它又没有一个确定的分析,而是凭体验。所以中国有方法而无方法论。他告诉你一个方法,你造一个房子,叫你背一个口诀,这个梁怎么样,这个柱子怎么样,这个瓦又怎么样,多少尺寸,等等,有的还编成歌唱。农村里的木匠学徒,学三年徒,无非就是打洗脸水呀,烧火啊,干这些活。到了最后一年要出师了,师父教他背一首口诀,这一般是不传出来的。你知道了这个,你就知道怎么盖房子,怎么打桌子、椅子,尺寸都在里头。这就是方法。但是有没有方法论呢?没有。所以它是不合逻辑的,也没有系统。

那么我们今天讲哲学史的方法论,我们不能够背一套口诀。怎么写哲学史,我们必须要有论。哲学史当然是历史,但是我们不能把它仅仅看成是历史。别的东西你可以看成是历史,唯独哲学史你不能仅仅把它看成是历史,它更是哲学。这个在黑格尔的《哲学史讲演录》导言里面强调得很厉害。哲学史就是哲学。哲学史上的那些哲学家,他们的观点在哲学体系里面要占据他们固有的一个环节。不是说你零零星星地把那些东西收集拢来凑到一起就是哲学史了。历史资料浩如烟海,你是收集不完的,你几辈子也收集不完。我们今天看到的哲学史,是经过几代人不断地淘汰的,有些把一些人纳入进来了,后人又觉得不合适,这个哲学家没那么重要,写不了嘛,你写哲学史总要有个篇幅嘛,所以不断地淘,大浪淘沙一样,最后淘剩下来的就是这样一些哲学家。那么在黑格尔看来,这些哲学家之所以能够剩下来,就是因为他们在哲学体系里面占据一个环节,你绕不过去。你必须经过他们,才能达到更高的层次,才能达到后面的哲学观点。这个我在下一次还要讲的。

那么谈到哲学史的方法论,哲学史的方法论就是讲如何体现哲学史的哲学方面。哲学史有两方面，一方面是历史，一方面是哲学，哲学史方法论恰好体现了哲学史中的哲学方面。要用一种方法论去处理历史上的那些哲学家，就必须要有一种包容性的哲学。所谓包容性的哲学，就是说你怎么看待他，如何用你的哲学观点来评价这个哲学家，他的贡献究竟在哪里。你如果没有哲学思想，怎么评价他的哲学贡献呢？你只是觉得好玩，他提出了这么一个观点，挺好玩的，就把它纳入进来，但是他在哲学思想上做了什么贡献，你必须要有自己的哲学观点才能评价，这就是哲学史方法论。哲学史方法论体现了研究哲学史的这些人的哲学眼光和哲学水平。比如说黑格尔的逻辑学讲了那么多的范畴，最后讲到绝对理念。绝对理念是什么？他说绝对理念就是"方法"。在绝对理念以前，都是各个范畴的演进，一个范畴接着一个范畴，那么最后到了绝对理念呢，它不是一个新东西，而是对于前面一切的范畴演进进行的总结，从里面看出一种方法。哲学史也应该是这样，哲学史是一个哲学家和另一个哲学家思想交替演进的过程，而方法论就是从整个过程里面总结出来的一套方法。你懂得了它是怎么演进过来的，你就有了自己的方法，你就有了自己的哲学。反过来，你有了自己的哲学，你也就能够评价历史上那些哲学家，他们在哪些方面对这样的演进过程做出了自己的贡献。这是相辅相成的。

所以，从这个角度，我们可以把哲学史上的那些哲学家看成方法的运用者。我们把自己的哲学方法运用到历史上的一个个哲学家身上，把它看成哲学方法的例证，也就是看成我们自己哲学观点的运用。我们的哲学观点不是从天上掉下来的，而是通过总结以往历史上的各个哲学家的历史进展而得来的，我们站在巨人的肩膀上面，我们比他更上一层楼，因为我们处在历史的最前列。历史发展到今天，我们是处在历史的最末阶段，当然后面还有，但是至少在目前，我们处在历史的终点。我们可以回顾以往，从里面总结出我们自己的哲学，所以，从这个角度我们可以说，只有学习哲学史，掌握哲学史，才是在那里学习哲学。只有学习哲学史才是学习哲学，这是恩格斯的一个观点。就是说，我们今天的人要学习哲学，没有别的办法，只有去学哲学史。但是恩格斯这个观点经常被人们忽略。我们以为学哲学就是学哲学教科书，就是那上面的一些命题、定理，我要把它记住，就像学几何学一样。几何学，欧几里得几何，我们把那些定理和证明过程记住，得到一些条条框框。学数学当然可以这样，学其他的科学也可以这样，但是学哲学不能这样。学哲学，你必须要结合哲学史来学，否则你就是空头哲学家。所以，撇开哲学史来谈哲学，如果你从来不学哲学史，你对哲学史上的那些哲学观点一无所知，你说我有个哲学思想，当然也可能有，但是那只是聪明和机智。有些人从来没有学过哲学史，但是他谈起话来非常有哲学眼光，非常聪明，非常智慧，非常机智，有些老农就是这样，我们在农村碰到有些老农，跟他谈话很有意思，他有时候可以讲出一些你意想不到的思想的火花，你可以说他是民间哲学家，但那可以是智慧，不是哲学。真正要学哲学，还是要从哲学史来看。你学了哲学史以后，你可以把老农的那些话归入某个范畴，可以对他加以评价。那就不光是聪明了，不光是机智了，而是真正具有哲学素养了。

我们下面再来谈第二个话题，什么是哲学史方法论。

我刚才讲了中国传统的思想史或哲学史，有方法，但是没有方法论，方法论、认识论、逻辑，这些东西都是我们的弱项。当然也不能说完全不讲，有些地方也可能触及，但基本上是不展开的，认为讲到哲学这个层次，你只能去体会了，是只可意会不可言传的了。"玄之又玄，众妙之门"，你是不能去把它加以规定的。这种思维方式也影响了中国的其他学术。在中国的学术里面，方法可以是秘传的，我刚才讲了，师父带徒弟，带到最后，他给你点拨两句。禅宗就是这样的，你给师父打了三年的洗脚水，然后他给你点拨两句，点拨两句无非就是几句口诀，然后你就恍然大悟了。这种方法不讲过程，它只教给你怎么做，怎么操作，但是为什么这样操作，它不讲，过程是秘传的。所以，中国人一谈到方法这方面，往往把它归结为"奇技淫巧"。所谓奇技淫巧，即是说这个奇人居然知道天文地理，神秘得很。诸葛亮借东风，有点近乎妖，人们说有股妖气。当然我们从科学的角度看他肯定是对气象学有某种科学知识，如果真有此事的话。但是在中国人看来，那就很神了，要么是妖，要么是神。我们讲这个东西有效，就说"神了！"这个药有奇效，有神效，吃下去要死的人就睁开眼睛了，我们就说"神了"，其实就是把方法归结为一种神秘的东西。这就是中国人对方法的理解，是一种把它看作"奇技淫巧"的理解。

而如果是方法论的话，它必须是公开的，必须是理性的，必须是人人可理解的，只要你是个人，你就有可能去理解，你要去钻研的话，就可以掌握，所以方法论不是一种技术，不是奇技淫巧，它是一种道术。当然道术在中国哲学里也有它的特定含义，我们这里要强调它比技术要高一个层次。方法论不仅仅是智慧，而且是"爱智慧"。有办法，但是如果要提升到方法论，要对这个方法来"论"一番，那不就是爱智慧吗？有方法，你就可以说这个人很聪明，有智慧。但是很聪明的人很多，而爱智慧的人就不多了。我们看到很多人很有智慧，也很聪明，但是这个聪明没有用到点子上，没有用到该用的地方，却往往用到歪门邪道上面，哪怕他用到正道上面，也仅仅是有智慧，没有爱智慧，没有对智慧本身的爱，因此才有人提出过中国哲学的合法性问题，这是去年、前年比较热门的一个话题。

这个话题争来争去，其实是个伪命题。什么叫合法性？首先看这个"法"怎么定嘛。你这个法这样定，它就合法；那样定，它就不合法。"法"就是你对"哲学"的定义。你把这个法定到最宽，我们可以说一切人都有哲学，哲学是人和动物的区别，如果按这个哲学定义来说，中国当然有哲学。但是，范围缩小一点，中国人有哲学，而越南人就没有自己的哲学，朝鲜人就没有自己的哲学，他们有点哲学都是从中国拿去的；日本人就没有哲学，日本人当然后来有了武士道，然后跟中国的哲学融为一体，有他们的神道教、宗教哲学；蒙古人有没有哲学？他们当然都受中国哲学的影响。从这个角度来讲，我们说，中国有哲学而周边那些当时的落后民族没有哲学，这就把哲学的概念更加收缩了一点。但是他们也可以反驳说，我们怎么没有哲学呀，我们彝族人，我们白族人，也有我们的哲学呀，你看我们古代象形文字里面，包含多少哲学思想啊，他们也可以这样说。但是对汉人来说，那个不叫哲学。跟我们的程朱理学，跟阳明心学比一比，那算什么？这就是我们把这个界限更加缩小了一点，就把古代周边落后民族的文明排除在外了。但是如果把这个哲学定义更缩小了一点，把它理解为西方人讲的"爱智慧"，那中国是没有爱智慧的。中国的智慧都是用的，用来做别的用的。中国很多有智慧的人，老子啊，孔子啊，这些人都很有智慧，先秦诸子都很有智慧，但是他们的智慧都是用作别的目的，不是用于智慧本身。用在智慧本身中国人是瞧不起的。你这个人自以为智慧得不得了啦，就守着你那点智慧，你那智慧有什么用呢？当然是要用在人身上了。我们中国人都比较强调这个东西，哪怕是庄子、禅宗，也要把他的智慧用在人身上，用在解脱痛苦上面。儒家用在治国平天下这些伟大的目标上面，那才是正道。你只是去钻那个智慧本身，搞清它的逻辑，搞清它的语言，搞清它的认识论，那有什么意义呢？所以，中国人从来不讲这个。

所以我讲中国人有智慧，但是没有"爱智慧"，没有对智慧本身的爱，没有对真理本身的追求，他追求到一点真理总是为了用在别的方面。李泽厚讲的中国人的"实用理性"，一个是政治的实用理性，一个是技术的实用理性。要么是政治上的，要么是技术上的，当然还可以有人生上的，人生上的实用理性就是，我太痛苦了，不能解脱了，那么看看老庄的书吧，看看佛家的书吧，就解脱了。为了解脱痛苦，这是一种人生的技巧，可以划到现代人讲的心理咨询这样一个范畴，你去看看心理医生吧，庄子和禅宗就是心理医生了，他给你治疗治疗，你就痊愈了嘛。所以，中国哲学呢，它的传统就是缺乏对智慧本身的爱。

爱智慧是不计功利的，完全是追求真理，哪怕这个真理跟现实生活毫无关系——当然实际上是有关系的了，但不是把它当作一种实用的东西去追求。爱智慧对人生啊，对政治啊，对科学啊，当然是会产生影响的，但我的目的不在这个地方，那些只是副产品，目的只是追求真理本身，追求智慧本身——这是西方的一个传统。这个传统表明了西方人的思维有一个间接的反思过程，就是说，你有智慧，不错，但是你能不能在智慧的这个层面上反思这个智慧？爱智慧本身，就是反思，就是你跟你的智慧拉开一个距离，你有了智慧，但是你发现你的这个智慧还不够，你有的智慧只是相对的，没有绝对的，所以你对智慧有一个追求，爱智慧，也就是追求智慧。我们中国人通常认为，我们已经有了的东西我还去追求什么呢？我们已经有了就不需要去追求了。但是西方的爱智慧是说没有任何人是有完全智慧的，所以对智慧要反思，你的智慧还不够，还必须要去追求，要去爱它，它就是上帝的智慧，所以你用上帝的智慧做标准，你就跟自己的智慧拉开了一个距离。人跟上帝是有距离的，有了上帝的智慧这样一个理念、一个目标，你就可以反过来反思自己的这点智慧，使它能够有所增进，有所进步。所以它有一个距离，人的智慧有一个发展过程，有一个不断前进的过程。这样一种反思就使我们对智慧本身形成了一条追求的道路，它不再是附属于别的目的之上的实用主义的考虑，一种目光短浅的考虑，比如说，我有了智慧，我马上就把它用在政治方面，人际关系方面，升官发财方面，"厚黑学"方面，这样的眼光短浅的智慧实际上是智慧的一种自杀，实际上是机关算尽反误了卿卿性命。把自己的智慧用在不恰当的方面，实际上是扼杀了智慧。所以，中国人那么聪明，为什么有些人做出事情来很愚蠢，原因就在这个地方，他缺乏对自己拉开距离、加以反思、加以考察的这样一种态度。

所以爱智慧是一种超越性的态度，不光是追求它的效果，而是要追求真理。效果是很世俗的，是很有限的，你这次追求到了效果，下一次你可能遭到报应，也可能不遭到报应，那也仅仅是一种现实的效果。爱智慧就是把真理，把真正的大智慧看作一个可望而不可即的目标，你必须永远去追求它。所以，所谓方法论的问题就是从这个立场上生发出来的。西方人为什么要重视方法论？就是要对自己的方法加以反思。我有方法，我运用了方法，而且运用得很有效，在中国人看来这就够了；但在西方人看来不够，还要对这种方法加以反思，要掌握它，要能够推广它，要能够把它变成原则，变成一种自然法则，这样才能透彻地理解它，才能掌握它的规律性，才能这一次获得了效果，下一次还能获得效果，这就不是一种奇技淫巧了。奇技淫巧是很偶然的，你碰上了就奏效了，但是有了原则，那就不是奇技淫巧，那是违背不了的东西。所以，这种方法论在这个意义上面就可以等同于哲学，等同于爱智慧，或者说等同于形而上学。方法是形而下的东西，方法论就可以称为形而上的东西。

那么这种形而上学，尤其是当我们把它用来专门针对着哲学史的时候，它就更是如此了。哲学史是哲学的历史，当我们用哲学的眼光来对待哲学的历史的时候，那么，我们这个方法论就是一种对方法的方法。哲学本来就是方法，我们通常讲，哲学就是方法论嘛，当然你可以从世界观的角度来理解哲学，也可以从方法论的角度来理解哲学。但是这种方法论呢，不是一种奇技淫巧，不是一种技术，它本身就是一种哲学，就是一种世界观。所以，哲学史的方法论就是对方法的方法论。整个哲学史，我们可以把它看作人类的方法论的历史。

在历史上，在哲学史上，很多大哲学家都是从方法入手来谈哲学的。比如说古希腊的苏格拉底和柏拉图的辩证法，就是从方法论的角度入手来看哲学的，亚里士多德的工具论，他的形式逻辑，都是从这个角度来谈哲学，近代哲学的创始人培根、笛卡尔也是这样。培根的代表作就是《新工具》嘛，也是从方法论来进入哲学，笛卡尔有两本哲学著作嘛，一本是《形而上学的沉思》，一本是《方法谈》，所以笛卡尔也是从方法论的角度进入哲学的。斯宾诺莎的《知性改进论》也是谈方法，他的代表作《伦理学》的副标题就是"从几何学方法来证明"，也是从方法论来入手的。到了康德的批判哲学，也是着眼于方法的，就是说，你在运用这个工具之前，先要对这个工具加以一番批判地考察，要把这个方法的基础打牢靠，要把你所使用的方法敲定，所以《纯粹理性批判》的最后部分，也可以说是总结部分，就是"先验方法论"。黑格尔的《逻辑学》，当然也是方法论，我刚讲了，逻辑学最后一个理念——"绝望理念"就是谈方法的。而整部《逻辑学》

也都是谈方法的，逻辑学，逻辑方法嘛，就是说在上帝创造世界以前上帝是怎么想的。上帝创造世界以前，已经有一套方法，上帝掌握了这套方法以后，才能创造世界，所以，整个黑格尔逻辑学，都在讲上帝创造世界的方法。在胡塞尔那里，他的成名作就是《逻辑研究》，也是谈我们怎么样在逻辑方法方面进行一个重大的革命的。所以我们说，真正的哲学革命总是方法上的革命，西方哲学史上的哲学家很多，有的哲学家是在增添新思想方面做出了他的贡献，但是有的哲学家是革命性的哲学家，真正的革命性的哲学家都是在方法上革命的。这有点类似库恩讲的"科学范式"的革命，"科学范式"就是一种方法上的革命。范式确立以后，有很多科学家不断在这个范式的范围之内增添科学知识的内容，但是真正导致一场革命的就是方法上的革命，就是范式上的革命。我现在不那样思考问题了，我现在换一个角度，提高一个层次来思考问题，这就是方法上的革命。所以，方法论实际上是一个本质的、根本的东西。不要以为是雕虫小技，不要以为是一种技术、一种技巧，它实际上是一种道术、一种大道。

最后我想谈一谈第三个问题：如何来学习哲学史方法论。我们要学这门课，要从哪几个角度来学，我这里要提出三个角度。

第一个角度就是，我刚才讲了这么多，说明一点，就是方法论主要是西方的哲学精神，主要是西方哲学提出的，中国的哲学历来不太重视这个东西。所以在中国，哪怕是研究中国哲学家的这些专家学者，喜欢谈方法的人一般来说都有西方哲学功底。比如说我们的萧萐父先生，萧萐父先生有很深厚的西方哲学功底，他是中西贯通的。他当年的本科论文写的就是康德，他的本科论文写了三万多字，在现在相当于一个硕士论文，而且思想非常深，引用了大量的外文文献，导师还只给了他一个"乙等"，75分。再就是像上海华东师大的冯契先生，讲方法，讲逻辑，都是西学比较好的，但又搞的是中国哲学。所以，要谈方法论的话，我们主要从西方哲学里面吸取营养。当然我们可以把吸取来的东西运用于看待中国哲学。怎么看待，那又是一个具体运用的问题。像以往那样简单地用西方哲学的范畴来套，现在看来已经不太行得通了。采取什么方法，恐怕还是要从西方哲学那里吸收一些东西，特别是现当代以来的一些东西，解释学、现象学这些东西我们都可以有所吸收。本来中国哲学不太讲方法，你要在这个里头讲方法，那你就必须吸收一些西方的东西。这是第一点要求，就是我们要排除成见，要从西方拿来一些方法论，运用于我们中国具体的现实。

在西方哲学史上，虽然我们讲自古以来，像亚里士多德、柏拉图那里就有方法论，但是自觉的方法论意识还是从黑格尔开始的，在亚里士多德和柏拉图那里还不太自觉。对于哲学史怎么考察，比如亚里士多德的《形而上学》很多都是分析哲学史上面的一些思想。虽然因为他有《工具论》，所以他有了方法，但"工具论"是后人给他加的题目，他当时并没有明确的方法论的意识。自觉的方法论意识是从黑格尔开始的，就是把方法论当作一种哲学，并且跟哲学史紧密地结合在一起。从哲学史里面抽出一种方法，又把这种方法运用于分析哲学史，这是从黑格尔才开始的。所以黑格尔的《哲学史讲演录》导言我们要高度关注。

再就是马克思比较重视方法论，马克思的方法论意识非常强。像他的《政治经济学批判导言》里面专门有一章来谈"政治经济学的方法"，谈从抽象到具体，谈逻辑和历史的关系等。所以在这方面，对于马克思的著作，包括他的一些早期的著作，我们在后来的课里面也要专门来谈。马克思，还有恩格斯的一些方法论的思想，我们都要重点来谈的。

另一个是现代西方哲学。现代西方哲学有两个学派是比较强调方法论的，一个是解释学，一个是现象学。解释学和现象学是从方法开始的，非常重视方法论，而且把方法论也贯彻到对哲学史的考察上。解释学和现象学在这方面做了一些新的工作，也取得了一些最新的成果，这个我们要高度地关注。我们不能老是停留在古典层面，我们对现代的东西，现代的西方人在想些什么要有所了解，他们在哪些方面有所推进，我们要尽量地吸收，这是一方面。就是说，我们要学习哲学史的方法论，主要是从西方哲学的发展中，特别是自黑格尔以来，一直到现代哲学的方法论发展中得到一些启发，我们要把它吸收过来。

另一方面，我们要在东西方哲学思想的比较中来学习方法论。我刚才讲了，在中国哲学研究领域比较重视方法论，并且取得了一定成就的学者，都是重视西学的。在当前的时代，你研究中国哲学，如果对西方哲学一窍不通，完全不了解，那是不可能有成就的。我们已经不是古代人了，你如果脱离现代的中西文化交融的背景来研究中国古代的那些经典，你超不出古人的，你怎么研究也超不出古人。古人研究了几千年，你能够比他们更进一步？你之所以能够比他们更进一步就是因为我们有现代的视野，我们有现代中西文化融合的背景。所以，研究中国哲学的人特别要重视这一点，就是说，你想要有所创新，不是重复人家已经做过的那些工作，不是像一部电脑一样记录已有的信息，而是必须在中西融合视野方面来做工作，所以，我们这堂课里面有很多内容是强调中西哲学思想的比较的。这个比较不是为比较而比较，而是要提供一种新的方法论。而且在这些比较中间，我们要有一种意识，既然是比较嘛，要有一种新的东西拿来，新的东西跟我们传统的东西肯定是不一样的。我们要注意，作为中国人，我们身上、我们思维里面自觉不自觉地渗透了传统的思维模式。因此我们要有一种自觉的方法论意识，就是要对自己反思，要对自己传统的，认为是天经地义、不容怀疑的这一套思维模式有一个新的反思。所以，只有从中西哲学思想的多角度、多层次比较，我们才能够克服我们传统的局限性。

我们的传统是有限的，当然传统在另一方面也是我们的特点，在某些时候、某种意义上还可以表现为我们的优势。但是在中西哲学思想的比较和融合之中，我们要把重点放在克服传统的负面影响上。要通过这种比较，一方面深入中国传统思维方式背后的那种东西，那种东西我们以往没有意识到，现在我们有了更加宽阔的视野，就能够意识到了；另一方面，我们从中国人的角度来融合西方的东西，我们所得出的思想就具有创新性，就是说，不仅仅是在中国哲学里面可以获得一些新的成果，而且如果真正地取得了一些成果，那么它也是具有世界意义的。融合有可能产生出一种杂交优势，就是说，如果你真的能够成功的话，有一天西方人也会承认的，也会承认你的东西是独特的。因为你不是西方人，但是通过中西文化的融合，你获得了你的成功，那么西方人就会考虑了，这种成功不是西方的，而是中国的，是中国人做出来的，所以，我们不要怕丢掉自己的特色，你那么怕丢掉你的特色干什么？你把西方人的东西拿来，用在你自己的研究方面，不管是对传统经典文本的研究，还是对现实生活的研究，还是对我们民族的共同文化心理的研究，如果你能够做出成果来，西方人会考虑，这是你独特的成果，这是中国人的成果。人类的文化交流就是这样的，有一天西方人会到中国这里来获取一些灵感，甚至于会认为中国人比他们西方人更深地发现了西方文化背景里面的某些东西。这是有可能的，因为你是从中国人的眼光去看西方人，这是西方人用自己的眼光看自己所看不到的，或者说很难看到的，而我们没有那个局限性，没有他们的那个文化背景的局限，那么我们就有可能在某方面看得比他们更深，看得比他们更准。我们看西方人比西方人看自己更准，这就是解释学的原理嘛。

解释学的原理从哪里来的？还是从西方来的。但是我们通过这样的原理，可以把握西方思想的实质，而不是那些表面的东西。表面的东西我们没法和他们比，他们成天生活在西方，而正因为我们没有成天生活在西方，所以我们可以抓住他们背后的那个最根本的东西。这是文化交融过程当中一个很普遍的现象，比如说我们经常讲到黑格尔，他对中国的文化可以说基本上没有了解，但是他三言两语就把握了中国文化的本质。有的人认为这是不可能的，你对中国文化知道多少？你对孔子知道多少？你读的不过是那些转述的东西，可信吗？但是人们没有考虑到，黑格尔正因为没有懂得太多，正因为他不是一个中国人，他可以一语中的，他可以抓住要害，他所抓住的东西我们今天还不能超越，我们今天对我们自己文化的反思，还不能超越黑格尔定下的那个大框架。当然具体的东西他也有很多错误，我们甚至可以说他无知，但是他作为一个哲学家，他在大的方面把握得是不错的。我们今天讲启蒙也好，讲反思也好，都还在讲他那些东西。

鲁迅也就不过是讲他那些东西，鲁迅对中国文化的批判讲的也就是黑格尔讲的那些东西，也在那个大框架里面，当然鲁迅有切身体会了。所以我们不要小看自己，文化交流就是这样，不要因为我们懂得不多就丧失信心了，我们有信心。我们看西方人也可能就是这样，我们对西方并不了解那么多，但是我们可以一语中的，就像黑格尔看中国一样，我们也可以抓住西方文化的要害。这是第二点，就是要中西比较。我们要学习哲学史方法论，作为中国人来说，就要引入中西哲学思想的比较。

最后一点，我们要结合现实，结合自己的生活体验。同学们现在还没有进入社会，还在学习期间，但是我们对社会当然也有一些了解。学校本身就是一个社会，甚至学校比世俗的社会更加世俗，更反映了世俗社会的本质，这在我们的学校里就反映出来了。所以我们对社会生活是有体验的，不是说没有接触外界生活、没有接触社会，没有踏入社会，就没有体会了。所以，我们的方法也可以用在我们生活的实处。这个实处不是我赚多少钱，拿多少票子，不是这个。真正的实处，就是你的思想。生活的实处，生活的现实，按照我的理解，就是思想。思想的现实才是真正的生活现实。至于名誉、地位、金钱那些东西，都是表面的，都是过眼烟云，你今天获得了，明天可以失去。但是思想是有传承的，它是相互影响的，它是有模式的。一个在商场上失败或成功的人，他的思维模式可能是一个。这个是真正的现实。所以我们在学习哲学史方法论的时候，我们提高了自己的素质，我们还可以把这个方法用在生活现实中，来解决思想问题。所以，从这个角度可以看出来，方法论的形成有一天将成为我们21世纪的中国人特有的一种方法论的意识。这种方法论意识由于跟我们的现实生活结合在一起，所以它应该是具有个性的，是对现实具有冲击力的，甚至是能够治国平天下的。

要涉及现实的话，我们甚至于可以这样说，它是有现实作用的。当然我们并不着眼于这个方面。

我们中国传统就是太过着眼于这个方面了。治国平天下，在现实中能够发挥作用，能够给当局提供某些政策咨询的方案，这就是一切学问的最终目的。现在学校还流行这个嘛，你要是给当局，给省委、省政府提供一种什么样的提案，被他采纳了，这就算可以得分了，就可以算一个很硬的筹码，那你提教授就有希望了，但这是两码事，一个人的水平不在于他的现实社会影响力、赚钱能力。当然方法是有作用的，泰勒斯还用他的天文知识赚了钱，你是可以赚钱的，一个有哲学素养的人在商海、在现实社会中，也不会是很失败的，如果他把他的智慧用在这方面的话，应该是一个聪明人，但是方法论训练本身当然不是着眼于这方面的，它主要是为了提高我们民族的素质，提高我们个人的素质，提高眼界，提高层次。在世俗社会生活中，你可以赚钱，你也可以不赚钱，但是你形成了一种普遍的思维模式，这个思维模式能够适应这个时代，那对社会肯定是有益的。你不赚钱别人会赚钱，你不发展经济别人会发展经济，你不参与政治别人会用在政治方面，只要能够形成一种社会思潮，这种社会思潮是适应社会时代的，而不再是传统保守、故步自封的，那么它会有社会作用。但是我们在学习它的时候，我们不应该仅仅着眼于这方面，而且不应该首先着眼于这方面。首先要把问题搞清楚，首先要对智慧本身有追求，对真理本身有追求，应该有这个距离。不是说什么人都是一样的，教授像老板，老板像教授，什么人都是一样的，那这个社会还怎么发展？都被捆住了。必须要有一些人——当然不是所有的人——专门去研究智慧，追求真理，然后形成一种思想，来影响社会，影响大众。这是后一步的。但首先这种智慧你根本没有学到，你如何影响？所以我们要抱着这样一种既结合现实但又超越现实的态度。我们讲的都是现实的，都跟现实有关，但是我们讲这些东西的态度不是现实的，而是超现实的，不是受现实束缚、局限于当下的，而是超越现实，超前于时代的，这样才能把这个学问做好。

第二讲 | 哲学史方法论新探[1]

黑格尔《哲学史讲演录》的文本发表已经有一百多年了，这一百多年以来，西方思想界，包括哲学史界，对方法论的讨论，已经大大地往前迈进了。以现代、当代的眼光回过头去对以往的那些观点加以反思，我们可以得出新的东西。我们也可以说，这些新的东西在某种意义上已经包含在了比如说黑格尔和马克思方法论的思想里面，但是他们并没有那么明确地把它阐明出来。真正把它明确地阐明出来需要后人自己创造性的努力，这个意义才得以生成。所以，解释学的原理就是，文本的意义是一个历史的生成过程，而不是一个静止地摆在那里的东西，但这一层我们往往体会不到。一讲到对历史的研究，我们就习惯从考证方面去"抠"那个历史文本的真伪，当然这是需要的了，首先我们要把这个考证啊，考据啊，文本啊搞确切，不至于误解。但是不能仅仅停留于此，还必须要从后来的，乃至于现代、当代的发展了的眼光，回过头去对它们再加以反刍、消化。一个文本，如果真的是一个伟大的文本的话，它的含义可以说是无穷无尽的。我们今天还要返回到古代，比如孔子、老子的学说啊，我们不断地回过头去咀嚼里面的某些含义。在哲学方面，在文学、艺术、宗教方面，都是如此，比如《圣经》，我们今天还在读《圣经》，基督教不满足以往的解释，总是

---

[1] 本讲主要思想曾发表于《中州学刊》1989年第1期。

要提出新的解释。所以"新探"总是要有的，但是你不要以为自己就永远是新的了，过一段时间，它又旧了。

那么我这一讲也是在这个前提下提出来的一种新角度，可以用它来看待哲学史方法论问题。这个新角度要说也是老角度，因为我引证的很多东西都是一百多年前的文本。但是我对它们有新的理解，至少在国内的哲学史方法论的讨论中，这种理解还是比较新的，甚至是全新的。当然现在看起来，有些东西已经过时了，但是基本的东西还没有过时。虽然本讲内容以文章发表了，我在其他地方也反复地从不同的角度来强调，但是很多人还是不理解。不光是不理解，很多人根本不理会。不理会这就没办法了，所以，这一堂课我主要是想就我当初是怎么样想要对哲学史方法论进行一场变革的思路的前提和出发点，给大家作一个阐明。

这堂课的核心话题就是历史和逻辑相一致的方法。我在上堂课中已经讲到了，黑格尔的哲学史观：哲学史就是哲学。哲学史就是哲学这样一个命题里面已经包含有历史和逻辑的相一致。历史和逻辑本来是对立的，在低层次上，在表层上，它们是对立的；但是一旦进入深层次，特别是一旦进入哲学和哲学史这样的层次，它们则是相通的，甚至于就是同一的。历史和逻辑相一致的方法，从黑格尔、马克思、恩格斯提出来以后，不断地有人提起，我们也可以经常在国内的哲学史界和哲学界的文章里看到这个命题，但是这个命题究竟是什么意思，很少有人把它说清楚。

我们中国人在历史和逻辑这两方面上其实都是很差的。一方面我们缺乏严格的形式逻辑思维，我们有辩证法但是没有辩证逻辑。中国古代有辩证法，当然中国古代的辩证法和西方的辩证法还有不同，这个且不管它，但是中国古代没有辩证逻辑。西方古代的辩证法很讲逻辑，它是从逻辑里面长出来的。中国古代的辩证法不是从逻辑里面长出来的，而是从感悟、从内心体验里面长出来的，我在后面还要专门讲这个问题。至于历史，我在前面也提到过，就是我们中国人看起来好像很注重历史，我们有五千年连续的历史，我们有两千多年文本记载的详详细细的历史，甚至几乎可以说每一年都有记载，但是实际上我们没有历史感，我们没有对历史意义的把握，所以，我们两千年的历史记载都是一样的，都差不多。《资治通鉴》也好，《史记》也好，在我们今天看来就像是说我们今天的事情。我们之所以要读那些书，只不过是为了实用，而且确实可以实用。你读《三国演义》，你就可以把它用在政治斗争中。我们经常说某人很狡猾是因为看多了《三国演义》，成天在家看《三国演义》，就是因为《三国演义》太现实了，它和我们今天就是一模一样的。也许语言上稍微有些区别，但是我们看了《三国演义》以后就会感慨：几千年的历史其实都是一样的，"古今多少事，都付笑谈中"，万古千秋都是不变的。

所以说我们没有一种"历史感"，就是感到历史是变化的。过去的人很幼稚，比如说《荷马史诗》里面的那些人物，在现在的西方看不到了，没有那样的人了。现代人虽然能够理解他们，但是在理解的时候就有一个前提——古人很幼稚。像"阿喀琉斯的愤怒"，他的朋友被敌人杀了，他一怒之下就加入了攻城的战斗。那个《特洛伊》的电影讲的就是这件事情。他们把它拍成了电影，他们像看历史一样看人类的童年时期，带着那样的兴趣去看它，但是我们拍的《三国演义》你要是去看的话，你绝对不会说这是人类的童年时期，你会觉得他比你还老，你要向他学习，你要学着点，曹操是怎么样的，袁绍又是怎么样的，谁谁谁失败是因为什么，你不学着点，你就会变得很幼稚。所以，中国有记载的历史虽然很完整，但是没有历史感。

由于有这样一些区别，"历史和逻辑相一致"这一原则，在我们心目中，肯定就带上了我们中国式的理解，但是实际上它是西方来的东西。所以，我们必须进一步探讨历史和逻辑相一致的方法的原来的真实意义。那么我们首先当然要回到文本。历史和逻辑一致原则的正式提出，是在恩格斯的一篇文章里面。恩格斯在《卡尔·马克思的〈政治经济学批判〉》这篇文章里面（此文收在《马克思恩格斯全集》第46卷上册中，也有单行本，《马克思的〈政治经济学批判〉导言》里面就收录了恩格斯的这篇文章，这是介绍马克思的《政治经济学批判》的一篇文章），就谈到了政治经济学的方法，因为马克思的政治经济学批判就涉及了政治经济学的方法。恩格斯讲了这样一段话："历史常常是跳跃式地和曲折地前进的，如果必须处处跟随着它，那就势必会注意许多无关紧要的材料，而且也会常常打断思想进程。"就是说，历史本身是跳跃式地、曲折地前进的。这就是西方的历史观，在这里已经体现出来了：历史不一定是直线发展的，而是弯弯曲曲的，但一定是发展的。而我们研究历史的人如果处处要跟随着它，跟随着历史的轨迹，那么就势必会注意那些无关紧要的材料，而且还会打断思想的进程。就是说我们对历史应该有一个思想的把握，历史是曲折的，但是我们的思想尽量地要从直线的方向看到未来。

　　历史的眼光是直线的，它是对历史的复杂和曲折的超越和忽略。我站得高，底下那些弯弯曲曲的东西我就可以忽略了，大方向我就可以把握到了。就像我们在农村插秧的时候，老是插不直，生产队长就说，你不要老是想着直，这一根跟那一根，然后第三根，都要想成一条线那么直；相反，你插第一根以后，第二根要往左边偏一点，第三根再往右边偏一点，然后再左左右右不断地摇摆，中间的大方向就把握住了，你就可以插得笔直笔直了。当你左偏的时候，你心里知道这是左偏了，然后下一个你就右偏一点，这样子你才能够把握你的方向，你不要只盯着眼前，你越想它直，它越不能直。农民有他这个经验，是经验之谈，当然不是方法论。哲学史也是这样的，你知道历史往左偏了，你不要以为它的方向就是往左了，偏离了它的本来面目了，你要预计到它将会往右。历史都是这样的，我们今天也可以体会到，它总是左一下，右一下，一下偏到这方面，走到极端又会往回走。往回走它会有个度，它这个度就看你往左偏到哪个程度，它就会往右也偏到哪个程度。大致如此。所以，你不要因为它的左左右右的摇摆而打断你的思想的进程。改革开放以来，我们步履艰难，但是仍然在往前走，仍然在进步，虽然很缓慢，我们希望它走得快一点，但是它老是一会儿给人希望，一会儿叫人失望。

恩格斯接着又讲："并且写经济史又不能撇开资产阶级社会的历史，这就会使工作漫无止境，因为一切准备工作都还没有做。"就是说，写经济学史，你不能撇开整个资产阶级社会的历史，经济学研究不能老是只盯着经济学，它还有许多其他方面，比如说政治方面，政治和经济是分不开的，还有社会、历史、文化、意识形态、国际关系等。你如果要跟随着这样一些具体的历史细节去走的话，你的工作就漫无止境了。"一切准备工作都还没有做"，就是说，如果你以为只有把这些东西全部都掌握了才能写好经济学史，那就永远也写不好。你就会陷到资料里面，总是觉得准备工作没有做好。所以，如果你要从这个角度来跟随历史的话，你就会发现，一切准备工作都没有做好。缺乏准备，缺乏材料，缺乏第一手资料，人家给了你一套资料，你说这个资料有待于核实。那你就核实去吧，也许有很多东西永远都核实不了。历史嘛，已经过去了。

恩格斯下面讲："因此，逻辑的方式是唯一适用的方式。"就是说，你必须超越历史，你要用自己的逻辑，用自己的判断，用自己的推理，推断历史的下一个目标在什么地方。下一个目标肯定在遥远的地方，在岸上有一个遥远的目标，你以它为准，才能掌握历史的大方向。恩格斯又说："但是实际上这种方式无非是历史的研究方式，不过摆脱了历史的形式以及起扰乱作用的偶然性而已。"什么是逻辑的方式呢？一般人认为是进行逻辑推理，形式逻辑推理，或者是辩证逻辑推理，黑格尔就认为，只有逻辑方式，才是适合的。那么这个逻辑的方式，是否就是一种抽象的东西或者是绝对精神的思想的进程呢？恩格斯在这里讲，实际上这种方式"无非是历史的研究方式"。前面讲历史的研究方式不行，只有逻辑方式才行，但是这种逻辑方式实际上无非是历史的研究方式，它就是历史的研究方式。但是有个限定，就是"摆脱了历史的形式以及起扰乱作用的偶然性"。这跟前面讲的那种历史的研究方式就不一样了。

恩格斯继续说："思想进程不过是历史进程在抽象的理论上一贯的形式上的反映。"逻辑的方式就是思想进程了，我积累了那么多的资料，现在我不看资料了,我动用自己的思想,你老陷在资料里面,资料掌握得虽然不充分,但是对于思想来说已经够了,在这个时候你就要动用思想。"思想进程不过是历史进程在抽象的理论上一贯的形式上的反映",你去掉它的历史的形式,而赋予它一贯的理论形式,这就是逻辑,这就是逻辑的研究方式。历史中有很多东西是杂乱无章的,它不一贯,不连贯,你必须撇开那些偶然性的东西,抓住那些本质性的东西,抓住大方向,忽略那些个别的、偏离轨道的现象。历史的偶然性当然是无穷无尽的,你要跟随它,那你就在里面钻不出来了。你必须抓主要的东西,你要能够看出什么是主要的,这就要一种逻辑。要想判断出什么是主要的,那就要运用逻辑、运用思想来整理这些历史材料。

恩格斯说:"这种反映,是经过修正的,然而是按照现实的历史过程本身的规律修正的,这时,每一个要素可以在它完全成熟而具有典范形式的发展点上加以考察。"就是说,逻辑的研究方式也是对历史过程的一种反映,它就是一种历史的研究方式,但是是经过修正的。一般历史的研究方式是原原本本的,所谓"原汁原味",没有经过修正、原生态,用黑格尔的话来说,它是"原始的历史",未经反思的历史。要经过反思,就要经过修正。但是你不能瞎修正,不能凭主观想象,觉得这个应该是这样,那个应该是那样,你必须遵循现实历史过程本身的规律。那么按照历史本身是不是就陷入偶然性里面去了呢?也不是,你是遵循它的规律,而不是偶然事件。历史过程本身有规律,这个规律只有通过逻辑才能发现,必须运用思考能力,要动脑筋。原始的历史学一般是不动脑筋的,有什么就录什么,但是真正的历史学应该动脑筋,要运用逻辑,要修正历史过程本身。按照什么修正?按照它本身的规律来修正,只有经过这种修正,他说:"每一个要素可以在它完全成熟而具有典范形式的发展点上加以考察。"历史中的每一个要素,只有经过修正以后,才可以被纳入一种成熟的、具有典型性的发展点上面来加以考察,这样我们就有了历史的"线索"。在历史中有大量的偶然事实,但是我们要善于从里面提取那些具有典范形式的最典型的例子，善于把具有代表性意义的事件抓出来，其他的那些事件有很多是不具有代表性意义的，有很多是只有通过这种具有代表性意义的例子才能得到说明的，有很多例子常常是附带而来的，你把典型的意义抓住了，用来解释那些偶然的例子，那就顺理成章了。你如果只把那些偶然的、不具代表性的例子抓住，那就很有可能完全歪曲了历史，"三年自然灾害"的时候，普遍地饿死人了，但是如果派你去调查，你知道哪个地方没有饿死人，你连忙跑到那个地方去调查一番，你说，没有饿死人呀，这具有典型性吗？这不具有典型性。政策的失误，典型的意义，那就是导致了三年的大饥荒。所以，从历史的眼光来看事情，你必须能够抓住一些本质性的东西，这就表现为历史事件的典型性。你用这样的典型，就可以把更多的事实统一起来，少部分统一不起来的，可以把它作为偶然的东西，还可以找出它为什么成为偶然的特殊条件来，这样历史的主流就现实地显示在历史学家的眼皮底下了。在这样一个发展点上加以考察，它要向哪方面发展？这个点它不是一个静止的点，它是有方向的，我们可以看出它发展的方向，这就叫发展点。这就是典型所具有的意义，每一个典型都是一个发展点。它是一个点，但是它指示了一个发展方向。它指示了什么方向？你要动脑筋，把你所掌握的尽可能多的所有资料前前后后都统统想一遍，把它们连贯起来，看能不能从里面找出规律。

刚才读的是恩格斯在《卡尔·马克思的〈政治经济学批判〉》这篇文章里面的几段话。现在我们来把它进行一番解读。在这一段文章里，我们可以看出恩格斯提出了两种不同意义的历史。我在前面讲了，一种就是那种跳跃式的、曲折前进的偶然的历史，我们如果处处要跟随它的话，那就会注意很多无关紧要的材料，打断思想的进程，会迷失方向。历史的东西，五花八门，你陷到资料里面去那就出不来了，这样一种原始的历史，也就是我们通常所理解的历史。我们通常理解的历史和逻辑是完全相反的、对立的。认为历史不是逻辑，历史过程中没有什么逻辑，这种历史观在当代世界可以算是主流，特别在后现代，尤其显出一种主流形态。当代世界已经没有多少人相信历史中有什么规律了。"历史哪有什么规律，历史都是偶然的，本来也可以不发生，但是它居然就发生了，这就是历史；历史完全可以朝着另外一个方向，没有逻辑，没有理性。"这是当代历史观的一个主流，也影响到我们国内的历史学界，基本上大多数人都是这样认为的。历史就是那些资料嘛，你把那些资料搞确实了，考据上站得住脚，文字上的东西跟地下发掘出来的东西也对得上号了，那就证实了。文字上说，某某帝王死了埋在哪个地方，你按照这个文字上的记载，到那个地方去挖出来了，而且挖出来的棺材上面写的就是某某帝王的坟墓，这就是历史了。至于解释，那是哲学家的事，那不是历史学家的事情，历史学家就是把历史搞确凿，搞得确确实实不容怀疑，有案可查，可以对证。所以，我们通常理解的历史就是包含很多很多材料的历史。

但是对这种历史材料的追随是漫无止境的。就是说，某某帝王，他的陵墓被挖掘出来是历史上的一个重大发现，但是你不能说挖掘出一个平民老百姓的坟墓也是历史上的一个重大发现，但那挖掘出的老百姓的坟墓不也是历史吗？历史上死了那么多老百姓，你都挖掘出来，都能作为历史？这个不能称为历史。历史必须由重要的人物和历史事件组成。什么是重要的人物？什么是重要的历史事件？那就必须有另外的标准了，那就不是说它是在历史上发生过的，我把它挖出来了，对上号了就行了。对上号是一回事情，但是对上号以后有没有历史意义那又是另外一回事情。但是通常人们把这样一层意思排除到历史学之外。历史学的前提是未经反思的，我为什么要去挖那个帝王的坟墓？为什么不到其他地方去挖掘一个老百姓的坟墓，随便挖一堆白骨，把它放到博物馆里面保存起来？当然北京猿人的白骨另当别论了，因为那没有几个，挖不出来了。如果是明朝或清朝老百姓的白骨，挖出来你能把它放到博物馆里面去吗？一般还不就烧了，它没有历史意义嘛。所以，这样一种历史是漫无止境的，你要是去追溯它，要是把那些白骨都放到博物馆里面去，那博物馆肯定装不下。你要一件件去查的话，那是漫无止境的。

另外一种历史观看重的，就是经过修正的历史，就是经过修正、典范形式的历史。马克思、恩格斯所追求的就是这样的历史，具有历史意义的历史。这是另外一个层次上面的。历史之所以具有历史意义，就是因为它反映了历史的规律。历史是一个有规律的过程，这是黑格尔首次提出来的，也就是说历史不是像以往的人们想的那样没有任何规律，好像我们今天的人完全可以做古人的事情，古人也完全可以做今天的事情。历史是有一定规律的，古人就只能做古人的事，今人只能做今人的事。今天的人也有发思古之幽情的，那是个别的，那是偶然的现象。在社会上生活的大众——一般的人，都不会发思古之幽情，不会像古人那样说话、行事，他有今天具体的发展了的环境、历史条件。那么，这个历史条件跟古代有什么不同，这当然可以研究了。所以，这种历史是有规律的，它与偶然的事实是有别的，它是由低级向高级的发展和联系的历史，它有一个从低层向高层发展的逻辑规律。人的历史也是这样，一个人长大了，长成成人了，你再回到儿童时代那是不可能了。你当然可以模仿一下儿童时代，对过去的时代有一种怀念，那是可以的，但是你绝对不可能回到原地。人类社会也是这样，人类社会成长了以后，你要它退回到它的起点，那是不可能的。当然中国哲学里面经常宣扬这个东西，这个老庄啊，孔孟啊，都是把过去的起点当作理想状态，说我们要回到那里去，但是实际上是回不去的。你要是假装自己能够回去，那就导致一种自欺了，甚至导致一种做作和伪善了。你实际上已经老谋深算，深藏心机，但是表面上装得好像很天真，这实际上只能是一种畸形的心态。总之，历史有这样两个层次的含义。

另外，也有两种不同意义上的逻辑。这里提到逻辑，逻辑也有两种不同的意思。恩格斯在同一篇文章里面也说到过。他说："黑格尔的历史观为逻辑的方法提供了一个出发点，他结束了过去的全部逻辑学和形而上学"。黑格尔的历史观是逻辑的方法，他为逻辑的方法提供了一个出发点。恩格斯不是讲逻辑的研究方式是唯一实用的方式吗？逻辑的研究方式是从黑格尔那里发展起来的。这里就出现了两个逻辑，一个为逻辑的方法提供了出发点，一个是结束了过去的全部逻辑学和形而上学。过去的全部逻辑学，当然在黑格尔以前都是形式逻辑，形而上学也是这样，在形式逻辑的基础之上所建立起来的形而上学，就是大陆理性派的那种17世纪的形而上学。当然黑格尔也建立了形而上学，建立了18—19世纪的形而上学，但是结束了过去那种以形式逻辑为基础的形而上学。这种新的逻辑学不像旧的逻辑学那样，其区别在于，旧的逻辑学是形式逻辑，它是不管大前提的。我们说形式逻辑只管正确性，而不管真理性。对形式逻辑一般是这样评价的，它只管推理的正确、概念和概念之间的关系，它不管概念和对象之间的关系。概念和对象之间的关系就是真理性的关系了。所谓真理就是观念和对象的符合嘛，按照经典的定义就是这样。而形式逻辑是不管对象的，它只管概念，你给我一个概念，我就可以进行推理。按照这个概念本身的含义，它的外延、内涵，就可以进行推理，对跟其他概念发生的关系加以判断。但是你经过推理得出结论以后，这个结论是不是真理，事实是不是这样的，那还要看。怎么看？就看你的前提是不是正确的，是不是和事实符合的。形式逻辑是不管大前提的。你给它一个大前提，它当然给你推论，但是如果你给它的大前提本身是错误的，那推论出来的也是错误的。尽管偶然也可能正确，但是正确不正确，它要被另外加以评价，要通过概念和对象的现实关系如何来进行评价。它不能由形式逻辑本身来进行评价。

  所以形式逻辑是不管真理性的，而新的逻辑，也就是黑格尔的辩证逻辑则相反，它"需要历史的例证，需要不断地接触现实"。黑格尔已经做了很多这样的工作，但是做得还不够。马克思、恩格斯对黑格尔的辩证逻辑不满的就是，他的出发点仍然是唯心主义的，仍然是概念，他的出发点仍然不是现实。所以恩格斯讲，这样一种逻辑的方式需要历史的例证，需要不断地接触现实。不要以为我的体系建立了，我就可以撇开现实了，所有的现实都在我的掌控之中了，还有新的现实出来，你要不断地接触。所以，这样一种逻辑，必须从现实的历史中得到理解。这就跟形式逻辑大不一样，它跟历史是一致的，它本身也是从历史中抽出来的一个结构。这就是恩格斯所讲的，逻辑的研究方式无非是历史的研究方式，摆脱了历史的偶然形式，它是这样一种研究方式，它是从历史的里面抽出来的一个结构。

但是一般人都不理解这一点，一般人都把历史理解为一大堆资料，把逻辑就理解为一种形式逻辑的公式，甚至于把辩证逻辑也理解为这样一种公式。辩证逻辑里面有些规律嘛，对立统一呀，否定之否定呀，圆圈式发展呀，后人在读黑格尔的《逻辑学》的时候往往就把它也看成是一套类似于形式逻辑的公式。那么，停留在这种层次上理解，我们就很容易对逻辑和历史相一致的方法论的原则获得一种很肤浅的理解，甚至是错误的理解。逻辑和历史一致究竟是怎么回事呢？是什么意思呢？一般人就认为是"史论结合"，既要有史料，也要有观点，也要有逻辑分析和推理，把它们结合起来，那就是历史和逻辑一致了，你讲一段事实，然后进行一番逻辑分析，这就是逻辑和历史一致了。当然一般来说，这也没有大错，但是这是很一般的观点，任何一个历史学家都会这样，都不会是仅仅把那些事实记录下来弄成流水账，都还要加以评议，但如果这样理解历史和逻辑相一致，就没有什么出奇的地方了。人们从来都是这样写历史，你总要对历史材料的那些互相有出入的地方加以梳理，而且总要作出合乎逻辑的解释嘛，那解释总是你的嘛。所以，一般的理解实际上是把历史和逻辑相一致这样一种方法论的真正价值掩盖了。

我们经常看到一些文章宣称，它采用了历史和逻辑相一致的研究方法，但是我们看不出有什么历史和逻辑相一致，它里面有一些史料，也有些观点，有些地方史料和观点结合得很好，有些地方结合得不太好，但是总而言之你会发现，史料和他的观点是两张皮，粘不到一块来。有时碰巧可以对上号，但是你总觉得它是外在的，外在结合的。这个和恩格斯所讲的"逻辑的研究方式无非是历史的研究方式"的要求还差得太远。通常的这种史论结合、逻辑和历史相结合的方式，仅仅是一种描述的技术，是一种外在的处理方式，而不是历史本身的规律的展现。这是不一样的。外在地处理题材和让历史本身展现出它的逻辑来，这是完全不一样的两个层次。所以，真正的逻辑和历史一致,它要求研究者投入,你要投身于你的研究对象,你要沉浸到里面去,你不要站在外面指手画脚,作一番评论,作一番比较,或者批判、褒贬,这些都是外在的,你必须要像一个当事人那样去体会当时的发展有什么样的必然性,人所不可抗拒的由大势所趋导致的必然性。这个大势所趋有什么规律?你要这样去把它抽出来。当然我们不是过去的人,不是古人,我们现在读《三国演义》,我们现在读《史记》,是从现代人的角度去读它的,现代人有现代人的意识形态,有现代人的水平,有现代人的历史观和视野,我们可以用现代人的眼光设身处地地去体验当时的历史人物的历史局限性。作为历史人物嘛,他们当时只能想到那些问题,但是你应该能够体会到那些历史人物的思想,它有一个发展的方向,它是一个发展点。我刚才讲了,每个历史人物的思想和内心世界其实都是一个发展点,它有一个发展方向,努力地想要向那个方向去发展,所以你要把握他的思想的内在冲动、意向和转向。不仅是从概念上外在地去看待它,而且从价值判断、情感感受以及内心活动、内心倾向等这些方面,使历史被你自己所理解、所统摄。你要设身处地,你要投身于历史之中。所以克罗齐曾经讲,"一切历史都是当代史"。当然,历史并不是当代史,克罗齐之所以这样说,就是出于这种考虑。就是说,一切历史都是当代人写出来的,都是当代人凭借当代的对人生、对历史的体验,站在当代的高度去评价历史上的各种各样的现象。

马克思在《政治经济学批判》的导言里有一句名言:"人体解剖是猴体解剖的一把钥匙。"这句话听起来很平常,其实一般人是很难理解的,一般人很难达到这个层次,这是一个很高的层次。一般人会认为,猴体解剖应该是人体解剖的钥匙,我们在医学上面,在生物学上面,都是这样理解的,我们要理解人,人是猿变来的嘛,那么我们首先要理解猿。它为什么最初要四脚着地,后来为什么智力发达了,我们从进化论也可解释。再后来,猿的手和脚开始分化了,手的功能越来越复杂了,大脑开始发展起来了,我们从这个角度来理解人体,这很自然,也很通俗,这是常识。但是马克思倒过来了，说人体解剖才是猴体解剖的一把钥匙。你只有从人体的功能方面入手，你才能理解猴体各个器官的发展点。我在前面讲过，恩格斯说在典范形式的发展点上对历史加以考察，也就是说，猴体的那些器官将要发展到何处去，这只有通过人体的解剖才能够认识到。在人类出现之前，猴体那些器官究竟会怎么发展我们是认识不到的，它要怎么发展，它将会、必然会朝哪个方向发展，这是认识不到的，我们是茫然的，没有一个目标嘛。但是今天已经进化出了人类，我们就可以回过头去反思猴体的那些器官的作用、功能了，用发展的眼光去看。

但是这个观点你要讲给医学家和生物学家听，他们是不相信的，而且他们会认为这没用。动物学家研究动物，解剖动物，你告诉他，动物的这个地方将来是要发展成人的某一部分的，这对他来说毫无意义。因为动物学家就是研究猴子，他不研究人，他就是研究猴子身上的那些功能，或者是鱼类，或者是藻类的功能，你告诉他它们将来要发展成人，他觉得你那是废话，没有用。或者说，马克思这样一条原理，对于自然科学来说没用，对于进化论没用，对于生理学、生物学、动物学、医学，都没什么用。相反的才有用。我们现在发明了一种药，先在猴子身上做试验，猴体解剖是人体解剖的一把钥匙嘛，我们在猴子身上看到了药的效应，那么我们就理解了，这肯定在人体身上也大致差不离，也可能有用。先在猴子身上做试验，再在人身上做试验，这是一个很正常的思路，也很可靠，它有它的效应。但是你把在人身上适用的那些药放到猴子身上，或者放到鱼身上，放到毛毛虫身上，那就不适用了。那肯定是不适用的，有些毛毛虫就是可以吃那些毒性很强的植物，人就吃不了。这个不能倒过来的，你只能从低级的东西去理解高级的东西，这是自然科学的一个原则。你如果从高级的东西来理解低级的东西，当然自然科学也提不出什么反对，但是他觉得你那些原理就没有什么用处。

这条原理对什么有用呢？对哲学有用，对反思有用。自然科学不是哲学，它不反思，它是就事论事的。但是，事情完成了以后，你反过来要进行一番哲学反思，那它就有用了。因为它引入了一个东西，那就是目的，合目的性，引入了目的论。目的论在康德那里叫作"反思的判断力"。为什么是反思的判断力？目的论对动物学家、解剖学家来说，当然也是有用的，但是那种用处跟具体的研究是大不一样的。一个医生对人体应该有目的意识，人体的某一器官是干什么的，他也有目的的观念。但是光有这观念那是不够的，你必须要具体地懂得解剖的结构，它的具体的作用方式、它的化学反应、它的动力程序，你都要搞得清清楚楚，你才能配当一个医学家。当然如果你只懂得这些也不行，那是一个机械论的医学家，把人体看作一个机器，那也不行，你还是要有一种生物学的目的论的眼光。而目的论的眼光就有哲学掺杂在里头，它们互相不能代替，目的论的眼光也不能代替那些具体的诊断和那些仪器测量的指标，你不能单凭目的论取代它。另一方面，你单有了那些指标，没有目的论，你也得不出一个总体的结论出来。这两方面还是不一样的。从目的论方面来看，它是有另外的根据的，它的最高的根据就是哲学。它不在自然科学里面，它在哲学里面。

所以哲学的比喻"人体解剖是猴体解剖的一把钥匙"，是一种反思的思维方式，它揭示了历史本身的逻辑本质。这就像我们在历史中的人，不需要反思历史的终极目的，一般老百姓不反思这个，他只是就事论事的。我在这样一个时期谋生很艰难，我们处于这样一个世道，人心不古，大家都在谋求自己的物质利益，都在赚钱，那么我也去赚钱了，不然的话我怎么活呢？他就考虑这些东西。这当然是应该的，但是一个社会必须要有一小部分人来考虑历史的目的：这样下去怎么得了，这样下去会发展到什么方向？要考虑这些问题。这就是反思。当然这些人也要活，也要赚钱，但是除了赚钱以外，他还有一个更高的目的论的视野：这个社会将要发展到什么方向去。在这个时候，马克思的这条原理就有用了。这条原理不像通常那样从起源和原因来看待结果，我们通常都说你要想理解一个事物的本质，你要看它是从哪里来的，你要看它的原因，所谓本质就是原因。你找到了它的来龙去脉，你就把握了这个对象，你要真正了解一个人，你要看他的历史。任何事物都是这样的，你要把握它的本质，你就要看它过去是什么样，它是怎么发展来的，它的起源、它的根，在什么地方。但是真正的历史呢，除了这以外，还要反过来看一下，要进行反思，也就是要从现在和将来反过头看，从现在看过去，从将来看现在，这也就是目的论了。我们将要发展到什么地方去呢？想到这方面，我们就可以摆正我们今天在社会中的位置了。我们从现在看过去，我们也就能够评价过去的人物了。你不从现在看过去，那你对很多人物的评价只能是似是而非的。

我们现在经常给历史人物翻案嘛，为什么要翻案呢？历史已经变了，我们视野已经扩展了，人心更宽广，过去那些束缚都被摆脱了，因此我们对潘金莲、对曹操都有了一些新的评价。所以我们要从现在，或者从将来来看待过去，来看待历史，要反过来看，才能发现历史的本质和规律。为什么我们对潘金莲的评价现在变了呢？你可以发现，在历史中有一种规律，就是人性越来越得到解放，人性是追求自由的，在追求自由的过程中，它的层次会越来越提高。所以海德格尔讲，人是活在将来的，人先行到未来。人的本质就在于他是先行到未来的，他是为将来而活着的。如果一个人仅仅为现在而活着，那他就已经不是人了，他就是动物。余华不是有部小说叫《活着》？余华说写这部小说的目的就是要说明人活着的目的就是活着本身。后来我写了一篇短文去批评他，我说你把人当成动物了，而且跟你写的小说的思想完全是相反的。作家不理解自己作品的思想，这是很常见的，余华的《活着》是写得非常棒的，之所以棒就是因为他写出了人活着的目的不是活着，所以他才可悲，活着是很可悲的。如果人活着的目的就是活着，那有什么可悲呢？那应该很高兴啊，福贵还活着啊，就应该为此感到高兴嘛，但是整部小说给人非常悲哀的感觉。所以所谓活着就是活在将来。你要有理想，要有追求，才叫作活着。没有理想，没有追求，活着等于死了，就是行尸走肉嘛，行尸走肉就是为活着而活着嘛。没有将来就跟动物一样，活着等于没有活。那么从这个角度我们重新理解历史和逻辑一致，我们可以得出新的结论。

我们前面已经大致把情况讲了一下。现在我们具体探讨这几个概念，一个是历史的概念，一个是辩证逻辑的概念，最后是历史和逻辑统一的概念。首先我们看看什么是历史。通常讲的历史就是过去发生的事情，历史上发生什么事，主要从时间上来理解，而这个时间是通常意义上的时间，流俗的时间。时间这个概念在海德格尔那里有两种不同的含义，一种是内在的时间，一种是流俗的时间。流俗的时间是指有刻度的，可以计量的。如公元前多少年，耶稣基督诞生，现在都用公元，包括中国台湾、中国内地都用公元，公元被看作一个公认的刻度、目标。但是从客观的角度来看，从客观的时间的角度来看历史，实际上是很不够的。如果从这个角度来看历史，那我们所知道的整个历史都是微不足道的，无意义的。比如说，卡尔·萨根在那本名著《伊甸园的飞龙》里面，就作了一个比喻，按照现代关于宇宙大爆炸的理论，整个宇宙诞生已经有150亿年，他把150亿年根据人类的标准、尺度压缩为相当于一年，他列出了一个时间表。这个时间表上，人类的出现只是这一年的最后一天晚上十点半钟以后的事情，这一天快完了，最后出现的是人类。那么人类出现以后，进入文明社会又要经过漫长的历程，而从进入文明社会一直到今天，只有25秒钟。如果说宇宙有历史的话，人类的文明史只有25秒钟，有文字记载的历史只有25秒，研究这25秒有什么意义呢？对于整个一年来说，到底有什么意义？这样一比较起来，光是时间刻度上的量的比较，我们就会发现历史什么意义也没有，人类文明在最后25秒产生出来，人类将来肯定也要灭亡。人类的这朵火花闪了一下，就要熄灭，熄灭了以后又是整个历史进入黑暗，也没有人来记载啦。所以从客观时间的刻度的角度来理解历史，会导致历史的虚无主义，导致历史没有任何意义。单从时间的角度来衡量，所谓历史就是在时间中发生的事情，在时间中发生了什么事情，对于整个宇宙的历史来说微不足道，不值一提，"古今多少事，都付笑谈中"，过眼烟云。所以人类在这个眼光之下，不过是偶尔冒出来的一个气泡，然后就消失了。这样的历史谈不上什么发展进步，从低级到高级，只是一瞬间的事情，没有历史性。

还有一种眼光是从自然科学的眼光来理解历史。最难确定的是，从自然科学角度来看，历史中到底有什么东西比另外一些东西要更加高级，标准在哪里？找不到一个标准，找不到标准就找不到历史。历史无非是这样一些事情过去了，这样一些事情过去了又怎么样呢？自然界很多事情都过去了，太阳照在地球上面，使海洋的水分蒸发，然后变成云，又从天上落下来变成雨，落到江河里面又流进了大海。你说水是蒸发的时候高级一些呢，还是流向大海的时候高级一些？它不断地循环往复，没有什么高级不高级，就是这么一个可逆的过程，可循环的过程，这也没有历史性，也不存在历史性。那么人类也是这样，人类从整个宇宙爆炸以后产生出来了，像一个气泡一样冒出来了，然后又毁灭了，毁灭了以后，又变成了炙热状态或者是冰冷状态，这里有两种不同的意见，在当代天文学里面，是炙热状态还是冰冷的状态，大家争论不休。但是不论怎样，那种冰冷的状态或炙热的状态，比人类要高级还是低级呀？我们显然认为它要低级一些。所以人类的毁灭肯定是个悲剧，但那是我们人的观点，把它看成一个悲剧。但是历史本身没有什么悲剧，因为它没有所谓高级和低级，它是必然的，它必然要毁灭人类，人类注定了只是一个冒出来的泡沫，有产生，就有毁灭。所以从自然科学的角度来看，也谈不上历史。

比如从进化论的角度来看，也谈不上高级和低级。达尔文的进化论提出来，一到中国来，就引起了轩然大波，我们中国人把它看成人类总是要不断地进化，不断地从低级向高级提升。所谓的进化，绝对不是退化，革命绝对不是反动的，革命就是要前进的，反动派那是要拖历史的后腿的，我们中国人是这样理解的。这种观念从哪里来的？如果从自然科学的角度来谈，哪怕从进化论的角度来谈，我们也不能谈这个问题。达尔文提出"进化论"之后也后悔了，他说我不应该用"evolution"这个词，因为这个既有进化的意思，也有退化的意思。所以你不能翻译成进化论，应该说是演化论，那还好一点。这就是说尽量地用自然科学的眼光，尽量地要把价值观和目的论排除出去。"进化论"引起人的遐想，就是说好像历史有一个目的,然后我们再朝着那个目的前进。目的在哪里呢?在宇宙中没有那个目的,人类本身的产生是一个偶然的现象,我们至今也没有发现整个宇宙有第二个地方产生出人类,当然我们相信肯定会有,但是我们现在还没有发现,说明我们人类是在非常偶然的现象中产生出来的。那么这个目的在什么地方?为什么要产生人类?照这样讲,"优胜劣汰"这种话也不能说,什么叫优胜劣汰?你就比他优啦?讲"适者生存"是可以,适者是相对的,我适合我就生存了,"适者生存"这个"适者"它可能不是优,可能是劣。我们讲逆向淘汰,越劣的它越能站得住脚,越能够适合。我们现在就处于这样的状态,包括把那些有点道德的人都淘汰了,剩下的都是些《厚黑学》学得最好的,《三国演义》看得最熟的,他就能够站得住脚,这就是劣胜优汰,在很多单位都有这种情况。所以优胜劣汰也不能说。至于讲适者生存,那是一个中性的概念,那没有什么目的论的,不能够说明进化。自然本身并没有什么目的,恐龙在一千多万年以前灭亡了,是不是恐龙就是低级的动物呢?不是。恐龙已经发展到很高级了,已经很有智慧了,而且它的体型比我们今天任何陆地上的动物都要庞大,要消耗更多的能量。当然我们也不能说,它比现在的动物要高级,但也不比现在的动物低级,如果没有标准的话,我们这一切都不能够说。至于无机自然界更是如此,晶体和一般的泥土、金属和泥土,到底哪一个高级?我们通常说金属对我们更加有用,我们要从泥土里面提炼金属,但是在自然界本身来说,就没有什么高级不高级,这只不过是一个成分复杂一些,一个单纯一些而已。很多生物的结构太复杂了,可能就要被淘汰了。所以人类跟动物相比,之所以人类高级,只是因为人类得天独厚。为什么得天独厚呢?因为他最软弱,他没有任何防护,所以他只好去发展他的聪明才智,他各方面都不如动物,动物各方面都要比人类强。但是人有一个好处就是他的未完成性。赫尔德提出人的特点是百无一能,但是他有一点比动物要高,那就是他的未完成性。正因为他百无一能,所以他可以向所有的方面发展,他的缺点便是他的优点。还有他的非专门性,手的特点就是非专门性,它不是仅用来干某一件事情的，它可以干任何事情。如果你把它看成只是干某一件事情的，那它就被异化了，就像卓别林的《摩登时代》里面，那只手只会拧螺丝钉，那只手就不是手啦，它就成了机器。人的特点、人的长处就在于他的未完成性、非专门性和简单性，简单能够应付复杂，如果复杂了就不能应付更多的复杂了，正因为简单，所以可以应付更复杂的工作。

还有一种是物理学观点，就是从热力学第二定律来判定人类。热力学第二定律是讲"熵增"的，"熵"就是不可再利用的能量或者热量，不可利用的能量会越来越增大，整个宇宙都是这样一种趋势，一切有结构的东西都逐渐要被夷平，要被摧毁。当然你可以在这个过程中间重新造出结构来，但是你要通过毁灭更多的结构，你才能够造出一个新的结构。就像冰箱，冰箱可以制冷，但是你要制冷的话，要消耗更多的热量、电能，你要使周围的空气更加热起来，冰箱才能够冷起来。整个趋势是，整个宇宙的热力学达到一种绝对平衡，到最后再也没有冷和热的区别。热量总是从高处流向低处，从热的地方流向冷的地方，热的地方越来越冷，冷的地方越来越热，最后达到一种平衡。把人类放到这样一个趋势里面，认为人类符合宇宙的发展方向，所以是进化，这也是一种进化论的宇宙观。宇宙中有一个目的，有一个目标，有一个趋势，有一个时间箭头，这是20世纪70年代最流行的卡尔达诺所提出的"时间箭头"的观点。但是他认为热力学第二定律说明，人类要追求结构追求秩序是违背热力学第二定律的，人类的产生恰好是违背热力学第二定律的。从这个角度来看，人类的产生是不合目的的，或者说整个宇宙不是在进化，而是在退化。从大爆炸开始到最后的熵平衡，是一种退化的趋势，那么人类无论如何努力，他能够在这个退化的过程中形成某一种结构，也可以说是进化，那也是极小范围之内的，要靠加速其他的退化才能获得人类狭隘的一点点进化。所以总的趋势来说，人类注定要灭亡，而且是应该要灭亡，人不合宇宙的目的。所以热力学第二定律也不能为人类提供目的论依据，热力学第二定律本身是一个中性的自然科学规律，它是不能够用来做历史的标准的。

但是从我们所理解的历史来看，它应该是有目的的，应该是有一个进步的问题，有一个低级和高级的问题，你才能谈得上有历史，那么这样一个目的、标准不能从时间上取得，也不能从自然科学中取得，只能从哪里取得呢？凭什么说这个就比那个高级，这个是低层次的，那个是高层次的；这是符合人类发展方向的，那是不符合人类发展方向的；这是革命的，那是反动的，你凭什么说这些？只有一个标准，那就是人自身，人自身的标准。你不能从外在的时间，也不能从外在的自然科学的各种规律获得这样一个标准。自然界本身谈不上什么目的，也谈不上历史，要谈历史只能从人自己的角度，把人自己立为标准。所以恩格斯说："有了人，我们就开始有了历史，动物也有一部历史，但是这部历史是人替它们创造的。"实际上所谓的历史是人的历史，时间不是作为它们本身的规律考虑进来的，而是作为人的一部分，作为人的基础、材料被考虑进来的。所以只有有了人，我们才开始有了历史，在人之前的那些历史才成为了历史。如果没有人，在人之前我们所看到的那些事物、那些自然界现象都是没有历史的。但是既然有了人，那些自然现象也就开始有了历史。所以有了人的历史，才有了自然史，自然史是依赖于人的历史的，人才是自然史的历史标准。这就是马克思所说的，人体解剖是猴体解剖的一把钥匙。有了人，就可以看出猴子处在历史中哪个阶段；如果没有人，猴子处在哪个阶段我就不知道了。有了人，我们就可以判断，猴子处在人类的前期，可以给它一个历史定位。所以他说动物也有历史，人把动物安排在从低级到高级的过程当中。我们现在的生物学，也有低级动物、高级动物，你凭什么说"低级动物"，原生动物为什么是低级的呢？为什么灵长类动物是高级的呢？灵长类比鱼类高级吗？有什么标准？说来说去，标准就是大脑的发展程度、神经系统的发展程度。而这个发展程度是以人为标准的，人是最高的程度，凡是接近人的，我们就把它放在"高级"这样一个种类里面。这不仅仅是简单和复杂的问题，原生动物当然很简单，高级动物、哺乳类动物当然很复杂，这当然可以作为一种外在的标志来给动物分类，排一个等级。但复杂程度并不一定能够真正作为唯一的标准，之所以高级和低级按照复杂的程度来排，还是因为人类是最复杂的，所以我们才能够把复杂和简单作为一个高级和低级的标准。不然的话，泥土比金属更复杂，你能够说泥土比金属更高级吗？不行。

　　说来说去，历史必须以人为最终的标准，对人来说，与人的目的，特别是与人最复杂的精神活动相对而言，我们才能够给自然界排出历史，排出从低级向高级发展的历史，才能够说自然界有一个发展。自然界是发展的，是从低级向高级发展的，自然是"向人生成"的，马克思在《1844年经济学哲学手稿》里面就提到了"自然向人生成"。当然这个观点，在康德和黑格尔那里已经有了，康德的自然目的论就是认为整个自然界都以人，特别是以人的道德为它的终极目的。当然在康德那里这只是一种反思性的判断，只是一种象征、一种说法，他还没把它当真，到黑格尔那里就把它当真了：绝对精神客观上就是这样发展的。自然向人生成在康德那里这还只是我们看待自然界的一种眼光，在马克思这里应该是从人的角度，从人体解剖的角度，我们才能把猴体解剖安排成一个向人生成的过程。所以说康德说的这一点是对的，人、人的精神、人的人格才是万事万物中最终的目的，从历史的眼光应该这样来看。其他的一切事物，就其本身来说，是没有目的的，自然界本身是没有目的的，顶多有相对的目的，比如说有机界相对于无机界，它有生存的本能，我们在生理学和生物学里面也要用目的论的眼光来看待有机界。这个有机物，它的这一部分，它是"为了什么"的，我们必须有这样的眼光。但是对于有机物，我们还是看不起，我们说它还只是有一种本能而已，它不是有意识的，所以它还是低级的。只有到了人的目的性，它才是有意识的，它是一种精神。

　　但是人的精神从哪里产生的呢？当然是从本能的东西里面升华出来的，它就是自然界本身的精神。然而只有有了人，整个自然界才有历史性，或者说是进步、进化，才有了发展。宇宙不管它多么浩渺无垠，多么永恒，它们只对于人类才有意义。哪怕人类只是一瞬间，但是有了人，整个宇宙才有了意义，不然的话，宇宙是没有意义的。不管是炙热的状态、熔岩的状态或者冰冷的状态，这些词汇只有在人的脑子里面才反映出褒义或者是贬义，冰冷状态，一块石头，当然是贬义了，但是就自然界本身来说，它没有什么贬义不贬义，它就在那里。只有人才能意识到自然界趋向自身，人就是自然界发展的最高阶段，必须是从人这个角度，才能看出自然界是向人发展，才看出人是最高级的阶段，人是唯一的这样一种自然物。

我们通常讲的历史，不用说也知道，它讲的就是人的历史，特别是"有文字记载的历史"。我们上中学历史课的时候，也要讲原始人类，人是从猿变来的，那讲几句就够了，主要是讲人类有文字记载的历史。人的历史是最根本的历史，而自然界的历史是人赋予它的，并且自然界历史的意义也是随着人类的发展而改变的。自然界的历史意义也要被改变，从人类产生以来已经改变了多次，希腊神话里面给自然界赋予了那样一种意义，中国古代的神话也有，盘古开天地等，到伊甸园的故事、《圣经》的故事，又赋予了另外一种意义。到了近代，自然科学对自然开发利用，人掌握自然界，开发自然界，自然又被赋予了不同的历史意义。到了现代，提倡环境保护，自然界更是有了不同的意义。提倡环境保护，就要求自然界减缓它的历史步伐，甚至于停止，自然界再不要发展，自然界再发展就没有了，就被毁灭了。你要停止，不要再发展了。这种"发展"恰好是人类发展的结果，人类历史发展到了一定的程度，就命令自然界不要再发展，当然它自己还在发展，它自己发展就体现在自然界不再发展了。自然界的原则是适者生存，但要受到人的控制，如果讲适者生存，那很多濒临灭绝的动物就不适合生存啦，大熊猫、华南虎，那就不用生存了，这条自然规律应该被废除。现代人类的环境保护意识非常强烈，认为自然界应该把这个适者生存的原则废掉，要受到人的控制，不适者也要生存，濒危动物要得到保护。所以从这个角度来看，自然界的历史是随着人而改变的。

我们通常讲的人类历史，一般把它理解为属于自然史的一个阶段、一个部分。自然界的发展，出现了人，人类的发展又出现了人类的历史，那么从时间上来说，我们可以截取人类历史这一段，作为自然界发展的一小阶段，通常是这样直观去理解的。但是现在我们要颠倒过来想，不是人类历史划归为自然界历史发展的一个阶段，相反，自然界的历史是隶属于人类历史的，倒过来的观点，一般人很难接受，自然界的历史隶属于人的历史，自然史只不过是人类历史的一个意义载体而已。人类社会的历史用这个眼光来看，就不能归结为自然界物质的范围。自然界从唯物主义或自然科学的角度来看，它是物质发展过程、进化过程。但是人类社会的历史能不能用这样一个自然的尺度来加以衡量？不能。社会的进步和发展绝对不能仅仅指科学技术、物质产品的发展。物质产品量的增加和质的多样化、复杂化可以用来衡量人类发展的历史，但是绝对不是唯一的标准。应该是什么标准呢？着眼于人的素质，其中特别是人的精神素质，才是历史发展的标准。人的精神素质，康德把它归结为人的道德，太狭隘了一点，不仅仅是人的道德，但是肯定包含人的道德。人的全面的发展，人的全面的精神素质，也包括在这种精神素质的支配之下，人的各种技能、各方面的素质，比如音乐方面、美术方面、创造力方面的素质，但最根本的是精神素质，人的技术、人的动手能力都是受人的精神素质支配的。

  我们通常讲历史唯物主义，好像马克思就否认了人的精神素质这一点，马克思主义讲生产力，讲科学技术，讲共产主义从空想变成科学，把科学抬得很高，把生产力看作人类发展的动力，我们通常理解为生产力就是一个物质过程、纯物质过程，把精神的东西全部排除掉。其实我们都对马克思的这个观点产生了误解，生产力本身就是人的全面素质，生产力是人造出来的。人凭什么造出来？人凭本能就能造出来吗？人的生产力一开始就是人智力的产物，人比动物聪明，人的大脑比动物发达，当然这个发达也是在长期的进化过程中形成的，但是人跟动物的区别首先就在这一点，在劳动中人的大脑发展起来。所以生产力本身就是人的素质，它不是纯物质的过程，里面包含人的精神、人的思维能力、人的自信、人的感觉。最开始时的原始社会的生产力是全面的混沌体，它里面包含生产关系、意识形态、情感情绪，都在生产力里面。后来才分化出来，特别是到了资本主义社会，生产力才赤裸裸地分化出来，成为一个纯物质过程。其实也不纯，它还是人有意识支配的过程、意志过程。总之，生产力是人的精神素质的一种标志。所以一切历史只有在人有目的、有意识的活动基础上才有可能被书写，马克思主义的贡献不是把历史建筑在纯物质过程之上，而是在于把最基本的有意识的活动，也就是劳动放在历史过程的起点，作为历史的基础。我们要从全面的角度来理解劳动，一开始就是这样的，当然后来劳动异化了。但是马克思的理想就是劳动要复归于人的本质，人的全面发展。将来的劳动，马克思说的理想的劳动，已经把资本主义意义上的劳动、那种"工作"扬弃了，扬弃了劳动，剩下来就是人的自由的活动。劳动本来就是人的自由的活动，现在复归到了自由的层次。

所以历史唯物主义和一般的唯物主义的根本区别就在于，它的出发点上就包含有价值，包含目的、评价，也就是包含有历史的因素，包含有价值标准。历史唯物主义里面包含有目的性，整个社会发展是有目的的。当然这个目的不是人为的目的，而是客观的规律，但是跟人的目的并不冲突，它跟人的本性，跟人的自由自觉的活动、人对自由的追求恰好是相吻合的、相通的。它不是简单地执着于客观的自然界、物质世界，而是在精神的层面上重新来掌握物质世界。将来的自由社会将在精神的层面上掌握物质世界，从必然王国飞跃到自由王国。所以历史唯物主义讲的历史是这样一种历史，它不是一种实证的方法，不是收集各种例证，然后加以计算；而是一种辩证的哲学理解、哲学评价、哲学体验。这就涉及对辩证法的理解了。所以我们下面谈到的实际上是一种特殊的逻辑方法，这种逻辑方法就是辩证逻辑方法。

下面我们看看什么是辩证逻辑。人们通常理解的辩证逻辑实际上是从形式逻辑的类比的角度来理解的。国内的逻辑学界经常有这样的争论：形式逻辑有很大的好处，必须承认；而辩证逻辑是我们的指导思想，也不容否认。很多人认为这是两种不同的逻辑，种类上不同，应该区分。如在形式逻辑中，有它的形式规律，如矛盾律、排中律、同一律；辩证逻辑中也有它的规律，如量变质变、对立统一、否定之否定。形式逻辑有三段论推理，辩证逻辑有三段式、圆圈式的进展。一般理解，这是两种不同的形式规范，逻辑被理解为形式，有两种形式，一种是辩证的，一种是形式的。这是两套不同的形式系统，两种不同的思维方法或者是思维工具。所以在这种理解之下，国内的逻辑学界长期以来出现一种倾向，就是试图把辩证逻辑形式化、工具化、精密化。从20世纪50年代开始就有人做这个工作：如何把辩证逻辑变成一套人工程序，不再是自然语言。以往的辩证逻辑通过举例子、感悟、凭聪明，现在能不能搞成一套客观可操作的系统？很多人做了大量的工作，花费了很多的精力，企图以形式逻辑为楷模，来制定一套有严密的公式、概念的逻辑系统，甚至于他们的理想就是将来能够用一套符号来取代自然语言。就像现代的数理逻辑一样，我们可以用符号，就是数学公式演算来取代自然语言，来表达辩证逻辑的意思。辩证逻辑确实是有意思的，你不能说它完全是胡说八道，西方分析哲学说辩证逻辑完全是胡说八道，也太过分了，它是有它的意思的。但是这个意思能不能完全用形式化的符号表达出来？辩证逻辑的形式化也就是辩证逻辑的形式逻辑化，就是试图把辩证逻辑形式逻辑化，它的立足点还是形式逻辑，前提是，形式逻辑是放之四海而皆准的。只要有一个东西，形式逻辑就可以表达出来，既然辩证逻辑有意思，那么形式逻辑为什么不能把它表达出来呢？肯定能够。所以很多人都在做这个工作。

但是在黑格尔那里，辩证逻辑和形式逻辑的区别恰好在这个地方，辩证逻辑涉及内容，它不是一种单纯形式。为什么必须用自然语言，当然黑格尔也用了一些术语，这些术语很多就是从形式逻辑里面拿来的，但是被他赋予了不同的含义，赋予了深层次的具体的含义。为什么不能用形式逻辑的含义，一定要赋予它内在的深层次的含义呢？就是因为在黑格尔那里，辩证逻辑的内容不能从形式逻辑的字面上、语法上表达出来。形式逻辑很多东西在辩证逻辑那里都失效了，在黑格尔看来，甚至有相反的意义。比如说一般的判断，S是P，黑格尔就明确地讲，用S、P来理解他的逻辑学是完全不对路的，不是那样的通常意义的判断：主词就是宾词。他认为主词和宾词可以颠倒，主词当它是宾词的时候，宾词就成了主词，所以不能把S和P当成是固定的命题，那样就误解了辩证逻辑的意思。所以实际上，在黑格尔那里，辩证逻辑的那些命题不能从字面上来理解，不能单纯靠文本的一种形式分析，而必须从语意上来理解，甚至从言外之意来加以理解。所谓言外之意，那就是要凭自己的感悟和体验，这有点像中国哲学了。我说出一句话来，你要是从形式逻辑来分析，那就一点意思都没有了，像罗素他们所说的，那就完全是胡说八道了。你说一个东西是A又不是A，那不是胡说八道吗？黑格尔的意思不是从形式逻辑来理解的，它有意思，但这个意思表达不出来，用这种方式表达只是一种暗示，它有言外之意。

所以辩证法最深刻最内在的根据，不是形式逻辑的那种形式推理，而是对自己头脑中形成的那些概念和概念关系的一种体验，结合你的生命，结合你的日常生活，去进行体验，它是靠这种体验来把握客观事物的本质的。体验的规律本身是不可言说的，但是黑格尔把它说出来了。按照中国哲学来说，既然谈到体验，也就不能说了，你要说，顶多只能写一首诗，或者说一些不相干的话，自己去体会。禅宗最喜欢搞这一套，禅悟，甚至不说话，打你一拳，踢你一脚，你自己去悟，语言没办法表达嘛。黑格尔的不同在于，他还是用语言表达，而且这种语言在某种意义上严格说来，是从形式逻辑那里借来的，但是赋予了它另外一层意思，它使这种禅悟逻辑化了，它具有了一种可以把握的线索。当然这个线索必须要靠体验、靠暗示，但是它毕竟有条线索，去暗示这个，而不是去暗示那个，它区分得清清楚楚的，你不能混淆的。所以它还是西方"逻各斯精神"的一种表现。黑格尔的逻辑学是逻辑，而且还是本源的逻辑，回复到了古希腊的逻各斯（Logos）。逻辑本来就是从逻各斯发展起来的，黑格尔使逻辑从它形式逻辑的意义上回复到了它的根，那就是"说话"，就是逻各斯。形式逻辑是一些固定化了的东西，可以用符号来代替某些词项，它是可操作的，所以它在计算机里面是最有用的，形式逻辑、数理逻辑在计算机里面用得最广泛。而辩证逻辑没办法在计算机里面用，因为计算机毕竟是机器，只会计算，没有体验，辩证逻辑的基础则是一种体验。

黑格尔整个逻辑学可以说都是建立在体验之上的，他的范畴的那些过渡转化都没有什么形式上的规则可以依据，你必须通过你的生命体验来理解。辩证逻辑的范畴规则都是建立在这样的感悟之上的，如果我去掉了感悟，那马上就成为形式逻辑的东西，而且从形式逻辑的角度来看，就成了诡辩。因为辩证逻辑并没有创造很多新的词汇，辩证逻辑中的矛盾、同一性，还有各种范畴等，在形式逻辑中都已经有了。辩证逻辑和形式逻辑的区别就在于，在同一种形式底下，它着眼于那种可以意会而又不能言传的东西。黑格尔有句名言："正像同一句格言在完全正确理解了它的少年人那里，总是没有阅世很深的成年人精神中那样深的意义和内容，要在成年人那里，这句格言所包含的全部力量才会表达出来。"同一句格言，也就是形式逻辑的同一个概念、同一个范畴，在形式逻辑那里总是像少年人说出来的，那么在辩证逻辑那里就意味着由老年人把同样的话再说一遍，但是它的意义大不一样。在概念、范畴方面，形式逻辑和辩证逻辑并没有很大的差异，但是辩证逻辑的差异就在于它把里面的那种基础性的东西挖掘出来了，而形式逻辑则不管。所以我们可以说辩证逻辑是一种内容逻辑，而形式逻辑是从内容逻辑里产生出来的，内容逻辑使自己形式化，就变成了形式逻辑了。所以辩证逻辑是形式逻辑的根，它可以产生形式逻辑。后面我们专门有一讲阐述这个问题，专门展开辩证逻辑和形式逻辑的关系来讨论。

那么从形式逻辑的角度来看，辩证法是神秘主义者，因为形式逻辑不深入内容，只在形式上滑来滑去，一旦涉及内容，就不是形式逻辑的内容，形式逻辑规定不了，所以把内容的这些东西判定为神秘主义。这一点黑格尔也承认。黑格尔在《小逻辑》里面讲到，在某种意义上，我的逻辑是神秘主义的。所谓神秘主义，就是诉之于感悟、体验，不能够直接地说出来。感悟到的东西，怎么能直接说出来？只能暗示。佛教里面讲"遮诠"，只有遮住了，你才能诠释它，你只有说不是什么，它才是什么，你才能体会到它是什么。辩证逻辑也有这个意思，反话正说，正话反说。为什么讲那么多矛盾，就是为了揭示出矛盾后面那个真实的东西。形式逻辑我们习以为常了，我们故意反着说一下，我们反过来说是就是不是，不是就是是，我们就会说这是胡说八道了。但是我们想，黑格尔这么伟大的思想家不会这么愚蠢，你就会去体会它后面的意思，这就是"陌生化"的效应。当然你体会出来的东西也不是字面上说出来的意思，不是胡说八道，但是真理在什么地方，你是能从这里体会到的。所以辩证逻辑的神秘主义是针对形式逻辑来说的，为什么形式逻辑把它看作神秘主义，因为形式逻辑是不能分析内容的，内容的东西是不能从形式上固定化来加以分析的。内容的东西是历史的、发展的、运动的。形式逻辑最难对付的是运动，运动是什么，古希腊的芝诺就解决不了运动的问题。"运动悖论"就是从形式逻辑来分析而产生的，运动根本是不可能由形式逻辑来分析的，所以他得出结论就是运动不可能。

形式逻辑确实无法对付运动，因为形式逻辑着眼于一个东西，就下一个清楚的定义把它固定下来。运动的东西怎么能固定下来？你要把它固定下来的时候，它就变了。只有人的生命体验能追踪事物的运动过程，因为生命本身就是运动的。每个人都有生命，从这个内心体验，才能追溯运动过程。海德格尔把这个原理表达出来：人的此在是窥视存在本体的一个窗口。形式逻辑只能对付在者，已经在那里的东西，但是人可不是一个东西，人是 Dasein，是有生命力的，它有自由，不断地发展，它能不断地自觉，当要规定它的时候，它就能超出这个规定，这是用海德格尔的话来理解黑格尔的意思。当然黑格尔最终还是把人的体验看成是低级阶段，真正的最高阶段就是绝对精神。在这一点上，黑格尔颇受后人的指责。克尔凯郭尔说，如果黑格尔讲完这些以后，说这一切都是荒唐的，那黑格尔就是一个伟大的天才。但他没有说，所以他只是个小丑。

尽管黑格尔有这样一些确实应该受到指责的地方，但是恩格斯仍然从里面发现了有价值的东西，恩格斯讲："黑格尔不同于其他所有哲学家的地方，就是他的思维方式有巨大的历史感作基础，形式总是那么抽象，但是内容是跟历史的发展紧紧地平行着的，而后者按他的本义只是前者的验证。"历史感就是生命感。历史就是生命，在生命中有一种感受，对历史的体会，体会那些逻辑范畴底下的内容。也可以说世界历史就是人的生命所造成的，是对历史的体验、历史感。现在很多理性的和非理性主义的思想家也有这样的思想，强调对历史的体验，比如说现在的解释学、狄尔泰、伽达默尔都诉之于生命体验，存在主义的海德格尔、萨特也是这样。对这样充满着历史体验和生命逻辑的思想，一直到今天，很多人还是不太理解。很多人指责黑格尔的理性，指责他的辩证法完全是纯粹理性的虚构，跟现实生活无关，是由高高在上的绝对精神所规定的一套必然的框架，给人类历史所规定的一定不可违抗的命运。从这个角度来理解黑格尔实际上是一种误解，把黑格尔的辩证法解释成形式主义、唯科学主义。但是黑格尔显然不是唯科学主义，也不是逻辑理性的。我们通常讲的"逻辑理性"主要是指形式逻辑的理性，黑格尔的辩证逻辑理性和我们现在所讲的逻辑理性是完全不同的，因为辩证逻辑理性就是生命的体验、历史感。黑格尔的功劳在于不是让这种生命体验和历史感停留在神秘之中，而是把它提升到逻辑的层面来谈，赋予了它某种逻辑的形式，当然这个逻辑的形式已经不是形式逻辑了，只要不是从形式逻辑的意义来理解，它就是很有意义的。

最后我们来看看什么是历史和逻辑的一致。历史我们讲了，逻辑我们也讲了，那么历史和逻辑在这种意义上如何一致呢？历史和逻辑的一致作为本体论来看，我们可以把它看成历史内在的发展规律。历史和逻辑的一致指我们可以在历史中看到逻辑，看到它的发展规律，也就是它的进步，它从低级到高级的发展，它的目的性。我们要为目的性翻案，当然不是以往的那种目的性，而是哲学意义上的，把历史看成是有目的的，历史是向人生成的这样一个目的。我们对这种发展规律有一种历史感、感悟,一种体验,并且因此也有一种评价,评价就是一种态度,我们对它有感悟就是有一种态度。于是,历史和逻辑就在这样一种内在的关系之中。逻辑不再是一种实证的手段,而是一种直接的本体的把握,这就涉及康德所讲的"智性直观"。历史感就可以这样来理解,当然免不了有一种主观性,免不了对历史的资料加以裁割,那么"主观"和"客观"的概念在这里也得到了一种刷新,一种全新的理解。也就是在历史领域里面,和自然科学是不同的,在历史中,一切客观规律都只有通过主观性才能得到把握,这跟自然科学是不一样的。自然科学排斥主观性,排斥得越干净越好,你稍微有点主观性,那就坏事了。韩国的黄禹锡就是因为加入了自己的主观性,就麻烦了,就成了科学造假。当然,纯粹客观主义在自然科学里面大部分也许是适用的,但是今天也受到了质疑,纯粹客观主义是不是自然科学的唯一方法,这在现当代的物理学中也受到了质疑。许多问题实际上也是离不开人的主观视角的,有所谓"人择原理"。但是,我们可以说,在自然科学里面,相对而言,是比较主张客观主义的。在人文科学中,你要主张这样一种客观主义,那基本上是一种幻觉。在人文科学中,要主张绝对的客观,一个是做不到,另一个也是不应该,也不可能那样做。因为所谓的历史规律,它是从主观性回复到客观,把客观把握在主观中,把主观作为客观来把握,才能显示出它的规律来。把自然界把握在人类的眼光中,你才能有一个自然界的历史,人自身的历史更是这样。人自身虽然做出了那么多客观的事情,但是客观的事情只有把握在主观中才是历史,才能显示出它的历史规律。

所以历史有必然性,但是这种必然性是建立在主观自由之上的。我们通常认为自由是以必然为基础的,自由是对必然的认识嘛,这只是一方面的道理。但另一方面的道理是,自然是以自由为基础的,在历史领域里面尤其应该这样来看,所有的必然规律都是人的自由造成的。因此,整个历史都是人的自由造成的,整个自然界的历史也只有从人的自由的角度来看才称其为历史，才具有历史的必然性，否则的话，都是偶然性。当然它有自然科学的必然，但是从历史的角度来看都是偶然的，都是碰上的。那么既然谈到自由就不能还原为"客观物质过程"，精神的东西只能被精神的东西所理解，甚至客观的东西比如文献、文物，也只有通过对当时的文化心理、社会心理、文化风尚的设身处地的体验，你才能理解。我们对文物很相信，历史学就是要讨论文物的真伪，进行鉴定，但是鉴定完了以后怎么办呢？鉴定完了以后，你只是为历史提供了一个材料、资料，究竟它的历史意义何在，你就必须通过设身处地地体会，理解当时的人会把它看成具有什么意义的东西才能理解。所以在历史中，不存在纯客观的记载、描述，当你用语言描述的时候，它本身就带上了道德倾向、感情色彩。事实上也是这样，所有的历史学家无不带入自己的倾向、色彩，在历史客观主义看来，这是历史学的一个大缺陷，就是历史学免不了带进主观的东西。但是对于历史学本身来说，如果没有这种倾向性，那也就没有了历史。

人类的历史无非就是那么多人诞生了，那么多人死去了，人是地球上覆盖面最广的一种动物，人是最适合于目前的这种环境的动物。但是说不定某一天，禽流感、SARS病毒会消灭人类，使地球变得对苍蝇最适合。从生物学的眼光可以这样来看。那么人类有什么意义呢？人类在猿人时代漫游在大陆上，就那么很少的一些人，几十万人，顶多也就是一两百万人，现在发生了翻天覆地的变化，有六十多亿人，有什么意义？你必须用人自身的眼光来看，才能赋予它意义，没有了这种倾向，就没有了历史。你把它看成发展的过程，它要走向某个目标，这个目标不是地球本身的自然的目标，而是人类精神的目标，从这个角度你才能评价历史。所以，主观的倾向性是历史客观性的前提，只有通过主观性，才能真正达到历史客观性。人口的爆炸不是历史，当然可以为历史提供一个基础，它本身还不是历史，只有主观性才为历史的客观性开辟了视野，使历史本身具有了历史性。当然这里还有一个区别，不是说凭主观的臆想乱说一通都可以构成历史。首先必须要有一定的基础、一定的材料，要考证，要搜集资料，要编纂，有时还要使用自然科学手段。比如说用天文学的手段确定事件发生的时间，用 X 射线等去检查那些文本、文物，最后还要对那些数据用计算机、数学来处理，从形式逻辑上也要清理那些史料，梳理它们。中国哲学最喜欢讲"爬梳"，有些矛盾的地方要把它疏通了，为什么会有矛盾呢，你要说出点理由来。比如当时为了某个皇帝名字的避讳，对文本有改变，这个矛盾就解决了。从形式逻辑进行梳理，解决那些矛盾，鉴定文本的真伪，这样一些工作是必须要做的，但是这样一些工作实际上是无限的、无穷无尽，你永远可以不断地去爬梳。人们不可能把所有这些都做完了以后再进入历史的判断，这只是历史研究必要的前提。有了一定的前提，你就可以做研究了。

所以在历史研究中要有客观的态度，就是要尊重文本、文物、历史事实，尊重考据学、音韵学、训诂学，这些所谓的"小学"，这是必须的。但是历史研究的客观性还不是历史本身的客观性，历史研究要尊重客观性，但是研究出来的是不是历史的客观性呢？那还不是，历史本身的客观性还要提高层次。现在这些客观性只是自然事实的客观性，还不是历史事实的客观性，不是社会性的事实或精神性的事实的客观性。精神性的客观性到底意味着什么呢？必须去体验、去思考。所以历史的客观性不能像史料的客观性那样去获得。在考证史料的客观性时必须像自然科学那样，排除个人的好恶和倾向，排除你的先入之见。但是历史本身的客观性，你排除不了。相反，你的主观倾向和价值评价是历史本身的客观性的灵魂和生命，所谓灵魂和生命就是：历史本身的客观性是发展的，它是有生命的。我们刚才讲了，所谓的历史是一个生命体，它不是摆在那里的一个东西。文本在那里，但是对文本的理解有一个历史的过程。对历史的解释本身有一个历史过程，不同时代的人对同一个文本可能有不同的解释，而且哪怕是同样的解释，随着时代的发展，它也可能有不同的意义。潘金莲，我们假定有那么一个人，随着时代的发展，事实还是事实，但是她的意义不同了。

所以说真正的历史是一种"效果的历史",所谓的效果历史就是一种在起作用的过程中形成起来的历史意义。历史不是摆在那里固定的东西,永恒不变,一旦发生,就像自然科学的事件,就那样了。恰好相反,会不断有人用新的精神来解释,它是在解释效果中,才显示出越来越深层的含义的。

我们对历史经常有这样表层的理解,就是历史是真还是伪,如果是伪,那它就毫无意义。不管是《论语》还是《圣经》,后来都有人进行这种研究,就是哪一条是后人加上去的,有些不能确定的就存疑,伪经是不可信的。但是实际上从效果历史的角度来看,这些东西本身都不是可信的。因为孔子作为一种符号,它的含义是由后人解释的,不管历史上的孔子究竟是怎么样的、怎么想的,我们都不知道了。但是历史上孔子的影响就是通过这些经典,包括真经和伪经一起传下来的。《圣经》也是这样,后来有人说有些是伪经要把它除掉,但是发现除不掉了,它已经有影响了,人们就是这样理解它的,人们就是这样理解耶稣基督的。伪经也写得很好啊,为什么人们误以为是耶稣基督说的话呢?说明是符合他的精神的,这个在精神上是符合他的效果而形成的。我们讲基督教,不是说耶稣基督在里面讲了一些什么东西,不是一个考据问题,而是一个诠释学问题、一个效果历史问题。历史上的基督教就是在这样一个不断的解释中形成起来的。考古学上有些新发现,认为耶稣、孔子还说了其他一些话,另外一些话几千年来没传下来,我们当然可以说对耶稣、孔子误解了,但是那个误解不误解已经没有意义了。为什么没能传下来?还不是因为那些东西不能吸引人们的眼球。之所以能吸引人们的眼球,说明它们有意义,它们符合了当时人们的共同需要。所以,孔子精神、耶稣精神就是时代的精神,一个历史的精神,就必须把后来人对他们的解释算进去。你当然可以把未传的东西发掘出来,满足某些人的好奇心,但那是没有意义的,它们没有进入历史。真正进入历史的不是原原本本的孔子本人或耶稣本人,而是他们的精神在历史上所造成的影响,真正的历史是效果历史。具体的人在历史上怎么想的,这个不重要，作为一个自然事实也许是客观的，但是作为历史事实它不是客观的。它只是孔子头脑里想到的某个念头，讲出来或写出来，但是没有传下来，就不是一个历史的客观事实。历史的客观事实就是在历史上产生影响并且传下来了的，进入了传统的。传统不断地变化，不断地被后人改写、创造，这才是真正的历史，具有历史意义的历史。当然那些遗失了的经典，也是历史，你今天来读，可以有新的启发：孔子原来还有那么些思想啊！那我们是不是可以从里面开出一个新的局面来。那就是你的历史啦，那是你对孔子的再解读，你这个解读一旦被人们所公认，使人们受到了影响，那才具有了历史意义。

所以整个历史是一个不断创造的过程，哪怕对同一个文本，我对它的解读，也可以不断地创造。历史资料的客观物质形式，只是用来达到不同时代的人精神相通的一个媒介，我们有同样的文本，所以我们可以达到沟通，有不同的意见可以保留，但是我们基本还是相通的。这些文本、这些资料一旦进入历史本身的对话语境，不断跟古人对话，它们就退居到后台去了，就被当作一种不言而喻的东西来运用了，它们本身的意义就不再明显了，真正的意义就突出来了，就是我们的对话能够谈出什么东西来，谈出什么意义来。但在某些关键的时刻，这些资料的意义也会跳出来，这些文本也会冒出来，就是说当出现争议的时候，这个时候文本就重要了。一旦我们在文本上面达成共识以后，文本就不再重要了，我们就可以在这个基础上，个人发挥自己的创造力，来创造历史。这种创造历史不是随心所欲，为了自己的个人目的，而是对文本的不同理解，客观的一种理解。就像我们读书的时候，我们只有忘记了文字的符号，我们才能够读书，你老记住那个字怎么写，你进入不到读书，只有忘记了字形，字形只是物化的媒介，而你的整个思维停留在思想的过程中时，你才进入了阅读之中。只有在碰到某个疑难问题的时候，一个字或者一个词的形状笔画才开始跳入你的眼睛里面。你在写文章的时候，思想的进程很顺利的时候，很顺畅就写出来了，不顺畅的时候，你就会想这个字是不是写错了，越看越不像那个字,你一查字典,又确实是那个字。文本也是这样的,你老是纠缠于那个文本的真伪,你进入不了思想。

所以文本、文献的客观物质形式只有通过思想相通,才能够使文化传统一代代传下来,在同一个文本中,才能够发展起来。《圣经》的解释,《论语》的解读、诠释汗牛充栋,不同的人有不同的发展,不同的人有不同的解释,这种解释本身是值得研究的。我们今天所理解的孔子、耶稣究竟是个什么形象,我们要从它是怎么发展起来的这个过程才能获得,这样才能够确定它的精神含义究竟何在。所以我们在写历史的时候是用自己的精神去打通历史。过去的人在读文本的时候有不同的"期待视野",过去的人总希望从文本中看到三纲五常,而我们今天的人想从中看到人性和自由,这就是不同的"期待视野"。我们用自己的"期待视野"去打通历史,打通历史实际上也是打通人类的精神,我们今天的人和几千年前的人相沟通,我们都是人,都有人类的精神。打通历史,一方面,具有主观的精神,是创造的活动;另一方面又是对历史本身的一种发展。我们在历史中能不能有创造?我们通常说学历史的人,能有什么创造?其实学历史的恰好需要创造,历史本身需要发展,包括对过去历史的解释也要发展,这才是历史的发展,历史才能推向前进。如果你对历史的解释,还是停留在历史的人物本身的那个层次上面,那说明你这个时代没有发展,是停滞的。我们这个时代对历史人物的评价已经不是传统对人物的评价,说明我们这个时代已经发展了,我们已经用我们的创造进行了"视野融合",我们用我们的视野融合了古人的视野,这样来看历史,使历史更具有整体性。我们不是歪曲了历史,肢解了历史,相反我们把传统的历史融合到我们的历史里面。作为其中的一个环节,像黑格尔所讲的那样,使历史上的环节构成我的历史的一个环节。伽达默尔的视野融合也有这个意思,我们今天的视野使过去的视野成为一个环节,而且不断地向更高的环节推进,这就是历史和逻辑的一致。这就是历史中的逻辑,历史中的辩证法。

逻辑与历史的一致,就是自己的精神和历史上的精神通过历史感相互贯通、融会。当然一个必要的媒介就是文本，自己的精神通过文本和历史上的精神通过体验达到融会，这与黑格尔有很多相近之处。当然黑格尔把绝对精神当作最终的一个实体，把每个人的自由创造当作只是一个手段，这就把事情搞颠倒了。马克思指出，在历史领域，虽然一切以人的自由意志为前提，但是我们人并未意识到这一点，人在历史中，他的行为当然是由自由意志支配的，但他总是感觉到受阻，命运、宿命、客观规律总是束缚他，他超越不了现实。马克思认为，这是一个社会处于异化时代的一种体现。别人的自由意志束缚了你的自由意志，他有钱有势，你奈何不了他，这是一个历史事实，这是属于人类阶级社会的异化现象。人们把这种现象归结为命运或者上帝的安排，实际上，他还是没意识到这些仍然是自由意志的产物。问题在于人与人之间的自由意志异化了，这个异化在资本主义社会达到极致。所以外在的物质已经失去了它的感性特质，已经不能被体会到了，成为人的限制，成为人与人之间的鸿沟，把人割裂开来。所以迄今为止，虽然历史是立足于自由之上的必然，但是，恰好体现为每一个人的自由受到了外在的限制、异化的限制。所以马克思讲社会存在决定社会意识，是人类历史的一个"铁的规律"，但是这个铁的规律也不是永恒的，社会存在决定社会意识，这是人类在"前历史"时代的一个铁的规律，人必然受到社会存在的限制，这是必然的王国。但是在马克思心中，没有任何规律是真正铁的规律，人类必然从必然王国飞跃到自由王国，那个时候情况就会颠倒过来，社会存在不再决定社会意识，而是由社会意识决定社会存在，那时人类就自由了。人与人的自由相通，不再受到外在物质条件的限制，那岂不是一个自由王国嘛！

从这个角度反观哲学史，哲学史既是一部范畴的逻辑史，同时又是一部文化史、文明史，我们要从那个范畴底下，揭示出人的生命体验，那种生命的冲动，对自由的追求，对生命的呼唤。不要看它那么抽象，而要根据当时的历史条件，用今天人的眼光体会它，这里面有对自由的追求，包括潘金莲的追求，在我们今天也可以得到某种同情。范畴的抽象要从当时的历史感来把握，哲学史的必然性并不是一个范畴跟另一个范畴的概念之间的一种必然性，而是在概念底下的那种生命体验，有一种必然性。人总是要追求越来越多的自由，越来越高层次的自由，这种自由是必然的、不可阻挡的，那么哲学史也就必须被纳入整个人类精神史的发展，才能得到比较透彻的理解。

第三讲 | 论历史感
——现代解释学的启示[2]

我们今天开始讲有关现代解释学的一些问题，主要还是从马克思主义的方法论讲起。现代解释学当然也算是一个热门话题了，一门显学，在很多领域里面，特别是文艺理论、文学批评以及宗教、历史等这些方面，都有很多具体的运用，大家都很关注。

那么我今天讲的就是关于"历史感"，就是把现代解释学和马克思主义的方法论的观点联系起来谈。因为现代解释学不是从天上掉下来的，而是经过一代又一代的哲学家不断地探索，才走出来的一条路子。在马克思那个时代可能还没有这种自觉的意识，在方法论上基本上还是黑格尔辩证法的那个路子。但是从这里头发展出了现代的，特别是伽达默尔的解释学。那么它是怎么走过来的，今天我想把这个具体的线索梳理一下。

首先我们来看恩格斯的一段话。恩格斯在《卡尔·马克思的〈政治经济学批判〉》这篇文章里面有一段名言，他是从黑格尔的辩证法和方法论切入的。他讲："黑格尔的思维方式不同于所有其他哲学家的地方，就是他的思维方式有巨大的历史感作基础。形式尽管是那么抽象和唯心，他的思想的发展却总是与世界历史的发展紧紧地平行着。"这里头提到了一个"黑格尔的思维方式"。我们知道，马克思自称为"黑格尔的学生"，辩

---

[2] 本讲主要思想曾载于《学术月刊》1990年第2期。

证法是跟黑格尔学的。那么学到了些什么东西？其中一个很重要的内容就是黑格尔的"历史感"。黑格尔以巨大的历史感作为他的思维方式的基础。这种历史感也可以说是马克思从黑格尔那里学到的最重要的东西，而且这种历史感是马克思、恩格斯的历史唯物主义在方法论上的出发点，或者是从黑格尔辩证法里面所剥取出来的最重要的合理内核。为什么这样说？恩格斯在这篇文章里面有一段话可以作为我们的依据。他说，从黑格尔的历史观里面剥取这样一个内核，使之摆脱他的唯心主义的外壳，这是一个"其意义不亚于唯物主义基本观点的成果"。也就是从黑格尔的辩证法里面把它的历史感剥取出来，把合理的内核剥取出来，它的意义不亚于唯物主义基本观点。

这个评价很高啊！我们知道马克思主义在哲学上有两个来源，一个是黑格尔的辩证法，马克思从它里边剥取了它的"合理内核"；另外一个是费尔巴哈的唯物主义，马克思从那里面接受了唯物主义的"基本内核"。这都是他们的用语，一个是合理内核，一个是基本内核。唯物主义是基本内核，从费尔巴哈那里延续下来的；那么辩证法是合理内核，从黑格尔那里延续下来的。把这两者结合到一起，形成了马克思的历史唯物主义。黑格尔的辩证法的核心就是它的历史感，它的意义不亚于唯物主义的基本观点。也就是说，从黑格尔那里吸收的合理内核的意义不亚于从费尔巴哈那里接受的唯物主义的基本内核，这两者可以同等看待。马克思的唯物主义是辩证的唯物主义，也是历史的唯物主义。辩证唯物主义就是历史唯物主义，没有什么区别。因为从这里看得很清楚，辩证法的核心就是历史感。

什么是历史感？黑格尔的辩证法里面已经有历史感了，但是黑格尔把这个历史感淹没在他的体系结构里面，他的唯心主义体系的形式把它遮蔽了。所以恩格斯讲，黑格尔的方法在它现有的形式上是完全不适合的、不适用的，实质上是唯心的。而这里要求发展一种比以前所有的世界观都要更加唯物的世界观，黑格尔是从纯粹思维出发的，而这里呢，必须是"从最顽强的事实出发"。所谓更加唯物的世界观，就是要把历史感的思想挖掘出来，不是把它放到纯粹的思维基础上，而是把它放到"最顽强的事实"

上面来。

什么是"最顽强的事实"？人们很容易从字面上把它一般地理解为，那就是客观存在的东西，物质世界，就是物。但是按照恩格斯的说法，不是这个意思。我们通常一讲唯物主义就强调物质，物质第一性，精神第二性。当然基本来说这种说法没错，这是唯物主义的基本内核。但是恩格斯讲的这个"最顽强的事实"不仅仅是这些。恩格斯是这样解释的，他说："我们采用这种方法是从历史上和实际上摆在我们面前的最初的和最简单的关系出发，因而在这里——也就是在政治经济学里面——是从我们所遇到的最初的经济关系出发。"他又讲："从商品开始，即从产品由个别人或原始公社相互交换的时刻开始"，因此，"经济学所研究的不是物，而是人和人之间的关系"。什么是"最顽强的事实"？"最顽强的事实"不是物，不是那个商品本身，而是在商品上面所集中体现出来的人和人交往的关系、实际的关系、感性的关系。这才是"最顽强的事实"。如果你脱离这些关系来谈它的话，那它就只是一个康德的物自体。所以，字面上人们很容易产生这样的误解，一谈到物，那我们就是谈商品本身嘛。商品是个东西嘛，凡是商品都有重量，有使用价值，对人们有利，可以满足人们的欲望，就停留在这些东西上面。但是人们没有想到，这个物实际上体现的是人与人的社会关系，自然之物体现的是人们的社会关系。

这种观点和以前的唯物主义观点就不同了。为了区分开这两种不同的唯物主义，马克思在《资本论》里面批判了那种"抽象的自然科学的唯物主义"，也就是非历史的唯物主义。马克思是历史唯物主义的，所谓历史唯物主义，就是从关系出发，从人与人的实际关系或者从人与人的物质生产关系、感性的关系出发。那么抽象的自然科学的唯物主义呢，它是从自然界的物出发，从自然物出发，把它称为物质。所以马克思的唯物主义和这些自然科学的唯物主义不同，它是"实践的唯物主义"。它认为人本身是他物质生产的基础，也是他进行其他各种生产的基础。这和我们教科书上说的不一样了。我们教科书说，物质生产是人本身的基础，我们通常都是这样理解，人要靠物质生产活着嘛。但是马克思这里是怎么讲的呢？"人本身是他自己物质生产的基础"，这是他的原话，"也是他进行其他各种生产的基础"。什么是人本身？人本身并不是抽象的物质存在，比如说人的肉体，人是爹妈生的，人需要吃饭、穿衣，我们通常理解人本身就是这么个东西，或者再加上人的大脑，他能够思考，他有智慧，但是没有饭吃，他那个智慧也无法存在。马克思讲的人本身是什么呢？"是从事感性活动的感性主体。"感性活动跟物质生产劳动不是一回事，感性活动是产生出物质生产劳动的，或者是异化出我们现代意义上的劳动的，但是它本身是一切生产的基础，包括物质生产，包括艺术生产，包括思想、精神各方面的生产。感性活动的感性主体，这才是人本身。所以在《1844年经济学哲学手稿》里面，马克思就提出来，"感性（参见费尔巴哈）必须是一切科学的基础"，他说"科学只能从感性的意识和感性的需要，这两种形式的感性出发，因而只有从自然界出发，它才是真正的科学"。就是说，感性是一切科学的基础，科学只能从人的感性意识和感性需要这两种形式的感性出发，"因而只有从自然界出发"。连马克思讲的"自然界"跟我们通常理解的都不一样，我们通常讲的自然界就是牛顿和爱因斯坦的自然界，就是物理和物理学规律的那个自然界，但是马克思这里讲"感性的意识和感性的需要这两种形式的感性"才是自然界。

　　科学必须建立在人的感性基础之上，真正的自然界不是牛顿物理学抽掉了人的那个一般抽象的自然界。物理学只是自然界的一个方面，全面的自然界应该是感性的，包括审美的，包括价值的，包括人的感性需要和人的感性意识的，这样的自然界才是真正的自然界。他说，"对人来说，直接的感性自然界，直接地就是人的感性（这是同一个说法）"。感性的自然界是什么呢？就是人的感性。自然界就是在人的感性中呈现出来的那个样子。当然它可以抽象，可以提升，可以变成比如说牛顿物理学的那个自然界，那个自然界是黑暗的，是抽象的，没有光彩，没有情感，是一个死寂的宇宙。但是那只是感性的自然界的一个方面，一个片面，真正的自然界是感性的自然界，它就是人的感性，就是"直接地对他说来，感性地存在着的另一个人"。感性自然界就是对他说来感性地存在着的"另一个人"，这个说法很奇怪了，自然界怎么变成人了呢？也就是说，当你把自然界从感性的角度加以理解，理解为全面的感性，不是那种自然科学的片面的感性，那么它就是一个人。它有情感，它有审美，它有美，它有价值，那么这样一个自然界呢，对它说来，也就是对人说来，那就是感性的另一个人。我们在面对自然界的时候，我们用感性的眼光看待自然界的时候，自然界就成了我们的朋友，甚至于成了我们的亲人。自然界养活了我们，我们要感谢自然界。如果是牛顿物理学的自然界，你有什么感谢不感谢的呢？你感谢，它也不知道。但是如果你用感性的眼光去看待它，它是个人呐，它给了你恩惠，你得感谢它。

从这个里头，就产生出人和自然界的关系最深刻的秘密。人和自然界的关系实质上就是人和人的关系。我们通常讲人和自然界的关系好像就是人和自然界的一种外在的关系，主体和客体的关系。但是从感性的眼光看，人和自然界的关系就是主体和主体的关系，就是人和人的关系，而人和人的关系从实质上来看呢，就是人和自己的关系，他把对方看成自己嘛。当你以人的态度对待他人的时候，你实际上是以人的态度对待自己，是将心比心，你把他人看作自己。人的自我意识就是这样形成的，人的自我意识就是人在同感性世界打交道的时候形成的。人可以把自然界看成是一个人，看成是自己的朋友；人也可以把自然界看作一个高高在上的眼光，这种眼光不是别的眼光，就是自己的眼光。当然你可以把它称为上帝、自然、神，都可以，但实际上是人自己的眼光，这样你就有了自我意识了。

马克思认为，正是从这种"感性地存在着的另外一个人"出发，也就是从对另外一个人的感性的直接交往、直接体验出发，才建立起了有关一个人和另外一个人以及和一切人的全面交往的社会。就是说，人和自然界的关系实际上是一种社会关系，而社会关系，反过来说，又是通过人和自然的关系建立起来的。社会关系不能凭空建立起来，就是说在人和自然界打交道的时候,要把自然界看作另外一个人,比如自然界中的一块土地,这块土地被当作另外一个人。当然在阶级社会里面,这块土地变成了另外一个人的代表,比如说地主,这块土地是地主的,它就是那个地主的一部分。我跟这块土地打交道,就是跟地主在打交道。这就是社会关系,人和自然界的关系就是社会关系。所谓历史唯物主义,所研究的无非就是人和人的关系,它所主张的无非就是要调整和改变人和人的关系,怎么样调整,怎么样协调人和人的关系。所以马克思讲,社会主义"是从作为存在物的人和自然界的理论上和实践上的感性意识开始的"。什么是社会主义?邓小平讲,社会主义我们搞了几十年,什么是社会主义我们不知道。我们看看马克思是怎么说的:社会主义是从作为存在物的人和自然界的理论上和实践上的感性意识开始的。人的感性意识和感性需要,社会主义是从这个方面,从这个角度开始的。所以我们说人是马克思主义的出发点,这是毫无疑问的。当然这个人不是抽象的人,他既不是抽象的绝对精神,也不是抽象的物质存在——人的肉体,而是感性活动的存在。那么,这样一种感性活动的存在,它先于人的意识水平和肉体水平,人是发展起来的,人是通过他的感性活动自己把自己发展起来的。人最初的时候,他的意识水平和肉体水平都不高,接近于动物。但是通过历史的发展,通过人的感性活动世世代代的发展,他使自己提高了。

所以,感性活动就是后来海德格尔说的,"先在""先有"。海德格尔反对主客二分的那种观点,他认为在主客二分之前已经有一种"先在"和"先有",已经先有一种东西,这就是活动。这种"先在"和"先有"就是一种历史的主体。这种历史的主体在先,也在人的一切抽象的意识之先。最初是感性意识和感性活动,感性意识和感性活动展开了以后,人才开始意识到自己,意识到别人,意识到社会,意识到外部世界。但是在此之前,人已经在和世界、和别人,乃至于和自己打交道了,已经在交往了。马克思特别强调"交往"这个概念,也就是关系,人与人的关系就是打交道嘛。人在形成自己的意识之前,他已经在打交道了,他是在跟他人、跟自然界打交道中形成了他的自我意识的。如果没有这种交道，他一个人关在屋子里，怎么形成自我意识？自我意识是在别人身上看到自己，这个别人当然可以是另外一个人，也可以是自然界、大自然。他在上面看到了自己，这就有自我意识了。所以马克思在谈到社会生活的时候，他又强调人的感性的丰富性，在《1844年经济学哲学手稿》里面很多地方强调感性的丰富性、人的本质力量的丰富性、人的各方面的全面发展。而恩格斯谈到历史的时候呢，就强调这种巨大的历史感。当然，现代社会在理论上和实践上都偏离了这样的历史感，都变得越来越敌视人了。现代社会科学技术的发展，物质财富的增加，使社会的物质力量成为凌驾一切的决定性力量。人在这种力量中，丧失了他的全面的丰富性，变得抽象了，变得机械了，变得数字化了。一切都变成了一个数目。那么，进入现代社会，自然科学方法和人文科学方法，由于这样一种分裂，形成了尖锐的冲突。所以，在现代解释学里面，人们才开始有了一种要把这两种方法整合起来的欲望。

那么我下面就来谈一谈自然科学方法和人文科学方法是怎么分裂的，又是如何整合的。这就是现代解释学所做的工作。把分裂的东西怎样重新整合起来，或者是追溯到它尚未分裂之前的状态，把它恢复起来，这是解释学的一个很重要的主题。我们可以看到，现代自然科学的发展，特别是科学技术的发展，给人类的生存带来了极大的便利，这个是没有办法否认的，我们今天还依赖它。但是人的思维有一种惯性，就是说，一旦他使用某一种方法得心应手了以后，他就从他以前熟悉的那种领域所获得的经验出发，把这样一种方法运用到不熟悉的领域，运用到他还没有涉猎或者还没有穷尽的其他领域，这就是人类思维的惯性。从近代以来，科学技术的发展，使人类形成了一种惯性，凡是解决不了的问题，我们就可以用科学来解决。科学成了一个绝对的褒义词，凡是合乎科学的，那就是真理，除此而外，都是鬼话，都是"不科学"，不科学那就是迷信了。所以，思维的惯性促使我们人总是要用已知的、成功的手段去把握未知的王国。但是马克思认为，"关于人的科学也将包括自然科学，自然科学往后也将包括关于人的科学,这将是一门科学"。马克思当然也推崇科学,但是马克思心目中科学的含义,基本上还是黑格尔那个含义,黑格尔的《哲学科学百科全书》那样的含义,Wissenschaft 在德文里面不是英文里面 science 单纯的那个概念,它是一个广义的概念,包括精神科学在内,自然科学和人文科学都包括在内。马克思讲的科学这个概念,是包括自然科学和人文科学在内的一门统一的科学,这个思想是从黑格尔来的。黑格尔的这个 Wissenschaft 无所不包,哲学百科全书,什么都在里头,它几乎就是一个辞典,一个百科全书的大辞典。你看他的这个哲学体系,就可以发现,他什么都谈到了,自然的、人类的、心理的、生理的、社会的、历史的、宗教的以及上帝、灵魂这些问题,全都在里头。就像马克思讲的,关于人的科学和关于自然的科学将会成为一门科学、一门大科学。

但是,现代的科学主义已经偏离了马克思这种理想,"将会成为一门科学"的目标,在现代科学主义那里已经丧失了。当然现代科学主义也试图把自然科学和人文科学统一起来,但是统一的方法是用自然科学去吞并人文科学,把它吞掉。你讲心理学,好啊,我们有实验心理学;你讲社会学,我们有啊,社会达尔文主义呀;你讲伦理道德,那么我们也有,我们用生理学来解释人的道德,道德是人的一种本能嘛,可以从基因里面,可以从人的生理结构里面找到它的根据嘛;你讲美学,美学也可以利用人的身体本能的需求来获得某些统计学的规律,美学变成了市场广告学或者是市场预测学、票房价值学。这很科学呀,它是通过严格的统计找到的某种规律,这就是美学,就是"走向科学的美学"。所以,用自然科学去吞并人文科学,所造成的结果就是,使这些人文科学一个个都遭到了毁灭。它很科学,而且在某种意义上它是反宗教的,一切归之于科学,那么宗教就没有存身的余地了。上帝,谁看见过上帝?上帝不能被证明。人的灵魂也不能被证明,人的自由也无法被证明,这些东西都是统治阶级为了统治人民所设想出来的一种欺骗性手段,这就可以得到科学的解释了。所以,科学主义使一切人文科学和历史科学都遭到了否定。历史学也不存在了,所谓历史是有传统的，历史有规律，但是在科学主义的眼光之下，这种历史规律也是一种伪科学，也是假的。没有什么历史规律，历史哪有规律呢？你拿出一条规律给我看看。历史规律不可重复，不能在实验室里面去证明，所以它不是真的规律。历史就是一大堆偶然事件，就像自然界一样，自然界偶然产生了人类，原子、分子在碰撞过程中，不知道怎么搞的就产生了人类。历史也是这样，不知道怎么搞的，就产生美国、俄罗斯、中国这样一些国家，那里面有什么规律呢？没有什么规律。所以，自然科学的方法是一种间接性的、技术性的方法，它特别讲究技术、操作、可操作性、可实验性。一个东西搞不通，你设计一个实验、设计一种技术，到实验室里面去实验一下，看它是不是这样的，如果得出了你预期的结果，那当然就是的了。所以，它是建立在科学实验、仪器以及一整套语言符号工具之上的。所以它还是立足于主客体的一种对立，主客体既然是对立的，所以需要一个中介，需要一个间接性的手段，由主体去把握客体。因为客体是一种不以人的主观意志为转移的客观存在嘛。

但是人文科学和自然科学在这方面有一个最根本的区别，那就是，人文科学是人类自我意识的一种非工具性的体现，或者说是一种本体性的体现。你不能设计一个实验去探讨一下自我究竟是谁。当你设计的时候，你这个设计者本身就隐藏在后面了。你设计出来的那个东西是你故意设计出来的，那不是你真正的自己，你还得去探讨这个设计者本身是谁。你要探讨这个设计者本身是谁，你又得搞一个设计，又得搞一个实验，那是永远追溯不到的。所以它是非工具性的、非间接性的一种体现，它从科学的间接性回到了直接性，它不是向外扩展去追求外部的东西，而是向内深入，去发现自我，发现自己内心的东西。所有的人文科学其实都是这样，归根结底都是这样。它不是从必然出发，而是从自由出发，它不具有自然科学那样严格的可重复性、可验证性和可规范性，不能通过定量的方法来揭示它内在的程序。所以自然科学通常是把感性抽象化，像马克思指出来的，物质在培根那里还带着感性的诗意的光辉，向人的全身心发出微笑，但是在霍布斯那里，感性变得抽象了。从霍布斯以后，科学主义就找到了它的理论根据。

但是人文科学和自然科学在这点上分道扬镳了。人文科学要求最后要归结到每个人的体验和直观。人文科学说你讲那么多空话，你最后都要归结为切身体验，你讲价值最后你要身体力行，你讲美最后你要有美感，你讲信仰最后你要有信仰，这都是每个人切身体验的。近代以来，人文科学的这些研究之所以能够获得实质性的成果，大部分都是由于偏离了或者是背离了自然科学的方法而取得的。自然科学方法要求可重复性、可操作性、工具性、间接性。但是人文科学方法恰好相反，人文科学方法要取得成就，必须要把自然科学那种方法撇在一边，我不讲你那些可重复性、可操作性的东西，我就诉之于我的内心体验。近代以来的人文科学从这里头也产生出丰硕的成果。当然由于人文科学没有自己明确的方法，所以它在这方面总是显得有些神神秘秘的，到一定时候它就要把上帝抬出来，或者是把神秘主义祭出来。因为内心体验没有方法你怎么能够说出来呢？说不出来。内心体验是你个人的感受，要把它说出来，你就要有语言，你要让人理解，要让普通的人都理解，那就要有一种普遍的语言，但是人文科学没有。所以上帝总是摆脱不了的，特别是人文科学摆脱不了这个假设。自然科学可以说不需要那种假设，像拉普拉斯讲的，"我不需要那种假设"。这个宇宙是不是需要一个上帝呀？如果我不需要，我不用那样假设。但是人文科学看来没有上帝好像还不行。由此很多自然科学家和实证哲学家对于这些神秘主义和这些虚无缥缈的假设表示了不满，为什么一定要设定这样一些东西？像休谟以及近代的、现代的实证主义哲学家们，都把像上帝之类的假设看作可疑的。到了这个问题上，你没有经验嘛，就不要说，不知道，就不要去说，你只说你知道的东西。

对于人们为什么要提出上帝的问题，他们一般都把它归结为一个心理学的问题。就是说，人心中总是有一些缺陷嘛，人的有限性嘛，所以他要假想一个上帝出来使自己得到安慰。从培根、笛卡尔开始，自然科学当初从神学里面独立出来也是花费了很大的力气的，但是后来一旦它独立出来，它君临一切，成了统治的意识形态了，这个时候，人文科学要从自然科学里面独立出来，也要费很大的劲。以前是用神学解释一切，后来是用自然科学解释一切，而人文科学认为，它们都不能解释一切。那么它自己必须要有自己的方法论。这就是现代解释学所要做的工作，主要就是给人文科学一种方法论，让它从自然科学的统治底下独立出来。那么到了现代，现代解释学的发展趋势就是进一步把人文科学的方法论扩展为本体论。解释学不断地探讨，从近代以来一直在探讨，但是探讨到后来发现，你谈方法论，如果撇开本体论是不行的，还得把本体论纳入进来。而且只有把解释学从一种方法论变成本体论，变成哲学本体论，变成哲学解释学，不仅仅是一种工具，而且是世界本身的存在方式，只有这样，你才能够在这个基础之上，把自然科学也容纳进来。以往人文科学以排斥自然科学来保持自己的地位，但是后来发现光是排斥没什么用，还得把自然科学容纳进来。所以解释学认为，并不是说人文科学是自然科学的一部分。虽然从自然主义的眼光来看好像是这样的，人都是自然界的一部分嘛，人类社会也是自然界的一部分嘛，所以人文科学应该是自然科学的一部分，所以人们总是用自然科学的眼光来解释、消解人文科学。但是在解释学看来，自然科学才是人文科学的一部分，应该反过来看，自然科学是人文科学中的一支。

这个角度跟自然主义是完全颠倒的。但只有从这个角度来看，我们才能够既保持了人文科学，同时又没有消解自然科学。如果把自然科学放在前面，把人文科学看作自然科学里面的一支，比如我刚才讲的，道德被归结为一种自然本能，社会被归结为社会进化论、社会达尔文主义，审美被归结为市场效应，等等，那你就把人文科学消解了，只剩下自然科学的那些规律，那些实验和数据。但是如果反过来，你把自然科学看作人文科学的一支，那么双方都能够得到保存。自然科学当然有它的合理之处，但是它不再是最高价值、最高的视角、最高的立足点。它可以完全保持它的一整套方法，但是它被纳入人文科学里面，作为其中的一个方面。如果你孤立起这个方面，那就成了片面；如果你不孤立起来，那它是很有用的，它是能够促进人文科学、促进人文精神的。所以讨论人文精神和科学精神的谁是谁非的时候，我就经常讲，科学其实是人文精神的一种表现形式。你真正有科学精神，那你就有了人文精神的一个方面了，而如果人文精神缺了科学精神这一方面，那是不完整的。中国人缺的就是科学精神，所以我们的人文精神是有缺陷的。我们不要把它们对立起来，好像人文精神是人文精神，科学精神是另外一种精神，不是的。

人文科学这样的立场，在近代是由意大利的维科首先提出来的。我们谈解释学首先要追溯到维科，维科是现代解释学的一个先驱者。他首先把立场转换过来了。18世纪的时候是科学主义甚嚣尘上的时候，科学刚刚从神学的桎梏之下摆脱出来，当时是春风得意嘛，君临一切，所有的东西都放在科学的理性的法庭上面来加以检验，凡是不科学的都被斥之为迷信，都被抛弃。但是，维科在当时，他一个人提出了一种另类的视角，他跟自然科学家和另一些当时的哲学家们相反。他认为，就从科学的眼光看，人所能够认识到的东西、最能认识到的东西，只能是他自己亲手制造的东西。科学讲认识嘛，但是维科讲，什么才是真正的认识、最透彻的认识呢？你认识自然界，自然界不是你创造的，自然界永远保有它的秘密。它是上帝创造的，你能够达到上帝的水平吗？你永远达不到上帝的水平。所以自然界的秘密你永远看不透。你只能在某个层次上面大致地把握到一些规律，但它最内在、最深刻的东西你把握不到，永远也把握不到。但是，如果是你自己造出来的东西，那你当然可以透彻地把握它，可以完完全全地把握它。那么，什么是自己造出来的东西？一个是数学，数学是人自己编出来的。我当然知道数学是怎么回事了，是我设定的嘛，1+1＝2。三角形、几何形，都是我自己设定的，我自己设定的我还不能了解它？我当然可以了解它的秘密。我首先对它的性质作了规定，然后，按照这个规定我可以把它的所有属性都探索出来。所以，数学对人来说才具有真正的确定性，它是人造物。再一个就是历史，历史是人造出来的，人类社会历史，都是人在时间过程中凭自己的自由意志所创造出来的。所以，历史也是人造物。历史学家比自然科学家可以获得更准确的知识。自然科学家总是留有余地的，总是留有巨大的空间，以便于他以后再继续探讨，但是历史是人亲身介入其中的，他自己干的事情他还不知道吗？一个人自己干的事情，他为什么要干？他自己心里最清楚。如果每个人都能够清楚自己在历史中所干的活，那么这种知识是最透彻的，它再没有别的原因了，历史是人主动创造出来的。没有上帝，也没有自然界作为后面的东西，它最后面的东西就是人自己，可以体验。再一个呢，就是语言，语言也是人创造出来的。语言、符号，是人类相互交往中约定的，我们把这个东西叫作桌子，把那个东西叫作椅子，我们把人叫作人，这就是我们人自己创造出来的东西，我们最能够理解。这几样东西是我们自己创造的，所以我们对它有最准确的认识。

当然维科的精密知识跟自然科学意义上的精密知识是完全不同意义的。自然科学的精密知识就是量化的知识，而维科的精密知识要诉之于人的内心体验、人的自我创造、人的自由意志、人的目的。所以维科非常强调人的体验。比如说谈到语言的时候，他认为，语言的本质并不是符号，虽然看起来它表现为符号，声音的振动啊、文字啊，但是它的本质实际上是诗。诗是人最内在的、最能够体会到的，一首诗，能够震撼人。诗人以及读者，都能够由此受到感动，人性是相通的，人的思维基本上是一种诗化的思维。人在语言中就体现出来了，不管是自然科学语言，还是日常语言，里面都有诗的成分。比如说隐喻、移情等，维科举了大量的例子。我们总是把我们自己能够理解的东西附会到对象身上去。我们说，一个壶有个壶"嘴"；我们说，山有个山"口"，有个山"腰"，有个山"脚"；我们说风在"怒吼"。这都是诗性的思维、拟人化的思维。你不要小看这些东西，这些东西是最根本的东西，人只能这样思维，语言就是这样产生出来的。不是说有一个天才制定了一个东西，大家就照着去办。人们之所以照着办，还是因为他自己有体会，有自己将心比心、移情式的体会。所以，语言里包含的本质就是诗性。

我刚才讲了维科。那么接下来就是施莱尔马赫。施莱尔马赫是跟黑格尔同时期的一位德国哲学家，他的贡献主要是在神学解释学方面。在18世纪末，他把神学解释学发展成人文科学的一个普遍的方法论。他是解释《圣经》的。但是他解释《圣经》呢，跟其他人不太一样。其他人大都是从字面上解释，从历史事实上去考证，是一种外在的解释。而施莱尔马赫提出了一种"心理学解释的规则"。就是说，《圣经》里面讲了那么多故事，讲了那么多格言，如果只从字面上去研究它，那是远远不够的，那是肤浅的。我们要真正地把握《圣经》的思想，必须要用自己的心去体会，要设身处地，如果我处在那个时候，处在那种条件之下和环境之中，我会跟他有一种什么样的共鸣？如果我是他，我会不会说出那样的话来？所以他提出了一种心理学的解释规则，这是解释学方法最初的比较原始的一种形态。但是他已经有了一个改换了的立场，就是说，人文科学的方法，不能像自然科学那样立足于一个客观对象，而必须立足于自己的内心体验，用心去体验对象，去体验文本。所以，人文科学家对于解释历史，要从文本出发，要从语言出发，但是不应该局限于文本，而应该通过文本，重建当时作者的内心世界。人性都是相通的，施莱尔马赫一个预设的前提就是人都是相通的，人最能理解的就是他人。你对自然界可以半通不通，可以理解到某一个程度，但是他人的心只有人心才能够理解，才透彻地把握。这在文学艺术作品中，以及在宗教作品中，体现得最明显，最能够打动人，最能够震撼人。所以，通过文本，要重建当时作者的内心世界，这才能够达到解释者和作者的心灵沟通。文本当然是必要的，但是它的作用就在这个地方，把你引导到重建当时的作者的心灵。那么，由于解释者在历史上总是在后面的，后面的人解释前面的，总是这样的，所以他的立足点总是比当时的历史文本的作者要站得高，对历史的总体把握就比当时的人要强。那么这样一来解释者对文本的解释就有可能比作者本人更好。作者本人在写文本的时候有一种模糊的意识，他意识到了，但是局限于当时的环境和历史水平、思维水平，他只能作出那样的评价，只能给出那样的解释。但是后来的人把当时的历史条件的局限性扬弃掉了、超越了以后，他不在乎那些当时看起来很重要的局限性、那些条条框框，那他当然可以比当时的作者解释自己的作品要解释得更好、更清楚。这是施莱尔马赫提出来的解释学的一个很重要的原则，就是解释者可以比作者本人更好地理解作者的思想。作者的思想他自己都不能很好地理解，都不能很深地理解了，他要得到很深的理解，必须要经过历史，把那些外在的束缚性的东西淘洗掉以后，文本的真正含义才能更加透彻地显露出来，而这一点是后人作为解释者才能够做到，才能够发现的。这就是施莱尔马赫的贡献，在解释学上他被称为"解释学的康德"。

他解决了一大堆问题，但是也留下了一大堆问题。最重要的问题就是，他的这种心理学的解释，是建立在两个心灵冥冥之中的交汇、神交之上的。我们读历史文本，我们说我跟历史上的人有一种神交，比如，我跟曹操有一种神交。易中天在"百家讲坛"专门讲曹操，说曹操是历史上最伟大的奸雄，他把他解释得就好像是他自己一样，好像他自己就是曹操。但是旁人听了呢，就总有一点怀疑，那毕竟是你所解释的，曹操究竟是不是那样，是不是你所讲的那样，你与其说在解释曹操，不如说是在表现你自己。总有这一层在里头，这是无法解决的一个问题。所以它没有什么客观标准，对同一个历史文本，谁解释都对，你可以这样解释，换一个人，他也可能作出另外一种完全相反的解释。但是这两者谁对谁错，没有一个客观标准。所以施莱尔马赫在这里陷入了历史相对主义、历史虚无主义、历史怀疑主义。就是说，既然都是凭我自己的体验嘛，那历史有什么客观的意义呢？只要我体会得好，只要我讲得好，那历史就是那样的了。历史不是随便我自己去打扮的吗？我自己怎么解释它，它就是怎么样的，而且比它本来的意义可能还更好。通常本来的意义无非就是其他一些人、一些浅薄之徒赋予它的那种意义，我比他们看得更深刻，那么我的意义就比那些所谓的客观意义要更强。

这样一来，历史作为一种人文科学，还有什么科学性呢？那就没有科学性了，六经注我，随便我怎么注，六经都是我的解释，都是我的表现。所以后来狄尔泰就提出了"历史科学"这样一种思想。狄尔泰认为施莱尔马赫的那种主观解说是有其缺陷的，照这样说，那我们大家都不消说了，只要每一个人去体会就是了，历史将会五花八门，莫衷一是，没有科学性，没有真理性了。如果历史还应该称为一门科学，那就必须要提出一种新的解释学方法论。这种解释学方法论，既是个人体验的，又具有客观性。可见狄尔泰试图恢复解释学中的客观性，施莱尔马赫提出的只是主观性的原则。那么如何恢复它的客观性呢？当然，人文科学不能采取自然科学的那种机械因果律来进行解说。解释学认为机械因果律是一种进行解说的方法，Erklären 就是宣布、解说。但是这个词呢，被自然科学说成了就是按照因果律来进行推理，来进行证明。他认为人文科学不能采取这种方法，而必须要从里面来进行理解，即 Verstehen。这两个词，狄尔泰把它们严格区分开来了。Erklären，就是"说出来""发布出来""解释"，我们把它翻译成"解说"。Verstehen 这个词，它的含义比较广，通俗地说，就是"懂"的意思。我们把它翻译成"理解"。"理解"跟"解说"不一样，"解说"是从字面上解说，一个东西我从字面上、从逻辑上无懈可击，说得头头是道，那就解说了。比如说，一般说的定义，解说其实就是定义，很清楚，但是是外在的。那么"理解"则是我懂了它，我懂了它是从里面懂的。但是这个从里面呢，又不能停留在主观心理上面，主观心理肯定是迈不过去的，肯定要从主观心理入手，但是不能停留在这个上面。你虽然从主观心理方面懂了一个东西，但是你还要为它找到某种客观的意义。你主观体会到的东西，它有什么客观的意义，你要找到。你不能说停留于六经注我就够了，六经都是我的解释，都是我的体会，你这种体会是你主观的，但是它有没有客观意义呢？能不能为它找到客观意义呢？狄尔泰认为，这些理解可以有它的客观意义，当然你个人不能确定，但是在历史中，你的理解和他人的理解汇合到一起，它们可以从中体现出一种共同的模式。你是这样理解的，另外一个解释者是那样理解的，把所有这些理解放到一起来，我们可以从里面发现它们有一种共同的模式。这种共同的模式，就是所谓的"历史理性"。历史中是有理性的，当然这是受黑格尔的影响，黑格尔已经提出了"历史理性"这个概念。狄尔泰认为，在精神的发展过程中贯穿着一种历史理性、一种历史规律，解释者的任务就是要找出这种历史理性底下蕴含的客观的意义，即客观精神。找到它的客观精神，这样就可以把历史当作客观精神的一个生命过程来加以体验。狄尔泰这里有很多黑格尔的因素，他写过一本《青年黑格尔的思想》，专门研究过黑格尔。也就是说，主观东西里面有客观意义，虽然你不一定马上就能够看出来，但是你通过历史的发展、历史的进程，你可以看出。所以这些解释里面，有一个绕不过去的东西，有一个万变不离其宗的东西，有一个历史发展的模式，这个模式我们把它提取出来，就可以把它当作客观精神。它不是个人的，但是它是精神的。它是由很多很多人的精神所体现出来的一种客观精神过程。

但是这里包含有一个"解释学循环"，我们通常说解释学最大的问题就是解释学循环的问题。解释学循环就是说，主观的东西和客观的东西是互相解释的，就是客观精神你要通过主观精神来解释。但是主观精神的意义何在？你又要通过客观精神作为标准来衡量，而客观精神又是你主观精神所建立起来的，那你不是自己衡量自己吗？哪有客观性呢？如果没有客观性，那就不是真正的解释了。所以，主观精神和客观精神相互之间究竟以哪个为依据？以主观精神为依据，那就是施莱尔马赫的心理学解释，你说这种主观精神有一种客观的模式，这个模式还是你自己建立的模式。它是不是对呢？有什么东西来检验呢？没什么东西检验。在历史中，只有通过一代一代人的检验，但是一代一代人的检验也是主观的，怎么会有客观性呢？如果你从客观的角度来看，比如说黑格尔的绝对精神，或者说是上帝的精神，体现在每个人的个人体验里面了，那就又陷入一种客观主义了。客观主义，那就是黑格尔的那种绝对精神。黑格尔的那种绝对精神摇身一变就可以变成另外一种形式的科学主义：一切都是决定好了的，像自然科学的规律一样，一切都是注定了的。那又变成另外一种科学主义了。你把历史科学变成一门精神科学，精神能不能成为一门科学？狄尔泰是想克服这种主观主义，那么稍一走偏，就会走到客观主义里面去。而客观主义的精神就是自然科学的精神，那么你把历史还是束之于一种高高在上的绝对标准，一种绝对真理的标准，用来衡量每一个人的体会，这个对了，那个错了，那还是历史决定论。所以狄尔泰最后企图由客观历史的"最终的"决定性走出他的解释学的循环、主观和客观的循环，主观和客观最终是客观的，这个就有点模仿黑格尔了。黑格尔也很强调人的自由精神、个人的自由意志，但是归根结底要归于绝对精神。个人精神不过是绝对精神发展的一个环节、一个阶段而已。它是有限的，而绝对精神是无限的，唯有绝对精神可以成为普遍的客观标准。那么狄尔泰走了这一条路，最后就回复到了西方传统的科学主义和实证主义的立场。既然这样，那就是一种科学主义，就是寻找那个绝对的客观精神到底是怎么样的。主观精神都是被安排在客观精神发展阶段中的一个个环节，顶多是一个个环节而已。这样一来，你就跳出来了，你本来是把自己投身于历史之中，现在你又跳出来了，又把历史当作一个客观的对象来加以考察了。所以，狄尔泰的这样一种客观主义归宿可以说是一种必然的归宿，就是他还是受到传统的科学主义的主客对立、主客二分的思想限制。

那么我们现在就要跳到海德格尔了。解释学的循环是一个无法摆脱的循环，从形式逻辑上来说是一个循环论证，主观精神和客观精神你到底以哪个作为你的基点。你以主观精神为基点，就陷入主观主义，像施莱尔马赫那样；你以客观精神为基点，就陷入狄尔泰的黑格尔主义。海德格尔解决这个问题是采取了一种根本性的方法，就是把解释学从一种单纯的方法论提升到一种本体论。以往的解释学之所以陷入这样的矛盾，就是因为仅仅把解释学当作一种方法。仅仅是一种方法，那就是科学主义的间接性了。科学主义间接性就是一种可操作性，一种工具主义，把方法当作一种工具，工具跟它所操作的对象显然不一定是一样的东西。你用一个工具，去达到一个目的，这个工具跟你所要达到的目的是两码事，是不同的，工具只是一个中介。但是海德格尔认为,这个所谓的方法,这个所谓的工具,其实就是对象,其实就是本体,就是你所要达到的目的。这一下子就把视角提升到一个崭新的层次了。就是说,解释学不再仅仅是一种方法,而且它同时是一种本体。黑格尔的逻辑学里面其实也有这个东西,黑格尔的逻辑学的最后不是谈方法吗?绝对理念就是谈方法。黑格尔认为,方法就是从绝对理念里面自己生长出来的东西,方法就反映了对象的结构,你采取什么方法,这个方法就是对象本身的结构。对象就是这样构成的,所以你才能采取这种方法。这种方法就不是离开对象的一种间接的,或者是从别的地方找来的一个方法或一个工具。我要钉一根钉子,可以找来一块石头来钉,也可以找个锤子来钉,甚至用一个玻璃瓶子也可以钉一根钉子,这个工具和这个钉子没有丝毫共同之处,操作主义、科学主义、技术主义就是这样理解方法的。但是海德格尔的方法呢,他是把解释学本身就当作本体论了。他认为解释学之所以有这个循环,之所以这个循环被看作一个"毛病"和"缺陷",正是因为这些讲解释学的哲学家只是把解释学当作一个工具。而解释学的循环恰好说明,解释学不是用来达到某个彼岸本体的手段和方法,解释学循环本身就构成了人的本体存在,人就是一个矛盾。人既是个人的,又是社会的、历史的;既是个体的、主观的,又是整体的、客观的。人就是这样一个东西,就是这样一个存在。人的本体并不是一个与客体相对立的实体,而是一种解释活动。人就是一种解释活动。如果你把这个解释活动当作工具去达到某一个别的目的,那你当然就陷入解释学循环了。但是,如果你把这个解释本身的活动看作就是人自己,那么你在这种循环中恰好能够把握到人的本体,乃至于把握到历史的本体。因为历史就是人做成的嘛,历史就是人的本体。人之所以存在,就存在于历史中。历史之所以存在,就在于有这么多人,一个接一个地在历史上存在着。他们推动了历史,他们创造了历史。所以要把握历史,要把握历史的本体,你首先不是要把解释学的循环排除掉,你以为它是形式逻辑的循环论证,要把它排除掉,排除掉你就进入不了历史了。恰好相反,你就是要进入解释学的循环中去,你进不进得去，还是个问题，你不要急着去排除它。关键倒是你能不能进去，能不能把握到这样的个体和整体的矛盾。所以解释学的任务不是要走出这个循环，而是要进入这个循环，进入循环，你才能把握到人的本体；而人的本体不是一个东西，它是历史，它是一个发展过程，因此它是一个矛盾的过程，一个循环解释的过程。所以海德格尔提出来，解释学的前提是人的先有、先见，也就是说人总是怀有某种既定的总体经验，包括他的观念、范畴，包括他的思维模式，等等，这个都是在先的，去解释他所遇到的对象，总是这样解释一切对象。

海德格尔的先见，德文为 Vorurteilen，也可以译作"成见""偏见"，就是说人总是怀有先见，通常讲"你凭偏见看一个东西"，其实任何人看一个东西都有他的期待视野嘛，都有他预先在脑子里面形成的一个固定的模式，预先的估计，人都是这样的。任何人在看待一个事情的时候是不可能做到绝对客观的。那么这个先见是如何形成的？我们能不能完全摆脱先见，回到产生这个先见之前，去追溯到它的根源，我这个偏见是怎么产生出来的，然后把它清除掉，能不能做到这一点？海德格尔认为，那是不可能的。因为所谓的先见是人的存在的一种方式，人的先有是人的存在的一种方式，也就是人在认识一个对象之前，你已经在和对象打交道了。就是说，一个具有一定认识能力的人，他必定已经在事前跟对象打了无数次交道。这个是在先的，这个是摆脱不了的。你打交道的方式，就决定了你对这个东西认识的方式。打什么交道？比如说，你使用对象，你设定这个对象的意义。在你认识它之前，你可以使用它，可以设定它的意义，可以凭你的想象，凭你的主观姑妄言之吧，你还没有认识它，但是你把它"当作"了什么东西来看待，和它发生了一种目的性的关系、实用的关系、实践的关系。比如说，石器时代，原始人认识一个石料的性质，他怎么认识的呢？肯定是在此之前已经无数次地使用了天然的石块，充当他的武器，在使用石块当作武器的过程中，他才逐渐认识到了这个石料的性质。然后呢，他通过不断地跟石料打交道，掌握了石料的特性，他可以把石头改造成他所需要的那样一个形状。海德格尔举的一个最通俗的例子就是门把手。一个门上面有一个把手，这个是怎么产生的？最开始门上面没有把手，原始时代的人没有想到这个门应该有个把手，没有发明出来。但是呢，在门把手发明之前，人们已经自发地把门上的某些突出部分当作了把手。你总要开门关门吧，你习惯于把门上的哪一部分用作把手？后来你才想起来，那个地方安一个把手更方便一些，就安在那个地方，并且把它命名为"把手"。这就是先见决定认识。所以这样一种实践活动，作为人的本体的活动，才是一切认识的共同的基础。一切认识包括自然科学认识和人文科学认识，最开始是没有分化的，就是人对一切事物的认识。而这种认识呢，立足于一种先有。就是说先有实践活动，这个跟马克思的历史唯物主义、实践唯物主义非常接近了。马克思也就是讲人们的认识来自人们的实践活动嘛。

那么人文科学和自然科学的方法，在方法上的分离，在方法上的分裂，我刚才讲了很多，人文科学和自然科学在方法上是完全不同的路数。那么这种分裂当它们归结到同一个本体上面来的时候就消除了，它们都立足于人的实践。我在实践中——这个实践当然不是我们今天所讲的那种片面的工作、劳动、赚钱，不是那种实践，而是非常朴素的、非常基本的一种实践活动，里面包含着人的各种各样的态度。包括功利的态度，包括实用的态度，也包括审美的态度，也包括价值、需要等各方面的态度。那么这样一个本体，——这样的实践是人的本体，人文科学也好，自然科学也好，都是立足于这样一个本体，——这个本体，海德格尔把它称为"此在"(Dasein)。"此在"，就是"在起来"。"存在"在海德格尔那里是一个抽象的概念了，是一个很高的概念，我们通过任何别的途径都不能把握存在，唯有通过一种方法，就是通过自己的此在，才能领会到存在到底是怎么回事，才能搞懂存在到底是怎么回事。我自己在此在时的存在才使我意识到这个存在是怎么回事。我观看外部的事物，看树木的生长，看日月星辰的旋转，我都理解不了它们的存在是怎么一回事情，因为那都不是我啊。我怎么知道它为什么要那样存在呢？唯有一种存在就是我自己的存在，我可以从里面看出存在是怎么一回事。这就是此在，此在就是人的存在嘛，就是人此时此刻的 Dasein。

所谓人的实践、人的本体，只不过是人的此在、人的 Dasein 的一种体验方式、一种活动方式。在活动中人们的体验，后来才分化成人文科学和自然科学两种不同方法。在这种体验中，本来是一个大全，一个完整的过程，本来是一种全面的丰富性，马克思讲人的本质力量的全面的丰富性，本来没有分化的，但是后来呢，才分开了。那么现在我们的任务呢，就是要返回到它们的根源，它们都是来自人的此在嘛，人的此在就是人自己"在起来"这样一个活动，这样一个行动，体现为这样一个行动。那么相比之下，自然科学和人文科学的分裂，对于自然科学来说，更有必要意识到自己的片面性。人文科学应该把自然科学纳入自身之内，而自然科学呢，更应该意识到它自己的片面性。就是说，它如果忽略了人文科学，它就是片面的。人文科学是它的母体，人本来就是从自己出发的嘛，从自己的感性意识和感性需要，从自己的实践出发的。所以自然科学的片面性有待于克服，我们才能给人文科学的方法论奠定一个本体论的基础。人文科学的方法论必须要奠定它的本体论的基础。

所以伽达默尔作为海德格尔的传承者、海德格尔最有成就的弟子，在《真理与方法》这本书里面，开创了解释学的一个新局面。《真理与方法》，他谈真理同时也谈方法，但是这个真理跟以往所理解的都不一样了。所以后来有些传统观念的哲学家就说，在《真理与方法》里面，既没有真理，也没有方法。因为跟传统理解的真理和方法都不一样，他讲的真理已经不一样了，我在后面还要专门讲到真理观念的变革。方法也是这样，他讲的方法跟以往理解的那种工具性的方法也是完全不一样的了。它不是一种工具性的方法，工具性的方法是自然科学的一种方法，伽达默尔的方法其实就是真理本身的显现。伽达默尔的《真理与方法》是他的主要代表作，是他的解释学的本体论的代表作。既然是本体论，那就可以看作一部形而上学的著作，一部纯哲学著作。当然里面并不纯，跟以往的那种纯哲学的概念已经大相径庭了。它不同于过去的形而上学体系一开始总是从认识论入手。近代以来，从笛卡尔、培根到康德、休谟这些人，他们的体系都是一开始从认识论入手，科学、知识怎么可能？都是从这个问题入手的。但是《真理与方法》里面呢，它的程序完全颠倒过来了，它一开始是从艺术经验入手的。《真理与方法》为什么要从艺术经验开始？他认为艺术经验才是最全面、最直接、最丰富的一种知识。我们通常讲知识就是那种科学嘛，科学的前提就是主客二分，一个主体，一个客体，然后我们掌握一种方法，使主体符合客体。所以笛卡尔讲"方法谈"，培根讲"新工具"，都是把方法当作最重要的东西。我们找到了方法以后，找到了工具以后，就可以把握那个客体了。这个就是以往的哲学体系，他们通常的思路是这样的。但是艺术经验恰好不能这样，不能够主客二分，艺术经验就是从主客未分的状态入手的，或者是从主客合一、主客同一、主客不分的状态入手的。所以艺术是一种不能用科学方法去证实的真理的经验方式。艺术是涉及真理的，但是这个真理不能用自然科学的方法去证实、去证明，它只能够通过艺术的经验、艺术的感受、艺术的体验去证实。它只能够直接地去证实，而不能间接地去证实。间接地证实你就把它破坏了。

不过，从艺术经验入手呢，伽达默尔也并不就把它看作一个通常意义上美学的问题，或者是文艺学的问题。伽达默尔的《真理与方法》第一卷在20世纪80年代曾经有人翻译过，被纳入李泽厚的那套美学丛书里面，但是美学家们谁也看不懂，不知道他里面讲的是些什么东西。他讲的是哲学，他不是讲美学，他就是讲本体论和方法论，所以他不是涉及通常的美学问题，他涉及的是历史学、语言学和哲学这样一些问题，并且追溯到它们的根据。所以在伽达默尔看来，美学和艺术都是人文科学的典范，其他的东西都可以从这里生长出来。人文科学，包括伦理、道德、价值、信仰，所有这些东西，都可以从美学的体验里面、艺术的经验里面引申出来。那么从艺术经验里面我们可以发现人文科学，特别是历史科学的认识模式和发展模式。历史是如何发展的，我们如何来认识和把握历史，从艺术经验里面我们可以找到诀窍，找到它的秘密。艺术经验也是历史，我们今天的人还能够欣赏过去的艺术作品，古希腊的艺术作品、莎士比亚的艺术作品、歌德的艺术作品，我们为什么能够欣赏？这就是历史，历史就是这样形成的，历史就是这样传承下来的。那么其他的历史之所以成为历史，也就在于这一点，也要从艺术经验这个角度去加以理解。所以我们今天的人研究历史，我们应该像艺术欣赏或者是游戏——艺术欣赏本身带有游戏的性质——一样，把自己投身于历史之中，忘情于历史之中，用自己先有的整个视界（Horizont，又译作"视野""视域"等）投入到对象的视界。两个视界，一个是我们今天的视界，一个是对象的视界，所谓对象在这里就是历史人物和历史事件了，它们当时发生的时候有它们的视界。那么我们的任务就是要把自己的视界投入到对象的视界里面去。那么这种投入同时也是历史学家本身视界的一种扩展、一种扩大、一种丰富。这个视界也就是视野了，就是我们的视野，通过研究历史，历史学家眼界变得开阔了。历史学家这个时候是代表人生、代表人类在研究历史，在扩展自己的视野。

所以他认为，我们不能够站在历史之外去理解历史，我们本身就在历史之中，我们在研究历史的时候，我们就在历史之中，我们就是历史，过去的历史传承到今天我的身上，那么我就是在进一步发展这个历史了。我研究历史就是在发展历史，并不是说，历史就是一个对象在那里，我去研究它。我研究历史的时候，我自身就进入历史之中，我赋予历史以新的意义、以我的意义、以当代的意义。所以我的理解本身就在历史之中，就是历史发展的一个新阶段。所以他提出了"视野融合"或者"视界融合"这样一个概念。就是说，历史总是在不断地融合，每一个人在观察过去的历史的时候，他就在对视界进行融合，不断地用今天的视野去包容、去扩展、去丰富传统的视野，不断地用今天的视野去包容前人，使它们成为一个统一体。所以人类的视野就变得越来越充实、越来越丰富、越来越深刻。所以我们在追溯传统的时候，不是说我们今天可以超越传统、可以抛弃传统，相反，只要你研究传统，那就是传统本身在自我扩展。你这个研究可以是对传统的重新解释，也可以甚至是对传统的批判，但是你要意识到，你这种解释或者批判本身就是传统的一种扩展，就是传统本身视野的一种融合。传统本身自我扩展、自我变相，在每一个历史阶段，人们都在对以往的历史作全面的重估。尼采讲"一切价值重估"，其实这不是说你想要这么做，而是实际上每一个历史阶段上人们都在进行这样的重估，不管你愿意还是不愿意。重估就是对以往的历史全面地加以审视。所以，所谓的"历史本来面目"是没有的，还历史以本来面目那只是一个理念，只是一个设定，但是什么是历史的本来面目？你要去寻找，但你如果把它当作一个对象来寻找，那你就错了。当然我们一般来说可以承认有历史的本来面目，但是呢，没有任何一个解释是符合历史本来面目的。在这种意义上，我们可以不设定这样一个面目，或者我们设定这样一个面目作为我们追求的一个理念，尽量地要还历史以本来面目，但是实际上呢，每一代人只能做到，我把历史的解释推进一步，我对历史进行重估，使它更加接近于真相。那么这个"真相"里面呢，实际上是融进了我自己的解释，每一代人都融进了自己的解释。因此我们可以把历史看作一个意义开放的世界。历史事件当然已经发生了，也不可变了，历史一去不复返，你不能编一个东西，没有的东西你不能编一个，不能捏造一个人物、捏造一个事件，那就不是历史了，那就是小说了。既然是历史，它就摆在那里了，但是它的意义是不断开放的。不是说历史摆在那里了，它的意义就摆在那里了。历史事件已经在那里了，在时间上已经过去了，但是在意义上它还活着，它的意义是一个有机的生命过程，是一个不断地重新评价赋予它新的意义的现在的王国。这个"现在"不是说2006年，而是一个抽象的现在，每一年都可以说，这就是现在，这是每一代人的现在，用来解释过去。所以克罗齐讲"一切历史都是当代史"，都是现在的历史，都是由现在重新塑造的、重新解释的。当然不是凭空地解释。不是说只要有我的视野就够了，而是说把历史上的视野都容纳进来、安排进来，作为我的视野中的一个环节。但是我这样去解释它了，不再像以前那样解释，因为我已经有了新的视野嘛。

所以伽达默尔非常强调这个"效果历史"(Wirkungsgeschichte),"效果历史"也可以翻译成"作用的历史",也就是"起作用、发生效果"的意思。就是说,历史实际上是效果历史。什么是效果历史呢?就是历史事件虽然已经过去了,但是它的效果还在,而且还在不断地影响着后人,而且后人呢,也不断地对它加以重新解释,这种不断解释就是它在历史中的效果。《圣经》已经两千年了,两千年的《圣经》就是由它两千年的效果来组成它的意义的,以后可能还要不断地加入新的东西。《圣经》不是说那个文本两千年以前一旦被人家编起来,作为《圣经》放在那里,它的意义就在那里了,不是的。它只是一颗种子,它的意义有待于生长,有待于后人去加以创造,后来的读者、后来的听众、后来的信徒们,不断地解释它,神学家们、哲学家们不断地赋予它新的意义。中世纪是一种意义,近代是一种意义,康德是一种意义,黑格尔是一种意义,现代的《圣经》解释学又赋予了它更新的意义。所有这些意义,都补充了《圣经》的意义。《圣经》的意义是一个不断生长的有机体。所以你过分地去纠缠那个文本,那是不明智的。很多人说《圣经》其实是不可靠的。现在很多人研究《圣经》的文本,有的人说这个是伪经,那个是伪经;这个东西是乱凑进去的,那个东西又是与事实不符的。这些说法呢,当然作为文本研究来说,也有它一定的意义,但是对于《圣经》本身的意义来说呢,这个不是很重要。哪怕是伪经,它在历史上发生了效果,人们就是这样理解《圣经》的,那《圣经》就是具有这样一种意义。哪怕最开始它是造的假,但是这个造假发生了现实的意义,它形成了民族文化心理。比如说孔子,孔子很多言论,有的说是孔子讲的,有的说不是孔子讲的,现在又从郭店竹简啊,又从地下挖出一些文物,说孔子还有其他的一些说法,跟他的正式的那些说法完全相反,这当然也有它的意义了,但是,是不是就能改变孔子在中国文化中的地位呢?那是不可能的。你如果要改变,那也有可能,就是说你用今天的眼光把你的意味加进去,就看你加不加得进去,你根据地下出土的新的文物,把你的新的理解加进去,你说孔子应该这样解释,那你这也可以是一说，后来的人在考虑孔子的意义的时候，说不定也会把你的这种解释考虑进去。但是这绝不是因为当年孔子写了这句话它就有这个意义，不是的。还是因为有后人的理解、后人的解释，把他的视野融合进了以往几千年的理解的这样一个总体里面，才这样形成起来的。这就是效果历史。

所以过去了的东西，你不要以为它过去了就死了。过去了的东西作为人类历史来说，它还是活着的，它是个有机体，永远有待于再发展，有待于重新审定，有待于价值重估。比如说文学史，我们以往写了那么多文学史，有些是可信的，有些东西受到意识形态的干扰，受到某些权威人物的干扰，但那些东西都过去了，我们现在要写出一个文学史的定本，即使不是完全绝对地确定，至少总体上也能确定我们的文学史就是这样的。要还文学史以"本来的面目"，以往忽视了的人，现在要把他纳入进来；以往看得太重的，现在要把他削弱，减轻他的分量，很多人在做这个工作。20世纪八九十年代以来出了好几部新的文学史，出现了不同的编法，每个人可能在编的时候都认为我这个是正确的、我这个是最权威的，实际上不是。就是说，文学史通过一代一代的人不断地重读经典，他都有新的体会，他都有新的评价，他都会把自己的评价加入到文学史的编排里面去。所以，文学史是一个开放的视野，永远有待于重新审定。正是在这个重新审定之中，古代艺术品的魅力才传承下来。不断地重新审定，不断地有新的视野加入进来，但是有些作品在这样一个历史的大浪淘沙的过程之中保存下来了，我们就可以确定这是经典。古希腊的作品、《红楼梦》这样的作品，不管你是哪一代人，你都还是承认，它们的地位是不可动摇的，相对而言，就形成了一个比较固定的评价。但是这也不是封闭的，说不定在什么时候，人们对它们的评价还会有一些改变。当然我们认为现在大体上不会有更多的改变了，那些经典还是经典，你总不能说有一天我们否定《红楼梦》，认为它也是不值一提的、不足挂齿的，这个好像是不可能的。你顶多对它的评价加以修正，可能认为我们现在对它的评价是不是太高了，或者我们将来还可以更高。可能有一些小小的修改，但是大体上不会变。但是这并不能否认文学史本身要不断地重新评定。哪怕你对同一个经典高度推崇，那个推崇的含义可能还有不同。我们今天推崇《红楼梦》跟清朝时候的人推崇《红楼梦》可能还不一样，我们欣赏的角度也可能不一样，可能那个时候更欣赏林黛玉，我们现在可能更欣赏像晴雯这些人，可能欣赏的角度会有变化等，这些都是有待于不断地充实的。所以每一次体验，必然会有所不同。这个不同呢，表现出我们今天的人跟古人在重新进行对话。既然文本的意义作为人类的历史有它的不朽的生命，不断地在生长，那么跟古人对话就是有可能的。我们有可能跟古人对话，当然古人已经去世了，但是他的思想在那里，他的文本在那里。经过我们后人和他们的对话，他的文本可以形成一种视野的融合，可以产生出有效的成果出来。

这种对话的媒介当然就是语言，就是文本，但是文本、语言不是工具，而是"在"本身。文本就是存在，语言就是存在，海德格尔讲"语言是存在之家"。它不是一个工具，不是说你利用这个语言去达到某种别的东西，恰好相反，你达到的那个别的东西就是语言。语言就是你的存在，语言就是意义。我们中国人讲"言不尽意"，在海德格尔和伽达默尔那里可以说是"意不尽言"。同样一个言，你可以赋予它很多很多意义。这个意义不断地生长，但是呢，这些意义都是这个文本里面所包含的一种可能性。你看到好像一个文本很简单，但是它里面包含的可能性是无法穷尽的。总而言之，在本体解释学看来，自然科学和人文科学方法的整合是有可能的。我刚才讲了，海德格尔和伽达默尔都属于本体解释学，或者说都属于哲学解释学。就是说把解释学不仅仅当作一种工具，而且是当作存在，当作存在的本体。所以我们也可以叫它本体解释学。在这个基础之上，我们可以把自然科学和人文科学的方法结合起来，整合起来，这种结合不是从方法本身里面去寻找某种调和，而是从根本上找到它们两种方法的共同的根据。自然科学方法和人文科学方法，它们有一个共同的根据，那就是人的存在，那就是人的语言，语言本身的意义。

但是在方法上和本体论上，解释学都面临着一种责难，就是说，你这样一来，真理的标准就丧失了。你把它变成了一个本体论的问题，而不是一个方法论的问题，那么本体论的问题涉及的又是人的存在，那就没有什么客观的标准了，你用什么东西来衡量人的存在？你用什么东西来衡量这个意义是真的还是假的呢？所以"真理"这个概念在解释学发展到哲学解释学的时候，就已经起了根本的变化了。所以下面我们来讲，所谓"真理"观念所发生的变化。

真理的传统的观念就是亚里士多德的观念，亚里士多德认为真理就是观念和对象的符合，也就是主观和客观的符合，我们通常把这个称为"符合论"的真理观。符合论的真理观在西方是一个巨大的传统。从亚里士多德以来几千年人们都是这样认为的。当然到了近代呢，有笛卡尔、斯宾诺莎所提出的一种理智直观，所谓清楚明白，理性有一个清楚明白的直观，就是所谓理智直观的真理观，"真观念自己是自己的标准"，这是斯宾诺莎提出来的。这样一种观念，对于传统的真理符合论，有一定的冲击。但是归根结底呢，仍然是符合论的真理观。斯宾诺莎还说"真观念必然符合它的对象"，因为他同时也认为，虽然真观念自己是自己的标准，清楚明白的就是真的，但是呢，是真的就会符合它的对象。就是说，符合真理观还是在里头起着最终的决定作用。你说它是真的，但是不符合它的对象，那这个真的也就没有意义了。正因为它符合它的对象，所以我们可以说它是真观念。

那么这样一种符合真理论呢，在狄尔泰那里遭到了质疑。狄尔泰提出来多元真理观。就是说，真理不仅仅是一个认识论的问题，真、善、美，都是一些真理，善也是真理，美也是真理，都是真理。你不要把真理看作主观符合客观，观念符合对象，一旦符合那就是科学了？不一定。科学的真理你可以这样说，但有的真理不一定是科学，它可能是道德，有的可能是美感，但是它也是真理，我们从审美中可以发现真理。所以真理在狄尔泰那里得到多元的解释。除了认识以外，还有道德啊、宗教啊，还有审美啊，都可以被称为真理。但是，尽管可以作出这样一个解释，他还是认为，它们最终都服从真理的一个根本的特性,就是符合于对象。我可以通过认识符合于对象,符合绝对真理;也可以通过审美去找到绝对真理,也可以通过道德和信仰去找到绝对真理。所以这种多元真理观呢,并没有完全超出符合真理观。卢卡契也有这种说法,卢卡契当然是马克思主义者了,他认为真理应该多元化。真、善、美,都是真理,所以你不要一讲真理就是科学主义,你要把价值、情感这些东西都考虑进去。但是这还是一种传统符合论的观点,只不过是把它的外延扩大了而已。扩大成包括真善美在内的,不仅仅是科学的。

真正改变真理传统含义的是胡塞尔。胡塞尔的现象学当然是从笛卡尔出发的,笛卡尔的直接的"清楚明白"。但是笛卡尔的清楚明白呢,还是有符合论的尾巴,就是清楚明白了,那它就是真的了,就是符合某个对象的了。而胡塞尔呢,把"符合"这个层次切掉,不是与什么东西相符合,真理就是自明的直观,就是清楚地"显现"。它可以不符合任何东西,它甚至于可以不存在,不存在的东西也可以是真理,只要它明确地显现出来。"现象学"嘛,就是"显现出来的学问"。比如说一种可能性,可能性还不存在,但是这种可能性明确地显现出来了,那么它就是真理。清楚明白的、具有一种明证性的,或者自明性的,显现出来的,那就是真理了,那就是真的了。这是对真理概念的一个非常重要的改观。就是真理不再是与什么东西相符合,而是清楚明白,有明证性。我们要寻找事物的明证性,通过现象学的还原,我们要指出有些东西是明证的、不可怀疑的、我们无法怀疑的。

这种现象学的真理观,对后来有很大的影响,比如像海德格尔。海德格尔认为,所谓真理就是让存在去蔽,去掉遮蔽。他追溯到真理的这样一个古希腊的词源,Alethea,意思是去掉遮蔽。去掉遮蔽,真理当然就显出来了,本相、真相就显出来了。真理之所以显不出来,是因为上面遮蔽了太多的东西。现在现象学还原也是要做这个工作,就是把那些遮蔽的东西、那些先入之见、那些偏见、那些片面的看法、那些堆积在上面的东西,全部扫除,那么真理自身就显现出来了。所以真理的去蔽就是要从在者、从存在者里面显示出存在本身。此在是一个主客体未分的状态，比如说人的行动，人的实践活动，最初它就是一个主客体未分的状态，说不出哪是主观、哪是客观，没有分裂。但是，当人们用科学的眼光去看待一个此在的时候，往往把这种未分裂的状态遮蔽了，把这主客一体化的状态遮蔽了，强行地把主体和客体割裂开来加以探讨。所以这一套自然科学加在此在之上的东西呢，我们要把它去掉，要把它的遮蔽去掉。海德格尔认为，自从亚里士多德以来，西方人就走入了这样一条弯路。就是把自然科学的那样一种片面的观点用来遮蔽了人的此在的本相。

所以"去蔽"就需要加以解释，所谓去蔽就是解释。解释学就是干这个的，就是去掉遮蔽，让真理显露出来。解释就是对此在的真相的一种揭示，但是并不是当作一个对象，客观地冷静地去揭示。解释学，你如果仅仅把它当作一种操作方法，那你就是用这方法去解释一个此在，比如一个人，你用一种方法去解释他，你把他当作一个对象。但是海德格尔认为这个不对，不应该是这样的，不应该是当作冷漠的对象对它加以解释。恰好相反，你的解释本身应该就是此在的一种显现，此在的一种去蔽。此在自身在解释自身，此在就在解释本身。此在的可能性只存在于解释之中。这个解释的概念很广了，它不是我们日常所讲的，一个东西摆在面前我们去解释它。人的存在就是解释的过程，就是发现自我的过程，就是显露自我的过程，显露自身的过程。而且呢，如果你不解释你就不存在。此在只存在于解释之中。当然你作为行尸走肉你可以存在，但是你作为个人，你作为此在，你就还不存在。只有当你要解释你自己的时候，你才存在，你才发现自己。所以这个解释它不是把对象放在自己的对面，这个解释的活动就是这个存在本身的存在方式，解释本身就是此在的一种存在方式，而且是唯一的存在方式。这个解释的概念就很广泛了，它被理解为人的自我意识，被理解为人的自由，被理解为人的实践，被理解为人的活动。这都是解释。我做一项活动，我干一项事业，我看看我能怎么样，我看看我自己到底是谁。这就是对自己的解释啊！我去干事业就是对自己的一种解释，对自己的真相的一种显示、显露。这个是非常深刻的一种对真理的观点。当然从认识论的立场来看，传统的符合真理论有它的局限性，很多真理它无法对付，比如说艺术的真理，什么是真艺术，什么是艺术这种真理。一个作家写了一部作品，那么你要把握它真正的艺术含义，它真正的意义，你用什么方法去把握？用符合真理没有办法去把握。用科学的办法，不管你怎么分析，也没有办法把握艺术作品的真理。所以，你要把握艺术的真理，你就必须去体会，必须去欣赏，用全部的热情和生命去感受作品。所以伽达默尔讲，要从艺术作品的欣赏中对真理的经验出发，去展开一种解释学的真理概念。这种真理概念是超越传统认识论的，艺术作品中对真理的这种经验是最根本的，其他的自然科学的经验都是从这里面生发出来的，都是从艺术经验中生发出来的。人们最开始面对自然界的时候，他是以一种艺术的方式来面对的，后来，从这种艺术的方式里面才产生出科学。我们讲原始人的巫术，那是最具有艺术性的，但是呢，巫术又是人类最早的科学。人类最初只能用情感体验去把握这个自然界嘛。

所以伽达默尔认为，我们只有先意识到人自身的存在，有一种主客观同一的前结构，我们才能使符合真理论有它的基础，才给它提供了一个出发点。符合真理论当然没有完全被否认。自然科学你怎么能够否认呢？符合真理论这样一种方法，特别是属于自然科学的方法，那是不可否认的。但是你必须要从人的主客同一的前结构出发，你才能解释符合真理论，并且把它限定到它自身的范围之内。你不要以为它就是一切了。符合真理论必须以直接真理的概念为前提。针对着符合真理论，他提出了直接真理论，直接真理不是跟什么东西符合，它自身就是自身的真理。符合真理论要以直接真理为前提，科学认识要以艺术体验为前提，认识的主体最初就是行动的主体，是创造的主体。所以，欣赏其实并不是对对象的一种认识，欣赏是一种创造，欣赏者本身是一个创造者。你在欣赏的时候，你之所以能够欣赏，就是因为你有创造性。这个朱光潜也讲到过，每一次欣赏就是一次创造。你欣赏艺术品也好，你欣赏大自然也好，你都是在心里面进行创造,你其实就是一个艺术家,每一个能够欣赏的人都是一个艺术家。所以人们在这种创造中,他体验到了主客同一、物我两忘、情景交融这样一种真实感。你在欣赏的时候,如何才能够欣赏到真正的艺术品,你如何在这种欣赏中能够获得真实的体验,能够获得真理的体验?你必须把自己投入进去,你不要把自己分开,你站到旁边来看,那你看不出味来。你去看一部电影,如果你老是站在旁边,格格不入,说这个人要不得,那个人太坏了,然后你不去同情,你不去设身处地,你不把自己设想成剧中的人物,那你看一场电影是白看了。你看电影就是要把自己投入进去嘛,你所享受的那种激情只有在自己投入中才能产生嘛,而只有你享受到了这个激情,你才能真正地把握到这个艺术品的真理。它要给你的就是这样一种体验,它不是说让你去给它品头论足的,它就是首先要让你获得这样一种体验。这就是真实感。

所以真理归根结底并不在于间接地把握、间接地符合,真理最终不在于这种符合。当然也应该有符合真理观的一定的地位,但是归根结底不在这一点,而在于回到直接性。当主客体分裂的时候,那么你首先已经把主客体分开了,这个时候呢,真理的标准只能由一个媒介来充当,你必须找到一个中介,那就是间接性。符合真理论就是间接性,它的前提就是主客体是分裂的。这个媒介也可能是实践,我们通常理解的所谓真理的标准就是实践嘛。为什么是实践呢?因为实践能够把主体和客体连接起来嘛。实践是检验真理的唯一标准,为什么呢?因为通过实践,我的主体可以达到与客体相符合。但是前提就是说,主体跟客体是分裂的,所以实践被看作这样一个标准。但是在伽达默尔那里呢,实践不再仅仅是这样一个中间的媒介,而是最真实的东西、最根本的东西。实践真正地成了自身的标准,实践就是它自身的标准。你是不是达到了真理,你去实践一下看,你直接就体会到了。不是说跟一个本来你一无所知的对象发生了关系,而是在实践中,在主客体本来就是融为一体的这种活动中,你体会出了真理的意义。那么它的标志就是最清楚明白的、最直接的体验。清楚明白这个直接性的标准也可以接受下来，但是不是那种理性的直观、理智的直观，而是实践的直观，是感性的活动那样一种清楚明白。这跟马克思非常接近了，马克思讲感性活动，不仅仅是感性直观，而且是感性活动。费尔巴哈讲感性直观，马克思讲感性活动。直观你可以旁观嘛，你可以在旁边静观嘛，但是感性活动你必须把自己投入进去啊。所以它是一种体验。所以实践之所以能够成为真理的标准，能够成为一个媒介，在这一点上就得到了解释。你说实践是检验真理的唯一标准，为什么？为什么实践能够成为唯一的标准？我们通常讲，实践能够使主客体达到统一。这当然没错，但是还有更深一层次的，就是实践本身就是真理的显现，所以它能够成为真理的标准。如果实践本身它不是真理，那它作为真理的标准只是一个外在的手段，只是一个操作的工具，你的这种操作的工具所获得的真理的标准只是间接的、只是片面的。在自然科学里面当然可以这样来解释，但是在哲学上呢，这种解释是不够的。实践之所以能够是真理的标准，首先并不在于它能够把主客两方面结合在一起，而在于它自身就显示出来它是最直接自明的、最根本的真理。这一点是它能够把主客观双方结合在一起的前提。

恩格斯在《费尔巴哈和德国古典哲学的终结》里面有一段很著名的话，就是说，对不可知论最令人信服的驳斥就是实践。为什么呢？他说："既然我们可以制造出某一个自然过程，使之为我们的目的服务，从而证明我们对这一过程的理解是正确的，则不可捉摸的自在之物就完结了。"通常我们都是在符合真理论的意义上来理解恩格斯的这一番话的。但是，这是不够的。因为，实践凭什么能够证明我们对这一过程的理解是正确的呢？凡是制造出一个过程能够为我们服务的，都是由于我们的理解正确吗？不一定吧。很多错误理解都能够制造出一个为我们服务的过程，原始巫术经常就是这样，能够证明我们对它的理解正确吗？它需要一个大前提，就是说，"凡是能够制造出一个过程为我们服务的都是由于我们理解正确"，小前提是"实践能够制造一个自然过程为我们服务"，结论是"实践就是正确的，实践就证明了真理"。但是这个大前提又需要证明。但恩格斯那里不需要这个大前提,他这里提出的是一个终极的真理,就是说,实践之所以能够成为真理的标准,是因为它本身就是真理。它诉之于实践的自明性,即感性活动的直接性,我们在感性的活动中全面地呈现了真理。

所以,感性的活动、实践,之所以能够成为真理的标准,就是由于它是真理本身的显现。而真理本身的显现呢,就是我们的本性自由地显现,是一种创造的显现。我们在实践中具有创造性,那么我们的实践是一种自由的感性活动,自由的感性活动是对一切遮蔽的去蔽,对一切遮蔽物的清除。说到底,人的存在就是自由自觉的感性活动,把握到这一点就把握到了一切真理的根。自然科学也要在这个基础之上建立起来。实践本身既是真实的,又是对这一真实的真实体验,所以它本身是自明的真理,由此它才成为了一切间接真理的标准。所以,符合真理论必须要以直接真理论为前提。这里我们把伽达默尔和马克思的东西混到一起来讲了,其实里头确实有很多相通的地方,当然你也可以去找出不同的地方,但是我们今天讲方法论呢,主要是要挖掘解释学的方法对于我们的启示。我们可以结合我们对马克思、恩格斯一些说法的体会和理解来深化我们对解释学的这种理解。我们不要把它们完全割裂开来,以为马克思主义的辩证法、历史唯物主义只是一种独特的方法论,而解释学好像是另外一种完全不相干的东西。其实它们里头都有相通的地方。

最后我们再谈一谈历史本体论的新发展,对历史的看法。历史主义,在今天应该有了新的含义,经过解释学的这样一个发展以后呢,历史主义应该增加了新的含义。所谓历史主义,其实是有歧义的,至少目前有两种不同的解释。一种历史主义呢,讲历史的东西都是偶然的,所谓历史主义就相当于我们讲相对主义,历史的东西都是偶然发生的,一个时期有一个时期不同的评价标准。在这种理解之下,所谓历史地看问题,那就是相对地看问题,根据当时当地的情况去解释历史上发生的事情,你不要用今天的眼光去衡量历史,这就是历史主义。那么每一个阶段的历史都要根据具体的情况来衡量,那里面就没有什么规律了,没有什么必然性了。所以历史主义被理解为历史相对主义。另外一种呢，恰好相反，被理解为历史绝对主义，历史决定论。这就是从黑格尔以来发展起来的历史主义。在这种历史主义中，人们认为历史中有规律，历史被理解为被必然规律、"铁的规律"决定了的。这时说"我们要历史地看问题"，也就意味着我们要把历史看作一个有规律的过程，有铁的必然性的过程，谁也违背不了。每一个人可以是偶然的，但是呢，他摆脱不了历史的规律。这两种截然相反的观点呢，都可以用来解释历史主义。

但是实际上，在解释学看来，历史主义呢，应该有一种更高的观点。前面这两种观点，历史决定论，或者历史宿命论，以及历史相对主义，都不能反映历史本身的真相。那么从上面讲的直接真理观出发，我们对历史呢，可以有一种新的眼光，就是解释学的眼光。所谓解释首先是两个心灵的沟通，人与人相通，它建立在实践的先有、先在、先见等这些东西之上，这一前提使人与人心灵上能够沟通。当然每一个人都有自己的先见，都有自己的眼光，有自己的视野了，但是对于过去了的人，我们不可能现实地与他们去打交道，只能通过他们留下的文化来打交道，通过他们留下的文本来打交道。我们对他们的文本进行阅读和体验，对他们那个时代形成认同，我们才能理解他们和他们的历史。这个过程一般来说是单向的，因为死人你不可能从坟墓里面把他叫起来，他已经一去不复返了。你如果把历史当作客体，那就是盖棺论定、不可改变的既成事实，历史就是这样一些既成事实。但是呢，历史事件作为一种自然现象，虽然已经过去了，但是这些自然现象，比如说他身体已经腐朽了，这些自然现象呢，只不过是历史意义的一种物质外壳。我们从马王堆、从郭店楚墓挖出来的那些文本，那些东西已经朽烂了，但是我们可以把它们恢复起来，恢复它的历史文本的原样。但是，恢复了以后呢，你不要把它看作历史，它还不足以成为历史，它只是历史意义的外壳。这个外壳里面包含有它的历史意义，而这个历史意义呢，是通过文化把它保留下来的。即使这些文本本身消失了，比如说郭店楚墓挖出来的东西，有些东西已经彻底地朽坏了，找不回来了，但是呢，它的意义仍然在文化传统之中。既然它在文化传统之中，它就总是处在与后人的不断对话之中。它朽烂了没有关系，只要有人读过它，受到它的影响，就会在别的文本中有所反映，这个影响就进入了文化。那么进入了文化，你就可以跟它对话，你跟历史上的人对话，就是跟这些消失了的文本里面所包含的意义对话。

所以与历史形成对话是可能的。我们在回答历史向我们提出的问题，历史呢，也不断在回答我们对它提出的问题。我们可以到历史里面去找答案。我们看看历史上的人们是怎么样的，我们就可以更深入地理解我们的传统。当然我们理解我们的传统已经带上了我们现代人的眼光，所以我们这种理解呢，实际上是一种对话的产物。因为这里所讲的历史不是指的编年史，不是那种客观的，哪一年发生什么事情，不是那些东西，而是指它的历史资料里面的那种意义。意义问题本身也是个哲学问题，现在讨论得很多的。什么叫意义？意义必须是对某些人而言的，历史对我们有意义，是对我们而言的。历史为什么对我们有意义呢？是因为我们身上本身就积淀着历史的意义，我们就是历史的产物，我们就是传统的产物。我们跟传统对话，其实我们自己就是传统，我们相当于自己在跟自己对话，所以历史对我们有意义，这是顺理成章的。这种历史的意义呢，我们从现象学的层次上找到了它方法论上的规律。在以往你谈这个意义的时候，科学主义眼光的人认为你在说空话，甚至于在胡说八道，什么叫意义呀？意义就是能够拿一个经验的东西来证实的，有所指的，那就是有意义。你不能拿经验的东西来证实的东西都没有意义。一个概念，你必须给我找一个东西来，你这个概念就是指它，或者指一个过程。你如果不能给我找到这个东西、这个过程，那你这个概念你趁早把它取消掉算了。实证主义的科学观就是这样的。所以他们一般不谈意义。但是，对人文科学来说，意义这个概念是丢弃不了的。我们说一个东西是有意义还是没有意义，一个东西虽然在那里，但是它没有意义，一个人活在那里，但是他没有意义，是行尸走肉，活着等于没活，一个人死了，但是他还活在我们心里，他仍然活着，有的人活着，他已经死了，这个就是意义问题。你把意义抛弃了，这些东西都无从评价了。现象学给了它一个方法论的视野，现象学最大的贡献就在这个地方。它能够给一些意义、一些非现实的东西、一些可能性的东西提供它的价值的框架。我们后面还要专门讲现象学。

因此，就是这些意义在现象学的层面上，才构成了人类文化的本体，它就是人类历史真正的本体。人类历史的本体不是说那个东西在那里，那些人已经死了，我们从坟墓里面把他们挖出来，都是一些白骨，那个有什么意义呢？那个作为历史，只是历史的载体，它们已经过去了，已经变成自然界了。后来的人，又有新的载体了。但是历史真正的本体是什么？真正的本体不是这些东西，而是它们在历史上所形成的意义。这个意义不是一个一成不变的客体，而是永远有待于人去重构的。意义作为历史的本体不是一个静止的东西，我们前面强调了，它是一个生命体，它永远有待于人用自己的生命去重构、去创造。所以我们在不断解释过去的历史，我们自己也在写自己的历史，我们自己在创造历史。我们在解释过去历史的时候，同时就在创造历史。在历史中，始终有偶然性和主观能动性的因素，所谓绝对客观的历史是不可能的。历史是人创造的嘛，没有那种绝对的历史。人在历史中当然是有限的，每一代人都不能够绝对地把握历史，但是呢，人具有一种在历史中创造历史的能力。什么是人？人就是一种创造历史的力量，是这样一种创造力、这样一种自由的创造力。在历史中跟在艺术中有很多相近的地方，就是都需要创造、都需要创造奇迹、都需要冒险、都需要突破传统。你老是跟着传统的惯性，在那里延续，你就已经放弃人的使命了。真正要完成人的使命，你就必须创造，你必须创造历史，你必须打破传统的成见。而你所打破的这个传统的成见、你所做出的这种贡献，又会成为传统，又有待于后人来把你的这个传统再加以打破、再加以发展。所谓传统就是这样一步步地发展起来的。所以，历史是开放的，并没有什么"铁的规律"，它的规律总是有待于我们去提供、去创造。但历史又不是完全盲目的，在每一阶段我们回过头看，我们把我们的视野融合了以往的视野，我们就可以看出其中的某种规律性，当然这种规律性又是有待于超越、有待于扬弃的，只是这种超越和扬弃还得按照这个规律性本身的逻辑来进行，不是凭空超越。所以历史中的"事后诸葛亮"是不可避免的，也是必要的，否则你就无法在事前像诸葛亮那样料事如神。历史宿命论是不对的，历史相对主义也是不对的，历史是我们在创造性的视野融合过程中所理出的头绪。

第四讲 | 中国哲学中的反语言学倾向

我们今天开始讲第四讲了，这次我想讲一下中国哲学的反语言学倾向，这也是我1992年在《中州学刊》第2期发表的一篇文章。为什么要讲这个问题，就是中国哲学对语言是怎么样一个态度，我想先把这个问题讲一讲。因为讲到方法论，一个是辩证法的问题，再就是语言的问题，因为辩证法本来就是从语言学里面生长出来的一种方法论。比如说辩证法"dialectic"在古希腊的时候它的意思就是辩论和谈话。dia 就是两者之间的意思，lege 就是讲话的意思，后来就成了 logos。合在一起就是在两个人之间谈话、两个人之间辨析，这个 dia、"在之间"，就是在两个人的对话中，要把一些话分辨清楚，通过对话来辨清楚。所以"辩证法"这个词是个外来词，我们中国人把它翻译成"辩证法"，其实在希腊人那里它本来就是"对话"的意思。

不过在中国传统哲学里面，对语言学是采取一种轻视的态度的，包括对语言本身，也采取一种不信任的态度。要讲方法论的话，我们就可以看出来，中国哲学由于忽视了"语言"这个工具或者媒介、这个在人与人之间对话的通道，所以长期以来比较忽视方法论。我们讲方法论，首先要涉及的是我们在接受西方"方法论"思想的时候，要有一种自我意识，就是中国传统哲学里面缺乏方法论。一是缺乏认识论，二是缺乏方法论，这是中国哲学很重要的特点。在中国古代有很多很聪明的对话，像庄子和惠施的对话，像名家的一些对话；但是对话完以后，大家各自去体会，至于在对话过程中使用了一些什么方法，中国人从来不去总结，从来不去关注我们在对话的时候使用了一种什么样的方法，我们在语言方面固定了一些什么样的东西。在中国传统哲学中，通常是注重内心体验、感悟、顿悟，你自己体会，至于你要掌握一种什么方法，这个没有人去提供，也没有人关注。所以我们这个方法论课有很大一部分内容是要涉及中西比较。在中西比较中要突出方法论的意义、必要性，特别是对于我们中国人，传统思想中缺乏方法论的这样一种传统，我们特别有必要注重方法论。这就是为什么从现在开始我要涉及很多的中西哲学比较，特别是中国传统哲学的一些倾向、一些特点。

  今天讲的这个话题是"中国哲学中的反语言学倾向"。本来我的标题是"中国哲学中的反语言学传统"，但是那个编辑审稿的时候觉得太过火了，他认为要讲反语言学"传统"，可能不行，他擅自给我改成"反语言学倾向"。也好，反正有这么一个倾向，大家都注意一下。当然中国传统哲学对语言的重要性可以说一开始就意识到了。虽然不重视语言，但为什么还要谈它，就说明了语言在中国传统哲学中还是一个很重要的话题。但是对于这样一个话题，中国传统哲学采取的态度基本上是蔑视语言，或者是把语言仅仅当成工具，为政治服务，为实用服务，为日常生活服务，为某些利益服务，但是从来没有把语言当作世界的本体，当作"存在之家"。像海德格尔说的，语言是存在之家，古希腊人把逻各斯当作世界的本体，当作万物的规律、宇宙的规律，这样一个本体论的观点在中国哲学里从来没有过。那么我今天讲的内容主要抓几个这样的概念，一个是"道"，道家讲天道，儒家也讲天道，中国化了的佛家也讲天道。"道"是中国哲学的一个核心概念，也可以说是一个最核心的概念。再一个涉及语言学方面就是"名"和"言"，一个是名，一个是言，中国人对语言的理解就是这样的，一个是命名，一个是言说，名和言。第三个就是"理"，理虽说发展起来比较晚，但是到了理学家那里，与"道"有同等的地位，好像要比

"道"更加具体、更加适于把握。这个"天道"好像还有点虚无缥缈的味道,"天理"那就可以固定化了,"三纲五常",这个道德规范、政治规范,这些东西都可以定下来了。"天道"是无常的,"天理"是可以确定下来的。这是几个核心概念,当然还有一些别的,比如,这个"心"呀、"性"呀,这个"情"呀、"诚"呀。但是从哲学上来说最核心的就是这几个概念。

首先我们来看看"道"这个概念。"道"这个概念最著名的阐释见于老子的《道德经》。所谓"道家"就由此而被命名。老子《道德经》一开始就提出这个字。"道可道,非常道。名可名,非常名。无名,天地之始;有名,万物之母。"接下来,帛书本就是"固常无欲也,以观其妙;常有欲也,以观其所徼"。帛书本就是这样的,这个是马王堆出土的,也是古本,很古的本子。后面的用不着再解释,就老子《道德经》第一章中的这几句话,我们就可以看出点名堂了,可以说奠了基,可以说中国传统哲学这个形而上学的模式在这个里头就能看出来。道可道,非常道,就是"道"可以说出来的,就不是"常道"了。第一个"道"字就是天道,就是老子《道德经》里要讨论的天道;第二个"道"字,可道,就是言说的意思,可以言说。中国的"道"字有两种意思,一个是道路,另一个是道说。道说是从道路引申出来的,原来的意思就是道路、走路,从走路里面引申出了说话。说话也就像走路一样,是有时间性的,说话应有前言后语,不应该前言不搭后语,你必须要一路说过来,这就引申出了道说、言道、说道,某某人说道,这是引申意。"非常道",什么是"常道"?常道就是永久的道、永恒的道,帛书本里面写的是"非恒道"。常道就是永恒的道,不是说"平常的道"。有的人就是解释成"不是平常的道",那就错了,"平常的道"那就是很日常的,但它这个常道,就是永恒的、不平常的。你说得出来的那就不是这个不平常的道了,不是永恒的道,而是一般的言说、一般的道了。所以这个常道,还是天理,就是天理、天道的那个意思。天道是不能说的,能够说出来的就不是天道。

"道可道,非常道;名可名,非常名",这个名也可以名,这个命名,这里就是一个语言了，但是如果是可以说出来的名，那就不是永恒的名了。当然老子认为凡是可以说得出来的名，都不是永恒的名，所以这个"名可名"在老子《道德经》里地位非常低，虽说它出现在第一句里，好像是跟"道"相提并论的一个意思，但是它的地位是大不一样的。"名可名，非常名"，其实没有常名，名嘛，就是言说，就是要说得出来，凡是说得出来的都不是永恒的。所以"无名天地之始"，道常无名，道就是无名，不能说的，这才是天地之始。"有名，万物之母"，这个"有名"在这里好像地位挺高的，万物都是从有名而来的，我们给万物命名，万物之母都有一个可以命名的，但是天道是不可以命名的。天地之始是不能命名的，万物之母是可以命名的，是这样对应过来的。所以这里呢，好像是一个排比句，有的人把老子《道德经》看作诗，哲学诗，好像有排比的关系，但是里面的层次是不一样的。至于后来的"常无欲也以观其妙；常有欲也以观其所徼"，以往对这句话有很多争论，包括陈鼓应的解释都无法解释得通。魏晋时候的王弼说应该这样读："常无欲，以观其妙；常有欲，以观其所徼。"但是后来很多人反对，说应该这样读："常无，欲以观其妙；常有，欲以观其所徼。"但是从帛书本出土以来，王弼的这样一个观点应该能够成立了。因为"常无"后面有个"欲"，"欲"字后面有个"也"，"常无欲也"。说"欲也以观其妙"这就不通了。只能说"常无欲也，以观其妙"，这样才能通。除非你认为马王堆的帛书是假的，如果你承认马王堆帛书就不能再坚持以前的意见，就必须认同王弼的解释。王弼毕竟距老子的年代不是很远的，他的理解应该是对的，就是说"道可道""名可名"，讲天地讲万物，讲来讲去到最后讲有无。讲有无最后是什么呢，就是"有欲"和"无欲"的问题，这就是中国哲学讲的"有"和"无"跟西方哲学讲的"有"和"无"的区别。我们要注意这里中西的概念不能完全等同。好像巴门尼德讲的"有就是有，没有就是没有"，赫拉克利特讲的"有和无是一样的"，是一个东西；但是这跟老子讲的"有"和"无"意思并不一样。

在老子那里，"道"本来就是"道路"，引申为"行走"，名词作动词用,所以讲知行合一。中国传统的观念都是这样的,没有单独讲一个"有"或"无",而不考虑它对于我们人生的意义的。凡是讲"有"和"无",都要讲人生的意义的,就是"有欲"和"无欲"的问题。真正的天道是无欲的,正因为无欲,所以才无言。"以观其妙"的"妙"就是无言的意思,就是玄而又玄,深不可测,说不出来,带有这样的含义。"道可道,非常道",你说出来的就不是常道,就不是那个永恒的道了;"名可名,非常名",名本身如果可以名就不是常名,而且没有常名,名就是无常的。所以无名天地之始,有名万物之母,有名就是无常的嘛,所以万物生生不息,"母"就是生生不息嘛,只有天道、天地之始是永恒不变的。所以"常无欲也,以观其妙;常有欲也,以观其所徼"。"徼"有的人解释为"空当",有的人解释为"光明""分明",还有的人解释为"交",交界、界限。不管怎么解释,"徼"都是那种表面确定性的东西,是用来分开事物的界限或空当,是眼前明显显现出来的东西。所有这些,如果按照帛书本的说法都可以解释得通,就是说如果你"有欲",你就只看到那表面的分别,看到眼前明显的事物,看到一个东西和另一个东西的不同,那个层次很低。只有"无欲"才能观其妙,才能看到它的玄妙处。无欲之人,宠辱不惊,无可无不可,静观万物的生灭变化,直抵天地之始、众妙之门。

这是第一章里面的思想,后面还有很多,他说"有物混成,先天地生。寂兮寥兮,独立而不改,周行而不殆,可以为天下母。吾不知其名,字之曰道,强为之名曰大"。就是有的东西是先天地而生的,那就是道了,我不知道它的名字,我不能给它命名,如果要说的话只能说它的字,就是道。道也不是它的名,道可道,但是道出来的东西也不是它的名,道是它的字,古人有名有字,对于尊敬的人我们不能直呼其名,只能称他的字。字不是他的本名,而是方便于别人称呼所取的代号。就像犹太教的耶和华,耶和华并不是上帝的名字,是上帝的一个代号,上帝无名,是不能说的,你说他就是不尊敬他,没人敢说,也没人知道。所以我们姑且用一个字来称呼天道,"强为之名曰大",道是最大的啦,勉强为它取一个名字那就是"大"。

还讲道"绳绳不可名，复归于无物"，就是不可以给他取名字，什么名字也没有，"道隐无名"。这些说法总的来讲都是说，道作为世界的本根，它不能用名词来表示。道是世界的本根，这是老子的基本立场，这个本根跟西方的本体不一样，"ontology"，西方的本体是存在。老子的这个道是不存在、无，是无欲，从无欲还可以扩张出无知、无为，都指的是人的一些行为，指人生态度，而不是指那个东西本身怎么样。人生态度上不要追求有为、知识，不要去追求什么欲望。

所以老子这个《道德经》里面，这个"道"字，一开始就是把言说、名言排除了。有的人说老子是找不到一个东西来表达"道"，所以在《道德经》里面找不到与"道"相应的言辞，表现了老子的一种内心痛苦。但是我认为这样理解有点把老子西方化、现代化了。西方人找不到言辞，才有一种痛苦，中国哲人找不到言辞，只有一种得意，不会痛苦。找不到言辞，说明他已经达到一种很高的境界，你如果能够说出来，那境界就掉下来了，不管是儒家、道家、佛家，所推崇的就是不能用言辞表达的境界。所以不是找不找得到言辞，而是愿不愿意去找，他是不是努力去找一个言辞来表达。当然他也找了一些，老子《道德经》也不是那么容易写的，写得那么漂亮，但实际上他不是花心思去找言辞来表达，那个意思已经先定了，不可表达，正因为不可表达，所以可以随便表达，随便举例子、讲故事、讲寓言。庄子讲寓言讲得最多，反正那个东西不能表达，我凭自己的体会讲个故事给你听，你自己去体会。所以你要问我这个寓言表达什么样的思想，我不跟你说，你自己去体会。这个时候，你如果去问他，他就有一种得意，因为他有了这种体会以后，就可以在语词的大海里面随便地游泳，随便地支配语言，调遣语词，在这里面有一种诗化精神。中国哲学有一种诗化精神。为什么中国哲学不肯用确定的语言来表达逻辑概念，就是因为一旦确定表达一个概念，他就觉得自己被定住了，觉得自己是有限的啦。但中国哲学家都不认为自己是有限的。因为自己把握到天道，已经跟天道合一了，至少自己心中的那种体验是无限的。他不愿意受到任何限制，自己不去限制它。所以中国哲学没有找到一些确定的概念来表达这些意思，并不是找不到，而是说他不愿意找到，因此他给他的思想留下无限的空间，留下了无限的可能性。

这当然可以说是中国哲学的一个优点，言有尽而意无穷，一句话、一句诗在那里，人们几千年来都是这么琢磨的，每个人可以从里面琢磨出它的意思来。至于哲学的概念是否真的不可以表达，我们从西方哲学那里可以看到，刚开始产生的时候是这样的。哲学刚开始产生的时候是非常笨拙的，用一些非常自然日常的语言，比如说水、气、火，这些非常经验的东西来表达哲学的概念。按照中国人的观点，这完全是片面化嘛。你就说"始基"这个概念，最开始也是很具体的，"始基"原来的意思就是执政官、主管部门。人类社会的主管部门是执政官，那宇宙的主管部门就是始基，非常具体；但是一旦用于哲学概念，它就非常抽象化了。我们今天讲"万物的始基"，没有人想到"执政官"，原来的意思就被忘记了，你要从希腊语词典上才能查得到。很多哲学概念并不是一开始就是哲学概念，人类不管哪个民族，它的言语并不是天生的就有哲学概念在里头，人类的语言都是从生活中产生出来的，哪会一开始就给你提供一个哲学概念？但是如果你有这样的要求，你想要表达一个哲学思想，把它固定下来，确切地表达一个哲学思想，那么就会形成一些哲学概念，这些哲学概念就是从日常语言挪用过来，逐渐定型下来的。从来没有现成的哲学概念，哲学概念是人造出来的，人也不是凭空造出来的，首先是从日常生活中拿来，然后才造出来。我们今天所使用的这些哲学概念，你要追溯它的来源，都可以发现它们来自日常语言，后来逐渐定型，才成为哲学概念的，才有了一个相对固定的哲学内涵。老子在这里不去寻求一种固定的东西，稍有固定，他马上就要把它摧毁，哪怕是"道"，"道"是固定的哲学概念，但是他马上摧毁了：道也无名，你不能说，一说就不是了。"吾不知其名，字之曰道"，"道"就是字，不是他所想要表达的东西，不想把它固定下来，哪怕连"道"这个字，他都要放弃，要达到那种境界，所有的言说都要放弃，这才是他所想要的东西。老子故意逃避语言的规定，恰好表明了老子心目中所想到的是那种"非人为"的东西。所以你要用一个语词把概念固定下来，那就是人为的一种做法，因为语言是人为发明的，自然界并没有语言，你要用人的语言去固定自然界的本根，那就体现出人的一种欲望，体现出人的有欲。而老子主张的是人的无欲，"常无欲也，以观其妙"，只有"常无欲"，你才能观到宇宙的奥妙，他推崇的是这个东西，所以他推崇的是无为。

从这里我们就可以看出来，中国哲学为什么会忽视语言，你要追溯的话，马上就会有这个疑问：中国哲学为什么老是忽视语言？为什么要忽视语言？就是因为它忽视"人为"，它把"人为"去掉，把人的欲望去掉，取消人的个体的生存论的冲动。这是我们下一次要讲的"中西辩证法的生存论差异"要探讨的，这是更深一个层次的。中国哲学忽视语言是表层的，为什么要忽视语言，里面有个原因：它不愿意把人个体的生存论发扬到极致，不愿意发扬人的个体冲动，要人放弃自己的自由意志，主张一种无为、无欲的人生。当然你还可以再一步追问，为什么要放弃个体的追求，那就涉及我们的文化背景以及历史积淀。我们的文化背景和历史积淀就是一个这样的自然主义的生存方式，自然经济，就是你一切要服从自然天道，服从自然的规律。你在社会中就要服从代表自然天道的皇帝、帝王、专制者，你才能够得自由，你只有甘愿当奴隶，你才能得自由，你如果不想当奴隶，你就得不到自由。你要有一点执着，有一点自己的追求，有一点自由的欲望，有一点人为的要做一个什么东西的想法，你就会碰个头破血流，这个是涉及另外一层意思了，在这里我们先不讲。所以老子是希望人直接融合在大自然里面，什么是天道？天道无名，但是有一个可以说的就是："人法地，地法天，天法道，道法自然。"道其实就是自然，自然并不是什么名字，自然其实就是"非人为""无为"的意思，就是你不要去干预，而让它去，那就是天道了。你把自己所有人为的欲望放弃，那就是天道了，那就是永恒的道了。所以要"复归于婴儿"，婴儿是不会说话的，要"和其光，同其尘"，就是一切都是混沌的，不要去人为地区分什么东西，不要显露你的锋芒、你的锐气，你要自动地放弃。这个时候消除一切干扰和内心的冲动，跟自然界融为一体，这个时候你才能够成为真正的高人，成为圣人。

"是以圣人处无为之事，行不言之教"，因为他的为人处事是无为，所以圣人的教化是不言之教，不用说，以身作则，身体力行。他反对儒家的那种教化，圣人的教化就是无为之教，不言之教。所以老子《道德经》写了五千言，这已经是降低层次了。传说中他写五千言是无可奈何、被迫的，老子出关，守关的人是老子的信徒，你要给我把你的思想写出来，不然不放你出去。老子没办法，就坐在那里写了五千言。这只是传说，鲁迅《故事新编》里面这么说的，当然也不是毫无根据。按照老子的思想来说，他是不写的，既然"行不言之教"，为什么还要写五千言？这违背你的原则了，但是他写出来，还是为了不言，老子《道德经》第五十六章就讲了："知者不言，言者不知。"如果问：那么你写了五千言，你是知者呢，还是不知者呢？这就是一个语言学悖论了。但是他的目的是不言，语言我们可以临时借用一下，不言并不是完全不说，作为权宜之计，你可以说。所以道家哲学也不是那么极端的，通常有一些通融的，哪怕自相矛盾，他也不在乎，他可以容忍自相矛盾，因为他不重视语言嘛，自相矛盾一下也不要紧。最终语言他可以借用一下，但是借用完了以后，就要把它扔掉了。你不要执着于语言，最终还是要放弃语言，但是你要放弃语言，还是可以说一点。所以禅宗讲"不立文字"，但是又"不离文字"，禅宗不把文字立起来，但是为了不把文字立起来，还是要靠文字。慧能讲"道"，不准人家做笔记，但是他还是讲。你为什么还是讲，而不搞拳打脚踢呢，还是要讲出来呢？就是说他还是离不了文字。虽然不记笔记，有的人还是记下来了，整理成《六祖坛经》，他反对写下来，但还是讲出来了嘛，离不了。要是连讲都不讲，那就没有什么《六祖坛经》，也没有什么禅宗流传下来了。

所以这个"道"是离开"言"之外的一种东西，或者是意在言外的一种东西，道家的庄子就把这个意思大量发挥了。庄子特别发挥了"道"超越文字的意思:"蹄者所以在兔,得兔而忘蹄。言者所以在意,得意而忘言。"这大家都很熟悉了,在庄子里面特别讲到得意忘言的思想,只要你得到了那个意思,你就要把那个话语忘记掉,而且你必须忘记掉,不然它会干扰你的。你纠缠于那个文字、表述、逻辑,你追根究底要揪住那个文字不放,那你就没有入门,你得了意还揪住那个词干什么呢?那个词可能有矛盾,可能不恰当,可能表达不出深层的意思,因为本来就表达不出来嘛,真正的那个意怎么能用言来表达?意在言外嘛。那么你揪住那个言,而不去体会那个意,那你不是走错路了嘛!老子、庄子对"言"的定位,可以说是为后来的中国哲学起了个定向的作用。老庄讲了以后,几乎所有的人都是按照他们那样讲,都是按照他们的精神在讲。

那么我们再看看"道"本身。我们刚才讲了"道"有双重含义,一个是道路,一个是言说。很多人认为"道"的双重含义可以和西方的"逻各斯"相提并论,而且对应得非常好,因为逻各斯一个是言说的意思,我们刚才讲了它根本的意思就是言说,但是它也可以引申为一种规律、一种天道,这样一种意思。甚至可以引申为"走路"的意思,你按照上帝的逻各斯去行,这在基督教里有这个意思,它这个逻各斯就是教人怎么样走人生之路的。所以很多人认为逻各斯和"道"是东西方的一对对应概念,对应得天衣无缝,几乎所有的意思双方都有。但是我们还是要仔细地来考察一下,虽然它们双方都有对方的意思,但是在各自具有对方意思的同时,它这个意思的结构是不一样的,甚至可以说这个意思的结构是恰好互相颠倒的。"道"这个意思有言说的意思,但是"言说"是派生意思,是派生出来的,它原始的意思还是道路,道路就是行走的意思。古希腊逻各斯原始的意思就是说话,就是言说,就是话语,从言说话语中才引申出规律的意思:上帝的逻各斯、神圣的逻各斯,逻各斯是一,逻各斯就是万物运行的分寸、尺度,分寸、尺度就是规则、规律,当然从里头也可以引申出按规律而行的意思。正因为如此,双方的思路是相反的,虽然最后的结果双方都有那些意思,你要说天衣无缝,在某种意义上也可以这么说。但是怎么理解它们这些意思之间的关系，这是完全不同的，是完全倒过来的。中国人总是从一种很实在的道路的意思去理解人的言说，而西方人凡是规律都要从语言的层次来理解，这就是非常根本的区别。很多人就是因为这两者都有同样的意思，于是就把这两者等同起来，在《圣经》里面讲上帝的逻各斯就翻译成上帝的"道"，道成肉身、上帝的道，都是从逻各斯翻译过来的，其实应该是"话"。现在有的人主张翻译成"言成肉身"，上帝的话语成肉身，这样翻译才能体现出它原本的意思。所以逻各斯和道虽然同样代表规律，但是两者的规律是不一样的，"道"作为规律是不可言说的，这个是反逻各斯的，它只能凭内心的体验或者是亲身的实行才能够感受到，"道"是要靠自己身体力行去体验的，你靠话语怎么能把握得到呢？虽然"道"最后派生出"话语"的意思，但那是非常浅的，"非常道"，已经不是原来的那个永恒的"道"了。

我们在中国哲学里面，讲到哲学上的"天道"的时候，没有人把它理解为"言说"。天在言说？谁敢说这个"天道"就是天在言说、在说话，那他就是外行。如果有一个研究中国哲学的人说这个天道是"天在言说"，那就是华中科技大学讲《道德经》的那个骗子啦，他可能会那样说。但是稍微懂一点中国哲学的人都不会那样说，那是外行人说的，是戏说或者胡说。相反，西方的这个逻各斯的规律就是从言说中来的，它本身就是言说，它可以通过语言精确的定义来作出规定，而且可以分析。西方的这个规律通过语言它就是可以分析、可以定义的，所以它里面包含科学的含义，所谓"科学"就是分科，精密地划分每一科的范围、界限，你不要跟另一科混淆了。科学是西方来的，这个词也是日本人翻译西方的 science 的时候传到中国来的，我们中国没有"科学"这个词。所以中国的道，也就是规律成不了科学，它不能分科，不可分析。为什么中国有两千多年道的传统，却没有发展出科学来？很多人研究"老子的科学思想"、《易经》的"科学思想"，很多人搞了一辈子，全都白费了，因为没有从根本上把握它们的精神。中国的精神哪里是"科学"的精神，天道的精神怎么会是科学的精神呢？它就是非科学的，反对分科，反对分析，反对精密性、确定性，那怎么会有科学呢？天道也是规律，你必须服从它，但是它本身是没有科学规律的，它不是精确定义的东西，它是玄妙的，你要用心去体会，你不要用语词去规定它，这个就形成不了科学。它当然也说是宇宙万物的本根，从这个意义上面说它是客观的，它具有一种科学的意味，这样泛泛而谈，当然也可以。但严格地说来，什么是科学？你把这个东西定义清楚了就会发现，中国传统里面没有科学精神，你要说它有技术是可以的，老子的思想也可以说是一种人生技术的思想、人生的技巧，但它不是科学。这个技巧依据的那个东西是玄妙的，不可言说只能体会的，但确确实实可以给人生提供技巧：在我们这样一个农业社会里面，如何在其中生存，甚至于还生存得如鱼得水。你读了《庄子》以后你就有大智慧，就可以跨过一般人不能忍受的这个坎，你把自己放宽了以后，就有智慧了，没有跨不过去的坎，你都能够容忍。但是这些东西都不能说是科学，可以说是智慧，但是不能说是科学，这是第一个概念，也是最重要的概念。

其次我们讲讲"名"和"言"。通常名言是合称，但是"名"和"言"又不一样，在中国哲学里面，你如果要和西方的"逻各斯"相比的话，那只有一个词"名"，它就是起于命名，起于说话，起于语言。从这个语言开始，然后派生出来"名教"，一种规范、一种规律，名也是一种规律的意思，一个人的"名分"首先是"命名"，是处长还是厅长，伯伯还是舅舅，它有一种规律在里头，社会的等级名分，有一种不可违背的次序在里头，这跟逻各斯很相近。逻各斯也是从语言开始，然后形成一种规范、一种分寸，所以有的人认为先秦的名和逻各斯是可以相通的，像汪奠基先生，我们已故的中国逻辑史专家。在先秦的时候"名"是一个很重要的课题、话题，儒家、道家、法家、墨家、名家都谈名，有的谈得非常透，墨家、名家、法家对中国的逻辑思想是有贡献的，中国是有一种传统的逻辑思想，我们等下要分析。所以他们谈名谈了很多，儒家谈名谈了很多，道家虽然贬低名，但也谈了很多。儒家是"名教"，反儒家说是"越名教而任自然"，像嵇康就这么说，就是反对儒家名教，就是你用这套名教来束缚人，把人的天性都束缚住了，我们要任自然，要超越名教。所以名在儒家那里也讲了很多。

但是"名"这个词虽然和"逻各斯"有相通的地方，却和"逻各斯"有个很重要的不同，就在于这个名没有被看作世界的本体。逻各斯是世界的本体，但名和实是分不开的，名实关系，名脱离不了实，你要把它看作世界本体的"反映"，那可以，但是它本身不是世界本体。名分也是一种规律，但名分这种规律也只是对自然秩序的一种反映，对天道次序的一种反映，它本身不是规律，是用来表达规律的。不然孔子为什么说是名教呢，"为政必先正名"，一个政治家必须先正名，就是要有个名分，每个人要安排在他恰当的名分上面，不能乱。一个国家没有等级次序那还得了，那小人就犯上作乱了，君子、圣人就控制不住了，所以要有等级，这个等级就是名分。这个名分本来人天生没有的，那就必须"教"，所以叫"名教"，从小你就要教他。要尊敬师长、尊敬兄长、爱父母，这些都是从小要教育的，你在家庭里面从小受到这样的教育，你在社会上就会服从上级，你就不会造反，你就不会作乱。那些土匪、流氓都是从小缺乏教育才会这样的。所以这个名很重要，从小就要灌输，要从娃娃抓起，从小就要把名这些东西灌输到小孩子的脑子里去。孔子讲"名不正则言不顺；言不顺则事不成；事不成则礼乐不兴；礼乐不兴，则刑罚不中；刑罚不中，则民无所措手足。故君子名之必可言也，言之必可行也。"这是孔子在《论语》里面一段很有名的话，名不正，言不顺，礼乐不兴，整个国家就没有了标准，"刑罚不中，则民无所措手足"。有了名，刑罚就有了标准，就可以有依据了，就可以依法治国了，就有法可依了。名不正就无法可依了，所以刑罚就不中了。这里表达了第一个意思，名就是为了政治上实用的。为什么要强调名教，为什么要强调名分，就是为了政治统治，为了社会的安定，为了社会的大一统能够和谐，这是政治上实用主义的。

第二个意思就是作为实用的工具，名分具有根本性的作用。孔子很重视名的，你不能说他不重视名，名是一个非常重要的东西。你马上可以打天下，你马上不能治天下，刘邦当年就以为马上可以治天下，骑着马得天下，以为可以这样来治天下，你要保持当年干革命的精神来治理国家，那是不行的，应该有另外一手，要提高你的执政能力。要双管齐下，枪杆子要抓，笔杆子也要抓，要抓住"两杆子"。枪杆子就不用说了，笔杆子就是名，就是你要建立起一套次序，你要靠名教来建立次序。名教跟道德、礼貌、社会人际关系、法律（刑罚）都有密切关系，你说它重不重要？所以都是以名为它的标准的，名既是法律，又是道德，它还是审美。所以中国传统当中不存在"依法治国"还是"以德治国"的问题，法就是德，德就是法，所有东西都归于礼，礼是所有这些东西的标准。所以从儒家里面发展出法家来，法家是从儒家里面出来的，韩非是荀子的学生，韩非、申不害等人就发展出法家，就提出了刑名法术之学。名既然是刑的标准，那它当然是一种法术，它是一种政治工具、统治工具，刑名法术之学，名就成为了法。中国古代很多术语都有一种政治化的倾向，比如名这个概念，从孔子提出名教的概念，一直到法家，后来的名家，实际上是越来越把它当成政治的工具，越来越使它政治化，有一种政治本能。中国古代的哲学术语都有一种政治本能在里头，动不动就要涉及政治。西方的哲学术语隐含着一种逻辑本能，西方的语言里面就已经隐含着一种逻辑本能，动不动就涉及逻辑，就要思考里面的逻辑意义。中国的语言里面包含着政治本能，或者说是伦理本能。从这个角度来看，西方的逻各斯和名并不相同，虽然有人认为它和名很接近，从表面上来看也是这样，但实际上，从生存论上来看，是不一样的。名是为政治服务的，西方的逻各斯不是为政治服务的，它是一种逻辑本能，它是要用语言来表达真理，通过语言本身的规范来表达真理。

所以真正跟逻各斯相近的，在中国不是"名"，而是"言"。我们刚才讲了，名言看起来差不多，实际上有层次的不同，有很重要的不同。言和名的不同就在于，它没有很重要的政治含义，也没有伦理含义。名教我们不能说是"言教"，言不能教什么东西，言就是我们日常的言说，但名就是名分，是确定了的，固定了的言说就是名，那个就具有政治教化的意义，就有伦理规范的意义了。我怎么说、我说话的模式、我言说的方式，这个东西就规定了中国的政治。你们去看一看报上的社论文章，里面有一种固定的模式，那就是由名所固定下来的，就是一种统治工具。但是"言"就不同了，"言"是一种很活的东西，正因为如此，它就比名更加卑贱，更加被人瞧不起。"名"的含义还可以说它有一种崇高性，名教、礼教、名分，你不可触犯的，但是"言"就没有这种尊严，所以人们对于"言"更加蔑视。长期以来，中国"言"的概念都是处在被怀疑的地位，它是一种可疑的行为，不可相信的。孔子就讲"听其言，而观其行"，"君子讷于言，而敏于行"，你"言"这方面太灵活了，你这个人就不可靠了，就是"巧言令色"，你这个人言辞很巧妙，这个人就可能是小人。所以"君子讷于言，而敏于行"，"刚毅木讷近仁"，"木讷"，你说话不利索，你哪怕结结巴巴，你哪怕是个哑巴，但是你有一颗仁心，你是可以当得起君子这个称号的，因为你行为非常合乎礼教，讷于言而敏于行，你说得不多，但是你做得很多，你是做实事的。这种观点直到今天仍然是中国人的观点，我们比较推崇的是那种做实事的人，不多说话，说多了有什么用呢，说得越多，越是骗人。你广告打得越大，里面造假的成分也就越多，所以你不要多说话，你给我看，你以信誉来征服人，你的质量确实过硬，那你不说人家也就知道了。所以孔子讲"君子耻其言而过其行"，就是说你的言过于你的行，你的言超过你的行，君子应该感到羞耻，你必须言行一致。而这本来就是天道，"天何言哉！四时行焉，百物生焉，天何言哉"，天是不说话的，天道按其四季运行，锲而不舍，它说了什么？它什么都没说，它是干实事的，我们要向天学习，就是几十年如一日，从不宣扬自己，这才是君子。

儒家和道家对名和言的关系的解释是完全一致的，就是说道家也反对言，"信言不美，美言不信"，儒家也是这样的，你的言辞如果讲得太多了，那就值得怀疑了。所以孔子虽然讲名分，但是这个名分主要是政治上的名分、等级上的名分。名分定了以后，其他的一些概念却模糊不清，名分本身是确定的，君臣、父子关系分明，但是概念的定义却是模糊的。比如说孔子的核心概念"仁",孔子的定义基本没有,别人多少次问他,孔子的回答都是含含糊糊,而且都是根据某种具体的情况而给予不同的回答,所以他没有确切的定义。一直到今天,我们还在争论孔子的"仁"是什么意思,有的人说这样,有的人说那样,好像每一种说法都有它的片面性,你如果把这些说法综合起来,就会得出这样的结论,"仁"是不可定义的。不可定义,什么是仁、什么是义,我们都不知道,但却在每个人的心里清楚,你做坏事就是不仁不义,心里面都有一杆秤,但说不出来。看起来名和言在这方面是对立的,名是确定的,言是不确定的,是不可定义的,本来名和言都是从语言来的,为什么会有这种区别?但是在孔子那里就是一个等级的区别,名必须要确定,言必须要灵活,光有确定没有灵活也不行,确定了名以后,我们就可以来玩灵活的。所以孔子讲"不学诗,无以言",言是诗化的,在一定的等级次序稳固了以后,我们就可以体会诗意,体会美感。我们这个社会多么和谐,因为名分定了,所以我们就可以发挥自己的内心体会,用自己的言说来表达它,"不学诗,无以言",诗是教你如何更加灵活地言说,怎么样能够从内心里面打动人。当然它的地位肯定没有名那么重要,这一切都是在名分已经定了的前提之下,社会已经稳定了的前提之下,我们才能够谈得上百花齐放、百家争鸣,就是言。但是你不要搞错了,百花齐放、百家争鸣都是在一定的名分之下进行的,必须在这个前提之下,你才能够发挥你自己的创造性。你如果以为可以为所欲为,那就错了,它跟伦理、政治体制有密切关系。

所以很多人说中国文化在科学方面没有创造性,在技术方面当然还有一些,因为它的年代久、人数多、聪明人多。在政治制度方面也没什么创造性,几千年一贯。唯独在诗方面、文学艺术方面有创造性,那确实也是这样。你要搞中西文化比较,在别的方面,你会有自卑感,但是一谈到诗、文学艺术,恐怕你还会有一点自豪感。很多人在中西比较中都有这种感觉,中国人唯一可以拿得出去的,像《红楼梦》、唐诗、《诗经》,这样一些经典的东西,这个是外国人要欣赏的、要佩服的,但是其他东西好像都拿不出手。为什么拿不出手,因为它太僵化了,几千年都是那么一种东西在那里,科学精神被压抑,政治伦理被僵化,那么到今天当然不适应了。这是中国文化的一个特点,中国古代的伦理是等级森严的,思想文化是诗意盎然的,但是逻辑的确定性被冷落了。它有诗意,包括金庸的武侠小说里面也是诗意盎然的,奇思异想层出不穷。就那么一个武打动作,金庸的脑子里翻出那么多的奇思异想出来,那么有创造性。但是逻辑的确定性是不讲的,你要在金庸小说里面讲逻辑的确定性,那是很难的,他只有一种固定的模式——道义,几千年以来就是那样一种道义,但是它没什么逻辑,有些人物的心理变化根本是说不通的。

我们中国以诗化精神为自豪,并不是说西方就没有诗化精神,西方从古希腊荷马史诗以来,也有诗化精神,但是到了亚里士多德就受了限制,特别是讲哲学的时候,诗化精神就受到了限制,就是说诗化精神不能够扩展到一切领域上去,有些领域应该分开,要分科嘛。你讲诗的时候你就讲诗,你讲哲学的时候就不要讲诗了。所以亚里士多德对于柏拉图的对话录、戏剧是不以为然的,亚里士多德虽然是柏拉图的学生,但他说柏拉图的思想是用一种诗的比喻讲出来的,这个不严格,你不知道他在讲什么,你要知道,那就必须发展出一套严格的逻辑。所以亚里士多德奠定了西方的形式逻辑,他的《工具论》分析篇,要加以分析,用范畴加以解释,所以他有分析篇、范畴篇、解释篇、辨谬篇,要辨其谬误,要排除矛盾,这才能表达哲学思想。你写诗、写戏剧都可以,但是你在哲学中要搞清这一切。亚里士多德也写诗,也写对话,亚里士多德早期的对话跟柏拉图很接近,他是柏拉图的学生嘛,但是那些没有什么很高的价值,他真正有价值的还是那些逻辑学、形而上学思想。所以从亚里士多德以来,西方的诗化精神被限制在文学艺术当中,西方的宗教里头也有点诗化精神,所以它不影响逻辑。逻辑是逻辑,是另外一个领域,西方人划分得很严的。但是中国传统一直是以诗化精神来代替哲学、来讲哲学的。我刚才讲老子《道德经》其实是诗,庄子的寓言那就是文学、就是神话,孔子经常用类比,讲很多例子，打很多比方，这个像什么一样，那个什么什么"如也"。当然这样一来，避免了像亚里士多德那样，使语言抽象化、形式化、僵化。为什么中国哲学诗意盎然，就是因为这一点，它避免了形式化、僵化，它老是注重那种生动的含义、内容、丰富的内涵，保持了语言的人生体验的丰富性，但同时也使语言停留在朴素的阶段、无定形的阶段，定不了形，没有定义，下不了定义，这是很朴素的。它老是保存在朴素阶段，你不要给我下定义，我不懂那套，你给我打个比方来讲一讲，你给我讲个故事，我就顿悟了，就停留在这个阶段。

这个阶段最常见的哲学比喻就是"气"。这个我们前面已经讲到，"气"的哲学在中国哲学里面是一个非常重要的哲学比喻，什么东西讲不清楚了，就说我有一股气，庄子讲啊，听天籁之音，"无听之以耳，而听之以心，无听之以心，而听之以气"。天籁之音，你是用耳朵听不到的，到处寂静，但是你用心来听，就听出来了，如果用心听还听不出来，那就要用气听，要用内心的那股气去听，庄子就是这样讲的。孟子也是这样讲的，"吾善养吾浩然之气，其气至大至刚，充塞于天地之间"，可以"直养而无害"，后来的人说孟子是气功大师，说他在养气的时候就是在练气功。所以"气"的哲学无所不在，在中国哲学里面到处都渗透着这个思想。对于"气"的地位，有的人认为在道之下，有的人认为在道之中，到宋明理学就认为道在气之中，张载认为普天之下唯有一气，气就是世界的本根，没有别的。

所以总的来看，名也好，言也好，它们最终都是要立足于一个东西，就是"实"。所以中国古代争论了很多问题，就是名实关系，命名和被命名的那个对象两者之间是一个什么样的关系，当然也包括言和意的关系，言意关系和名实关系有对应之处，言要表达意，言不尽意，或者是言尽意，无论如何，言是表达的，最重要的是那个意。名和实的关系，最重要的是那个实。所以中国哲学各家各派不管你对名和言怎么说，有一点是共同的，就是名要符合实，名副其实，这毫无疑问的；言要不损害意，"辞不害意"，言是要来表达意的，言不重要，意重要。你体会了意，言就可以不要了，意在言外，你体会到了，就可以得意忘言，得意忘象，得了那个意，你什么都可以不要了，外在的东西都可以抛弃。所以言和名都是不重要的，各家各派都是这样的。我这里下了一个全称判断，郭齐勇老师曾对我说，中国哲学你不能下全称判断，你要小心，有人给你找出个反例，你这个全称判断就失效了。我说，如果都不下全称判断，那就没有科学价值了，那就没有研究的价值了，你之所以研究它，就是要找出规律嘛。你老是说，"很多"都是这样的，"有些"是这样的，那有什么意义呢？你要说"所有的"都是这样的，那才是规律。我这里下一个全称判断：在中国哲学中，没有任何一家认为名比实更重要、言比意更重要。你们去找一找，谁能找得到反例的，我给他作检讨。肯定没有，这是一个。

所以这个名要符合实。当然也有各种不同的说法，总的来说就是名要符合实，但是名如何符合实，有各种不同的说法。一个说法是，因为"实"太大了，太玄了，或者是太容易变化了，太无常了，没有任何名能够表达它，这个时候宁可弃名而求实。名既然不能表达那个实，你当然可以把它弃掉，比如说"道"，道不可名，道不可言，那么这些名和言就可以弃掉了，得意而忘言，你可以把它忘掉。这就是说，在"实"太玄妙、不可命名的时候，你就可以不要"名"，这就是道家的态度，道家就是持这种立场。这是因为实比名更重要。第二种态度就是名实不符，甚至于名实相反，这种情况下，名不副实，就必须"正名"，这就是儒家的态度。道家和儒家的冲突在于这一点，道家说，反正你那个名不符合实的，你无论如何正名都是跟实相反、相错的，甚至于你要正名，这本身就不符合实了，因为天道是无名的，所以道家坚决主张去掉名。道家拼命证明儒家这是浪费精力，而且适得其反，所以都是你们这些要去正名的人导致的，你们如果把名完全放弃，天下岂不是太平了，大家都不要去讲名了。但儒家是讲名的，讲正名，正名也有两种，一种是针对着实，而建立与之相符合的名，这就是所谓君君、臣臣、父父、子子，君要有君的名分，臣要有臣的名分，父要有父的名分，子要有子的名分，儒家特别是孔孟持这个态度。另外一个就是"制名"或者"定名",先制定一个法度去衡量实,这个比儒家孔孟的态度要更加积极一些,儒家里面的荀子持这样的一种态度,制名、定名,然后"制名以指实",制定一个名,然后把这个名安到实上面,"名定而实辨",名定了以后,找一个实放到它底下,就很清楚了。一个国家需要有个帝王,你先定一个帝王的名,至于哪个来当,哪个适合哪个来当,但首先要有一个名,这个是法家的态度和荀子的态度。法家更发展了荀子的方向,法家是从荀子那里出来的嘛,荀子跟孟子还是不一样的。我们通常讲孔孟,这是正宗,到了荀子就已经分开了,已经分歧了,就进入了法家了,法家基本上继承了荀子,把孔孟的正名思想也吸收进来了。所以法家是"刑名法术"之学,他是对名的思想的集大成,特别是韩非子,主张把这两种思想结合起来,"修名而督实,按实而定名",双方都能够结合起来,先修一个名,然后去责成实,看这个实符不符合,如果不符合换一个,你这个官不符合了,不能当官了,不能承担这样一个名分,那就换一个。当然皇帝是不能换的,在皇帝之下,宰相啊、大臣啊,你定了名在那里,你就选合适的人来当,这就是修名而督实,按实而定名。一个人他适合当什么,你就给他一个什么样的名分,这两方面都可以结合起来。

这几派不论它的含义如何,它的做法如何,它的正名的精神是一致的,名必须最终以实为根据,要符合于实。在中国哲学中没有任何人认为名是比实更重要的,名是比实更实在的,乃至于是"倒名为实"的。中国哲学里面没有倒名为实的传统,在西方有,像柏拉图。柏拉图的理念就是名,理念比现实事物更实在,一个语言所承载的实,比现在显现出来的更多。美的理念比所有的美更美,所有的美都是分得了美的理念才获得它的实在性。所有的桌子就是因为分得了桌子的理念才成为实在的桌子,它们都是现象,都是理念的一种摹本,都只是接近理念,而理念是最实在的,虽然它在彼岸世界,谁也看不到。这种传统只是西方的,在中国没有。所以中国人重视名,正名啊、名教啊,都是看中名的实效,名分、名教在中国是有实效的,你不要以为它只是挂牌子,它挂个牌子就会行使它的权力的,所以它的名分是很重要的。但是名分的重要性不在于名本身，不像柏拉图讲的它只是高高在上的一个理念，跟人世间没有关系，人世间所有东西都要模仿它，那不是的。名的重要性就在于它能够在现实中实现出来，能够对现实有好处，能够为现实的政治服务。所以名是服务性的，名教、名分都是服务性的，看起来好像是本体，天地之间都有名教、都有名分嘛，名教是按照天地的次序建立起来的嘛，看起来好像是本体了，其实不是的，它只是为本体服务的，它是为政权服务的，为真正的"实"服务的。我们日常生活中所做的那些事情，那才是"实"，"名"就是为了这些能够有次序、能够和谐、能够安分所设立起来的，这是中国哲学很重要的一个特点。

　　墨家学派对名实关系讲得最多的，就是最直接地把名实确定的关系讲出来，揭示实是名之根本，包括墨子和他的弟子们都是这样主张的。比如墨子说"取实予名"，就是说名只是对实的命名，根据什么样的实，就命什么样的名，没有这个实就不要乱命名。他特别强调实就是"耳目之实"，所谓耳目之实就是感性的实在性，中国哲学一般认为耳目之实就是感性的实在性。当然道家老子是反对耳目之实的，老子的实是自然，是在感性的耳目之实之外或者之上的自然的本根，你的耳目可以感觉到、你的言辞可以说出来的，那就不是。真正的实要靠心去体会，要"涤除玄览"，"涤除"就是把内心打扫得干干净净，像一面镜子一样什么也没有，就可以反映出宇宙的本体。但是墨子他们所讲的实就是耳目之实，所以墨子提出来"三表"，所谓"三表"就是三个标准，就是人们的言说由三个标准来衡量。一个是"上本之于古者圣王之事"，就是说历代过去的经验，就是古代尧舜这些圣王的事情传下来了，就成为你的标准，说话要有标准，这个标准就是古代圣王他们怎么说的、他们怎么做的，你要按照他们的言谈标准来规范自己。第二个标准就是当时多数人的经验，"下原察百姓耳目之实"，上要按照圣王的立言行事，下要按照广大老百姓的耳目之实，你说的话要老百姓喜闻乐见，他们觉得是对的，那就是对的。第三个标准就是要在实行过程中得到好的效果，"发以为刑政，观其中国家百姓人民之利"，就是代表人民的利益，要根据国家和人民的利益运用刑罚和政治。政治和刑罚在中国是分不开的，建立一套法制，这是对人民、国家有好处的，要符合国家和人民的利益。这就是三个标准，这就是实，所有的名都要符合这三个标准，一个是古代圣王的经验、一个是当时老百姓的经验、一个是国家和老百姓的利益，在实行过程中对老百姓是有利还是有害，对国家有利还是有害。这是功利主义的，看它效果怎么样，这就是言必有三表，名言必须要有三表，要有三个标准，这三个标准都是根据我们的实际经验，一个是过去的经验、一个是当下的经验、一个是未来可能的经验，都是要以人们的经验、人们的利益为标准。

到了后期墨家，墨子的那些弟子们，他们比较强调逻辑，很多人认为中国古代是有形式逻辑的，有的人还写了一本书，叫作《墨家的形式逻辑》，专门讨论墨家的形式逻辑，可惜不厚，薄薄的一册，没有很多可谈的。但是也谈了，包括推理、归纳、判断这些都讲到过，中国人也是人，也有理性，并且还知道这些事情，但是不去深入探讨。所以后期墨家比较强调逻辑的论辩作用，后来的人称为"墨辩"，就是墨家强调辩论，而且对这些逻辑规律有一些基本的探讨。但是他们在名实关系上是跟墨子一致的，就是"以名举实，以辞抒意"。以名举实，名主要是来标举实的，言辞主要是用来抒发意的，名和实，言和意在墨家这里的关系是不变的。但他们很重视逻辑，比以往的人都更加重视逻辑，所以在墨子和他的弟子们的言论《墨经》里面，有很多逻辑思想。但是跟亚里士多德的逻辑思想比较，可以发现里面有一个根本的区别，这个区别在于墨家的主要思想仅仅是给已知的事实取一个名，取一个正确的名，以便达到名实相副，只有名实相副了，你的行才能畅通，你的行才能达到目的，这样才能名实相通，"志行"。只是为了使得名实相称，我们才给言建立标准，名实要相称，你说话就不要乱说，你说话就要有标准，有仪，有仪表。所以名和言是脱离不了经验事实的。他们也讲到证明、推理、归纳、演绎等辩说的方法，但是所有方法在《墨经》那里主要的根基就是类比、类比法。类比法是墨家逻辑的一个根本法，因为类比跟经验最接近，两个经验比较一下，就可以看到相同的地方，中国的逻辑基本上是这样的。孔子讲"能近取譬"，最接近、最相似的例子你举一个出来，然后从这个例子里面看看实际的结果，你就可以想到，我这样做会有什么实际的后果。所以墨家主要是类比，跟儒家是一样的。

但是类比推理是不可靠的，这在亚里士多德那里早就指出来了，类比推理只是一种"修辞术"，亚里士多德把类比推理看成修辞术。中国的诗学有赋、比、兴，都是讲修辞，只不过是一种比喻，不是一种严格的逻辑方法。所以后期墨家虽然对推理、对逻辑非常重视，但是重视有一定的限度，就是说这样一些东西，你不能够毫无限制地去使用它，这个逻辑方法，按照他讲的，"是故辟、侔、援、推之辞，行而异，转而危，远而失，流而离本，不可不审也，不可常用也"。所以，在《墨经》里面讲，这套逻辑推理、判断、演绎、归纳等，这套方法，它们离现实太远了，它们超越于现实的经验，叫作"行而异，转而危，远而失，流而离本"，远就有失，一流出去就离开了它的本了，像流水一样，流出去就离它的源头太远了，"行而异，转而危"，就是这些逻辑规律一般老百姓是不懂的，觉得很怪异，觉得里面隐藏着陷阱、隐藏着一些诡辩，所以"不可不审也，不可常用也"。就是逻辑有它的规律，但是使用的时候要小心，它离开经验，你就要谨慎了，你不可常用，在必要的时候用一下，一般的时候不要随便去用它。逻辑必然有它的规律，但是这种逻辑不可常用，那就没有普遍性了，逻辑"不可常用"还有什么普遍性？所以这种逻辑思想很难说有什么逻辑精神，它只是一种技巧，一种雕虫小技。在中国，经常是一种精神就变成了一种技术，科学精神在中国变成科学技术，变成一种奇技淫巧，逻辑在中国也是仅限于一种技巧，就是通过类比、举例说服人的技巧，然后我们说这个人说话有很强的逻辑力量、很强的说服力。但是这个很强的逻辑力量和很强的说服力在中国人心目中都是一种修辞的技巧，就是说这个人很会说话，他说的是不是真有那么回事，这个是要打上一个问号的，不过因为他有很强的说服力就被人相信了。

所以总的来说，墨家这么推崇形式逻辑，他对形式逻辑的态度实际上是一种怀疑的态度，并不相信它，只能当作一种辅助性的工具，也就是"辩说"。为什么叫"墨辩"？就是墨家的那套逻辑无非是用来巧言善辩的，辩论的时候你辩不过他，他讲的是不是真理，那另当别论了，很可能他是在骗人，在那制造陷阱。所以逻辑不是有关认识论的，也不是有关本体论的，也不是什么真理的学说，也没有什么必然性，我说不过你，但是我口服心不服，你那没什么必然性，你只是在口头上有必然性，但在实际上，你那不符合实际，所以没有真正的必然性，也没有普遍性。你可以用一下，但是你经常在用，人家就不信你了，在中国就是一个人太讲逻辑了，这个人就没人信了，你要讲体验、经验、感受、亲眼所见，人家才会信你。所以逻辑在中国是一种不受欢迎、不受信任的技巧，也可以说是一种奇技淫巧，如果不用逻辑也能说服人，那么这一套东西可以不用。相反，亚里士多德的逻辑也讲逻辑离不开它的认识对象，逻辑具有认识作用，所以在这个意义上，逻辑也是一种名，亚里士多德逻辑原来翻译成《名学》，跟中国的名沟通起来，这个名也离不开实。但是有很重要的区别，首先是亚里士多德认为，一个正确的逻辑必然反映客观对象，正确的逻辑必然具有实的意义；逻辑有时候不能反映客观对象，并不是因为它本身"远而失，流而离本"，并不是它本身要不得或者片面，而是因为这个逻辑还不严密、还不完善。如果逻辑真正严密完善了，它就是反映实的，它就代表实，甚至它本身就是实。逻辑上有些说法，看起来头头是道，如智者派也讲逻辑，但并不符合事实；但不因此就要把逻辑废掉。按照墨子的说法，逻辑不符合事实，那就要废掉，诉之于体验、经验。但是在亚里士多德看来，正是因为逻辑没有达到严密性、完善性，所以要更加严格制定逻辑规则。这就是亚里士多德为什么要花那么大的精力在形式逻辑上进行研究的原因。他对经过严格规范的逻辑是信任的，逻辑就反映了世界的本体。我说你白，并不是因为我说了你才白，而是因为你白，所以我说你白才是对的，亚里士多德的逻辑跟现实的关系是非常直接的，所以后来的人评价亚里士多德的逻辑跟认识论、本体论还没有分家，逻辑上的是与否，跟现实中的有与无，跟认识论上的真与假都是相应的，对逻辑应该有一种充分的信任，就像认识论上的真和假、本体论上的有和无一样。

第二个不同是：亚里士多德认为真正的客观对象严格说起来并不是感性事物的现象，并不是经验，也不是你的内心体验，也不是你的内心感悟，也不是你的诗化精神，而是事物的"形式"和本质规律，真正的客观对象、真正的"实"是规律、是本质、是形式。亚里士多德的"形式"概念含义很丰富，基本的含义是：形式是事物的本质。我们中国人很难理解，事物的本质怎么会是形式呢？形式不是一个框架嘛，把那些事实的东西塞进去，那就是形式。但是在亚里士多德看来，事物真正的本质是形式，这是从柏拉图那里来的。形式就是"理念"，一个事物的本质并不是那些质料，并不是那些感觉，并不是那些经验，而是从中所反映出来的规律、共相，所以形式就是规律、就是本质。亚里士多德继承了柏拉图的倒名为实，理念、形式这些并不是为经验服务的，而是一切事物的本质，这就是倒名为实。柏拉图和亚里士多德在西方的影响可以说是根本性的，有人说西方两千多年的哲学不是柏拉图就是亚里士多德，有这么大的影响；但是这两位都是倒名为实的，所以西方精神有一种倒名为实的精神，有一种语言学的精神，就是把说出来的概念、把抽象的语词这些东西当作最根本的、最实在的。例如中世纪的唯实论，"唯实论"我们不要望文生义，以为他们是强调现实经验的，恰好相反，唯名论才是强调现实经验的，唯实论恰好是强调抽象概念的，抽象概念才是实，这就是西方的传统。在西方的传统里面有一种宏大的逻各斯精神，从柏拉图、亚里士多德那里一直到比如说黑格尔的《逻辑学》。黑格尔的《逻辑学》绝不仅仅是一种辩说之词，不是说黑格尔善辩，所以他就写了《逻辑学》，黑格尔的《逻辑学》具有认识论和本体论的意义，它就是世界的结构。西方人把逻辑理解为世界的结构，而不仅仅是我们嘴巴上耍嘴皮子的事情，我们中国人是把逻辑理解成一种辩说、墨辩，理解成耍嘴皮子的事情，这个在西方是不被认同的，我们从墨家的逻辑可以看出跟西方有一个很明显的区别。

最后是名家，我们来看看名家。在名实的关系上，名家好像跟其他所有的不同，他们名家就是特别重视名辩问题，而且重视辩论，当然这个辩论还是耍嘴皮子，说的还不是说的世界的本体，但是他们毕竟对名特别重视，有时候重视到甚至人们认为他们把实给抛弃了，名家就是诡辩，名家就相当于西方的诡辩学派。但实际上里面是有区别的。名家对名实关系加以割裂，就是说我只探讨名，我不管实的问题，因为名家提出的很多命题都是不现实的，都是跟现实、跟经验完全相违背的。但是这种割裂，在名家那是有一个意图在里面的，他是为了政治实用，达到"刑名之治"。名家公孙龙子和惠施都是当官的，都是为了治国平天下，但是要有一种方法，所以他们采取了名辩的方式，在名方面多做文章、大做文章，把名辩搞得很熟。这个不管是在外交方面，还是国内的政治方面，他都可以自圆其说，都可以立于不败之地，都可以说得通。你说他诡辩，但他说得头头是道，就可以蒙骗一些人，所以他仅仅是当作一种技巧，一种政治实用的技巧，如果没有政治实用的目的，他们是犯不着搞这些名辩的。这个跟西方的智者派还是不同的，像智者派的普罗泰戈拉讲"人是万物的尺度，是存在事物存在的尺度，也是不存在的事物不存在的尺度"。智者派也讲名辩，也讲诡辩，但是他讲诡辩是在一个本体论的根据上，"人是万物的尺度"，我的诡辩可以用来衡量万物的存在和不存在。虽然我是主观的、是诡辩，但是万物就是这样的。所以从智者派里面，后来发展出了怀疑论，也就是这个世界的本体本身把人陷入怀疑里面去的，那么我的怀疑恰好是反映了这样的现象。它不是用来为政治服务、为治国平天下服务，并不是特地为了欺骗人。虽然在我们看起来他们的那些诡辩有一些是欺骗人的，实际上他们是真诚的，认为这是一种智慧，这是对万物的一种解读。但是在名家，这只是为了说服别人，贯彻自己的政治主张，而从来没有把名当作实，更没有倒名为实。名家他们自己讲的实际上他们自己也是不信的，"白马不是马"，你到现实中，把人家的白马偷来，你说这不是马，我没有偷你的马？实际上他们也是生活在现实中，嘴巴上在强辩，并没有把自己的言行贯彻到现实生活中去。这个跟智者派不一样，智者派的普罗泰戈拉教给人家的东西就是用来打官司的，而且他信什么、不信什么在现实生活中是贯彻的，他认为神的存在和不存在都是可疑的，他对神表示怀疑，这在古希腊是大逆不道的，所以受到社会的谴责，最后只好逃跑。他们把自己的信念贯彻到实际行动当中。而公孙龙子和惠施尽管提出了那么多似是而非的东西，他们并不去实行，他们只是停留在嘴巴上。这就是名家，名家好像是重视名，但是背后隐藏的却是政治实用主义，这个名辩还是为别的东西服务的一种手段和工具，而不是一种本身实在的东西。

到了后来的魏晋，魏晋时期也是中国哲学发展的一个很重要的阶段，其中最重要的话题就是魏晋言意之辩。言意之辩有"言不尽意""言尽意"两派。"言不尽意"以王弼为代表，而"言尽意"以欧阳建为代表，这两派争论很久。但不论他们如何争论，有一点是共同的，言总是要尽意的，言的目的就是尽意，意是最重要的，言是不重要的。尽意也好，不尽意也好，言总是附属的，依附于意，并且为意所用。而"言不尽意"一派最终占了上风，就是由于人们更重视意。你说言可以尽意，那言和意就是平等的，那就没有必要强调意了，我把言说出来，那已经是意了。但是为什么"言不尽意"这一派占了上风呢，就是因为他们共同把意看作比言重要，那当然"言不尽意"要占上风了，意更重要嘛。言不能和意相比，那显然言是附属于意的，意在那里，言可以不断地去接近它，但是永远也穷尽不了它。这是中国诗化精神的一个基本原则。

再如宋明理学，也是一个很重要的阶段，宋明理学可以说是三教合流，儒道佛这三个当时最重要的流派合为一体。先秦的墨家、名家没落了，法家也不说了，还在说的是儒道，还有来自西方的佛，中国化了的佛教禅宗，这三教合流，形成了宋明理学。形成了的宋明理学继承了传统中共同的东西，比如说程颢他认为"道"，"要在人默而识之"，就是不要说、沉默，但是你内心能够认识它，你内心对它有感悟，能够知道，这个是最要紧的。

你不要说那么多，对于天道这个东西自己去想。张载的说法是，"运于无形之谓道，形而下者不足以言之"，道是无形的，形而下的东西不足以来言说这个道，你不能用别的东西来说这个道，道本身这个东西是无形的，它在所有的形之上。所以你不用形容道是什么样子，道是说不出来的。朱熹讲理、讲性，他讲，"性是太极中浑然之体，本不可以名言，但其中含具万理"。宋明理学，也叫宋明道学，他们讲道、讲理，把理和道合为一体。但是理学也好，道学也好，都是不能说的，"本不可以名言，但其中含具万理"，天道含有万理，但是你不能对它说一句话。至于心学，陆象山、王阳明的心学，吸收了禅宗顿悟之说，由顿悟他们阐明了"宇宙即是吾心，吾心即是宇宙"，宇宙和我的心之间没有任何障碍、任何对立。那么语言还有什么存在的余地呢？那就不要说了。语言之所以要说，就是要作为中介，把你主观的东西表达出来，去指向一个客观。主客二分，主客对立，语言才有用武之地，如果主客观本来就没有对立，你从内心就可以体会到客观、宇宙、天地万物，那还用说什么呢？一切的语言、说法都是对这样一种天人一体的干扰，你把它分割开了。禅宗的顿悟就是这样，我内心一念，我就可以顿悟了，这就把名、言放在一边了。禅宗主张不立文字，所以禅宗没有什么文字著作，像慧能的《六祖坛经》那是别人记录下来的一些语录，听讲记录下来也就是两万多字，这算是很长的著作了。但是里面没有什么逻辑贯彻下来的，它只是个人的一些体会，讲一些事情，然后从这些事情里面悟到一些道理。禅宗参禅的方式也是靠顿悟，靠拳打脚踢、棒喝或者参话头，没头没脑给你一句话，让你半天想不通，回家想去，这叫参话头。你问他一个什么问题，他答非所问，他的回答跟你的问话完全是两码事情，但是你不能够以为他是傻瓜，你要去仔细体会。当你想通了的时候，恍然大悟，但是你说不出来，恍然大悟的时候你说不出来。如果师父问起你，你还能说得头头是道，师父就会说你还没有开悟，你说那么多，你哪能开悟呢？所以禅宗最后诉之于直觉体验，甚至诉之于直接的行动，拳打棒喝，敲你棒子。你一句话不对，你没开悟，我敲你一棒子，你觉得痛了，你不会说话了，然后你就会动脑筋了，你就会自己去体会了。

那么这样一种方式恰好就是从老子以来传统的蔑视语言、崇尚原始感受和原始体验的必然结果。禅宗是中国化的佛教，为什么是中国化的佛教？因为西方印度没有，没有这样一种蔑视语言、崇尚直接的感悟的倾向。这也可以说是中国传统的天人合一，或者是天人未分的倾向。印度佛教是把天和人分得很清楚的，人要到西天，往生西方净土，那是非常遥远的。但是在禅宗这里，根本就没有什么，一念之间就可以到西天了，一念之间就可以成佛。释迦牟尼在菩提树下打坐那么多年才顿悟、才成佛，但是中国任何一个人，马上可以成佛。禅宗是中国佛教，王阳明讲满街都是圣人嘛，人人都可以成佛，要饭的、盗贼，只要他一念之间，放下屠刀，立地成佛。这是中国式的佛教，天人之间不需要有距离，也不需要去追求，只要感悟。不需要语言在里头，只要去掉你的一切欲望，无知、无欲、无为，这就是中国式的佛教，沿袭了以老庄为代表的生存方式。它的一个很明显的标志就是忽视语言，忽视语言不是仅仅忽视语言本身，而是忽视人的追求，忽视语言就是忽视追求。你用语言把一个东西表达出来是很难的，要去追求，要有个人的内在冲动，不是个人的内在体验，而是向外的冲动，要表达出来，要显示出来，要做出来，把那个东西规范出来，这就是语言。中国人缺乏这样一种冲动，长期以来窒息了这样一种冲动。

最后我们讲一讲"理"这个概念，"理"这个概念也可以和逻各斯相比，两者都有规律的意思，中国人也经常把"理"和西方的"理性"（reason）等量齐观，把宋明理学称为理性主义者，有的人把老子哲学也称为理性主义者。但是实际上差距是非常大的。西方的理性它是起源于逻各斯，也就是语言，起源于逻辑，逻辑就是逻各斯，推理就是 reason，都是一个词汇。而中国的"理"，跟推理、跟逻辑毫无关系，中国的理是非逻辑的。我们把 reason 翻译成"理性"，有人考证是从日本那里来的，日本人把 reason 翻译成"理性"，声音上有些接近，用了中国的一个"理"、一个"性"，把它组合成"理性"这样一个词。"理性"这个词在中国哲学里面是不常见的，或者几乎是没有的；个别地方用到"理性"，主要讲的是"理"和"性"，作为一个固定的、单一的词汇，在中国哲学里可以说是没有。前不久田文军老师跟我说，他又发现了中国有人用过"理性"这个词。我也发现有人用过，焦竑用过"理性"这个词，但是我认为那个地方可以理解为"理"和"性"，因为中国哲学用得多的是"性理"。朱熹讲性理，《性理大全》，性即理。王阳明讲心即理。这都是中国哲学的一些用法。当然这个意译还是用得比较好的，理和西方的逻各斯有一点相通的地方，都是表达规律性、规范。那么这个理既然是一种规范，它跟感性、欲望、人的冲动有相对立的地方，所以中国人讲"存天理，灭人欲"，讲"理一分殊"，理是统一的，其他的感性都是特殊的，人的性、人的情这些东西都是分殊的，所以它跟感性是相对立的，在这一点上跟西方的逻各斯是相通的。但相通之中又有很大的差别。"理"这个字是王字旁，王字旁最初的含义是治玉，就是玉匠拿了一块玉，还没有开的，还是璞，按照玉石的纹路分解开来。一块普通的石头大家都不认识，但是行家就知道，这其实是一块玉。和氏璧就是这样嘛，献给了这个王那个王，都认为他是骗子，把手也砍了，脚也砍了，最后才发现这还真是一块宝玉，人家不认识。为什么不认识呢？是没有按照那个石头的纹理解开。所以"理"这个词的最初意思就是按照石头的纹理把玉解开，那么由此引申出来，就指的是玉石中的"纹理"，玉石中有它一定的纹理，就是有它一定的条理和规律，你不按照玉石的纹理解开它，那就把它糟蹋了，你把事情搞糟了、搞坏了。你要做好一件事情，就是要按照事情的条理来做。这样一种说法跟前面所讲的从"道"引申出"说"来是类似的，它从玉石的纹理里面引申出条理来，这是中国人的思维方式。

最早把理当作最高哲学范畴的人是韩非子。韩非子以"理"解"道"，什么是道？韩非子很崇拜老子，老子讲道，韩非子解释道就是理，道就是规则、规范，他讲"道者，万物之所然也，万理之所稽也。理者，成物之文也；道者，万物之所以成也……故理为物之制"，这就是万物的法则，用来解释道。到了宋明理学或宋明道学那里，理进一步地被形而上学化了，成为了宇宙的本体，最高的宇宙规律，它和人的心性是相通的，但是它体现为对个人欲望冲动的一种压制。它跟人的主观相通，但是只跟人主观中的那些普遍心性相通，而跟人的自由意志、冲动、欲望相违背、相冲突。所以我们讲天人合一，天道就是人心，当我们这样讲的时候，我们不要一般而论，不要说好像理学就是崇尚人的自由意志的，笼统这样讲就会犯错误。人的心性里面有一部分是跟天道相通的，而另一部分是违背天道的，所以要"存天理，灭人欲"，这好像把人和天对立起来了，其实不是，天理就在人心中。所以心学后来揭示出这个秘密，就说人心是一个战场，人和天的关系就在人心中体验出来，你要跟自己内心的贼人作战，要"破心中贼"，"破山中贼易，破心中贼难"。"破山中贼"就是平定天下，那个容易；但是要"破心中贼"，要把人内心的那些冲动、那些自由意志镇压下去，那是最难的。所以心学比理学更加透彻。后来朱熹和陆九渊辩论，朱熹辩不赢，朱熹实际上是失败了，为什么辩不赢？心学更深刻，心学更直接触及中国人的根。就是在人内心里面，陆九渊讲的"诛心之论"，要在内心里面把那些不好的思想诛灭，"破心中贼"，要把那一念不善的东西克倒。这就是后来所讲的"狠斗'私'字一闪念""灵魂深处爆发革命"。我们这些都是传统的东西，并不是"文化大革命"发明出来的新东西。"文革"完全是传统的复辟，我们通常说"文革"是和传统的断裂，实际上是复辟，传统的所有的东西、精华的东西、最深层的东西，在"文革"中大行其道。我们现在没有讲"狠斗'私'字一闪念"了，至少在这一点上我们已经走出来了；但还是有很多人以各种方式在讲，树立道德楷模、大公无私、舍己为人，虽然没有人相信，但还是要说，这是残余的思想，中国传统里面最深层的东西还保留了一些。

那么这种心学，你在斗内心"私"字一闪念的时候，你内心的体验，它不可能采取语言的方式来表达，你是怎么克倒的，你怎么破的心中贼，这个是不可言说的，是说不出来的。只是用一种外在的规范来克倒你的内心，来破入你的内心，来取消个体与整体、吾心与宇宙之间的界限，吾心即宇宙，吾心就是他人，圣人的心就是大心，大心就是所有人的心、天地之心。我把自己的心变成大心，那我就是圣人啦，每个人都可以做到，"满街皆是圣人"。每个人只要把自己内心放大，那他就变成了圣人，他就是张思德，他就是雷锋，他就是白求恩，只要你放弃自己个人的追求，而对宇宙天地万物的追求并不是自己个人的追求，而是按照天地之理的要求去做，合乎天理，这就是使宇宙天地与自己合一了。在这中间，语言是没有用的，你光说不做，说得很漂亮，而真正有那种心的人是说不出来的，真正有道德的人也说不出来。你当时是怎么想的？我们的记者最喜欢问这个问题，你当初是怎么想的？你当初为什么要救人啊？我也不知道，我当初就是看到了那种场合，就去救了嘛。这个东西是不能用语言说的，说出来反而假。如果说我当时想到了雷锋，他有那种精神，我为什么不能够去救人呢？这就假了，我们就知道这个人在说假话了。所以他是不能说的，最好是不要说，要说就说一些大实话、大白话，一些不说也罢的可以说一下。所以这个天理是不能说的，话语是无用的，而且是有害的，会导致虚伪的。一个人话多往往会被看成是一种伪装，像程颢："吾学虽有所受，'天理'二字却是自家体贴出来。""二程"都是跟张载学，他们是有师承的，理学家都有师承的，周敦颐、张载在先，"二程"在后，朱熹最后。我学虽有所受，但是"天理"二字却是自家体会出来的，你要谈最高的天理、最高的层次，要靠自己去体会，那是不能教的，千言万语也没用，你自己不去体会，也是没用的。张载讲"大其心，则能体天下之物"，你把自己的心放大，你就能体会天下之物，"民胞物与"，都是要靠自己的大心去体会，没有人能说出来的。

到了王夫之，突出了一个"诚"。孟子讲："诚者，天之道也，诚之者，人之道也。"《中庸》里面最讲究这个东西。"天道无欺"，天道是最讲究"诚"这个东西的，模仿天道，也可以达到诚，所以"率性之谓道"。率性也就是诚，根据你的天性，也就是你的本性，当然这个本性是跟天道相通的本性。你的私欲就不是本性，那是受到了污染，真正的本性就是天道，你根据你的本性，率性而为，那你就是根据天道在行事。周敦颐、张载都很强调"诚"这个字,"诚则明矣,明则诚矣",你内心诚,眼光就清明,就可以看到宇宙万物之本体,你就能悟到天道,你就有大智慧。所以中国的大智慧不是学来的,而是根据自己内心的诚意悟到的,你没有诚意就悟不到,你心存侥幸,心怀不可告人的目的,你就悟不到,你去学,你再聪明也没用。所以,"反己而诚",这是中国人悟道的一种方式,只要"反己"就可以"诚",不必外求,也不必表达出什么东西。表达无非是外求,你把它表达出来,精确下来,是为了把握它,但是那已经不诚了,真正的诚你不需要去表达,你凭自己的内心去体验,不需要通过语言和逻辑的媒介,我们就可以通过反身而诚,通过复归本性,直接体会到宇宙的真理。可见西方的"理性"和中国的"理"有根本区别。我曾经讲过,把理学当作理性主义者,恐怕是对西方理性的一个最大误解。把理当作西方的理性,一直到今天,到处都是,可以说没有人提出过异议,一讲到朱熹、"二程",都讲他们是理性主义者;一讲到王阳明,可能还有点非理性;但一讲到朱熹,就完全是个理性主义者,"存天理,灭人欲",跟西方的理性很相近。但实际上是没有细分,这里头要推敲起来,完全是两码事。有重合,就是都讲规律,但是中国的规律不是通过逻辑和语言可以把握的,而是通过顿悟、直觉、感悟、非理性。所以我讲中国的理学、道学,他们所讲的理都是非理性的,这个是西方人无法理解的,西方人讲规律都是理性的,像非理性就没有规律了,就是神秘主义了。而中国没有西方的那种神秘主义,中国也有神秘主义,但是这种神秘主义是一种规律,是你必须服从的一种规范,这规范的根源是神秘主义的,是不可追究的,但是你必须服从。一套现实的礼法、等级、名分都清清楚楚摆在那里,你一举一动都不能违犯的,这好像是一套理性的规范,其实不是,这个我们要分清楚。

所以总的来说,中国的哲学忽视语言的规律性,强调体验的直接性,语言总是在还没有来得及定型的时候就被扬弃了,反对定型,语言有一个分寸,当语言能够定型的时候,赶紧把它丢掉。当语言能够引起你的联想、引起你的诗意的时候,你可以用它,把它当作工具来用用,但是你不可以把它固定下来，一旦你发现要把它固定下来的时候，要赶紧把它丢掉。语言和意谓、名和实、言与意，它们之间的关系从来没有经受过真正的颠倒。我们讲倒名为实，这种状况在中国从来没有发生过，没有任何人把名本身当作实，把实当作名的一种现象或者是表现，这在中国是没有的。所以我们在中国要批唯心主义是很容易的，我们一讲，这个人倒名为实，把名称当作现实的东西，我们没有哪个中国人会相信这个东西，所以我们中国人是唯物主义的，几千年来都是这样，没有什么唯心主义，不可能接受唯心主义，因为我们没有这个传统。因此语言里面的逻辑本性根本得不到发挥，不能够真正实现，我们也讲逻辑，但是这个逻辑始终是当作临时的一个工具用一用的。在中国古代的辩证法中也可体现出来，中国古代的辩证法始终摆脱不了一种朴素性，上升不到概念的思辨层次。中国人也很思辨，但是不是概念的思辨，而是内心体验的思辨，形而上学，"形而上者谓之道"，道和气、理、心、性的关系，都需要思辨，但是所有这些思辨都不是概念的思辨，都是一种体悟。相互之间这个怎么体悟、那个怎么体悟，这个中间当然有区别，但是不是语言的区别，是说不出来的区别。这一点我归结为来自中国古代辩证法生存动力的缺乏，这是我们下一讲要讲的，我们下一讲要讲"中西辩证法生存论的差异"，中西都有辩证法，当然"辩证法"这个词是外来的，而这种思想中国古代也有，但是有差异。西方辩证法是建立在个人生存动力之上的，中国古代的辩证法是缺乏个人的生存动力的，它只有一种自然的动力，你也可以说是自然的生存动力，那不是人的，人要服从自然，人要放弃自己融入自然，这个才能有生存的动力。大自然的生生不息，"苟日新，日日新"，"天行健，君子以自强不息"，你要根据"天行"而健动，这是中国古代辩证法的一个特点。但是绝对不是个人的一种追求，不是个人自由意志的一种执着，而是要放弃个人的自由意志。所以语言学上的这样一种缺陷（我称为缺陷），固有其魅力，甚至在某些场合下有它固有的优点，但是就逻辑上来说处于幼稚阶段，这就是它的缺点。

这个缺点不单要从语言学上看，而且要从中国人的内在人格结构、个体生存动力,去找原因。由于语言缺乏逻辑性,反过来也阻碍了生存动力的突破。人的个体如何突围,人如何从自然中突围出来,那要靠语言的逻辑力量,没有语言的逻辑力量,你是突围不出来的。语言的逻辑是超越自然的,如果没有这个东西,你只能掉回自然中去。所以中国传统哲学不断地复古、倒退、循环,你讲很多道理,最后又倒回去了,最后掉到老子、《易经》,不管你多高明,你最后逃不出它那个范围。我们刚才讲的语言的逻辑本能如何能发挥出来,我们并不是说取消诗的语言,西方的逻辑语言也没有取消诗的语言,它们可以并行,在谈哲学的时候,诗化的方面可以用,也可以有逻辑的方面。我们可以吸收西方逻辑化的语言,如何能吸收呢?我们刚才讲的只有一个方法,颠倒语言的意谓,要实行一种倒名为实的颠倒。中国古代的辩证法、中国古代的生存哲学就是因为缺乏这样的颠倒,所以仅仅成为政治实用和日常生活所需要的技术,甚至变成一种阴谋权术。老子尚阴谋,很多人说老子《道德经》的五千言里面讲的很多阴谋,是教人如何采取一种谋略来治国平天下,来欺骗人民,来愚民,所以厚黑学、黄老之术、刑名之术都是从老子的《道德经》的阴谋来的,这是它的一方面,很多人看完以后变得智慧、变得狡猾。看完老子、庄子之后,你可以摆脱很多烦恼,但是你这个人变得十分滑头,你也可以用它来谋取私利,厚黑学就是用来谋取私利的嘛,它成为一种生活技术、一种政治操作术、一种统治术、人君南面之术。中国古代辩证法往往变成这样一种东西,这个跟我们今天的时代精神要求是格格不入的,所以我们必须要作一番清理。

第五讲 ｜ 中西辩证法的生存论差异

我们开始讲中西方法论比较的另一个话题，上次我们讲了中西关于语言学的一些差异，中国哲学的反语言学的倾向。

那么，今天这次我们讲一讲中西在辩证法的生存论这个问题上的一些差异。这也是1994年的《江海学刊》上发表的一篇文章《论中西辩证法的生存论差异》的内容。本来呢，是一篇长文章叫作《从西方生存论看中国古代辩证法》，实际上这个题目更加合适一点，因为西方的辩证法，我们前面已经讲了一些，从古代到黑格尔，包括古希腊就已经开始了。而且我在《思辨的张力》的前面一章里头，专门追溯了一下西方辩证法的起源、它的源头。那么在这篇文章里面呢，西方辩证法只是简单地带过一下，作为一个参照系，主要是考察一下中国古代辩证法的一些特点，跟西方的辩证法在生存论上相比，它有哪些特点。

我们上次已经讲了在语言学这个维度上，它们是有区别的，西方辩证法主要是语言上对话的一种模式，辩证法 (dialectic) 的词源就是从 dialog 来的，就是对话嘛，相互之间对话、辨析、讨论，你一句我一句，然后把这个问题给厘清。这是西方辩证法的来源，它的源头就在这里，就是这种语言的逻辑，不光是形式逻辑，而且还有辩证逻辑。辩证逻辑就涉及辩证法，而且涉及和形式逻辑不同的一种生存论倾向，辩证法跟形式逻辑不同的地方就在这里，你要说辩证逻辑跟形式逻辑有什么不同，争来争去争了几十年，其实就在这里。就是说辩证逻辑是生存论的，它是讨论人的自由，人的个体自由，人的生存、运动、发展、成长、形成这样一个过程的。这个形式逻辑是不探讨的，形式逻辑是探讨静止的、孤立的、片面的这样一些问题，从形式上加以规定，但是内容方面形式逻辑是没法解决的。比如说运动的问题、自由的问题，这些问题，形式逻辑是没法解决的，这个我们下一次还要专门来谈，关于辩证逻辑跟形式逻辑的区别，我们下一堂课就准备谈这个问题。那么辩证法的根源就在于生存论，凡是谈到辩证法，它跟形式逻辑的区别以及它本身的内在本质内涵，就是生存论。所以马克思从这个里头发展出了实践的唯物主义。什么是实践的唯物主义？就是立足于人的生存论之上的这样一个唯物主义，人的自由、自觉的活动，立足于这一点上所建立起来的唯物主义就叫作实践的唯物主义。它是有西方传统的生存论根源的，尤其是在辩证法上面所体现出来的这样一种生存论倾向。

当然，这个生存论，凡是人都有，凡是人都对于自己的人生，有他的体会。所以凡是我们了解到的一切文明民族，它的早期、它的原始时代都产生过一种朴素的辩证法思想。如果我们把这个辩证法扩展开来，不看得那么狭隘、不看作仅仅是一种成型的哲学或者是一种辩证逻辑体系，而是看作一种辩证法的思想因素，那么任何民族都有。这个不是西方、古希腊哲学家的专利，包括我们中国人，也包括其他的一些民族，从他们的原始神话、传说，从他们的生存方式，从他们对大自然的信仰等这些方面，我们都可以说它有一种朴素的辩证法思想，这个是毫无疑问的。那么，这种思想在它的原始时期，当然不是成体系的，不是纯哲学，不是形而上学，也不是逻辑，那是什么呢？它体现为一种巫术观念、自然宗教观念，以及像原始文化人类学家列维·布留尔所说的"互渗"观念，就是万物都是互相渗透的，我们人凭借自己的灵魂和万物相通，跟万物打交道，也跟他人打交道。我在这里搞个什么东西，肯定就影响几十里几百里以外的某个人，就是万物都是互相联系的，一举一动都牵动整个宇宙，这就是"互渗"观念。拟人化、移情、诗的比喻，原始人说话都是带有诗意的，带有比喻性质的这样一种观念，这是对原始人类进行过人类学考察以后，列维·布留尔以及很多其他的人类学家所总结出来的一条规律。这个是不奇怪的，就是说人最早的时候确实就是这样看世界，包括看待人自身，因为人了解世界不是根据与他对立的客观规律，而是根据他自身的活动。这个恩格斯曾经讲过嘛，他认为人的思维最本质、最切近的基础就是人所引起的自然界变化，而不单独是自然界本身。人如何影响自然界，人就如何看待自然界，他是根据自身的活动来了解自然界的。

所以当我们来追溯中国古代思想或者是中国传统哲学的起源的时候，我们就会发现，中国古代和古希腊的哲人们在对于世界和人生的观念上有很多惊人的一致。就是说，西方从古希腊以来所提出的那些命题，很多都能在中国传统哲学里面，比如说《易经》，还有很多其他的一些典籍里面找到与它对应的说法，找到它类似的说法。

但是，我今天要谈的主要是从这些类似的、对应的关系里面寻求它的差异，要找出它的差异来。你要说大家都是一样的，就没有什么意思了，那所有的人都是一样的，包括我们跟最原始落后的那些民族、跟那些目前还处在原始社会母系氏族阶段的，那都没有什么区别，大家都彼此彼此。当然，作为一种相互之间的文化、交往关系来说我们都是对等的。但是从社会发展水平来看，它毕竟有一个区别。思想上也是一样，从思想发展的层次上看，它还是有个高低区别。这个区别体现在你所想到的东西我都想到过，但是我所想到的东西你没想到过，那么我的思想层次就比你高，它有这样一种区别。如果我们在中国传统哲学里想到的那些东西在西方哲学里面都有，而西方哲学里有些东西我们没有，那么我们就可以说西方哲学的发展水平比中国古代哲学的发展水平要高。有这么一个层次关系的。因为人都是一样的，但是在发展的过程中，根据地域和民族特点当然有他自身的特点，这些特点之间没有什么高低；但是他的哲学思维发展层次，如果你把思想发展看成是一个历史过程的话，那么这个层次是有高低的。你站在这个层次你可以理解那个层次，但是你站在那个层次你不能理解这个层次，那么这就有高低了。

首先我们来看看辩证法思想方面的一些基本命题，从辩证法的角度看，着眼于生存论来看这样一些基本的命题。古希腊哲学，我们从它的源头考察起，我曾经在《思辨的张力》和其他的一些书里面都提到过，包括我和赵林老师写的《西方哲学史》，是如何产生的，最开始就是三个哲学家，米利都学派从泰勒斯的"水"、阿那克西曼德的"无定形"到阿那克西米尼的"气"，他们把这些东西看作世界的本原、世界的始基，这是米利都学派；然后经过米利都学派到赫拉克利特，赫拉克利特的"火"，这些东西都体现出了一种生存突围的努力。为什么说"水""气""无定形""火"都是生存突围的努力呢？我们在那些地方都作过解释，就是说实际上都表现出一种生命的冲动。"无定形"嘛，特别是阿那克西曼德提出的"无定形"这个东西就是不能够被定下来，这个人的行动是不能够被定下来的，不像动物，动物是本能，已经定好了的，但是，人恰好是无定形的。这个"无定形"后面隐藏着一些东西，就是人要把自己的自由发挥出来，不能够被固定。到了赫拉克利特的"火"是最具有代表性的，这个"火"的比喻，"火"是万物的本原，"火"是万物的始基，这个比喻作为生命的能动性原则被当作世界的本体，它最具有代表性。前面的"水""气"以及"无定形"都还没有自圆其说，这个我们下面还要具体地解释。只有到了"火"这个阶段、赫拉克利特的这个阶段，生存突围才完成。就是人的不定形但是又自我定形的这样一种特点，"无定形"并不是毫无定形，到了"火"它就有一种自我定形，它自己给自己定形。"水"和"气"都不能给自己定形，它都必须要装在容器里头才有形状，唯有这个"火"，它是可以自我定形的，这就是人的自由意志的一种比喻，这是一个哲学比喻。赫拉克利特的"火"是一个哲学比喻，在人类哲学思想发展的最初阶段，当然是很朴素很幼稚的。但是，就是这样一个很朴素很幼稚的哲学比喻影响了西方两千多年，西方的这个"火"的比喻作为哲学比喻是有传承的，一直影响到今天。它的这个地位，"火"在西方哲学中作为哲学隐喻的地位，与中国哲学中的一个隐喻相当，就是"气"。所以，我曾经讲西方哲学基本上是一种"火"的原则、"火"的哲学，而中国哲学基本上是一种气的哲学，这是两个很不相同的哲学比喻。

那么，这两个比喻的差异在什么地方呢？主要就在这个地方：就是"火"的哲学比喻体现为自我定形这样一个原则，自己给自己定形。火是有形状的，火苗、火舌、火星，但是这个形状不是由一个容器能够装得下的，你用一个容器装上，那火就熄灭了。它不像水，你装一杯水它就是一个杯子形状；也不像气，你把气装在气球里就是个球形，你装在盒子里面气也就是一个立方体。但是火不能装在任何容器里头，但是它又不是没有形状，它有，它的形状是自己赋予的。而气呢？它是被动的，气的哲学主要是被动性，当然它无孔不入，但是这个无孔不入不是它要入的，是那个地方有个孔，于是它就渗漏出去了。它自身没有一种主动性，要钻一个孔或者要怎么样，或者像火那样烧出一个孔来，它不是的，它的特点就是被动性。所以我们讲古希腊的辩证法到了赫拉克利特的"火"完成了它的生存论突围，就把个体的自由意志这样一种原则用隐喻的方式、用比喻的方式凸显出来了。为什么西方人都喜欢用火的比喻？中国哲学为什么都喜欢用气的比喻？中国哲学里面很少用到火的比喻，偶尔从印度哲学里面引进了光明的比喻，当时的西方哲学、印度哲学里面有光明、大光明，还有日、太阳这样一些比喻。这在中国传统哲学里面本来是没有的。但是西方哲学一脉相承，都是用火的比喻，这可以追溯出一个巨大的传统。所以古希腊的辩证法，最开始是赫拉克利特，我们可以说他是西方辩证法的奠基人、开创者，他运用这个火的比喻开创了西方辩证法，提出了一系列辩证命题，这个是大家公认的。黑格尔特别强调这一点，黑格尔认为"没有一个赫拉克利特的命题没有被我吸收进我的哲学里面来"。

西方、古希腊的辩证法有这样一个特点，那么与此相比呢，中国古代辩证法的明显特点就是反对个体生存的倾向，反个体生存。西方就是个体生存要突围出来，但是中国古代辩证法是反对个体生存的，它反对个体生存主要就是把个体消融于群体。那么群体也是一种生存，前面我们讲，生存论是世界任何一个民族最开始的原始思想里面都包含着的。但是，西方的生存论从赫拉克利特开始表现出个体自由突围的倾向，而中国古代的生存论没有表现出这种倾向。相反，凡是有这种倾向的都要将它消融在群体生存的整体氛围里面，没办法突破，突围不出来，很少看到有个体生命冲动、内在能动性的一种积极的表达，到处可见的是对个体生命的化解和放弃。所以中国古代辩证法所体现出的生存体验主要是血缘共同体的同心同德的这样一种形式，血缘共同体是群体的而不是个体的，是自然的而不是自由的。中国人也讲自由，但是这个自由就是自然，中国人把自由等同于自然，也就是把个体融化在大自然的生生不息之中，这就自由了。你放弃自己的个体的、独特的、人为的执着和要求，顺其自然，你就自由了；如果不顺其自然你将会碰得头破血流，你就不自由，中国人理解自由是这样的。所以它是伦理的不是道德的，伦理和道德在西方，尤其在康德、黑格尔以后作了明确的区分。伦理和道德不同，道德必须是建立在自我意识和自由意志之上。伦理呢，就是建立在习惯、传统、风俗上面的既定的一套礼仪规范，未经自我选择的。道德必须要自觉的，就是自己选择，不仅仅是自己意识到的，而且是通过自己选择而定下来的，这就叫作道德。那么从这个意义上说呢，中国的道德其实主要就是伦理，它无可选择或者它最初的根基不是立足于选择，而是既定的一套，有一套东西在那，天经地义。然后呢，你可以选择服从这个东西，那么你就是君子。如果你选择不服从呢，你就是小人，甚至于变成罪犯。所以这里没有无条件、无前提地来选择的这样一种可能性，没有自由选择的余地。

对西方伦理道德，不管是伦理还是道德，在个体自由意志的这个基础之上，它必然发展出一种异化的形态，那就是宗教。宗教是怎么产生的？这里不谈原始宗教、不谈巫术、不谈迷信，就是说严格意义上的宗教、作为宗教的宗教在西方是怎么产生的？就是由于个体自我独立出来以后，它把自己的道德或者是伦理规范,把它异化为神的戒命。所以在柏拉图那里就已经开始把个体生命的观点异化为一种神学观点,这是西方伦理道德的一种惯例、通例,就是异化。异化有很多层次,在柏拉图那里就已经有异化。中世纪就更加是一个异化,中世纪的基督教统治着人们的思想,那是一个漫长的一千年的异化阶段。到了近代,资本主义社会又有它的异化,又异化为金钱拜物教、商品拜物教等,这都属于异化。不断地提高异化的层次,西方社会就不断地发展。

那么中国古代辩证法有没有这样一个异化的过程?首先,我们不要把异化理解得太泛,似乎凡是不好的东西都是异化。异化是自由意志和自我意识活动过程的必然的一种倾向。你要实现你的自由,你要达到自我认识,你必须通过异化,否则,你就一事无成,你就干不出什么事情来。你要害怕异化你就什么事也不干,那就可以保持不被异化了。中国哲学就是这样的,就是说,由于害怕异化,由于害怕分化,由于害怕天人相分,由于害怕贫富不均,于是就克制这样一种个体自由的生存论的冲动。所以我说它是一开始就把这样一种个体生命的冲动同化在自然规律或者是社会既定的伦理规范里头,从三皇五帝文武周公传下来的那一套礼法规范,你必须自觉地放弃你的东西,克己复礼、服从这套规范,这个时候我们就可以保持不异化了。异化是很可怕的,异化导致社会不稳定,导致传统的那一套家族关系和君臣关系、国家体制整个都要垮台。事实上也是这样,每到异化发展到一定程度的时候,这个国家就濒临垮台、濒临毁灭。

所以整体生命是中国传统辩证法思想的一个既定前提,人和自然界、大自然"天人合一",这样一个混沌体,这是中国古代辩证法的一个基础、一个基本的理解。那么这个基本的理解在人身上体现为人和天地万物之间的一种血缘关系、一种自然血缘关系,人身上最自然的莫过于血缘。生生不息,大自然生生不息,人类也生生不息,这种血缘关系造成了家庭关系、父母和子女关系,然后扩展开来造成了国家关系,国家就是一个大家,就是一个大家庭,国家关系再扩展开来就造成了天地关系,天地也是一个家族，天就是父，地就是母，也造成一个家族，所有的人都在父母的家庭关系里面生存。当然，中国古代哲学正像古希腊哲学一样，一开始就注意到了万物的生灭变化以及无定形这样一种运动方式、这样一种特点，比如说《易经》，《易经》就包含有丰富的变易思想，为什么叫《易经》？就是强调变易、强调"易"。什么是"易"？《易经》里面讲"生生之谓易"。所以这个"易"呢，就是"生生"、就是变化，通过一种自然血缘的生养，不断地变化、不断地繁衍、不断地传承和传宗接代，就是这样一种变。所谓的"易"，归根结底是这样一种变，当然还有社会的、人事的等其他各方面的变。但是，万变不离其宗，就是这个东西，就是"生生"，"生生之为易"，所有的变化都可以归结为万物在它的生长过程中、在它的繁殖过程中所表现出来的各种形态，这是《易经》里面的主题思想，应该就是这一点。所以，"易"，也就是变易，被中国古人看作这个世界的本质特征，那么这个本质特征它为什么会这样？这只是一种特征，它的本体是什么？它的本根是什么？为什么会发生这样一种"易"的特点呢？中国古人就把它归结为"气"，大自然是由"气"构成的，所有的血缘、所有的生生不息的关系里面都是由于"气""精气"在那里融贯、氤氲化生、化生万物。化生万物无非就是一"气"嘛，就是这个"气"在化生万物。而这个"气"化生万物呢，也不是毫无规律，它也体现出某种规律，那就是"道"。所谓"道"就是变化，就是"气"的变化规律，"气"的生生不息的一种规律，这个规律就是血缘规律，基本上是血缘规律。就是说，一个东西只能生出与它相似的东西，父母只能生出与之相似的后代嘛，要传承这样一种家族特点。违背这个东西的就是异类，那是不长久的，那是会遭到毁灭的，这就是"道"，这个"道"你不可违背，你违抗不了。

所以气的哲学为什么在中国得到推崇，我们从这一点可以看出来。虽然中国古代同样强调"变"、强调"无定形"，"变"就是"无定形"嘛，就是变来变去，但是这个"无定形"到了气的阶段就止步了，它没有再往上跳到"火"的阶段、自我定形的阶段。这个"道"呢，它也是一种规律，但是它不是自我定形的规律，它是"无为"的规律。"道"什么也不做，"道"就是"气"自然而然表现出来的一种规律，我们可以从"气"的变化里面看出来，但是它并不是说"气"自身有这样一种规律就可以去规定这个规定那个。恰好"道"的规定就是不作任何规定，让它自己蔓延、让这个"气"蔓延，"道法自然"。

那么，西方我们刚才讲了，古希腊从阿那克西米尼的"气"以后，又经过赫拉克利特的"火"，还有就是毕达哥拉斯的"数"，"数"是万物的本原，那就是有定形了，它有一定的形状。但是"数"是万物的本原仍然缺乏一个能动者，"数"只是一个工具，只是一个规定的工具，谁来运用"数"？那么赫拉克利特用"火"来解决这个问题，"火"本身有它自身的分寸，有它自身的尺度，这个尺度就体现为"数"。当然还体现为别的东西，不光体现为"数"，还体现为辩证法。

总而言之，中国古代所谓"五行"，金、木、水、火、土这五行，它们跟"气"是不能平列的，"气"是最根本的，金、木、水、火、土都是"气"的一种体现。金、木、水、火、土，"火"只是其中之一、五行之一，没有特殊的地位，"气"是最根本的，有这样一个层次等级关系。最开始是"气"，然后阴阳二气，变化成"五行"，"火"只是五行之一。

古希腊没有这个层次划分，它只是四大元素——水、火、土、气。水、火、土、气里头呢，最开始"火"并没有特殊的地位，到了赫拉克利特以后呢，才把水、火、土、气里面的"火"单独提出来作为一个哲学隐喻，其他的都是"火"化成的，"火"化生万物。"火"在什么时候变成了"气"呢？"火"在稀薄的时候变成了"气"，凝聚的时候变成了"水"，沉淀的时候变成了"土"，最后从"土"里面又生出"火"来。但是"火"是支配一切的，是万物的根本，这个在西方，当然还有其他的一些说法，像有的人认为"土"是万物的本原，但是真正在西方传统里面贯穿下来，一直被人们所接受的也就是"火"的比喻。

中国古代像管子也曾经把"水"放在五行之首，金、木、水、火、土，

"水"是最根本的。但是"水"之所以最根本还是因为它是精气所变的，还是处在"气"之下。所以管子也认为"水"嘛，实际上还是一种"精气"，它是"气"的一种凝聚，它在五行里面为首，但是在整个宇宙大化中间它是由"气"变来的，所以"气"的哲学是占据着统治地位的。西周末年的伯阳甫提出来"天地之气不失其序，若过其序，民乱之也"，就是说天地之气有一种秩序，它有一种自然而然的秩序，你不能违背和超越这个秩序，超越这个秩序天下就大乱了。那么"气"呢，在他看来有阴阳二气，什么东西都是"气"里面的阴阳二气的冲突所导致的，比如说天象的变化、地震这些东西，都可以用阴阳二气来解释。

到了老子就提得更加明确了。老子，有的人说没有这个人，但是我们现在先不管这些，反正《道德经》是古代的一种典籍。我们从老子的《道德经》里面，就看出这样一个宇宙万物的生长模式，就是所谓"道生一，一生二，二生三，三生万物，万物负阴而抱阳，冲气以为和"。通常的解释就是，"一生二、二生三"，"一"就是"气"，"二"就是阴阳。"二生三"，"三"就是"参"，就是相参，就是阴阳相参、阴阳参合，参合起来就生长出万物，通常是这样来解释的。"万物负阴而抱阳"，万物有阴面有阳面嘛。"冲气以为和"，万物的和谐就是由于气而导致的，由阴阳之气相参而导致的。所以，"气"这个东西在老子那里，它是一种"无状之状、无物之象，是谓恍惚"，没有形状的形状，没有东西的象，"恍兮惚兮"。所以我们可以说老子的"气"可以归结为，它的本质特点其实就是"无定形"。这个"无定形"它是"无"又是"有"，"无"中之"有"，其中有"象"，其中有"物"，其中有"精"，其中有万物，从这个"无定形"里面，从"气"的"无定形"里面生发出万物来。生发出万物呢，它有自己变化的规律和"道纪"（道的纲纪），所谓"执古之道，以御今之有。能知古始，是谓道纪"。就是说，你从"气"的自古以来的变化规律里面可以看出有一种大纲似的东西，老子要抓住的就是这个东西，就是"道"是怎样变化的，"气"是如何按照"道"来运作的，那么这就是"道纪"，就是规律，它有它的规律。这个规律呢,在老子那里有一些表述、有些命题,这些命题就是辩证法的命题,比如说"反者道之动"就是老子所总结出来的辩证法规律,也就是"道"的规律,"道之动"就是通过相反的东西来推动的,"道"是通过相反的东西推动的。一切事物有无、高下、生死、正反、美恶、强弱、祸福,等,所有这些东西都是相辅相成的,都是向对立面转化,所谓"物极必反""反者道之动",《易经》里面讲的"否极泰来",一个东西发展到最糟的时候就向好的方面转化,老子的辩证法里面应该说是吸收了这样一种思想的。

再一个呢,在《道德经》里面一个很鲜明的特点就是,老子处处是以人类的生养来说明"道"这样一个规律,"道"产生万物,为什么产生万物?就是由这样一些规律体现在人类的生养以及万物的生养之上,人类生养作为一种自然现象跟万物是相通的。比如说,我们上次讲的"无名天地之始,有名万物之母","天地之始"这个"始",一个"女"字旁,它也有生养的意思。"有名万物之母",那显然是靠生殖来产生万物了,而"有物混成先天地生,可以为天下母",这是老子《道德经》里面特别强调的。还有"道生之,德畜之",就是"道"是产生的,"德"是保持、维持的,"畜"就是维持。所以在这样一个基础上,体现出老子的辩证法的生存论这样一个根基,他强调生养,生养当然是生存论的直接体现。但是这种直接体现是一种自然生养,是一种群体的、自然的、"大化流行"的关系,而不是个体的,也包含个体,但是个体消融于群体,每个个体他都要知道自己在上下等级关系中的位置,他只是其中一环,他必须自觉地把自己融入人类生生不息的链环里面才能够回归本性,才能够复归自然。

那么老子的这种生存论理论,我们可以把它跟古希腊哲学、古希腊辩证法作一个比较。古希腊哲学,我们前面讲它到了阿那克西米尼,已经提出了"气"的哲学、"气"的思想,"气"是万物的本原,这一点跟中国哲学已经有些接近了,但是阿那克西米尼的"气"的思想到这一步呢,还不满足,它在理论上是有缺陷的。你用"气"来解释万物,可以,但是,你要给我解释这个"气"如何能变出万物来。它是无定形嘛,本身"气"是最无定形的东西，在自然界里面唯有"气"是最无定形的东西，比水、比其他任何东西都更加无定形。但是你要解释万物，你光是讲无定形还不够，你必须还要解释是谁来给它定的形。无定形的东西变化出各种各样、形状各异的东西，那些东西都是定了形的，所以它们都不是本原，但是都是从这个无定形中变出来的，无定形正因为如此才是本原。但是无定形如何成为有定形的呢？是谁来给无定形的东西定了形呢？这就有一个动因的问题，就是"气"它本身没有动因，它是被动的，它只是弥漫于天地之间，风吹过来了，它就到那边去了，你用一个东西把它挡起来它就过不去了，但是它无孔不入，所以它是一种被动的形态。那么它要构成万物、要成形，它必须要有个东西来把它做成某个东西，有一种力量把它做成某个东西，所以它面临一个动因的问题。后来亚里士多德正是因为这一点，就指出它的这个毛病，说无定形学派（米利都学派）面临一个致命的毛病，就是他们抛弃了动因，他们没有解释动因问题。当然，你说无定形的东西，一切有定形的东西你都可以用它来解释，但是光用它还不足以解释，还必须加上一个使它们定形了的、使它们变成了有定形的东西——动力的问题。

所以后来毕达哥拉斯才提出了"数"，"数"是最有定形的了，数是永恒不变的东西，又是最精密、最确定的东西。所以他认为世界的本原既然这样的话，那就是有定形，而不是无定形，一开始就是有定形的，万物都是由"数"的比例不同、数学的关系不同而定的形。但是毕达哥拉斯的这样一种有定形呢，仍然不能解决问题。因为"数"本身是一种固定的规范，是一种工具性的东西，还必须有一个东西来用它们，来利用、运用它们，才能给万物定形。

所以赫拉克利特的"火"的原则把双方统一在一起，才解决了这个矛盾。就是说火既是无定形的，又是有一定的分寸的、有一定的形的，它自己给自己定形。所以"火"的哲学的提出，它的意义就在于它使本体具有了真正的造化万物的一种能动性。这个能动性你光说无定形，那是不足以成为能动性的，你必须要自己给自己定形，然后你才能给万物定形，你才有能动性。你自己都没有定形，怎么能给万物定形呢？你自己要有自己的分寸、要有自己的规律、要有自己的规范，你才能用这种规范去规范万物啊。在规范万物之前，你必须首先规范自己，你才有力量，这是赫拉克利特的"火"，他提出的"火"的最大的意义就在这里。就是不仅仅是无定形，而且能够给自己定形，并且因此它能给万物定形，它能够变更万物的形状、形态，它能够改变万物的形态。"火"是一种力量，"气"和"水"都不是什么力量，当然它聚集在一起也可以成为一种力量，风啊、洪水啊，那都是因势利导，洪水只是因为地势的高下不同才导致的，不是它自己导致的。一潭死水在那里它是没有力量的，它需要外部的环境提供给它，天时地利，它才能发挥作用。但是"火"是不问场合的，它能改变一切。

那么，比较一下，老子所讲的"道"，它本身是无形无象的，而且，它是无为的，"道"是无为的。我们前面上一节课讲到"道"是无知、无欲、无为。无知也就是无力，知识就是力量嘛，无知，它不需要知道，所以它也不需要任何力量；无欲，没有自己内心的冲动，所以最后是无为，什么也不干，顺其自然。什么也不干，当然它有成果，但是这个成果不是它的，是自然的。它所导致的一切成果都是自然的，所以我们讲"无为无不为"，"无为"并不是说什么都不干就没有什么东西了，而是一切东西都在"无为"之中，"无为而无不为"。但是，你"无不为"了，也不是你"为"的，而是自然在那里"为"，不是你在那里"为"。你"无为而无不为"了，当然可以作为一种生活智慧，可以达到很高的成就，但是这个成就不是你自己策划的，而是因为你是个幸运儿，你的成就是由于形势造成的，是由于自然造成的，它也可以造成也可以不造成，这个你完全无法支配。你最大的聪明就是不要去违背它。所以，这个"道"能够造化万物，但是并不是靠它的能动性，也就是"有为"，并不是靠它的定形的能力，而是靠它本身的存在的自然性，"道法自然"嘛，"道"其实说到底根本上就是"自然"，就是自然的原则。你不要有为，你要放弃一切个人的追求顺其自然而去，那就是合乎天道了。

再就是道的永恒性，它在先，它先已经在那里了，然后你按照它去走，那就是合乎本性。

还有一个呢，就是生殖系列上的原始性，它是万物的始祖，也是你的始祖，所以它特别崇高。它的崇高不是因为它的能动的创造，创造出什么东西，那不是的，它也不创造，它就是在先。它为什么在先，它自己也不知道，反正它已经在先了，所以它就很崇高了。所以这种解释是一种血缘上的理解，就像你的父母生了你，我们可以形象地说你的父母创造了你，但实际上父母根本不是创造，他哪里能够创造呢？父母是顺其自然本性，然后生下了你，他并没有说我有意地造成一个东西。当然，生下来以后，他可以"造"，他可以教育。但是，他生下来这件事情并不是他造成的，是自然造成的。所以，父母的生养不是一种能动性的表现，这种生存论不具有真正的能动性，不具有真正的创造性。你创造来创造去，人还是人，并没有造出什么新的东西，造出新的东西反而糟了，那就是怪胎了。不能够创造的，只能够顺其自然，自然而然生出不大不小这么一个孩子，太大了不行，太小了也不行，正常，这就好了，这就是自然规律了。所以这个生存论不具有古希腊生存论的那种自由的能动性和生命冲动的特点。当然生命本身是有冲动的，但是这个生命冲动在古希腊人的心目中呢，它是一种自由意志的冲动，就是说我的生命需要什么东西是通过我的自由意志去策划一个东西、去创造一个东西来满足自己。这个在老子的"道"的范围里面是排斥的，是被认为不自然的，个体的生命冲动是被认为不自然的，只有你不意识到这样一种生命冲动、自然而然的，那才是自然的。所以老子从"道"的里面得出的是一种虚静无为的结论。"清静为天下正"，要求人们清静。赫拉克利特从他的宇宙大火的循环中间获得了一种生命的悲剧意识，当然人的生命他本身是一个悲剧，他抵抗不了宇宙的生生不息，这个是很无奈的，这个西方人也承认。但是东方人跟西方人有一点不同，就是西方人把它演绎成一种生命的悲剧意识，希腊人是非常具有悲剧感的，非常具有悲剧意识，一种永恒的悲哀，但是这种永恒的悲哀里面体现出人的一种生命意志的崇高,所以这种崇高往往体现在悲剧之中,悲剧是体现崇高的。在古希腊悲剧里面所体现的主题就是一种人格的崇高,虽然我失败了,也是失败的英雄。

但是在老子的宇宙大化流行中是一种清静无为的人生态度,就是说你不要把自己的东西看得那么严重,要把这种悲剧意识排除掉、把它清除掉,不要有什么悲剧意识,你要感到高兴,你要感到快乐,甚至要有一种喜剧意识。像庄子就有一种喜剧意识,他的妻子死了,他鼓盆而歌,非常高兴,她本来就是大自然生长出来的一个脓包,现在脓包穿了,又平复了,这是一件高兴的事情嘛,这就是喜剧意识,或者说,一种滑稽意识。不要去悲伤,要"哀乐不能入"。哀乐不能入,这是中国高人的最高境界,不要老是想着解脱不了,然后就超生到崇高的神的这样一个境界,那个是虚无缥缈的,那个是自寻烦恼的。所以人都要自自然然地生活,该死的时候你就得死,面对死亡你应该坦然,因为我们回归自然嘛,我们本来就是自然的,我一生之中把不自然的都清除掉了,到死的时候我还执着于这个身体干啥呢?很顺当的、"清静无为"这样一种心态,中国的哲人们都具有这样一种境界。所以老子的这种生存论呢,它只需要"气"作为它的物质载体或者是一种哲学比喻就够了,只需要"气"就够了,它不需要"火"啦,"火"是必须熄灭的。我们说一个人的"欲火""肝火""无明火",那都是贬义词,一个人内心如果有火在那儿,那就是这个人还不干净,必须把它熄灭,自觉地把它熄灭。这个是佛家,我们下面还要讲的佛家,特别强调的一点,因为佛教里头已经引入了西方"火"的这个比喻了。但是中国传统里头没有,就是"火"在中国人心中是绝对不能当作万物的本原、本根的,那个是导致人心躁动不安的,而中国人崇尚的是清静无为、内心平静,这是一种生存境界。

所以,"气"的比喻呢,它的特点就是一切都是给定了的,而不是创造出来的。"气"一生下来就由其他的"气"变化而来,一变化而来就已经在一个既定的关系之中,"气"它本身不是那种单子,也不是原子,它就是一种关系，这种关系是既定的，不是它能够决定的。所以中国人一讲就是有一个"气"，"气"从哪儿来的？这个不用说的，反正有一个"气"了，"气"里面有阴阳二气。我经常讲中国哲学的本体论停留在这样一个层次上，就是"有"什么东西，既定事实，承认既定事实，当然这个"有什么东西"实际上也是没有什么东西，就是有一个"无"。既定事实就是"无"，世界本来就是"无"，没有意义，没有标准，没有追求的目标，它就在那儿自然而然地"有"啦，你就得承认，就得接受。那么"有"一个"气"就是"道生一"啦，气"有"阴阳，气里面有阴阳啦，"一生二"，它并不是说从"一"里面创造出"二"来，创造出"阴"和"阳"来，不是的。"一"本来就"有"二，就"有"阴和阳、阴阳二气，阴阳二气组成了"气"。那么这两个"气"相参，"二"生"三"阴气和阳气相参，谁把它们参合起来的不必问，反正它们相参了、既成的，就成为"和"。阴阳二气形成了万物，阴阳之和形成了万物。那么这个"气"、大化流行，它的动因的问题，在这里就撇开了。谁使"气"在宇宙中流行呢？这个问题在中国哲学里面是不问的。当然，它也可以解释，就说它是"自然"的，所谓自然的，就是你承认就得了，它是自然而然的，你不要去追问，它就在那里，它本来就是这样的。所以这样一种解释实际上一直没有解决，就是气的自然形态如何使自己成了形，它的动力何在，这个问题一直没有解决，"气"一直被看作被动的，但是它又化生万物，是谁使它化生万物这个问题一直被回避着。

  所以老子的这样一个生存论理论给中国古代辩证法留下了深远影响，大体上来说后来的思想家都没有超出老子的基本模式，或者说中国哲学始终没有突破"气"论或者是与此相关的"道"论这样一个无定形的阶段，而上升到明确的规定性、上升到语言的逻各斯。我们上次讲的为什么中国哲学里有反语言学倾向，它的根子要追溯到这里。反语言学，那只是一个表面现象，那很容易，我们都知道中国人从来对语言是看不起的，儒道佛都看不起，为什么会这样？根子要追溯到这里。

在庄子那里，曾经提到过，就是说当时关于宇宙的变化有两派学说争论不休，一派是"或使"说，一派是"莫为"说。"或使"说呢，就是说或许有某种东西在起作用，有某种在宇宙生存之外的力量使它这样、使它成为这个模样。在庄子的那个时候，先秦时代就有过这样的争论；到了汉代以董仲舒为代表，他把这样一个学说发挥成一种神学目的论，"天意"、天意主宰。但是这种神学目的论是一种外在目的论，就是说"天"从外部作用于万物，"天"的意志从外部作用于万物。但是"天"是个什么东西？它为什么作用于万物？这个在西方的目的论里面把它归结为一种内在目的论，就是像柏拉图和亚里士多德他们所提出的目的论，当然也有外在目的论的成分，但是最后归结为内在目的论，就是说神之所以创造万物是为了完成它自身，神就是万物，神就是宇宙，宇宙万物是神的生命体，而神是宇宙万物的灵魂，灵魂跟肉体是一致的，所以神跟他所创造的宇宙万物也是一致的。最重要的是，神有一个灵魂，你们要探讨神的灵魂，你们要接近和崇拜神的灵魂，这就导致了西方的宗教意识。但是董仲舒的"天意"并没有它自身的目的，它只是以"爱利人"为目的，以人的标准来施恩惠于人。那么这是一种外在目的论，这个天按照人的标准使人进入一个有秩序的社会，这样一种观念导致了人在天地宇宙秩序里面，他不用去追求"天"，天就在他近旁，就在他的日常生活里面，日常生活就是"天"安排的，天经地义嘛。我们常说，它不需要你去追求，我们凭我们日常知性、日常生活就能理解、就能把握，"天理自在人心"嘛。我们在日常生活中就能把握它，所以你不必去追求它，你只需要享受"天"的恩惠，并且畏惧"天"。你做了什么坏事，你要小心，你要遭雷击的，你要畏它。孔子也讲君子有三畏，畏天命、畏大人、畏圣人之言。总而言之，你要对这个"天"有一种畏惧，但是这个里面并没有个体生成的一种动力，而且个体在天面前完全是一个被动的承受者。

古希腊的神和人的关系呢，它有一种内在的关系，就是无限和有限之间的关系，神是无限，人也有一定的神性，但是是有限的神性。所以在西方的内在目的论里面就包含着这样一个意思，就是有限者它本身就具有一种生存的动力，要去追求无限。当然永远追求不到，但它必须要去追求，要超越，要从自然的肉体超越到自然界的灵魂，那就是神。神是自然界的灵魂，我们都是自然界的肉体，我们也有一点点灵魂，这个灵魂的使命就是要追求那个无限的灵魂，这就是西方的内在目的论跟中国传统的外在目的论不同的地方。中国的这个"神"，哪怕是董仲舒的"神"，它也不是一种要你去追求的东西，它是很日常的，中国人心目中的"神"是非常日常的，甚至可以贿赂，可以用人的方式来对待它。基督教的神当然也可以贿赂，在它的低层次里面当然也有贿赂神的意图，但是很多神学家都非常反对，都揭示这一点，所以后来有宗教改革嘛。那么董仲舒的"天人关系"是一种同类相动的关系，天和人是同类的，天人感应，天有四季，人有四体，天有三百六十五天，人有三百六十五块骨头，都是对应的；天有春夏秋冬，人有喜怒哀乐，这个都是相对应的。而相对应的这样一些形态呢，都是人类的有限的形态，用不着去追求、用不着去超越，所以董仲舒的神学目的论是不用去超越、去追求的，你过好你的生活就够了，你就符合天意了，这个"天"实际上就是大自然，它没有超越性的，这是"或使"说，发展到这一步，到董仲舒这里呢，无非就是这样一种天人相应、天人相感的学说。

　　但是天人相应、天人相感毕竟把天和人分开了，所以"莫为"说纠正"或使"说就在这一点，就是说你把天和人分开了，哪里有什么"或使"呢？实际上就是"莫为"，就是说没有一种外部的力量来造成了我们这个宇宙自然，就是自然本身，自然本身不是一个有为的主体，而是一个既成事实，这就是"莫为"说。那么，"莫为"说以这种方式同样表达了个体消极的被动性。"或使"说也是人的被动性，"莫为"说更是表达了天的被动性，就是说宇宙生存没有什么外部动力，也不是出自事物内在的一种特殊的倾向或者是特殊追求，而是"莫为"。所谓"莫为"就是万物自生、天道自然。像王充、王弼、柳宗元等，这些人都是主张天、气、万物都是自生的、都是自动的、都是自为的,"莫为"就是这个意思,就是说没有别的东西为它,而是它自生、自动、自为。这样一些说法经常被现代的人误认为是强调事物自身的"内在能动性",其实搞错了,它的这个自生、自动、自为,无非就是自然而生、自然而动、无为而为。"自为"就是说它自然而然就是那样了,就"为"成那样了,并不是你特殊的要去"为"它,所以它丝毫没有把事物的运动归结于它内在能动性或者是生存冲动这样一个意思。所以王充讲"天动不欲以生物",天在动,它并不是要生万物,"欲"就是要嘛。"而物自生,此则自然也",所谓"自生"是什么呢?就是自然,天在那里动并不是要生出万物来,而是"物自生"。"施气不欲为物而物自为,此则无为也",王充实际上是很有一些老庄的东西在里头的,"自然""无为"是他的原则,"自然无为"的原则。

所以"莫为"说实际上是把这个问题取消了,是什么东西在"为"?动因何在?这个问题在"莫为"说这里完全取消了。"或使"说还有一点点想探讨这个问题,但是马上导致了天人相分,那么"莫为"说就把这个探讨的问题本身给取消了,就是说它既不讲外部的动力,也不讲事物的内部的动力,并没有具体地探讨事物的能动性或者是动力源、动因、动源,而只是"自然"。"自然"就是说天地碰到一起,阴阳际会,天地合气,阴阳二气相合,碰到一起了,偶然自生就完了。谁使阴阳放到一起来的,这个问题不存在,你如果一定要追问,到底它是怎么样?它的机制如何?阴阳二气最初是哪个把它们放到一起来的?按照这样的比例参合起来的,谁搞的这样的东西?那么中国人呢,具有两个非常重要的遁词,一个是"神",一个是"妙"。"神"就是我们今天讲的,"神了!"这个东西"神了!"这个药吃下去,"神了!"至于它究竟是一种什么样的机制才造成了这样一个效果,这个是不用问的,你说"神了!"不就解释了吗?"妙",妙手回春,治病的医生,神医嘛,神医就是妙手回春嘛。荀子是这样解释的,"不见其事而见其功,夫是之谓神",就是说你看不到它具体的过程、它的事情的发展过程,你只看到了它的功效、它的效果,它有这么个效果,但是它是怎么来的我不知道、我看不到，这就叫作"神了！""夫是之谓神"。《易传》里面讲"阴阳不测之谓神"，阴阳究竟是怎样参合到一起来的，我们测不出来，这就叫作"神"。又说"神也者，妙万物而为言者也"。"妙万物"就是万物都是那样奇妙的，怎么来的我们不知道，但是总而言之，它妙成了万物，所以我们就说它是"神"。"妙万物而为言者也"，我们就用这个"神"来说妙成了万物这件事情。所以运动的原因究竟是什么？动因究竟何在？我们不必去知道。荀子讲"唯圣人为不求知天"，圣人是不求知天的，"天"究竟是怎样造成了这样一个后果，我们不要去追求它，追求它的呢，都是一些小人，都是些工匠，搞那些雕虫小技、奇技淫巧，你又追求不到，又拼命去追求。圣人是不讲这些东西的，他只看后果。所以"莫为"说的理论根基，其实还是道家的"自然"说。

有的人认为这种"自然"说体现了一种"内因"论，自为、自动、自生这不是内因了吗？实际上这不是"内因"论。当然它可以导致我们去追溯一些自然现象内部的关系，比如说我们去追溯一个事物的内部关系，虽然这不是圣人的行为，但是一般人也可以去追溯一下，有好奇心嘛，也可以去探讨一下这个事物内部是一种什么关系导致了它的生灭变化。所以很早就有人提出来"天地阴阳，对生也"，就是说由阴阳这两个对立面相互作用而生出了天地万物。柳宗元认为"吁炎吹冷，交错而功"，冷热交错而造成了它的功效。最典型的是王安石，王安石是有一点科学头脑的，他已经在追求一个事物变化的内部原因，他讲"阴阳之中有冲气"，阴阳不是摆在那里一个阴一个阳就完了，而是它们交互作用，他说"一柔一刚，一晦一明"，"耦之中又有耦焉，而万物之变遂至于无穷"。"耦之中又有耦焉"就是说"耦"里面又有"耦"，"耦"就是对立的东西啦，对偶嘛，两个东西，两个东西里面又有两个东西，每一方都有两个东西，你无限地分下去，那么你就可以看出来"万物之变遂至于无穷"，万物的无穷变化的动因就在于事物的对偶、内部的两个东西之间的相互冲突、交互作用，这是中国传统里面最具有辩证法思想的一种说法，王安石这个地方表现得最典型。

所以这个可以说是中国古代辩证法的核心，就在这个地方，就是说传统的"内因"论是追溯事物内部的两个东西的关系。比如张载说"动必有机"，"则动非自外"，"动"它有内部的动机，所以它的"动"不是从外面来的，而是从它的内部来的，这就是所谓的"内因"论。今天很多搞中国哲学的人、讲中国古代辩证法的人多半是抓住这一点，就是说只要把运动的原因归结为事物的内在矛盾性，那么事物的运动、事物的变化就得到解释了，我们就找到运动的最终根源了，这个内在矛盾性呢，无非就是说事物内部的两个东西之间的冲突。在我们对辩证法的这种解释里面呢，所讲的这种矛盾性，实际上是对立性，事物内部的两方面的对立和冲突。当然我们通常讲冲突也就是矛盾啦，但是这个矛盾不是逻辑意义上的矛盾，而是两个东西之间的矛盾。我们逻辑意义上的矛盾，形式逻辑讲的矛盾，"不矛盾律"的矛盾，就是你的一句话不能够自相冲突嘛，不能够自相矛盾。而这里讲的矛盾呢，实际上讲的是对立，而不是一个东西的自相矛盾。它是两个东西之间的矛盾，这个是中国传统辩证法的一个解释，这就算是找到了运动的根源了，就达到了辩证的观点了。所以呢，在中国你要讲辩证法，全部的问题就在于要进行分析，就是一个事物内部它到底有一些什么样的矛盾对立面，你把它分析出来，找到它内部的两个对立面，然后考察它们的又对立又统一的关系。而且这种考察是可以无穷地进行下去的，"耦之中又有耦焉"，你不断地去追寻，在两个对立面之间每一方你又去找它的两个对立面，可以无穷深入、无穷分析，事物无限可分，这是中国传统讲的，《墨经》里面讲"一尺之棰，日取其半，万世不竭"嘛，这是分析的方法。这个辩证法就被等同于一种分析的方法。毛泽东的《矛盾论》也就是分析的方法，主要矛盾和次要矛盾，矛盾的主要方面和次要方面，矛盾的主要方面里面也有主要的方面和次要的方面，可以无限地分下去。就像《中国社会各阶级的分析》那样，可以不断分析，阶级斗争可能永远要七八年搞一次，不断地分，一分为二，二分为四，四分为八，这就是辩证法。

但是这个观念呢，实际上是可以再探讨的。

就是说所谓"内因"在这个地方实际上是事物内部的两个对立因素之间的互相排斥、互相冲突。那么在事物内部的两个方面之间，每一方对另一方来说，其实都是外因，这就不是真正的"内因"论啦！在每一个层次上面它都可以变成"外因"论。可以不断地细分嘛，你原来以为是内因，结果再深入下去，敌我矛盾就变成人民内部矛盾了，人民内部矛盾又变成敌我矛盾了，可以不断地转化的。"反右"就是这样嘛，把敌我矛盾当作人民内部矛盾来处理，把一个外在的对立当作内部的关系来处理，但是一处理呢，实际上还是处理成了敌我矛盾。所以说呢，这个辩证法实际上是一个分析的方法，这个是被黑格尔到处批判过的，实际上是一种形而上学，实际上不是辩证法，恰好是他所要反对的形而上学。中国式的辩证法为什么老是变成形而上学的秘密就在这里，所谓一分为二，反对合二为一，一分为二跟合二为一哪里分得开呢？但是你要贯彻中国式的辩证法，你就必须分、必须不断地分下去，否则的话你就停止了。所以这种辩证法，就是讲任何一个事物都是由两个方面所组成的，而不是一个不可分的个体，就是说把这个个体排除掉了。这种辩证法里面把真正的个体性排除掉了，把所有的个体都还原成一种关系、两个方面的关系，而这两方面本身也不是由一个个体自己和自己相矛盾而发展出来的。辩证法讲矛盾，就是自己和自己的矛盾，这是最根本的矛盾，然后发展出了两个对立面。真正的辩证法、西方发展出来的高级辩证法应该是这样的。但是中国的辩证法没有进入这一个层次，它总是一开始就给定了一个东西，然后发现它是由两个部分所组成的，这个组成也是给定了的，本来就有，也许你开始看不出来。"阴阳二气"本来就包含在一"气"里头，等到它分化出来的时候，你才看见了，但实际上它本来就在里头，"阴阳二气"就在"气"里头，并不是由"气"产生出"阴"，然后由阴又产生出一个"阳"，产生出自己的对立面。所以这就注定了这个对立面的冲突有一种外在性，它不是内在的，不是自我冲突，它是人为设定的，是可以作为一种外部技术来掌握的。既然这个东西本来就有两个东西，那么你就可以加一个东西进去，所谓"掺沙子"，把这个对立面掺进去，使它成为一个对立面，这就成为了一种操作的技法、一种技巧。辩证法在中国变成了"变戏法"，就是因为这一点。它是一个既定的东西，你当然可以人为地改变它，不是那个东西自己要把自己否定，变成另外一个东西，而是由于受到某种外在的干扰，所以它就变成了另外一个东西。我们为了使它成为另外一个东西，可以加入一种外在的干扰，就是掺沙子、丢石头，这就是我们讲的变戏法，就是一种技巧。如何在两个对立面保持平衡，然后由一个第三者去支配、在后面去操纵，这就成为了一种权术。其实自古以来就是这样理解的，老子的辩证法就是一种阴谋权术。

那么真正排除掉的是同一个事物的自否定性，同一个事物的自我否定、自否定，实际上就是自由啊。自由就是事物的自我否定，我不愿意这样，我要那样；我不要成为这样的人，我要成为那样的人；我不要停留在原地，我要发展。这就是自由，这就是个体生存的冲动。但是在中国辩证法里面把这个东西抛开了。自我否定体现为否定之否定，它的外在的体现就是否定之否定、一个事物的否定之否定，你从外部去看它实际上是自我否定。所以中国讲辩证法的从20世纪四五十年代开始，都把这个否定之否定规律撇开了。最开始是跟着苏联来的，就是说否定之否定规律不是辩证法的规律，就只差没有说恩格斯犯了错误，恩格斯说辩证法有三大规律，否定之否定规律在中国和苏联的马克思主义理论里面都被排斥掉了。后来20世纪80年代开始有人重提这个东西，还遇到了很大的风险，被看作自由化的一种倾向、一种表现，就是说你还承认否定之否定？这个毛泽东早就讲了，没有什么否定之否定，只有对立统一，只有矛盾、矛盾的同一性。这个是一个很重要的特点。这个不是毛泽东发明的东西，毛泽东就是从中国古代辩证法里面得出他的观点的，毛泽东熟读古书嘛，对古代的东西熟得很，尤其是对古代的哲学把握得非常准。他就是一个传统思想的代表，受到了一些苏联的影响，苏联的苏式马克思主义的一些术语的影响，《联共（布）党史简明教程》啊，那些东西的影响，然后用那些词语来表达他的中国式的思想。

在西方呢，古希腊辩证法在柏拉图那里就已经达到了这样一个层次，也就是说在柏拉图的《巴门尼德斯篇》里面，他并不是简单地提出一对一对的对立范畴，比如说一和多、有和无、存在和非存在、动和静，这些范畴都有。但是他并不是简单地把这一对一对的范畴摆出来，然后说它们之间是对立的，又是不可分离的，又是互相转化的，并不是这样。他是抓住一个范畴，比如说"一"，我们就来考察这个"一"，同一个范畴，它自己和自身有什么关系？"一"和"一"自身的关系是怎样的，他通过这样一种研究，发现"一"和"一"自身发生关系的时候，它就变成了"多"。你们看看《巴门尼德斯篇》讲这个"一"的问题。"一"是"一"，"一"如果要真的是"一"的话，它就不能够"是一"，因为你加上了一个"是"嘛，它就成了"多"。所以"一"不能"是一"，你要说"一""是一"的时候，它就成了"多"。就是说辩证法是这样的，就是抓住一个范畴，你对它加以考察，你发现它自身就导致一种自我否定。这在形式逻辑上是违背矛盾律的，而在辩证逻辑里恰好有它的深刻含义，就是说一个东西自我否定，就说明这个东西是活的，有生存论的冲动，它要活，你要把它定在那里，"一"就是"一"，它就恰好不是"一"，你要说它是个什么东西，它就恰好不是那个东西，它就"是"其所"不是"，"不是"其所"是"。当然这是后来萨特所讲的。其实就是辩证法。辩证法就是"是"其所"不是"，它"是"它所"不是"的那个东西，它又"不是"它所"是"的那个东西，这就是能动性啦，这就是自由啦，这就是真正的辩证法。在柏拉图那里就已经提出了这样一个自我否定的方法论了，他不是从一个东西里面去找出两个组成部分，而是研究同一个东西，当它与自身发生关系的时候，这种关系就是一种矛盾关系、一种自我否定的关系，由它派生出它的对立面来。任何一个哲学概念，你如果抓住它来探讨的话，就会发现它会产生出它的对立面来。所以两个东西并不是现成摆在那里的，而是由一个东西产生出来的，由同一个东西的自否定产生出来的，这就是辩证法，这才是辩证法。

这个里头就体现出了生存论的冲动。

好，我们再继续往下讲。前面讲的主要是从道家的立场来谈中国古代辩证法，而且呢，确实中国古代辩证法更多的成分是由道家发扬出来的。当然道家最初从《易经》里面吸收了很多东西，但是特别对辩证法这一方面作了发展。但是儒家呢，也有，儒家不是说就没有辩证法了，也有。包括我们刚才讲的王安石、张载这些人，可以说都是新儒家。但是，宋明儒学是吸收了道家的东西的，宋明道学、宋明理学是吸收了很多道家的东西的。那么从儒家的起源里面呢，其实也有，我们下面来看一看。

儒家的生存论倾向主要是一种道德格言和生活的哲理。儒家我们刚才讲了，他们把事物的动因、个体事物的动因归结为两个事物之间的关系，就是"耦"，或者是"机"。"机"就是两个事物的关系，"机"本来就是"几"嘛，这个"几"呢，就是两个事物的关系。"几"的繁体字写作"幾"，就是上面两个"幺"嘛，两个"幺"就是两个很小的东西，然后呢，一个人，手持一支"戈"在看守着这两个东西。为什么张载讲"动必有机""动非自外"？这个"机"呢，就是有两个很微妙的东西，然后一个人拿着一个武器在旁边守着，随时去调整。所谓权术就是这样，这个"机"实际上是个权术的概念，我们说一个人有机心、某某人有机心啦，"机心"是很坏的。一个人心藏机心，就是说他内心里面有这样一种思虑，把一个事物分成两个东西，然后去掌握平衡。这样一种内心的倾向、这样一种手段，就叫作权术。"权"就是平衡嘛，权术就是平衡术。那么儒家呢，当然是反对这个东西的，这个"机"的思想，主要是从道家来的。人们经常讲老子"尚阴谋"，老子《道德经》是一本阴谋书，专门教人怎么有机心、用心思的，儒家很反对这个东西。儒家就从另外一个方面，从道德方面提出了另外一个概念，就是"仁"的概念。

"仁"的概念就是二"人"关系，一个单人旁，一个"二"，通常解释实际上就是一种关系，是二"人"关系。儒家从道德角度把个体的人格分解为人与人的关系。所以孔子讲"仁者，人也"，人，具有仁心的人才是真正的人,"仁者,人也,亲亲为大"。什么样的二人关系呢?就是"亲亲",就是亲属、亲子关系、亲缘关系,父母和子女的关系就是最直接的仁的关系、最大的仁的关系。"亲亲为大",亲情血缘关系是最大的,亲情孝道是最大的仁、最大的仁义关系。当然这种关系体现在个人身上,孔子讲"为仁由己,而由人乎哉?""为仁由己",由自己,"我欲仁,斯仁至矣",我要仁,仁马上就到了。但是这种个人,实际上是被划入了二人关系,就是说他也讲自我,也讲我,也讲吾,也讲己,也讲这些概念,但是所有这些概念都被划入了二人关系里面。这种划入并不是对自我的一种否定,而是对自己自然本性的一种恢复。就是说人啦,他本来就不是个体的,他就是在关系之中,人本来就是社会关系的一分子、一个环节、一个机体,他不能够独立的。所以当人把自己划入二人关系、划入整个社会关系里面去的时候,当他在这个社会关系体制里面占据着他自己的本分、占据着他自己所应当的一个位置的时候,他是恢复了他的本性,他的本性就是要在这个关系系统里面、在这个礼法规范体系里面占据一个位置。至于占据什么位置,那纯粹是偶然的,那就看你的造化了。你能当皇帝,那你就当皇帝;你只能当个奴才,你就当个奴才。你在这个家庭里面处于什么位置,不是由你能决定的,那是由先决条件所决定的。父母生了你,你就只能当儿子;你如果生儿育女,那么你也可以当家长。

所以对自然本性的恢复,从本质上来说,它不需要你努力去成就什么东西,不需要费你自己的力气。孔子讲"有能一日用其力于仁矣乎,我未见力不足者",这个"力不足者"并不是说你轻轻松松的就可以做到,而是说你不需要自己去设计一个什么东西,你按你的本性去做就够了。当然要达到仁者还是很费力的,但是这个费力是另外一种意义,就是说你要做到抵抗外来的诱惑也不容易,但是你按照自己的本性那是很容易的,因为是你的本性嘛,"未见力不足者"。也没有什么痛苦,"仁者无忧"。这个"孔颜之乐",是讲孔子的弟子颜渊,"居陋巷,一箪食,一瓢饮,人不堪其忧,回也不改其乐"。这个是很快乐的一件事情,按自己本性做事情是很快乐的事情，没什么痛苦。所以这也可以体现为一种自由意志啦，"克己复礼"，恢复自己的本性，也可以体现为我要这样、我选择了这样，当然也可以。但是这种选择，只是采取了一种"自由选择"的形式，实际上并不是真正的自由选择。因为可供选择的东西都是摆在你面前的，你自己愿意做君子还是做小人，当然你可以选择，但是可供选择的东西是由先王规定好了的，这样做你就是君子，那样做你就是小人。就像我们讲"坦白从宽，抗拒从严"，这也是一种"选择"嘛，但是我们都知道，这其实并没有什么选择的余地，你愿意从宽，还是从严呢？当然你也可以愿意从严，那你就是自暴自弃了，等于自杀了。谁不愿意从宽呢？谁不愿意当君子呢？

孟子同样是把人看作这样一种道德关系，他认为人心都有一种关系，这种关系体现为恻隐之心、羞恶之心、辞让之心、是非之心，没有这种善心的人就是"非人也"。没有这种心的人，那就是动物，那我们杀掉他也可以不叫作"杀人"，那叫作杀贼、杀禽兽、杀害虫。所以人只要出乎自己的本心，养护自己的本性，那么就可以"尽其心""知其性"，"尽心知性而知天"，"尽其心者，知性也"，"存其心，养其性，所以事天也"。所以孟子所讲的这个本性不是一己的私心，而是充塞于天地之间的一股浩然之气。我们刚才讲的"气"，为什么"气"的哲学在中国这样流行，在伦理道德上面它有这样一种特点，就是说它能够把人心放大，使个人的私心、小我成为大我，成为至大至刚充塞于天地之间的一股浩然之气。既然是一种浩然之气，所以它是无限可入的、无限可分的，它没有内外之分。"气"是没有内外之分的，它无孔不入，在内部也有，它的外部也有。你的内心的心好像是在你的身体里面，其实它充塞于天地之间，它既是内部的又是外部的，人心的气就是天地之气，它都是通天下一气。所以这种气它的生存动力就在于它的这个保养、存气，所谓"存夜气"，每天晚上打坐就是存夜气，把这个晚上的气存下来、保养好。孟子所讲的"养气"就是这个意思，每天晚上他都要养气，养气的时候就觉得自己跟天地宇宙相通了。所以他的生存动力是一种保守性的，把天地之气都收回来，不要把它给散掉了,"求放心",把它给求回来。所以这种生存动力儒家也有,这种生存动力不是进取型的,而是保守型的,是岿然不动型的,是排除外来干扰型的,排除一切污染,出淤泥而不染。所以孟子讲"富贵不能淫,贫贱不能移,威武不能屈",都是不能怎么样不能怎么样,"此之谓大丈夫"。所以它的生存动力在于保持不动,保持它的原样、保持它的本性这样一种特点。

那么儒家另外一派就是荀子。以荀子为代表的这一派,比较强调人的主观能动性,这是通常教科书上讲的,荀子比孟子更加强调人的主观能动性。孟子是比较把人的主观束缚在某种既定的规范里面的,那么荀子的这种主观能动性,他讲"人定胜天"。"人定胜天"的思想通常把它解释为"人一定会胜天",其实是不对的,这个"定"不是说"一定"的意思,这个"定"是安定团结的意思,人安定团结了就能够胜天。不是说人一定能够胜天,如果天下大乱了,人就胜不了天了。所以单个的人是不能够胜天的,人能够胜天唯一的根据就是人能够群,人是群体;而且这个"群",不是一般的牛群、马群、羊群,它这个"群",有它一定的规范,就是礼义之分。人懂得礼义,"群"是特别强调礼、礼的规范,强调礼义,强调人之所以不同于牛群马群就在于人能够"分",分就是名分,人有等级名分制度。牛群马群没有等级制度,它当然也有领头的,领头的无非就是身体强壮的,但是它没有一种等级制度。这个礼义不是天生的,而是人为制定的,是圣人制定的。礼义是从哪儿来的呢?圣人制定的,先王、圣人,从伏羲、神农氏,一直到尧舜禹汤,到文武周公,一直传下来的这一套。那么对于个人来说,"人之性本恶,其善者伪也",人性本来是恶的。这个人性主要是讲人的个人的特点,单个的人,他的人性是恶的,但是他的善心是由于教化、"伪","伪"就是教化、就是"人为"。"伪"在这个地方没有"虚伪"的意思,而是说"人为"的意思,人的善心是人为修炼出来的。就是说根据先王所制定的礼法规范,我们每天遵守这样一种制度,那么我们才能够变成善人。这是荀子跟孟子不同的地方。孟子讲人性本善,荀子讲人性本恶,人的善心是由人修炼而来的。

但是这就有一个问题，就是说在荀子那里，圣人制定了这样一个礼法规范使人们向善，那么圣人也是一个人，他为什么能够制定这样一个善的规范呢？他的规范又是哪儿来的呢？他也是一个人，也有人性，你不能说他不是人。有人性就有恶的一面，作为个人，他有恶的一面。所以荀子在这个地方有一个问题是没有解决的，也可以说他是自相矛盾的，你说人性本恶，但是圣人又是人性本善。所以荀子跟孟子在这一点上，并没有实质上的区别，还是人性本善。只不过呢，作为个人，如果他不接受社会，不融入这样一个群体关系中间，他就会受到恶的影响，就会受到恶的诱惑，人有情欲、有欲望，人的欲望不加限制就会"灭天理而存人欲"，就会灭掉天理。所以人的个性，个体的人虽然是恶的，但是人又有另外一种本性，那就是他能群，懂得分，懂得礼，能够接受圣人的教化，所以从这个意义上来说，人的本性里面又有善的一面。所以荀子讲人性本恶实际上是讲人身上的那种个体性，个体性就是动物性，人的动物性本恶，人都是动物嘛，人身上有动物性，所以人本恶。但是人身上又有群体性，群体性、"能群"也是人的本性，所以他的群体性的人性还是善的。不然的话，人为什么能够接受先王制定的那一套礼法规范呢？当人处于群体中的时候，当他意识到自己的群体性的时候，他就是善的。所以在这个意义上荀子跟孟子是殊途同归，他们的基础是共同的，就是说，人作为群体的人是善的，作为个体的人是恶的。在孟子那里就把个体的人归之为"非人也"，你如果作为个体的人就是"非人"，你作为群体的人就是人性本善。荀子其实也是这样的，荀子认为作为个体的人那就是动物，就是人性本恶；但是作为群体的人他有善心，他能群能分，他能够知道自己的本分。在礼法体系里面的本分，这个是从人与人的关系上面来看，荀子是把人归结为这样一种关系。那么对待自然的关系，荀子承认人的能动作用，人能够"制天命而用之"，能够改造世界、改造自然。但是这种改造是很有限的，因为他抽掉了改造自然的科技手段，当然他也讲到按照自然天道的规律去改造自然，可以"制天命而用之"嘛，可以利用天。但是另一方面，荀子讲"唯圣人为不求知天",不需要求知天,他只需要求效果,这样利用自然界来达到它的效果。但是自然界为什么会这样,如何造成这样一种规律性的,"不求知天",不必知道。

中国哲学,不管是儒家也好,道家也好,法家也好,佛家也好,都有一种不可知论的倾向。但是其实不是"不可知论",是"不必知论"。不必知,知识有什么用呢?知识不过是雕虫小技而已。我可以改造自然界、战胜自然界,但是不靠知识,靠什么呢?靠万众一心,靠同心同德,你一个人不行,我们大家一起来。1958年大炼钢铁,一起去修水库,修水库也不按照自然规律,修的水库好多都垮了,那不管。反正我们人多力量大,一个人对付不了,我们大家一起来,搞人海战术,不尊重科学,"不求知天"嘛。荀子讲"不务说其所以然,而致善用其材"。"不务"就是不去追求,"说其所以然",为什么会这样我不去说它、不去追究这个东西,"而致善用其材",就是你好好地运用现有的材料就够了,你不要去搞清它里面有个什么道理。所以在西方人看来,你要战胜自然就必须要靠知识了,知识就是力量嘛。但是荀子认为你只要限制个体的欲求,团结一心,团结就有力量,就可以战胜自然。所以他讲"故义以分,则合"。你有了"义"、有了"分"、有了名分、有了等级身份,"则合",这个社会就和谐了;"合则一",和谐了,这个社会就统一了;"一则多力",统一了这个社会就有力量啦;"多力则强,强则胜物",这就是荀子的逻辑。团结就是力量,大家万众一心就可以战胜自然,他不是说知识就是力量。

所以尽管荀子最为强调人的能动性,但是他对于个体人性的看法恰好是被动的,他认为个体的人最好是放弃自己的主动性,达到"虚壹而静"的这样一种"大清明"的境界。"虚壹而静"是人的本性,人就是应该虚心、安静,这就是"大清明",就是很清高的境界了。那么人为什么要动呢?经常看到人是躁动的,人为什么要动呢?那不是他的本性要动,而是"感于物而动"。他说"人生而静,天之性也。感于物而动,性之欲也"。就是说人的欲望是由于"感于物而动",是由于外来的影响,是由于精神污染,才导致你的欲望上升。一切犯罪也好，不道德的事情也好，都是由于受到外部世界的影响。而人的内心呢，它本来是"虚壹而静"，它天生就是"虚壹而静"的，所以人要保持这个东西。这个是荀子的思想，一切运动都是由于外来的"感于物"而造成的。所以，荀子的这样一种人性观是取消原动力的，是外因论的。人本心并没有什么动力，只有当他结成一个社会群体的时候，他才会有力量，才会对自然界发挥他的主体能动性，但这个主体能动性是群体的，不是个体的。

这个《易传》《易经》，当然是道家和儒家的共同起源啦。《易传》，很多人认为是儒家的经典，确实儒家很多思想是从《易传》里面来的，就是对《易经》的解释。在《易传》里面也有人的能动性的思想，比如说最脍炙人口的"天行健，君子以自强不息"，我们来看看这句话。张岱年先生讲，在中国文化中发挥了主导地位、主要作用的，就是《易传》里面的刚健学说，他就举了这一句"天行健，君子以自强不息"。但是《易传》里面还有另外一句跟它对等的话，因为《易传》嘛，它是辩证法，总是两两相对而言的。与这句话相对的有另外一句话，叫"地势坤，君子以厚德载物"。"天行健"，那是阳刚的。而"地势坤"，它是阴柔的，"君子以厚德载物"，君子并不光是自强不息，而且"厚德载物"，有容乃大，他有很大的容量，他能够心怀整个天地，能够承载万物，他德性非常深厚。在《易传》中，这两句话应该是平列的。《易传》强调中道，它绝不会偏重于哪一方，它是中庸之道嘛，它怎么会偏重于一方，专门讲刚健？它讲刚健，也还讲阴柔。讲刚健的时候，它不是一味地主张刚健，而是当健则健。你不要老是"天行健，君子以自强不息"，该健的时候你就要健，该柔的时候你就要柔。所以这两方面并不是相分割的、相脱离的。当然现在中国人比较强调刚健，强调个体的主体性、自由意志这些东西，我们就把《易经》抬出来，说它里面就有这些东西。但是往往只是取了它的一个片面，没有全面理解《易经》。当然张岱年先生是权威啦，我这里不能够把他的观点推翻了。但是我至少可以举出另外一方面来补充，就是说不仅仅是这一方面，《易传》

里面也有另外一方面。

至于刚健和阴柔之上还有一个东西就是"易"。"易"就是道，就是"太极"，"太极"是凌驾于刚健和阴柔之上的。你还可以说，阳刚跟阴柔相比，阳刚是占主导地位的，当然你也可以这样说。但是两者之上还有一个更高的东西就是"太极"。"太极"就是易，变易之道，而变易之道是不变的，"易"就是"不易"。这个通常有这样一种解释，说"易"有三种含义：变易、简易、不易。"易"本身是不易的，本身是不改变的。不光是不改变，而且《系辞》里面讲"易无私也，无为也，寂然不动"，"易"是无私无为。我们前面讲老子无知、无为、无欲、寂然不动，它安静、寂静，最高的这个"太极"是寂然不动的。你说它刚健，它寂然不动，它怎么刚健呢？它动都不动。"易"最高的含义就是"不易"，它本身是不易的。你不要去人为操作、改变一件什么事情，你要顺其自然，一切行动都在它之下，都由它所控制，所以你就不用干什么啦。所以最高的本体，人生最终的归属，在《易传》里面是归于静止不动的。当然它可以有各种表现，也可以表现为阳刚，也可以表现为阴柔，但是最终是归结为静止不动。所有的成功都不是你的成功，而是大自然的成功。为什么老子要从里头发展出"无为而无不为"的思想、无知无欲无为的思想？他是有原因的。你不能说《易经》就只是儒家经典，而不是道家经典，它既是儒家经典，也是道家经典，它里面就是有这样一种寂静无为的思想。

从这个角度看，"天行健，君子以自强不息"这句话，朱熹有个注释，这个注释我觉得是很准确的。他的注释是这样说的，他说："但言天行，则见其一日一周，而明日又一周，若重复之象，非至健不能也。君子法之，不以人欲害其天德之刚，则自强而不息矣。"什么叫"自强不息"？"自强不息"并不是说你要去做一件什么样的事情，你要设计一件什么样的事情把它干成，坚持不懈，不是的。你要看天时，这个天，"天行"，"天行健"，君子才自强不息。"君子以自强不息"，中间这个"以"字不能丢，为什么呢？这个"以"字就是说，君子是以什么东西来自强不息呢？以"天行健"，你才能自强不息，"天行健"是"自强不息"的根本。如果没有"天行健"，你超越于"天行"、违背"天行"，你还自强不息？那你就要碰得头破血流。所以我们讲静也好、动也好，讲这个"健"也好，但是归根结底，是对于天命的一种服从，你要看天时，你要顺天时而动，识时务者为俊杰。如果天下大事不宜于健动，那么你最好是保守，你最好是阴柔、"厚德载物"，你就容忍，你就韬光养晦，你就不要去出手。所以这里讲的"自强不息"不是要去创造什么东西、追求什么东西，而是要保持和巩固某种"重复之象"，朱熹讲"今日一周，明日又一周，若重复之象"，天不断地在转，今天转一圈，这个日月星辰转过去了，明天又转一圈转过去了，这就是天的不可改变的规律，"天行健"嘛，你如果不追随它，那么你就落伍了。但是你如果想超越它，那也不成，你必须跟着它，这就叫君子自强不息。你要跟着它你还得花力气呢，你还得"自强不息"才能跟上它啊，它不是要你去创造什么东西，但是你要跟上宇宙的脚步。我们今天讲跟上历史的脚步，你要跟着历史的铁的规律去运转，所以你不需要去创造什么东西。这样一种观点跟现代人所理解的"自强不息"，所谓发挥自己的主体能动性，其实是完全不同的。它这里头没有什么主体能动性，只是讲要发挥你的全部的潜能去跟上宇宙的步伐，服从自然规律，这能叫发挥主体能动性吗？

所以先秦的儒家学说在生存动力论上有两个特点：第一个是靠牺牲个体的生存动力来成全群体的生存动力，它有生存动力，但这个生存动力是群体的，是大家万众一心的，大家鼓气，人多，热气高，干劲大。毛泽东不是讲嘛，人多不怕，马寅初的人口论那就是泼了冷水啦，那要不得的，人越多越好，人越多力量越大嘛。就是说毛泽东想得很简单，中国传统的农业经济就是这样的，一家子如果有五兄弟那就不得了，那在村子里面称王称霸了，力量大啊。那么我们在国际舞台上也是这样，我们中国当时六亿五千万人口，我们力量大，生的都是男孩，一个个站出去都是铁汉子，就是这种观念。但是，要集合在一起才力量大，单个的人就会被人家一个个除掉。我们小学的时候就学了那篇课文，《一把筷子》嘛，一根一根都折断了，但是你扎成一把就折不断，这就叫作团结起来力量大，这是第一个特点。第二个特点是这种群体的生存动力落实到每个具体的人身上，恰好表现为一种反生存论的倾向，它要把每个人的具体生存搞得人不像人鬼不像鬼，你不要有自己的自由意志，什么追求、什么选择，无可选择。最好呢，它要使你返回到你的平静的本性，克服内心的骚动，你最好的选择就是这个。你不要有什么选择，心如止水，什么都不希望，都不追求。所以这两个特点可以用孔子的两句话来概括，"从心所欲而不逾矩"。"从心所欲而不逾矩"怎么能做到呢？必须修炼啦，必须"克己复礼"。孔子到七十岁才能做到，修炼了七十年，他能做到"从心所欲而不逾矩"，"不逾矩"，但是又"从心所欲"。就是说在集体里面、在群体里面，他能够自觉地跟上群体的意志，好像是"从心所欲"，非常具有主体能动性，但是他又不逾矩，跟群体的规范是完全吻合的，那么这个群体的力量就大了，这是儒家。

那么在先秦诸子百家里面，墨家、法家、兵家、农家等，他们缺乏哲学的高度，这个地方暂时不谈。到了宋明理学，宋明理学阐发的个体的主体生存能动性，基本上没有突破先秦的儒家和道家所奠定的那个基础，还在那个圈子里面打转。但是佛家我们在这里还可以稍微再考虑一下，佛家的情况要复杂一点，比如说天台宗，"三界无别法唯是一心作"，就是说世界没有别的法，法就是现象，"唯是一心作"就是说所有的东西都是一颗心做出来的，任何世界万法都是由于一心所造出来的，一心变成万法，这个里头好像在倡导一种个体能动的创造性。当然这个是受印度佛教的影响。印度佛教是一个西方的东西，天台宗把它中国化了，但是还有西方的痕迹，就是强调心、强调一心。但是这个"一心"在天台宗里面呢，变成了普遍的佛心，一切草木石头都有的"一心"，这"一心"不是人的心，是天地万物之心，所谓"无情有性"说，就是天地万物，无情之物，石头当然是无情之物啦；但是无情有性，有性就是跟人性是相通的，人性就是人心，跟人的心性是相通的。那么这样一来，并不是把草木砖石提升到了个体的心灵，像西方的万物有灵论，在佛家里面并不是万物有灵论，我们要搞清这一点。古希腊有万物有灵论，每一件事物都有它的灵，都有它的灵魂在里头，动物有动物的灵魂，植物有植物的灵魂。在佛家里头并不是这样的，而是相反，把个体的心灵降低到了草木砖石，个体的灵被降为了万物，跟万物平等。这个是从庄子《齐物论》，从中国古老传统来的，庄子《齐物论》讲万物齐一，万物都是一样的，都是物，当你意识到这一点的时候就跟万物平等了。当然天台宗认为这种佛性是普遍的，认为是普遍的佛性。华严宗也有类似的情况，华严宗跟天台宗有很多方面是相近的，比如说法藏，法藏提出"尘是自心现"，就是万物、世俗的尘缘、尘世的事务，都是一心自现，都是由一颗心现出来的万象，这跟前面讲的天台宗是一样的。所以世间万物都是心的体现，但是这个心并不是每个人的独特之心，而是普遍的大心、佛心、宇宙的大心。所以它不造成个体内心的封闭性和独立性，而是使所有的一切事物，山川、树木、人法、同异、一多等，所有的这些概念，包括哲学概念在内，都达到"理事无碍、事事无碍"这样一种真如法界，这样一种圆通的境界。"理"和"事"没有障碍，都是通的，"事"和"事"也是相通的，上下左右全部都打成一片了。

另外一个是宗密，也是华严宗的。宗密也是一个大家，他批判了儒道二家，他认为儒道二家都把一切归结为自然大道的生成养育、"道法自然"，华严宗是不同意这个说法的。就是说，从印度西天来的这样一种佛学是反对中国传统的自然主义的、反对"道法自然"的，它认为自然也是虚空，自然也没有什么东西，自然无非就是万法、万象，这些东西都是虚空，都必须要归结到人的清静本心才能得到解释。你把清静本心归结到自然，道家归结到"道法自然"，儒家归结到人的血缘关系，是自然的一种体系，都不对。所以宗密在这个里头，有一些西方的、印度佛教的因素在里头，跟儒道作对。但是有一点是同意儒道的，就是说，问题不在于能动的进取，就是说个人你不要进行一种进取，要去干成一件什么样的事情，而是呢，要像道家和儒家所主张的那样，去掉执着，特别是要"破我执"。"执着"

有很多种，最高的是"我执"，最内在的，执着于自我。你执着于外部事物都要破掉，但最根本的是你把"我执"破掉了，你如果无我了，那所有外部事物都不在话下了，都被破掉了。要还本心以清静的面目，这个你就成为普遍的佛心了，就达到了佛心，就成为佛心了，在这一点上跟儒家和道家有相通的地方。所以宗密根据这一点提出了"今将本末会通，乃至儒道亦是"，儒家道家也有他们对的地方，"本末会通"，我把"本"和"末"会通起来。儒道讲的是"末"，是一种现象，是一种表象，佛家呢，讲的是"本"，但是我把它会通起来看，我就可以看出来这三教其实是同源的。"三教合流"，宗密提出了"三教合流"，这个对后来的宋明理学有很大的影响。宋明理学基本上是一个"三教合流"的体系，一系列的体系。所以法藏的人生态度和宗密的人生态度基本上都是这样的，就是不要通过个体的力量去追求"众缘"，去实现在现实世界中的各种各样的关系，而是要"随得一位得一切位"，就是说你在任何一个地方得到了一个位置，你就得到了一切位置，就可以站在你这个位置上面心怀天下，立足本位，立足一个位置你就得到一切位置，你把自己的内心放大嘛，这是华严宗。

我们再看禅宗，禅宗是典型的中国化佛教。天台宗和华严宗还有很多印度佛教带来的东西，只有禅宗呢，把印度佛教带来的异己的东西全部排除掉了，彻底体现了中国古代传统思想取消个体能动性，将一切都归之于自然的这样一个基本倾向，禅宗是最明显的。当然禅宗不太讲"自然"这个概念，这个还是中国儒道所讲的概念，但是实际上，它还是委之于自然，一切人的活动都顺其自然，不要去有所作为。所以老庄他们经常讲的忘掉自我、忘我、坐忘啊，身与物化，与万物齐一啊，这样一些命题在佛家那里呢，提供了一种心理上面的直接的根据，那就是禅宗讲的这个"顿悟"。"顿悟"其实就是忘我、无我，你自己在那儿沉思默想，有一天突然一下悟到了，悟到了自己其实就是万物、就是宇宙，我心就是宇宙。这个是为后来的儒道佛、儒道禅三教合流奠定了基础。禅宗出来以后，中国人就能够接受了，天台宗和华严宗总还是有中国人不能接受的地方，直到禅宗出来，中国人就能够接受了。为什么慧能有那么多的信徒，禅宗的南宗为什么战胜了神秀的北宗？就是因为这一点。慧能第一个把禅宗彻底地中国化，使得它成为了广大中国老百姓能够接受的东西。

那么和中国传统最格格不入的就是法相宗，就是玄奘。玄奘从印度搬回来的唯识论、唯识宗，又叫作法相宗，这是跟中国人最格格不入的。为什么格格不入？因为它是原版的印度佛教，原版的印度佛教有什么特点呢？就是说它比较追究人的这种自我意识学说，所谓阿赖耶识，唯识论嘛，最重要的一识就是阿赖耶识。第八识阿赖耶识，其实就是讲的自我意识，它叫"能变识"，能够变成一切，主客观的因缘果相都能由它变出来，由自我意识的能动性产生出这些，它不仅能够"自证"，而且能够"证自证"，不仅能够证明自己而且能够证明自己的证明，这是印度佛教的一些非常细微的辨析、一些思辨。那么个体能动的主体的自我意识就成了独立于客观世界的真如境界，就成了一种我们通常讲的主观唯心主义了。他一个人就可以化解所有一切关系，一切关系都是外在的，最主要的是我的主体能动性。那么这就打破了中国传统的这样一种结构：就是力图把个体化为一种关系，把个体化为一种二人关系，把自由意志化为一种自然、无为，这与唯识论是完全不同的、完全对立的。所以唯识论主张"万法唯心"，一切唯识，人的认识、人的"识心"能够把握整个宇宙；但是这个识心最高的是阿赖耶识，最高的是自我意识，这跟康德的自我意识的能动性有很接近的地方。当然我没有具体地去研究，其实很可以比较一下的，学印度佛学的人如果能够做做这个工作还是很不错的。为什么法相宗在当时，不光是当时，一千多年以来，都被忽视了？一直到现代中国哲学里面，有些人才试图从里头去挖掘一些主体能动性的东西，像熊十力他们，试图从它里头挖掘出一些新的东西，能够适应于现代中国社会的要求，就是因为它强调人的主体能动性。当然现代人挖掘得究竟怎么样，我没有研究过。但是从熊十力的弟子们来看呢，好像又退回去了，好像又没有挖掘出好多新的东西来，包括牟宗三。

最后，我想讲一讲明清之际，明清之际有一批思想家是叛逆者，这个可以说是中国传统思想几千年来的亮点。我们从先秦一直到明清以前，道家，包括新道家、新道学、理学，宋明理学，包括心学，都没有看到新的东西、闪光的东西；那么到了明清之际有一批这样的思想家，可以看作一个闪光的亮点。比如说李贽，李贽首次在肯定的意义上把人性看作一种"私心"，这是从来没有过的。以前儒家也好，道家也好，把人心都看作一种大心、自然之心、天道、天理、公心、天下为公，满街都是圣人。心学把人心都看成是圣人之心，佛学把人心的本质看作佛心，都要回复到那个"心"。但是李贽呢，首次认为人心就是私心，他非常干脆，他说："夫私者，人之心也，人必有私，而后其心乃见；若无私，则无心矣。"人心就是私，人都是自私的。我们今天在讲人都是自私的，李贽当年就是这么讲的，所以他提出了崭新的个性解放的要求。他说"就其力之所能为，与心之所欲为，势之所必为者以听之"，就是说"力之所能为""心之所欲为"以及"势之所必为"，你要听之任之，你要让其发展、让其发挥，每个人内心的欲望、能力，你都要让其发挥。那么，"则千万其人者，各得其千万人之心，千万其心者，各遂其千万人之欲"，这就是他个性解放的要求。就是说你要让每个人都满足他自己的欲望，千万人有千万人的心，千万人的心要遂千万人之欲，要满足每一个人的欲望，这个才是正道，这是一种个性要求。

但是这种个性要求还是一种幼稚的、蒙胧的状态。李贽把他这样一种说法称为"童心说"，就是说他强调童心，人之私心，为什么是私心？他用儿童来比喻，就是说儿童生下来，从小就有私。他们几兄弟在一起，儒家就强调什么"孔融让梨"啊，什么大公无私啊，什么什么的，这种人就是"少年老成"啦，这个人将来有出息啦。但是李贽恰好说明，就是这个例子，表明了人心是有私的，他要让梨是经过教育的，你教育他，他才能够做到嘛，你如果不教育，他不就吃那个大的吗？他怎么会选小的呢？这是人的本性嘛。人的本性就是这样的，童心就是这样的。所以他提倡一种童心说，赤子之心、童心。但是如果归结到这一点上，事情就难办了，你强调私心，但是你把这个私心称为一种儿童之心、本来就有的赤子之心，那又回到儒家去了，又回到道家去了。道家不就是强调人的儿童之心，儒家也是强调人的儿童之心吗？儿童之心有很多内容啦，一个是爱自己的父母，一个是自然的性情等。当然也可以说私心也是其中一种，但是你要是把它归结为童心的话，那你就没有办法用这样一种私心对抗儒家已经建立起来的一套体制，包括整个意识形态，你没法抵制、对抗它。因为它是非常老成的，它虽然讲童心、讲赤子之心，但是它建立了一套体制，这套体制是精心策划的，是人为的，你怎么能够对抗它？你靠放开自己的童心就能够对抗这个体制啊？你不被这个体制收拾掉才怪。你这种"自由化"的表现只不过是一些无定形的东西，你这个国家还要稳定吗？国家天下大乱了，还怎么自由化呢？你的自由化是一些不成熟的小儿之见嘛。所以说"童心说"只是一种小儿之见。这个传统文化里面，有一套俨然成体系的东西，包括老庄，他教你，当你对抗不了这一套东西的时候呢，你就遁世，就逃世、避世，你就逃到自然界里面去，这也是非常老练的、老谋深算的。老子这样讲童心，其实他是很老谋深算的。李贽就把这个童心单独提出来，他也要生活在这个世界里面，又不愿意逃到自然界里面去，但是又要以童心来处世，一个儿童怎么能够在世界上立足呢？所以李贽就讲这个真正的真人啦，他强调要做真人，就要能够宣泄自己的童心，比如说发狂大叫、流泪痛哭不能自止，"宁使见者闻者切齿咬牙，欲杀欲割"。这就是李贽心目中的真人的状态，但是这种真人是不能见容于这个社会的，不光是不能见容于这个社会，任何社会都不能够容，到哪个社会都不能容这种狂人。狂狷之士嘛，总要被收拾掉的。

　　所以他这种说法并没有超出儒家和道家，儒家就是讲要恢复人的本性、恢复人的童心，道家也讲要恢复人的童心、婴儿之心、自然之心。《中庸》里面讲"率性之谓道"，"率性"就是说你按照自己的本性去做，那就是"道"了，那就是合乎道了。当然那个"率性"跟李贽讲的又不同，那个"率性"就是人的天性，人一生下来就晓得爱父母，这就是"率性"。李贽只不过是把另一面讲出来，发狂大叫啊，流泪痛哭啊，动不动就哭啊、叫啊，那有什么用呢？那没有什么用的，你还在这个传统的框框里面转来转去。所以明清之际，像李贽这样一些人是不是能够真正代表启蒙思想，我对此是保有一种怀疑的。萧萐父先生提出明清之际的启蒙道路，认为从这个时候开始就有了中国的启蒙思想，对于这一点，我是有保留态度的。萧先生学识很渊博，他作了很多研究，但在这个观点上面呢，我认为这个启蒙是非常有限的，没有超出传统儒家的大框框。

再就是方以智，我们再讲一讲方以智。方以智有一个重要突破，比所有其他人都走得远，比后来的王夫之，比当时的李贽都要走得远。就是说在学理上，他受到了西方哲学和自然科学的影响。方以智是个学医的，他的父母、祖父辈都是学医的，而且，他的祖父是学的阿拉伯医学，他把阿拉伯医学的一些观念引进到中医里面来了。最重要的一个引进，就是把"火的哲学"引进来了。阿拉伯哲学里面有火的哲学，中东都有这个传统，比如说拜火教，波斯、伊朗古代的拜火教的创始人就是查拉图斯特拉，他们崇拜太阳。那么把这个东西渗透在阿拉伯的医学里面，然后引进了中国。方以智呢，他有火的哲学，提出了"火气一元论"。中国历来是"气一元论"，或者是"道气一元论"，但是方以智提出了"火气一元论"，"气"仍然是基础，但是他要强调"气"里面的一种，就是"火气""阳气"。为什么要引进"火"？在方以智这里主要就是要解决一个问题，就是万物运动的动因的问题。他看出来了，就是"气"无论如何也解决不了动因问题，解决不了能动性的问题，要解决能动性的问题必须引进火的观念。所以他讲"上律天时，凡运动皆火之为也"，都是火造成的，用火来解释万物的自己运动。所以我这篇文章里面讲古希腊从阿拉克西米尼到赫拉克利特的过渡，中国哲学走了两千多年，从气的哲学走到火的哲学，走到方以智，走了两千多年。有了火的哲学，里面就有了包含否定的辩证法的萌芽，否定性在中国历来是被排斥的，自我否定是被排斥的，这跟中国人的逻辑不发达有关。就是形式逻辑里面的矛盾律、不矛盾律，在中国人这里没当回事。但是在方以智这里已经有了否定的辩证法的初步萌芽。他对于这个"几",我们刚才讲的这个"几",他作了他的解释。所谓"几",它能够导致变,成为变之端。它能够开端,能够导致变,是因为什么呢?是因为它里面的"悖"和"害",相悖相害,也就是否定。他说"并育不相害,而因知害乃并育之几焉;并行不相悖,而因知悖乃并行之几焉"。就是说万物并育而不相害。这是《易传》里面讲过的,张载强调"万物并育而不相害",和谐,整个宇宙的和谐。但是方以智恰好说明正因为如此,所以我们就知道了这个"害"就是"并育之几",就是说万物之所以并育而不相害,正是因为有"害"在里头,"害"就是导致万物并育的这个"几",最微妙的动机、动因就在这个里头,正是由于悖害,导致了万物的不相悖、不相害。

那么从这里,我们再往前跨进一步,就达到了否定性的辩证法了,就是说我们如果把这个悖害看作同一个事物自身和自身相悖相害,也就是自我否定,那就是辩证法。可惜方以智还没有达到这一步,没有跨出这一步。就是说,万物相悖还是"幾"里面的两个东西的相悖,一个"幺"和另外一个"幺"在那里冲突,还是一个东西和另外一个东西的冲突,而不是同一个东西自己和自己相冲突、自相矛盾。只有达到自相矛盾,才能够达到真正的否定的辩证法,可惜这一步他没有跨出去。"几"不论多么微妙,它本身毕竟是一种关系,是一种机缘,也就是两个事物之间的一种相冲突相碰撞的关系。方以智最后把它落实到:就是事物的运动是由于事物内部的对立双方相鼓相荡相推相磨相互排斥。这还是传统的模式、传统的解释,王安石以来一直就是这样解释的。那么为什么会这样?方以智既然引进了火,火就是自我否定的,火就是同一个东西自己跟自己相冲突,它自己不愿意自己是这样,又要变成那样,就形成了火苗火舌,自己给自己定形嘛。他引进了火,为什么不能走出这一步呢?就是因为他没有能够彻底地贯彻火的这样一种自我定形的原则、这种能动原则,而是把火仍然归结为气、阳气,火是一种阳气。阴阳二气嘛,火是阳气里面最盛的,那你把它归结为气了,归结为火气了,那么火就只是气的一种状态了,你就落入气的解释里面去了，你就按照气的规律去解释了，这是很可惜的。方以智已经引入了这样一种否定辩证法了，但是功亏一篑，没有跨出这一步。

至于王夫之，王夫之跟方以智是同时代的，我们通常把王夫之看作中国古代辩证法的集大成者，但是他实际上是很保守的。王夫之在辩证法方面实际上是继承了传统，他的突破还不如方以智，方以智还有些突破，但是王夫之还是反对"悖"啊、"害"啊、矛盾冲突啊，他还是想构成一个和谐的大全、一个圆满的体系。他主张"太虚即气"，主张气一元论，所谓"太虚"就是气嘛，这个是从张载那里来的。张载提出"太虚即气""无无"，王夫之也认为"气"不是"无"，恰好是"有"，他反对道家的虚无主义、虚无为本。他认为这个气、太虚虽然是太虚，但恰好是"有"，它不是空虚无有；但是这个"有"呢，它又是无定形的，太虚的这个"虚"又是无定形的，所以他讲"太虚本动""气化日新"，用这样一个健动的思想来反对道家的虚静无为的思想。但是这种反对是很没有力量的，"太虚本动"，虽然太虚，但是它不是虚静，而是里面有动的根源；虽然是气，但是它日新，每天都是新的。王夫之从《易经》里面取来了"日新"的思想，"日新，苟日新，又日新"，每天都是新的，每天都可以创造。但是这个创造从哪里来？还是归结为"动必有机"，归结为内在的"机"。对"机"的这个解释，他说是"发动之由"，只是"动于此而至于彼"，所谓"机"就是一种发动的机关嘛，我们讲扳机，我们这里一扣扳机，那里就发动，"动于此而至于彼"，这里一扣那里就发动了，这还是一个关系。就是说你要"动于此而至于彼"，你必须要有个人来扣扳机，必须要有个第三者，而这个第三者又是一个机，又必须还要一个第三者，这样无穷后退，你始终找不到那个能动者、创造者，一切都是被动的。所以最后还是归结为一种模模糊糊的解释，就是"氤氲化生"，就是万物不知道怎么样，混混沌沌，氤氲就是烟气、烟云嘛，云里雾里，在里头不知道搞些什么鬼，然后就化生出来了这个宇宙。由混沌化生出整个宇宙，这个是中国传统的气本根论的一个必然归宿，解释不了万物的根源、它的动因、它的起源。

在伦理观上，王夫之同样没有超出中国的儒家学说，没有带来个体生存的动力。王夫之批判理学批得很厉害，就是说理学的"存天理灭人欲"，王夫之认为"灭人欲"太不讲道理了，"人欲"怎么可以灭掉呢？他认为"人欲"是不能灭掉的，人欲就是人人所同具之共欲，"饮食男女之欲，人之大共也"，你怎么能让人家不生孩子不吃饭呢？不行，他批这个理学。但是这个"共欲"呢，并不是"人欲"，"共欲"是天理啊，人穿衣吃饭是天理嘛。批朱熹，其实朱熹早就讲了穿衣吃饭是"天理"，要求美味才是"人欲"，除了穿衣吃饭还想美味，除了结婚还要求老婆漂亮，这就是"人欲"。讨老婆是为了传宗接代嘛，这是"天理"，讨老婆是"天理"啊。所以他用这个来批判朱熹完全不对路，朱熹并没有说要禁欲，朱熹自己还讨两个小老婆呢。他并没有说禁欲，就是要传宗接代，他正大光明嘛。所以王夫之讲的"人欲"已经不是朱熹所讲的人欲了，他讲的"饮食男女所同具之共欲"，其实是朱熹的"天理"。其实李贽所提出的"私心"也是这样的，李贽的"私心"并不是个人特殊的那种私心，而是人人共具的穿衣吃饭这些东西，人肚子饿了要吃东西，这就是"私心"。这其实并不是私心，只是换了个名字而已，被批得体无完肤的理学家们其实早就知道，穿衣吃饭那是"天理"，那不能叫"人欲"。但是对于个人的特殊追求，比如说你个性特别，要发挥自己的自由，发挥你的自由选择，满足你特殊的嗜好，你就是个怪人，这个不管是李贽也好王夫之也好，恐怕都是不能容忍的。就是说你不能偏离这个东西，你的特殊要求不能满足，但是大家共有的要求可以满足。所以他们所谓的"人欲"，就是"凡世间一切治生产业等事，皆其所共好而共习，共知而共言者"，这是李贽讲的，李贽的"私心""私欲"其实就是这个东西，大家"共好而共习"的，人同此心心同此理，大家都有同样的欲望嘛。王夫之和李贽在这方面实际上是同样的理解，私心也好，人欲也好，他们都把它变成一种公共的东西啦，真正私人的东西他们还是排斥的。所以王夫之提出了平均主义的思想、平均主义的社会政治主张，他说"平天下者，均天下也"。平均，就是说反对个人独特的东西，比如说你多吃多占，或者你发财致富，发财致富也应该是"私欲"，为什么你就不允许别人发财致富呢？邓小平还讲让一部分人先富起来嘛。但是王夫之就说不能让一部分人先富起来，大家有饭吃就够了，大家有"共欲"就够了，满足"人欲"就够了，但是实际上并没有满足"私欲"，并不满足"私欲"。至于你对知识的要求、对艺术的追求，那更加是"私欲"了，那个更加不在话下。所以王夫之的这种理欲观并没有给人的个性发展留下什么余地，他对理学的批判其实是非常表面的，以至于到了最后王夫之自己跟理学也划分不出界限了。比如，他讲"有公理，无公欲。私欲净尽，天理流行，则公矣"，就是说有"有公理，无公欲"，还是存天理灭人欲嘛，"私欲净尽"，把私欲消灭干净，然后"天理"才能流行。这是王夫之说的话，他批什么理学？他不需要批的。所以他的最终目的呢，就只是平均主义，当然最后还是要达到社会安定，还是从政治、从大局、从这个社会体制出发来作出的这样一些判断。

　　从上面的这些说法中，我们都可以看到中国古代辩证法缺乏个体生存论的动力，这是中国辩证法跟西方辩证法的一个最根本的区别，就是说在生存动力方面辩证法所反映出来的，在西方，至少是从赫拉克利特开始，就已经表现出了一种自我否定、一种冲动、一种个体的能动性，就是不管周围环境如何，反正我要那样、不愿意这样的一种冲动。而在中国辩证法里面看不出这样一种冲动，相反地，处处要把这样一种冲动化解和压抑下去，这就是它们的根本区别。

第六讲 | 辩证逻辑的本质

我们今天这次呢，想讲一讲辩证逻辑的本质。这是发表在1994年的《逻辑与语言学习》第六期上面的一篇文章《辩证逻辑的本质之我见》，当时是张建军当主编，他是研究辩证逻辑的。我这篇论文的题目本来叫作《论辩证逻辑的本质》，他看了以后很感兴趣，但是他不同意我的观点，就说要把题目改一下，改成《辩证逻辑的本质之我见》，表示只是一种观点、一种意见而已，不能够称之为辩证逻辑的本质。那我就让他改吧，反正作为一种观点也是可以的。但是我认为辩证逻辑的本质应该这样理解，没有别的理解。当然一谈到辩证逻辑，马上就涉及辩证法跟逻辑的关系，辩证法变成一种逻辑，或者逻辑变成一种辩证逻辑何以可能？怎么可能有一种辩证逻辑？一般讲的逻辑就是形式逻辑，就是普通的形式逻辑，那么辩证逻辑跟形式逻辑的关系在这个问题中就突显出来了。就是说你要搞清楚什么叫作辩证逻辑，你首先必须弄清楚辩证逻辑跟形式逻辑的关系。所以我这篇文章主要是从辩证逻辑跟形式逻辑的关系出发，区分它们，由此来突出辩证逻辑的本质。就是我们通常所理解的辩证逻辑，我们可以看一看有哪些是理解得正确的，有哪些是理解得不正确的，应该怎么理解。这个对方法论来说呢，也是一个非常关键的问题，我们今天谈方法，谈哲学方法，谈哲学史方法，如果对辩证法、辩证逻辑不搞清楚，那是没办法谈的。黑格尔的突出贡献就在于他把辩证法变成了逻辑。在此之前辩证法是一种神秘的东西，是一种不可说的东西，好像是一种诡辩，又好像是一种大智慧，但是没有用一种逻辑把它表示出来，或者说辩证法的思想没有成为逻辑，没有形成一种逻辑的表述。那么黑格尔最大的贡献就是形成了一个辩证逻辑，也就是他的《逻辑学》，他对谢林思想的超越也就是在这个地方。谢林就是把辩证法归结为一种直观、体验，艺术直观、理智直观，一种直觉，好像很神秘。但是黑格尔批评谢林说，你如果要真正坚持理智直观的话，那除了是直观的外，它还必须是理智的，必须是理性的，必须有理性的逻辑形式、反思的形式，它是可教的。当然最终它要诉诸你的体验，你的体验要靠你自己，但是你有一条道路通达那个地方，通往你的体验，它告诉你怎么体验，然后让你自己去体验。他不是说一开始就让你去体验，一个线索都不给你，有了辩证逻辑我们对辩证法的体验就有了个线索，辩证法就成为了一种科学、一种可以教授的东西。

那么今天我们来探讨一下辩证逻辑到底它的本质应该如何理解。按照通常的观点，人类曾经有两大逻辑系统，有两种逻辑，一种是亚里士多德以来的形式逻辑；一种是黑格尔吸收了古希腊柏拉图、智者学派，还有很多其他人的思想所建立起来的辩证逻辑。辩证逻辑是到黑格尔才建立起来的，而形式逻辑从亚里士多德以后就建立起来了。所以从时间上来说，形式逻辑在先，辩证逻辑建立在后，但是从它们的思想来说呢，是倒过来的。就是说辩证逻辑的思想在先，然后才建立了形式逻辑的思想，它们有这样一种关系。作为成型的逻辑、逻辑体系来说呢，是形式逻辑在前。亚里士多德的形式逻辑奠定了以后，两千年以来人们都沿用他的这样一个体系，有一些修改，但是基本的思想没变，特别是他的三段论演绎逻辑，基本上沿用下来。那么这两大逻辑的这样一种划分是否合理？能不能这样划分？或者说是怎么来理解这种划分？通常的划分，就是通过比较辩证逻辑和形式逻辑以后，把辩证逻辑纳入形式逻辑的既定模式之中来理解，也就是说辩证逻辑也可以用形式逻辑来理解。就是说如果你承认有辩证逻辑的话，当然你不承认就不存在比较，你把它否定了，——如果你承认有一种形式逻辑，又有一种辩证逻辑，那么通常的理解就是辩证逻辑也不违背形式逻辑，它也属于形式逻辑的一个方面，也可以用形式逻辑来加以理解。于是就有了辩证逻辑"形式化"的问题，如何能够让辩证逻辑像形式逻辑那样构成一个形式的体系，不管是国内的逻辑学家还是国外的逻辑学家，很多人都在做这项工作。就是说，试图把这种辩证逻辑变成一种真正的逻辑，消除它的神秘主义的方面，使它能够形式化、能够推理出来，最后能够输入电脑。电子计算机就是按照形式逻辑、数理逻辑这样一种规范来运作的。那么辩证逻辑是不是也能够纳入进来？如果不能的话，你如何理解？但是我认为这是逻辑学界的最大的一个误解，就是把辩证逻辑和形式逻辑看成是这样的关系，就是由形式逻辑理念派生出辩证逻辑的那一套形式，用形式逻辑来包容辩证逻辑，容忍它，给它一个地位。这样来对待辩证逻辑是不对的。相反，什么是辩证逻辑，我们要通过形式逻辑对自身的一种反思才能够揭示出来。也就是说形式逻辑你光是去包容辩证逻辑，你自己到底怎么样？你的根基何在？你的来源何在？你如果没有反思的话，那你只是一种单纯的形式而已，永远不能够跟辩证逻辑打通。但是形式逻辑如果对自身的本质有一种反思，或者说有一种自我觉醒，那么它就能够跟辩证逻辑相通了，所以我的理解就是：应该倒过来说，辩证逻辑才是形式逻辑之母。

  所以下面第一个问题就想谈谈辩证逻辑跟形式逻辑的关系究竟怎么理解。从历史来看，柏拉图的辩证法在先，亚里士多德的形式逻辑在后，亚里士多德所建立起来的形式逻辑是从柏拉图的辩证法发展和引申而来的，历史上是这样产生出来的，形式逻辑是这样产生出来的。而当它最初产生出来的时候，在亚里士多德本人那里，形式逻辑仍然带有辩证逻辑的某种痕迹。也就是说亚里士多德建立起了形式逻辑，但是他对形式逻辑的理解在很大程度上仍然是辩证的理解。所以后来恩格斯把亚里士多德归于"带有流动范畴的辩证法派"，尽管他建立的是形式逻辑，但是他是属于辩证法派。为什么叫他辩证法派呢？其中很重要的一个特征就是他的形式逻辑具有"三统一"的特点，哪三个统一？就是逻辑学、认识论和本体论，这三者是一回事情。逻辑学谈肯定和否定、是和否的问题；认识论谈真和假的问题；本体论谈有和无的问题。在亚里士多德那里这三者是一回事情。形式逻辑之所以能肯定说"是"，就是因为它是真的；而之所以说是真的，就因为它"有"那么个东西。在亚里士多德那里这些没有严格区分开来，只是到了后来的形式逻辑学家们那里，才把它们区分开来了，就是说逻辑是逻辑的问题，逻辑上的是否跟客观上的真假不是一回事情，跟认识论上的真假不是一回事。特别是中世纪的经院哲学，把逻辑完全变成一种形式化的东西，这才成为了我们今天所理解的单纯的思维工具、思维规律。我们说形式逻辑是一种思维规律，它跟存在、跟现实无关，它只是教给我们怎样去思维才不矛盾，你要顺理成章地清晰地思维，就必须学形式逻辑。我们今天的形式逻辑概念就是这样一种逻辑工具，高度抽象化了，可以用符号来代替，代替现实事物，代替具体的概念。最后到当代、到现代就变成一种数理逻辑、一种数学计算。逻辑我们可以进行数理计算，我们不管它代表的是一种什么样的对象，但是我们可以把它的关系纳入一种数学关系里面去进行演算，当然我们的计算机就可以用它了。如果没经过这一步抽象，计算机是没办法进行操作的。所以从某种意义上来说，这也是一种进步，就是形式逻辑的特殊化、独立化，使形式逻辑得到了大大的发展，它很有用。但是从来源上来看，这样一种抽象化、符号化恰好把形式逻辑的根忘记了，海德格尔讲"遗忘存在"或者说"存在的遗忘"，这个在形式逻辑里体现得最明显。当然海德格尔不仅仅是就形式逻辑而言的，他是就现代科学技术思想、科技思维、科技文化而言，认为它们遗忘了存在。但是首先在形式逻辑里面存在就被一步步遗忘，连此在也被遗忘了。那么我们今天要说明辩证逻辑的本质，要阐明辩证逻辑和形式逻辑的关系，就必须把形式逻辑里面的这样一种此在唤起来、重新找回来。

那么这种关系我们从三个方面来谈。第一个方面来谈谈辩证逻辑和形式逻辑的关系，即辩证逻辑是形式逻辑的具体化的理解，这是一个我提出来的命题，以往没有人这样提。辩证逻辑就是形式逻辑的具体化的理解，它跟形式逻辑之间没有绝对不可通融的界限。很多谈辩证逻辑的人都武断地认为，辩证逻辑否定了形式逻辑、抛弃了形式逻辑，像卡尔·波普尔、罗素这些人以及中国哲学界、逻辑学界很多人都这样认为。所谓辩证逻辑就是不讲矛盾律，就是抛弃了不矛盾律。辩证逻辑一讲矛盾就把不矛盾律抛开了、撇在一边了，所以它说的话是违背不矛盾律的、违背形式逻辑的。认为辩证逻辑的命题都是违背形式逻辑的命题，这种说法我是不同意的。辩证逻辑和形式逻辑没有这样一种对立，辩证逻辑就是形式逻辑的具体化的理解。就是说形式逻辑就其本身而言，它是抽象的，但是一旦把形式逻辑作为一种具体化的理解，那就是辩证逻辑，没有什么别的东西。形式逻辑在亚里士多德那里我们刚才已经讲了，它已经包含有辩证逻辑的一种潜在性，已经潜在地包含有辩证逻辑了，所以在亚里士多德那里呢，形式逻辑还没有被抽象化，它还是具体的。为什么说它是属于"辩证法派"呢？就因为他对形式逻辑的理解还带有某种具体性，当然已经开始抽象了，但是还没有完全抽象。那么后来的逻辑学家们把形式逻辑进一步抽象化、形式化了。当然它的形式化是有必要的，我们刚才已经讲了，首先，它由此形成了一个抽象的系统，自成体系，形式逻辑要自成体系首先必须要形式化，必须要抽象化，用符号来代替，这是人类思维方式的一种进步，或者说是一种提高，人类思维层次的一种提高，我们应该承认这一点。但是，这种进步也有它的代价，就是说它撇开了很多具体的东西、撇开了具体的理解。一切进步都是有代价的，都不是说百分之百的获得而没有失去，它失去了很多东西。那么这种代价成为形式逻辑的缺陷、一种负面的缺点。这种负面的缺点在一般时候还显不出来，但是在某些时候就显出来了，就是说形式逻辑当它抛开它的具体的理解，也就是抛开它的辩证的理解的时候，它在某些时候就会遇到一些不可解决的矛盾。形式逻辑就是要排除矛盾，排除矛盾当然可以，在形式方面我们应当尽量排除矛盾；但是遇到某些情况呢，矛盾就排除不了，比如说悖论，语义学悖论和集合论的悖论，最主要的是这两大悖论，当达到形式逻辑的极限的时候，悖论就出现了。那么面对悖论，形式化了的逻辑束手无策，因为它为了自己的发展已经把具体的理解抛开了，它不能够解决悖论的问题，不能面对矛盾，它要排除矛盾。那么当它真的遇到矛盾、遇到悖论的时候，它就被迫面对它不愿意正视的东西，而且这种被迫不是外来的，不是说人家拿个悖论强加给形式逻辑，不是这样的，而恰好就是形式逻辑自己推理出来的，不能怪别人，这是它自己的内在矛盾的体现，是它的逻辑必然性所导致的。我们知道，悖论之所以那样麻烦，无法解决，就因为它立足于形式逻辑本身的逻辑必然性，语义悖论和集合论悖论都是这样的。

其实这样一些悖论正好是对形式逻辑学家的一个警告和提醒。一个什么提醒呢？出现悖论了你就要思考，为什么会出现悖论呢？你不要一味地去害怕它、躲避它，或者是排除它，排除不了的。悖论的出现意味着形式逻辑以往所抛弃的那些东西现在又回来了，它从门口所推出去的东西现在又从窗口进来了，这就是形式逻辑的辩证本性。形式逻辑本身具有辩证本性，你不要把辩证法看作一种外来的别的东西，来探讨它们之间的关系，形式逻辑本身就具有辩证本性，只不过在一般的时候被掩盖了，而在某些关键时刻它又显露出来了。但是一般逻辑学家没有意识到这一点，所以他们想尽办法去消除悖论，维持形式逻辑原来的规则。那么后来的形式逻辑学家们慢慢地意识到了悖论是不可能消除的，不可消除怎么办呢？他们就把它隔离起来，好像辩证本性是形式逻辑的一个病毒，我不能取消它，但是我可以把它隔离起来，建一个隔离墙、建一个防火墙。那么如何把它隔离起来？他们就提出了在形式逻辑里面，一般的时候你可以放心大胆地去推理，但是遇到某些情况的时候呢，你就要检测出来这就是一个病毒啦。什么样的病毒呢？就是"反身性"。凡是遇到反身性的时候，你就要警惕啦，这个里面就隐藏着不安全因素，你就必须把它隔离开来。但是反身性按照逻辑本身的这样一种本性来说呢，它也是不可避免的，因为逻辑要求普遍性，逻辑是普遍适用性，对什么东西都适用，为什么恰好对自身就不适用呢？对自身不适用那它就没有普遍性了，它就必须有一个东西例外，那就是它自己。所以为什么会有这种反身性，是不是可以不出现反身性，这个是形式逻辑没有办法回答的问题，他们总是把这种反身性归结为一种操作上的失误，或者说你进入它的禁区，反身性是一个逻辑禁区。所以他们致力要解决的问题就是怎样把这个禁区划出来，一般人不让进去，把它立一个界碑。

但是这恰好暴露出形式逻辑问题的关键所在，形式逻辑所要回避的归根结底就是反身性，因为反身性在形式逻辑里面就等于循环论证。为什么形式逻辑不能够循环论证呢？形式逻辑就是要排除循环论证，但是形式逻辑是有反身性的，循环论证是形式逻辑上明显的反身性。形式逻辑有时候不知不觉地进入反身性，那就进入了循环论证，推理不出结果来，但是这个循环论证在形式逻辑那里又是一个必须排除的东西，这毫无疑问。我们讲逻辑，我们总不能够自相矛盾，我们总不能够同义反复、循环论证，这个是应该坚持的。但是为什么悖论会出现，而且不管你怎么排除，它总是会出现？这个问题你就应该好好去想一想，形式逻辑应该好好去想一想。我们在平常可以排除循环论证，但有些时候又排除不了，排除不了的原因应该去反思一下，这个反身性恰好提醒形式逻辑应该对自身的本性进行反思。就是说形式逻辑的本性有一种必然导致反身性的倾向、必然导致悖论的倾向，而在这个悖论上如果你有勇气去面对它，并且对它进行反思的话，你就会发现你的本质之所在了，你的本质之所在就在这个上面体现出来了。就是说形式逻辑它的本性里面有一种客观上的自我否定的因素。当然在形式逻辑一般的操作中这种因素显示不出来，只是到悖论的时候它才显露出来。就是说在它的运用中不可避免地要陷入它所要避免的那种情况里面去，它要避免，但是又不可避免，这就是反身性。所以在悖论的情况之下，矛盾凸显出来，又不可解决，这时形式逻辑应该反省自己的方法。在操作层面上，形式逻辑是可以排除反身性的，但在它的根源上面呢，它恰好证明形式逻辑的限度就在这个反身性上面，这就是它的限制。形式逻辑如果要突破自己的限制，突破这种反身性、这种悖论，对悖论你就要加以解释、加以自我认识，那就到了辩证法。辩证法就是讲矛盾，就是把这个悖论里面所包含的矛盾普遍化，但是这是在更深层次上面讲的。就是说在形式逻辑把形式方面的东西讲完了以后，在它的边界上面凸显出形式逻辑所无法解决的悖论的时候，这个时候就是辩证逻辑大显身手之时，辩证逻辑就可以来解释这些问题、解释这些现象。

所以形式逻辑一旦突破自己的限制，它就会发现它导致了一种自我否定，而进入了辩证逻辑。形式逻辑跟辩证逻辑毕竟从特征上面来说是相反的，是互相否定的，但是实质上来看呢，是一脉相承的，它们之间并没有不可逾越的鸿沟，而是形式逻辑在它的边际上面再往前跨一步。你愿不愿意跨出这一步？你跨出这一步你就进入了辩证逻辑的层次，就进入了辩证逻辑的领域。所以辩证逻辑就是在悖论里面，把这种矛盾理解为一切命题的规则。悖论所显露出来的矛盾，当然在形式逻辑看来这仅仅是悖论的矛盾，那是可以把它隔离起来的，用一种操作方法把它隔离起来，不让它发挥它的破坏作用。但是在辩证逻辑的眼光看来，悖论里面所展示出来的矛盾在任何命题里面其实都包含着，并不仅仅在悖论上，悖论只是一个典型的代表，只是一个提醒。你无限制地运用形式逻辑的时候，在某一个时候就会出现悖论，它就会提醒你，你这个运用方式是有限的，还必须有另外一种方法才能够解决矛盾的问题、悖论的问题，而这种方法呢，就把这个矛盾的问题、悖论的问题普遍化了。我们下面马上要讲到，其实在任何命题，包括形式逻辑的命题中，只要是有意义的，任何命题里面都包含有矛盾，或者说都包含有悖论，但是不是以悖论的形式出现的，是以一般的命题方式出现的。所以这两方面在这个问题上面，就结合为一体了，在悖论上面，我们可以把形式逻辑和辩证逻辑结合起来。形式逻辑必然导致辩证逻辑，形式逻辑一旦达到自我反思，反思到自身的本质，也就是站在它的边界上面看自己，它就进入了辩证逻辑的领域。所以黑格尔为什么认为"只有唯一的逻辑",黑格尔的逻辑学里面包含有形式逻辑,但是他对这种形式逻辑也进行了辩证的理解,也进行了一种形式逻辑的自我意识的阐明。在黑格尔看来并没有两种逻辑:一种辩证逻辑,一种形式逻辑。而是形式逻辑被包含在辩证逻辑里面,作为它的一个环节、一个形式的环节,但是这个形式的环节跟内容是脱离不了的,它也是植根于内容的基础之上才生长出来的。从这个角度我们可以把两者统一起来,辩证逻辑和形式逻辑完全可以统一起来。这是第一个命题,辩证逻辑是形式逻辑具体化的理解,你把形式逻辑具体化,它就成了辩证逻辑。你把辩证逻辑的某一部分抽象化,把它的形式抽象化,那它就是形式逻辑了,就像亚里士多德所做的。所以两者其实是一个东西,是内容和形式的关系。虽然表述出来好像是截然对立的,其实是一个东西。这两个逻辑其实是一个逻辑,要证明这一点,我们首先就要解决一个问题——矛盾的问题,辩证逻辑的矛盾和形式逻辑的矛盾是一个什么样的关系?这是我要讲的第二点。

　　通常人们把辩证逻辑的矛盾和形式逻辑的矛盾区分开来,这就是我刚才讲的,形式逻辑学家们总是想要建立一道防火墙,把辩证逻辑的矛盾隔离起来,不让它破坏形式逻辑的运作。在一般的日常的逻辑运用中这个当然没错,你不能在那胡说八道、自相矛盾,然后说这是辩证的,那个就是明显的不合法的了,在一般的日常的情况下这是应该的。但是形式逻辑的不矛盾的命题,我们刚才讲了,都会包含有辩证逻辑的矛盾在里面,但是层次不一样。所以我想提出这个关系的两个方面。第一个方面是在形式逻辑中被视为破坏形式逻辑的那种矛盾,在辩证逻辑中却成了合乎逻辑规律的表现。在辩证逻辑里面,自相矛盾的那些命题被理解为是有规律的、必然的,矛盾是必然的。而形式逻辑讲的这种矛盾呢,和辩证逻辑讲的那个矛盾在理解上是一致的,是同一种矛盾,并没有两种矛盾。很多人说,形式逻辑讲的矛盾就是"不矛盾律"的矛盾,而辩证逻辑讲的矛盾呢,就是讲的两个矛盾的"东西"的冲突。辩证逻辑讲认识论、本体论,辩证逻辑讲的总是两个东西，正面和反面、国民党和共产党，这个矛和盾相互之间打架，这是辩证逻辑讲的矛盾。形式逻辑讲的矛盾呢，不是这样的。形式逻辑讲的矛盾是一句话中的自相矛盾。但是我曾经在一篇文章里面提出来，其实没有这种区别，这个所谓对立两个方面打架的这种关系，它不是一种矛盾关系，它只是一种对立关系。对立关系当然也包含矛盾关系，但是它不是矛盾关系，真正的矛盾关系就是一个东西的自我否定，同一个东西的自否定才是真正的矛盾关系。当然我们中国人这个"矛盾"的翻译，这个词本来就容易让人误解，就好像一个矛一个盾，就是两个外在的东西冲突。但是我们用来翻译西方的这个"矛盾"，这个 Widerspruch，它本来不是说一个矛一个盾，我们把它翻译成"矛盾"，是没有办法的事，其实并没有说出它本来的意思。它本来的意思，Wider 就是"违背""相反""冲突"，Spruch 就是说话，Spruch、Sprach 都是从 Sprechen 来的，它就是说话，也就是说一句话里面自相冲突，它本来就是这个意思。它里头既没有"矛"也没有"盾"的意思，也没有"两个东西"打架的意思，它是同一个东西的自相冲突，那就叫矛盾。在这一点上，辩证逻辑的矛盾和形式逻辑的矛盾完全一致，没有两种矛盾。很多人想把辩证矛盾隔离开来，然后保持形式逻辑的不矛盾律，这是枉费心机。

所以并不存在两种矛盾，但是有对这个矛盾的两种不同的理解。在形式上的理解方面，一个矛盾是不能容忍的，我们说话、我们写文章都不能够自相矛盾，否则就是胡说八道，你胡说八道了那怎么可能是真理呢？但是在内容的理解方面，你摆脱不了这种自相矛盾，比如说运动、变化，还有概念本身的这样一种演化、概念本身的演进等，从更深的层次上面，你必须从辩证的角度来理解矛盾。那么在这个意义上面呢，矛盾是必然的，是摆脱不了的，你必须承认它，这跟形式逻辑的理解不一样，所以是同一个矛盾的两种态度，这是第一个方面的关系。

第二个方面的关系，就是在形式逻辑中通常会被认为是不矛盾的那些命题，在辩证的理解中恰好潜在地包含有矛盾。形式逻辑的那些正确的命题从形式上理解，没有包含矛盾，但是在辩证的理解里面恰好包含有矛盾，恰好潜在地包含有矛盾。这个我们可以举例来说明，就是说形式逻辑一旦涉及内容，那么它的形式虽然是用不矛盾律来建立它的命题，但是它表达的恰好是一种矛盾关系，只要它涉及内容。形式逻辑本身不涉及内容，但是如果你要从内容上来看形式逻辑，那么它就包含着矛盾的关系，哪怕它从形式上来看没有矛盾，它也包含着矛盾的关系。当然你如果从形式上来看 A＝A 这样一个命题，这完全是形式的，你用符号取代了它的内容，那么你当然看不出它的矛盾，A＝A 有什么矛盾呢？当然是没有矛盾的，A 不等于非 A，这也是没有矛盾的。但是你一旦赋予它内容，就是说一旦你把原来取代了的那些具体内容填入这个框框里面，比如说"树叶是绿的""白马是马"这样一些命题，这些命题并不违背不矛盾律啊。我们通常讲"木头是铁的"，那当然是矛盾的啦，你说"树叶是绿的"，这个是不矛盾的，在形式逻辑方面完全没有违背矛盾律，只要你保持"树叶是绿的"这个判断，你不要等一下又说这个"树叶是红的"或者又"不是绿的"，那么它可以成立。但是一旦你把这样一些内容填进去的话，你就从里面看出矛盾了：树叶是绿的，白马是马，形式上没矛盾，但是你从内容上来分析一下，白马是马，它意味着什么呢？它意味着个别就是一般。白马是个别，马是一般；或者特殊就是一般，特殊的东西就是一般的东西。但特殊的东西就是特殊的东西，怎么会是一般的东西呢？这就违背矛盾律了。当然个别是一般这样一个关系呢，它还只是对立的关系，还不是真正的矛盾关系，真正的矛盾关系从这个里头还可以进一步分析出来。"个别就是一般"这样一个对立的命题，从这个里头分析出矛盾的命题就是"个别不是个别"。"个别不是个别"，个别是一般了，它怎么还会是个别呢？你如果承认了个别是一般，那你就会承认个别不是个别，A 不等于 A，也就是说 A 等于非 A，这就成了矛盾关系啦。

所以连最起码的一些日常的命题，"树叶是绿的""伊万是人""白马是马"等，所有这些日常的、我们通常不认为有矛盾的命题里面，其实都包含有矛盾的命题，你如果想完全不包含矛盾的命题，那你就只能说"树叶是树叶""白马是白马""伊万就是伊万"。这样的命题没有任何信息，形式逻辑如果是仅仅形成这样一些命题，那它什么用也没有。A＝A，那当然严格说起来树叶就等于树叶，这个没人反对，但是也没有用，没有意义，不包含任何信息。如果要包含信息，也就是说如果要包含它的内容，如果要从内容方面来考虑，它必然要包含矛盾才有意义，不包含矛盾它是没有意义的。当然这是从内容上来说的。从形式上来说则相反，形式上只有不包含矛盾才有意义，包含矛盾反而没有意义。当然不是一下子能够看出来的，你要加以分析，白马是马，好像没有矛盾，但是你把白马看作个别，把马看作一般，你就会发现它有矛盾。公孙龙子为什么讲"白马非马"？就是抓住这一点，你严格地按照形式逻辑的概念同一性，白马就是白马，白马怎么是马呢？"白马"的概念和"马"的概念完全是两个概念嘛。我们今天来分析，公孙龙子的"白马论"也可以看出来，其实它里面暗示了这样一个形式逻辑的悖论，如果你严格按照形式逻辑说话，你就不能说话了，你任何话都没有意义，你只能说白马是白马，马是马，你不能说白马是马。公孙龙子分析得很仔细啊，如果白马是马，那黄马是不是马呢？如果白马也是马，黄马也是马，那白马不就是黄马了吗？你如果说白马就是黄马，那你就是胡说八道了。所以通常的任何一个命题里面，只要它有意义，它就包含有一种对立关系，同时也包含有一种矛盾关系。对立关系当然不等于矛盾关系，但是对立关系里面包含有矛盾关系。说"白马是马"，里面就包含有"白马不是白马"，因为既然"白马"已经是"马"，那"白马"怎么还能够是"白马"呢？"白马"就不是"白马"啦，就包含有这样一种关系。

所以矛盾不只是在悖论的情况下才暴露出来的，而是潜伏在任何一个有意义的命题里面。所以形式逻辑的命题不能够脱离它的内容来加以理解，你完全脱离它的内容加以理解，形式逻辑本身就不可能存在，你完全按照 A＝A 来说话，那你就只有说些同义反复的话，太阳是太阳，星球是星球，桌子是桌子，苏格拉底是苏格拉底，你什么结果也得不出来。这就是形式逻辑跟数学不同的地方。数学它不在乎，它可以计算，可以操作，可以加减乘除，可以完全从形式上来进行处理，而形式逻辑不能够这样。当然你可以把形式逻辑变成数学化的数理逻辑，但是呢，就形式逻辑本身来看，它如果要有意义地说话，就必须顾及它的内容，这是就矛盾而言，形式逻辑跟辩证逻辑的关系。

那么第三点，我想谈一谈形式逻辑为什么总是不能理解辩证逻辑，要追溯它的根源，为什么形式逻辑老是停留在它的形式的层面不肯下来，不肯降到内容上来。迄今为止，形式逻辑学家对辩证逻辑即使是采取宽容态度的，也仅仅是谅解辩证逻辑，而不是理解辩证逻辑。他谅解辩证逻辑，为什么谅解呢？因为他看到辩证逻辑在现实中有用，解决了我们日常生活、现实的一些问题，比如发展的问题、变化的问题、生命的问题，所以要对它表示谅解。就是说你那些命题当然也可以在自然语言里面对待日常事务，可以解决一些问题。但是这绝对不是理解，不是说理解了辩证逻辑的本质，并且反思自身，把辩证逻辑的本质跟自身联系起来加以同情地理解，不是这样一种理解。所以他只有容忍辩证逻辑，辩证逻辑那些话虽然不合形式逻辑，他认为它"不合逻辑"，但是很有用，那么我们就放它一马。所以形式逻辑在最好的情况下呢，也不是把辩证逻辑理解为它自己的一种具体化，或者说它自己的一种自我理解。形式逻辑一旦具体化就是辩证逻辑，我前面讲了，也就是说形式逻辑一旦对自己有了自我意识，一旦对自己有了自我理解，那么它就跟辩证逻辑贯通了，它就打通辩证逻辑了，但是形式逻辑通常不这样做。通常形式逻辑学家把辩证逻辑看作一种异己的逻辑，认为它要么就是破坏了形式逻辑，要么顶多是跟形式逻辑并行而不悖，你可以用你的，你不要干预我的事情。当今的国内逻辑学界就是这个态度，就是辩证逻辑你可以搞你的，但是你不要干预我的形式逻辑的范围，我们形式逻辑是唯一科学的逻辑。那辩证逻辑呢，是被人瞧不起的，你那些都是日常语言，一些通俗的格言，我承认你很有智慧，但是你不要认为那就是科学，你要讲科学，还得到形式逻辑里面来讲。

所以形式逻辑之所以不能理解辩证逻辑，主要的原因就在于形式逻辑没有自我反思，它固守着它那一小片天地，没有达到自我理解。它不能理解辩证逻辑是因为它没有自我理解，它不能理解自己，一旦它理解自己它就能理解辩证逻辑，因为辩证逻辑就是它自己。辩证逻辑恰好是形式逻辑的自否定的产物，形式逻辑当然不愿意自否定，害怕自否定，但是在辩证逻辑的眼光看来，任何东西的实质或者本质就在于它的自否定，它要认识自己，它要形成对自己的自我意识就必须否定自己，就必须跳出自己。形式逻辑不愿意跳出自己，所以呢，它理解不了辩证逻辑，不知道形式逻辑和辩证逻辑只不过是同一个逻辑在它的运动的上升过程中形成的两个阶段。在这两个阶段中，辩证逻辑是达到了自我意识的逻辑，它特别讲究自我意识，或者说辩证逻辑就是自我意识，自我意识就是辩证逻辑。而形式逻辑没有达到自我意识，它只达到了意识，它没有自我意识，没有达到反思。辩证逻辑反思到逻辑的一种自否定的运动本性，逻辑本身有一种自我否定的本性，这个在形式逻辑的悖论上面已经体现出来、凸显出来了。悖论就是形式逻辑自我否定的问题。形式逻辑想避免，避免不了，避免不了它就要反过来想一想，为什么避免不了？因为这是它的本性，它怎么能避免自己的本性？所以如果你意识到这一点，你就应该反过来把自否定确立为逻辑的更本质的原则，把矛盾确立为逻辑的更本质的原则，而把不矛盾律看作这样一个更本质的原则所派生出来的规律，在形式的层面你必须遵守不矛盾律。但是在形式的极限处，它马上就体现出来它是矛盾的，它是自否定的。

下面我们进入辩证逻辑的正面的阐述，就是辩证逻辑的本质到底是什么？我们也分三点来谈。

首先一点，辩证逻辑的本质不是别的，就是自否定，用马克思的话来说就是"否定性的辩证法"。马克思说，黑格尔的辩证法最有创意的地方就是提出了"作为推动原则和创造原则的否定性的辩证法"，这个是在马克思的《1844年经济学哲学手稿》里面提出来的。我们刚才把辩证逻辑的本质理解为所谓的矛盾学说，所以我们区分辩证逻辑和形式逻辑的关键就在于把这两种不同理解的矛盾区分开来。矛盾学说作为辩证逻辑的内核，那当然是有它的道理的，但是这个形式逻辑的不矛盾律也是有道理的。由于一个肯定矛盾一个否定矛盾，所以人们通常认为，这两种逻辑是不同的。但是很少有人指出来，辩证逻辑对矛盾的理解恰好是基于自否定的理解，辩证逻辑所理解的矛盾应该归结于自否定。其实形式逻辑也是这样的，形式逻辑所理解的矛盾，无非就是自否定，就是 A 等于非 A，A 等于非 A 不就是自否定吗？那么辩证逻辑和形式逻辑在这一点上没有什么区别，它们都把矛盾看作自否定，也就是一个东西、同一个命题自己与自己相矛盾。Spruch 就是成为一句格言的话，一般的话语就是 Sprach，Spruch 变了一下音，说明这个话语已经定型了，已经成为一种套语、格言了。但是它自相矛盾，一句格言自相矛盾，那就是这个"矛盾"的本意。因为你自己与自己相冲突，它并不是指的两个东西外在的相互冲突。真正的矛盾就是自己与自己相矛盾、相冲突，我们通常讲的矛盾则是两个外在的东西相冲突，毛泽东的《矛盾论》就是讲这个东西，《矛盾论》讲的都是两个外在的东西相互冲突、对立面的统一、对立面的矛盾冲突，既斗争又统一。但是毛泽东的《矛盾论》里面讲的并不是真正意义上的矛盾，只是讲的对立。矛盾和对立的区别在亚里士多德那里其实早就已经澄清了，早就已经提出来了，对立并不是严格意义上的矛盾。对立，比如说"黑的"和"白的"是对立的；矛盾呢，"黑的"和"不黑的"才是矛盾的。"黑的"和"白的"是对立的，它们是有中间环节的，有红的、蓝的、绿的，还有很多别的东西；但是黑的和不黑的这两者之间没有别的东西了，它是符合排中律的，没有中间的东西，要么就是黑的，要么就是不黑的。你如果说要么是黑的，要么是白的，那我说既不黑，也不白，那可以啊，我是蓝的，我是红的啊，我既不参加共产党也不参加国民党，我参加民主党派啊！这个不符合排中律，这个对立是不需要排中律的，只有矛盾才需要排中律。辩证法讲的矛盾恰好就是这个矛盾，不是那种什么共产党和国民党啊，黑的和白的那样一种对立，这个我们要搞清楚。这一点很多人都没有搞清楚，包括毛泽东也没有搞清楚，毛泽东就是反对这种否定之否定的规律嘛，他跟着苏联的讲法，苏联"联共（布）党史"里面就是不承认有什么否定之否定。恩格斯还讲三大规律，辩证法有三大规律，有否定之否定的规律，但是苏联、毛泽东和中国都不承认，认为没有什么否定之否定的规律。要么就是对立统一，要么就是差异，毛泽东讲，"差异就是矛盾"，凡是不同的东西就是矛盾，你跟我不同那我们就有矛盾，人民内部的矛盾就可以作为敌我矛盾来处理，对辩证法的这个理解就导致了很多灾难，这个我们今天不讲。

所以总而言之，矛盾有它特定的规律，一个东西它跟它自己相冲突那就是矛盾了。哪怕是两个东西外在的相互冲突，从逻辑上来说也包含有一个东西自相矛盾的含义。对立当然潜在地包含有矛盾，凡是对立的东西潜在地都包含有矛盾，凡是甚至于有差异的东西潜在地也包含有矛盾，这个没错。但是你直接说差异就是矛盾，或者说对立就是矛盾，那你就搞混了、混淆了，混淆了层次。差异里面包含矛盾，对立里面也包含有矛盾，但是呢，差异和对立并不就是矛盾，矛盾的层次更深。所以我们说凡是有外在两个东西的相互冲突，或者我们通常讲的对立，或者我们通常讲的矛盾，我们认为这就是矛盾了。但实际上呢，凡是两个东西外在地相互冲突，本质上来说都是由一个东西的自相矛盾而建立起来的。我们讲对立，当然你可以说是辩证法的一个内容、一个规律，对立统一当然是辩证法的一个规律。但是这个规律是怎么来的呢？是由矛盾、由自我否定所建立起来的。你两个东西摆在那里怎么会相冲突呢？你摆在那里不动它怎么会冲突呢？它可以和平共处嘛。两个石头摆在盒子里头，你摆一万年它还在那里，它没有冲突。之所以成为矛盾冲突就是因为这不是两个石头，是两个人，每一个人都不安于现状，这就有冲突了；每一方都不安于现状，都要自我否定，这才有冲突了。所以对立面的矛盾冲突是由于一个东西的自我冲突、自我矛盾冲突所导致的，或者说所建立起来的。所以看起来并不矛盾的东西，比如说刚才所讲的树叶是绿的、白马是马等，本质上都包含有自我否定的矛盾：个别不是个别，或者说它不愿意是个别的，个别的还要变成普遍的。这就产生一种矛盾，就产生自相矛盾了。所以我们说其实最开始并没有什么两个东西，只有一个东西，所有的两个东西以及它们的关系，都是由于一个东西的自我否定而建立起来的，辩证法作为一种哲学的观点应该这样来理解。并不是说一开始就有两个东西摆在那里，然后它们之间相互冲突，这个就不是哲学观点了，哲学的观点就只考虑一个东西，就是这个东西怎么产生出万物来的，怎么产生出天上地下所有一切东西的。它们的对立面是如何来的？是通过自我否定产生出来的，是一个东西自己运动发展出来的。列宁在他的《哲学笔记》里面特别强调"自己运动"这一点，他读黑格尔的《逻辑学》，从里面特别抓出了"自己运动"这一点。一个东西它自己运动，为什么要自己运动？因为它自相矛盾、它自我否定，它否定了自己的静止状态，它不愿意维持原样，要改变现状，要改变自己的处境，改变自己的状态，这就是自我否定了。

所以最本质的矛盾我们就可以归结为自否定。黑格尔辩证法，包括马克思的辩证法，它真正的核心就是自否定，就是自否定学说，或者说在自否定理解之下的矛盾学说，而不是在对立统一理解之下的矛盾学说。我们通常讲运动的根源，我们上次讲中国古代辩证法的生存论跟西方的生存论比较，也谈到了这一点，我们通常把运动的根源归之于一个事物内部两个东西的相互冲突、相互矛盾，一般说来也没错，但是并不彻底。一个事物内部的两个东西如何能够发生冲突，还是在于这个事物本身或者说这个事物的内部的每一方、两方的每一方有一种自我否定的倾向，否则的话，你把两个东西摆在那里就摆在那里了，它们怎么会冲突呢？它们的冲突是如何导致的？是由于任何事物都有一种自否定倾向，有一种自己运动的倾向，或者说，列宁在《哲学笔记》里面强调的"差异的内在发生"，就是一个东西自己跟自己不同，它自己跟自己发生了差异。当然你还可以说它为什么会发生差异？它是由于外来事物的影响，那你就是用外因论来解释了。

外来东西的影响也是由于那个外来的东西自己跟自己发生差异，所以要归结到差异的内在发生，这才是内因论。你仅仅是把事物的运动归结为内部两个方面的相互斗争，这还不是内因论，这还是外因论，双方对每一方来说都是外因，只有你把运动的来源、根源归结为一个事物的内在的差异的发生或者内在的自否定，你才能够真正地解释运动。这个差异的内在发生就体现为这样一种"自己运动"，而"自己运动"我们可以把它理解为自由。所谓自己运动，什么东西才能够自己运动呢？自由。自由就是自己运动，这个自然的规律，一切自然规律，都不是自己运动，都是由于某种关系，某种外来的推动，机械力学或者物理学、化学这些规律都是由某种影响而导致的一种运动，都不能够追溯到某种运动的根源。真正要追溯到运动的根源就必须要追溯到自由。当然物理世界、自然界万物、石头、树木这些东西，我们很难说它就有自由啦。但是按照马克思的辩证法观点来看呢，它是跟人一体的，就是说它虽然没有自由，但它潜在地有自由，它有发展出自由的可能性，发展出人来的可能性，我们后面还要专门就这个话题谈另外一篇文章。

总而言之，真正的辩证法是跟人分不开的，我们讲自然辩证法，好像自然界本身有个辩证法，就好像与牛顿力学、爱因斯坦的相对论是一样的，其实不一样。我们讲自然辩证法的时候，我们实际上在讲人，是跟人联系在一起讲自然界。所以很多人讲自然辩证法有什么用呢？它又不能指导我们的自然科学，科学家根本不用懂辩证法，他照样可以发明创造，这个没有疑问。但是你如果把自然界和人看作一体，你就不能没有辩证法，辩证法也仅仅在这个方面能够发挥它的作用，就是把自然和人看作一体的，在这个意义上面你可以运用辩证法，包括自然辩证法。所以我非常反对把辩证法仅看作一种单纯的方法，运用到这个上面就是这个辩证法，运用到那个上面就是那个辩证法，运用到历史中就是历史唯物主义，运用到客观自然界就是自然辩证法，其实是违背了或者是不理解辩证法的本性。辩证法的本性不是像形式逻辑一样单纯的一种方法，它既是本体论，也是认识论，而且它的这种本体论、认识论跟人的主体性是绝对不能分开的。所以"逻辑本质上是自由的事业"（黑格尔语），这个已经体现在形式逻辑上了，形式逻辑本来就是自由的事业，形式逻辑已经是自由的事业了，掌握了形式逻辑我们就在一定程度上获得了自由，这个自由的意义就是超感性。我们受过逻辑训练、受过形式逻辑训练的人，可以超越感性，可以讲道理，可以讲得头头是道，这是那些狭隘经验主义者、那些局限于感性的人做不到的，他们只有经验知识，只有感觉。那些没有受过教育的人，当然也有感官、天生的感官，但是他没受过逻辑训练，所以他讲不清道理。学过形式逻辑之后我们就能够讲清道理，这就获得了一定的自由，可以有预见性了，可以掌握规律，可以推出一个东西必然会是怎么样的，必然不可能是怎么样的，这就有一种超越，就可以摆脱迷信。所以形式逻辑已经是自由的事业了，但是形式逻辑并不知道，并没有意识到这一点，它没有到达一种自知，没有达到自我意识。相反，它把它的这种规律又当作一种他律。形式逻辑的规律本来是自由、本来是自律，理性自己给自己定的规律，但是形式逻辑一旦掌握了这套规律以后，就把它当作一套客观规律，一种排除了主观的单纯工具，思维工具、思维规律，你不能违背，你违背了，你就犯了错误，所以你必须遵守，机械地去遵守。它没有意识到自己的自由，或者说它遗忘了自由，形式逻辑遗忘了自己的自由，也就是遗忘了它的本性啦。形式逻辑的本性应该就是自由嘛，人们正是为了获得自由才制定了形式逻辑，亚里士多德正是为了人的自由、为了人的认识才制定了形式逻辑。但是这种自由的根源在形式逻辑学家那里被遗忘了。

辩证逻辑呢，恰好是揭示了这样一种自由，揭示出形式逻辑的规范实际上是自由的一种自律，揭示了形式逻辑的必然性底下其实潜伏着自由的内容，也就是自否定的内容，自否定其实就是自由。辩证逻辑使形式逻辑超越通常的数学，而获得了形而上学的哲学的生命。形式逻辑在现代数理逻辑那里被数学化了，数学化以后更加远离了它的本性，但是辩证逻辑把形式逻辑的这个本性揭示出来了，就是说它实际上跟数学还是不一样的、还是不同的，它具有一种形而上的意义。它不仅仅是一种操作性的，你把它当作一种操作性的工具，当然也可以，它很有用，它在这方面可以获得巨大的效益，但是对它的本性来说是一种降低。形式逻辑的本性应该不仅仅是被当作一种工具，而应该是一种主体，应该是一种自由的主体，它是属于形而上学的、哲学的研究范围。这种主体是有生命的，是自主的。所以辩证逻辑、自由逻辑又是生命逻辑，但是在这样一个层次上面呢，辩证逻辑已经超越了形式逻辑那样一种外在的规范、一种形式的规范，而是立足于对自由生命的一种体验或者是内在的感悟。辩证逻辑里面确实有体验和感悟的成分，或者说有非理性的成分。我们讲非逻辑的、非形式逻辑的，通常就把它看作非理性的。所以辩证逻辑虽然是逻辑，但是它里面确实包含有非理性的成分，在辩证逻辑这里，理性和非理性打通了。理性和非理性相互贯通，它包含有非理性的成分，但是呢，这种非理性的成分又获得了理性的表达，获得了辩证逻辑的表达。所以辩证逻辑是绝对不可能符号化或者数学化的，它不可能用一种符号化的形式来表达、来规范。很多人试图把辩证逻辑形式化，把它变成一种形式系统，这个做法是误解了辩证逻辑的本质。你能不能把生命形式化？你能不能把一首诗形式化？你能不能把一种发明创造形式化？我搞出一种发明创造的逻辑，按照我这种逻辑你就可以发明出新的东西，你就可以去搞创造发明，能不能这样做？所以说这完全是对辩证逻辑本性的一种误解，辩证逻辑是一种创造的逻辑、一种行动的逻辑，按照康德的话来说它属于实践理性。它是行动的逻辑，而且它与诗、与创造很接近，海德格尔讲思和诗的关系，思和诗是一体的，那么在辩证逻辑方面它恰好就是一体的，它跟诗性精神、跟创造精神是一体的。

那么在辩证逻辑这里呢，逻辑学、认识论和本体论就统一了，逻辑学不再是一种形式上的逻辑，而且它成为了一种内容方面的逻辑。那么它作为一种内容方面的逻辑，在认识论上面，就可以归结到一种体验，当然不仅仅是体验，仅仅是体验那就是不可说的了，那就是神秘主义了。它是能说的，但是它不可全说，它说到一定程度就要你自己去悟。所以我们读黑格尔的书的时候我们要有悟性，不是他说了什么东西，我们就把那些词汇挑出来，把它列成表，然后对它进行逐个的分析排列，那都是一种外在的功夫。真正读黑格尔的书是让你去体验的，你看不懂没关系，你对词汇把握不住没关系，你尽量去把握住，但是更重要的就是你要体会出它的精神，体会出它里面所贯穿的那种方法。那种方法是有精神在里头的，是有它的人格在里头的，你要体会到这一层，你才能读懂。所以它也是本体论，这个本体论不是说摆在那里的一个什么样的东西，而是能动的本体论，辩证逻辑是一种行动的逻辑，它是能动的本体论，所以在这个意义上面呢，它也是一种形而上学，它是三统一，逻辑学、认识论和能动的本体论三统一。反过来说，一种逻辑一旦达到了三统一的理解，那它就是辩证逻辑了。包括形式逻辑，形式逻辑如果达到了三统一的理解，你从内容上来看它，那它就是辩证逻辑了。形式逻辑无非是把逻辑从认识论和本体论里面分离出去所造成的结果，并没有什么别的特殊的地方。

　　我们继续讲辩证逻辑的本质。我们刚才讲了辩证逻辑的本质是自否定，这是它的最深的一个根，辩证逻辑最深的根就在于自否定这个观念，那么由此所推导出来的就是辩证逻辑的第二个重要的特点，即辩证逻辑的反身性。自否定本身就是反身的，所谓自否定就是自己本身否定自己，已经是反身性了，已经是矛盾了。自相矛盾那就是反身性了，所以我们讲辩证逻辑本质上是一种反身性的逻辑。正是由于逻辑里面包含有反身性，所以才产生出悖论，所谓悖论就是反身性。我们刚才已经谈到了，悖论的根源就在于在逻辑推论过程中导致了反身性，导致了自反。比如说著名的说谎者悖论，说谎者悖论就是说一个人说"我在说谎"，他说我说谎，那么你是相信还是不相信他这句话呢？你要是相信了他这句话，那么他就没说谎，他说的是真话，因为他真的在说谎，但是谎话怎么能够相信呢？你又不能相信他这句话；但是你如果不相信他这句话，那么他这句话说的是什么？

说的是他自己在说谎，所以他说的这句话倒是真话，所以你又必须相信他。你既要相信他，但是同时又不能相信他，这就导致一种悖论。究竟应该怎样来对待这样一句话？这个悖论究竟如何产生的？就是由于反身性所产生的。你说这句话是谎话，那句话是谎话都可以，但是你说"这句话是谎话"的这句话，你不能说是谎话。你不能说我正在说的这句话是谎话，这就是反身性，一旦到反身性，就引出悖论。所以这个说话者、说谎者，他既是说谎者，同时他又不是说谎者，而是说话者。说话者不是说谎者，但是如果这个话恰好就是他说的，恰好就是他承认的这个谎话，那他又成了说谎者了，这就产生出了自相矛盾。那么如何解决这个悖论？很多人都做了很多探讨。像波兰语义学家塔斯基，他主张要进行语义分析，把一句话分为"对象语言"和"元语言"。所谓对象语言，就是你说出来的这句话的内容，它的对象、它的含义、它的意义，比如"我在说谎"这句话；元语言就是这句话本身，形式，比如说出"我在说谎"这句话的那句话。你说出来的这句话不管是句什么话，你从元语言的角度，可以把它区分出来，你不要把元语言和对象语言搞混了，不要把元语言也当作对象语言，那就是反身性了。塔斯基的这样一种区分得到了很多人的赞同，这样一来我们把语言、把它的层次搞清楚了，把元语言和对象语言区分开来，那就不存在矛盾了，就可以解决悖论。

但是这样一种区分，其实并不限于悖论的情况，比如"树叶是绿的""白马是马"这样一些命题，一旦我们反身性地来考察它，它都会成为既是又不是这样的。树叶既是绿的，又不是"绿的"，因为它只能是"树叶"；白马既是马，又不是马，因为它只能是"白马"。一旦我们反身性地考察"树叶是绿的"这句话，这个树叶"本身"怎么可能是绿的呢？树叶是树叶，"树叶"并不是"绿"，所以你说树叶是绿的，你一旦反身性地考察这个树叶本身，你会发现我们不能说树叶是绿的，我们只能说树叶是树叶。同样地，白马是马，白马又不是马，白马就是白马。这句话是谎话，但是这句话又不是谎话，因为"这句话"就是"这句话"，塔斯基想区分的无非就是这个嘛。这句话就是这句话，至于这句话是谎话，这是说话的内容，那是对象语言，你要把这个说话的内容和这句话本身区分开来，这句话并没有卷入它的内容，这句话就是这句话本身，所以一个说谎者虽然说了"我说谎"，但是你不要把他说的这句话本身看作说谎，这句话本身并没有说谎。所以按照塔斯基的这样一种划分，我们可以对一切含有矛盾的这样一些命题照此办理，加以处理。如果说塔斯基解决了悖论的问题，那么我们可以说一切矛盾的问题都可以通过塔斯基的这种方式加以解决，使它不矛盾，你把它隔离开来，你把它区分开来层次，它就不矛盾了。但是，这样做了以后我们获得了什么样的结果呢？我们就会获得这样一种结果：这句话就是这句话。我说谎就是我说谎，树叶就是树叶，绿的就是绿的，白马就是白马等，那我们什么也得不到。如果我们把它严格区分开来，不把元语言和对象语言相混淆，当然也就不会有悖论了，但是呢，我们所获得的就都是一些同义反复的命题。任何一个命题，我们都可以把它还原为它的元语言的问题，清除它的矛盾，剩下的就是同义反复。那么我们真的能够避开矛盾——既是又不是，比如说树叶既是树叶又不是树叶，既是绿的又不是绿的？我们能不能避开这样一些矛盾？

罗素呢，他主张"既是又不是"这样的命题，这样的矛盾命题，实际上是混淆了"是"的两种不同的含义。既是又不是，在"既是"的时候和"又不是"的时候，这两个"是"是有区别的，这两个"是"的用法是有区别的。比如说"苏格拉底是人"，苏格拉底又不是人，不等同于人，"苏格拉底"的概念怎么能等同于"人"的概念呢？这和我们刚才讲的白马是马，白马又不是马的说法是一样的。白马的概念不等同于马的概念，苏格拉底的概念不等同于人的概念。所以你既可以说苏格拉底是人，但同时又可以说苏格拉底不等于人，不是人，苏格拉底这个概念不是人的概念。罗素认为，前面这个"是""苏格拉底是人"，意味着具有某种属性，苏格拉底具有人的属性，这种关于某种属性的"是"，比如"树叶是绿的""绿的"是"树叶"的一种属性，这个"是"呢，它的这种联结，起的是这样一种作用，就是把一种属性联系到主词上面去。但是当我说"苏格拉底不是人",或者说"白马不是马"的时候,这个时候,我的意思是说白马"不等于"马,或者苏格拉底"不等于"人。他认为黑格尔的辩证法就是把这两种不同的含义混淆起来了。"是"这个概念,Sein,Being这个概念,它具有两种不同的用法。一种是说明一种事物的"属性",另外一种就是"等于"。比如说 a 等于 a,我们就说"a 是 a",a 属于 b,就可以说"a 是(一种)b",这是另外一种含义。所以一个是 a 的等同,一个是 a 的属性,如果我们把两个"是"字区分开来,那就不存在矛盾了。"既是又不是"这样的命题,我们就可以通过形式逻辑把它化解掉,它并不是表面上看起来的那种矛盾性。罗素的这样一种说法很具有迷惑力,很多人都认为这是很明白的,这样一说就清楚了。长期以来,我们被这些语言语义纠缠不休,但是只要我们把这个语义真正分清楚了以后,那么矛盾根本就不存在,都是我们想出来的,都是黑格尔有意编造出来的。

但是实际上,我们仔细来分析一下罗素的这种解决方式,其实并没有到位。就是说你当然可以把它区分开来,一个是某某事物的属性,我们可以用"是"。另外一个是等同意义上的"是"。但是你如果这样区分开来以后,那么我们所有用"是"的地方都只能是某某事物的属性,我们不能用等同,除非你的命题是同义反复。同义反复你就可以用等同,比如说苏格拉底就是苏格拉底,a 就是 a,只有在这种情况下你可以用等同。在所有其他的情况下,你都是用的属性这个含义。也就是说只有在数学关系上面,你可以用等同,那就是等于。a 等于 a,3 等于 3,5 等于 5,2 加 2 等于 4,没有任何别的关系了,这个时候你就可以用等于了,这就是数学化的东西。但是在形式逻辑的运用中,这样一种数学化的等于,没有意义。像太阳就是太阳,白马就是白马,这有什么意义呢?或者你说白马不是马,它的意思如果仅仅是说白马这个概念不是马这个概念,那谁都知道。因为,如果白马的概念就是马的概念,那么其中一个概念就用不着了,它们完全相等于,就可以用一个符号来代替另一个。但是正因为不能用符号来代替,所以你才不能说白马不是马。但是把"不是"仅仅理解为"不等于",这样的命题没有任何意义,只不过在概念之间作了区分。你讲苏格拉底是人,又不是人,不等同于人,这个"人"所有人都知道,"苏格拉底"这个概念当然不是"人"的概念。否则的话,我们为什么还说"苏格拉底是人"呢?也就不需要说苏格拉底是人了,就说苏格拉底是苏格拉底,大家就都明白了,因为苏格拉底就是人的概念嘛。既然"苏格拉底"不是"人"的概念,所以我们才必须说、也才有必要说"苏格拉底是人"。那么你在这里说"苏格拉底不是人",不等同于人,如果是在这种意义上说的,那它就没有意义,等于是同义反复。苏格拉底不是和他自己不同的东西,苏格拉底不是人,苏格拉底不等同于人,相当于说"苏格拉底不是非苏格拉底"。这个什么意思也没有。你要使这样一个命题有意义,你就必须把它理解为:苏格拉底"不完全"等同于人,或者说苏格拉底"不仅"是人,或者说苏格拉底不是"单纯的"人,不是"仅仅的"人、你就必须这样来理解,从内容上来理解。不是从形式上说"苏格拉底"这个概念和"人"这个概念不同,那要你说什么呢?"苏格拉底不是人"这个概念是说苏格拉底不仅仅是人,是什么呢?比如说,苏格拉底是男的,苏格拉底是白的、是矮的,苏格拉底是有智慧的、是聪明的等。其中当然也包含苏格拉底是人,所以他不仅仅是人。从这个意义上来说,你说苏格拉底不是人,不等同于人,那当然可以成立。但是当你这样说的时候,你就把一个一个的"属性"附加在苏格拉底的身上了,当你说苏格拉底不等同于人的时候,你恰恰是说的苏格拉底不仅仅是有人的这种属性,还有别的属性。所以"苏格拉底不是人"这个命题,你如果要使它有意义,那你就必须把这种等同,把它理解为属性,你必须要这样理解。就是说苏格拉底不仅仅有人的这种属性,还有别的属性。

这样一来,罗素的区分就无效了。罗素无非是说,你要把两个"是"区分开,一个是属性的"是",一个是等同的"是"。但是这个等同的"是"如果要有意义的话,就必须把它理解为属性的"是"。苏格拉底不是人,不等同于人的属性，并不是仅仅在概念上这两者不同，而是说苏格拉底除了有人的属性外，还有很多别的属性，所以他"不只是"人这样一种属性，它们之间只是一个"种属"的所属关系。当然人可能是他的本质属性，但是他还有很多别的属性。所以我们说罗素的区分其实是无效的，我们这里谈的都是有意义的句子，但"苏格拉底就是苏格拉底"这样的句子就没意义，a等于a就没有意义，它只能用于计算，但是从语意上来说，它是零，它等于零，对于任何一个概念，你都可以说a等于a、太阳就是太阳、地球就是地球等，它的信息量等于零。一切有意义的句子实际上，都是以等同的方式说出它不等同的内容。比如说属性啊、关系啊、样式等，各种各样的内容，但它们都以"是"这样的方式来说明。你不能把这个"是"理解为简单的等同。罗素把这个"苏格拉底是人"或"苏格拉底不是人"的这个"是"的概念理解为两种语义，其中，"等同"这种意义呢，我们几乎可以说他是错的。把"是"理解为"等同"，可以说是错误的。在形式逻辑方面，当然可以这样理解，用"等于"（=）来代替。现在数理逻辑就把这个"是"，把它公式化以后，写成"="。把它写成数学的公式，写成等于（=），其实是不对的。这个等于只是表达了它的形式的方面，而在内容那方面，这个"是"绝对不是等于（=）的意思，而是"是起来"的意思。这个是，它是一种活动，是要去"是起来"。树叶是绿的，从它的内容上来理解，我们可以理解为树叶在"绿起来"。白马是马，我们可以理解为白马"马起来"了。这是海德格尔的句法，海德格尔经常这样用，世界"世界起来"，时间"时间起来"，物"物起来"，它把这个名词变成动词，它是一种活动，一种"存在起来"的活动，"在起来"的活动。一个东西，要能够在，它必须"在起来"。它是一种在的活动，它才能够在，它不是说摆在那里，它就能够在了。万物都是活动的，都是运动的，按照辩证法的这种说法，万物的"是"都是一种能动的"是"，就是自己能够动的那种"是"。所以它是有内容的，一切属性、关系、样式，等等，都是它"是起来"的结果、"是起来"的方式，它不是什么"等同"，而恰好是不等同。

这个"是"恰好是"不等同"，就是它不愿意再"是"原来的样子了，它想要"是"新的东西。按照萨特的说法就是：是其所不是，不是其所是。这就是万物的根本，万物的根本就是是它原来所不是的那个东西，而不是它原来所是的那个东西。罗素把这个"是"区分成两种，一种是属性，一种是等同，这个是从完全抽象形式的角度来作出的区分，这样当然更有利于他的数理逻辑的建构了。但是恰好把形式逻辑底下的存在之根给遗忘了，存在之根也就是"是"之根，是的根源在于它"是起来"。

所以形式逻辑一旦要产生出有意义的句子，其用意本来就是要产生出有意义的句子，它的目的就是这样，那么它就不能够不对元语言和对象语言作一种所谓的"混淆"。这个被塔斯基看作一种混淆，这个等同的是和属性的是在罗素看来是一种混淆，但是辩证逻辑，包括形式逻辑都不得不做这样一种"混淆"，它要展示有意义的句子，它就必须作这种混淆。这不是什么"混淆"，这就是一个东西。这个"属性"就是一个东西"是起来"的属性，所谓属性不是等同，既不是等同，也不是不等同，而是一个东西"是起来"的方式。树叶绿起来就是树叶"是起来"的方式，所以我们说树叶是绿的，应该理解为：树叶以绿的方式"是起来"，或者简而言之，树叶"绿起来"。以这种方式来说更能体现出形式逻辑的那些命题真正的含义。那么这种含义呢，当然也就是从内容方面来理解的。所以形式逻辑只要它产生出有意义的句子，它就是不自觉地暗中容纳了一种反身性，就是混淆元语言和对象语言。元语言和对象语言无非就是同一个东西"是起来"的方式，同一个东西"是起来"的方式就是混淆的方式。元语言要变成对象语言，对象语言本身又是元语言，所以它既是又不是。你不能把它隔离开来，像隔离病毒那样把"既是"放在一边，把"又不是"放在另一边，建立一道防火墙。所以形式逻辑不自觉地容纳了这种反身性，也就是承认了它的本质是辩证的。

形式逻辑的本质是辩证的。它是"既是又不是"的，从深层次上来说它是既是又不是的。当然从形式上表层上来说呢，你可以把它隔离开来，但是从内在的内容来说，它既是又不是。它是反身的，一到反身，它就会出现矛盾，甚至于出现悖论。那么形式逻辑从这个角度来看呢，它就成了人的一种活动，成了主体的一种能动的活动。它不再是一个规定好了的规范，思维的形式规律，我们通常讲形式逻辑就是思维的形式规律，好像是规定好了的一种规范，你按照去做就能得出一个正确的结论，你不按照去做，那么你就会导致错误。这是通常的理解。但是实际上形式逻辑的规范无非是人自身的一种行为，对行为这种活动永远具有反身性的关系。人的行为、人的自由的行为、人的自由的活动永远具有一种反身性的关系。这是自由行为的本质中的一种结构、一种本质结构。反身性的关系是自由的一种本质结构，人所做的任何一种行为、一件事情，包括人所说的每一句话、所写的每一个命题、所做的每一件事，都具有反身性的关系，就是说在形式上你必然要卷入它的内容里面去。比如说你去赚钱，你一旦赚钱，那你就成了钱了。你如果赚了一辈子钱，别的什么也没干，那你一辈子就是钱。人家说你是"百万富翁"，用一个概念就可以把你概括了，因为你只赚了钱。但是你还可以做别的事情，但是做别的事情呢，人家又用别的东西来称呼你。搞学问的人，人家说你是哲学家、你是科学家，你就是哲学家、科学家了。其他的你什么也没有，你没有时间做别的。你做了什么，你就成了什么。有一部外国电影《红舞鞋》，讲一个跳舞的，迷恋上了跳舞，那她就只能是跳舞的，穿了一双红舞鞋就脱不下来了，一直跳到死。这就是一种"异化"。所以，反身性就是一种异化状态。自由的本质结构就是一种异化结构，就是说你干什么，你就会成为什么。你"说"什么，这个"说"就成了你自己，说出来的东西就是你自己，这就是反身性了，这就是有一种反身性的结构了。人的行为的结构就是这样的，说话的人就成了他说的话，做事的人就成了他所做成的东西。那么有人说："我想保持自己的本来面目，我不想成为这些东西。"那你就什么也别干。什么也不干，那你就什么也不是。你也不去赚钱，你也不去做学问，你想保持你的本来面目。你的"本来面目"是什么呢？是无。你"本来"什么也不是。你想要是你自己，你就必须要干一件事情，哪怕是你不喜欢的事情，你也得去干，当然最好是干自己喜欢的事情，你就可以认同你这个自己。但是一旦你干出来了，它就对你有一种约束。你就只是它了，你只能是它了。

所以这个反身性实际上是一种自由行动的结果。凡是自由行动，包括说话，包括你运用形式逻辑，它必然会有反身性的结果。因此形式逻辑一旦自觉到它的反身性结构，也就自觉到了自己的自由本质。我们刚才讲了，形式逻辑实际上是自由的逻辑。一旦自觉到自己的反身性结构，它就达到了自我意识。自我意识就是反身性结构。它自己意识到自己，它在运用形式逻辑的时候，又意识到这个形式逻辑本身。把这个逻辑运用于形式逻辑本身，那就达到了自我意识，这样一来，它就成为了辩证逻辑。辩证逻辑就是形式逻辑达到自我意识的产物。形式逻辑一旦达到自我意识，它就成了辩证逻辑。但是跨出这一步，在形式逻辑本身的框架里面，是很难很难的，是很难跨出这一步的。它需要一种自我突破、自我超越、自我否定的勇气。形式逻辑要跨出自己，它必须自我否定，要站在旁边来看自己，要跳出自己的框框。但是通常的形式逻辑、逻辑学家们都跳不出这个框框。他们把形式逻辑看成是天经地义的，你怎么能跳出天地之外呢？天经地义，你在其中，所以你意识不到，"不识庐山真面目，只缘身在此山中"。你在这个形式逻辑里面，你就跳不出形式逻辑的框框。所谓自我意识，它向形式逻辑学家们显示出来的正是一种"悖论"的形式。自我意识本身就是悖论，自我意识是形式逻辑学家们所不能接受的，不能解释的。谈到自我意识，用形式逻辑是解释不通的，因为所谓自我意识就是我把自己当作对象，这样来意识到我自身。但是我只有意识到我自身，我才能把自己当作对象。这显然是一个循环论证。我和我自己既有区别，同时我又意识到没有区别。我把我和我自己区别开来，同时我又意识到那个区别开来的我就是这个我，就是被区别开来的我，所以他们并没有区别。那么从形式逻辑来看，如果我和我有区别，那么我所意识到的我就不是我自己，有区别嘛，按照形式逻辑的同一律和不矛盾律，我把自己区分开来，那当然区分开来的这两个我就不能等同了。所以我意识到的这个我和意识的这个我就不是同一个我。所以我这样意识到我自身，而这个我自身还不是真正的我自身。所以我意识到的并不是我自身，那就没有自我意识了，按照形式逻辑来推断，那就还没有达到真正的我自身。但是如果真的没有区别，我又怎么能意识到我自己呢？如果我和我根本就没有区别，那么我就还在我之中，我怎么能意识到我自己呢？我只有跳出我自己我才能意识到我自己啊！我只有用另外一个我的眼光来看我自己，我才能有对自我的意识。所以形式逻辑是很难解决自我意识的悖论的。自我意识本身就是一个悖论。当你说"这就是我"的时候，他恰好就不是我，是因为跳出了我，你才能说"这是我"。当你说"这不是我"的时候，这恰好又是我。

所以"我"这个字是形式逻辑无法讨论的，形式逻辑不讨论这个"我"。比方说罗素在他的《西方哲学史》里面，说到笛卡尔的时候，就说"我思故我在"这个命题是不通的，"于理不通"，也就是于形式逻辑上不通啊。"我思故我在"，这个"我"是什么意思呢？这个"我"没有意思，罗素说，我们只能说"思维在"，而不能说"我在"。"我"只不过是思维的一个代号，它本身没有任何意义。所以他认为笛卡尔的"我思故我在"实际上是说错了，应该说"思维故思维在"，"思维思维，故思维在"。这样一说，笛卡尔就一点意思也没有了，他又怎能成为近代哲学的创始人？这个就很难解释了。所以形式逻辑学家，包括数理逻辑学家，他们从来不探讨这个"我"的问题，他们认为这是"形而上学"的问题，而且是形而上学的假问题，应该把它排除出去，拒斥形而上学。拒斥形而上学的一个最起码的、最基本的方式首先就是把"我"排除掉。你不要谈"我"，这个"我"是没有意义的。当然你如果不谈"我"的话，那就把反身性排除了。但是我们每天都在说"我"，每天都在反身性的思维，形式逻辑把这个东西都排除了，那它的适用范围就要受到大大的限制，它就不是什么普遍的东西了。

最后一点，我想谈谈的就是辩证逻辑的人文性。我们刚才已经讲了很多了，自由、生命体验、感悟、我等。最后我们要谈的就是辩证逻辑本身是一种人文性的逻辑。它不是一种技术性的逻辑，也不是一种科学化的逻辑，它是一种人文逻辑、自由逻辑。由自否定和反思，比如说自由和反身性这两个角度来看辩证逻辑，我们可以看出辩证逻辑的人文性。这种人文性包括有历史的创造性，讲到自由，讲到人的生存、生命体验，讲到反身性，讲到这些东西，我们就可以引申出历史的创造性。所以我们只有从人文性或者是历史性方面，才能把握住辩证逻辑。在正统的马克思主义理论中，通常没有注意到这一点。比如说我们通常讲马克思的辩证唯物主义和历史唯物主义，好像所谓历史唯物主义就是把辩证唯物主义运用于社会历史领域，这是"联共（布）党史"的一种解释，其实不是马克思、恩格斯的解释。什么叫"运用于历史领域"？辩证唯物主义就是历史唯物主义，如果不是历史的，那就不叫辩证唯物主义，如果不是历史的唯物主义，那就是旧唯物主义，那就不叫作辩证的唯物主义。之所以叫辩证唯物主义，就是因为它的历史性。不能说把它运用于历史领域，按照马克思的说法，所有的科学其实都是历史科学，都要从历史的眼光来看，都要从发展的、运动的、能动的眼光来看，才能够成为真正的科学。那么从这种角度来理解的辩证逻辑，正因为被人们忽视了，所以，人们以为辩证逻辑和形式逻辑是两种完全不同的工具。形式逻辑是一种思维的工具，辩证逻辑是另外一种工具，辩证逻辑是我们用在历史领域或者用在自然领域的一种工具，历史辩证法和自然辩证法好像是两个不同领域中的辩证法。其实这都是一种误解。其实辩证逻辑是摆脱不了它的人文性的，形式逻辑则自以为自己摆脱了人文性。形式逻辑当然是不太讲人文性的。特别是现代的数理逻辑、数理逻辑学家，他们是不谈人文性的。他们认为逻辑就是逻辑，人文性可以由别的人来谈。比如说宗教学家可以谈宗教，道德学家可以谈道德，历史学家谈历史，文学家谈文学艺术。这些东西都不用逻辑学家来谈。逻辑学家就谈逻辑，所以逻辑学家跟人文性毫无关系。这是形式逻辑自认为的一种逻辑本性。所以形式逻辑自认为和历史主义也没有关系，甚至认为自己和哲学也没有关系。它就是工具，是科学、思维科学。它跟哲学都没有关系，跟形而上学也没有关系，要拒斥形而上学。现代逻辑要拒斥形而上学，就是说你把这个操作的程序给我讲清楚，那就够了，至于人文性的方面、历史性的方面，那另外有人说，不是它的事情了。

所以形式逻辑自认为只是一种思维的技术、思维的工具。但是要想摆脱人文性，其实也是做不到的。哪怕是作为思维的技术，也和其他的一切技术大不一样啊！既然你谈到思维的技术，那你就涉及人文性的东西了。思维本身就是人的思维，所以你要把形式逻辑规定为思维的技术，那它就成为"自由技术"了。自由也有它技术的方面，思维就是人的自由啊，思维就是人的自由的体现。所以形式逻辑想要摆脱人文性其实也是做不到的。那么我们从这里可以看出来，形式逻辑之所以无法理解辩证逻辑，根本的原因就是由于它没有人文性的自觉，没有自觉到它自己的人文性。它把自己当作思维工具，但是它没有意识到这个思维本身是人文的，思维本身离不开人文。很多逻辑学家，对这个人文哲学接触不多。有的逻辑学家可能有一些，学逻辑之后回过头去，觉得自己那方面还欠缺一些，也学了一些人文哲学的知识。但是也是在既定的、已经形成的形式逻辑的偏见的基础上来吸收一些人文的内容。但是归根结底，他们是拒斥人文思想的，是拒斥人文性的，在他们的根基上面是拒斥人文性的。他们认为他们的根基是科学，但实际上科学和人文是分不开的，科学也是一种人文，这是我的看法。但是在形式逻辑学家和科学家们眼里，这完全是两码事情，科学是科学，人文是人文。所以，他们虽然可以吸取一些人文内容，但是他们用这些内容不是深化自己的基础，更不是对这个基础的自否定，更不是反思自己的基础。有些逻辑学家也可能很懂人文精神，比如说罗素，罗素除了他的逻辑实证主义，除了他的那一套分析哲学以外，他当然也很懂人文的东西。他也很懂政治，对宗教和哲学的关系，对道德，对民族文化，都有丰富的知识。他的《西方哲学史》得的是诺贝尔文学奖！他也很懂人文的，但是这个只是他在既定的逻辑基础之上做的一些补充而已。他没有用人文性的东西来反思自己的那些根本性的理论，对形式逻辑的理论、数理逻辑的理论，没有进行根本性的反思，更没有对他这个基础进行自否定。他的人文性是他的业余爱好，就像爱好音乐一样，与他自己的专业无关。

所以逻辑学家仅仅限于对辩证逻辑和它的人文性质加以容忍、加以放宽尺度。比如说卡尔·波普尔也承认辩证法在我们的日常生活中是很有用的，但是它不能称为科学，你不能把它当作一种科学体系来阐述，它只是一种日常智慧的箴言。它可以指导我们的日常生活，在哲学史里面它也有用，可以用来分析哲学史，用来描述哲学史。但是这种描述没有科学的意义，正像我们感性的事物、感性的表象，我们可以用来描述一个事物，描述一个对象。一个事物它是红的，很红。它也可以激起别人的理解和共鸣。但是，它不是科学。辩证法呢，它是起这样一个作用，就是说，形式逻辑学家们虽然可以容忍，但是他们不能真正地理解辩证逻辑，不能使自己的思维层次实现某种飞跃。反过来也是一样，谈辩证逻辑的通常还是受制于形式逻辑的既定立场。通常很多研究自然辩证法或者辩证逻辑领域的专家，其实他们的基本立场还是形式逻辑的立场，还是把这个逻辑看作一种单纯的"科学"，而不是看作具有人文性的东西。不是把它看作跟人的自由，人的能动性，人的历史，人的实践活动、感性活动等这些东西密切相关的，跟人的道德、价值、审美这些东西密切相关的。谈辩证逻辑的一些哲学家往往都是这样，拼命去证明辩证法的"科学性"，他们的层次跟形式逻辑学家们是在同一个层次。所以逻辑学家们从辩证逻辑那里获得了一些东西、获得了一些补充，但是他们通常都是把它看作一种附属品，而没有看出形式逻辑在根本的基础上有待于辩证逻辑给它深化。辩证逻辑实际上是把形式逻辑的基础更深入地向下面挖掘了一层，挖出了它的根，挖出了它的本质。这就是辩证逻辑的本质，辩证逻辑的本质并不是跟形式逻辑无关的东西，而是在形式逻辑底下，作为形式逻辑之母，产生出形式逻辑来的。这个观点在国内还没有人说过，这是我在1994年提出来的，提出来以后也有一些争论，但是都没有争到点子上。我可以断言，百分之九十的逻辑学家是看不懂的，不知道我在说些什么东西，只觉得我的说法很怪，但是又没有很充分的理由来反驳，于是就把它在杂志上登出来了。

第七讲 | 关于道家哲学改造的临时纲要

今天给大家讲关于方法论方面的这样一个题目，这是我多年以来考虑的一个问题，就是前面谈到的中国传统文化、传统哲学，在方法论方面有这样一些有待于改进的地方。通过中西方法论的比较，我们可以看出，在中国传统哲学里面不太重视方法论。那么，这样一种偏向跟中国传统哲学的内在结构，以及我们古人的致思方向有根本的关系。它不仅仅是一个找不找得到一种方法的问题，而是我们整个思维的进路，从一开始，就有一种东方文化特有的方向。当然我们现在不能笼统地去评价这个方向好还是不好，因为对于一种文化来说，你不能说这个文化就比那个文化差，笼统地这样说是不行的，但是在某一点上是可以这样说的。就是说在这一点上，有一种文化在这方面有所欠缺，而另外一种文化在这方面有所贡献，这当然是可以说的。所以我们这个课主要是从方法论的角度来谈的，当然就涉及中国传统文化中的一些欠缺，那么这些欠缺，我们前面几次课已经涉及了。现在就有这样一个问题，就是我们如何能够把这些欠缺补上来。通过中西文化比较，通过吸收西方文化中的一些我们不具备的因素，能够使我们的文化在方法论方面丰满起来，能够使我们应对我们目前所面对的形势。所以这次我要讲的就是关于道家哲学改造的一种想法。这个题目叫作"关于道家哲学改造的临时纲要"，这是模仿费尔巴哈《关于哲学改造的临时纲要》的说法，但是实际上也是这样的，我的这个关于道家哲学改造的设想，只是一个初步的设想、临时的一种设想，它将来具体会走向一个什么样的方向，我还没有完全确定。这个是在1995年的《哲学动态》第4期上发表的一篇不长的文章。

  这些思考大体上来说是这样的：就是说我通过中西传统文化的比较，在对中国传统哲学批判的过程中，生出了一种想法，如果要在我们中国传统的文化里面吸收进西方的东西，能够生长出一种新的东西，那么我们的基点究竟应该放在什么地方？这个现代新儒家当然是把基点放在儒家学说这样一个传统上、传统文化的最具有核心性的这样一个思想基点上。那么我对中国传统文化的批判，有很大一部分或者说主要的着力点，应该说是着眼于对儒家学说的批判，对儒家思想的批判。主要是集中于这一点，为什么呢？我认为一方面是因为儒家思想代表中国传统文化的核心，这个是恐怕大多数人都会承认的。因为它跟政治、道德、伦理以及人们的日常生活结合得太紧密。所以我对传统文化的批判，主要是集中于这方面。但是道家文化方面，我们通常讲儒道佛嘛，其实道家哲学跟儒家哲学相比，或者说道家思想跟儒家思想相比，它是更深层次的。就是说任何儒家士大夫或者说儒家伦理道德的信奉者，他骨子里头都有一种道家的维度，都有那么一种胸怀。在一般的时候也许显现不出来，但在某些时候就显现出来了。比如说失意的时候，他的儒家理想无法实现的时候，或者说儒家理想遭到破坏的时候。在一个礼崩乐坏的时代，兵荒马乱，人相食，这个时候唯一能够拯救人的内心的，或者说让人能够忍受下去的就是道家思想。这个时候它就显出来了。在一个社会走向繁荣、向上的阶段，它是显不出来的。这是一个互补结构，在这个互补结构里面，它不是一个平面的结构，而是有一个层次、深浅的不同。而道家哲学，我认为在这个结构里面是更深层次的，或者说其他的文化要素都是从道家思想的要素里面生长出来的。比如说儒家、法家，更不用说后来的佛家了，嫁接过来的这个印度文化，它恰好就是嫁接在道家思想的根干上面。当然有变形，因为是嫁接嘛。但是它的主要的立足之点，为什么我们能够那么样地欢迎佛教文化，能够吸收和消化佛教文化，那当然是因为我们自己生活在道家文化的传统、道家思想的传统中。通过这样一种传统，我们能够把印度文化消化掉。

那么在当今时代，儒家文化已经走向没落，儒家的那些道德、教化伦理、规范，特别是理学家所固定化了的那些三纲五常等，在当今时代显然已经不符合时代要求了，人们都纷纷把它作为一种过时的东西抛弃了。当然，儒家的精神，人们还在鼓吹，但是实际上真正相信的人没多少，在现实生活中真正按照那样去做的人没有多少，所以今天才成为我们的一种"理想"。我们今天在宣传里面，在我们每个人的主观愿望里面，都希望传统的儒家伦理道德能在社会上继续起作用，那该有多好，但是实际上都不去做。为什么？我们怪罪于这个时代变了，我们都不去做，我一个人去做没有什么用，或者说太吃亏，但是这恰好说明这样一种伦理规范在现代失效了。我们之所以还把它推崇为一种理想，只不过是一种怀念，舍不得，以前这种规范太好了。如果能够做到这样一种规范，那么我们的社会多么美好啊。但是一到现实生活中，别人包括自己都不是那样去做，甚至做的和说的想的完全相反。所以儒家文化的伦理思想在当代显示出某种本质上的伪善性。在宣传中，在我们每个人的观念中，我们都希望是那样，但是我们自己都不去那样做。当然也有个别人那样去做的，那是极少数。如果真的有人那样做了，那就成了标兵模范了，那大家都要去向他学习了。这恰好说明，这样一种东西在现实生活当中已经成了没有多少人能够做到的，但是每个人口头上都要说的。那么另外的一种时代潮流，对儒家伦理的这样一种伪善的要求以外的另外一种潮流，就是对这种伪善的批判和揭示，就是返璞归真，讲真话，是什么就是什么，去掉伪饰。这实际上是道家思想在起作用。我们这个时代道家思想比比皆是，而且是每个人在做的。道家思想不讲那些冠冕堂皇的东西，但是每个人都在做，实际上在实行着道家的原则。比如说返璞归真，每一个人退回到自己的内心，而且在为人处世方面跟着感觉走，崇尚一种"痞子精神"。道德滑坡嘛，道德滑坡以后，人们反而以为那种痞子倒是更加真实的，作为一个真实的人，作为一个自然的人，人要自自然然嘛，你没有那么崇高，你就不要去标榜。这个在许多文学作品里面，像王朔这样一些人的作品里面都有反映，王朔是一个代表。其实很多其他作家也都体现出这样一种痞子精神。痞子精神实际上就是从道家思想里面生发出来的。当然你可以说他们走了一个极端，把道家哲学的某一方面发展了。道家哲学本来还有另外一方面，比如说精神上的超越性，超越世俗，标榜清高。但是这种标榜清高呢，是通过脱离世俗生活才能够做到的，哪怕你在社会当中，你不参与，你就清高了，你不参与那些卑鄙的勾当，你置身事外。按照道家的理解就是最好避世、遁世，不跟世俗生活打交道，不食人间烟火，这是另一方面。但这两方面肯定是相通的。你避世无非是想要保存自己的自然本性、真实本性。那么这种真实本性在跟世俗生活打交道的过程当中就体现为痞子精神。你不跟它打交道，那就显得很清高。但是你完全不跟它打交道是不可能的，你肯定要打交道。一跟世俗打交道，跟他人打交道，就显出痞子精神，就是没有什么崇高不崇高，没有什么道德规范能够约束你。飘摇于天地之外，我行我素，我想怎么样就怎么样，不做作，不勉强自己，哪怕做出惊世骇俗的事情也无所谓。

所以道家哲学的思想比起儒家哲学的思想来呢，跟我们的时代有更加本质的联系。我们这个时代，儒家思想已经浮在表面上了，我们刚才讲呢，已经显出它的伪善性了。但是道家思想呢，倒是支配着我们大多数人一世的生存，包括老百姓，也包括知识分子。知识分子"渴望堕落"，知识分子蔑视崇高。你从很多知识分子所写的那些文学作品里面都可以闻出这样一种气息：返璞归真啊，寻根啊，寻找原始的本相啊，回到大自然啊，蔑视那些礼教啊，那些传统的教条啊，跟魏晋时代的那些名士们有很多相似之处。"越名教而任自然"，超越名教而发挥你的自然本性。那么自然本性一旦发挥出来，在社会生活中，它就表现为痞子，而它与社会生活隔离开来就显现出清高，这其实都是道家精神的一种体现。那么这样一种精神在当代实际上已经成为了一种时髦，这种情况在中国历史上曾多次出现。每当一个社会走向没落、走向衰亡、濒临崩溃的时候，都会出现这种情况。比如说魏晋时代就是这样的，又比如说明末，明末的那些士大夫们纷纷走向禅宗或者道家，对儒家的那套礼法规范进行猛烈攻击，这是很自然的一种情况。以往都是通过一次农民起义，树立了一个正统，又有一个新的王朝建立了，这个时候又重建儒家学说。重建儒家学说经过了一两百年以后，衰亡了以后，道家哲学又出来，又露出了本色。所以道家哲学应该说是中国的本体论，而儒家学说只不过是在这种本体论上面建构起来的上层建筑，一种装饰性的东西。从道家本体论里面发挥出来的另外一支更加具有内在性的就是法家。法家是从道家哲学里面发展出来的，所以法家哲学，它是不管什么道德伦理的，它是不讲道德的，它只讲实效。但是它跟道家不同，道家讲无为，法家就是要有所作为，要干事情，要干出实事来。这是不同于道家的地方，它更多地有儒家的根源。但是法家和儒家，它们都是从道家里面发展出来的。

  道家精神在我们今天的市场经济中，所起的作用实际上更多的是瓦解，当然它也有促进作用，就是说你把那些面子、虚假的面子抛弃以后，其他的东西我都不谈了，我们现在去赚钱、去下海，到商海里面去拼搏。在拼搏的过程中我可以不要面子，什么事情都干得出来，自然本性需要我干什么，我就干什么。这个道家思想可以在这方面清除他们心理上的一些障碍。什么"儒商"，这些东西都是装样子的。当然你可以鼓吹一下，以便获得其他一些人的认同、老百姓的认同，老百姓对你放心，你是"儒商"嘛，你还讲点道德嘛。实际上你自己心里很清楚，这些东西都是广告，都是骗人的，真正的支配我行动的就是这样一个原则——赚钱。赚钱是为什么呢？是为了满足我的自然本能的需要。如果说还有一点促进作用的话，那么在这方面可能有一点促进作用：就是瓦解以往的那些束缚。以往一个知识分子、一个文化人要去赚钱，那是很丢人的，那是没脸见人的。对于以前的同学、以前的同科的举人或秀才，在他们面前抬不起头的。但是现在不同了，现在理直气壮，而且还有一种大款的派头。你们做学问，皓首穷经，又能怎么样呢？还不是穷困潦倒，我现在没读你们那么多书，我现在比你们要强得多。这就把这个观念颠倒过来了，当然有一定的促进作用。但是更多的是一种瓦解作用，瓦解多于建设。道家哲学瓦解方面的作用更加强大，也就是说你投身于商海去打拼，唯一的原则就是唯利是图，怎么样能够赚钱就怎么样干，没有任何束缚，那就把法制给摧毁了，法制就建立不起来了。或者说有法也可以不依，有法等于没法，所有的人都这样干。偷税漏税也好，卖假货也好，法不治众，如果每一个人都这样唯利是图，那法律是没法建立起来的。法律当然是以每个人的利益作为基点，但是要有规矩，否则的话，你的那个利益就实现不了，大家都卖假货，大家都吃亏。卖假货的人自己也要买东西啊，你卖给别人假货，你买的不也都是假货吗？所以道家哲学里面本来也有这样一个支脉，就是像"杨朱学派"，杨朱学派就是发展出"自私"的一个学派，自私自利。孟子特别批判这样一种自私自利的倾向，就是道家里面发展出来的杨朱学派，"拔一毛利天下而不为"。拔一毛利天下都不为，那还有什么社会呢？那就是回到了动物时代，回到了自然状态。而市场经济绝对不是自然状态，市场经济有自然状态的层面，但是光有自然状态是建立不起来的。市场经济是一种人际关系的模式，是一种规律性的东西，是人际关系中所建立起来的一套规矩。那么这套规矩如何能建立起来？你单凭道家的返归自然、返归你的真性情，能建立起来吗？那是不行的。

所以道家哲学对市场经济、对现代社会发展，它起的作用呢，瓦解要多于建设，它绝对不是一种进取型的文化形态，它的前途是注定要导致人们对于我们的人性本身陷入绝望。按照这种方式，人就是动物，人回归自然，就是回归动物，回归本能，回归自然天性，不受拘束，不受约束，不受任何训练，排斥理性，排斥逻辑，排斥对他人的换位思考，因为这些东西都不是动物所能够具有的。道家认为将心比心，仁义道德啊，这些都是儒家搞出来的一套虚假幌子。"圣人出，有大伪"嘛！世界上出了圣人，所以才有最大的虚伪。所以道家文化，它的归属呢，最终是一种虚无主义。

你不要去人为地干任何事情，你就是要保持原样，是什么就是什么，从你生出来时婴儿的那个样子，你把他保持住。我们知道，把婴儿生出来的那个样子保持住，那将是什么呢？那将是野兽了。如果你不对他作任何教化，或者你把他丢到狼群里面，他就成了"狼孩"；你把他丢到猪圈里面，它就成了"猪孩"。有很多这样的例子，那就是保持婴儿的本性了。他见什么学什么，他见了自然的对象就学自然的对象，但是没有人、没有人工的教化，没有社会的教化，那他就成了动物。道家理想，它的归属就是这样一种价值虚无主义。但是尽管如此，道家哲学的原则，我们刚才讲了，它是中国文化的其他的，像儒家、法家包括佛家这些主流文化要素的根。一切都是从它那里来的。这一点比如说陈鼓应就提出来，《周易》本来都认为是儒家经典，但是陈鼓应认为它最开始就是道家经典，《周易》本来就是道家经典。郭沫若也讲过，儒家思想其实就是从道家思想里面发展出来的。孔子，在传说里面，是老子的学生，孔子经常要到老子那里去问道。在《庄子》里面就有这样的故事，孔子问道于老子，老子随便点拨他几句，他就恍然大悟。我觉得这样的说法不是完全没有根据的，从思想的结构上面来说确实是这样的。孔子经常在他的道得不到实现的时候，就回归到老庄思想，"道不行，乘桴浮于海"，他的天道不行了，就坐着筏子到海上去漂浮。"天下有道则显，无道则隐"。而且孔子最理想的生活态度就是"吾与点也"，就是像曾点那样的理想，那样的理想实际上是道家理想。人生实际上是一种审美境界，人生不要有什么豪言壮语，很简单，我能够跟三五个童子到河边去洗个澡，在暮春时节，春风里面，洗完澡后唱着歌回来，踏青，这就是最理想的生活方式了。这其实就是道家的生活方式，孔子并没有说要当大官、要治国平天下、要当宰相才是理想。就是当一个普通人，很自然地把自身融化于大自然里面，这实际上是从道家里面生发出来的一种生活方式。

那么我们可以说，道家是中国文化的根。鲁迅曾经讲过，"中国的根柢全在道教"，他讲的是"道教"。当然他讲的这个道教是从老百姓的日常生活里面概括的，我刚才讲的主要是从知识分子，从他们的思想和哲学意识这方面来看，那就可以说，中国的文化、中国的哲学思想的根柢全在道家哲学。从结构上来看，儒家最核心的思想应该说就是亲情、孝道这些东西。"忠孝"，其中这个"孝"字是最主要的，你如果没有孝你就没有忠。当然你有了忠以后，你可以大义灭亲，也可以"移忠作孝"，把忠当作最大的孝。但是从理论上来说，孝是最重要的。从小孩起，小孩子不懂什么是忠，但是他懂得什么是孝。哪个生出来不爱自己的父母、不爱自己的兄长呢？这个是很自然的一种状态，所以儒家的这个伦理核心思想，最基本的一个字应该就是"孝"。那么儒家的孝，它是从小在家庭里面，父母儿女之间的这样一种自然关系中形成起来的，所以这种亲情孝道，它的基础就是自然，中国的家庭是自然形成的，而且是建立在自然经济之上的。中国古代的家庭就是一种自然形成的群落，至少按照孔子的设想就是这样。当然那个时候还没有人类起源论，人是从哪里来的，这个他们不考虑。但是人跟动物的区别、自然的区别，就在于人的家庭，还有他在家族中的规矩。这个规矩不是人为做出来的，而是自然形成的。比如说你是父母生的，父母把你从小养大，父母把你抱在手里，父母抱在手里抱了三年，那么父母死了，你也得守三年的孝，这是天经地义的，这是自然的法则。所以儒家的亲情孝道，就是建立在自然的原则基础之上。而道家呢，就是崇尚自然，"人法地，地法天，天法道，道法自然"嘛，最根本的就是自然的原则。所以儒家跟道家在这一点上完全一致，儒家的自然原则就是亲情孝道，就是血缘的原则、血缘关系的原则。血缘关系当然是自然的关系，它不是哪个造出来的，是通过"生养"。道家很崇尚生养，特别是老子《道德经》里面，到处都是，"一生二，二生三，三生万物"，"天下万物生于有，有生于无"，都讲这个生养。儒家和道家在自然原则上，在"生""生殖""繁殖"这一点上，他们有共同的出发点，所以他们都是从自然的原则出发的。

但是也有区别，就是说道家始终坚持自然的原则，自然生养的原则，不去作任何规范，自然而然就够了。父母生了你，你爱父母当然可以，他不反对，这是自然的嘛。但是你要把它立为一种规范——"礼"，道家就不愿意了，那就是人为的了。本来很自然的一种情感，你把它当作一种规范来看待，把它建立成一种制度，你违背了这个制度就要受到惩罚，你必须遵守这个制度，——这个道家就认为不对了，就不自然了。所以道家对儒家的攻击，就在于儒家不自然。自然的原则、血缘的原则，当然可以坚持，但是这个血缘的原则并不是人类社会政治体制的原则，而是大自然的原则。自然万物生生不已，生生不息，不断地生，天地阴阳不断地繁殖。不光是人类社会这样，禽兽也是这样的。牛群马群在这一点上跟人没有什么区别。你为什么要把这一点跟动物区别开来，就是因为你把它变成了一种制度，在动物那里没有。你把它变成了一种社会政治体制，就像给牛穿鼻子，给马钉铁掌，这都是不自然的。所以道家反对儒家就在这个方面。就是说儒家以自然血缘的关系为人类立了法，以自然为人立法。我们说康德是"人为自然界立法"，但儒家恰好是用自然的血缘关系为人立法，人就必须在这个法之下谨小慎微，按照这个法的规范亦步亦趋地去做。稍微违背一点都不行，它有一整套复杂的规定。所以儒家发展到后来，人们已经看出来，这是一套违背自然和违背人性的法制。到清代，戴震他们就提出来"以理杀人"。"天理"本来是自然的天理，但是用来杀人，就是你一旦把它固定化为一套礼法规范以后，就把人的本性扼杀了。

　　所以我觉得在当代中国，我们要在中国传统文化里面寻求一种资源，从里面开出现代化来，走儒家的路是行不通的。儒家的路子已经把自然的原则、道家自然的原则，固定化为一种僵化的东西、僵化的模式，一套既定的政治体制。所谓"内圣外王"，不光是"外王"成了政治体制，连"内圣"也成了一套扼杀人性的伦理道德。你不能越雷池一步，你要做到"内圣"，你就得"斗私批修"，就得放弃自己的个人权利，"君子言义而不言利"，你就得歪曲自己的本性，就得矫揉造作，你就得把所谓"做人"的道理作为自己的一个模型，把自己纳入进去。那么现代化能不能从这样一套模型里面开出来呢？我认为是不行的。它已经定型了，它已经过于定型。你现在怎么改？除非把那些模型重新拆掉，包括内圣的模式也要拆掉，不光是外王。很多人认为可以不要儒家的"外王"，但是可以保持儒家的"内圣"。内圣也是一个固定的模式，它根本不能适应我们今天市场经济的、发展的、现代化的这样一个社会，适应不了。所以我为什么对儒家花这么大的力气去关注去批判呢？主要就是在这一点，就是儒家学说已经暴露出来它跟现代化是格格不入的。那我们传统文化里面有没有什么资源能让我们从那里面走出来？因为中国人跟所有的人一样，都有共同的人性。这个西方人能做到的我们为什么不能做到？西方人发展到现代化了，我们为什么就没有资格享受现代化？这个是说不通的，在逻辑上是不可能的。我认为应该有，在中国传统资源里面也应该有。那么如何去寻求这种资源？我们必须回过头去，看我们最初是怎样从开始走到今天的陷阱里面来的。也就是要真正地寻根。那么我们刚才讲了半天其实就是在讲，儒家的根其实就在道家。如果要对儒家寻根的话，我们就要寻到道家。道家是中国文化中的"干细胞"，有可能拯救中国文化的绝症。

所以说从儒家里面要开出现代化的资源，笼统地讲是不行的，但是如果对儒家文化寻根的话，我觉得倒是可以。儒家文化里面有道家的因素，把这个因素提出来并且继续往前追，一直追到道家哲学里面去，那么可能就有这样一种可行性。那就要对道家的原则进行反思。道家的原则，我们刚才讲道家的现代化，它是破坏多于建设。但是正因为它破坏多于建设，所以我们可以利用它的破坏这一方面的力量，利用它瓦解的力量，就是把一切我们走过来的那些对我们今天构成障碍的各种既定的模式，把它瓦解掉，然后显露出它的真相来，解构掉以后显露出它的本色。显露出它的什么本色呢？就是道家哲学的精神，我们要追溯到它的精神，就是这个自然的原则。从自然原则再设想能不能从里面开出现代化来？当然这又回到原点了，自然的原则是道家哲学的原点，也就是中国文化的原点。这个原点是我们传统资源里面保留着的，甚至在西方传统文化里面，这种资源已被他们遗忘了，而我们可以在我们的传统文化里面，在道家哲学里面，寻求到它的原点，就是自然的原则。所以道家哲学的精神，我认为如果从本质上来看、来分析的话，它大体上可以归结为"自然"这两个字。但是这个"自然"我们要进行分析。你追溯到这一点呢，你就必须对它进行分析。你不能够就是把它接受下来，就是当我们日常讲这两个字、讲"自然"这个词的时候，模模糊糊地感到的那样一种东西，就接受下来，那是远远不够的，这里面有很多东西。"自然"这两个字里面有很多的内容，我们要对它加以分析。

西方人也讲自然。古希腊哲学里面一开始就讲"自然哲学"嘛。从古希腊开始的许多哲学家，他们的著作留下来的都是"论自然"。一直到后来，一直到柏拉图以后，也有论自然，但它已经不是哲学的主干了，它是附带的东西了。柏拉图、亚里士多德以后，这个"论自然"在哲学中才成了附属的部分，而主要的部分被本体论所取代了，被关于存在的学说取代了。但最早的时候都是论自然。所以"自然"这个概念在西方从古希腊开始，一直是他们讨论的问题。那么它跟道家的自然有什么区别呢？这里头我们要作更细致的分析。古希腊的自然概念跟道家的自然概念有相同之处，但也有很大区别，早期的希腊哲学家们在论自然里面所探讨的主要是一个主题，就是本原问题，自然的本原，有的译作自然的"始基"。什么是自然的本原或者始基？"始基"或"本原"这个词是从什么意思里面引出来的呢？从希腊字来看，arche 这个希腊字，本来的意思是"执政官"的意思。它有两个意思，一个是"本原"或者说"始基"，一个是"执政官"的意思。这是很有意思的事情：为什么"执政官"被看作本原？执政官是一个人啊。一个人为的东西被看作本原，看作自然的本原，就是因为这个东西导致了自然、决定了自然。所以他们的"论自然"，是在讨论、寻求自然之"所以然"。我们知道有自然，但是我们还要知其"所以然"，自然是何以形成的？他们要探讨这个东西。而当他们探讨这个东西的时候，他们追溯到一种人为的东西，一种社会性的东西，一种权力意志，"执政官"，是这个东西造成的。当然实际上他们的哲学归结为一种自然现象，比如说水啊、气啊、火啊这样一些东西。但是他们把这样一些东西都理解为一种造成的东西、一种能动性的东西，是它们"造成"了自然万物和各种现象。正因为像水啊气啊这些东西造成万物，但是它们本身又是万物之一，所以说到后来受到亚里士多德的质疑。什么质疑呢？就是说你讲的这些东西，水也好，气也好，本身就都还是自然界的现象嘛。那么它们要造出自然界的现象就有一个问题了，有一个什么问题呢？有一个动力问题。动力何在？或者说执政官的权力何在？他凭什么能够造成万物？所以在古希腊的"论自然"中，在它的"自然"概念里面呢，其实包含有一种"人为"的因素，有一种推动力的因素，相当于中国哲学里面的"或使说"的自然观。但是中国哲学后来并没有走这条路。就是说"自然"不是本来就在那里，不可追究的，而是可以追究的。自然是怎么形成起来的，是由谁把它造成的，是由谁构成的？这是西方人一开始探讨自然的时候就有的一个意思。

那么我们今天讲的这个西方的自然的概念呢，是自然科学意义上的概念，已经从古希腊的自然概念大大地发展了，但是它的根源还在古希腊的概念里面。就是说自然界是由一种什么样的力量造成的，它是按照什么样的原则造成的，而这个力量、这个原则，当然它也是自然，但是它跟它所造成的这个自然是不一样的。或者换句话说，西方的这个自然概念从一开始就有双重含义，一个是被造成的这个自然、自然界，我们所看到的这个自然界、自然万物、自然而然的东西。凡是自然而然的东西，没有人为去造成它的东西，不是由人为造成的东西，我们都把它称为"自然的"。在这一点上中西是共通的。老子的自然、道家的自然就是这个意思。不是人为造成的，自然无为嘛。自然是无为的，它就是已经在那里了，已经存在的东西。但是在西方的这个自然概念里面呢，它还要追究自然的"原因"。自然的原因何在？特别是在亚里士多德那里，要追究自然的"四因"。任何事物、任何自然物，它都有四种不同的原因，即质料因、形式因、致动因、目的因，它后面都有这些原因，那些原因也是"自然的"。所以西方的自然概念有一种分裂，有一种层次的分化，就是除了被造成的这个自然以外，还有一个更高的层次就是创造自然的自然。创造自然的自然跟这个一般的自然都是 nature，但是在拉丁语里面 nature 这个词，在中世纪分成两个，一个是"被自然创造的自然"，natura naturata；另一个是"创造自然的自然"，natura naturans。前一个是被自然所创造的自然，也就是说前一个是被动的，后一个是创造自然的自然，后一个是能动的。能动的那个自然更高，那就是神，这是从柏拉图来的。柏拉图在他的《蒂迈欧篇》里面已经提出来这样一种分化，层次的分化，就是说创造这个自然的那个"德穆革"，我们把它音译成"德穆革"，就是造物主，那个造物主也是自然。自然自己造成自己，那个造物主创造了自然，创造了自己，造物主是最高的自然。所以到中世纪就发展成这样的两个概念。一个是创造自然的自然，一个是被自然所创造的自然。

所以西方的这个自然的概念呢，它是分裂的，或者说有点类似于我们中国人所说的"天人相分"，当然它不是天和人了，它是创造者和被创造者相分，是自然内部的自我分化。而在中国的自然概念里面则没有这种分化。所以当我们谈到中国人的"自然"的时候，我们不要去想到这就是西方当代的自然科学所研究的那个自然对象，你不要这样去想。当我们谈到道家哲学的时候，它跟当代自然科学、现代自然科学所讲的那个自然是完全不一样的。现代自然科学的那个自然，它是经过人为的理性的规范提炼出了一整套规则，这些规则是人赋予的，然后用这套规则去规范自然之物，所形成的这样一个自然界。所以我们很多人讲，中国道家很早就有自然科学的思想了，这个完全是无稽之谈。连自然的概念，自然科学的自然概念都没有，怎么会有自然科学的思想呢？当然你可以说它里面包含有一些自然科学的"要素"，一些"因素"，那都可以说。但是你如果说那就是自然科学的思想，那是拔高了。当时道家的自然概念完全是一个天人合一的概念，人就在自然之中，是属于自然的一部分。人跟自然界没有什么区别，人不能创造自然界。相反是自然界生出了人，人是自然界生出来的，而自然界并不是人所创造的。自然界不是任何东西所创造的，包括它自己，自然界也不创造自然界自己，自然界只"生出"自己。自然界的最根本的原则就是生、生养、生殖，生殖不是创造，创造必须人为，必须有意为之。比如说像"执政官"，那就是创造。他有自由意志，我想干这个，我想干那个。我可以把这个自然界规划成这个样子，也可以规划成那个样子。这取决于执政官的权力意志。但是在道家的自然概念里面没有这个层次，他是通过生养，生养还是自然的，绝对没有对自然的一种超越。

所以在道家的这个自然概念里面呢，精神和物质是浑然一体的，没有分化。如果说儒家讲天人合一，那么道家讲的是天人未分。道家强调天人未分，儒家强调天人合一。为什么呢？因为儒家已经把天人分开了。他首先把自然的原则当作一种社会制度，作了规定，那不是分了吗？你要把它规定下来，你必须有人为的因素，你就有做作的因素，这是道家所不满意的。但是儒家最后还是要归于天人合一，就是说我这样还是为了回复自然本性，回复自然天道的秩序。我这还是为了自然着想，而不是人为地去规定什么东西，还是按照自然本身的秩序去规定自然嘛。这个是儒家宋明理学，特别是理学三教合一的时候，强调的天人合一。三教合流，儒道佛三教合流，他们吸收了道家的东西以后呢，认为并没有违背道家的原则。相反他们认为道家的原则是不满足的，如果没有儒家的这套政治体制，那人类就彻底堕落了。但是儒家把这套政治体制建立起来并不是违背人性的，并不是违背人的自然本性的，恰好是实现人的自然本性的。因为人的自然本性就是有秩序，他跟动物不同，跟牛群马群不同就在于有礼法规范。他能够知道人是相分的，人是有他的本分的，人在这个礼教的体制里面有他的位置，有他所分得的位置，人能够守住他在这个体系中的本分，所以荀子特别强调这个"分"，"分类"的"分"啊，人群跟牛群马群不同就在于这个分。人有分，所以人就有礼。礼也就是分，礼把人分成不同的层次，有君臣，有父子，有夫妇，有这样一些名分嘛。人可以守住他自己的名分，这是跟动物不一样的地方，比动物高级的地方。但是这个分还是自然天定的，归根结底是按照血缘关系来定的。血缘关系就是自然天定的，他只不过是比动物那样一种完全自然的状态要稍微复杂一点，这个最后还是要归于天人合一。

所以道家跟儒家不同，他要更彻底一些，你不要讲什么天人合一，一开始就不应该分，所以最好是回到天人未分的状态。你一分，要再回去，就回不去了。像庄子所讲的，"混沌"本来没有眼睛、没有嘴巴、没有鼻子，后来南方之神和北方之神就在一起商量，我们能不能把他的眼睛、鼻子、嘴巴打开？于是就给他打开，打开了以后混沌就死了，就再没有天真了，人类就再也没有天真了，宇宙也再也没有本相了，宇宙的本色就被扭曲了。所以最好是保持混沌，道家理想的自然状态就是混沌状态。这个混沌当然首先是精神和物质的浑然一体，无知无识，道家是反对知识的。"人生也有涯，而知也无涯，以有涯随无涯，殆已。"你不要去追求那么多知识，你追求不到，干脆不要去追求。大智若愚，那才是真人，没有什么知识最好，这就不会导致天人相分嘛。所以道家反对任何的强行分割。你一分割，把天理人欲一分开，把人的自然本性和礼法、政治体制分开，存天理，灭人欲，那人还是人吗？那人就已经变得不是人了。所以在道家心目中，自然和人是亲近的，是统一的，人本身是自然的人，像婴儿一样。而自然呢？又是人性的，自然不是西方自然科学眼睛里面的那个自然界，那个自然界是跟人对立的，我们人要控制它，要宰割它，要掌握它，要让它为自己服务。道家是坚决反对这个的。道家心目中的自然界是亲切的，是跟人相容的，人可以与天地精神相往来，"独与天地精神往来"。我跟大自然打交道，那是最愉快的，大自然没有机心，大自然一切都是那么朴实，都摆在你面前，那样的美，合乎人性。合乎人性即是合乎人的自然性，它跟人相互之间是一种亲切的关系。所以这一点对于西方现代很多哲学家有一种魅力，道家哲学有一种魅力。像海德格尔曾经有一段时间还想与萧师毅一起翻译老子的《道德经》，就是由此受到感动、受到吸引。但是他其实并不了解道家哲学到底它的真谛何在，他只是一种表面的感动。

那么道家哲学中，人与自然之间的这样一种本原的和谐，本来是人类的理想，人就是想要回到和大自然合一嘛。但是道家对这种合一有一种特殊的理解。这种天人合一、天人未分的状态，它有一种特殊的理解，就是说人不要从这个自然界里面走出来，你一走出来就相分了。所以你最好不要走出来，你睡在大自然的怀抱里面。鲁迅当年说一屋子里的人都睡着了，是不是要唤醒他们呢？最好不要唤醒他们，让他们安乐死。道家就是这个观点，就是说人睡得好好的，你干嘛要唤醒他呢？他正在做美梦，然后死了，那不是挺幸福的吗？所以人不要从自然界里面走出来，这就达到了人和自然的融洽了。天人合一就在这里。这个跟西方人讲的那个人跟大自然的统一还不一样，跟儒家讲的也不一样，儒家也讲人跟大自然最后的统一，但是人要操纵大自然。儒家讲天人相分然后再达到天人合一。西方人也讲天人合一，西方人并不是讲不合一啊，西方所有的哲学家几乎都爱强调这一点，就是人要和自然界合一，但是合一到什么地方去呢？在上帝那里。在上帝那里达到了一个更高层次的合一。这个时候，人的人格已经立起来了，人已经是精神的了，是非自然的了。那么自然界在这个时候跟人合一呢，它是作为人的一个环节的合一。自然和人合一，人把自然界统一进来了，它不是把人消融在自然界里。儒家和道家的合一都是把人消融在自然界里，最终是要把人消融掉。而西方的这个天人合一，往往是通过上帝，上帝在后面支撑着人的精神，上帝是人的精神支柱，它使人能够立起来，然后把自然界当作上帝或者人的一个环节，为人所用。自然界是为了人的，并不是人为了自然界的，有这么一种结构关系，这个是完全不一样的。我们经常讲，中国人讲天人合一，西方人讲天人相分，不对。中国人也有讲天人相分的，像儒家，像法家，都讲天人相分，当然也讲天人合一。西方人也讲天人合一，上帝就是为了天人合一。马克思最后讲自然和人的统一，自然主义就是人本主义，怎么不是讲天人合一？基督教就讲天人合一，最后有上帝的审判。在康德那里，上帝把自然界安排得适合于人的发展，最后是德福一致。这是他们讲的天人合一，就是"天意"。天意把自然界安排得适合于人,特别是适合于人的道德,这样一种天人合一。天人合一本来是人和人类社会向往的理想境界。

当然像道家哲学讲的天人合一在我们今天看来已经不够理想了,但是从终极的意义上讲呢,也可以看作一种理想,就是说你把人的发展从终极这个意义上看,最后人是要回归大自然的。但是道家的毛病就在这个地方,他想把一种终极的理想直接用来充当现实的原则,用来指导我们的生活,那就出毛病了,出问题了。你把人类的这种终极的理想当作现实的原则,那你就只有避世了。只有跳过了现实,只有避世,在这个世界上你不能生活的。一个人真正地按照这个原则生活,是不能生存的,他不能见容于他所生活的那个社会。在古代一直都是这样,真正的、彻底的道家信徒,他就只有到深山老林里面去,住到山上道观里面去,与世隔绝,不食人间烟火,餐风饮露,他们通过打坐、辟谷,可以一年甚至两年不吃东西,如果能够做到这一点,那当然好了。如果所有人都能做到这一点,那就没有任何矛盾了,那是一种多么幸福的境界,实际上做不到的。所以道家的这样一种理想,虽然讲到要返归自然,但是这种自然并不具有一种真正的超越性,它只能够使我们在社会生活中陷入一种困境,你到处碰壁。你想做一个真人,你想说真话,你想不说假话,你想到处露出你的真实的本性,是没有人能够容你的,你把人家的秘密都揭穿了,把自己的本性也暴露了,看人家不治你!所以这样的人除了隐居世外,没别的办法。

当然在佛教禅宗以后还有一个办法,就是遁入内心,使自己变成双重人格。我在现实生活中间,我跟所有的人一样,我是个俗人,但是我的内心是很清高的。我看得很清楚,我知道这些人都在瞎闹,我也跟着他们一起闹,但是我自己的内心很清白。这个禅宗佛教出来以后呢,就讲到隐居生活啊,不一定要到山里面去隐居,"大隐隐于市"嘛,甚至大隐可以"隐于朝"。我做官,我可以做到宰相,但是我是个隐士。为什么呢?我心里面是个隐士,你不知道我心里面是怎么想的,你以为我一心想求的是这个官位，其实我已经把这个官位看得无所谓了，身外之物。我不做官了，照样地无所谓，像那个《宰相刘罗锅》里面的刘墉，他不做宰相了，跟那些小孩一起，跟他们玩弹子，他的内心觉得这个时候才是最愉快的，才是他的本色，这叫作大隐隐于朝。还有像苏轼，很多当大官的，都是这样。而这种隐居实际上是对社会的一种逃避或者拒绝。你表面上没有拒绝，但是你内心已经拒绝了，你建立起你的双重人格，甚至多重人格，自己都不知道自己到底是谁了。所以这是对人性的一种摧残，人格本来是统一的，显出你是一个人嘛。你双重人格、多重人格，人家谁知道你是哪一个呢？你是你表面的那一个，还是内心的那一个呢？或者你内心的那一个人恰好是表面的那一个。有的人就标榜，我的内心就很崇高，尽管我贪污了，尽管我是个贪官，但是我内心其实很清高的。人家就不相信了，到底你讲的那个内心是你的面具，还是这个贪官是你的面具？恐怕你自己也搞不清楚。实际上是陷入一种人格分裂，中国人在这种思想支配之下，往往有一种人格分裂。就是说他自己也搞不清楚他究竟是谁，没有人格的统一性，他都是随着处境的不同而不断地改换面具，变来变去，所谓变色龙。一个变色龙式的人物，你怎么能对他作判断呢？这是个什么人，很难说，这个人很难说，这个人很复杂，我们通常都这样讲。在中国，要成大器，一个人要干出一番事业，他就必须要很复杂，他就必须要有很深的城府，谁也摸不清他内心究竟是怎么想的，包括他自己。他自己也搞不清自己究竟是谁。

所以这样一种隐居生活，包括内心的隐居，从根本上来说，是一种非人的生活方式，它已经不是人性本来应该有的生活方式。这种自然的原则在这种情况下其实是对人性的一种压抑，导致了我们传统的文化心理或者国民性的一种自欺的结构。这样一种自欺，自我欺瞒，自我逃避，这样一种隐秘的结构，就是一种阿Q精神，阿Q精神就是这样一种典型的自欺结构。自欺到最后他自己不知道他是谁，自己到底是哪一个。所以道家哲学的自然的原则，我们最终会追溯到这个原则，我们就发现它作为一个终极的原则，有它致命的弊病。但是这个原则是不可抛弃的，人类的理想就是要回到自然，或者说就是要把自然返回给人。马克思在他的早期手稿里面到处谈的都是这个问题，什么时候能够把自然还回给人，使自然主义和人本主义统一起来。所谓的资本主义、异化，所谓的私有制，它的弊病就在这个地方，就是把人和自然隔开了，自然成为了某某人的财产。当自然界成为某个人的财产的时候，它原则上就跟人对立起来了，任何自然界就和人对立了，包括那些财产的拥有者，他所拥有的那些财产也成为了支配他的强大的力量，跟他对立。他被他的财产压垮，他被他的财产所扭曲，他的人格被他的财产所毁灭，资本家就是这样。你也许不能说他是坏人，但是由于他有巨大的财产，他必须要维护这些财产，金钱拜物教嘛，财产就是他的神，他必须听它的命令，所以人跟自然界在这种情况下属于一种外在对立的状态。马克思所设想的未来共产主义就是要把自然界重新还回给人，那就要取消私有制。所以人和自然的统一本来是一种理想、人类的理想。那么老庄哲学，从古代中国的发源地就已经预见到了这一点，所以我们说中国文化早熟啊。他一开始就预见到了终结、预见到了终点，人类最终是要回到这里来的。但是由于老子庄子他们太过于聪明，聪明过度了，就是说我已经看到终点了，所以这中间我都不在乎，中间的都可以不过了，我就停在这个终点上面。人类终究要回到我这里来，我就静观啊，"夫物芸芸，各复归其根"，"吾以观其复"，就是说芸芸众生在那里，变化争斗，变来变去，生生不已，我坐在那里静观，看它的结果。看到最后，我就笑到最后了，你们最后还是回到我这里来了。

　　韩少功的《马桥辞典》里面就有一个叫马鸣的，他不住在村子里面，他住在山洞里头，吃山上的蚯蚓，然后他不介入任何政治运动，你拿他没办法，他就是不参与。什么"文革"啊、"四清"啊，他都不参与。最后就他最干净，他没有害过人。所有的人都害过别人，互相压迫，你害我我害你，有的人被迫害死了，有的人迫害人家最后自己发了疯，只有他还干干净净。他保持了他的一身清白，他问心无愧，他在这个社会之外，所以他笑到最后。这个韩少功就感叹了，只有这样的人才保持了他的一身清白，这个人虽然我们看他是个疯子，不食人间烟火，好像他吃了很多亏，人家争得的那些利益他都不要，但是呢，实际上他最聪明。这就是道家的代表，道家思想的代表。但这样一个起点，我们今天要对它加以分析，就是说这样一个道家人格，受不了社会对人性的扭曲，宁可受自然的一种扭曲，隐姓埋名，就当没有我这个人，像动物一样过完自己的一生，这其实并不值得羡慕。当然在"文革"中，这不失为一个权宜之计。过去时代你可以逃到深山老林里面去，脱离这个社会，你可以当一个动物；可是在今天，你不可能逃到深山老林里面去，原始森林里面都有人去过了，都有人去旅游、去观光，你没办法逃了，你无处可逃。南极那是生活不了的地方，喜马拉雅山上那也生活不了。凡是人能生活的地方都有人去了。当代你只能生活在社会里面，你如果按照禅宗的那种方法，大隐隐于市、隐于朝、隐于内心，那就是对人性的歪曲，我们今天显然不能把我们的人格建立在这个上面，来发展我们中国的现代化。

好，我们刚才对道家、儒家、法家和现代化的关系，以及和西方的自然原则的关系，进行了一种分析，我们把这个关系已经阐明了。那么现在我们下一步谈一谈应该怎么做？道家哲学的改造，我们已经做了第一步，我们已经返回到传统文化的根。所谓的寻根文学，不管是韩少功也好、王朔也好、张承志也好、张炜也好，还是张贤亮也好，他们都是在寻根。那我们现在把根找到了，就是道家的自然原则。我们现在要做的就是：从这个道家的根里面、从这个自然原则里面发展出一种新型的思想，来适应于我们今天的时代，这就是道家哲学的改造，包括道家人格的构造。我今天提出的这个任务应该说已经迫在眉睫，当然它不是一个短期的任务，应该说是一个历史时代的、长期的任务。所以我在1995年的时候，曾经有这样的一种提法，就是要建立一种"新道家"。当时新儒家比较通行，20世纪90年代是他们很得意的时代，那时候新儒家刚刚从海外传进来，很新鲜，大家都眼前一亮，觉得儒家好像可以更新，可以从儒家学说里面开出现代化来，有这样一种希望和信心。那么当时我就提出来，就是说恐怕新道家更可取，当然我也没有做这个工作，后来我自己做了些别的事情，新道家呢，我也没把它发挥。当时是有一些人，比如说萧萐父先生，以及他的几个弟子啊，他们认同这种说法，而且他们好像也对这方面抱有一定希望。就是说"新道家"只是一个口号，当然也不是我提出来的，也有很多人像陈鼓应啊，他们都在提这个东西。可新道家这个提法并没有真正地建立起什么新的原则，包括陈鼓应在内。陈鼓应用尼采、萨特的存在主义对庄子加以解释，我认为是不成功的。他对庄子和老子的研究，当时我是很佩服的，但是如何用一种现代的东西去解读，我认为并没有做到他理想的成就。但是我也不反对新道家这个提法，我认为新道家如果要真正地建立起来的话，它"新"在什么地方，我们要加以考虑。一个什么样的道家思想才能够是"新的"道家思想？

我认为新道家要真正地更新，必须建立在对旧道家批判的基础之上。这个传统文化的发展必须要建立在它的自我批判之上，只有批判才能发展，这是我的一个基本原则，我在很多地方都讲过这个原则。也就是说要通过旧道家的自我否定来推动自己的理论。旧道家就是以老庄为代表的那种道家思想，具体来说就是他们的自然原则。自然的原则要经过自我否定、自我批判，来把自己的"自然"的内涵提高到一个更加具体、更加丰富、更加有结构的层次。原来的这个自然原则，道家的自然原则是没有结构的，它就是一个出发点，新道家是认可的。道法自然，一生二，二生三，三生万物，自然界就是那样的。但是，这样一个自然的原则必须要达到一种自我否定，也就是道家的原则必须要达到一种自我意识。自我意识首先是一个自我否定的意识。道家应该意识到自己的极限、自己的限度，就是自然的原则。而意识到自己的限度就已经超出限度了，黑格尔有这样一句话：当我们意识到限制的时候，我们就已经超出限制了。你知道这个是限度，当然你就已经超出限度了，你就已经展望到界限之外了，否则你怎么会知道这是限度呢？所以道家哲学一旦意识到自己的自然的原则是它的限度，那么它就意识到了自身的局限性；一旦意识到了局限性，那么它就会有一种内在的冲动，要超越它自己的这样一个原则。当它意识到自己的原则的时候，就会想一想还有什么别的可能呢？如果它连这个原则都没意识到，那它就是混沌一片。长期以来我们对道家的研究也是这样的，不知道怎么概括它，有的人概括为"道"，有的人概括为"天地""无为"，或者别的什么东西。但是一旦它意识到所有这一切根本上是自然原则的一种体现，那么它就会有一种考虑：除了自然原则还可能有别的什么原则呢？道家在诸子百家里面，成为一家是凭什么？你跟别的原则不同之处在什么地方？当你意识到自然原则的时候你就会这么考虑。就是说除了自然原则之外还可能有别的什么原则。那么你就要去思考它的对立的原则，与自然原则完全不同的原则。

那么这个对立的原则是什么原则？显然是人为的原则。与自然对立的就是非自然。非自然是什么呢？就是人为。人为是什么呢？就是非自然，你做作，你矫饰，你矫揉造作，那当然就是非自然了。所以与自然的原则相对立的原则恰好就是人的原则。强调人，强调人的能动性，强调人的创造性，强调人的意志、权力意志、自由意志，人去把它做出来。而真正的人的原则，如果把它和自然原则分离开来看的话，那它就只能是个体的精神的原则。人的原则我们也讲了，儒家也讲人的原则，但是儒家的人的原则为什么跟自然的原则分不开呢？因为儒家的原则不是个体的原则，它是群体的原则。当你把人看作群体的时候，你就没有跟自然划分开：人是家庭的，人是种族的，我们是炎黄子孙，是这样一个群体，那么你还是从血缘的角度来看人，从自然的原则来看人。人的原则在儒家那里并没有和自然的原则截然对立起来。和自然的原则截然对立起来的只能是个体的原则，而且只能是精神的原则。如果个体的原则是肉体的原则，那它还是自然的原则。精神的个体原则才是非自然的原则，因为自然界本来是没有精神的，人才有精神。所以你要把人的原则和自然的原则对立起来，那你就必须考虑这个人的原则必须是个体的原则，同时必须是精神的原则。这两方面都要有，如果你连个体的原则都不是，那你就很难跟自然界划分开来。人首先是一个个体，人为什么是一个个体？就是因为他有他的灵魂，他是精神的，人有人的精神。人的肉体是父母生的，但是人的精神并不是父母生的。基督教讲我的身体是父母生的，但是我的精神是上帝给的。我的精神就是精神给的，这就使你独立出来了，从自然界彻底独立出来了。当然道家也提出过一种类似于个体精神的原则，比如说"独与天地精神往来"，《庄子》里面讲这个，但是这个精神并不是真正的精神生活。不是说在你的个体的精神里面可以去追求精神的价值，比如说真善美这样的精神价值。庄子这个精神就是要放弃，通过放弃你的自由意志、你的执着，通过"心斋""坐忘"，放弃一切欲望，才能够独与天地精神往来。你放弃你自己的追求，把自己融化于自然界里面，这样一来你就与天地精神相往来了。这个"独"是与社会相对而言的。你自己一个人跑到大自然里面去，跑到山林里面去，去跟天地打交道，跟天地精神打交道，实际上就是超越于世俗社会之上，这就是道家的清高的一面了。你跟世俗社会、跟他人不相掺和，但是由于你放弃了你的自由意志，放弃了你想干一件事情这样一种欲望，而是伴随着天地精神一起，将整个自身融化于自然之中，所以归根结底呢，并没有摆脱大自然对人性、对人格的吞并。道家并不具有那样一种个人人格内在的精神的封闭性。

所谓人格就是面具嘛。一个人要有人格就要有一种封闭性，用面具把自己遮挡起来，跟外界隔离开来，不管是跟社会还是跟自然，要隔离开来，然后你才有一个内心的精神世界。只有当你把自己隔绝开来，用面具把自己隔离开来、封闭起来，你才能有自己真正的内心生活。你如果把面具去掉，对他人或者大自然敞开、和他融为一体，那你怎么可能有精神生活呢？你所有的精神生活都是由外界的影响所导致的，要么是由其他人的影响所导致的，要么是由自然界的影响所导致的。你的内心生活只不过是大自然的影响的一种反映而已。所以庄子所讲的独与天地精神相往来，并不具有摆脱自然界的真正的独立的人格，并不具有一种独立的个体性。虽然他讲"独"，这个独只是对社会而言的，对他人而言的。"我独"，但是当我"独"

的时候我就跟大自然融为一体了。所以真正"独"的不是你，而是大自然，你并没有独，你在大自然中感到亲切、感到安慰，大自然、山川、树木、河流、日月都在安慰你，在跟你做伴，你独什么呢？对于他人来说、对于社会来说，你独立了，但是对于大自然来说呢，你并没有独立，你就是大自然的一分子。所以这样一种"独"只是一种自欺性的个体。我现在已经独立了，我跟其他人不来往了，其他人要见我很难啊，你要见我的话，你要爬很长很长的山路，在山上你也见不到我，你只见到我的童子，我的童子把你领到我家里去，我不在家，师父已经出去了。很多故事就是描述这种真正得道的仙人的。他们具有这样一种个性，具有这样一种独立的个性，但是这种独立的个性并不是真正独立的，在精神上他是依赖于大自然的。仙人也并没有创造出什么了不得的精神产品来。但是中国人很向往这种东西，觉得这是高人，这才是"真人"，所以它具有一种自欺性。

这种个体性精神实质上是一种"天地精神"，是自然精神，天地自然都是有精神的，天地自然跟人是融洽的。我们刚才讲了，在道家的心目中，那个所谓的自然并不是自然科学里面的非人的自然，并不是自然科学里面所研究、牛顿物理学所讲的原子、分子，那是无情的自然，那是跟人相分的自然。但是道家心目中的自然，那是很美的。我们在《庄子》的很多寓言、很多散文里面，看到的那个自然是非常亲切的、非常美好的，是"天地有大美而不言"的那种自然。所以它是带有一种精神性的，带有自然精神，精神和物质不分嘛。自然界的物质不是纯物质，它带有精神；但是任何精神都不是纯精神，它都是物质的：这就是中国人对精神和物质的一种特有的看法，所谓天人合一的看法。在中国传统哲学里没有纯精神也没有纯物质，所以没有纯自然，也没有纯粹的精神生活，都是带有物质性的、带有自然性的精神生活。所以我们可以说在道家哲学里面，以及在整个中国传统哲学里面，真正的个体精神的原则并没有独立起来，并没有确立起来。当然你要追究它的原因，可以追究到中国几千年的自然经济，自然经济的社会现实导致了我们中国人体会不到那种真正的个体的精神生活，分配在每个人的个体里面、个人的那种精神生活、那种精神追求。比如我就追求精神、追求真理；我是个科学家，我去追求真理；我是个艺术家，我去探讨美；我信宗教，我就去追求上帝，其他的一概不管，不是为了治国平天下，也不是为了达到什么现实的目的、世俗的目的，这种精神在中国是没有的。因为在中国历来是自然经济，我们的一切精神生活都是为了最终维护这个自然经济，在自然经济的前提之下达到安居乐业，每户人家都达到小康或者温饱，这个是我们的理想。我们的"精神"理想无非是这个，落实到现实日用的层面就是这个东西，再没有更高的追求。

　　但是当今的市场经济如果要健全发展，要求我们有一种真正的个体的精神，要求我们建立起个体精神作为我们当代意识形态的一个前提。市场经济的原则就是个体的原则，而且这个个体，不是动物性的，而是社会性的，那么这个社会性的个体，必须是有原则的。这个原则本身是一种法制的原则，但是它的后面是一种精神的原则、道德的原则，所以它要求有个体精神的确立。鲁迅当年提出，"首在立人，人立而后凡事举"，最根本的要务，我们现在先要把人立起来，把人的个体精神立起来，这个东西立起来了，其他的东西才能畅行无阻。你没有精神的个体，那么市场经济没有办法。我们今天讲诚信，什么叫诚信？你以为看几本儒家的经典，读一点《三字经》就有诚信了？那都是假的，并不是真正的诚信，是坚持不住的。你认为应当这样，但是你一旦看到别人不这样，你马上就跟着跑了，就跟着人家一起去犯罪了。真正的诚信必须建立在一种道德的精神生活之上。"别人那样做，我也不那样做。"康德讲为道德而道德，当然他讲的有点极端，但是实际上一个人要有道德必须有他自己的自由意志、一种精神生活、一种纯精神生活，不是为了取信于民、治国平天下，而只是为了完成自己的人格。有这方面的考虑，法制社会才有基础。资本主义就是建立在这样一种考虑之上的。比如说新教，马克斯·韦伯讲新教伦理跟资本主义精神有一种内在的联系。新教伦理就是把人的个体精神建立起来。那种诚信是发自内心的，这就是我的原则，我不管人家怎么样。我们有人到德国去跟德国教授做博士，然后从国内带了几张盗版的光盘送给那个教授，人家勃然大怒："你把我看成什么人了！"几乎要把他扭送到警察局去。他是出自内心的，他并不是像我们中国人那样，我不喜欢可以不要它，也用不着伤和气嘛，因为中国人不讲原则，不认为这是个原则问题，他只是认为这一次做得不太妥当。但是德国人是讲原则的，德国人是新教徒嘛，他认为这触犯了他的原则，触犯了他安身立命之本。

这才是市场经济、我们的现代化所要求的一种人格结构，这种个体，不是说向社会共同体展示他的赤诚。我们讲仁，讲做人要厚道，讲这个诚，诚心诚意，我们现在缺乏的就是这个诚心啊。我们所理解的诚心就是向所有人展示我们的诚心，是一个社会性的、人际关系性的，也就是儒家的那个仁义道德。儒家的诚就是向整个社会敞开自己的心扉，你看我是多么诚，是一种标榜。真正的个体的诚不是像儒家那样，向整个社会敞开，他是他自己的原则，甚至于是他的隐私，他不让人知道。我心诚，但是不一定要让人家知道，而且我有意不让人家知道。我是个好人，但是我并不标榜。你要说我是个坏人也可以，我也不生气。我们按照等价原则办事，坏人也按照等价原则办事，要公平嘛。都是要公平，不管你是好人还是坏人，在这一点上没有区别。你是出于诚心诚意的公平还是出于算计的公平，这个不管，只要他是公平的，我们就应该鼓励，我们不必去追究他的动机，每个人的动机只有他自己负责。我要说出来我是诚心诚意、没有私心的，在西方人听来就有点虚伪了，你诚心诚意的为什么要说出来呢？你不必说出来，没有人要求你诚心诚意嘛，并不要求你每个人都诚心诚意，你又不是圣人。何况你自己也不见得就知道你是诚心诚意的。你能够知道你自己是诚心诚意的吗？你知道你背后就没有弗洛伊德所说的潜意识？这是西方人一个很悠久的传统，就是说人不见得能把握自己，人不见得能了解自己。你把你对自己的了解公之于众，那只会被理解为哗众取宠，你最好不要说出来，人家对你没有兴趣，那是你的隐私。你哪怕满脑子犯罪思想也不要紧嘛，只要你不做出来，你不要说出来嘛，这就是真正的诚。诚信，诚是体现在信上面的，就是你言而有信，你就诚了。你说几月几号之前你付账，你兑现、你做到了就够了，这就是诚信。不是说向所有人敞开你内心怎么想的，像我们有些记者去采访时说："你当时是怎么想的啊？你是不是想到了国家利益啊？"诱导他说假话，他不这样说还不行。你要是说出不好的、难听的话来，那当然就上不了电视了。

所以说中国人的这种"诚"是面向所有人敞开的，好像我们没有任何隐私了，其实是不真实的。道家的"赤诚"则是对大自然展示出来，把自己融化于、投身于大自然里面，像一个儿童那样。儿童在大自然里面，那是手舞足蹈，没有任何拘束，想怎么样就怎么样，这是一种童心。真正的市场经济要求的不是那样一种童心，而是成人的一种心态，要有人格，要有原则，不是为所欲为。你有自己的原则，有自己独立的人格和封闭的精神世界，那么你的选择、你的判断都是立足于你这样一个封闭的人格而做出来的，不管它对自然还是对社会现实，要采取一种自由意志的行动，都是出自你的这个基点，出自你的独立人格。这一点在西方是有传统的，从古希腊的苏格拉底就提出来"照顾你的心灵"。每个人要照顾自己的心灵，你的心灵是你的事，你对你自己的心灵有责任，并不是对社会有责任。对社会当然也有责任，但首先是对你自己有责任。你完成了你自己的责任，就完成了社会的责任，社会就是由这些人组成的嘛。每个人完成自己的心灵的责任，那社会不是挺好的吗？所以从古希腊的哲人们以来已经树立起一种个体的人格。近代比如说笛卡尔提出的"我思故我在"，康德提出的"人为自然界立法"以及"道德自律"，"头上的星空和心中的道德律"，这两样东西是激动人心的，是值得我们去追求的。这都表现了个体精神，封闭的独立的个体精神。在西方哲学中，这一传统源远流长，所以西方人在近代才实现了所谓市场经济、民主法治等这样一些现代化的价值。它是有根源的，而不是凭空建立的，为什么恰好就在西方社会里面实现了、率先进入了现代化呢？为什么不是在非洲或者在印第安人那里，或者在澳洲的土著那里出现？为什么没有在中国率先实现？那都是因为这种现代化必须有它的基础、它的前提。这个前提不是一下子从天上掉下来的，是经过了几千年的发展，通过古希腊一直发展起来的这样一个传统。这在当时可能并不一定是他们的优势，比如说在古希腊，可能是他们的劣势。古希腊就是因为他们坚持民主制所以后来衰亡了，被罗马帝国吞并了，到了中世纪没落了。但是在现代，在特定的条件下，这些原则显出了它的优势。我们中国的儒家道家在古代有优势，你可以说比古希腊的原则在古代更能体现出优势，但是在现代不是。所以我讲这个文化不能一概而论，说那个文化就差一些，这个文化就强一些、就优越一些，不能这样说。但是在某一个特定的问题上，特定的时代，确实体现出一种文化它有强势，而另外一种文化处于弱势。那么处于弱势的时候我们就应该反思，应该吸取强势文化里面使它们达到强势的要素。

西方哲学由于有这样的传统，所以他们对自然的理解是双重的，一个是创造自然的自然，一个是被自然创造的自然。那么在这种双重的自然结构里面，他们发展出了个体精神、个体的能动性、个体的创造性，推崇个体的自由意志。尼采讲的权力意志其实也反映了这样一种个体意志、个体的自由意志。那么从这方面可以吸取哪些东西，为我们改造道家哲学提供一些参考？道家哲学所讲的自然历来是不被任何东西所造成的、自然而然的那个自然。在《庄子》里面提出来两种说法，"或使"和"莫为"，我们上次也谈到了"或使说"和"莫为说"，就是问自然是被创造出来的呢，还是没有人去创造它？最后胜利者是"莫为说"，就是没有什么东西创造它，它就是自然而然的。它本身也不是创造，自然界本身也不创造任何东西，它只是生养，它只是生出别的东西，而不创造别的东西。万物之母啊，有物混成、先天地生啊，这样一些说法都是指的一种生殖和生养。生殖和生养仍然是自然行为，而不是创造行为，更不是人为的行为。只有那种自由意志的创造才谈得上是真正的创造。因为自然界没有人为嘛，人做出来的东西都是自然界没有的。我们今天看到的飞机、宇宙飞船、电视、电脑这些东西，都是人搞出来的东西，这才是创造。你要自然界生出一台电脑来，它是生不出来的。它只能够生出自然界的事物，马就生出马，人就生出人，一棵树的种子长大了还是一棵树，当然它有变化，但是这些变化仍然是属于自然变化。所以真正的创造行为是一种非自然的行为。意志行为是一种非自然的行为，是自然界没有的。只有这种创造才谈得上真正的能动性和自由。我们上次讲的"莫为说"，就是自然而生，自然而动，自然是自生的，这是不是一种能动性？很多人都把它误以为是一种能动性、创造性，自然好像在进行能动的创造，好像在自发地产生出运动来，其实都是一种误解。无非都是自然的过程，不管自生、自动还是自为，都是自然无为的。所以道家的第一原则就是自然，而且是非创造性非人为意义上的自然。道家原则，我们刚才讲到它是自然原则，现在我们可以补充，这个自然的原则就是非人为性的原则、非创造性的原则，它没有什么创造性。一切产生、一切行动、一切有为都被归结为自然而生、自然而动、无为而为，都被归结为非创造性。所以道家原则，我们要从里面加以改造，把道家原则从内部加以改造。

　　如何改造？我们必须从道家原则出发，进入自我否定和自我超越。从道家的原则出发对它进行一种自我否定。如何自我否定？就是使它体现为一种超自然的自然、创造自然的自然，使它形成自己的结构，通过它的自我否定形成一个层次不同的结构。自然本身要分裂，你首先不讲天人合一，至少你这个天本身应该相分，天和天要相分。要把天分开来，要把自然分开成两个层次，一个是自然的层次，一个是创造自然的自然的层次。当然这两个层次实际上已经是天人相分了，已经是天人真正的相分了。因为人从自然界来，但是人又超越了自然。人本来是自然物，但是人又超越了自然，这个超越自然不是外来的，而就是自然本身的自我超越，这还是道家原则，我们并没有违背道家的自然原则。所以我讲是对道家哲学的"改造"，而不是对道家哲学的排斥或者抛弃。就是说人从自然界产生出来，人为的原则仍然是一种自然的原则，只不过层次更高而已。自然的原则本身分为两个层次，那么创造自然的自然本来只能够体现在人的自由意志身上，只有人的自由意志——我们不讲神啊，在西方通过讲神的自由意志来提出创造自然的自然，但是我们中国人没有神的信仰，我们还是把它归结为人的自由意志——它才是创造自然的自然。但是它本身又是从自然生发出来的，它本来还是自然的原则，或者说，它才真正是自然的原则。人为的原则才真正是自然的原则，这个就跟道家完全不同了，道家是说自然的原则就是非人为的原则。但是我们从道家的原则出发往前跨一步：只有人为的原则才真正是自然的原则。你按照道家的那种自然的原则，那人为的原则都是不自然的，那在道家看来人只有回到动物，什么也不干，那才是自然的。但是你试试看，如果你什么都不干，回复到你的本能，我们就说这个人不自然了。这个人自然而然地就有他的发展，他就要从婴儿长成大人、长成成人，然后随着年龄的增加，经验越来越丰富，最后走向老，最后走向死，这才是自然过程。一个人的自然过程应该是从婴儿、儿童、少年、青年、成人、老年，最后到死亡，这本来是自然过程。但是按照道家的说法，人不要长大，人长大了还要回归于婴儿，那不是太不自然了吗？所以道家的那种自然原则，如果它不进行自我否定的话，它必然导致一种对自然的歪曲、一种不自然的原则，导致一种不自然，道家就把自己的原则摧毁了。复归于婴儿怎么是自然呢，婴儿就是婴儿嘛，成人就应该是成人嘛，你要成人复归于婴儿，老人要复归于婴儿，那就是老顽童了，老顽童难道是自然的？这个《二十四孝》里面，"老莱子娱亲"，老莱子就是老子，老子七十多岁了，在地上打滚装小儿，逗他的九十多岁的父亲乐，那难道是自然的吗？看着都恶心！七十多岁了，穿着花衣服在地上，手里拿着拨浪鼓，在那里做婴儿啼哭，那难道是自然的吗？道家以为这就是自然的，这就是回归到自然本性了，其实是最不自然的。

儒家当然也不是自然的。鲁迅经常感叹就是说小孩子在日本的照相馆里照相，照出来的孩子生动活泼，非常自然，一到了中国的照相馆里面照出来的就是死相，就是模式化的东西。我们经常在电视上看到的那些少儿节目，惨不忍睹。五六岁的小女孩子就做大人状，就在那里抛媚眼啊，搔首弄姿啊，实在是难看，小孩子被糟蹋了。但是老人往往就做儿童状，就是好像自己多么的天真，多么多么的纯洁，做小儿状，这非常非常的不自然。很小的儿童就要装大人，老人回过头来又要装小孩，整个中国人都是反自然的。当然按照道家的说法呢，小孩子是不应该装大人的，于是在电视节目里面又有一些小孩子装小孩子，小孩子装出小孩子的样子，有时候经常装得过分了，说话总要把脑袋偏着，这个又是另一种意义上的模式化，就是小孩子在台上，就有一种"小孩子"的模式。这个就是道家的，小儿装小儿，更加不能忍受，小孩装大人还有几分天真在那里，小孩子嘛，他总是想模仿大人，你不教他，他也自发地去模仿。模仿歌星啊，模仿偶像啊，这个是很自然的。小孩子装小孩，那就是最不自然的，那就是更高一层的不自然、更高级的不自然了。所以对这样一种道家的原则，应该有一种自我反省、自我否定。就是说婴儿当然是自然的，婴儿当他是婴儿的时候，他就是自然的，但是婴儿当他长大的时候，他也是很自然的，当他有人为的创造性的时候也是自然的，甚至于当他玩弄人类的阴谋诡计的时候，还是自然的。小孩子，比如说他撒谎，这也很可爱啊，大人一眼就看穿了，他是一个自然的过程，表明小孩子就有一种伪装的自然倾向。等长大了这种自然倾向发展起来，他成了一个非常狡猾的人，非常有城府的人，这也是自然的，也应该是自然的。人把自己封闭起来更是自然的，人长大了应该有自己的城府，有自己的内心世界。只有内心世界封闭的人才能够使自己的内心世界丰富起来。一个完全敞开自己内心世界的人，他的内心世界就是被外界的那些意识形态所决定的了，他不可能丰富。他没有自己的隐私，没有自己隐秘的思想，没有自己不为人所知、不为人了解、不为人所容忍的思想，那这个人的内心世界是不丰富的，是单纯的，是片面的。因为他一切都敞开，那么他就要受到外界的干扰，受到外界的影响。外面怎么说，他就得怎么说。只有当他觉得有些东西是不可告人的，应该把它封闭起来，这个时候他才能在他自己的内心酝酿他独特的思想，这个思想可能是与别人相冲突的，但是很可能是别人所不具备的。在思想中他就能够具有一种创造性了，在自己的精神生活里面，他就能够具有一种创造性了。不然的话你只能说别人的东西。

　　为什么我们中国人缺乏创新精神，就是这个原因。你所有的创新的东西，都得拿出来，大家共享，然后接受大家的修改，然后你自己也认同了。但是没有一种东西是你独创的，是你通过自己在你头脑里面创生出来的东西，而人如果没有创生，没有创造性，那是最不自然的。人的本性就在于创造性嘛，他跟动物的区别就在这里，动物只能按本能办事，而人可以操控一切。所以我们把自然的原则这样来理解，就把自然的原则丰富了，把它扩大了，包括人为的原则，包括人的伪装，包括人的面具，都是很自然的，隐私权嘛，哪个人没有一点隐私呢？你要尊重他的隐私权，你应该把他的面具看作理所当然的。每个人当然有自己的面具，你想把他的心都掏出来，就违法了，你侵犯了人家的隐私权了，你倒是不对了。真正的自然的态度，就应该把这些东西看得很平常。每个人都有自己的内心世界，他怎么想的，你不必去过问。你能够过问的就是他这种行为会带来什么样的影响，这个你可以过问，他不得损害他人。他如果帮助了他人，就值得夸奖；如果损害了他人，就得谴责，你可以过问这些东西。但是他内心怎么想的，这个是自然而然的，就不需要去问他。

　　所以我提出来这样两个原则：第一，凡是自然的都是自由的。这并不是说把自然界当作自由意志的产物，不是说自然界就是我的自由创造出来的，而是说，一切自然物的存在，它的意义，只有通过人的自由意志的活动、人的创造活动，才能够实现出来。自然当然在人之前已经在那里了，它不是人创造出来的。尽管它不是人创造出来的，但是它为我所用。一切自然的东西都是自由本身的一个环节，都是使人的自由能够产生出来的材料，都是为了人而产生出来的。自由的东西是向人生成的，马克思讲"自然向人生成"，自然向人生成其实就是德国古典哲学的原则，从康德开始就强调这一点，自然界本身有目的，它最后就是要发展出人来，我们应该这样来看待自然界。当然你可以把自然界看作跟人无关的原子分子，那也是一种观点，在那种观点下好像不是自由的。但是那种观点只是一种观点，是自然科学的观点或者物理学的观点。这种观点不能够片面化，你把自然界看作独立存在的、跟人无关的，自然科学的这种观点是片面的观点，你不能把它孤立起来，认为只有这一种观点。相反，对自然界的全面的观点，应该是把自然界看作向人生成的，它跟人构成一个整体，构成一个历史的整体。自然界有历史性，它是人类的前史，它是人的自由的前史，它在人类之前，但它是作为人类产生出来的历史中的一个铺垫而存在的，所以它的意义只有在人类身上才能够体现出来。马克思讲，人体解剖是猴体解剖的一把钥匙嘛，后来的东西是揭示前面事物本质的一把钥匙。那么自然界的本质在什么地方，只有通过产生出人来，才能揭示出来。人是自然界的产物，不错，但是人是自然界的最高产物，人是自然界的本质的产物，人体现出了自然界的最深刻的本质。所以凡是自然的，它里面都隐藏了人的自由，并且都必须由这个自由才能够展示出它的真正的本质。如果没有自由、没有人，那么自然界的本质是潜在的，它没有展示出来。人也是自然界的一部分，而且是自然界最深刻的那一部分展示出来了，那么我们从人身上就看出自然界原来还有这样一种本质。不是像我们在物理学里面看到的原子分子，仅仅是那样一个黑暗的无声的自然界，而是在人身上体现出有这么样一种壮观的景象，发展出人来，把人的所有东西、潜在的东西都发挥出来了，有一个这么样的历史。这些东西其实就是自然，就在人的精神生活里面体现出人的最内在的丰富性。

　　那么反过来我们也可以说只有自由的才是真正自然的，这就是第二条原则。从上面我们就可以推出来，只有作为自由的人，我们才可以看出自然的本质，才是真正的自然。就是人的精神和人的自由意志，人的精神生活体现了自然本身最深刻的本质属性。我们不能够把人的精神生活看作非自然的，如果看作非自然的，那你就要求助于上帝了，就必须要有上帝从外面把精神放到自然里面去。但是我们中国人一般不相信有个上帝。按照马克思的历史唯物主义，也把上帝排除了。我们不需要上帝，我们就从自然界里面，就可以把人的精神引出来，因为人的精神生活无非是自然界体现自身的一种形式，人的自我意识无非就是自然界的自我意识，我们人就是自然界嘛。所以自由这样一种现象就是自然界本身最内在的一种本质属性。

所以在这个意义上，自然界就具有了两重意义，一个是创造自然的自然，一个是被自然创造的自然。一个是自然而然意义上的自然、自然界意义上的自然，一个是本质意义上的自然。Nature 这个词在西方具有两重意义，一个是"自然"，一个是"本质"。抓住这个区分，我们就掌握了改造道家哲学的关键。

第八讲 | 西方哲学史中的实体主义和非实体主义

我们下面来讲一个话题，就是关于西方哲学史上的实体主义和非实体主义。这也是发表在1995年《场与有》的第二辑上的一篇文章。《场与有》这个辑刊是由美国学者唐力权先生资助，由中国哲学史学会主办的不定期刊物。唐力权先生从中国的《易经》和怀特海的"过程哲学"的结合中，产生了他自己的"场有哲学"。他把"场"和"有"，利用现代物理学的"场"的概念，和哲学中的"有"也就是"存在"、being 的概念，结合起来，建立了他的"权能场有"的概念。权能就是 Power，他认为从《周易》的思想里面可以引出现代的"场"和"能"以及怀特海的过程。他这些想法在国内引起了一些反响，一些搞中国哲学的，特别是一些搞自然科学的学者都纷纷表示这种视角和取向值得肯定，而且与国内一些研究哲学的人的想法相吻合。比如说罗嘉昌，他本来是搞自然科学的，但是对哲学很关注，他就提出了一种"关系实在论"。就是认为，中西哲学的比较，其中一个最大的差异，就是西方是实体主义的，就是强调一个个的实体，比如说原子论；而中国古代一开始就不是强调一个个的实体，而是强调"关系实在"，就是说关系才是实在的东西，实体只是关系的一种表现。这跟我们前面提到的中西哲学之间的差异有一定的吻合，就是中国人比较倾向于在关系中考察一个个体，那么最终的结果就是把个体化解在关系之中。而西方人恰好相反，就是先有了实体，然后再去考察相互之间的关系。这个大致的方向应该说是没有错的。但是有些概念经常会导致一些混淆，比如说实体的概念、关系的概念，它们本身究竟应该如何理解？或者说，是不是中国就完全只考虑关系，而西方就完全只考虑实体，不考虑关系？我的这篇文章就是追溯西方哲学史上的一些概念，实体概念和关系概念，看看西方人是不是就只是讲实体而不讲关系，是不是西方的实体概念就只是一个个的原子的概念，原子与原子之间杂乱无章，没有任何关系？通常人们所讲的西方的个人主义、中国的集体主义的说法，也就是从这里面引申出来的。

但是我这篇文章证明，实际情况并不是这样的。我的文章寄去时，编辑组其实已经收稿了，不再接收稿件了，但是他们看了我的文章以后，觉得这篇文章具有一定的冲击力，所以还是把它收进去了，而且还加了一个编者按。意思是说，如果按照我的文章这种说法，这种所谓关系实在论和实体主义的对立好像根本就站不住脚了。而且我文章中对唐力权的这种观点也进行了一种深入的分析和批评，这个批评应该说还是比较致命的。据说唐力权先生给我传话说：下次开会我要进行答辩的。第二次开会我就去了，等着他来答辩，但是他并没有答辩，没有答辩嘛，以后再开会我就不去了。他没办法答辩，你们只要仔细看看我的文章就会知道。当然我今天不想讲那些细节，我的主要目的是要追溯西方哲学史上对实体主义究竟是怎么理解的，要从西方哲学的传统来看。我们不要只抓住一个，比如说原子论，就大做文章，你要把它放在西方哲学史的脉络中来加以考察，我们才能理解它的每一个概念究竟是怎么来的，它的内涵究竟如何。我们做学问不能抓住一个概念就发挥自己的想象，我们还是要考虑这个概念在西方人心目中，有一种什么样的文化背景、一种什么样的传统的积淀，这样来理解它，我们才能真正把握西方精神。否则的话老是碰不上，你说你的，他说他的。

首先我要澄清两个概念，就是我这里讲的"实体主义"和"非实体主义"，这个"非实体主义"并不等于"反实体主义"，反实体主义就是根本不承认实体。我们中国人倒是有某种"反实体主义"倾向，当然也不尽然。

因为"实体"这个概念中国古代也有人提出来过，像王廷相就说过："天地万物所由以生也，非实体乎？"天地万物所由以产生的那个东西难道不是实体吗？但是中国这个"实体"概念和西方的"实体"概念确实不太一样，虽然我们用"实体"来翻译西方的 substance 这个词，但是它们的含意确实有不一样的地方。这里我们先不去管它。首先我们讲的"非实体主义"，它不是等于取消实体，也不是取消个体，它跟这个实体是不可分的。我们讲的非实体主义，它就是附着在实体之上，或者它就构成了对实体的某种理解。但是它本身你不能把它当作实体。当然它本身也不取消实体，恰好相反，正因为有了这些东西，才构成了对西方实体的理解。比如说这个"实体"和"偶性"，我们通常讲的实体，西方人讲的实体，和这个偶性是分不开的，偶性就是偶然的性质，偶然附着于实体身上的那些性质，我们叫作偶性。当然有的又区分出来，有的是"属性"，或者是"本质属性"。本质属性和偶性还不一样，本质属性是必然附着于实体身上的，是不可分割的，偶性则是可以分割的，你可以把它换掉，换一个偶性，并不影响实体，它还仍然是这个实体。但是属性或者本质属性那就不一样了，它是专属于这个实体的。你把它换掉，这个实体很可能就解体了。还有斯宾诺莎所讲的这个"样式"，它们都是附着于实体上的，本身不能够单独孤立地存在。实体是可以孤立地存在的，或者说唯有实体是可以单独存在的，所以实体是一个个体。但是非实体呢，它作为实体的对立面，是可以和实体剥离开的，只不过一个偶性剥离了，又必然会有另一个偶性跟上来，所以原则上实体和偶性其实是不可剥离的。之所以说剥离是就其在不断变化中而言的，一个实体可以剥离一个偶性或属性，换上另一个偶性或属性，但是总得有一个，不是这个就是那个。如果一个实体根本没有偶性的话，那这个实体也就不存在了。

那么，偶性是从哪里表现出来的呢？就是从实体和实体之间的关系中表现出来的。一个实体对另外一个实体，它表现出一种什么样的性质，这就涉及关系了。凡是讲"性质"，我们把它设想为一个实体身上固有的某种伴随着的东西，或者说是黏附在实体身上的东西；但实际上呢，你之所以知道它身上固有这种东西，是因为它和其他的实体发生了关系。比如说"白色"，白色就是因为反射阳光，香味就是能够作用于我们的嗅觉。或者这个东西具有什么性质，具有什么功能，它都是相对于其他的东西或者观察者而言，才谈得上的。所以与实体伴随而来的，就是它跟其他实体的关系。这是不可分的。实体如果离开它与其他实体的关系，那就很难说它是实体了，那就是康德所讲的自在之物，自在之物是个什么东西，我们谁也不知道。但是如果你讲实体，那你就肯定是把它纳入经验或者是科学的考察范围之内了，它就是一个可以把握的东西，一个可以认识的东西。从这个意义上讲，实体的概念不是一个孤立的范畴，它是一对范畴，就是"实体—偶性"范畴。实体和偶性是一对范畴，不可分的。所以实体离不开关系，它就是实体和偶性的关系。所以实体本身是一种关系，这个我们要搞清楚，不要说我们中国人讲关系，西方人讲实体，这就是缺乏对西方人的这个概念的基本理解了。比如说在康德的十二范畴表中，在这个"关系"范畴里面就包含有"实体性"，或者"实体与偶性"，另外还包含有因果性和交互协同性。关系范畴包含三对范畴，一个是实体和偶性，一个是原因和结果，一个是作用者和被作用者的协同性。所以关系的范畴都是一对一对的，实体范畴就不是一个，而是一对。

这种划分方式在黑格尔的《逻辑学》里面，可以说是原封不动地继承下来了。像康德、黑格尔这样的大家，他们对实体的理解是立足于西方悠久的哲学传统之上的，他们不会随便乱来的。为什么把实体恰好就划进了关系的范畴，而不划进存在的范畴？我们中国人一讲到实体，那就是实体的存在。我们理解实体就是存在，存在一个实体。客观实体、客观存在，好像是一个意思。但在西方的思辨传统里面，这个是有层次划分的。当然一般日常来说，西方人也说一个实体，那当然就是存在了。但是从哲学传统上来划分的话，它是有它精密的层次的。这是由历史造成的，我们下面要追溯。所以我们谈到一种"脱离关系的实体主义"，这个说法是不通的，对西方哲学史来说，一种离开关系的单纯的实体主义，这种说法是不通的。那么，有一些学者在讨论的时候经常就没有看到这一层关系。比如说唐力权先生在他的《周易与怀德海之间》——这个实际上是他的博士论文，在美国做的博士，——他说："西方哲学家每每离属性而言实体，离客体而言主体，结果必然是离场有而言场有者。"离开场有来谈场有者，就是离开那个场来谈里面的那个东西。这是唐力权先生的观点。国内的李存山也认为西方的实体观"是一种绝对的实体观，亦即一种认为实体可以脱离关系而独立存在的观念。这种观念曾经盛行于西方哲学。但在中国气论哲学中并不是如此认为的"。这是李存山的观点。李存山在国内也是一个著名的学者，他的《中国气论探源与发微》一书，就是在他的硕士论文《先秦气论的产生与发展》的基础上改写扩充而成的。这本书已经出版了。那么，包括李存山在内，还有其他的人，都把中西哲学的区别归纳为气的哲学和原子论哲学的区别，就是西方是原子论的，中国是气论的，很多人都持这种观点。初步看起来好像是这么回事，特别是如果对西方思想的历史不太了解，仅仅了解我们在中学物理教科书上所学到的原子论、牛顿力学，如果我们仅仅了解这些，中国当然没有原子论了，中国只有气论了。如果这样比较的话，简单地说，很多人就会相信。但实际上不是这样的。

那么从刚才举的这几个例子可以看出，就是中国学者经常认为：西方哲学家关注一个个实体，中国古代哲学是重视一种普遍的和谐关系。中国人讲"和为贵"嘛，讲一种普遍的关系，讲顾全大局；西方人是不顾大局的，是个人主义的。这个从《荷马史诗》里面就可以看出来：阿喀琉斯为了自己个人的恩怨，不顾大局，他们去攻打特洛伊的时候，由于统帅阿伽门农抢了他的一个女俘，他一气之下就不干了，就准备打道回府，任何人劝都不行。后来他为什么又参战了呢？是因为他的一个朋友被对方杀死了，他一怒之下才参战的。他完全不顾大局，是个人的意气在那里用事，听起来好像也是非常合理的。因为西方是个人主义，从古希腊开始就是，所以希腊人在阿喀琉斯闹情绪的时候不但没有谴责他，而且阿喀琉斯成为了西方人最崇拜的英雄。如果中国古代有这样的人，那就是一个小人了，中国古代崇拜的是像关云长这样顾全大局的人。当然关云长也有分不清是非的时候，但是总的来说他是重义气的人，必要的时候可以忍辱负重。

但是更加深入地分析会发现，这种观点其实是不太准确的。这种看法有三个方面的缺点。一个方面是，西方的这个实体的概念，当然有这方面的理解，就是单个的原子被理解为实体，有这一支，这是一种理解。但是还有另外一种理解，就是整体主义的理解，而且整体主义的理解是正统的理解，是西方传统中的正统的理解，而原子论的理解在西方的传统中只是旁支，长期以来被看作歪门邪道、旁门左道。所以一提到原子论或原子论的唯物主义，基督教会是咬牙切齿的。柏拉图甚至说德谟克利特的书要全部烧掉，而且确实是烧掉了，因为现在留下来的没有，只有一些残篇，还有一些别人记录下来的谈话。但是当时德谟克利特的著作跟柏拉图的著作是相差不多的，柏拉图留下了那么多对话，德谟克利特却没有一本留下来，历来都被西方人毁掉了，从唯物主义的角度来看是很可惜的。但是他们为什么要毁掉？就是说，实际上西方人的这个哲学传统，他们把这种原子论的理解并不看作他们的特点，而是看作偏离了他们的正统。他们的正统恰好是一种整体主义的实体观，就是实体是一个整体而不是一个个原子，这跟他们基督教的上帝这样一种学说是相吻合的。这是一个方面。第二方面就是：即便是原子实体论，也是不可以完全脱离关系的，即便是德谟克利特的原子论这样的实体观，也不是就不讲关系只讲个体。提出这种说法的人实际上是缺乏辩证思维的，原子怎么可能脱离关系而只讲个体？只讲个体还能够有原子吗？不可能的。比如说德谟克利特，一方面提出原子是存在，但是另一方面又提出"非存在也是存在着的"，"虚空也是存在着的"，非存在就是虚空。所以德谟克利特的这种实体观其实有两个方面，一个是原子，一个是虚空。虚空是一种关系，虚空就是原子与原子之间的虚空，如果没有"之间"，哪有虚空呢？像巴门尼德讲的那种存在是不存在虚空的，没有虚空也就没有原子了；但是在德谟克利特那里是存在虚空的。存在虚空就说明他的原子论是存在关系的，万物都是由原子与原子的关系所构成的。这是第二方面，他们对原子论的本身的理解也是有误的。第三方面就是说，严格意义上来说实体的概念，不管是个体主义还是整体主义的，不管是原子式的还是整体式的，这样的实体它们都包含有内在的矛盾。内在的矛盾就是机械论与目的论的矛盾，从个体来说也有这种矛盾。亚里士多德就提出来：德谟克利特的原子论很大的一个矛盾就在于它是机械的，他没有说明动力源，没有说明能动性的根源。动力的根源何在，为什么原子会运动？什么东西在推动它运动？所以他是不能自圆其说的。那么到了伊壁鸠鲁，就想解决这个矛盾，提出了原子的偏斜。所谓原子的偏斜就是原子是自动的，那么原子凭什么自动呢？你要再进一步分析下去，你就会走到目的论，因为原子这个自动性从物理学机械论是无法解释的，只能够引入要么是活力论，要么是目的论。就是原子它是有目的的，它自动，它就有它自己的目的。

那么整体性实体观就是这样，如果你把整体当作一个实体来看待的话，那这个实体如何统摄底下的万事万物？整体如何统摄个体？一和多的关系如何能够协调？当然可以用机械论来解释，但是解释到最后你必须要引入目的论，如果没有目的论，你解释一番以后你最终达不到一个统一的实体，一切都是机械地凑合起来的，那一堆原子怎么会是一个实体呢？那是虚假的实体，你把它叫作"实体"而已。一堆谷子你把它叫作"一堆"，那是虚假的，它分散了以后就不是一堆了。但是一个宇宙你把它叫作一个宇宙，把它看作一个实体，那是因为不能分散开，所有的万物都趋向于整体，这就是目的论，必须用目的论来解释这个整体主义的实体观。所以严格意义上的实体，不管是个体主义还是整体主义，里面都包含着目的论和机械论的矛盾，也就是被动性和能动性的矛盾。所以实体观跟这个目的论又有一种内在的联系，这个在中国人的西方实体主义观点里面也是没有看到的。那么在西方传统中，整体主义的实体观历来都被看作能动的而不是机械的，我们以为原子论就是机械论，但是你看看这种整体主义的实体观，西方整体主义实体观都有一种目的性和能动性，目的性和能动性是内在相关的，有目的的东西我们就把它看成是有动力的东西，它是能动的，这种观点在西方传统里面都是主流，至少在牛顿以前都是主流。

那么这样来反观唐力权先生所提出的"权能场有"，体现为"Power"权能之作用、具有能动性的这种"场有"，那么他从《周易》里边去寻找这样一种模式其实大可不必。如果你对西方哲学史中的实体学说有所了解的话，完全可以就从这里面引出你的权能场有，不必到《周易》里面去找你的理论根据。反过来你可以看到，在《周易》里面并不具有这种能动性的"权能场有"。你可以说《周易》里面有"场有"，但是它是非能动性的，它不是能动的。我们下面还要证明，从《周易》里面所引出的那种能动性究竟是一个什么样的能动性。我们前面也提到过，"自动""自为""自生"，其实都不是一种真正的能动性，我们前面讲辩证法的生存论差异时提到过这一点，下面我们还要继续提到。那么我们从这个西方实体概念的含义来了解一下，究竟怎么来理解这样一个概念？实体这个概念，希腊文 ουσια 这个概念在拉丁文里面，把它翻译成 substantia，也就是 substance。这个概念也有人译作"本体"，实体有的地方也翻译成"本体"，但是它就是这个词。在汉语里面现在已经通行翻译成"实体"了，"本体"有另外的用法，用"本体"翻译"存在""有""本体论"（ontology）。"on"有的也翻译成"本体"。"on"就是本体，就是存在，"存在论"现在已经通行翻译成"本体论"了，但实际上严格说起来应该翻译成"存在论"。希腊文里 ουσια 这个词翻译成"本体"容易造成混淆，因为我们很多人已经习惯于把存在论称为本体论，它们虽然也有联系，但还是有区别的。ουσια 这个概念我认为还是翻译成"实体"为好，这个词是亚里士多德第一个把它作为哲学概念引进来的，并且作了非常详细的论证。西方的实体主义，不管是实体主义还是非实体主义，都要追溯到亚里士多德，亚里士多德是"实体"这个概念的始作俑者。当然这个实体学说本身是从这个本体论或者说是从存在论学说里面引出来的，就是要探讨存在，探讨这个"on"，也就是"being"，那么探讨这个"on"的时候，亚里士多德在《形而上学》这本书里面就提出来：什么东西是作为 on 的 on，作为"有"的"有"，或者翻译成作为"存在"的"存在"？这个是"形而上学"里面的核心问题，或者我们也可以说：什么是存在本身？

那么为什么亚里士多德要提出这样一个问题？到底什么是作为存在的存在？因为在他以前就有人提出了一些存在的学说，关于存在的一系列的说法，比如说最早是赫拉克利特提出来，我们存在又不存在。他是为了说明运动，"我们不可能两次踏入同一条河流"。我们存在又不存在，这个从流传下来的史料来看，是第一次提出存在与不存在的问题，当作一个哲学问题来加以探讨。巴门尼德就说"存在就是存在"，"不存在就是不存在"，不可能既存在又不存在。巴门尼德诉诸一种常识性的观点，"是就是，不是就不是"；但是他把这种观点一旦坚持下来，一旦坚持到底，一种常识性的观点也就成了很怪异的观点，存在即存在，非存在即不存在，听起来好像什么也没说。是就是，不是就不是，好像没说什么东西，但实际上你试一试，你把它坚持下来，那是不容易的，所以巴门尼德和芝诺他们发展出来一套论证的方式，要证明这个存在就是存在而不是非存在，这个是留下了一些著名的争论的。到了苏格拉底、柏拉图，也是这样。苏格拉底提出来这样一种思路：作为什么的什么。比如说什么是"美"？有的人说美是一朵花，美是一个漂亮的少女，美是一匹漂亮的母马，苏格拉底说你说得不对，我要问的什么是美本身，是"作为美的美"是什么？所以美本身只能是"美"这个概念，所有其他的事物都是具有了美的概念才有美的，具有美的理念它才是美的，是因为分有了美这个理念它才称为美的。至于美本身应该是确定的，而不是一会儿是一匹马，一会儿又是一位漂亮的小姐，一会儿又是一个汤罐，那还成什么美呢？美就是美本身，这是柏拉图的思路，就是要寻求那个"本身"。那么把它运用到存在上面也是这样，什么是存在？万物莫不存在，随便你讲的一个东西，它都存在，而且除了万物以外还有很多别的东西都存在，只要一谈到比如说树，比如说关系，比如说思想，比如说甚至于"不存在"、缺乏。对"缺乏"我们也可以说"有一种缺乏"，存在一种缺点。我们说这个人有一点缺点，有什么缺点？他缺乏耐心，缺乏耐心也是一种缺点，他就"有"这种缺点。所以德谟克利特当时就说出来"非存在也是存在着的"，这个存在的概念就搞得很滥了。什么都是存在，但是你为什么把这些东西都叫作存在呢？并不是因为它是一个东西它就叫作存在，也不是因为你想到了它，它就叫作存在，更不是说那个缺乏的东西它本身就是存在的东西。你不是搞混了吗？亚里士多德认为应该清理一番，把所有的存在都清理一番，找出一种"作为存在的存在"，也就是存在本身。作为存在的存在是什么东西？把这个定下来，然后所有其他的东西你才能说它存在不存在，它有这个东西你就可以说它存在；没有这个东西，你就可以说它不存在。你要把这个层次搞清楚，你泛泛而谈，任何东西都可以说存在，那就没有不存在的东西了。所以亚里士多德做了一件工作，就是找到一切存在之存在，也就是作为一切存在者的基础的存在。υποκειμενου 在拉丁文里面把它转写成 substratus，就是基质或者基体、基底，有的也翻译成基础。它跟实体这个词汇有词源上的同源性，也可以说它就是从这个词来的，它就是指在底下的那个东西，意思就是说在底下作为它的根基的东西，作为它的基础的东西，我们有时候也把它翻译成"主体"。"主体"在近代以前的含义跟近代以来的含义是不一样的，我们说主体性或者主体，主要是指一种能动性、主体能动性，但是在近代以前这个概念主要是作为承担者，基础、基体、一种承担者。

对实体的问题我们从这里可以看出来，它一开始是一种"一和多"的关系。作为存在的存在，就是实体；作为存在的存在为什么是实体呢？因为它可以解释其他的存在。它是"一"，其他的所有存在是"多"，"多"是因为有了"一"才得以存在。如果没有"一"这个最根本的主体、最根本的存在，那么其他的存在就都不存在。所以要找到这样一个东西，而这个东西就是实体。亚里士多德从"一"和"多"的关系来考虑实体，这里头就有一种分别，"一"和"多"的关系有两种不同的模式。一种模式是把"一"理解为单一性，另一种是理解为统一性。单一性模式就是说，"多"是由很多单一性的东西所组成的，所凑集起来的；统一性模式则是说，由一个总的东西把所有的东西都统一起来。这种统一性的关系我们可能把它理解为普遍的"一"，也就是前面我们提到的"大一"；单一性的这种"一"则是个别性的"一"，可以称为"小一"。"大一"和"小一"有一个比较。亚里士多德认为只有个别性的"一"才是实体，只有"小一"才是实体。亚里士多德最开始没有把统一性看作实体，认为真正的实体应该是"小一"，应该是个别实体，当然他后来转向了。后来他又把统一性、"大一"看作真正的实体，这就形成了西方的"大一"这样一个传统。但是在最初的时候，亚里士多德是把"小一"看作真正的实体的，这里他受到了德谟克利特的影响。亚里士多德有柏拉图的影响，那当然是根本的，但是也有德谟克利特的影响，也有巴门尼德、赫拉克利特等所有这些人的影响，他是集大成者。那么，什么是真正的实体？他首先认为应该是个别实体，而普遍性的"一"最初他认为不是真正的实体，或者说你要说它是实体，也只是"第二性的"实体。真正的第一性的实体就是个别的"一"，个别的东西。这个是亚里士多德提出的观念。中国古代的本体论也有它的实体学说，但是中国古代的实体学说中的"一"主要是指一种统一性，而不是指的个别东西的实存性，或者不变性。像亚里士多德的个别实体，比如说"苏格拉底"、这一匹马、事物的专名，这样的实体才是真正的实体，它的特点就是实体性和不变性。其他的东西都可以作为它的偶性变来变去，但是它是不变的。苏格拉底可以是白的，但晒了太阳以后就变黑了，他现在坐着，等一会儿站起来了等，这些都是变化，但苏格拉底还是苏格拉底。这是亚里士多德的"小一"观点。中国古代哲学称为"一"或者"独"，或者"圆"，或者"太极"等，还有"太一"这样一种说法，都是指的一种整体性。它是以万事万物生生灭灭的变化作为前提的，只有变化是不变。《易经》里面讲"易"，"易"的一个含义就是"不易"，变化本身是不变的，它也就是完全形而上的，它不能落实到具体的"小一"上来。中国人讲的这个太极，太一，讲守静抱一，要保存住这个"一"，这个"一"不能够落实到个别的具体的事物身上来。它是大而化之的、形而上的，所以也就不可穷究、不可操作。亚里士多德的"小一"是个别实体，也就是可以操作的，也可把它看作一个固定不变的东西，然后探讨它们之间的关系并确定下来，这个是可以操作的。所以亚里士多德的这个"一"的学说，为后来西方的科学奠定了基础。

由此可见，虽然我们讲到"一"的时候，我们也有两种理解，一种是单一性的"小一"，一种是整体性的"大一"。但是在中西哲学里面他们对这两者的关系有不同的理解和不同的结构处理方式。在亚里士多德那里他是以个体为基础来理解世界的统一性，世界就是由个体构成的。苏格拉底、张三、李四或者具体的马等，具体的事物就构成了世界万物，它们就是实体。那么我们可以通过对这些实体的关系加以规定，得出某种自然规律，可以把握和总结出一些自然规律，这就是自然科学。中国古代是以整体为基础来理解个别事物，整体就是那个大化，就是自然，然后所有的个体事物都在这个自然之流里面，成为其中的一种现象，所以个体是不能够坚持的，它是一种泡沫。牟宗三讲"平地起土堆"，本来是块平地，起了一个土堆，这个土堆经过风化又平复了，这是个体，中国人理解的个体就是这样的。世上本无事，庸人自扰之，本来什么都没有，你的一切痛苦欢乐，都是过眼云烟，你不要把它放在心上，这就叫想得开。通常讲要想得开一点，家里人死了没有什么，人都要死的，要想开一点，不要把人看作实体而是把自然看作实体，个体只不过是实体中间一种临时的现象。所以中国哲学的整体主义的实体观，王廷相所讲的"天地万物所由以生也"的那种实体观就是整体主义的实体观，同时也是对个别实物的非实体观。每个人都不是实体，每个人说话都不算数，人的痛苦对于大自然来说，什么都算不上，这恰好对个体主义是一种非实体观。那么反过来说，西方哲学从亚里士多德开始，它的个体主义实体观也体现在对整体关系的理解之上。个体主义的实体观，当你从整体上来看待这些个体的体系或者整个系统的时候，它就体现为这种体系或系统本身的特点，一个总体性的特点。或者说从亚里士多德开始，西方把这种整体主义的实体观也个体化了，这就是西方的神学。所谓神就是一个个体，当然它也是一个整体，上帝既是一个整体，同时也是一个个体，他个体化了所以才叫上帝，如果不个体化他就成了斯宾诺莎的泛神论了，那也就是无神论了。那种情况是很少见的，斯宾诺莎只是个特例，伊壁鸠鲁也是特例，法国唯物主义都是特例。但是大量的是有神论，就是把整体看作个体，具有个体性，所以西方的这种个体主义实体观，也体现在对整体的关系的理解之上。

由此看来，中西都有实体主义和非实体主义，它们的区别并不在于中国是非实体主义的，而西方是实体主义的；而在于对实体和关系，从本质上来看你是抱有整体主义的理解还是抱有个体主义的理解。而西方从亚里士多德开始基本上是抱有个体主义的理解，哪怕对整体主义的理解也还是个体主义的。所以中西对个别实体还是一般实体，即个体和整体的关系抱有相互颠倒的看法，中国的个体与整体的关系与西方的个体与整体的关系的结构是颠倒的。

下面我们来追溯一下古希腊的实体学说及其思想渊源，当然，前面所讲的，已经进行了一些追溯。中西早期哲学对万物的本原都做过实体性的思考，而且一开始都具有一种无定形的特点。比如说"气"，中国和西方都提出过"气"是万物的本原，是万物的根本。中国古代有，古希腊阿拉克西米尼也提出过。当然西方还提出过其他的，但是水、火或者气，它们都有一个共同的特点就是无定形，没有定形就是非个体。"气"是非个体的，很多人都谈到了，所以有人说的中国的非实体主义就体现在中国的"气"上。李存山就是这样认为的，中国的"气论"就是非实体主义的。其实气也是实体，只不过气不光是实体，还是一种关系，是弥漫于天地之间、充塞于天地之间的一种关系，它无孔不入，它没有固定的形状，怎么去给它定形？所以所谓定形、有形之物都是由于这样一种关系，聚和散。气的聚就成为了有形之物，散了就没有了，万物的形状，万物的生长、变化都是由于气的聚散，都是由于非实体主义的关系而导致的。气的聚散就是气的一种关系，气凝聚起来、浓厚起来就成了万物，稀疏了、分散了就什么也不是了，所以这是一种关系。中西早期哲学都体现为这种所谓"场有"哲学，气场、气充塞于天地之间，天地之间就是一个"场"。但这个"场有"里没有power，没有能动性，没有动力。那么到了赫拉克利特提出了"火"的哲学，就着手来解决动力问题。火的动力在于它自身，气的动力可以说来自它之外。水的动力在于地势的高低，在它之外，水往低处流。孔子见大水必观，为什么？因为山上的水流下来了，上游下大雨而下游就泛滥成灾。这是由地势所造成的，并不是水的主动的力量。孔子的道德观就是人要像大水一样。大水有很多优良的品德，有仁、义、勇种种，但是所有这些东西并不是它自己的，是由地势所导致的，所以人的品德也不是他自己造成的，而是由自然所形成的，天地所形成的，这与中国的伦理道德观是相符合的。而赫拉克利特提出，动力源不应去外部寻找而应在事物的内部，这就是火的哲学。

火的哲学在希腊哲学里引起了一场巨大的变革，并形成了西方两千余年的哲学传统。从精神实质上看，就是这样，西方两千多年的哲学就是火的哲学，赫拉克利特以后很多人都在借用这个"火"的比喻。毕达哥拉斯提出中心火，宇宙的中心就是火，斯多葛派也接受了赫拉克利特的"宇宙大火"的观点。宇宙轮回，每过几千年或者多少年，宇宙就烧毁一次，然后在灰烬上又重新开始它的历程，柏拉图把他的最高的理念比作太阳。"洞喻"，人走出洞穴以后，最高的境界就是看到太阳，通过一系列的步骤，不能直接看太阳，先看万物，适应了光线以后再去看太阳在水中的倒影，再适应了以后才能直接看太阳，而且只能看一瞬间，不然就会瞎了。这是柏拉图的一个很著名的比喻，这个比喻一直被后人所援引。像新柏拉图主义的普洛提诺提出的"太一"，"太一"就是光，就是比作太阳。基督教的圣灵就是上帝之光，每个人的内心都有圣灵之光。这些都是用光的比喻，自然之光。托马斯以及文艺复兴的那些学者们都崇尚自然之光、理性之光，理性被比喻为一种光、一种光明。康德说每当科学家发现一条规律时，他心里就升起了一道光明。我们在康德的《纯粹理性批判》的导言里面，两次看到这种比喻，当伽利略他们怎么之时，他们眼前就升起了一道光明。黑格尔把法国革命比喻为一次"光辉的日出"，都是用这种比喻，一直贯穿到尼采。尼采的查拉图斯特拉的太阳崇拜，他是拜火教徒。到海德格尔也有一种光态语言，比如说"林中空地"，Lichtung，有人翻译为"澄明之境"，后来有的人说这种翻译不对，说它没有光照的意思，没有澄明这个意思。但从字面上来说确实有这个意思，也许海德格尔不从这个角度来应用，但"林中空地"还是能够透进光来的地方。海德格尔至少在前期对光是很重视的，对视觉是很重视的。到了后期才更重视听觉、声音。但早期更重视光。这个是西方哲学最平凡的哲学符号、哲学比喻。

所以说西方哲学大体上就是火的哲学，而中国哲学应该说是一种气的哲学。前面也讲到，中国哲学一直没有人把火当成万物之真正本原，一直到清末的方以智才开始提出，万物的本原是"阳气"，即火，"满空皆火"。火是用来说明动力的，说明运动的，但他还是把它归结为一种气、阳气。所以总的来说，中国哲学还是一种气的哲学。那么差异何在？我们只是描述了一些表面上的不同，但从实质上来说，赫拉克利特的火的提出，它的意义就在于，它不再是那种无定形的东西，这是中国古代哲学没有超越的地方。但赫拉克利特的火的提出已经超越了无定形，不再是不定形的，而是自我定形的，有能动性，有自己的形态。就因为这一点，它是支配万物、给万物定形的。既然如此，所以赫拉克利特很自然地就引出了火的能动性本身有本身的尺度，那就是logos，赫拉克利特第一个把logos引入了哲学。logos其本义是"说话"，表述、说话。赫拉克利特把它上升为一个哲学概念，甚至上升为一个神学概念。logos是神，神的话语，是那个一般的话语。我们每天所说的话都不是真正的logos，你要学会像logos那样说话，就是要使你的话语成为"一"，就是要前后一致，你说的话要前后贯通成为"一"。所以赫拉克利特非常崇尚理性思维，就是说的话能前后贯通。当然，他主要是用 logos 这个概念来规定火的尺度，火的燃烧有其固有的分寸。logos 是火的自我定形的一种分寸、一种规定性，它使火成为了可规定的，同时又不可规定的。对它自己而言，是可以自我规定的；但于外界的影响来说，是不由外界所规定、是不可规定的、自己变化的。所以从这里，他提出了存在与非存在的关系，火既是存在又是非存在，这都是从火的哲学里提出的问题。从赫拉克利特提出这个存在与非存在的问题，我们可以看出里面贯穿着一种能动性以及能动性的尺度。所以西方的存在的问题、实体的问题最早是从 logos 里面引出来的，logos 在哲学上提出来代表一种关系，如果早期所理解的一种实体就是"本原"，那么 logos 就是一种关系。火如果没有 logos 怎么能够成为本原？当然赫拉克利特还没有提出"实体"这个概念，他用的是"本原"这个概念，可以说是实体的前身，但已经是与 logos 的关系概念不可分的了。

那么 logos 又是怎么一种关系？它本来是一种话语关系，但赫拉克利特并没有明确意识到这一点，他只是出于一种哲学本能，他认为只有把这种说话关系提升上来才能涵盖万事万物，因为万事万物都可以说，人所能把握的就是这个"说"本身。所以用 logos 来表达万物的分寸，这是人唯一可能的选择。但后人就把这种语言关系加以重视和认真看待，比如说亚里士多德就是从 logos 的关系里面推导出实体的，推导出作为有的有，作为是的是，或者作为存在的存在。这是他从语法，从 logos 作为说话的语法中推导出来的。人一说话就要运用这个"是"，运用这个存在。这个东西是存在的，是有的，是红的，是热的等。你总要说这个"是"。这个东西存在，哪怕你不说它是什么，但只有加上这个"是"，才能构成一个判断，才能说话。如果你只说某个东西或者只说红、树而不作判断，就等于没有说话，而只是发音，只是说出来了一个声音，而那个声音是没有意义的。你光说"树"，人们就不知道你说的是什么意思，所以必须要形成判断，就是 logos，logos 就是一种关系，主词和谓词的关系。所以，亚里士多德把 logos 作为一种语法关系，来探讨其中的"是"，这个存在，即把"是"

作为语法中的系词,放在了主词和谓词的关系里面来加以考察,这才提出了"是"本身、作为"是"的"是"。亚里士多德把古代的原始朴素的本原概念转入到了实体的概念。原始的本原概念是没有经过规定的,你可以说这是万物的本原,那是万物的本原,但经过 logos 以后,经过 logos 本身作为一种语法的关系规定了以后,这种本原就成了实体,所以"始基"或"本原"这个概念和"实体"的概念也有一种内在的关系,但实体概念层次更高(经过 logos 的规定)。

  logos 作为一种火的能动的自我规定的关系,在西方哲学中首次建立了一种权能场有。火有了它的"场",整个宇宙是"一场"大火,它在场中,并弥漫于宇宙之间。任何事物都是由火变成的。所以,整个宇宙就是一个火场。它是有,但同时又有它的权能,并且整个宇宙是由火自己烧出来的,不是由任何人或者任何神所导致的,而是由火自己变成的,所以它既有场,还有权。这跟中国古代由气和水所形成的关系场本质上是不同的,就是说气场,气也称之为场,像孟子说的,"我善养吾浩然之气,其气至大至刚,充塞于天地之间",气也是个气场;但其中的关系不是一种主动性的关系,不是一种自身关系,而是某一部分与另一部分的交互关系。这个交互关系在《易经》里被唐力权先生总结出这样几个:相蕴相徼,相对相关,相摩相荡,相反相成。他讲的这些关系跟中国古代特别是《易经》里讲的的确有渊源,还有就是老子《道德经》里讲的"道生一,一生二,二生三,三生万物",与里面的"相参"有关。"一生二"就是气分阴阳,"二生三"就是阴阳二气相参,通常的解释这个"三"就是参的意思,就是阴阳二气参合在一起,混合在一起,渗透在一起,这就是相参。但是这种相蕴相徼、相对相关、相摩相荡、相反相成或者相参,始终需要一个"第三者"来促成,也就是动力源的问题:谁把它们放在一起的呢?它们自己不会去主动参合在一起,即使是参合在一起了,也是偶然碰到一起的。两团气碰到一起了,根据我们现代气象学说,热空气与冷空气碰到一起,就发生了电闪雷鸣,然后就造成了雨等,万物都是这样形成的,相摩相荡,但是谁把它们赶到一起的？始终有这么一个问题。冷空气与热空气为什么会碰到一起？因为它有外力，如太阳能、地球自转等；如果没有外力，它就会静止不动，它顶多就是散的，散发了，蒸发了，而且蒸发也要一定的温度。所以气的或者水的关系问题就在于，它们是一种需要外力来促成的东西，需要有一种力把它们放在关系里面。所以本质上这种场是种被动的"在场"，而不是能动性的。当然中国哲学也讲能动性，也讲"自动"，我们前面讲了"莫为说"，讲自动，讲自为，自动、自为、自然，没有什么别的动力源。但所有这些说法都不是讲真正的能动性，都不是说它内部有一种能动性，有一种冲动，有一种内在的力；而是讲自身有一种可动性和可能性。所谓"自然而动"，其实是总需要有外在的东西造成它相摩相荡、相辅相成，所以它是一种被动性。这种可能性要实现出来，就需要有一个第三者，把双方放在一起，或者把它们构成一个"机"，就是把两个东西放在一起使它们构成一种连带关系。但谁制造出这个"机"，始终是个问题。包括唐力权的解释里面，这个权能场有仍然没有摆脱中国传统哲学固有的毛病，始终没有解决这个问题。

　　这是中国哲学最关紧要的一个缺口，几千年来人们始终是模糊过去的，用一些大话或玄而妙之的话含混过去，比如说"神"啊，"妙"啊等。中国哲学中的自然、道、气可以理解为一种场，被解释为一种"自动"的或者能动的、能够动的，但绝对不是由"Power"所致动的。亚里士多德提出致动因，即用来解释是什么东西在推动，保证了事物的运动；而在中国哲学里，不管是讲自动的，还是讲能动的，都是没有解释的。对这种活动的解释，顶多就是说它本来就在动，从来就在动，而不要问它为什么动，它的起源究竟何在，我们绝对是追溯不到的。我们可以承认，它本来就在动，它自然而动，而自然就是生生不息，就是在动的，不要用静止的眼光去看它，这个问题就不存在了。这个问题之所以存在就是你先认为这个事物本来就是不动的，那么它为什么会动起来，就成了问题了；如果反过来，一开始就认为自然就在动，就不存在这个问题。万物本来就在运动之中。这种解释是很巧妙的，但这种解释并没有把事物运动的根源归结为那个事物本身的内部，而是归结为和其他事物的关系，这就仍然没有解决问题。这些事物本来就在动，但为什么有时候又不动了呢？而且这样一种"本来"的动和不动、静止并没有什么区别。如果说万物本来就在动，这与静止就没有什么区别。因为按照牛顿的惯性定理来解释：每一物都始终维持其静止或处于匀速直线运动的状态，只有受到外加的力才被迫改变这种状态。就是任何一个事物，如果没有外力，就始终维持其匀速直线运动的状态或者静止。在这个意义上匀速直线运动状态与静止是一样的。真正的运动应该是加速运动，按照伽利略的运动相对性的定理，匀速直线运动与静止是等价的。所以后来爱因斯坦由此引出了运动的相对性，引出了相对论，爱因斯坦的相对论就是从伽利略的运动相对性中引出来的。如果按照惯性定理，没有什么外物的加入，没有外力作用，那么说是运动的与说是静止的没有什么区别，它可以被看作静止的，因为它没有被改变，没有改变其运动速度也没改变其运动的方向，那它不就是静止的吗？好像你坐在一艘船里，船在很平静的水上漂，那么就完全可以把船里面看成为静止的世界，如果不看窗外，根本感觉不到这艘船在运动，只有跳出了这个窗外，你才可以分析这个运动是由什么导致的。比如漩涡是由于水流的推动所导致的。它与岸边的相对关系发生了位置改变，你才能判定这个东西是运动的。但此时你就已经考虑到外力的加入了。如果不考虑这个东西，那它与静止就没有什么区别。

中国人讲天行健，君子以自强不息，好像是很能动的，其实不是的。这不过是要适合于天道自然的那种健动，但天道自然的健动不是你造成的，它本来就在运动。你就像坐在一艘船里，你要适合于船本身的运动，那你就什么也不要动了。你跟船里的桌子、椅子、船舱保持一种静止关系，那你就什么也不用干了。但你可以说我跟这艘船一起在动："船行健，君子自强不息。"船在行，我也跟着行，我不可以用自己的力气去阻碍船的运动，我不去突发奇想，去改变船的方向，我就顺着船行，这就是君子自强不息。当然你还是要费力气,就是要拼命地阻止自己内心的私念的产生,因为人坐在那里是很不耐烦的,就要克制自己的不耐烦。佛家的打坐就是这样,如果没有打坐的经历,你坐上半个小时,就会非常不耐烦,内心有一种强烈的冲动,你必须把它压下去,要自强不息。这个从中国古代的《易经》就是这样,为什么道家主张守静抱一,"致虚极,守静笃"?孔子讲"天何言哉"?不要去改变什么东西。董仲舒讲"天不变,道亦不变"。道家讲虚静,儒家讲温静,佛家讲寂静,都是指这样的人生态度:就是要顺从宇宙本体固有的健动,与之相和谐,取消任何外来之力,保持宇宙本来的惯性。这就绝对不能成为一种自由的动力源,不能成为权能主体。《易经》里的场有不是权能场有,它没有权能,只有一种假权能,假的能动性,只能是一种被定位了的,一种生生不息、大化流行,是一种惯性的力。能动者,第一推动者,始终在哲人的视野之外。在西方,哪怕是牛顿最后也提出第一推动者,否则就不能解释宇宙的运动。但在中国人看来,这很可笑,牛顿为什么引出一个上帝作为第一推动者?中国人认为大可不必,就说世界本来在运动中,比如我们的《易经》,不就解决了吗?但牛顿总认为问题没有解决,他的前提就是按照机械论,任何事物如果不用外力加入,则它就处在静止之中或者是匀速直线运动之中,等于静止。这是机械论的前提,前面讲到,机械论的前提在西方哲学问题中面临着一个矛盾,必须要有目的论来加以补充,就是这个动力源何在?这个问题始终困扰着他们。

　　西方古代的始基学说自从赫拉克利特以后,就走向了有定形;赫拉克利特第一个提出来自我定形,有定形的原则就开始上升,走向了另外一个极端。比如说毕达哥拉斯的"数",就是极端的有定形,精密的定量化分析。现代自然科学强调实证、定量,强调量化。大学里也有量化,比如发表几篇论文才能毕业、拿学位。这是从毕达哥拉斯以来西方所确立的一种量化的标准,这就是有定形。当然也没有否定无定形,但认为有定形是无定形之本,它与无定形是一对范畴,有主有次。巴门尼德的存在也是有定形,他虽然否定了虚空,否定了非存在,但他还承认存在与思维是同一的,所以还是有一种关系，虽然与非存在没有关系了，但与思维还有关系。德谟克利特的原子论也是有定形，但他必须要设定虚空，才能存在，如果虚空不存在，原子也就不存在，原子是相对虚空而存在的，在虚空中它是充实的，所以它存在。没有虚空，谈何充实。巴门尼德认为没有虚空才能有充实，但德谟克利特比他更高明，他看到了虚空与充实有一种不可分的关系。有定形的东西只有在无定形的关系中才能得到自己的定形，只有在与无定形的关系里，在"场"里才能得到自己的定形，它必须有一个周围关系，才能有形状，才能得到确定。有定形与无定形后来又再次融合起来，赫拉克利特把它们融合成火以后，到了阿那克萨哥拉那里，有定形与无定形又辩证地结合起来，阿那克萨哥拉提出"努斯"的原则，他提出万物的动力源是在世界之外的努斯。这当然还是一种外部关系，但在世界之外是什么呢？就是努斯。努斯本身有一种定形与无定形的内部关系，它是一种非物质的力量，在物质世界之外；同时它又是自发的力量，它支配万物，推动万物，并且把万物安排成有定形、有秩序的，按一定的比例来组合万物的"种子"。阿那克萨哥拉的"种子说"认为万物是由种子所构成。在每一个事物里边有一切种子，只是各种种子的比例混合不一样，而这些比例恰好使万物间有着和谐的秩序，有一种规律，这都是由努斯所造成。一切都在一切之中，任何一个东西里面包含一切，由于某一方的种子占优势，所以就体现那个事物的特点。所以虽然万物一切包含一切，但还是形成一个有规律的秩序，都是由努斯造成的。

  那么努斯是什么呢？努斯（nous）本来的意思是心灵、灵魂，所以本来的意思中包含着能动的自发性，具有一种"致动因"的力量，具有Power。它推动万物、支配万物、造化万物，同时有一定的秩序、有一定的目的。每一个事物的种子按照不同的比例混合起来，而这个比例是和谐的，一物与另外一物的秩序是非常合理的。所以合理性也是努斯的内在原则，就是它的目的性。它的目的就是要安排得合理，安排得"最好"。什么是最好？按照逻各斯就最好，就无所不通。赫拉克利特讲的"分寸"，万物燃烧的分寸，或者是万物的秩序，就是逻各斯，这个逻各斯在阿那克萨哥拉那里变成了努斯本身的内在原则。努斯本身是有目的的，是按照逻各斯来安排万物，使万物都有定形、有秩序。但阿那克萨哥拉没有明确指出这一点，苏格拉底对他最不满的就是这一点，因为他没有把这个"秩序"到底是什么秩序讲出来。逻各斯到底是什么逻各斯？苏格拉底认为这个逻各斯是具有伦理学意义的，应该是善、好。把这个世界安排得最有秩序、最美、最和谐那就是最好了。所以这个努斯是按照一个"最好"的原则在安排事情。苏格拉底把努斯分成两个层次，一个是人心中的努斯，一个是神。当然阿那克萨哥拉已经有这样的划分，即在宇宙之外的这个努斯也在人的心中。到柏拉图那里，从努斯就发展出了整个客观唯心主义的体系，人心中的努斯跟神是相通的。柏拉图的理念，我们把它看作一些概念性的实体，理念也是实体，柏拉图的实体的概念就是理念。当然柏拉图还没有提出"实体"这个哲学术语，但也隐含了这个意思。我们一讲西方的实体主义，就肯定要提到柏拉图的理念。在中世纪，理念被实在论者称之为实体，因为它比我们看到的现实更实在，所有现实事物都是由于模仿了理念才具有实在性，那么这个理念不就是实体，不就是万物的根源吗？

但是这种理解也有它的片面性，也就是说，人们把柏拉图的理念理解为不变的概念、不变的实在的东西或者实体，但却没意识到，其实在这个不变的概念里面，有一种唯灵论的能动性，唯灵论也就是一种努斯精神。理念本身虽然是一个好像很机械的概念，柏拉图的理念作为一个抽象的概念，好像是一个固定的框架，但实际上是有生命力的。它是有努斯在里面发挥它的能动性才提出来的。所以每一个概念中都有种能动性，它要努力去追求更高的概念。概念是个体系，有等级。最高的理念是善的理念。在善的理念下有很多一级一级的理念。每一级的理念都要追求比它更高一级的理念，其中有一种目的性。最高的目的就是善的理念，所以柏拉图的理念世界，包括后来的新柏拉图主义以及后来的基督教神学的世界观，是充满了努斯的能动的追求的。努斯的 power 具有能动性，而又符合逻各斯，合乎自己的本质、自己明确的目的，所以整个理念世界就变成了一个巨大的目的系统。在这个目的系统中，每一个事物都逐步逐级地上升，去追求它的更高目的。每个事物都有自己的理念，桌子有桌子的理念，马有马的理念。任何事物都有自己的理念，都模仿自己的理念，这个理念在事物的内部作为它追求的目标，所以整个宇宙都是生机勃勃的、具有内在能动性的世界。这个唯灵论世界观与德谟克利特的原子论的世界观在西方哲学史上从此变成两条"路线"，即列宁讲的"唯物主义"和"唯心主义"的路线，德谟克利特的路线和柏拉图的路线势不两立。但它们的来源是共同的，而且它们对后来讲的这个实体学说都起了思想来源的作用，它们共同形成了后来的实体概念。我们讲柏拉图的灵魂，即努斯，他下了这样的定义，即努斯的定义就是"自动性""能动性"。这个定义在形而上学的层次上精确地表达了赫拉克利特的"火"所要表达的意思。火的意思就是自动性，就是想把自动性归于物质本身，柏拉图看出要从火里取得自动性，则必须把火理解为努斯。赫拉克利特已经有这种说法，他说灵魂是最干燥的火，最干燥的火也就是作为火的火、最高的火。柏拉图明确表示出来，火就是灵魂，就是自动性。

现在我们专门来看看亚里士多德的实体学说。实体学说肯定要追溯到亚里士多德，而且不仅仅是实体学说，我们谈西方哲学，如果对亚里士多德不理解，那就不要谈了。当然还有柏拉图，相对来说，比亚里士多德稍微简单一点。研究西方哲学，必须要对亚里士多德的思想基本有所了解。现代西方人所使用的术语都来自亚里士多德，他给西方哲学的一大批术语奠定了基础。很多看起来是哲学家独创的术语，比如黑格尔的"自在自为"，都可能追溯到亚里士多德。自在就是潜在、潜能；自为就是现实，都可以从亚里士多德那里找到根源。包括现代哲学的如海德格尔等人，都必须对亚里士多德有所了解才能看出他们的概念后面有什么样的理念。亚里士多德，从实体学说来看，他当然是始祖。他第一个把实体这个概念引进哲学里面作为核心概念来讨论，为了探求一切存在物背后那个"作为存在的存在"，并且用本原的存在来解释一切现实的存在，一切其他的存在。所以他提出专门研究存在应该有一门科学，那就是哲学，亦即他的实体学说。通过实体学说，我们可以看出，他的本意是用来解释一切存在，所以实体学说在本体论与物理学之间架起了一座桥梁。实体学说可以说是本体论、存在论，当然亚里士多德还没有提出"存在论"或"本体论"这个词，他只是说"第一哲学"，但是它跟更广泛意义上的哲学比如物理学是很有联系的。如果要理解物理学或者灵魂学（心理学），就要首先理解实体学说。把实体学说确定了，把形而上确定了，才能对形而下的东西加以规定。所以实体学说合乎逻辑地说明了本体和现象、形而上与形而下究竟是一种什么样的关系。

而亚里士多德的实体学说实质上是一种关系学说。关系实在论与实体主义并不是对立的，实体学说就是一种关系论，实在论通过关系而获得实在。刚才讲到，亚里士多德对于"作为存在的存在"进行研究，是从逻各斯出发的。但是他比前人更加自觉地从逻各斯在语法上的含义来进行探讨。逻各斯是有语法的，有规律，其规律就体现在语法的逻辑上：我们说话怎么说？所以在亚里士多德的《形而上学》里面，很多地方都是说，我们只能这样说，不能那样说。我们只能说什么什么，都是从我们日常的说话里面进行一种分析。首先他把我们一切话语都归结为主谓命题。所谓主谓命题就是带有系词"是"的命题，这个"是"可以翻译成"有"或"存在"，但在语言中它体现为"是"，在一句话或一个判断里面体现为一个"是"。当然后人反驳亚里士多德，认为主谓命题或者"是"命题只是我们说话中的一种，有很多地方不用"是"，比如说"哥哥比妹妹大"，"这个比那个小"，等等，可以不用"是"。再比如说某某人打球，不用"在"也不用"是"。但按照亚里士多德的说法，至少我们可以把所有的东西还原成带有"是"的主谓命题。比如说哥哥是比妹妹大一些，加上一个"是"是可以的，当然也可以不加。我们可以在"打球"这个动词前面加上一个"是"作为它的时态的表达，"正在打球"或者"已经打过球了"，或者"将要打球"等，我们都可以用"是"来组成联合的谓语。亚里士多德有这样的眼光，就是说他想要把一切能够说出来的都归结为"作为存在的存在"，"作为是的是"。你说一个命题，都可以说"是"，但"是"本身是什么，什么是"是"？这是亚里士多德的典型的提问方式，这种提问方式有讲究，后来海德格尔抛弃了这种方式。当代哲学更喜欢的不是"什么是""是什么"，而是说"如何"，认为这个更重要。但亚里士多德首先提问"什么是存在"，我们要把这个搞清楚。这是从苏格拉底来的。苏格拉底说"什么是美"，他跟美诺探讨美的问题。比如说我们要探讨一个东西，首先必须搞清楚它"是什么"。比如说美诺，我不知道美诺是什么，美诺是一条鱼？是一朵花？一股气，还是一个幻想？我们连这个问题都还没有搞清楚，就问美诺是不是富有的，是不是漂亮的，这是毫无意义的。我们首先要搞清楚美诺是一个人，才能说他是漂亮的、富有的，才能把谓词加上去，所以最首先的是要把存在本身是什么搞清楚。

通过对语法的分析，亚里士多德采取一种经验的方式，搜集很多说法，从中归纳出一般的规律。他发现，这个"是"总是有一个不可分割的、联系在一起的词，就是主词。与"是"联系在一起的总是主词，一句话中总要有一个主词，即使是无人称句都要假设一个主词。在主词不变的情况下，谓词可以变来变去，甚至于谓词可有可无，比如可以说"有这个人"，而"在哪里有"或者"他是什么样"的这个都可以不说。谓词可以是变的，甚至可以没有，而且有些主词可以变成其他主词的谓词。往往很多主词一方面作为主词，比如说"人"，"人是有理性的动物"，此时"人"是主词；但也可作谓词用的，比如说"苏格拉底是人"。但他发现有些主词是绝对不能作谓词用的，只能作主词用。比如"苏格拉底"，比如说专名，只能作主词用，再不能用来作其他主词的谓词。专名表示的是独一无二的个别实体。比如我们所熟知的哲学家苏格拉底就独一无二，尽管他已经死了，但只要一提起就会知道所指的是生活在公元前300多年的那个哲学家苏格拉底，他是独一无二的个别实体。个别实体的特点就是不再用来述说其他的实体。亚里士多德认为这种个别实体，就是"作为存在的存在"，"作为是的是"。"是"是什么？什么是"是"？真正说来，只有个别实体才是真正的"是"，其他的事物都是由这种个别事物的"是"所承担的。个别事物承担一切其他的存在，比如属性的存在、关系的存在、数量的存在，等，是承担其他存在的一个基本的基体、主体，这是一个承担者，或者说是一个载体。作为一个载体，各种事物的种种性质如关系、数量、变化、静止等都是由它来承担。所以讲一个东西"是"，其最终是什么呢？就是个别实体。有一些既可作主词又可作谓词的概念，比如说"人""动物"都属于"类"的概念或者"种"的概念，它们也可以称为实体，但只是第二级实体。我们可以对人作很多的描述：人可以制造工具，能说话，有理性，等等。所以人也可以作实体；但只是第二实体，第一实体肯定是个别的人，比如张三、李四、苏格拉底等，这才是第一实体。由于有第一实体，才会有第二实体。如果没有第一实体，如果所有的人都死了，那"人"就不存在了。所以个别实体才是第二实体的基础，个别实体才是第一实体、绝对实体。

这是亚里士多德在他的《范畴篇》里提出的第一实体，是从逻各斯里分析出来的。《范畴篇》为亚里士多德早期的著作，但是后来在《形而上学》里他又改了，把第二实体、种当作了真正的实体。亚里士多德的麻烦就在此，他有很多说法不一致。后人对他的解释众说纷纭，都解释不清，只好就事论事，承认亚里士多德在后期的观点有所改变。有人说他在第一实体与第二实体之间"动摇"，或者在唯物主义与唯心主义之间"动摇"。列宁也曾这样说过。我国的这些西方哲学史家也采取这样的方式来解释。汪子嵩先生曾说：亚里士多德这是一种动摇，他自身与自身不一致。但是这种说法没有深入亚里士多德本人的思想内部，去分析他为什么这样动摇，他这样动摇是否有他的不得已。像亚里士多德这样头脑清晰的哲学大家，他动摇肯定会予以说明的。他如果要抛弃他自己以前的观点，就会对以前的观点进行批判，甚至于作出检讨，但他没有。而且更奇怪的是，他早期的观点仍然在后期出现。所以我们说他动摇了，一会儿主张第一实体、一会儿又主张第二实体才是真正的实体，种和类才是真正的实体，他后期有些说法可以证明这一点。哲学家为什么那么容易动摇呢？而且动摇以后又动摇回去了，这里面肯定有些问题。我认为亚里士多德的变化不是由"动摇"造成的，不是由于他对某个观点不坚持、不坚定，或者一会儿坚持这一方一会儿又坚持另一方，而是由于这个实体概念本身有一种内在矛盾性。个别实体概念本身就自相矛盾，必然会被解释成一般实体。个别与普遍的关系，一和多的关系之间有一种辩证的关系。如果不深入这样一种概念里面去，我们只好说亚里士多德是一个不高明的哲学家。他自己的概念都不统一，与孔子没什么两样，孔子就是一会儿这样讲，一会儿那样讲，叫人去悟；亚里士多德甚至不需要去悟，其实就是胡说八道。我们应该深入他思想的内部。

应该说，即使在《形而上学》里，亚里士多德也从来没有放弃其《范畴篇》的立场，即个别实体就是绝对实体，个别实体就是"这一个"，比如说苏格拉底。黑格尔在《精神现象学》里一开始就谈到"这一个"，就是从亚里士多德那儿来的。《精神现象学》里的"感性确定性"一章，我们可以当作亚里士多德实体学说的注解。黑格尔倒是把握得很准确：如何从"这一个"里面，通过辩证的进展，然后逐步发展出共相来。我们这里作具体分析就是说，个别实体作为"这一个"，本来是没有什么东西可以说的。后来恩格斯在他的通信里面，谈到文学，谈到小说的人物形象时，就引用了黑格尔的概念，即"这一个"作为艺术的典型，就是典型环境中的典型性格，是不可重复的。这是恩格斯对于"这一个"的美学的解释。这个美学的解释应该是比较精当的，就是"在一切细节的真实以外，还要有典型环境中的典型性格，就像老黑格尔讲的'这一个'"。我们讲林黛玉、贾宝玉、猪八戒，这些人物都是不可混淆的，只要说"林黛玉"三个字，我们就知道她的全部特点，都知道"林妹妹"是个怎样的人物，所有丰富的特点都浮现在我们脑海中。但我们不能给她下个定义，甚至不能说她，一切描述都是不够的。如果要把她作为第一实体，那就是不可说的。一切说都只涉及她的属性，而不涉及她本身，对她本身我们只有保持沉默。就像维特根斯坦讲的，你把所有能说的说了以后，对那个不能说的就要保持沉默。但问题是亚里士多德不愿意保持沉默，他立足于语言，偏要说。什么是作为存在的存在，就是实体；什么是实体，就是第一实体，第一实体就是"这一个"；那么什么是"这一个"？如果要进行分析，只能进行概念分析了，不能把苏格拉底解剖一下，一解剖，苏格拉底就不是苏格拉底，而是尸体了，不能解剖，只能进行概念分析。"这一个"作为一个具体的个别的实体，是由什么概念所组成的，个别实体这个概念是由什么样的成分组成的？

对这个概念进行分析就会发现，这个概念里面其实包含着一种关系，有三重关系，这是亚里士多德在《形而上学》中的分析。第一实体已经归结到个别实体了，但个别实体是如何形成的，是由什么东西组成的？第一层意思：任何个别实体都是由质料和形式双方结合而形成的。个别实体必须要有质料，要有内容。比如苏格拉底有肉体，有四肢，有头和躯干，等等。光有质料还不够，苏格拉底有他的形式，比如他的性格、思想，他的言谈、姿态等，都是形式。所以一个苏格拉底这样的个别实体是由质料和形式两方面结合起来的，可以分析为质料和形式的关系。所以哪怕是第一实体也是由一种关系所构成的。第二层意思：所谓的实体，我们首先考虑的就是它的质料，首先认为质料是最重要的。唯物主义通常都这样认为，如果苏格拉底的肉体都不存在了，还谈什么苏格拉底，就没有意义了，我们谈苏格拉底主要指那个对象站在我们面前，他有体重，他有他的身体结构，所以第二种关系就是质料在空间中、在广延中的一种量的关系，质料的量的关系。这是对于个别实体采取的第二种眼光。第一种眼光是质料和形式的关系，第二种眼光只看质料，质料内部有一种量的关系，比如说苏格拉底的头很大，身体很短，我们可以从这方面对苏格拉底这个个别实体加以规定，这种量的关系是任何个别实体都少不了的。个别实体首先要与别的东西区别开来，就是从质料、从量的关系上进行区分。但亚里士多德认为这种关系还不足以使个别事物成为个别事物。苏格拉底矮胖,但凭这点不能使之成为苏格拉底,如果他被饿几天就瘦了,但他还是苏格拉底,并不因为体重减轻就不是苏格拉底了。所以什么东西决定了苏格拉底成为苏格拉底,成为个别事物,恐怕不能采取这种眼光。虽然一般的人根据常识会采取这个眼光,但亚里士多德认为这是站不住脚的。质料不足以使个别实体成为个别实体,因为它本身是无定形的。质料是无定形的,是可以改变的、可增可减的。苏格拉底是在不断地生长和变化的,或者他受伤少了一只胳膊,都不妨碍他继续成为苏格拉底,所以质料不足以使苏格拉底成为苏格拉底。那么是什么东西才使苏格拉底成为苏格拉底?那就是形式。这是第三种观点。

第一种观点比较含糊,形式和质料肯定有种关系,它们结合成了个别实体;第二种观点,我们从质料看,它不足以成为个别实体;第三种观点,从形式看,它倒是可以成为个别实体。当然可以问,光有形式没有质料行吗?但亚里士多德还有另外一套解释方式,就是说质料也是形式。苏格拉底的身体与思想相比当然是质料,但苏格拉底的身体本身也有他的形式,所有的质料都是由形式所构成的,形式与质料处于一个等级链条之中。在形式中当然包含有质料,质料里面肯定也包含有形式。低级的形式就是高级的事物的质料,高级事物的质料是低级事物的形式,在这个等级关系之中,质料与形式是相对的。思想当然是形式,但苏格拉底的面貌等也是他的形式。他的外部形象我们可以看成是质料,但这个质料也是通过形式表现出来的。真正的纯质料,那是一堆毫无形式的东西,那就是无定形的东西。亚里士多德把它称为"无",真正的无定形,一点形状都没有的东西,那就什么东西都形成不起来,就是"无",没有任何形状,大象无形,无形无象,即"无"。凡是有点什么东西,就肯定有形式,肯定在"无"里面形成一个什么东西。而这个东西就是由形式构成的,是形式使它成为了这个东西。第三种观点是说,形式才是本质,形式是使个别事物成为个别事物的,所以它是真正的个别事物,它是个别事物底下的那个原因或者本质。到此为止，亚里士多德仍然把这种形式看作个别的。每一个事物都有它自身的内在的本质，也可以说是它追求的一个目的，它要成为那个形式，也是它的目的。所以形式才是真正的第一实体，但此时它已不再是孤立的"这一个"了，而是自身展开为某种关系了。形式是事物的本质，又是事物追求的目的，要成形，要追求自己的形式，就是在一种关系中了。形式是一种关系，不再仅仅是一个孤立的实体、"这一个"，而是一种本质的关系，一种能动的场或者一种秩序。所以形式对于它底下的那些质料而言，反而是一种带有普遍性的东西，它涵盖那些质料。

形式具有双重特点，一方面它是个别的，一个事物是由于它的形式才成为了它的形态，成为了一个独特的形态；但每一个事物内部它的形式对于它内部的那些质料而言，是具有普遍性的。如果把形式和质料看成是一个等级结构，越往上追溯，则个别性就越具有普遍性，因为它涵盖的质料越来越多。最高的形式当然是上帝了。当追溯到上帝，上帝是最高的个别性，独一无二；但同时也是最高的普遍性，无所不包。当然亚里士多德还有多神论的残余，他认为有47个神，每一个天体都可以看作一个神。但他的"第一哲学"是倾向于一神论的，当然直到后来的新柏拉图主义和基督教那里，才最终确立为一神论。亚里士多德说最高的形式就是神，即上帝，上帝是一切事物的现实性，他使一切事物实现出来，所以他具有涵盖万物的普遍性。为什么亚里士多德的个别实体变成了普遍实体？就是这样来的，很自然。他就是要追溯个别实体底下是什么东西使它成为个别实体的，个别实体的"本质"是什么？他追溯的思路就是要追溯个别实体到底。但他发现一旦追溯到底就成了普遍，而且成了最普遍的东西。所以他并不是自相矛盾，也没有什么"动摇"，而是表现出概念本身的辩证法。他的原则是一贯的，他就是要追溯到个别实体；但他又要探讨在个别实体里面是什么决定它成为个别的，个别实体的本质是什么？所以他发现个别实体其实不过是形式和质料相结合的特殊现象。那么形式和质料又是如何结合的？形式作为一种能动的主体性，把质料统摄起来，作为一种目的，所有的质料都趋向于它内部的目的，质料服从于形式，——是在这种关系里面组成了个别实体。所以真正的个别实体就是形式，普遍的形式。个别实体本来当然是针对普遍性而言，它具有个别性而不具有普遍性，苏格拉底就是他这个人，不能说所有的人都是苏格拉底。但要追溯什么是真正的个别实体，就会发现它其实是一种普遍的形式，它对于它本身内部的质料来说，有一种普遍的涵盖性，它把那些质料抓起来使它们统一于共同的形式之下，具有这样一种能动性。所以它虽然是普遍的，却仍然具有个别实体那样的能动性。个别和普遍就是这样互相转化，向对立面转化的。在西方哲学史上，这个问题很复杂，讨论了两千年，但只要从辩证法的角度来解决这个问题，一些自相矛盾的说法都能得到顺理成章的解释。

所以亚里士多德的三种实体，即个别实体、质料和形式，在他看来这三者并不是互不相干的，而是构成了一个辩证系统，它具有内在的逻辑关联。个别实体当然是一个基调，物质实体（质料）由于构成了个别实体的材料，所以也可以把它称为实体，但不是最终的。物质（质料）在某些情况下也可以叫作实体，苏格拉底是实体，可以说就是指他的身体，他没有身体就不存在了。因此质料可以称为实体，但不是终级的，不是本质的。形式实体虽然已成为一个共相，成了个别实体的对立物或者说异化物，但它本质上仍然具有个别性，并且是真正的个别性。普遍的东西、形式才是真正的个别性，它才能够实现个别性的能动性，它具有普遍性，能涵盖一切质料。如果它不能涵盖一切质料，那么它的个别性如何体现出来，它的能动性又作用于什么之上呢？就没有作用对象了。正像康德的"先验统觉的本源的综合统一"，正因为它是普遍的，所以它的个别性才能在这些一般的材料上面有一种普适性的作用，才能普遍适用。所以它虽然是共相，但仍然具有个别性，它表达了个别实体的主体性或者说能动性的本质。个别实体当然是存在，是"作为存在的存在"，但还不是本质，或者说还没展开它的本质，本质是能动的存在。从此西方哲学对实体开始有两种解释，一种是存在主义的解释，一种是本质主义的解释。存在主义的解释就是要强调个别实体，而不能再解释，存在就是存在，存在在先，本质是后来由存在自己展开出来的。而本质主义就是一种科学精神，就是说存在是一个事实，必须分析它的原因，它何以存在，只有把它的原因找出来，那就是形式了。最终的原因是形式，只有把形式找出来才能发现个别实体的本质是什么。所以单纯的作为存在的存在是个别实体，但还不是本质。物质实体只不过是个别实体的一种被动的质料因，质料因离开形式就什么也不是，就等于无，等于非存在。形式实体是存在的本质，既具有个别实体的存在性，又具有本质性，或者说它是本质的存在，或存在的本质，这就是形式实体。

所以亚里士多德有三种实体：一个是个别实体，一个是质料，一个是形式实体。质料也可叫作物质实体。物质实体、形式实体、个别实体此三者构成一个辩证的关系、一个辩证的结构。最高的个别实体是一切存在的创造原则，那就是神。最高的神甚至不需要质料，能够由自己形成质料，这后来就过渡到基督教的上帝创世了。上帝从虚无里创造出整个世界来，这种说法有的是在亚里士多德那里，有的是在新柏拉图主义那里找到根据的，新柏拉图主义吸收了亚里士多德很多的东西。从这个方面来看亚里士多德，他所提出的这样一个结构实质上形成了西方传统实体主义的一个基本模式，即整体是建立于个体之上，并且在更高层次上具有个体性的特点，那就是个别性。西方人的一神论，上帝既具有普遍性又具有个别性，上帝的自由意志当然是绝对个别的，他要创造世界，于是就创造了世界；但创造世界以后，所有的万物的现实性都来自上帝，所以具有普遍性，他全知全在全能。这是西方传统的一个主导模式。要讲西方的实体主义，首先要讲个别实体，然后要从个别实体里引申出普遍实体，然后从普遍实体看出它仍然是个别的，这是一个辩证系统。要把这三者都考虑在内，才能理解西方的实体主义究竟是什么，抓住任何一方加以孤立地考察都是不对的。

与中国传统哲学的主导模式相比，中国传统哲学也是个体和整体的关系，但中国传统哲学的个体是建立于整体之上，并且本身具有整体性的特点,是颠倒的。西方传统哲学是整体建立于个体之上并且具有个体性特征,与中国传统是相反的。像个体、整体、能动性这些概念中西都有,但其结构不同,它们的区别在于结构。经常有人抬杠说,你认为西方有的所有的东西,中国也有,西方讲个体中国也讲个体。他们不去分析这个结构。两大文明的内部结构是不同的,这才造成了近代以来的中西文化的冲突,不然就不会有冲突了。既然都有,把它改变为我们的术语就行了。但我们发现这样不行,改变成我们的术语以后意思就变了,因为它被放在不同的语境中了。为什么西方的好东西一拿到中国来就变了呢?就是因为它的结构不同,把它翻译成中国的术语,就被纳入中国的体系中了,按中国的结构体系来操作、来理解,那怎么行?那它就不是西方的了。

最后谈谈希腊实体学说对后世的影响。柏拉图、亚里士多德他们所提出的本体论、存在论在西方两千多年的历史中,构成了西方哲学史上最为强大的传统,或者说正统。甚至有人说西方两千多年的哲学都是对柏拉图和亚里士多德的注解。不管哪一学派,包括现代派、后现代派,讲来讲去,不是亚里士多德,就是柏拉图,总在这两者之间转来转去。亚里士多德是柏拉图的学生,我们可以看作集大成者,所以亚里士多德是一个关键人物,要研究西方哲学史必须要研究亚里士多德。西方哲学家的思想逃不出亚里士多德,一直到近代自然科学机械论的兴起,这种局面才有一点改观。牛顿物理学以后情况有了改变,但基本的状况没有改变。一般来说,大陆理性派和英国经验派他们各自抓住了亚里士多德实体学说的一方,比如说大陆理性派的实体学说主要是形式实体,英国经验派的学说主要抓住了物质实体。但英国经验派的物质实体也具有形式的性质,也不是完全的物质实体,不是亚里士多德所讲的那种质料,它也有形式。比如说培根讲物质的性质,但他要追求的是物质的"形式"。在培根那里,他说一切研究主要是追求物质的形式,要总结出"中间公理",中间公理就是一个事物的形式。读培根的书时如果没有西方哲学史的背景就读不懂:为什么唯物主义的强调感性的培根,还要强调"形式"?他是反亚里士多德的,但这个概念的用法是从亚里士多德来的，就是把形式看作一个事物的本质或规律。霍布斯和洛克更是把物质归结为广延，广延当然是一种形式，可以定量的。洛克认为广延是第一性的质，事物的冷、热及声音等是第二性的质。不过总的来说，英国经验派并不像大陆理性派那样重视对实体说的形而上的探讨，他们重视物质实体，但不重视形而上的探讨。所以到了洛克干脆把实体本身也解释成不可知的，不管是物质实体、精神实体还是上帝，这三种实体都是我们不可知的。我们能够知道的只是实体的"名义本质"，对于实体的"实在本质"我们一无所知。这个到休谟和康德就发展成不可知论了。

休谟完全否认一切实体，对于一切本体论实体论都抱一种怀疑的态度，他是西方拒斥实体主义的始作俑者。但是自然科学发展到近代，自然科学的被动性或者是机械性成了当时机械论自然科学的一个很重要的特点。自然科学就物质来谈物质，变成了一种定量化的操作，不谈目的论，不谈形式，就变成了机械论了。一直到康德，以牛顿为代表的机械论这种被动的物质实体，才又一次被成功地纳入主体能动性的形式之下。康德的时空、范畴以及主体自我意识也是一种形式化的东西，但是他把物质的东西纳入进来，使物质构成了实体。所以"实体"在康德那里也是一个范畴，它使那些飘忽不定的物质的材料形成一个持存性的对象展示在我们面前。但它是由主体的形式所赋予的，不像牛顿，不需要任何主体的形式，自己在那里就成为一个物质实体，这是康德的一个重要的推进。可以说康德使近代自然科学、牛顿物理学的物质实体观，重新返回到亚里士多德的形而上学的立场，但立足点已经完全不同了。在亚里士多德那里，形而上学还是建立在客观冷静的观察之上的，这一点与后来的牛顿物理学有共同的立场。但是在康德这里，观察的立场已经被观察者的主体本身的能动的综合能力所取代。不再是静观一个对象，而是我们自己构建一个对象，对象的形式是我们主观赋予的。所以康德把形式实体和物质实体综合起来了，所谓"调和唯物主义和唯心主义"。主体的能动性和客观的物质材料综合成了康德所谓的实体。沿着这个思路，就是说自然界的实体不过是由主体所建立起来的，主体赋予自然物质以形式，才获得了物质的对象性，这样一个思路后来发展出谢林的自然哲学、黑格尔的自然哲学以及历史哲学、精神哲学，他们的整个哲学体系都是这样发展起来的。所以实体在这样的理解中，在黑格尔那里不仅仅是主体，而且在现实生活的历史过程中把自己实现出来，实现为实体。主体的能动性在历史中把自己实现为实体，认识到自己的绝对形式，这就达到了西方哲学史上的努斯和逻各斯的一种统一。实体主义发展到了黑格尔这里，实体就是主体，是一种能动的实体。这与德谟克利特的原子论就完全不一样了。黑格尔是西方传统哲学的集大成者，他表现了西方传统哲学形而上学里面一些最精华的东西。

到了现代的哲学和自然科学，通过爱因斯坦相对论等的发展，产生出了实体和场的一种新的关系。实体和场、原子和虚空，在德谟克利特或者牛顿那里，都是一种外在的关系。有原子然后有虚空，有实体然后有周围的场。到爱因斯坦这里，外在的关系重新变为内在的关系，所以现代自然科学的场论并不是反对一切实体主义的。有的现代哲学家认为自然科学的场论就是反对实体主义了，他们把实体主义就理解为分散的原子，场就好像是一种关系，这样说也没错，但这种关系实质上本身就是一种实体论。场就是一种"形式实体"，当然它也是关系，就是关系实在论。比如说爱因斯坦的统一场论，他试图把四种相互作用归结为一种。牛顿首先把一切力归结为万有引力，万有引力被理解为一切实体所具有的一种基本属性，用来解释天体运动、苹果从树上掉下来等等。但爱因斯坦试图把这种引力归结为空间的几何本性，而并没有一种什么"力"。说到底"力"是很神秘的，好像一种东西有一种"力"，它可穿过虚空去作用于另外一种东西。比如说太阳与地球之间是真空，为什么地球要绕着太阳转？是因为太阳有一种"力"、引力，越过真空来作用于地球。但是我们检测不到这种力，力的超距作用在牛顿那里无法解释，超距作用何以可能？要作用于那个东西你总得要有个中介，但太阳与地球之间没有中介，是空的，凭什么把地球吸引住而不飞向远方？因此超距作用是牛顿万有引力定理的薄弱环节。爱因斯坦通过几何学的空间性质来解释这一点。没有什么力，地球之所以围绕太阳打转，不是由于"力"造成的，而是由于地球与太阳之间的空间属性所造成的，空间是弯曲的，用非欧几何来解释空间的弯曲。所以地球由于本身有质量，于是按照空间的本性在运动。这是任何事物的本性而不是一种什么力学的关系，所以他试图把这样的关系归结为实体本身的状态，一种几何学关系。他并不是要取消客观实体，而是要对客观实体获得一种新的理解，我们以前的理解都太局限。所以爱因斯坦与波尔，与哥本哈根学派著名的争论，关于量子力学的争论，其实并不涉及实体主义还是非实体主义的问题，而只是涉及在现代物理学中如何把握实体的关系问题。这场争论通俗的说法是：月亮在我们不看它的时候是否存在？爱因斯坦说当然存在，哥本哈根学派说不一定。月亮存在不存在要取决于我们是否看见它，我们没看见它的时候就很可能不存在了。后来通过量子力学的实验检验，爱因斯坦遭到了失败，哥本哈根学派这种看起来很荒谬的观点反而取得了胜利。但这并不说明客观实体遭到了否定，并不是像某些人认为的那样，西方现代物理学从实体主义走向了非实体主义。它只涉及对客观实体的把握方式，爱因斯坦有独断论的残余，而哥本哈根学派是彻底的经验论的，要看到了才算数，量子力学只有检测到了才算数，没有检测到就不能断言它在那里。

后来的奎因指出，在研究一个物理对象的时候，虽然我们看不到那个对象，但我们不能不作出一种"本体论的承诺"，必须承诺我们所研究的对象是有个对象在那里的，尽管我们没有看到它。这种说法对爱因斯坦有利，实际上哥本哈根学派也不能推翻它。我只是讲了一个本体在那里的承诺，并不是断言有个本体在那里，只是如果没有本体在，我们不作这个承诺就无法进行研究。当然他是把这种承诺当成一种工具、一种工作上的假定了，然而也说明西方哲学也不能够拒斥像实体、关系等这样一些概念。"拒斥形而上学"只是表明一种心态，但实际上并不能抛弃这些形而上学的概念。当代对实体主义、对形而上学攻击最厉害的是海德格尔,人们认为他是对西方传统的实体主义进行了最有力的反叛和摧毁。一个很重要的表现是他把这个"存在"理解为"在起来"的一种活动,不再像亚里士多德所讲的那样一种"作为存在的存在"。海德格尔把问题变了,他要探讨的不是"什么是存在",而是"存在是如何存在的",是如何"在起来"的?海德格尔认为亚里士多德把"存在"和"存在者"混为一谈了,存在本身是存在起来的能动的活动。他批评亚里士多德说,"主词是如何"已经被遗忘了,只剩下"主词是什么"的问题,"如何在"的问题被遗忘了。所以亚里士多德通过分析把"这一个"瓦解掉了,从存在主义转向了本质主义,把存在分解为构成存在的那些东西,质料、形式等瓦解了"此在",把时间分解成了一个一个"现在"的片段。海德格尔对亚里士多德的实体学说的批判,是要把个别的"此在"拯救出来,也就是把存在拯救出来。个别的"此在"当然还是"存在者",而不是存在;但它是唯一体现存在的存在者,它是唯一能体现存在是"如何"存在的。这就必须把存在者放在括号里面,来显现出它是如何存在的,去探讨那个存在者是如何存在的,这样可以让人们领悟到存在者之所以成为存在的根是什么。所以海德格尔也写了《形而上学导论》,就是要把亚里士多德已体现出来而又没有贯彻到底的西方实体主义思想贯彻到底,这看起来就像是对亚里士多德的反叛了。后来我曾在一篇文章中指出这种反叛是很有限的,其实在亚里士多德那里也可以找到像海德格尔那样的说法,比如时间的问题、在起来的问题,亚里士多德也有这样的说法。个别的存在实际上被理解为一种能动的东西,他把个别的存在分解开来归结为形式,也是因为形式是能动的东西,形式是使个别实体存在起来的决定因素,所以形式才是作为存在的存在。形式就是实现,质料就是潜能,所以形式是能动的,形式可以体现出个别实体是如何实现起来、在起来的,这与海德格尔没有根本的区别,海德格尔只不过把亚里士多德隐藏的思想发挥出来了而已。

所以我们得出以下结论:第一个结论是,西方哲学的一切实体主义并不是都不讲关系的，恰好相反，他们要么推出了一种建立在个体之上的整体关系，要么实体本身就是一种整体关系，比如说柏拉图的理念世界，这是西方哲学的主流、正统。当然这种整体的关系对于个别实体来说构成一种压制，柏拉图的理念世界对现实的人来说构成了种种压制，甚至对个体有一种取消作用，柏拉图的理念对于现实事物中的个体有一种限制和压抑，但它本身是凝聚着个体性的。同样，基督教的上帝对个人也有一种压抑，但实际上它们都是人的异化，上帝本身就体现出人的个性。第二个结论：西方正统的实体主义正好同时就是关系实在论，也是一种场有哲学或者权能场有，或者说这种实体主义就是一种非实体主义，看你从哪个角度去看。从个别角度看，整体也是实体；从普遍的角度看，整体表现为就好像不是实体了，其实整体也具有个体性。第三个结论：西方的关系主义和场有论，从赫拉克利特以来，就被理解为是实体的内在能动性所建立起来的，就是权能场有。因此它具有一种可操作性、一种尺度，是形而上兼形而下者，既是形而上，即物理学之后，同时又跟物理学有关，可以用来解释物理学，用来作为物理学的根据。所以他们发展出了科学精神，甚至发展出科学技术，可以操纵和把握对象，与中国古代传统的场有哲学有一种根本的区别。第四个结论：因此西方实体学说的基本特点是以个体的能动性建立起整体的关系，或者是以个体能动性建立起场，并且这种个体能动性本身又异化为整体能动性、场的能动性。中国古代的关系学说的基本模式则相反，它是以整体的自然流行去消解个体的独立性，你可以把这种自然之道内化为个体内部的机制，但已经把个体性的原则消解掉了。最后一个结论：就如中国文化不可能彻底摆脱传统一样，西方文化也不可能和它的传统断绝关系，像海德格尔、爱因斯坦，能与他们的传统断绝关系吗？包括后现代，只要熟悉西方传统的人都可以看出它里面与传统的关系，只是对那些不熟悉的人，就以为它提出了什么崭新的东西了，好像是完全割裂传统的东西，这是很幼稚的判断。所以西方的现代、后现代一切反传统的努力都是自觉和不自觉地在更高的层次上面返本归原，回到他们的传统，或者是反叛其中的一个传统以回到更早的、更古老的传统，比如说反对近现代的传统而回到古希腊或者回到中世纪。也就是说提出来的一些新东西都有这样一个传统的背景。那么他们的这种反叛中可能体现出向东方或者中国文化靠拢的倾向，但是我们不能过早地判断，以为他们就抛弃了他们的传统，向我们投降了，"21世纪是中国文化的世纪"，这是太乐观了。因为西方人绝不会抛弃他们的传统观念，只不过是借东方的酒杯浇他们自己的"块垒"，解决他们的问题。他们觉得他们有某些缺陷，然后借用一点中国的东西来解决他们自己的问题，但归根结底是他们自己的某种要素的发挥。比如海德格尔有一段时间曾经想到东方哲学，老子和佛教哲学里面去寻求解决之道，但后来他发现这条道走不通，真正拯救西方文化的，还是要靠西方文化本身的传统。当然他们这种向东方异民族文化学习的态度还是可嘉的，也是我们中国人所缺乏的。

第九讲 ｜ 胡塞尔现象学导引[3]

好，我们今天跟大家讲一讲胡塞尔现象学。这是一个现代西方哲学的难题。我经常听到有人说，西方的哲学，从古代到现代，一直到今天，很多哲学家的思想都可以理解，或者说都有信心理解，哪怕是现在还没有理解，但粗浅地看一下，觉得只要花时间和精力，都可以理解，唯独胡塞尔的现象学，好像是无法理解的，甚至不得其门而入。这个现象非常普遍。为什么唯独胡塞尔的现象学难以理解？西方有些看起来比较费解的哲学家，比如说海德格尔，中国人看起来反而很亲切，这个里头有它的传统原因。胡塞尔的现象学是从西方哲学的传统里生长出来的一种思想，或者说一种思维方式。胡塞尔自己不是说过嘛，"现象学是西方哲学的憧憬"。这当然主要是指西方近代哲学，但是，其实从古代起西方一直都有这方面的维度，其他的哲学家，哪怕并不是现象学家，或者并没有标榜是现象学家，但如果以我们的眼光去分析，会发现现象学就是从他们里面生长出来的。而海德格尔相比之下更加偏离了西方的传统，有些向东方靠拢的趋势。当然也并不是真正向东方靠拢，只是看起来像是有这么一个趋势而已。

那么，胡塞尔的现象学的性质何在？我们首先要考察一下这个问题，它是一种什么性质的哲学？实际上它是从西方传统理性主义中一步步地发

---

[3] 本讲主要思想曾载于《中州学刊》1996 年第 6 期。

展出来的。西方从古希腊以来，人们追求认识论上的真理，并且撇开一切实用的关系，不考虑它的用途，专门去探讨真理本身的结构，这个应该是胡塞尔现象学最基本的指向。当谈到胡塞尔的现象学时，我们经常看到，他谈的实际上也是认识论，也是真理的学说。而这种认识论、这种真理的学说在古希腊那里其实已经有它的源头。曾经有人比较，就是说西方的科学跟中国古代的科学，比如说西方的毕达哥拉斯定理和中国的勾股定理。毕达哥拉斯定理完全是一种理论的兴趣，他们认为那是真理，至于中国的勾股定理，它是一种技术、一种测量术。"勾三股四弦五"，你记住这个口诀，那么就放之四海而皆准，就可以用。用我们通常喜欢讲的话来说，它是一个"法宝"，在实践中我们用它很顺手，用得有效果，那么它里面的原理我不需要搞清楚。我把它当作迷信、巫术或者魔术都可以。所以，罗斑曾在他的《希腊精神和科学思想的起源》这本书里面提出来："东方的科学在它存在的几个世纪中，甚至在它与希腊科学接触之后，都从来没有超出过实用的目标。"他的"东方科学"主要是指埃及和印度、波斯和巴比伦这些地方，其实也适用于中国。他说希腊人"并不是直接着眼于行动，而是寻求基于理性的解释，是在解释和思辨中间接地发现行动的秘密"。这种纯科学的、追求真理的态度并不见得就完全没有实用效果，还是有的，科学发明出来，肯定会有实用的效果，但是古希腊的科学家不在乎这个，不谈。所以他们是"间接地发现了"行动的秘密。也就是超越事实和自然对象之上，使思维达到一种自由的境界，不受任何束缚，想到哪里就是哪里，想怎么思考就怎么思考。这样一种思考在希腊人看来是一种最崇高的事业。我们中国人在这一点上是不以为然的，我们讲"屠龙之术"是没有用的，纯粹空谈有什么用呢？我们不会在这方面花费功夫。但希腊人恰好相反，他们把它当作一种兴趣、一种自由的事业，而且还是最崇高的。像亚里士多德讲的"理性的沉思"这是最高的美德、最高的幸福。"在理性中深思"，对思维的思维，对思想进行思想，这是最崇高的。

当然，我们刚才讲的，只要是真理就会有用，它在现实中就会表现出效果，这就是西方近代以来科技飞跃的一个秘密。你处处讲实用，你所谓的实用只是积累性的，也不可能有飞跃。一点点积累、经验、法宝、秘传的技巧，世世代代积累下来，很多也可以说绝大部分在漫长的历史中都失传了，没有东西可能把它保留下来。它是靠某一个人、某一个家族、祖传秘方，靠这些东西把它保留下来。那么经过时代的淘汰，这些人人亡技绝，后人就不知道了。所以再怎么积累，还是在原来那个水平上徘徊，转来转去还是原来的水平，它不可能有飞跃。但西方的理性精神、科学精神，为科学而科学，使科学成了系统，这就不容易失传了，成了系统的东西就不容易失传了。它是原理、原则，你可以不了解具体的例子，但是你掌握了原则，就随时可以把那些具体的例子实现出来、重复出来。科学实验就是重复嘛，有可重复性，用一个原理在各种不同的场合去重复。所以近代以来，西方的这种科学精神获得了极大的实用效果。就是一百多年以来，我们中国人突然一下子发现，西方人神奇地超越于我们的发展水平之上，不知道为什么？我们觉得他们好像也是一种"奇巧淫技"，西方有"高人"啊。要是我们把他们的技术学过来，那我们岂不是就跟他们一样了？其实不是的，你学了他那些技术，他又往前跨了一步，甚至跨了好几步，阿基里斯永远也追不上乌龟。它是有一个原则、一个科学精神在那里作为它的基础、作为它的根基。

但是西方的理性精神、科学精神在近代以来，虽然在科学技术方面获得了长足的发展，但同时也带来了它的负面因素，就是我们通常所讲的，西方的科学技术走向了一种科学主义或者是技术主义的方向。它既然在现实生活中有用，——以前西方人还没有发现，但近代以来由于它在实用方面得到发展，所以人们突然发现它可以是有用的，——就由此专门朝这个方向发展。那些对科学知识、对真理本身还抱有一种超功利兴趣的科学家反而成了少数。当然这种精神他们还有，就是那些技术专家，从小也有这种兴趣，这是他们的传统。但是一旦掌握技术，发展以后，他们就把这种根源丢弃了或者忘记了。所以近代的科学技术，从科学逐渐降到了技术，从一种理想的生活方式，进行发现、科学发明，一种超功利的好奇心、兴趣，现在成为了一种单纯的技术，甚至这种技术可以违反人类的理想，比如说变成了一种大规模杀人工具。两次世界大战已经证明，这种科学精神本来是属于人文精神的东西，失去了纯正的理性的指导，本来这种纯正的理性是属于人文精神，属于一种理想的生活方式，但是到了现代却变成一种由非理性所支配的东西、一种杀人工具。科学带来的毛病、弊病和危害越来越突出，所以说西方的理性在现代以来患上了疾病，或者说西方的人性也患上了疾病，西方人讲人性是离不开理性的，现代西方的人性陷入了危机，胡塞尔有一部著作就是《欧洲科学的危机和先验现象学》。那这种疾病如何能够治疗？它是由理性所带来的，本来理性是理想化的，是一种合乎人性的生活方式，但在其发展进程中，当它和技术结合起来，——它当然要和技术结合起来，这本来是正当的，——但由于和技术结合起来，带来了它的负面影响。如果要对这种疾病进行治疗，首先要对理性本身进行治疗。现代西方科学精神仍然还有，比如说理性精神，西方的理性精神是他们的传统，一直到今天他们还是这个传统。但这个理性精神患上了病，它受到了技术主义和唯科学主义的侵蚀。如果要把西方人的人性从这种疾病之中拯救出来，就要重建西方的理性，也就是重建西方人的精神世界。西方传统中理性主义占统治地位，一直都是这样的。所以要治好西方的病，当然也可以吸收一些其他民族的非理性的神秘主义的因素。但从根本上来说，要对西方的理性进行重新考察、重新反思、重新追溯，追溯西方理性的源头，分析它究竟从哪里走到了现代这种片面化的处境。

西方理性的原始根据，应该说还是健全的，特别是在古希腊的时候，为科学而科学，把科学当成一种献身理想的生活方式，这应该还是非常丰满的。但是这种思想和精神在现代科学这里被人们遗忘了。现代的科学理性以自然科学作为它的根基，自然科学是唯一的真理。任何事物都可以摆在这个上面来加以衡量、分析和考察。但他们没有意识到这种自然科学在当代自以为是自足的，其实不是自足的，它有它的前提，它是由一个独断的假定所支配的，比如说假定客观对象的绝对存在。我们讲自然科学的唯物主义，自然科学家是天生的唯物主义者。所谓天生的唯物主义，就是他们预先假定了一个东西，就是不以人的意志为转移的客观存在，我们称为唯物主义。这个前提是没有经过反思的，所以自然科学凭借它朴素的唯物主义拒绝形而上学。奎因讲要有"本体论的承诺"，这个承诺就是拒绝反思。我知道有个前提，但我不认真地对待这个前提，我仅仅是姑妄言之。我有这个承诺，却不对它进行分析，只是用这个承诺来做我自己的事情。当然作为自然科学家只能如此，因为他们不是哲学家。这种方向其实早在十九世纪以来西方人就感觉到了，感觉到自然科学的片面性，而且有一些反叛的迹象。比如说在艺术领域里面，西方长期以来，至少从文艺复兴以来，科学主义在艺术领域里面是占统治地位的。艺术当初作为一门科学，特别是在造型艺术方面表现得非常明显，模仿科学的真实。但在十九世纪，印象派的兴起，对这种倾向进行了反叛。所谓印象派就是你不要用那些科学道理预先给艺术划定一个框框，划定一些规则，我要"用自己的眼睛看"，诉诸感性和感觉，我看到是什么样才是什么样的，你不要用什么透视法、光学等这样一些原理预先把这个对象分析掉，分成一些规律，我们要保留我们在感觉中的艺术形象。在文学中兴起了比如说意识流小说、心理现实主义，心理现实主义不是模仿对象，你就把你的心理，原原本本地描述出来，那才是真正的现实主义。文学艺术里面已经有这样一种倾向、这样一些努力，显露出西方人的觉悟，就是说并不否认科学、否认理性，但是这些科学的客观的真理，都必须以人性本身的真理作为它的基础，才能使人接受。科学是科学，但一旦谈到人性方面的问题，谈到文学、艺术，首先是文学和艺术，最先觉悟的是这两方面；其次还有谈到伦理、道德、宗教、社会等，谈到这些问题的时候，你不能用科学来作为唯一的衡量标准。反过来科学的衡量标准还必须建立在对人性的丰富的理解之上，包括对感性、情感这方面，不能随意地撇开。

但这些东西历来被称为非理性主义，感情、情感、意志、欲望这些通常被称为非理性主义。胡塞尔还是基于理性主义的立场,他还是坚持理性主义,他对于非理性主义是不以为然的。他把那些非理性主义的哲学家们称为"世界观的哲学家",世界观的哲学就是像尼采的人生哲学,还有各种非理性哲学,这是胡塞尔批评的。就是说世界观哲学并不能够改进西方人的人性或者是治疗西方人的人性,它只不过是西方人的人性产生了疾病的一种症状,就是人性已经忍受不了了,于是到非理性那里去寻求避难所。所以世界观哲学或者说非理性哲学,同样是欧洲人性的堕落,也就是欧洲理性的堕落。所以,胡塞尔指出来,其实西方的一切非理性主义归根结底都是理性的,看起来是非理性的,像尼采、叔本华这样一些非理性主义大师,在胡塞尔眼里面,他们其实都是理性的,都要归结到理性上来。所以要从根子上解决问题,就必须要检查理性出了什么毛病,不能把理性撇开。西方几千年来的思想成果,就在理性主义之中,就是理性主义。那么非理性主义或者世界观哲学,只不过是对自己的理性没有达到自觉,他们也是理性的,却因没有达到自觉,自以为是非理性的,自以为可以超越理性或是抛弃理性。所以胡塞尔认为理性是西方文化的根。没有理性就没有西方文化,但由于这个根病了,就得救治。怎么救治呢?就是要突破科学主义狭隘的眼界,要扩展它的地盘,深化它的根基,提高它的层次。科学的概念,比如逻辑,以逻辑为代表的科学的概念,必须要返回到它的前科学、前逻辑的根。科学和逻辑都是从理性的根子里面产生出来,现在科学和逻辑走向了片面化,就要从这里面沿着它的源头回溯到它的根,回溯到理性之源。

所以胡塞尔认为我们要对科学主义和非理性主义、它们的"真理"的概念进行一种反思和追溯。不管科学主义还是非理性主义,它们都谈真理,尼采也讲真理,对科学主义所谈的真理,要进行追溯,要回到古代思想的源头。我们前面讲解释学的时候也讲到了,近代以来的解释学对真理的概念,有了新的解释,不再是过去的符合真理论。认为一个思想、一个观念或概念和对象相符合就是真理,这是传统经典的真理观。但是更早的真理观,就是显现,它不是跟什么东西符合,而是直接显现真理。真理能够直接显现出来，这个显现出来取决于我们的看，我们什么时候看到它了，就说明显现出来了。所以从柏拉图开始，对这个"看"非常重视，把"看"作为一切知识、一切真理的根基。看也就是"爱多斯"，Eidos 这个希腊词的本意就是看，亦即"idea"这个词的不同形式。"爱多斯"是看的意思，我们把它翻译成"理念"，现在有的人主张翻译成"相"，看到的"相"。当然这个看不是肉眼的看，而是整个身心或者说就是心眼在看，用内心的眼睛、意识的眼睛去看、去直观。我们看到的那个"相"就是所谓的理念，那就是万物的本原。在柏拉图那里就是这样提问题的。我们所看到的东西，就是直接被给予的东西，就是自明的东西，不需要证明。美德本身那是不需要证明的，它是直接呈现出来的，你只要用自己的心眼去看，一眼就能看出来什么是美德本身。当然柏拉图用的这个方式是回忆说，回想一下，你就会发现你其实已经具备了有关理念的知识，这个不需要你去证明，你向你的内心深处看一眼就能看出来。除了这种"爱多斯"以外，其他的一切包括逻辑、概念，包括具体经验事物的存在等，都是建立在这个基础之上，并且由此而得到理解的。有了理念就可以理解万物，万物都有它的理念、它的共相。万物都是在同一个"看"的不同方式之下呈现出来的。这个事物那个事物互相之间好像不同，它们的不同归根结底是"看"的不同方式，不同的"看"就形成了不同的对象。所以胡塞尔提出一个口号就是"回到事情本身"，就是直接去"看"，也就是把那些由于"看"而呈现出来的各种各样的东西，先把它存而不论，因为"看"所呈现出来的各种东西都是由外部的偶然情况所决定的。比如说我的眼睛的构造，受其他情况的影响，在"看"之下就显出各种不同的形象。我把这些东西都撇开，回到"看"本身，直接去"看"，就可以寻求到西方人传统的理性根源。

西方理性的根源最早要追溯到柏拉图，所以胡塞尔认为他的思想并没有什么新奇的，他的思想就是从柏拉图来的。他认为西方哲学史上有几个圣人，一个是柏拉图，一个是笛卡尔，一个是康德，他是第四个。但实际上都是从柏拉图来的。他认为柏拉图的理念是直观，我们通常认为柏拉图的理性与直观是完全不同的东西，但理念恰好就是理性的直观，或者说"本质的直观"。康德讲理智直观，斯宾诺莎也讲理智直观，我们通常认为只有感性的东西才是直观到的，比如第一印象，五官的感觉，就是直观。但西方从柏拉图以来就有这个传统，就是说，其实理性才是直观的，最根本的直观就是理性的直观，这就是柏拉图对于理念的一种看法。"爱多斯"在亚里士多德那里翻译成"形式"，形式其实就是理念，是一个词，当然它们意思不同了。在亚里士多德那里，我们不把它翻译成"理念"，而把它翻译成"形式"。所谓形式，也就是形相，而作为形相，不是我们五官看到的形象，而是我们的思维直接发现的，直接看出来的。这就是胡塞尔提出的对于西方理性救治的一种方案。西方理性病了，怎么救它？我们首先要回到它的根源，回到理性的本身，回到事情本身，回到理性的直接的"看"这个基点上去。胡塞尔反对唯科学主义，但并不反对科学，这种"看"当然是科学的一个出发点了。柏拉图的理念论正好是西方的理性科学的出发点。胡塞尔只是扩大了科学的范围，我们现代人讲的科学是自然科学，或者是数学、逻辑学，但胡塞尔把这个科学的概念扩大了。他认为科学只有一个，就是对事物本身的真理性的认识，这个是不能动摇的。对事物本身要有一种真理的认识，那就是科学。但这个认识有层次的不同。自然科学是比较低的层次，更高的层次就是对科学的科学的认识，也就是形而上学、认识论。对认识的认识，对科学的科学的认识也就是认识论，认识论也就是自我意识。自然科学建立在一种非批判的假定之上，我们前面讲的独断论、朴素的唯物主义等，或者说有的自然科学家甚至相信唯心论，也是独断的假定。所以自然科学总是有自己的盲点、缺口，有一些东西作为前提是不加证明地被接受下来的。只有哲学，只有认识论，才能把这个缺口补上。认识论就是探讨这个的，你认识到什么东西，我就要问你是何以认识到的，你如何可能？这就是认识论，就是对认识本身进行认识、进行反思，哲学在这种意义上就是科学的哲学，而且是真正科学的哲学。一般的科学，由于对它的前提没有反思，所以看起来好像是精密的、定量的、实证的、严格的，但在胡塞尔看来是不严格的，因为它的前提都不严格，它的前提都没经过证明，怎么说是严格的呢？只有认识论，只有追溯到科学的根，建立起一种对科学的科学，才能形成一个严密的体系，才能真正地成为一门严密的科学。

所以胡塞尔写了一本小册子叫《哲学作为严密的科学》，就是这种哲学没有独断论的东西，它所设定的东西都是你可直观到的，只要你愿意运用自己的理性，就会看到。所以它没有什么预先独断假定然后加以承认这样的前提。胡塞尔的理想就是建立一门真正严密的科学，就是建立一门哲学；但是这种哲学首先要划清界限，要正确地理解它的性质，所以必须把它和自然科学，包括心理学——心理学也可以看作一门自然科学——在层次上严格区分开来。以往的哲学没有做到这一点，胡塞尔认为以往的哲学要么借助于自然科学的方法，要么借助于心理学的方法来建立起第一哲学，所以它们总是陷入自然主义或者心理主义。我们通常讲唯物主义、唯心主义，在胡塞尔看来都是由于没有摆脱自然科学和心理学。唯物主义就是借助并立足于自然科学，但自然科学是可以借助的吗？自然科学本身都未经证明，至少它的前提未经证明，怎能依赖于它？所以哲学不能依赖自然科学。也不能依赖心理学。心理学的前提也未经证明，也是独断论的。所以以往的哲学，要么是自然主义，要么是心理主义，要么是独断论，要么是怀疑论，要么是唯物主义，要么是唯心主义等。胡塞尔认为它们都是没有摆脱自然科学或者心理学这种低层次的科学，它们本来应该是为这种低层次的科学提供前提的，结果相反，它们把这样的科学作为自己的前提。一般的科学所面对的只是所看到的东西，哲学所面对的是看本身，看到的东西和看本身显然有层次上的不同。看本身包括看的类型、方式以及看的结构如何，这种看的结构、类型等不是由别的科学所规定的，而是直接呈现出来的、前科学的。科学还没有建立，不能借助于科学来理解它，只有在科学还没有建立的时候先把它确定下来。如何确定？通过直观，直观就是看，看本身已经把自己看到了，如果坚持看本身，它就是自明的，它自己是自己的标准。斯宾诺莎讲的真理自己是自己的标准，真理是真观念，同时它知道自己是真理，而且它知道自己如何是真理，这就是直观。所谓的自明性，或者说直观的明证性，就是evidence，倪梁康后来把它改译为"明见性"，这当然更好一点，就是说它不是证明，而是直接见到的、看到的。直观的明见性只需要把你的眼睛，当然不是肉眼，而是心眼，就是你的意向，转向你的内部，转向你是如何获得知识的，那么就可以直接呈现出所看到的东西，这就不需要在后面设定一个客观存在。

胡塞尔提出，这当然也可以说是一种心理学。很多人把胡塞尔的现象学理解为心理学，或者是内省的心理学，但胡塞尔的意思是，它是作为哲学的一种"纯粹的心理学"。纯粹的心理学是作为哲学的入门。胡塞尔讲心理学是他的哲学的入口，进入哲学当然要从心理学这里进去，但这个心理学抛开了以往心理学的概念，如经验的心理学、实证的心理学，而是一种纯粹的或者说是哲学性质的心理学。这种心理学不是用来研究日常人们的心理结构，而是研究先验的、普遍的意识结构。在心理中呈现出的一切东西，作为意识的对象，一种意识的结构，是可以研究和探讨的。但这种意识结构不是当作张三、李四某人的心理结构，或者地球上大多数人具有的心理结构，而是一般可能有的意识结构。只要有人，他就是这样的意识结构；如果有外星人的话，他也是这样的意识结构；如果机器人达到意识的水平，它也会是这样的意识结构。所以这种心理学是纯粹的心理学，它撇开了人类学，撇开了通常的心理学，撇开了一切自然科学，专门来探讨这样的心理结构，这样一种"可能的"心理结构。所以这种心理结构是先验的、可能的，当然不是现实的，但一旦实现出来，比如说体现在人类身上，体现在某个人心里面，它就呈现为一个先验的结构。某人要有意识，就要服从这套意识结构。人类如果发展出意识来了，那这个意识就是这套结构。胡塞尔要探讨的是这个，是这样一种理念的结构。

这种结构如何得出来？必须通过对人的心理结构进行反思。当然还要是立足于现实的人，因为我们所知道的例子只有现实的人，我们所能理解的只有人的心理,我们还不理解外星人和可能的人,我们首先理解的就是规定的、生活在地球上的人。那么我们现在就以人为例,但不要停留在人身上,要从这个例子身上去反思人的结构具有怎样的先验的可能性。一旦把这种先验的结构发现出来,就可以把这种结构看作超人的或者是非人的一般意识结构。当然也可以体现在人身上,从这个意义上不能讲他是"非人"的,至少是人性的;但是是在非人的层面上理解的,不要在人这个层面上理解。人是很具体的,人类生活在地球上才数百万年,时间不长。胡塞尔讲的不是这样一个历史的现实的世界,而是说从理念的层面,一般可能世界的层面上,凡是意识就必须是这样的结构。所以任何人,任何动物、机器人或者外星人,如果他有意识,他的意识都必须以这个先验的结构作为条件,作为他的模式,他都是"分有"了这样一个普遍的结构。柏拉图认为一切现实的事物都是由于"分有"了它们的理念才得以存在的,比如说"美",一切美的事物都是由于有了美的理念才得以美,一位美的小姐,一个美的汤罐,一匹美的母马,一朵美丽的花,有各式各样的美,但都是共同地分有了美的理念才成为美的。同样的道理,地球上的人类,他的意识结构都是因为分有了那个先验的意识结构才成为了意识,这样一种先验的结构可以称为绝对的"理"。中国人讲"理",中国"理学"讲的"天理"与柏拉图的理念有类似之处,当然也有区别。"理"是唯一的,但体现为各种形态,所谓"理一分殊","理"是一,但可以分成各种各样的特殊的形象。好比"月映万川",月亮只有一个,但千千万万条河里都有一个月亮,都显出一个月亮,都分有了月亮的形象。人类或者其他有意识的生物,都是对先验心理结构的摹本,先验心理结构是蓝本,其他的现实的、具体的心理结构都是它的摹本,都是模仿它的。模仿它总是会有偏离,会受到本能等其他东西的干扰,但不管怎样,它要成为一种心理、成为意识,就要去模仿这个先验的结构。或者说人的意识是这个先验结构在现实生活中的例子。什么是美,当然可以举个例子,这朵花是美的,但这只是个例子,花并不等于美本身。但是美本身就是体现在这些例子身上的。美的理念本身并不存在于何处,就存在于例子身上,但尽管如此,还是可以从这些例子身上把美本身提升起来,加以独特的研究和考察,这就是西方哲学的特点。

所以胡塞尔建立的严密的科学体系有一个反思的程序,是这样一步步反思过来的。首先一切科学,不管是自然科学、心理学、历史科学还是社会科学,是其考虑问题的出发点。胡塞尔当然也是科学主义者,但他理解的"科学"与其他人不一样,他的科学的概念扩大了,包括一切科学。所有这一切科学有一个归结点,就是心理学。这一切科学何以可能?它们都是人造出来的,可以从心理学的角度来考察这些科学何以可能的条件,就是归结到心理学。但是经验的心理学层次是不够的,经验心理学本身也是一般科学的一个部门。所以必须从经验的心理学提升到纯粹的心理学。纯粹心理学也可以说就是纯粹的现象学,就是说通过"看"来发现心理的结构,发现意识的先验的结构,而把张三、李四、人类、外星人以及看到的东西后面的存在、规律、物的结构等具体的内容全部存而不论,不去探讨。那么,不探讨具体事物探讨什么?探讨直接显示出来的现象,这就叫现象学。现象学就是显象学,就是显示出来,"phenomenon"就是显示的意思,显示说、显示学,就是显象学。看它怎样显示出来的,它如何显示跟我如何看是一个意思,我看到了也就等于说显示出来了,这就是纯粹的心理学,又叫作纯粹现象学。纯粹现象学有一个解释的维度,或者说有一个理解的层次,一旦意识到这个层次,就上升到了先验现象学或者"先验的心理学",它有这样一个程序。由这样一个程序推过来,层层深入,层层提升,最后进到它自己的层次,就是先验现象学。通常胡塞尔把自己的现象学称为先验现象学,就是说它处于先验的层面,这个"先验"(transzendental)当然是从康德来的。但他认为康德的先验哲学还不彻底,康德的先验哲学有经验的成分,就是人类学和心理学的成分。他认为康德还仅仅是立足于人类学,人的各种机能、人的认识能力、人的欲望能力、人的情感能力。康德有四个问题:我能知道什么?我应当做什么?我可以希望什么?最后一个问题是人是什么？这说明康德的不彻底性，他还是立足于地球上的人类的各种机能，来探讨这机能有怎样的先验的结构。康德的先验就是这个意思。当然康德也想摆脱这样的局限，但最后没有摆脱掉，他还是指人类的先天认识能力形成了什么样的结构，他把这个称为先验的。但胡塞尔认为自己的先验才是真正先验的，就是把人放在括号里，不谈人，只谈意识的结构，把意识的结构搞清楚以后，要谈人可以，那是第二位的。比如说人的意识就是这样的，举个例子来说明意识的结构是可以的。这就更加带有柏拉图理念论的色彩，先把理念的关系搞清楚，然后地上事物符合于理念的关系，当然可以举例说明，但举不举例子都没关系，它的结构就是这样。

所以从显现出来的事物逐步上升到先验的现象学，一步步推出它的更高的前提，上溯到它的条件，上溯到一切知识之所以可能的条件，这就是先验的现象学。但另一个方面，从最高的先验现象学出发也可以下降到各门科学，用来解释各门科学的结构。当然当下降到一切科学包括自然科学，这时对自然科学的理解与以往就大不一样了。以往对自然科学的理解是独断的，而现在经过先验现象学以后，就不是独断的，对自然科学就有一种根本性的理解，这种根本性的理解不是排斥人文的，而是跟人文有共同的根源。比如对自然科学的理解就不会被片面化了。在上升和下达的过程之中，心理学始终可以作为一个枢纽、一个中介，但不是归结为心理学，心理学只是它的一个入口或者出口，出入都要经过心理学，但不是归结为心理学，它最后是归结为先验的现象学，就是先验的"看"。不是张三、李四的"看"，而是意识本身作为一种"看"的活动，它的结构是怎样的。自然科学在这种理解之下就成为了一门精神的科学，一门人文的科学，至少与人文科学不矛盾，它与人文科学共同构成精神的科学。当然胡塞尔没有从他的先验现象学下降到各种具体的科学去阐述它们的原理，这是后来他的弟子们做的工作。比如说马克斯·舍勒，就在宗教现象学方面进行了他的工作，还有其他人，在美学方面做了他们的工作，还有一些人从伦理学、道德、社会政治学方面做了工作，等等。在各个领域里面现象学都可以把自己的科学建立起来。但胡塞尔自己没有去做，他有点像康德，他认为基本原理确立了以后，那些具体的事情是很简单的，所以他毕生所做的工作主要是确立先验现象学，确立起最高点，不断去加固它，使它稳固。所以胡塞尔现象学给人的印象是，他没有涉及比如说本体论这方面，它主要是一种方法论，它可以用在各个方面，但其本身没有固定的形而上学的领域，它就是认识论和方法论，特别是方法论。

正因为如此，现象学在西方哲学领域影响极为广泛，可以说它是一个基本训练，在今天如果不理解这个，谈其他都是空谈。你谈海德格尔也好，谈萨特也好，谈存在主义也好，谈解释学如伽达默尔也好，谈分析哲学如皮尔士也好，如果没有现象学的训练，不经过这个门槛，都是空谈。你会用我们日常的意识去理解它，甚至用中国传统的说法去牵强附会。我们很多搞海德格尔的人都是这样的，把海德格尔与中国古代的思想连接起来，把萨特与中国古代的庄子连接起来，庄子没有现象学、认识论这个维度，怎么连接？完全是建立在误解之上嘛。但胡塞尔的现象学作为一种方法，在西方现代哲学里面，可以说几乎没有哪个领域不用它。大陆哲学不用说，英美分析哲学也引进现象学作为他们的理论根据，他们找不到更好的根据。语言分析哲学要找理论根据，只有现象学能够提供，只有它才有这样宽广的视野。大陆哲学谈美学、谈宗教信仰、谈道德伦理等，都要依赖现象学所提供的方法论视野。所以胡塞尔现象学一个很重要的特点是方法论的色彩特别浓，但同时也带来了一个效果，就是既然它在方法论上具有普遍性，那么同样我们可以把它看成为西方现代哲学开辟了一个广阔的视野，它视野特别宽广，无所不包。科学主义的视野是很狭隘的，非理性主义的视野也是很狭隘的，它们互相排斥，唯有现象学可以把所有这些东西综合起来，非理性的东西也可以在它这里找到合适的位置，而且一旦找到位置它就是理性主义的，就是合乎西方两千多年的传统的，顺理成章，一切都得到解释。所以现象学在西方为什么如此风行，是有其根源的。

我们下面再看看第二个问题，就是具体谈谈胡塞尔现象学的方法、步骤是怎样操作的。它有它的操作规程，甚至很多人认为胡塞尔现象学作为一种方法具有一种技术性，胡塞尔自己也认为他的哲学是一种"工作哲学"，是可操作的。一般的人在日常生活中不经过这个操作，揭示不了"看"本身，所谓本质的现象；但经过一套操作规程，可以把这个"看"揭示出来。胡塞尔现象学的方法一开始就接受了近代哲学方法论的一个前提，即在最直接显现的东西没有得到澄清之前，不得接受任何间接的东西。这是近代哲学从笛卡尔以来的一个方法论前提。笛卡尔说：在我没有找到那个最确切的、牢不可破的、不可动摇的根据之前，我先把所有的以往接受的知识都放在一边。那些都是可以怀疑的，因为都是从别的地方接受过来的，都是间接获得的，而不是在我心中直接呈现的，我都先抱怀疑的态度。你告诉我的、道听途说的，或者从书上看的、从老师那学来的，所有这些东西都可以放在一边。在我心里面出现的东西我也要看，它是直接出现的、不可怀疑不可动摇的还是可以怀疑的？在我心里出现的如果是可以怀疑的，我还是要怀疑。唯有对我心中最不可怀疑的东西才可把它确定下来，然后再从此起步来建立一个科学体系。这是自从笛卡尔以来近代哲学的前提，在后来的哲学家那里，不管是斯宾诺莎还是康德，哪怕是经验派的休谟，都是坚持的这样一个前提。康德的批判哲学就是这样：凡是未经批判的东西，我都不承认，只有经过我的批判，才能把它确立起来。休谟也是，休谟的经验实在论：只有直接呈现在我印象里的东西，我才把它作为真的东西，其他的离开这个而设想的、所建立的东西，休谟认为都是虚假的，都可以丢到火里去。这就是近代哲学的科学方法论，即从一个最牢固的基础出发，然后其他的东西才能得到巩固，才不会垮台。如果基础都不牢固，那其他的东西就是建立在沙滩上了。胡塞尔要建立严密的科学哲学必须要从这样的方法论出发，所谓要"回到事情本身"，无非是要回到直接自明的不可怀疑的东西，这一点胡塞尔是继承了西方近代以来的理性主义传统。笛卡尔很重要，就是因为他提出了这样一个普遍怀疑，然后诉诸本质直观这样的科学方法。笛卡尔最后诉诸本质直观,"我思故我在"这是不可怀疑的,因为这是直观,任何时候都推翻不了这个直观,可以怀疑任何其他的东西,但这个东西是不能怀疑的,它始终在。

但这样的方法论一直受到近代自然科学的习惯思维的纠缠。笛卡尔的怀疑论是反思性的思维,反过来向自己的内心去看,必须把一切外在的、对象化的东西全部撇开。而近代的自然科学总是面对外部的对象,主客相分,主客对立,有一个主体然后有一个对象。自然科学是直向思维方式而不是反向思维,不是反思性的,而是直接规定面前那个对象。胡塞尔的想法是内在直观的,有点像小孩的直观。比如说小孩听到大人说,这个人是学心理学的,就觉得恐惧,这个人学的是心理学,我心中想的他肯定知道了。但长大以后发现心理学根本不是讲的这个事情。心理学只是对人的心理能力进行分类,只是考察心理机能的运作方式以及相互间的关系,这是一种外在的考察,并没有深入心里。名为"心理学",其实与你想的东西毫不相干,不是着眼于这一点,不是分析别人想的是什么,本身是什么样的结构,而是外在地考察人在想的时候运用了哪些能力,这些能力又是如何分类、如何运作。又比如说美学,一个人学了美学,小孩子就认为这个人肯定很会审美了,肯定穿得很漂亮,肯定也长得很漂亮,或者说他能告诉我们什么是美,如何打扮。如果你去问美学家,他当然可以给你讲一套道理,但是讲了半天你还是不会审美,还是不知道什么是美。你拿个东西问他,也许他讲的跟你想的完全是两样,你觉得很美的东西他觉得一点也不美。美还是不美,这个是没什么道理可讲的,你要讲一番道理,作一番分析,那就成了自然科学了。所以这种心理学、美学实质上都已经自然科学化了,已经离开了它本来的源头。心理学本来是想要探究人所想的那些东西的,当然那些东西是不可确定的。什么是美?你说这个对象美,他说不美,每个人心里都有不同的看法、不同的感觉。这怎么能变成科学呢?康德也说过,没有美的科学,只有美的艺术。科学就是要回避这些的,它要从外部给这些东西一种规定,这种规定当然也是必要的,大的范围不规定下来就无边无际了，就跟幻想、狂热、梦幻没有什么区别了。但是否只能这样规定？不是的。比如说现象学就是要回到最原初所理解的心理学或者美学那样一种意义。它甚至于不是一种什么"学"，不是一种什么逻辑（-logy），就是一种直接呈现的东西。不靠逻辑，是前逻辑的、直接呈现出来的明见性的、直观得到的东西。比如说想象这种现象，这种心理现象是一般的心理学，比如实验心理学研究得最精密的，靠实验、各种仪器的测试，当想象这种活动发生时，去测量它：它有什么物质基础，它的生物电、呼吸、血糖等，把这些测出来。然后作一个归纳，人在想象的时候，大脑里发生了哪些改变。有的人就想象将来实验心理学发展到一定程度，可以制造梦幻。既然可以测量人在梦幻时发生哪些改变，反过来通过这些改变就可以使你产生那些梦幻。当然这还是一种幻想。普通心理学对于想象的现象，研究它属于哪一类，联想、记忆还是幻想，等等，以及它与现实事物的关系：日有所思，夜有所梦，白天干什么，晚上就会做什么样的梦；你小时候受过什么样的创伤，长大以后就会产生什么样的幻觉。可以做这些工作，但这些工作都还没有涉及根本，都还在外围转来转去。

　　胡塞尔的纯粹心理学就相反，它要进入真正的想象本身的结构，不是想象的物质基础的结构，而是想象本身的结构。比如颜色、声音、形状，组合在你想象中这些是如何结构起来的，这是任何心理学都不去研究的，这种研究历来被看作虚无缥缈的。一个人做了一个梦，把梦里的颜色、声音加以分析，那不是做无用功嘛！这不符合一般的科学的规律。纯粹心理学研究想象的全部内含，而且在分析这样的结构时，不是从这次实际发生的事情是什么样的看，而是从可能发生的立场看。比如张三昨晚做了一个梦，你可以把梦画出来，然后用现象学来进行研究，但不是说这是张三的梦，而是说是人的意识的可能的梦。也许人人都做这个梦，也许只有张三一个人做这样的梦，但是它是一种可能性。又比如一篇小说，小说里当然也是梦，小说里的人物都是世界上唯一的，没有第二个人完全符合小说人物。但我们喜欢看，为什么？因为它是我们的一种可能性，我们看了很多小说我们的内心就丰富了，就知道了各种可能性。一个人只有一种可能性，每个人只有一生，但看了一部小说以后，就拥有了别人的一生。人性都是相通的，所以现象学对于一个想象或梦幻不是当作一个现实事物来研究，而是当作一个可能事物来研究。就像小说家描写的不是一个现实的人物，而是一个可能的人物。现象学也是这样，有可能的立场，现象学就有了先验的立场，它先验地探讨人们可能有什么样的结构，它撇开了想象、幻想等物质基础以及它们与现实事物的关系，而还原到想象本身那样一种可以直接看到的意象活动，还原到一种意象活动与意象对象之间的关系。这就必须把人放在括号里边，不是人的，而是意识本身的结构，即"凡是意识，都是指向某物的意识"。凡是意识都有对象，这个对象也可能不是现实存在的，也可能是幻想出来的。比如说希望，希望是渺茫的，没有实现出来的可能，但你的希望有个对象。或者你的想象、梦幻有个对象，这个对象肯定是虚幻的。现象学把对象是否虚幻完全放在括号里存而不论，只探讨这样一个结构，就是意象总有一个对象、一个所指。你在想什么、在希望什么、在幻想什么，总有个所指。这个所指完全可以是假的、虚的，当然也可以是现实的，这个存而不论，我只考察我们在做一项活动时它的意象对象与这个活动是不可分的，这是一切意识的本质结构。那么人，甚至于一切有意识的生物比如外星人或者高级动物等，如果有意识活动的话，必然也有这样的意象结构，这种结构是超出一切具体的存在物的，呈现出一种先验的结构。凡是意识，不管是什么的意识，它先验地具有这套结构，如果没有这套结构就没有意识。一旦有意识，不管在哪里出现，都必须是按照这样的结构构成的，就是说凡是意识都是指向某物的，都有它的意识对象。

根据我们讲的，胡塞尔在这里实际上已经对人的意识活动进行了"还原"，要返回到最直接的明见性，就是要返回到那个先验结构是怎样的，你的活动所指的意象对象是怎样的对象，它们是一种怎样的关系。所以现象学的"回到事情本身"，最初迈出的一步，就是要进行现象学的悬置

（epoché）。这个词有很多含义，后来西方语言中到处都在用。一个是"阶段"的意思，为什么会成为阶段？就是说到此为止，把它划一个阶段，就是把它悬置起来了。它本来的意思就是悬置，存而不论，把后来的存而不论，不要一直说下去，就有段落了。有段落、有阶段性就是因为把后面的东西存而不论，只考察前面这一段，研究它有什么特点，分阶段进行讨论。所以这个词本义就是悬置，把后一阶段放到括号里面，存而不论的意思。一般意义所谓的现象学还原，就是把一切存在的东西存而不论。我们实际上有很多存而不论的方式，现象学只不过是典型的最一般的方式。一般来讲，我们讨论任何问题都要把某些东西存而不论，在日常生活中都是这样，这并不稀奇，不要把这个概念看得很神秘、特殊。我们在日常生活中经常做这些事情。虽然我们不一定很自觉。比如说谈逻辑学时我们就把它的内容存而不论了，谈形式逻辑就不谈其内容，把内容撇开，用符号来代替内容。"张三是人"，我们用"S"代表张三，用"P"代表人，即S是P，我们也知道世界上没有S也没有P，但把这一点存而不论，是不是有那个东西，我们姑且存而不论，这样才能开始形式逻辑的研究。否则老是涉及张三，他长什么样、他的出生，以及有没有这个人，那形式逻辑就没法探讨了。形式逻辑必须把这些放入括号里，现在不是谈这个问题，把这些暂时放一边，把形式逻辑搞完以后再探讨张三是胖是瘦，活着还是死了，这就是存而不论。数学也是这样，一加一等于二，这"一"到底是一个苹果还是一头牛，幼儿园的小孩都不会提这样的问题。最初大人告诉他，一根棒子加一根棒子等于两根，但经过训练以后，他马上就知道了一加一等于二，就不再问这是一根棒子还是别的什么了，这就必须存而不论。还有很多：生物学就是要把物理学存而不论，文学就是要把它的印刷纸张、油墨存而不论，看电影就要把银幕存而不论，如果看电影就看银幕，等于什么也没看见。吃一顿美餐的时候就把它的营养成分存而不论，老是想着营养成分，蛋白质够不够，你就糟蹋这顿美餐了。当然有病例外，有糖尿病你就不能喝酒、不能吃甜食了。如果要享受美食就不能考虑这些，或者你要预先考虑这些，享受的时候就不要考虑了。谈恋爱的时候不要谈论结婚生子，现在是谈感情，一开始就谈生儿子就谈不下去了。但这些并不说明被悬置的东西就被否定了，不是这样的，悬置的东西在那里，只是现在不谈它，现在谈另外一个问题、更高层次的问题，进入我们的层次谈。所以这个时候这些被悬置的东西不能掺和进来，不是我们讨论的事情本身。

　　胡塞尔谈的悬置，无非是把这样的东西极端化，它是最高最彻底的悬置，就是一切事物的存在都把它悬置起来。现在不谈事物的存在，这个东西有还是没有：是客观的，还是主观的；是幻想出来的，还是现实存在的。这个暂时不谈，都把它悬置，存而不论。把这些东西存而不论，但把这些东西体现出来的方式单独拿出来加以考察，把这些显现的东西的显现方式、它的现象拿出来加以考察。它的存在我们放在括号里面，但它是如何存在的，我们要加以考察，在这个层面上考察。考察一个对象，不是考察它的存在，而是考察这个对象的现象。这个现象就当然不是纯粹客观的了，但也不是主观心理中的，而是你所看到的现象，你所看到的这个事物的存在方式，所以它已经扬弃了主客观的二分，不能说它是主观的，也不能说它是客观的。你说它是客观的时候它又是主观的，你说它是完全主观的，它又不以你的意志为转移。但又不是客观的存在，它只是任何事情向你呈现出来的那种方式，所以它就是你直接地看。这一点被讨论清楚以后，在这个基础之上，它当然也可以把存在推出来，胡塞尔并没有悬置以后就把那些东西抛弃了。当他把他的"第一哲学"建立起来以后，他还要把生活世界重新恢复起来，所以胡塞尔晚年要重建生活世界。为什么要重建呢？就是说在悬置的时候，好像把生活世界摧毁了，我们把存在都放到括号里去了；但当我们讨论完毕，奠定了基础以后，就要去掉括号，把里面的内容解放出来。数学里面有去括号，要还原。去掉括号以后，我们对于括号里的存在就有了新的理解，我们不再把那个存在看作独断的、设定的、不以人的意识为转移的，而是建立在现象学的基础之上的，并且可能通过现象学加以解释的。它们也是现象，存在本身也是现象，但最开始如果不是把它悬置起来，就看不出来它们其实也是由现象构成的。

那么悬置了事物的存在以后，我们剩下的是一个广阔的现象领域，它摆脱了独断论的束缚。我们以往的现象和本质是两分的，本质就是那个存在，现象就是那个存在所显现出来的现象，通常讲"透过现象看本质"，把那个现象剥离了以后才显露出现象后面的那个本质来。但是那个本质实质上是你独断设定的，所以在你探讨那个现象时，已经受到本质或存在的束缚了。科学主义的弊病就在这里，什么东西都要追溯出一个实体来，没有实体的东西它不承认，比如说美、信仰、道德。如果没有找出一个实体来，比如说人的生理结构、社会进化机制等，科学主义就完全否认这些东西。所以这种独断论恰好把人的科学精神束缚了，只承认具有存在的事物。而在胡塞尔现象学里，在把存在放入括号以后，科学的眼光就无限地扩展了，它不在乎那个事物是否存在，而是探讨一切事物显现出来是什么样，如何显现的，我们如何看它的。所以这种把存在放入括号的悬置并不是限制，而是扩大了哲学考察的范围。通常讲把事物的存在放入括号，眼光不是局限了吗？不考察本质只考虑现象，现象好像只是一种现象，只考察表面的东西，从日常的眼光很可能得出这样的结论，以为现象学是一种很狭隘的眼光，只考察现象不问本质。这是误解。胡塞尔认为现象才是本质，显现出来的才是本质，独断设定的不是本质而是虚假的本质，它其实也是人的一种现象。所以悬置扩大了哲学考察的范围，包括以往的自然科学不考察的那些对象，现象学都包括进来了。比如说想象、幻想、情感、信念、希望、意志、活动，当然也包括自然科学，也包括逻辑、数学，都成为理性考察的"爱多斯"，都成为了一种柏拉图讲的"相"。所有这些东西，哪怕是概念、逻辑，都可以从直观的层面来考察。我在运用逻辑时，逻辑规律在我心中也是被直观到的；我运用逻辑很久以后感到累了，这种感觉也是直观的。运用逻辑也有直观的底蕴，也是建立在直观之上的。形式逻辑的 $A = A$，同一律、矛盾律都是建立在直观之上的，本身是推不出来的，为什么 $A = A$ 而不是 $A = -A$，这是没有道理可讲的，就是直观。

所有的这一切都在直观的名义下成为了理性考察的对象。理性考察的对象就可以归结为"爱多斯",都是你的"看"或者你看到的"相",在这种意义上是直接统一的。直观的看与科学的经验,与感觉、印象、概念、知觉、判断推理这些自然科学概念以及逻辑和数学这样一些概念,它们处在了同样的层次上面,它们并不低级,并不被人蔑视,它们与科学的概念是同等的。不要把科学的概念看成是唯一的、凌驾一切之上的,它们与人的信仰审美是同等的,并不高于它们。所有这些,最本原的只有一个——直观,它处在所有这些"爱多斯"的根本之上。直观就是被给予性,没有什么证明,这是前逻辑证明的;但它是一切逻辑和证明的前提,所以它就是一种自明的东西。既然这种自明的东西包容这么多东西,所以它不以是否具有存在的对象而决定自己的真假,而是以它是否显现出来、是否有意义、是否是自明的来决定它的真假。直观当然需要呈现出来,不呈现出来就不是直观。呈现出来,能否直观到它的意义?如果没有直观到它的意义,它也就没有意义,它也就没有呈现出来,也就不是直观。或者它是否自明?这个一眼就可以看出来,如果一眼看不出来,也不是直观。所以直观的真假不在于它是否符合某个东西,而在于它是否显现,是否看到了,这是决定它真假的关键。没有看到就是假的,其实就没有直观到。比如有些并不存在的东西它也是真的,如幻想、梦幻、想象。那么多艺术品都是真的,因为它真实地想象了,引起了人的直观。还有一些创造性的,比如飞马,我们知道世界上没有飞马,飞马不存在,但飞马的观念有意义。神话故事里描写飞马的很多。孙悟空、猪八戒都是创造出来的、不存在的人物形象,但它有意义,可以直观到。即便没有看过《西游记》,在脑子里也可以想象出来。还有一些,比如"圆形的方",这样一些自相矛盾的东西不但不存在,也无法设想,但它有意思,它的意思人人都懂得,说这是个自相矛盾的东西,虽然我们谁也没有见过,但我们都懂。所以它也是属于直观,它也有它的意象对象,在这个层次上它也是真的。唯有一种东西不是真的,比如前次讲到过的这样一些命题,如"精神是或者",我不知道你讲的是什么,如果讲"精神是绿的",我们还知道你讲的是什么,就像你讲"圆形的方"一样,这样我们可以反驳你,精神怎么是绿的?但是你说"精神是或者",我们没办法反驳,因为不知道你讲的是什么,这两类是不同的。所以"精神是或者"这样的命题是不可能直观到的,它没有呈现出来。

所以胡塞尔现象学开辟了一个广阔的天地,它的重要意义也在这里,它突破以往的科学理性的封锁,为现代人的日常的精神生活开辟了一个充分的广阔领域。凡是一切能意识到的、显现的东西,包括理想的东西,包括不现实的、非理性的东西,甚至自相矛盾的东西,都是有意义的、真实的东西,都是能够加以分析、质问和回答的东西。所以胡塞尔说西方的一切非理性主义其实都是理性主义的,其实都是可以把它建立在理性主义的基础之上的。西方的非理性与中国的非理性的不同就在这里,你看他讲非理性,写了大部头的著作要把非理性讲清楚,这恰好说明非理性的东西是可说的,是可以讲清楚的或者说是可以争论的,所以这就是理性了。中国的非理性就没有这么傻,他或者讲几个故事,不与你争论和讨论,或者最好是作一首诗,如佛家就作一首偈语:"菩提本无树,明镜亦非台。本来无一物,何处惹尘埃?"一句话、一首诗就可以传颂千古,就包含有无限的含义,让你自己去悟。西方人还不够这个层次,他要写一部书来表明这个意思,而且还说不清楚,我们经常看不起这些,认为是缺乏悟性的表现。你写那么多无非讲一个道理,我一句话就打发了。但我们没有考虑到西方讲非理性的时候是立足于理性主义的,立足于可以说、可以分辨、可以直观到的东西,是立足于柏拉图的"爱多斯"。所以在此基础之上,胡塞尔认为可以建立起一门严密的科学,这个严密的科学不是自然科学的,不是定量的也不是实证的,但是严密的,是由大部头的著作来铺陈、分析、区分、定义和解释的。这就是所谓的"现象学还原"、悬置的一般意思。

上面讲到现象学的悬置,这是指一般现象学的还原。所谓现象学的还原,就是悬置。一般而论,凡是讲现象学的还原,意思就是说把存在的东西放进括号里面存而不论,而还原出你所真正直接看到的东西。因为一个事物的存在你并没有看到，你是设定的，所以要还原到事情本身。什么是"事情本身"？就是你直接看到的事情，就是显现出来的现象。我们通常以为事实本身就是存在，其实不是的，那个存在不是事实本身，而是你设定的、假定的东西，真正的事实本身就是直接在你直观中呈现出来的东西。如何能还原到事实本身？胡塞尔有两个步骤，一个步骤是本质还原，另一个步骤是先验还原，或者倒过来，先验还原以后再本质还原，也是可以的。今天先从本质还原讲起，然后再提升到先验还原。

现象学还原的第一个步骤就是本质还原，就是通过悬置，留下一个现象的领域、显象的领域，这个领域就是本质。胡塞尔讲本质并不在现象后面或现象底下，本质就在现象之中，如何理解？本质就在现象之中，甚至于本质就是现象，那么现象就不仅仅是经验心理学的事实的领域。我们把存在放入括号以后所剩下的这个领域，如果单纯从经验的或者普通的心理学来理解它，那它就是一个杂乱无章的领域。我们通常对现象的理解看起来井井有条，是因为我们把它归之于那些存在。这个存在与那个存在不同，这个存在有哪些现象，那个存在又有哪些现象，我们把它们分门别类以后，这个现象的领域就变得有秩序了。但把存在放入括号后，没有存在了，这个现象不就模糊一片了吗？没有这个那个的区别了。从一般心理学的角度来理解，确实会形成这种局面。就是一大片杂乱无章的东西，形不成本质，要形成本质，好像只有到现象后面去找，现象后面另外还有一个本质，就是那个存在的本质。现在你把存在存而不论了，那它不就是乱七八糟了？但胡塞尔现象学明明说它是一门本质科学，它就是探讨本质的，不是通常讲的"事实"科学，通常讲的事实是与存在混在一起的。现象学不谈这种事实，只谈事实中所显现出来的本质，或者把这种本质当作事实。把存在放入括号里存而不论以后，它就成了一门本质科学，本质就在所显现出来的现象之中，但是需要加工。显现出来的这些心理现象，就本身而言是杂乱无章的，但如果把它作为本质科学来看，就必须从里面清理出本质来。

如何清理？胡塞尔提出一个很重要的观点，就是通过"想象力的自由变更"。在康德那里，想象力是内心的一种直观能力，所以想象力在胡塞尔那里也是很重要的，胡塞尔想要强调直观的本原地位，那就是强调想象力。但想象力有一种自发性，康德已经指出想象力是一种自发的能力，这种自发的能力康德还没有把它与自由联系起来。把想象力与自由联系起来是后来费希特所作的一个推进。在胡塞尔这里，想象力也是一种自由的能力，可以随便怎么想，你尽可能任意地去设想都可以，所有这些现象的领域既然都是由直观构成的，那么它就可以由想象力在里面任意地驰骋、任意地构建。想象力可以自由地变更，想象力直观到一个东西以后，可以通过自己自由地变更把它变形，而当穷尽了一切可能性以后，本质就可以显现出来，变中就会有不变的东西，就会形成稳定的结构。比如说我看到了一个红色的表象，直观到一个红色，红色当然也是一种直观；我把红色的存在存而不论，它的存在是什么，按照自然科学，它的存在就是一定波长的光，红色本质上是一种光，这是我们可以接受的自然科学的观点，但我们存而不论；我只注意显现在我面前的这个"红"，直观它，于是发现这个红色可以扩展开来，从看到的红色还可以扩展到其他的红色，通过想象力去扩展各种各样的红色，凡是红色的东西都可以联想到。我在联想时发现有一点规律，就是说红色是一种颜色，跟声音不同，这个不需要证明，它与气味、形象等都是不同的。红色作为一种颜色有它固定的领域，然后在颜色这个类型里面，它与黄色、蓝色也不同，这一眼就可以看出来，也不需要证明。不管你想到什么样的红色，它也不可能是黄色，也不会是蓝色，这就有一种红色的固定的领域，有它的类型，与其他的看是不同的。在这个类型之中我还可以发挥想象，从最深的红色到最浅的红色，这其中有许多也许从未见过的红色。我抓住红色发挥想象，如果我想象力不够，还可以在调色板上把它调出来，加一点水，红色的颜料，调浓一点、调淡一点都是可以的。所有这些红都属于红的系统，但有一个由浅到深的等级，这个等级是不可混淆的。这个红就是比那个红深一点，这个是确定的，在直观中就可以确定。这种红是深红，另外一个是淡红，还有更淡的，这个等级可以确定下来。这个等级并不依赖于经验的事实，我并没有真正地看见它，只是在想象中呈现它。所以这种等级系统并不是经验性地呈现在我们面前的，不是我感到了这个系统，而是我想出来的，即使其中有些红色我从来没有见过，甚至于有些红色世界上也许从来没有过，但通过想象，根据这个系统也可以先天地把它想出来，甚至于在调色板上把它先天地调出来。

所以这种系统是不依赖于经验的先天的系统、本质系统。它是红的可能性，一切红都离不了它的可能性，离不开这个系统，它总是可以在这个系统里面找到它的位置。任何一种红在自由的想象力的变更里所建立的这个系统中都可以找到它的位置。所以这样一种红即使从来没有过或没有见到过，通过这个系统也可以把它创造出来，通过先验想象力想出来。很多艺术家实质上就是这样创造出了丰富的色彩效果。有时我们看艺术展览时会很惊奇，他怎么会创造出这样的色彩来，这样的色彩我们没见过，也可能艺术家自己也没见过，它不是模仿的，不是看见了把它模仿下来的，它是在艺术家自己的头脑里面，根据预先建立的这样一个色彩系统，把它配出来的。所以艺术家经常这样，要创造出世界上从来没有过的东西，凭借自己先验的想象力，去自由地变更，穷尽一切可能性。当然完全穷尽是不可能的，他找到一种颜色完全是偶然的，他碰上了，灵感来了，他发明了，然后记录下来，创造了世界上从来没有过的色彩，所以我们可以说，这样一种红色是他创造出来的。但是一旦创造出来，它就是意识中的先天结构，你就会发现它是一种先天的结构，创造不过是发现了这种结构而已。在现实生活中，人类的创造物都是这样，一直包括今天的那么复杂的发明，飞机、电视机、电脑等，从根本上来说都是我们人类创造出来的，人通过自由想象的变更，找到了某些规律、某些系统，然后通过自己主观的调配，用想象力把它创造出来，这是同一个道理。这表明了人类理性的本质，就是创造性，能够使想象力发挥到极致，能够使直观的东西在想象力的作用之下扩展到无所不包。

所以，理性与直观有一种内在的关系，直观就是理性直观，或者理性最根本的根源就在直观之中。康德讲人不可能有理智直观，但胡塞尔讲人的一切理性的活动包括思维活动，包括一切想象活动，都是建立在理智直观之上的，也就是建立在一种创造性之上，理智直观就是一种创造性。所以红色这个系统不依赖于现实存在的红色，现实存在有花的红色、玫瑰的红色、郁金香的红色、太阳的红色等，但红色的系统是超越于一切现实的红色之上的一个系统。所有现实的红都是从红的系统里面引申出来的，或者说都是以红的系统作为可能性的前提，一切红的可能性都在这个系统里面。当然这个系统永远都不可能完善，人的想象力的自由变更都是有限的；但从现象学的层次上，把人撇开，不考虑人的有限性，我们可以原则上确定这样一个系统是无限的。那么有限的现实的红就以无限的红的系统作为可能性的前提，没有可能性就没有现实性，现实的东西都是有了可能性才是现实的，如果根本连可能性都没有，它就不可能是现实的。所以现实的红都是以红的系统的某个位置上的红作为它的可能性的前提，作为它的蓝本，它是这个蓝本的摹本，因为它是在现实中凭某种机遇才产生出来的。所以这个红的系统并不是一个心理学的事实。当然事实上是由我的想象力自由变更建立起来的，这从人类学、心理学的立场来看是这样。但如果提到现象学的立场上，从人的自由变更的想象力里面我们可以发现，意识本身有这样的结构，就是红的系统。所以这个红的系统不是一个心理事实，而是一个客观本质，万物的本质就在这里。它是客观的，它是一切客观事物之所以能够产生出来的前提，它是一切现实性的可能性条件。它不是我的观念，但却是由我的观念发现出来的，是在我的观念里面直观到的一种"爱多斯"、一种"相"。

这是一种先验的纯粹心理学，这种心理学在这种意义上也可以称作描述心理学或者描述现象学。在我的心里我发现了它，我把它描述出来，把这个"爱多斯"的客观体系描述出来，这个"爱多斯"的体系正因此而有一种主体间性，是本质的东西，是一种客观本质。一个事物有其客观可能性，这种客观可能性是主体间的，不只是张三李四看出来的，所有的人都能看出来，只要你睁开你的理性直观的眼睛，就可以看到，它是一种客观可能性。当然这个客观主体的发现还是以我的主观的想象力的自由变更为前提的，就像在康德那里，客观的东西是由主观建立起来的，我所面临的客观世界也是由我的主观的自由想象力建立起来的。但一旦建立起来，我们就把它看作一个客观的东西，我们人的自由想象只是发现它的一条途径，但它并不完全是由我们主观想出来的东西。它就是一切客观事物的可能性，是这样一个系统。所以这样的系统我们可以把它纳入科学方法之中来作系统的考察和分析，当然分析哲学就把它归结为语言的结构，语言的结构是客观的，凡是现实存在的东西都可以说出来，凡是不能说出来的东西在客观上也就不存在。维特根斯坦讲世界的结构也就是语言的结构，我们能够说出来，虽然语言是人创造的，但是它表现了一个客观的结构，表现了世界的结构，所以它可以成为科学研究的对象。但这种科学的研究对象毕竟把人的自由想象和创造力容纳进来了，所以这个时候不好说它是客观的还是主观的。我们说它是客观的，仅仅就它能成为科学的考察对象而言。但它绝对不是排斥主观的，它就是我看到的相，并不是自在之物的相，而是现象，也就包容了人的主体能动性、自由的能动性。所以它为人的能动创造留下了无限可能的余地，它不把人封死，我看到这个客观的东西，按照自然科学的观点，那是不容你想象的，是就是，不是就不是，想也没有用。但是现象学的观点留下了能动创造的可能性。但又不是非理性的，也不是神秘主义的，而是科学的、有秩序的，能够循序渐进。最终它包容和理解了人类理性的一切成就，包括自然科学以及科学发明的一切成就，同时它又使这些成就消除了对人性的压迫和异化。今天的科技已经形成对人的压迫，我们对它的理解好像这是客观事实，我们一旦发明出来就不受我们支配，而有自己的规律了。但按照现象学的观点，它还是人的自由创造物，我们必须把它纳入人的理性基础之上，作为人性的一个方面来加以考察。

这就是所谓的本质还原。在现象学还原里面，通过把存在悬置起来以后，现象就留在那里了；但通过对这些现象的本质还原，在现象里面还原到了本质，在所在现象里面建立起了本质现象学，这就不仅把自然科学的立场，而且也把心理学的立场放在了括号里面，而达到了一个更高层次。但毕竟它还是一种纯粹的心理学，虽然不是经验心理学，不是普通心理学。纯粹心理学好像不是讲的我们现实中的心理经验，但还是在每个人心目中作文章，自由想象力的变更、自由地创造，还是我们地球上人类的东西，所以还是一种心理学。那么既然还是一种心理学，它的一切表象就有可能被当作"唯我论"来解释，整个世界都是由直观创造的，都是由我的主观主体创造的，就会很容易返回到一种主观心理学的解释，一种唯我论的解释，就是把世界归结为人的主观。所以要与唯我论划清界限，必须把心理学的成分全部还原掉，把它悬置起来。不仅是经验性的心理学，哪怕是纯粹性的心理学也要悬置起来，不谈心理学，它不是人的心理。那么它是什么呢？所以还必须提出一种先验的还原、一种先验的结构，而不是一种心理结构，这就是第二个步骤：先验的还原。

刚才讲的本质还原，通过一种纯粹心理学，指向一个可能世界，但这个可能世界还是内心通过想象力的自由变更所创造出来的，还是主观创造出来的一个客观可能世界。先验的还原对客观可能世界加以进一步的还原，就是说它的客观性虽然是由主观的意向建立起来的，但一旦建立起来，它就具有了更高的层次，就具有了先验的层次。先验的还原进一步把纯粹心理学也放到括号里面，把纯粹心理学的主体，就是那个"我"、思维者，也放到括号里面。这样一来，就表明一个可能的世界是处在先于人的心理、先于人的主体的某种先验主体的层次上。张三、李四或人类还是立足于经验的主体之上的，先验还原就要从人类的眼光进一步提升到一个更高的眼光。先验的眼光也是一种"看"，当然可以与上帝联系起来，那是上帝的眼光。但胡塞尔不说是上帝，而说是先验的眼光，就是一种纯粹的先于人的主体的眼光。我们在自己的经验主体中直观到一种纯粹的先验主体，借助于它我们就可以跳出唯我论和人类中心论。我谈的不是人的问题，而是现象本身的问题，我谈的是整个世界客观上所具有的那种先验结构问题。那么这样一个先验的主体本身有主体间性，就是说先验主体的主体间性既然是先验的，那么它就先验地决定了它的一切观念在各个主体之间是共同的。就是说我们经验的主体相互间如何相通，主体间性问题如何解决，在经验的主体层面上始终是解决不了的。一个人的心与另外一个人的心如何相通，这问题始终解决不了，在两个主体之间是解决不了的。必须提升到一个先验的主体。先验的主体本身就具有主体间性。因为它具有先验的普遍必然性。我们所看到的这个现象世界都要从先验的眼光来看它，或者说都要把它提升到先验的普遍必然性，不仅仅是在人身上体现出来，而且具有完全的纯粹性、完全的普遍性。这样一来，先验的主体就把主体间性的问题解决了。我们为什么能够相通，是因为我们的意识结构里面都有同一个先验的主体，这个先验主体是一样的。"月映万川"，月亮只有一个，在每一条河流里映出的月亮跟那唯一的月亮都是一样的。所以人与人能够相通，主体间性的问题只有通过先验主体才能解决，通过经验的方式永远也解决不了。你所感受到的东西是不是人家所感受到的东西，你所看到的红是不是人家眼睛所看到的同一个红，这个从经验的立场没法确证，但从先验的立场是可以确证的，因为先验主体本身具有普遍的一种主体间的结构，就是说每一种先验的结构里面都有由同一个先验主体所决定的结构。只有通过先验的主体间才能达到现实的人与人之间的主体间的交流或是一致。

所以人与人的一致并不是约定俗成的，不是通过交流形成的，而是表明先验的主体间性是一个独立的、绝对的存在基础，一切人的所谓约定俗成之所以可能是因为他们先天就具有可能，他们的意识中存在的是同一个意识结构，所以他们能够相通。他们只不过是同一个意识结构的不同的例子而已，张三也好，李四也好，地球上的人类也好，外星人也好，都是同一个意识结构在不同的情况下所表现出来的例子。为什么他们能够相通？为什么约定俗成？为什么他们能够交流？都是因为这一点。当然这是一种客观唯心主义了，这样一来，所有的现实存在物，在我们看来都因此而获得了它客观存在的意义。我们通常讲的不以人的意志为转移的客观存在就在这个时候出现了。为什么会有客观存在？以前我们把它放在括号里面，现在我们破除括号，来解释它。为什么我们可以相信它的客观存在？不是因为独断地相信它，而是因为我们每个人的意识都有一种客观的共同结构、先验的共同结构，所以我们对同一个对象设定它后面有一个超越之物。不以人的意识为转移的物具有一种客观实在性，这个不是我们独断设定的，而是由于我们每个人的意识结构本质上是相同的。这个跟康德的客观的概念，也就是先验的或者普遍必然的概念非常接近。康德认为先天的普遍必然性的就是客观的，胡塞尔这里也是这样，或者说用他这样一个客观的概念来解释自在之物，把它延伸到自在之物身上。康德的这种客观性只适合于现象，胡塞尔却扩展到了自在之物，而认为自在之物之所以被我们称为自在的，不以人类的意识为转移的，就是因为我们每个人的意识都有一种客观的结构。这个结构是不以人的意识为转移的，通过这个结构，我们设定每一个对象都有一个实体。

但先验的主体与心理学的主体在胡塞尔这里并没有绝然的划分，先验自我与经验自我不像在康德那里，康德把先验自我与经验自我严格区分开来：先验自我就是一种自发的能动性，经验自我是由先验能动性所把握的张三李四的自我。但在胡塞尔这里没有严格区分。他认为它们都是同一个自我，但是从不同层面上来看它，就得出不同的结论。先验自我其实就在经验自我中体现出来，经验本身也可以从先验的角度来看。一个经验，一种感觉，刚才讲的红的感觉，在胡塞尔那里也把它直接变成了先验的东西、先验的观念、先验的"爱多斯"。红的感觉在康德那里完全是一种被动的接受性，经验的材料，与先验是毫不相干的，甚至是对立的。但在胡塞尔这里，把一切感觉的东西、经验的东西都提升到了先验现象学的层面，都可以从先验的层面去看它。你感觉到了红色，当然是通过感官所感觉到的、偶然的，但一旦感到，我们就可以把这样一种红色的表象看作任何人所能感觉到的一般表象。你这次感觉到了，说不定下次别人也会感觉到，当然也可能感觉不到,但它毕竟是一种可能性。别人是可能感觉到的,因为你感觉到了。你塑造出一个小说人物,别人也有共鸣,为什么呢?别人觉得我也可能那样。当然我事实上并不是那样,你写出来一个罪犯,当然我没有犯罪,也相信自己不会去犯罪。但是难说,很可能在特殊情况下我就走上那条道路,或者感觉到走上那条道路的危险性,那时我就会体会到那个罪犯的心情了。这都是有一种人性的共通性的,他写出来的直接经验、个人经验都是人类的一种可能性。所以胡塞尔的现象学把一切经验的东西都从先验的角度来看它,张三这个人有他的经验的自我,但是他也是先验自我可能有的一种表现形式,两种自我并不是绝对对立的。先验自我在这一次就表现在张三身上,但也不一定在张三身上,它本身就是先验的,就是任何人都可以拥有的这样一个自我。所以张三的自我就属于先验自我里面的一个实例。

但我们把经验自我提升到先验自我,这种经验我们把它先验化,使它成为"先验的经验"——在胡塞尔这里有些提法是很奇怪的,在以往特别是康德那里是不可忍受的。所谓"先验的经验",先验和经验本来是康德最基本的区别,人的认识有两个来源,一个先验的,一个经验的,或者一个先天的,一个后天的,但在胡塞尔这里有"先验的经验",甚至于"先验的体验",内心的体验也可以是先验的。那么这种体验上升到先验自我的层面来看待它,它就是胡塞尔现象学还原的终点。还原到最后有个东西是不能还原的,那就是先验自我。先验自我是现象学还原的(他称为)"现象学的剩余"。还原掉所有的东西,把自然界、人类、心理学还原掉,把经验心理学和纯粹心理学都还原掉,都悬置起来,最后有一个东西不能悬置起来,那就是先验自我。所以他称之为现象学的剩余。最后这个先验自我就是一种自发的能动性。就是康德所讲的"自发性"。它的作用就在于,相对于一切直观的东西进行统觉的综合统一,进行构造,这跟康德一样。康德的先验自我也是对于一切经验的材料进行"本源的统觉的综合统一"。但不同的是,它不是像康德那样一种外在的统一,在胡塞尔这里不是一种外在的，通过先验自我去把那些由经验所给予的现成的材料统摄起来、综合起来，它就是在经验自我里面，通过提高自己的层次，从一般的眼光提升到先验的眼光，所有这些经验的东西都变成先验的了，都从先验的层次来理解了，那么它们就成了先验自我。先验自我是丰富的，并不是一个抽象的单纯的自发性。它本身体现在经验自我身上，它使经验自我成为了先验的自我，成为了生动的、活生生的直观的活动或者想象力的活动。所以先验自我是现象学还原的终点，也是先验的可能世界之所以可能的最高条件，你可以把它看作古典哲学里最高的上帝。黑格尔讲的上帝的自我意识在这里与胡塞尔相比有很多类似之处。但胡塞尔这个上帝与以往的上帝不同，它具有一种在每个人内心直接呈现出来的明见性或者自明性，它直接呈现出来，没有什么神秘的。它是此岸的，不是彼岸的，所以它与上帝又不完全一样，与上帝的自我意识、上帝的眼光不完全一样。上帝的眼光与人的眼光是截然不同的，但在胡塞尔这里没有这种区分，它就是人的眼光。每一个人都可以达到先验自我，都可以直接地看。所以它是此岸的，接近于康德所讲的先验统觉，先验自我意识本源的统一，但又摆脱了康德的主观主义、心理主义和人类中心主义的残余。它不是人的一种机能，而是意识本身的结构。所以它是客观的、主体间的，是超验的，也就是说它是真正先验的，超越于一切具体现象之上，使一切具体的现象成为可能。但它又是"内在超验"的，在每个人心里都可以出现，不是彼岸的，是此岸的，每个人都可以意识到它。

最后谈一谈胡塞尔现象学的本体论意义。先验自我意识在此已被视为有这方面的意义了，就是说先验的自我意识本身的存在是一种怎样的存在？现象学把其他事物的存在存而不论，放在括号里面，并且用先验自我意识来加以解释，解释了它们或者说解构了它们，把一切事物的存在都解释成是由人的这样一种先验意识的结构所造成的，这样一来就回到了生活世界，把所有的括号都去掉了，还事物以本来面目。原先你是把它们的存在假定下来的，现在不假定，你懂得了为什么要设定一个客观存在，就是因为你的先验自我在里面起作用。那么先验自我本身的存在又如何解释呢？在胡塞尔的现象学里他提出了这个问题，但没有解决，他没有解决先验自我本身的存在是一种什么样的存在这个问题。因为他把存在的问题首先存而不论，并且要从本质直观里面推出存在来。先把存在放在括号里面存而不论，建立起本质直观以后，再用本质直观穿透那些括号，来解释那些存在，所以所有的存在都是通过本质来加以解释的，本质先于存在。但是本质的最高点、先验自我意识本身是否有个存在？先验自我意识再不能用别的存在加以解释了，它是最高本质，那它的存在又如何解释？不能用本质来解释了。所以在后来，像胡塞尔的后继者海德格尔，就把问题颠倒过来了，就是先验自我意识它本身的存在是先于本质的。在胡塞尔现象学里是本质先于存在，但到了海德格尔存在主义那里，他的存在就先于本质了。但这个存在已经不是我们通常所讲的客观事物的存在，不是讲的桌子的存在、椅子的存在、树的存在、河流的存在，而是指的先验自我意识它本身具有的存在的活动。在这个意义上就来了个颠倒，现象学是本质先于存在，有本质主义的倾向，那么存在主义颠倒过来，存在先于本质，因为最终本质本身有存在的问题，要解决存在问题。

当然胡塞尔也承认现象学有它自己的本体论。因为先验自我意识作为现象学的剩余，是还原到剩下的唯一不能还原的东西，那么它也有某种存在，当然它不同于现实的存在。现象学的存在是一切可想象的存在，一切可能世界的存在，它本身不一定要在时空中呈现出来，但是它比我们所设想的那个独断的存在要更加具体，更加可以直观到。独断的存在是不能直观到的，是假定下来的，但现象学通过破括号以后，所解释的存在是每个人都可以直接体验到、直观到的。所以哪怕是理想也是真实的，哪怕是道德的应当、艺术的美，也可以是真实的，哪怕是科学幻想、成人的童话，都可以是真实的。但是现象学的本体论、存在论在胡塞尔那里，是隶属于认识论的。本体论和认识论，或者存在论与认识论在胡塞尔那里有种固定的关系，就是认识论有更加宽广的基础，存在论是由认识论解释的，通过解释，存在才成为了现象学的存在，那就是人的先验自我意识所构建起来的存在。我们回到生活世界，把放在括号里的生活世界的存在都解放出来，都重新加以解释，但它的前提必定是认识论。所以存在在这里是由先验自我意识所决定和所建立起来的存在。它可以自由地、能动地构造出一个现象世界。由于它的意象活动，它提供了它的意象对象，意象活动必然会提供意象活动对象，也必然会提供这样的意象对象的存在。但在后来的现象学家那里，先验自我意识本身的存在就被挖掘出来了，在胡塞尔那里还没有被挖掘出来。胡塞尔一提到先验自我意识的存在老是把它转移到它所构建起来的那些存在身上。一切都是由先验自我意识构建起来的，这样一个可能世界当然有它的存在。但这个存在以认识论、以先验自我意识作为前提，而先验自我意识它的存在有必要建立另外一种本体论。这就是海德格尔他们建立的新的形而上学。

新形而上学与传统形而上学讨论的存在当然是截然不同了，它已经经过了胡塞尔的洗礼。胡塞尔把一切存在放在括号里面，然后再解释它何以可能，通过这样一番改造以后，传统形而上学那种古典的存在论，再也不能成立了。所谓不以人的意识为转移的存在那样一种经典的存在论，在胡塞尔以后已经被彻底瓦解了。海德格尔他们建立的存在论是另外一种更高意义上的，不是那种非批判的、独断地建立起来的存在论，而是从人的"此在"所建立起来的、"有根的"存在论。先验自我意识的能动性在海德格尔这里就变成了"此在"，它也有它的存在，人的先验自我意识为什么能够建构，为什么能与世界打交道，因为它是一个存在。海德格尔把它称为"此在"，实际上是指人的主体性、能动性，相当于胡塞尔的自我意识、"自我极"。但胡塞尔的先验自我意识只是从意识的角度而不是存在的角度来谈的，海德格尔要从存在的角度谈，那他就把先验自我意识归结为一种存在的方式，人的自我意识、人的解释、人的活动、人的生命和自由，所有这些都是基于人的一种"此在"。"此在"就是作为人的一种存在者，但是他为什么不说人、人的主体，而要说"此在"？这还是因为经过了胡塞尔现象学的还原,把人放在了括号里面。人只是这个"此在"的一个例子,海德格尔不是谈人类学,他是谈存在论、本体论。所以他刻意不用"人"来谈问题,虽然他实际上处处都是以人作为例子而谈论"此在"。就是说,他说的是在一个可能世界里面,以人为代表的这种"此在"何以跟存在打交道,它是何以"在"起来的,从"此在"身上我们就可以看到存在是如何"在"起来的,因为"此在"是窥视存在的秘密的一个窗口。从"此在"身上,从人的能动性身上,通过现象的提升,可以看出我之所以能够具有一种能动性,恰好说明我是一种"在",我是一种存在起来的活动,这就是后来存在主义所发展起来的本体论,本体论也就是存在论。

海德格尔与胡塞尔的关系的结合点就在这里,这个也是讨论得很多的,胡塞尔现象学与海德格尔现象学的结合点是从哪里过来的?其实就在这一点上。海德格尔把"存在"理解为一个动词、一种能动的活动,这个在胡塞尔那里已经有一种倾向,但他还没有把"存在"完全理解为一个动词,他还是理解为一种客观的必然性、可能性。海德格尔直接把存在理解为一种本原的活动,存在先于本质,并不是那个存在的东西先于本质,而是存在的活动先于本质。本质是由存在的活动建立起来的,先验自我意识也是由此在的活动建立起来的,所以先验自我意识也有它的存在,它的存在就是此在。所以海德格尔在这个意义上又回到了传统的本体论。胡塞尔是回归到了古希腊的认识论(epistemology),把近代的认识论扩展开来,使它变得无所不包。到了海德格尔这里,又把它归结到传统的"是""存在"里去了。当然海德格尔的思想也有发展的过程。他早期关于存在与时间,关于存在的学说,是从胡塞尔那里走过来的,但到了晚期又变了。当然他永远没有回来,没有回到胡塞尔,而是他在他自己的前提之下又变了。形而上学,包括本体论,都是一种比较低层次的哲学眼光,在海德格尔看来最终都是必须要超越的东西。所以到了晚期,海德格尔又超越了他的形而上学,但是否完全超越,还很有争论。恐怕最终他也没有能够完全超越出来,他只有一种超越形而上学的意图。他说尼采是"最后一个形而上学家";后来德里达说，海德格尔自己才是"最后一个形而上学家"，他也是形而上学的。当然，恐怕德里达本人也是形而上学的，要完全超越形而上学，在西方人的思维方式的基础上，我认为是根本不可能的。

第十讲 | 马克思的人学现象学思想[4]

今天讲一个关于马克思哲学的话题。上次讲了胡塞尔的现象学，胡塞尔现象学在现代西方哲学肯定是运用相当广泛的方法论，而且不仅仅是一种方法论，应该说是一种世界观，它为哲学打开了一个视野，我把它称为提供了一个新的"平台"。现代西方哲学的各个流派，你要做到一种真正的贴近的把握，就必须要上到现象学这样一个台阶，有这样一个视野，你才能真正把握到它们的根本。如果还是用传统的自然主义的眼光或者心理主义的眼光，来看待现代西方哲学，那么往往是隔靴搔痒。所谓自然主义和心理主义，我们以往称之为"唯物主义"和"唯心主义"，但是经过现象学的洗礼以后，它们都露出了它们本身的片面性，实际上那个"唯物主义"不过是自然主义，而以往的"唯心主义"只不过是心理主义，现象学把这两者都提升了，提升到一种形而上学的层次。今天讲马克思的实践唯物论，它与以往的唯物主义是完全不同的，当然更不同于以往的唯心主义。那么不同在什么地方？不同的地方就在于它不再是那种自然主义了，不再是单纯自然主义的唯物论，它超越了自然主义的唯物论，我们说它超越了旧唯物论，或者说它超越了机械唯物论，超越了自然科学的唯物论，都可以。关于马克思的实践唯物论，我曾经写过一篇文章《马克思的人学现象

---

[4] 本讲主要思想曾载于《江海学刊》1996年第3期。

学思想》，认为马克思的实践唯物论是一种人学现象学。我们从现象学的层次反过来去理解马克思的实践唯物论，就会很好理解，非常自然；但是没有这个维度，不管你怎么说来说去，还是一种自然主义，一种旧唯物论。这个从历来我们对马克思实践唯物论的理解也可以看出来，始终是从一种旧唯物主义的立场来理解马克思的学说。那么我们就很难理解，为什么马克思的哲学一直到今天还在西方现当代哲学中具有那么高的地位；也很难理解，如果马克思的唯物论仅仅是一种自然主义或者说旧的唯物论，如果从这样一个立场来理解，那么它早就应该消亡了。但为什么没有，我认为就是因为在马克思那个时代，他已经预见到了哲学将来发展的现象学维度。

　　当然马克思没有直接提供一种现象学的方法或者说现象学的术语和论证，但他的视野已经达到了现象学的维度，而且我们不从这个维度来理解就很难真正把握他的思想，把握我们通常所讲的马克思主义哲学究竟它的关键在什么地方。而这种现象学的视野正是我们今天考察马克思主义哲学时所缺少的。所以我今天讲的主题涉及《补上实践唯物论的缺环》，这也是我1997年在《学术月刊》上发表的一篇文章，副标题是"论感性对客观世界的本体论证明"，也就是说，马克思立足于感性对客观世界进行了一番本体论的证明，也可以说是存在论的证明。就讨论这样一个话题，这个话题看起来非常狭隘、狭窄，好像很专业，但实际上，在我对马克思的理解的整个视野中，它具有关键性的地位。为什么要把这个话题挑出来谈？因为这是马克思人学现象学的根。当然影响比较大的还是那篇《马克思的人学现象学思想》，那个提法可能新一些，也容易接受一些，当然有些内容也不好理解。但它的根子在这里，就是说马克思为什么具有人学现象学思想，为什么在胡塞尔现象学产生之前就已经达到了现象学的视野，达到了这样的层次，关键在于我们今天讲的这个话题。实践唯物论为什么有缺环？所谓缺环，就是说我们通常讲的实践唯物论里面往往忽视了这样一个环节，"实践唯物论"这里我打了引号，也就是我们现在所讲的实践唯物论，里面有缺环。马克思是从我们所忽视的这个缺环的角度进入他的实践唯物论的，我们谈的实践唯物论，一般的学者对这一点都没有注意到，或者想都没有想，所以我把它称为缺环。这个缺环是什么呢？这个缺环就是感性对客观世界的一种"本体论证明"，就是马克思的感性唯物主义，它不仅仅停留在一个主观的感觉或者经验这个领域，而且他对客观世界有一种本体论的证明。这个本体论证明由于是建立在感性的立场上的，所以它仍然是人学的，不是像机械的、抽象的唯物主义，那种唯物主义是独断的，把客观世界加以独断的设定，认为就是那样的。这是马克思非常重要的一个环节，我们今天把它展开一下。

国内对于实践唯物论已讨论很长时间了，从改革开放，思想解放以来，这不再成为一个禁区。在以往很长时间中，这是个禁区，不能探讨，讲实践唯物论就是修正主义，就是前南斯拉夫的"实践派"。西方马克思主义从南斯拉夫到意大利共产党人，他们的马克思主义发展的起点就是在实践的马克思主义这个角度上，所以我们以往避免谈论这方面的问题。实践唯物论不能讲，实践本体论更不能讲，但近来已经成为国内马克思主义的一个热点问题，不过最近又谈得少些了，特别是20世纪八九十年代谈得比较多。有很多学者对传统马克思主义哲学体系感到不满，特别是教科书的马克思主义，现在已经成了一种固定的说法。教科书的马克思主义是人人都感到不满的，很多人已经在重新建构造马克思主义哲学体系。最近几年人们关注西方马克思主义，想从他们那里借鉴一些东西。既然要借鉴一些东西，实践唯物论中的这个概念肯定是不能丢的，那就是实践本体论。实践本体论听起来在一段时间比实践唯物论更吓人，实践成了"本体论"，简直是无法理解，那不是唯意志论吗？但"实践唯物主义"这个提法是马克思自己明确提出来的。马克思自己在《德意志意识形态》中提出，我们讲的实践唯物主义不同于抽象唯物主义，不同于抽象的自然主义的唯物主义，有明确的提法。在20世纪30年代，李达在宣传马克思主义时已经提出这个概念，认为实际上马克思的哲学就是实践唯物主义，但当时他对实践唯物主义的理解非常狭隘，仅仅是从工人运动、从阶级斗争这个角度来理解，从社会学和历史学的角度来理解，而没有提升到真正的纯粹的哲学层面来谈它。

所谓的教科书的马克思主义，也就是传统的马克思主义哲学体系的讲述，通常是从自然本体论出发的。我们通常讲的本体论就是自然本体论，就是"世界是什么"这个问题，世界是物质的还是精神的？这是一切教科书的公式和前提。所以它是一种独断论的方式。一开始翻开第一页，上面就有"世界是物质的""物质是运动的""运动是有规律的"，这几条一上来就把帽子扣死了。这个当然是令人很不满意的。这个对中国人来说，大家觉得很自然，因为我们从小就被教育，你是爸妈养大的，如果爸妈不要你了，你就会饿死。但对西方人来说，这是很明显的独断论。"世界是物质的"，你怎么知道？你有什么根据，能不能证明？在我们传统本体论、传统哲学体系中是不用证明的，因为这不是一个理论问题，这是个阶级立场问题、道德问题。你要不承认世界是物质的，就是资产阶级唯心论，你要认为世界是精神的，那你不是资产阶级了吗？你想要干什么？想为所欲为吗？所以是不能谈的，人家告诉你是这样，你认可就够了。但是这在理论上显然不能令人满意。阶级斗争的学说在21世纪以来被淡化，甚至被抛弃。那么要建立一种马克思哲学新的体系，应该建立在什么之上呢？很多人提出抛弃自然本体论这个前提，转而从认识论这个前提来建立新的体系。从认识论的前提当然就很亲切了，就是说先不讲世界是什么的这个结论，先从我们的认识何以可能入手，这有点像康德的意思。反对独断论，主张从人类最直接的感性活动里面，也就是实践活动、生产劳动里面，来推出物质的客观存在，很多人都在尝试这样的思路。像肖前教授、高清海教授、冯契教授，他们都做了一些尝试和努力，从认识论再进到本体论，这对传统的体系形成了很大的冲击。以至于教育部也认为以前的体系要不得，要重新搞了，高价悬赏，谁能搞出一个满意的体系来，那就财源滚滚了。这就反映了一个大趋势，人们不再满足于一些干瘪的教条，而要求马克思主义原理的表述要符合于人的切身体验，应该符合于人的现实生活。这样一个方向表明了马克思主义哲学体系在致力于一种人学化或者人本主义的方向。这是应该值得肯定的。原来是从独断论和本体论出发，就像斯宾诺莎的体系，一上来就讲实体，那就是上帝、自然界、"自因"，那是绝对的、第一位的，这个前提你不承认就不要跟我谈。传统的教科书也是这样，一上来就提出几条教条，你不承认这些就先进入学习班，写检讨。

但是这种倾向也面临着一个问题，甚至于可以说是卡住了，在一个问题上卡住了。就是说原来从本体论开始，现在从认识论开始，开始了以后还是回到以前的本体论上去了。原来的本体论一上来就讲世界是物质的，现在只不过加了一个前提，就是说我们通过生产劳动，通过社会实践，我们认识到世界是物质的。这当然比以前强多了。但是我们最后还是认识到世界是物质的，物质是运动的，运动是有规律的，最后还是回到了这个结论，这个结论还是一个自然科学的结论，实际上还不是一个真正的哲学结论。所以从哪里开始这个问题并不是很重要。你从本体论开始或者从认识论开始，当然可以换个方式，缓和一下，但是问题在于你如何开始。所谓如何开始，也就是说你从认识论开始，这个认识论是隐含着前提的，你把你所要证明的结论"世界是物质的"已经包含在你的前提里面了。你通过社会实践，什么叫社会实践？就是劳动，什么是劳动？就是我们说的上班，每天的工作，每天工作为什么？为了挣钱，这已经是一种物质活动了。你从这个前提出发，我为了挣钱、为了谋生，然后我承认这个世界是物质的，因为没有它我活不了，没有它我肯定会饿死。你从这个前提出发，讲来讲去你还是有前提的，也就是说你从认识论开始，实际上已经有个本体论的前提了。可见如何开始的问题，还有讲究。你从认识论开始，必须是没有前提的开始，要从直观的自明的东西开始。

我们通常在日常生活中以为自明的东西就是挣钱，就是养家糊口，这是自明的东西，人都要活嘛。但实际上这样一种自明的东西并不自明，它跟我们的直接体验并不是完全一致的，而是在一定社会条件下发展的历史的产物。这是一个商品经济与市场经济时代的产物。人之所以要上班、要劳动，就是为了挣钱、为了填饱肚子，这样的前提实际上是基于某一种生产方式，它是这样的，而且要经过一定的教育我们才知道。小孩子是不懂的，小孩子你跟他说这说那，他只知道好玩，小孩子保持了一种天真的直观的眼光看待这个世界。但经过大人的教育他懂得了，将来要走入社会，将来要成家立业，现在要学好本事，学好技能，将来才能立足于世。大人也好、老师也好，都这样教育，你将来怎么样在这个世界上生活，我现在教给你一套技术。所以这个认识论是教给的，并不是真正直接的，并不是直接的对世界的一种观看。而且这样一种被教给的世界观，它也是随着历史时代的发展而变化的，古代社会不完全是这样，马克思理想中的共产主义社会也不会这样，人们就凭兴趣，人们想干什么就干什么，他不是说我非要拿到一个文凭，找到一个工作然后得到一份工资。这只是资本主义异化状态之下的一个前提，它是不符合人性的。所以真正地要从人性出发，走向人本主义或者人学化的马克思主义，应该回到最基本的东西。但是我们在改革开放以后建立起来的新体系，并没有回到这个最本原的东西。所谓对实践的理解，我们还是那种异化性的理解，就是把实践理解为挣钱的活动。费尔巴哈理解的实践就是犹太人的赚钱活动，它是很卑下的，但是没有办法，我们要活，就得挣钱。我们所理解的实践就是这种，我们在实践中意识到了客观世界不会以人的意志为转移，那你就得承认世界是物质的，物质是运动的，运动有它的规律。这就是所谓的"实践唯物主义"。

而"实践本体论"的概念往往被人们所拒斥就是因为这一点，就是说实践仅仅是你进入自然本体论的一条道路，你一旦认识到自然界本身是物质的，那么你的认识论的前提就可以不管了，因为在你认识之前这个世界早就存在了，你现在已经把握到了你认识之前这个世界它的规律，那么你怎么认识它的，那个可以不管，那不能改变世界的规律，我就按照世界本身的规律去做就是了。所以实践本体论被禁止谈，就是说你把实践当作本体，那整个世界怎么办？在人类的实践以前，地球早就存在了。列宁在《唯物主义和经验批判主义》里也讲过，在人类产生以前，地球早就存在了，你讲的本体论，如果是把人作为本体，那就是主观唯心主义，把人这个主观的东西当作本体。实践也是主观的东西，是人在世界上的活动，你把它当作本体，那活动的前提是自然界，你把自然界摆到哪里去？所以，只要提出这个问题，"实践本体论"的提法就遭到了毁灭性的打击。实践本体论是不能够提的，因为一提出来人们就会问你，在实践之前、人的实践之外，到底有没有自然界？你承不承认人本身，包括他的实践都是自然的产物？你一承认这一点，那么实践如何能够成为本体论，实践这样一种人的活动如何能够成为万物的本体，这就不成立了。

那么现在也有一些人冒着这样的危险，还是要提出一种实践本体论的观点，比如说李泽厚先生提出的，所谓的实践本体就是人的物质生产活动。他认为首先应该对实践这个概念加以净化，就是把它里面的凡是包含人的主观意识的东西全部去掉，使它只剩下一种物质活动。人为了满足自己物质的需要，采用物质的手段对物质世界发生一种物质性的作用，这就是实践。李泽厚认为只有这样理解的实践才可以成为实践的本体论，它就是自然界的一种现象、一种活动，当然就属于自然界的本体了。当然你可以说它不是唯一的本体，在这以前自然界就存在了，但也可算作一个本体。用这种方式提出实践本体论，把实践变成一种纯物质的操作过程，去掉了那些意识的成分，比如感情、意识、观念、欲望、目的性等，把它们全部去掉，变成一种物质的过程，这样就可以避免唯心主义的指责。我没有讲人的主观的东西是本体，我还是讲人身上所体现出来的客观的东西是本体，所以我还是唯物主义的，这是李泽厚所采取的策略。这个策略显然是不成立的，因为你讲的实践本体论只是自然界的一部分，怎么能把自然界的一部分称为整个自然界的本体？他最后还不是要归结为自然本体论嘛。所以这种实践本体论只是自然本体论。实践唯物论它的一个关键问题实际上在于，一种唯物论要称得上实践的唯物论，关键要看实践本体论能否成立，如果实践的本体论不能成立，那实践唯物论也不能成立，实践唯物论就只是自然唯物论，实践本体论也就只是自然本体论。这个实践唯物论的理路就建立不起来。之所以要把实践唯物论与自然主义唯物论区别开来，就在于这种唯物论是建立在实践本体论的基础之上的，也就是说，人的实践活动如果不能在某种意义上成为万物的本原和始基，那么实践归根结底只是自然过程的一部分，你对这一部分片面地强调并不足以使它成为本体论，而只是以偏概全。但如果实践被当作本体，实践唯物论如何又能保持自己唯物的成分，而不变成一种主观唯心论？如果你把实践真的当作本体，这个实践又不像李泽厚那样把精神的东西完全排除掉，那么这种精神的东西如何能具有唯物的成分，如何继续是唯物论而不变成主观的唯心论？这也是一个问题。

这个问题如何解决，我认为应该到马克思本人那里去寻找答案。马克思其实已经提供了一个答案，只是我们没有达到马克思的水平，所以我们无法解释，而且根本就没有注意到，马克思的《1844年经济学哲学手稿》里面有这样一句话，他说："共产主义作为完成了的自然主义，等于人本主义，而作为完成了的人本主义，等于自然主义，它是人和自然之间、人和人之间矛盾的真正解决，是存在和本质、对象化和自我确立、自由和必然、个体和类之间的抗争的真正解决，它是历史之谜的解答，而且它知道它就是这种解答。"这是很多人很熟悉的一段话，那么这段话如何理解？我这里首先关注的就是"人"和"自然"的概念，人和自然是"统一"的，完成了的人本主义等于自然主义，以人为中心与以自然为中心两者是完全统一的。统一于什么？统一于实践。但这种实践不是像李泽厚所讲的那种"纯物质"的实践，纯粹的物质过程不能叫作实践，那只能叫本能。动物也有这样的"实践"，动物还不是为了自己的物质需要，利用物质手段去达到物质目的？人与动物的不同就在于人有意识，把"有意识"这个特点去掉，人就成了动物，那样一种人和自然的关系就等于自然与自然的关系。动物和自然的关系不就是自然与自然的关系吗？所以马克思这里讲的不是自然与自然的关系，而是人和自然的关系。那么这样一种实践活动是人和自然达到统一的实践活动,应该是一种具体的生动的感性活动,感性里面肯定包含有主观的成分,但是还有客观的成分。实践活动是一种感性活动,是一种自由自觉的感性活动,"自由自觉的生命活动"。有自由自觉在里头,这个"自觉",bewuβt,我们也可以翻译成"有意识的""自由的有意识的生命活动"。这种活动是"人的本质力量的对象化"和"对象的人化",就是把人的潜在本质力量实现出来,所谓"对象化"就是实现出来,变成对象,把人的潜能实现出来。

人的本质力量的对象化以及对象的人化,也就是对象经过人的改造,变成了人的对象,变成了适合于人的并与人成为一体的对象。我们通常理解的"对象的人化"就是"改造大自然"的活动,但不单纯是这样。对象的人化是通过改造大自然的活动使对象成为适合于人的,"人化"的。如果仅仅理解为改造大自然的活动,那也可以理解为破坏大自然。我们今天的工业技术对大自然有一种巨大的破坏和摧毁作用。我把大自然拿来为我所用,然后就摧毁它,这种改造大自然能叫对象世界的"人化"吗?破坏了大自然就是"非人化"了,人根本无法在里面生活。这个核污染、大气污染、石油污染、水污染等,污染以后就是非人化了。真正的大自然是人化的,是适合于人生存的,这才叫人化。自然的人化或对象的人化以及人的本质力量的对象化,这两者是统一的。所以马克思的实践唯物主义不是建立在抽象的自然科学唯物主义基础上,而是建立在感性的人和人的感性之上,马克思主义的人学属于一种感性学,马克思的自然观也是属于感性学。所以马克思讲,自然科学不是感性的基础,相反地,"感性才是一切科学的基础"。所以这样一个基础是外化出对象并且决定着对象的意义的主观的基础。人的这种感性活动是主观的基础,它有主体性,外化出它的对象,它把自己的潜能实现出来,实现在它的对象之上,并且把对象变成它自己的对象。所以它是外化出它自己的对象并且由它来决定这个对象的意义,由人来决定自然界的意义。自然界单独来说是没有意义的,离开人的抽象的自然界是没有意义的。所以马克思讲:"我的对象只能是我的本质力量之一的确证。"我把我的本质力量对象化以后,成了我的对象,我的对象只能是我的本质力量之一的确证。经过我加工改造,经过我对象化、人化以后的对象,在某一方面确证了我的本质力量,因而"只能像我的本质力量作为一种主观的能力自为的存在着那样,为我存在着"。我的本质力量是一种主观能力,它能够能动地再现出来,所以我的对象是为我而存在着的,不是为拒斥我、伤害我而存在着的。下面这句话讲:"因为对我来说,一个对象的意义正好以我的感官所达到的程度为限。"这句话很关键。一个对象的意义,什么对象的意义呢?它只是对与它相适应的那个感官来说才有意义。我感到它,就把我的意义赋予了它,它就有了意义,所以它的意义只以我的感官所能达到的程度为限。我的感官达不到了,感觉不到了,那它就没有意义了,那就是所谓自在之物。康德所讲的自在之物其实是没有意义的,任何人都不能认识的、超出人的认识之外的,那就是没有意义的。当然有一些还没有被我们所认识,但是我们假定它们原则上是可以被我们所认识的,能够通过各种仪器被我们所感到所观测到的,比如说河外星系、很多星云、暗物质等,我们还没有观测到,但是我们设想它们是可以被观测到的,所以它们也就对我们具有意义。但是如果离开我们的感官所达到的程度,那就没有意义,那就是康德所讲的自在之物,自在之物在马克思这里是完全抛弃了的,它是一个没有意义的概念。

所以马克思非常强调感性。我们讲的是马克思的感性学,马克思的实践唯物主义实际上立足于他的感性学之上。当然,这种感性学对人的感官、感觉和感知有一种强调,所以我认为马克思的感性学有一种感觉论的色彩,也可以说有一种主体性的色彩,具有主体性的倾向。因为它具有一种感觉论的色彩,所以我经常讲马克思的唯物主义与一般的唯物主义有很大的不同,一般的唯物主义是一种客观的唯物主义,马克思的唯物主义是一种"主观唯物主义"。唯心主义有客观的和主观的之分,唯物主义也有。一般的旧唯物主义是客观唯物主义,但是马克思的唯物主义我称为主观唯物主义。虽然是主观的，但与休谟的主观唯心论有本质区别。区别在什么地方？马克思也强调感性，休谟也强调感性，但是为什么马克思是唯物主义的？马克思之所以是唯物主义的，就在于他所强调的感性并不仅仅是感性的知觉、感性的印象或者感性的直观，而且它还是感性的活动。马克思讲的感性主要是"感性活动"。这种感性活动是一种实践活动，这种主观的感性不仅仅是封闭在人的主观里面的，而且它是指向外部世界的，它具有证明和肯定客观世界的一种主体性的能力，这一点可以说是继承了从康德以来的德国古典哲学的主体能动性思想。我们讲康德的主体性，康德也承认客观的东西，但是客观的东西要主体才能建立起来，是由主观的东西建立起来的。马克思吸收了这样一个思想，就是说，首先我们从主体性的东西出发，从人的感性出发，从人的感性活动出发，那么这种活动同时有一种证明和肯定客观世界的能力，所以马克思讲"感性通过实践直接变成了理论家"。感性不仅仅是感性，马克思的感性、经验与经验主义的片面的经验是大不一样的，与休谟的感性经验论也是大不一样的。就是说他并不忽视理性，但他要把理性建立在感性的基础之上。感性通过自己的实践，直接地变成了理论家，这是马克思的原话。

因此马克思基于感性的立场，对主观的感性之外的客观世界提出了一种本体论的证明。我把它称为"实践本体论的证明"。这个本体论证明在马克思这里可以找到原文的支持，在《1844年经济学哲学手稿》里面，他讲道："如果人的感觉、情欲等等不仅是狭义的人类学的规定，而且是对本质（自然界）的真正本体论的肯定（wahrhaft ontologische Wesens［Natur］bejahungen），如果感觉、情欲等仅通过它们的对象对它们说来是感性地存在着这一事实而现实肯定自己，那么，不言而喻的是：（1）它们的肯定的方式绝不是同样的，相反地，不同的肯定方式构成它们的存在（Dasein），它们的生命的特点。"——这与海德格尔已经非常像了——"对象以怎样的方式对它们存在着，这构成它们享受的独特方式；（2）只要感性的肯定是对采取独立形态的对象的直接扬弃（如吃、喝、加工对象等），那么这同时也是对对象的肯定。"[5] 就是说，感性的肯定同时也是对对象的肯定，我们肯定这个感性就是肯定对象，因为我们的感性是一种活动，不是静观，不像费尔巴哈那样坐在屋子里面看天象。静观尽管可以看到天空，但是也可以说这个天空只是我感到的，有没有这个天空我不知道。但是如果这个感性是一个活动，你总不能说这个活动的对象你也不知道吧？你在活动中直接跟这个对象打交道，你直接造就了这个对象，或者凭借这个对象造就了别的对象。对象通过你的感性活动就得到了本体论的肯定。

这个地方刘丕坤有一处翻译得不太准确，就是前面讲的第一句话："如果人的感觉、情欲等等不仅是狭义的人类学的规定，而且是对本质（自然界）的真正本体论的肯定"。按照德文原文应该是："……而且是真正的对于本体论的本质（自然）的一种肯定。"原来的翻译是对于本质对于自然界的真正的"本体论的肯定"，但在马克思的原文里面是"对于本体论的自然"或者本体论的本质的肯定。不过这个问题不是很大，意思都在那里。反正马克思在这里运用了这样一个词，就是"ontologisch"，就是"本体论的"。他在这儿运用了一个"本体论的肯定"，也可以理解为一个"本体论的证明"，通过感性对于客观世界作了一种本体论证明。对自然界的肯定，那就是对自然界的证明。就是说我在我的感性活动中，我肯定了这样一个自然界的存在，我肯定了自然界在本体论上是存在的，不是仅仅在我的观念之中存在，而且是在存在论上面存在的一种本质、一种自然界，它是存在。这个是马克思提供的一个文本根据。我们之所以提出"实践本体论的证明"，也就是从这样一个思路来谈的，就是说感觉和情欲等，我们在感觉中、在感性的肯定性中，它是"对于采取独立形态的对象的一种直接扬弃（如吃、喝、加工对象等）"。马克思这里特别点出来"吃、喝和加工对象"，也就是把对象据为己有，这显然是一种感性的活动。通过感性的活动同时也是对对象的肯定，就证明了对象的存在。对象不是你想出来的，而是客

---

[5] 马克思：《1844年经济学哲学手稿》，刘丕坤译，北京：人民出版社，1979年，第103页。

观在那里的，但是客观在那里的东西被纳入了你的活动之中，作为你的活动之所以可能的一个环节，你的活动如果没有对象世界是不可能的，这个我们每个人在感性活动中都体会得到。你要出外去做一件事情，才能与世界打交道，你坐在屋子里躺在床上脑子里想怎样怎样，那毕竟只是你的幻想。所以所谓感性活动就是跟世界打交道的活动，而这个客观世界在跟你打交道的过程中，就得到了你的肯定，通过你的现实的活动对对象作出了证明。

刚才讲的这段话里面还特别提到了，感性的"不同的肯定方式构成它们的存在（Dasein），它们的生命的特点"，就是说人的感性活动既然是感性的，所以它跟对象打交道的方式是各种各样的，各不相同的，每一次都是不同的，它们都是海德格尔所讲的"此在"（Dasein）。所以它是丰富的，包含着感性的丰富性，它肯定客观世界的方式是无限多样的，而不像自然科学那样是抽象的、片面性的。我在感性活动中与感性世界打交道，我是通过感性来打交道，那就有很多很多方面，我的本质力量也是无限丰富的。不像自然科学这种体系，牛顿也好，爱因斯坦也好，把自然科学运用到自然界，就看到了自然界的那样一种运作方式，这只是我们与自然界打交道的一个方面。但自然界还有别的方面，还有审美，还有价值判断等各种各样的关系、各种各样的方式。当然，在跟对象打交道的过程中，最开始我们还是通过科学以及工业、技术而意识到自然界与我们的相互关系。马克思讲："只有借助于发达的工业，亦即借助于私有财产，人的情欲的本体论的本质才能充分完满地、合乎人的本性地得到实现"[6]。人的情欲就是人的欲望、人的需要，它具有一种"本体论的本质"。我通过感性活动同自然界打交道，我如何能形成感性活动的本体论的本质，我的感性活动是如何存在的？最开始还是通过工业和私有制，工业就是与自然界的关系，私有制就是与他人之间的关系。我们最初是在这样的关系里面形成了我们

---

[6] 马克思：《1844年经济学哲学手稿》，刘丕坤译，北京：人民出版社，1979年，第103页。

情欲的本体论的本质，但这种本体论的本质是片面的。我们最开始是要通过这样的途径来建立我们的本体论本质，但是一旦建立以后我们会发现它的片面性，它的异己性。所以只有扬弃了私有制，才能回到感性的本质，才会把自己的对象变成真正是自己的对象，把它的异己的形态扬弃掉。

　　这就是马克思的扬弃异化的学说。我们首先是通过自然科学和工业，乃至在人际关系里面也是通过一种科学理性，就是私有制，——私有制实际上也是一种科学理性的产物，——来打开那本"感性地摆在我们面前的、人的心理学"的书，所以"自然科学却通过工业日益在实践上进入人的生活，改造人的生活，并为人的解放做好准备"；但同时它又"不得不直接地完成[人的关系的]非人化"[7]。只有当我们把这种非人化和异化扬弃掉以后，我们才能真正地把感性的对象据为己有，恢复它的那种丰富的打交道的方式。人的感性和自然界打交道的丰富的方式经过自然科学以后被抽象了，但是经过了异化的扬弃以后，应该回归到人的感性，这是马克思的理想。所谓扬弃私有制，扬弃那种片面的自然科学的世界观，我们才能恢复人的全面的丰富性。人的感性与自然界打交道是非常丰富的。而在私有制和科学理性的统治之下，人跟自然界的关系变得非常片面，只剩下一种狭隘的利用关系，一种谋生的关系、挣钱的关系，满足的是人的片面的动物性欲望，就是拥有欲。所有感性的东西、人性的东西、审美的东西都被抽掉了。在这种关系之中，客观自然界是不可证明的，它只是一个抽象的概念：某某人的财产，一定数量的资本，一笔不动产，等等。我们只能独断地设定它，但却不知道它从何而来，它"本身"到底是什么。它是康德的"自在之物"。

　　从这里可以看出来，感性对客观世界，具有一种本体论的肯定，或者说具有一种本体论的证明。那么究竟是怎样证明的？马克思又有一段话讲

---

[7] 马克思：《1844年经济学哲学手稿》，刘丕坤译，北京：人民出版社，第1979年，第80—81页。

道:"全部所谓世界史不外是人通过人的劳动的诞生,是自然界对人说来的生成,所以,在他那里有着关于自己依靠自己本身的诞生、关于自己的产生过程的显而易见的、无可辩驳的证明。"[8] 就是说,所谓的世界史,只不过是人的诞生史。人通过自己的劳动,在自然界中产生出来,其实是自然界自己通过人的劳动在把人产生出来,所以是"自然界对人说来的生成"。自然界生长起来,完成了它自身。那么自然界是怎样生长起来完成自身的呢?是"对人说来的生成",自然界本身对人说来,在人的活动中,在人的生产过程中得到了完成,自然界本身在人身上得到了完成。所以在人那里,"有着关于自己依靠本身的诞生,关于自己的产生过程的显而易见的、无可辩驳的证明"。就是说,人的证明,人从哪里来的,在他自己身上就可以看出来,在他的劳动中就可以看出来。我们说"劳动创造了人本身",这是马克思主义的一个原理,就是人在他自己的劳动中,有关于他自己本身诞生的证明。为什么?因为人的劳动以自然界的发展为前提,以自然史为前提。如果自然史不形成这样一个环境,那么人的劳动无法产生,他也没有劳动的对象;但是整个自然界发展到人,通过人的劳动,诞生出了人,自然向人生成,自然本身有一个生长过程。这跟以往的理解是大不一样的,以往理解自然界是一个死寂的没有生命的世界,但在马克思眼里,有了人以后自然界就不应再被看作一个死寂的世界了。有了人以后,就证明在人以前那个世界其实并不是死寂的,它发展出了人。一个死寂的世界能发展出来人吗?这说明它表面上是死寂的世界,实际上不是的。它是自然界对人说来的生成过程,以人为目的。最开始像是死气沉沉的,但是慢慢地它就向人生成了,在人身上自然界完成了它本身。所以为什么说"完成了的自然主义就是人本主义"?在人身上自然界完成了它自身,在人产生以前的自然界看起来是死寂的,就是因为它还没有完成。你不要看它是死寂的,它将要产生出人来。我们如何能知道这一点?就在于我们通过自己的感性

---

[8] 马克思:《1844年经济学哲学手稿》,刘丕坤译,北京:人民出版社,1979年,第84页。

活动，凭借自身取得了自身存在的证明。所以"在人那里有着自己关于自己本身的诞生的不可辩驳的证明"。我是靠自己诞生的，不是靠上帝；当然是靠自然界，但自然界就是我，我就是自然界。我在劳动中使自己诞生出来，这就是自然界本身的完成了。

可见，马克思的立足点是立足于人的感性活动、人的劳动，这个劳动不是指资本主义生产劳动，而是指原来意义上的劳动或者说完整意义上的劳动。资本主义的劳动是异化的、抽象的，这里的劳动不是异化的劳动的概念，而是人的本质力量、人的自由自觉的生命活动这样一个概念，也是本来意义上的"实践的"概念。实践的概念在资本主义时代也被异化了，比如我们一谈到实践，就是费尔巴哈讲的"赚钱活动"，或者李泽厚所讲的肌肉运动。如果肌肉运动就是实践，那人跟动物有什么区别？这种"实践"完全可以用机器代替，就像用拖拉机代替牛耕地一样。但有一种实践是不能代替的，就是说人通过自己的聪明才智，发挥自己的创造性所造成的那种活动，它是机器所不能代替的。机器只能部分代替，但本质的部分是不能代替的，就是人的主体性。实践应该是感性的，所以它有无限丰富性，这是马克思的一个立足点。所以人在劳动中的诞生是人本身的一种证明，或者说是人对自己的"自证"。自己证明自己不需要另外的东西，不需要认定一个另外的东西来证明。那么这个证明通过自己的自证，同时证明了自然界的存在，因为这种自证实际上就是证明自己就是自然界，人是自然界的最高产物。何以见得？就在于人在自己的劳动中证明了自己是从自然界产生出来并且代表自然界来形成自己本身。这就是一种"本体论证明"。所谓本体论证明，我们在欧洲哲学史上遇到很多，主要是用来证明上帝的。比如说笛卡尔的那种典型证明，就是通过"我思故我在"来推出我的上帝观念一定有一个在我之外存在的上帝。对上帝的存在的本体论证明，就是说，通过"我思故我在"确立一个基点，然后从我的观念里面推出有个上帝存在，推出上帝肯定在我之外存在，这是康德想尽一切办法要驳斥的。那么这个证明跟马克思有什么不同呢？笛卡尔的"我思故我在"

是一种纯思维，他把一切感性的东西都排除掉了，都作为可疑的东西排除掉，最后剩下的是哲学家的"怀疑"，即哲学家的思维，这个思维在笛卡尔的心目中是自明的、清楚的，再也用不着怀疑的。但是从另外一种眼光来看这并非不可怀疑。因为我们每一个人并不是一生下来就有"我思故我在"这个概念，笛卡尔本人也经过了一系列的排除作用，先把外部世界、感性世界排除掉，然后把人的感觉、人的肉体排除掉，最后得到一个不可怀疑的逻辑前提，即我的这种排除活动本身是不可怀疑的。这是经过哲学家加工以后才显得自明的。但是如果我根本就不怀疑我的感性活动，即使笛卡尔要我怀疑我也不听，那我就没有那种不可怀疑的怀疑。我甚至很怀疑笛卡尔自己是不是真的怀疑了他自己的感性，饿他两天就可以检验出来了。马克思的立足点正是立足于感性活动，这个不需要加工，一个小孩子生下来就有感性、感觉，就要吃、喝、玩玩具。这个不需要哲学家去进行一种思辨，进行一种矫揉造作的处理。所以马克思通过自然的感性活动来证明全部世界历史、全部自然史它本身的发展过程，由我的感性实践为全部世界历史奠定了根基。但是从形式上来说，他跟笛卡尔的"我思故我在"有类似的地方，有同构的地方，都是从主体中推出客体，跟笛卡尔通过"我思故我在"推出一个上帝有一种同构性，所以我把它称为"本体论证明"。当然实质上是完全不同的，马克思通过一种直接的感受，为全部世界历史的存在奠定了根基。

而抽象的自然科学的唯物主义恰好是把这样一个感性存在抽掉了，它虽然是从感性存在来的，自然科学的唯物主义开始要观察，要科学实验，但是通过观察和科学实验得出一般规律以后，它就把这种感性抽象掉了，只看到我的存在是基于别的东西的存在。自然科学的唯物主义是用一种绝对客观的眼光来看待我的感性、我的活动，它本来是从我的感性、我的观察得出一个世界观，但是一旦得出这个世界观，它就把我的感性放到这个世界观里面来加以考察。比如说我作为一个人在观察这个世界，那么我这个人从哪里来的，我这个人是处于与别人的关系中才存在的；比如说科学家他也是父母生的，他也有祖父，他的祖父也有祖父的祖父，所以这样一个感性的东西由此就被抽象掉了，感性的人就被放在一个系列之中成为自然界存在的一个环节。当然他是一个环节，从自然科学的眼光来看，每个人哪怕自然科学家都有感性，但他这种感性也是生长出来的，也是培养出来的，所以它是基于与这个我相外在的一个自然界的存在。就是说每一个人都必须有一个预先提供好了的自然界的基础，这个基础又具有一个无穷追溯的链条，自然界处于一个链条之中，比如说人就处于一个生殖链条之中，人的父亲、祖父、曾祖父，可以追溯上去，陷入一种无穷追溯。自然科学的眼光容易陷入一种无穷追溯，就是把感性投入无穷追溯的链条之中，那么这样一来，就容易陷入一种造物主的概念，自然科学的唯物主义肯定引出一个上帝来。有无穷追溯，那么人就会问第一个人是从哪里来的？你说是从猴子变来的，那么第一个猴子是从哪里来的？还可以追溯，到最后肯定要拉出一个上帝来。所以马克思说："这个过程在我提出谁产生了第一个人和整个自然界这一问题之前会驱使我不断地寻根究底下去"，"所以造物主这个观念是很难从人们的意识中排除的"，因为在现有的意识形态和社会生活中，"人们的意识不能理解自然界和人的依靠自身的存在"。[9]如果我们把人的感性完全投入自然科学的唯物主义的链条当中，那整个自然界就失去了根基，如果要找到一个根基，就必须从自然界之外去找一个根基，去追溯人的感性是从哪里来的，最后一直追溯到上帝的第一推动力。上帝的第一推动使整个自然界运转起来，运转起来以后产生人，然后这个运转的自然界刺激了我的感官，使我产生感性——最后就会达到这样的解释。

但是马克思的思路不是这样，他认为我们在这样一个过程里面，不应该仅仅注意无穷追溯这一方面，无穷追溯当然是可以的，自然科学当然要寻根究底，但这只是一个方面，我们"应该不仅注意一个方面，即无限的

---

[9] 马克思：《1844年经济学哲学手稿》，刘丕坤译，北京：人民出版社，1979年，第83页。

过程",他讲"还应该紧紧盯住这个无限过程中的那个从感性上可以直接感知的循环运动","因而人始终是主体"。就是说你必须从这个无穷追溯的链条中,把人的感性单独提出来,把它看作始终是主体而不仅仅是客体。要截断众流,把人的感性提出来,作为一个本体论的根据,这就逃出了所谓"恶的无限性"。黑格尔讲恶的无限性,就是无限追溯、无限后退而达不到一种"真的无限性"。所谓的"可以直接感知的循环运动"就是"真的无限性",一切都来自人的感性,一切又复归人的感性,人的感性才是一切的根基,不需要为它寻求另外的、在它的感性世界之外的根基。感性世界是以感性为根基的,不是以上帝为根基的,自然科学的唯物主义必然要推出一个上帝,比如说牛顿,最后要推出一个上帝的第一推动。所以马克思强调的是人的感性活动此时此刻当下的此在,强调人的此在(Dasein),这个此在本身已经把外部的对象世界、整个自然界作为自身内部的一个不言而喻的环节包含在自身中了。海德格尔也讲所谓的"此在"无非是"在世","在世界中存在",这个在世是此在的一个环节,是此在的一个题中应有之义。不是说我是此在,另外还在一个世界中,而是此在已经在世了,此在只有在这个世界中存在,才能此在,不是说把此在从世界中拔出来单独看一个此在。此在必须跟它所在的这个世界在一起,不可分割,它才是此在。同样,马克思讲的感性活动,只能够是对一个客观对象的感性活动。什么叫感性活动?当然包含着它的对象,感性世界的感性对象就是它感性活动中的一个环节、一个必要成分。整个客观世界的存在就是由这里得到证明的,因为它成为人的感性活动的一个必要环节才得以证明,这就是本体论证明。

所以人的实践、人的感性活动对人来说是第一性的本体、第一性的存在,类似于海德格尔讲的,你要抽象地讲存在是什么,那肯定是做不到的,必须要从此在出发,从存在的"根"出发,这个根就是此在。此在是一个存在者,但是就是从这个存在者、唯一的存在者身上我们才能看到存在是什么样的,这是海德格尔的本体论证明。这跟马克思很像。但是海德格尔讲得很抽象，他也不是讲人，更不是讲人的感性，海德格尔是反人本主义的；但是在马克思这里他是人本主义与自然主义统一的。马克思是讲人本主义的，它既是一种有根的本体论，同时也是一种感性的认识论。我在感性活动中，我知道它是世界历史问题的一个解决。我"知道"它是这样一个解决，所以它也是认识论。这个认识论不再是独断的，而是提示了一个从感性上直接感知的过程，不再是独断地设定世界是物质的，设定这个世界在我之前已经存在了。你怎么知道它已经存在了？但是马克思在这里，说我的感性活动已经确证了世界在我之前存在了，如果它不是先就存在，我怎么能够感到它、作用于它？但是这个"我"并不是跟这个世界完全不相干的东西，这个"我"就是从这个客观世界里形成起来的，而且这个客观世界发展到"我"，它已经达到了自觉，自然界发展到"我"身上才达到了自觉。所以它是从感性上直接感知的一个过程，自然界不再是离开我之外的一个抽象的死寂的世界，而是我所感到的，在我眼睛里面丰富多彩的这样一个世界。

我们通常讲的实践好像是一个中介，它能把主观和客观连接起来，这样说也不能讲是错的，但是很表面。实践为什么能成为主观世界和客观世界的中介呢？就是因为它本身把主观世界和客观世界作为它内部两个必要的环节，已经包含在自身中了，应该这样来看。它不仅仅是一个"桥梁"或者"纽带"，一个主体和一个客体在那里相互对立着，然后通过实践把它们"沟通"起来，这种解释是非常表面的。你如果把实践真的当作一种感性活动来看待，你就会发现，实际上在这种感性活动里面，它既有主观的环节，也有客观的环节。通过它的主观环节与客观环节之间的关系，我们从中可以推出这个客观世界它的客观存在，这个客观存在就是像它在这个关系中、在感性中的那样地存在着。所以实践并不是一个媒介、一个桥梁，而是全体。正因为感性活动它所证实的这个客观世界、这个自然界，是由人的感性所证实的，所以这个客观世界就带上了感性的性质，由此推出的客观世界就不再是抽象的了。按照传统的解释，有一个客体，那是抽象的自然科学的对象，另外有一个主体，是感性的，通过感性活动，这个对象与主体连接起来，连接以后你眼中的对象还是抽象的，一个黑暗的、无声的、死寂的世界，牛顿物理学或者爱因斯坦物理学的那个世界还是抽象的。但是通过感性所带来的这个客观世界，就具有一种感性的、人化的性质，具有丰富的性质，比如说它包含审美，包含自然界的美。当然爱因斯坦也认为一切自然科学到最高层次都会认为自然界有一种美，但是他无法证明，他只感到了自然界是多么完美，牛顿也感到自然界的美，但他们无法证明。按照他们的规律，自然界是不完美的，是片面的，只是在整体上呈现出某种完美性，不知为何。但在马克思这里，正是因为人的感性活动证明了这个世界的存在，所以这个世界的存在就带上了感性的特征，带上了感性的丰富性，带上了人性。

所以自然界本身不仅为人在自然界的存在定了位：人当然属于自然界，人是自然界的一部分，人是自然界发展的最高的花朵、最高的表现，你当然可以这样说。而且自然界本身是为了人的存在而存在的。人在自然界之中，但是人在自然界之中并不是作为一个随便的自然物，像桌子、椅子、树木、石头一样的自然物，然后也有人，不是这样的。相反，人是作为自然界存在的"目的"而存在的，自然界之所以存在是"为了"生出人而存在的，从感性活动中推出的自然界就带上了这样一种目的性。牛顿物理学的自然界是没有目的性的，把目的性彻底地赶出了自然界，爱因斯坦的也没有，自然科学的自然界都没有目的性。但从感性活动的角度推出的自然界有目的性，自然是以人为目的的。马克思说抽象的自然界本身是无目的无意义的，它是一种"非存在物"（Unwesen），是一种荒谬的不可理解的东西，非人的东西。感性的自然界是生命活动的材料，是为人的生命活动准备好的，有目的的，就是为了产生出人来，在几十亿年甚至更长的时间里不断地积累它的材料，最后产生出人来。所以马克思把自然界称为"人的无机的身体"。在人之前，自然界就在准备着这样的无机的身体，最后产生出人来并且为人所用。为人所用不是一种功利性的关系，而是把自然界看作人的"精神的无机自然界",马克思有这样的说法:自然界是人的精神的无机自然界,或者说是人的"精神的食粮",人的精神要生存,就必须以自然界为他的食粮,人活在世界上就是以自然界作为他的无机的身体。你看到的这个无机的自然界,石头、山川、河流这样一些现象,那都是你的身体,它们准备了你的产生。

这是一个非常令人吃惊的观点!马克思的这一说法,所谓无机的身体、精神的无机的自然界,这样的说法与人们通常的理解是完全不同的。通常我们把人看作自然界的一部分,而在马克思这里,整个自然界都成为了人的一部分,成为了人的无机的身体,包括有机界,有机界就更加是人的有机的身体了。自然界发展了人出来,当然人的身体也属于这个过程中间,属于这个生态链条之中的东西;但是反过来说,整个自然界都成为了人的身体,人和自然界都成为了人的身体,人和自然界合一,我们把整个自然界都看作我们的身体,天人合一,这是一个大胆的提法。马克思在这里提出了一个崭新的、宏大的人学世界观,以人为中心,把整个自然界包含在内,人和自然界的对立不复存在,人和自然界的对立在人身上达到了统一。整个自然界,包括在人之前的自然界以及目前在人的视野之外的自然界,比如说外星星云、暗物质,这些我们目前还没有发现但是正在发现的自然界,都整合成为产生出人、发展了人并且融合于人的这样一个合乎目的的系统过程,以人为核心,以人为目的,要发展出人来,成了这样一个过程。恩格斯在《自然辩证法·导言》里曾经讲过这样的话,他说:物质在它的一切变化中永远是同一的,它的任何一个属性都永远不会丧失,它必定会以铁的必然性把思维着的精神产生出来。他把这种"思维着的精神"称为自然界的"最高花朵",这里有一种"铁的必然性",这种铁的必然性是不是一种自然科学的必然性呢?很难说。从自然科学的必然性来看,人的产生是很偶然的,但从哲学的角度来看它有必然性。就是说,自然界不管经过多么漫长的等候,它也要为人的产生准备材料,并且它的目的就是要产生出人来。所以思维着的精神,虽然只是自然物质的一个属性——我们讲精神、思维是物质的属性,这是唯物主义的一个表述——但这是物质的"本质"属性,是物质世界的"最高"花朵。什么叫"最高"?最高就是终极目的,自然界最终要达到它。所有其他东西与它相比都是低级的。物理学的规律、化学的规律、生物学的规律,对于人来说都是低级的。只有发展出了人和人的精神、"思维着的精神",自然界才达到它的最高本质。

那么这个最高本质在自然界里是潜在的了,在我们所面临的这个自然界,比如说在石头、太阳、光线、水分等这些自然物质里面它是潜在的,在人类产生以前也是潜在的。人的产生当然有石头、有阳光、有水、有太阳系等作为前提,但是人的思维着的东西就潜伏在这些东西里面。你别看它是石头、光线、水分这些东西,好像是不可能有思想的,要把思想从它们里面产生出来那是痴心妄想。很多科学家做实验,能不能从这些水分、盐等无机物里面产生出——别说思想——生命?至今还没有实验成功。产生生命都不可能,怎么可能产生出思想呢?但反过来说,人的生命不就是从这里面产生出来的吗?现在还有的科学家认为,生命就算不是上帝带来的,也是外星人带来的。但这并不能解决问题。外星人又是怎么带来的,他的精神怎么来的?总而言之,只有两个选择,一个是自然界本身产生的,另一个就是上帝带来的。如果一旦认为自然界本身能够产生出思维,那你就得承认你面前这块石头里面有产生出人的精神来的可能性,或者说潜在性,它就是从这里面产生出来的,没有别的东西。黑格尔在《自然哲学》里面也讲了,僵硬冰冷的石头也要呼喊起来,变成精神。这个观点是对的。当然不是一下子变,我们自然科学在实验室里面变不成,但自然界经过亿万年的演化居然就变成了。你只能这样去相信,我们面前唯一的根据就是这个。你要说是上帝引进来的,这是幻想,没有根据。你面前的根据就是这个感性的自然界,它能够产生出这些东西来。所以在产生出人的精神之前,这个自然界,包括它的石头、阳光、水、山川、河流这些东西,它还是未完成的,或者说它不完整,它还有一个环节没有发展出来,还有它的最高环节没有发展出来,那就是人。但它在等待着,在漫长的过程中积累着,自然界有的是时间,几十亿年不算什么。它慢慢地积累,最后终究要发展出人来,虽然有它的偶然性。所以中世纪的邓斯·司各脱就问了这样一个问题:"物质能不能思维?"马克思在《神圣家族》里面也提到这个问题,马克思的回答当然是肯定的。物质就能思维,思维是物质的属性。当然不是说任何一块石头都能思维,但是任何一块石头里面都包含着思维的可能性,包含了潜在性,要经过几十亿年的发展过程,这些原子分子才能组成人的大脑,才能产生出思维这种现象。

所以一切物质都潜在地有思维的可能性。整个自然界也是如此,但只有在人身上才体现出这种可能性,才把这种潜在的东西变成现实的东西,才使完整的自然界实现了,在此之前自然界还不完整。所以我们经常讲的自然科学,我们通常相信的自然界就是自然科学给我们的那个图景,这就是自然界。但我们从来没有想到过这个自然界是不完整的,因为它撇开了人,没有考虑到人在里面起什么样的作用。它把目的论彻底赶出自然界以后,把人也赶出了自然界,造成了人和自然界的对立。今天的环境问题其实是从这里产生出来的,对环境问题,很多人认为我们应该撇开人类中心主义,应该转换到自然中心主义的立场,人只是自然界的一部分。这是一种矫枉过正的做法。但是按照马克思的观点,自然中心论和人本主义其实是一个东西,自然是人的身体,你以自然为中心就是以人的身体为中心,以人为中心,只要把人全面地理解,那就是以自然为中心。人和自然是一个系统,在这个系统中人是它的最高目的、最高项,但这个最高项绝对不脱离它底下的东西。所以环保意识今天应该这样来理解:应该从人本主义和自然主义的统一、本原的统一这个角度来理解,而不能把人和自然界按照以前对立的关系来加以处理。我们现在所理解的环保就是把人和自然看作对立的,这个是不能解决问题的。我们从外延上来看,从抽象的自然科学的角度来看,人当然是自然界的一部分;但是由于他是自然界最高本质的部分,所以从内涵上来看,也就是从哲学上来看,全部自然界都是人的一部分,都成了人的实践的一部分。这就是"实践本体论"的意义。实践本体论并不是说把自然界的一部分单独抽出来，当作整个自然界，这种抽出来的做法还是传统自然科学的做法。把人看作仅仅是自然界的一个环节，那他就不能做本体了，本体还是自然界，还是自然科学的唯物主义。但是马克思的观点其实已经倒过来了，不是把人看作仅仅是自然界的一个环节，而是把自然界看作人的一个环节，包括人之前的自然界也是人的一个环节，因为人是自然界潜在的最高本质。哪怕人还没有产生，但是这个自然界潜在的目的，就是要追求成为人。所以在这个意义上它仍然是人的一个环节，它将成为人的环节，它在时间中默默地做准备，它像海德格尔所说的"先行到未来"。

所以不仅我的眼睛、手等是我的一部分，作为我的眼和手的延长的工具，也可以说是我的一部分；那么作为这个工具所作用的、所发生关系的对象，就是自然界，我们同样可以把它看成是我的一部分。人就是这样在他的实践活动中不断地、一部分一部分地把整个自然界变成自己的身体，从人类一开始在劳动中就已经是这样做了。比如说原始人类、游牧民族、农业民族，他们已经知道观天象。游牧民族通过观天象知道，现在季节到了，南方有水草，逐水草而居。为什么逐水草而居？他们能观天象，他们通过观星，利用星星的位置能够辨季节、辨方向；农业民族也是这样定季节，农业民族与自然界发生的很重要的关系就是观察星空来定季节。我们中国古代有二十四节气，都是通过星星的位置来确定的，也就是我们从一开始就在利用整个自然界，达到自己的目的。这跟动物的生产是不一样的，动物只能使用自己的肢体，或者顶多运用自己所能支配的某个自然物，比如高等灵长类它也可以制造工具，但它从不把自己制造的工具当作自己的一部分，用完就扔掉了。人能够全面地建立自己的世界观，并且用这种世界观来指导自己的实践活动，所以人的劳动和实践与动物的活动是完全不同的，人是在跟整个自然界打交道，并且在这种关系中同时也在和自己打交道。所以整个自然界也包括审美价值，包括它的信仰、伦理道德价值等，这些都被融合在整个自然界秩序里面，使自然界成了人自身的一面镜子。

所以整个自然界只有在产生出人时，才真正成为了立足于自身的独立存在。当它产生出人的时候，它就不需要上帝来解释了，自然界的目的就是为了人，自然界有目的性，所有这些东西为了什么？为了人。这就不需要用上帝来解释，它就立足于自身了。自然界立足于人它就立足于自然界本身了。人就是自然界的自我意识，人是自然界本身达到自觉的一种表现。那么在产生出人以前，各种各样的自然物，都不是独立的，都是一个依赖于另外一个，一切自然物都是有条件的。我们在自然界看到因果关系、实体关系、交互关系，每个自然物都与其他的自然物发生一种必然的关系。那么在这种关系中，自然界的独立性未经证明，你提出任何一个自然物我都可以说它依赖另外一个自然物，它凭什么独立？自然界是不独立的，在传统的自然科学的眼光之下，自然界找不到它的独立性。因此，离开了人那个抽象的自然界必然要推出一个上帝，而有了人，整个自然界就可以看作为了人的产生所事先准备好的材料，整个自然界都是人的材料。所以马克思说："全部历史、发展史都是为了使'人'成为感性意识的对象和使'作为人的人'的需要成为'自然的、感性的'需要所做的准备。"〔10〕我们刚才讲的自然界为人做准备，这是马克思的话，全部自然史都是为人的感性需要所做的准备，"历史本身是自然史的一个现实的部分，是自然界生成为人这一过程的一个现实的部分"〔11〕，马克思的这段话为我们刚才的论点提供了根据。

好，我们继续把后面一部分讲完。刚才我们通过这样一种分析，对马克思一些文本的分析，我们已经得出了这样的结论：在马克思那里，全面的自然就是指人，自然界在产生出人之前是不全面的、未完成的。要全面地理解自然就必须把人包含在里面，而且把人作为它的最高层次来加以把握。反过来，全面的人就是自然本身，不要把人理解为孤孤单单的这么一

---

〔10〕 马克思：《1844年经济学哲学手稿》，刘丕坤译，北京：人民出版社，1979年，第82页。
〔11〕 同上．

个人的身体，把他和自然界脱离开来。其实真正的人是和自然界融为一体的，全面的人就是自然本身，就是全部自然。为什么马克思那么反对私有制呢？就是私有制把自然界和人分开了。这个自然界你看到风景那么美好的地方，不是你的，这是有"主"的。所以你没有这样一些财产，成了"无产阶级"，你孤零零的一个人已经不是人了。为什么不是人了？你脱离了自然界，你不拥有自然界。私有制使人不拥有自然界，所以马克思强调全面的人就是自然本身，就是应该拥有自然界的。人和自然界是一体的，你不要把他和自然界分开。马克思对共产主义的理想实际上就是要达到这样一种境界：人就是自然界，自然界就是人。自然界就是为人而产生的，而人拥有全部自然界，当然要消灭私有制了。所以"完成了的自然主义就等于人本主义，完成了的人本主义就等于自然主义"的话，真正的意思就在这里。为什么共产主义就在于完成了的自然主义就等于人本主义，完成了的人本主义就等于自然主义呢？就是使人和自然界回归到他们原来的一体化这样一种关系。这样一来自然主义和人本主义的对立就被扬弃了，而这种扬弃如果离开了刚才我们讲的"感性对客观世界的实践本体论的证明"，那是不可能的。感性在自己的活动中证明了在感性之外有一个自然界的存在，这个存在预先为自己提供出了质料、提供出了材料。

但这个证明不是推论。我们讲本体论的证明作为逻辑推论来说是诡辩。从主观推出客观、从概念推出上帝的实在，这都是诡辩。但是马克思的证明不是一种逻辑推论，而是一种直接的体验、一种直接的肯定。人体验到他本身就是这个物质世界的本质属性，在他的感性活动中体验到这一点。他在他的对象上面确证的不是别的，就是他自己。我们刚才说，人的感性活动确证了在他之外的那个自然界的存在，但是这个在他之外的自然界其实就是他自己，其实跟他自己是一体的，因为这个对象由他自己创造出来，所以尽管外化为对象，其实是外化为他自己、对象化了他自己。他跟自然界发生作用，他在自然界上打上自己主体的烙印，那么这个自然界的对象呢，其实是他自己的对象化。自然界就是他自己的身体，至于他人只是另外一个自己。人在社会中，人跟他人打交道的时候，一方面他人对他来说也是自然界，也是感性的自然界，他人也是存在的，也是肉体的，也是感性的；但是另一方面，他人也是一个主体，他人就是另外一个自己。就是我把自己对象化，对象化在自然界身上，我也是把自然界看作一个他人，移情嘛。我只有把自然界看作一个他人，我才能够把握自然界、理解自然界。我只有用人的眼光来看自然界，这个自然界才能被我所看到。或者凡是能被我看到的自然界都是我用人的眼光看到的自然界，都是人化了的。那么反过来说，哪怕对象不是一个自然界，而是一个人，我同样也是用自己的眼光，用自己个人的眼光来看待他人。他人并不是一个外在的形体，他人是有精神的，这个精神是跟我相通的，"人同此心，心同此理"。康德讲的"共通感"我可以在他人身上体会到，也可以在整个自然界体会到。我把整个自然界想象为他人，想象为我的朋友。所谓朋友就是把对方当自己看。所以我在和自然界打交道的时候，已经在跟他人打交道了。因此我跟他人的关系实际上反映了我自身本质的一种关系，那就是所谓的社会性。

马克思讲："人的本质在其现实性上是一切社会关系的总和。"这样一个命题，很多人把它理解得很肤浅，好像意味着人受到一些社会关系网的束缚。尤其我们中国人，深深地体会到这一点：人在现实性上是一切社会关系的总和，你做任何事情都要找关系，人根本不可能有自由。中国人深深体会到这一点，马上就把它接受过来了。其实马克思根本就不是这个意思。他所谓"在现实性上"就是在感性上，在感性的实践活动上。人的感性的活动本质上是社会的，或者说从现象学的本质上来看就是社会的，但是从物理学上来看，他可能不是社会的。一个人的活动就是他的活动，从生物学的角度来看他也不是社会的，但是从本质上、从"现实性"上来看，也就是从感性的现实来看，人的本质就是社会性的。哪怕就是一个人在做一件事情，他也是在为社会做一件事情。比如说科研、艺术创造，这些东西他一个人关在屋子里、关在实验室里在做，实际上他也是在为他人、为整个社会做。他发表出来，或者他还不想发表出来，有的艺术家死之前把自己的作品烧掉，但是他实际上还是为全人类在做，哪怕他起先没有意识到。而且越是他个人的，越是为全人类在做。科学家必须要有个人的成果，你不能把别人的成果又拿来讲一遍，那是剽窃，那就不是为全人类在做，那倒是为你自己在做了。你只有自己独特地、独创性地提出一个观点来，被证明是对的，是你独创性的成果，才是你为社会做的贡献。艺术家也是这样，你必须是独创的成果，人家才会承认、才会欣赏。你这个艺术家有特点，你有特殊的风格，你跟你老师不同。如果你全是你老师的翻版，那你没有什么价值，你必须要超出你的老师，有你自己的特点，有你自己的创造，全人类才会欣赏你。所以人本质上是社会性的，哪怕他是在独自地创造一个什么东西，而且恰好因为他这个独创，所以他才是社会性的，因为感性的活动本质上就是社会性的。

感性的活动最简单的例子就是"看"的例子，这是现象学最喜欢举的例子。我们"看"，在看的过程中人同时也看到了自己的"看本身"，这个跟动物性的"看"是不一样的。人的看是社会性的看，人的看是双重的看。他一方面在看，另一方面在看着自己的看，在内心里看着自己的看，他是有意识的。他在观察，同时他又观察着自己的观察，他又作为另外一个人在看自己。所以他是作为两个人在一种社会关系中在看。所以人的"看"具有一种社会性，看者和被看者集中在他一个人身上。那么动物看不到"看"本身，正如作为一种器官的眼睛看不到眼睛本身，你在看的时候，你怎么能看到眼睛本身呢？从生理学意义上来说这是不可能的。就像镜子，在镜子里面你看不到镜子本身的，如果你在镜子里面看到镜子本身，那么这个镜子就是伪劣产品。人的看不是这样的，他肯定是作为一个第三者在旁边在看自己整个的"看"。但是人在异化的状态下，跟动物有类似之处。比如说马克思讲"饥肠辘辘的穷人对最美丽的风景也无动于衷"，这个时候就他没有看自己的"看"了，他看到最美丽的风景也等于没有看到，因为他肚子饿啊，他想到的是到哪里去找点钱。这个是已经被异化了的。或者一个商人，矿石商人、宝石商人，他看不到矿石的美，他只看到矿石的商业价值，看到的是宝石的价值。当然他有时候突然也许会想到这个宝石太美了，但是他马上又想到这个是用来赚钱的，所以他马上又把美感压抑下去了。这就是人在这种异化状态之下，已经返回到了动物那种本能的"看"，已经返回到了那种抽象关系了。所以马克思讲，这样一种人失去了"人的感觉"，他成为了一种抽象的、麻木不仁的、没有感觉的存在。这是因为人在这种状况下失去了人的社会性的关系。马克思所谓"关系"，用的是Verhältnis，人们往往很难理解这个词。马克思讲："动物不对什么东西发生关系，对于动物来说它对它物的关系不是作为关系而存在的。"这句话理解起来非常费劲，这是马克思在《德意志意识形态》里面说的话。动物"不对什么东西发生关系"，我们通常理解动物也有关系啊，它不发生关系它怎么吃到东西呢？但是马克思讲"动物不对什么东西发生关系"，这里所说的关系它是一种相对关系、一种交互关系、一种对等的关系，它不是说你跟什么东西联系起来就有关系了。关系的意思就是说，两个对等的东西相互的态度、交互的关系，它在数学上表示出一种比例关系。数学中的比例关系就是一种不可分割的关系，或者说一种内在的关系，这跟一般的relation、Beziehung这些词是不一样的，不是仅仅说"涉及"什么，而是把对方看作就是自己的反映。

　　这是特指的一种关系，就是一种社会关系。动物没有社会关系，它对一个东西的关系用一次就完了，用完了就完了。它吃饱了就对面前的羚羊啊、兔子啊都不感兴趣了，它就睡觉去了。它没有一种持续的关系，没有一种稳定的关系。人不同，人跟对象有一种永恒的关系，比如说欣赏，他不是说把这个对象消灭掉，而是让这个对象陪伴着自己，成为自己的一部分，但是又是自己的对象，是自己的镜子。人就有这样一种朋友关系、爱人关系或者是一种社会不可分割的关系。这种关系是建立在人的感性之上的，建立在人的感性活动之上的。当然一般来说动物也有感觉，也有感官，动物的某些感官甚至比人更加锐利。但是动物的感官不是一种感性关系，它抽掉了它的感性，它只是为这种感性的物质需要服务。动物的感性是片面的，它不需要的那种感官就消失、退化了。很多动物没有色彩感，很多动物只能够辨别某种紫外线或者是超声波，深海里的鱼连眼睛都退化了，它们的感官只是为它们的生存需要服务而已，到此为止就没有了。人是跟整个自然界、整个世界的丰富性打交道，所以他的感性有这样一种超越功利的特点。当然他的感性也有限，比如说人就不能感觉到紫外线、红外线，不能感觉到超声波。但是他现有的这种感性对人来说是超功利的，它具有一种丰富的感性关系。这种关系实际上是人和人的关系，实际上是一种社会关系。哪怕一个人在观察自然界的时候，他与自然界发生的也是一种社会关系，因为他在对象上面看到了他自身。动物在对象上面根本看不到它自身，它只看到它的对象，只要适合它，它就去追，不适合它的需要，它就视若无睹。那么人呢，能够在他的对象上看到他自己。所以马克思讲："自然界的属人的本质只有对社会的人来说才是存在着的。"自然界是人化的，是因为人是社会的。自然界有人的本性，我们在自然界上面看到的是人的本性，但是这种本性只有对社会的人来说才是存在着的。就是说当你的社会本性还没有被磨灭的时候，或者说你还没有被异化的时候，作为一个完整的人，你才能够在自然界上面看到它的属人的关系、属人的本质，也就是说你才能够把自然界当人看。比如说审美就是把自然界当人看。"举杯邀明月，对影成三人"，"我见青山多妩媚，料青山见我应如是"。审美、移情这些活动都是把自然界人化了，当作自己的一个朋友或者当作自己的一个对象、一个具有社会关系的对象来看待。

所以这种自然界的属人本质只有对于社会人来说才是存在的，只有对于社会人的眼光来说才出现。如果一个人丧失了社会人的眼光，唯利是图，他就看不到自然界的本性，就不能进行审美欣赏。在进行审美欣赏的时候至少你要把你世俗的考虑全部抛开。你到黄山上去游览的时候，必须把黄山上的迎客松的商业价值撇开，你要是上山的时候想到这些东西都可以卖钱了，这个粗大的树干锯下来多好啊，可以造纸啊，可以当柴火啊，那你就没有欣赏的心情了，也没有那个欣赏的境界了。你要有那种欣赏的境界，必须把它看作人，迎客松在欢迎你啊，你要有这样一种心情，才能够欣赏到自然界属人的本质，也就是它感性的本质。这些本质才不被财富、钱那些东西抽象掉。所以只有社会的人，才能在对象那里看到自己，在对象的眼睛里面看到自己的眼睛。我们说人怎么能看到自己的"看"呢？通过对象。人直接看到自己的"看"是不可能的。眼睛只能看到外在的东西，眼睛看不到它自身。但是你在别人的眼睛里面你能看到自己的眼睛，你在另外一个人的眼睛里面你能看到自己的"看"，所以你的"看"、你的感官就成了社会的感官，成了一种"社会的器官"。不光是从别人的眼睛里面，你也可以把万物都当作别人的眼睛，比如说星星。海涅有一首诗里面就描写星星是千万颗眼睛，在千万颗眼睛里面看到自己。他在观赏星空的时候把星星就看作眼睛，他能够看到别人怎么看我，其实这个别人恰好就是他自己。所以他的感觉就不再是动物式的、抽象的，而是人的感觉，具有人的全面的丰富性。英国一位美学家罗斯金说："少女可以歌唱她失去的爱情，守财奴不能歌唱他失去的财产。"为什么少女可以歌唱她失去的爱情？因为她的爱情是社会性的，它是能够在人与人的关系中对象化的；而守财奴失去的财产这样一种伤心不是社会性的，他是功利的，是动物性的、抽象的。所以财产是排他的，虽然它是社会的产物，但是它已经异化成阻碍人与人的社会关系的一种异己的对象。

而马克思讲的社会跟他讲的人一样，不是指自然界的一个部分或者一个发展的阶段。我们讲的社会通常指人类社会，我们都把它理解为自然界发展到一定阶段的产物，发展到人这个阶段的产物，从几百万年以前到今天，特别是指有文字记载的这几千年的人类群体。这个还是以一种自然主义的眼光来看待的社会。自然界发展到了高级阶段，那么就进入了人类社会这样一个阶段，所以还是以自然界作为它的基础，整个社会都离不了自然界作为基础。但是按照马克思的眼光来看社会，跟人一样，是指的整个自然界的本质，整个自然界的本质只有在社会中才能体现出来，只有在社会化了的人的眼睛里面才能显现出来。所以马克思讲："社会是人同自然界的完成了的、本质的统一。"[12]人和自然界要统一,怎么统一?通过社会,或者说通过他人。人和自然界统一不是直接统一,要通过他人,为什么要通过他人?就是说你要把自然界看作他人,你才能跟自然界达到统一;你要把自然界看作你的朋友,你才能和自然界达到统一。不然的话你就缺乏一个中介。你怎么能把自然界看作朋友呢?是因为你在社会中有朋友。如果一个人在社会中根本没有朋友,他是孤独的,他是封闭的,那么你把他丢到自然界他同样也没有朋友。道家认为这样就好了,我在社会上没有朋友,我到自然界去交朋友嘛,与其在社会中"相濡以沫",不如到自然界去"相忘于江湖"。但是他依然是在社会中形成了这么一种朋友的需要,才把这种需要寄托到自然界中去了。他把自然界当朋友,"独与天地精神往来",像庄子讲的。但是他与天地精神相往来的这样一种能力是在社会中培养起来的,如果他不在社会中形成起来,你把他从小丢在一个狼群里面,成了狼孩,你把他丢在猪圈里面成了猪孩,那他怎么能够与天地精神相往来呢?他在社会生活中交了一些朋友,觉得还不够,他想实现他理想的社会关系而不得,那么他可以逃避到自然界里面去。

"社会是人同自然界的完成了的、本质的统一",这是马克思的一个提法,但是这同时也是思维和存在的统一。思维和存在的统一、人和社会的统一都要通过社会性为中介。那么这样一种社会就不是我们通常所理解的社会学意义上的社会,而是哲学意义上的社会。这样一种意义上的社会就是体现在个体的人身上的社会,人就是社会,哪怕是一个人,也体现出他的社会性。一个人就是两个人,他有自我意识,一个人有自我意识他就成为了两个人,他就成为了一个"关系"。所以社会不能和人对立起来,我们刚才讲了只有独创的作品才是具有社会性的,只有个人独创性的作品才能成为社会的财富。大家所有人都讲同样的话、老生常谈,那个反而不能成为社会的财富。所以当我和大自然发生关系的时候,我不仅仅发生了

---

[12] 马克思:《1844年经济学哲学手稿》,刘丕坤译,北京:人民出版社,1979年,第75页。

人和自然的关系，而且本质上来看是发生了人和人的关系。庄子在大自然里面已经发生了人和人的关系，他想逃避社会，实际上是逃避不了的。或者说人和人的关系才真正是人和自然的关系，也就是说人和人的关系实际上也就是人跟自己的关系。我们在和人打交道的时候，我们怎么和人打交道，也就是在怎么对待自己。那么借助于社会性，人和自然、主体和客体、个人和社会、思维和存在全都被打通了，他们全都处于一种辩证的关系中。

马克思的唯物辩证法实际上就体现在这个方面。而这样一种社会性是在人的现实性中，人的本质"在其现实性中"是一切社会关系的总和。所以这种社会性是在人的现实性中、在感性活动中才实现出来的。这就是我们所讲的，马克思通过他的感性活动对客观世界，包括对自然界、对他人、对社会的一种本体论证明。在这个本体论证明里面的含义其实是很丰富的，一个是自然界，一个是他人，一个是这个社会，相互之间都有这样一种关系。那么这样建立起来的实践本体论，就给实践唯物主义提供了一种牢固的统一的本体论、认识论基础。它既是本体论的，又是认识论的，既不同于旧唯物主义，也不同于唯心主义，它是一个人学的世界观，是一个"主观唯物主义"的世界观。但在这方面，国内的马克思主义哲学界一般来说对这一点都有很严重的忽视，甚至是误解，没有去钻研马克思早期手稿里面的那种深层次的意思，尤其是没有结合马克思从中走出来的德国古典哲学，从康德到黑格尔、费尔巴哈的这部分哲学，没有结合这样一个历程来解读马克思早期手稿，而是从苏联教科书上面的那些教条去对它加以解释，所以往往没有发现这样一个维度。而这样一个维度呢，除了对德国古典哲学的来源要有所了解以外，还要对当代胡塞尔以来的现象学方法有所了解。当我们提出这个实践本体论证明的时候，往往会遇到这么一个诘难，就是说你怎么样能够从客观上证明这个自然界在没有发展出人来的时候就是"要"发展出人来的。你能不能提供比如说基因啊这么一个类似的东西，在自然界中找到它？当然这就是从自然科学的眼光来看了，这依然还是自然科学的眼光。从自然科学的眼光我们不排除可能会找到，通过当代自然科学的深入发展，比如说发展到量子力学、基本粒子理论，越来越深入的时候，我们也许可以指望有一天在物质结构本身里面找到人的思维、人的精神产生出来的原始机制。不过我们不能指望，很可能这个问题是永远无法解决的问题。但是处于我们今天的这种科学水平上，我们不能够跟在科学的尾巴后面走，哲学的作用就在于超前性。所以我们今天从现象学的立场来解释马克思的思路，是跳过了自然主义的这样一个立场，跳过了自然科学的唯物主义这个立场。从哲学上去预测，就是在自然界里面有这么一种潜在性，我们根据我们已有的证据，能够证明所有的人的精神、人的思维、人的活动、人的情感不是从天上掉下来的，不是从上帝那里来的，而正是从我们所面对的物质世界里面孕育出来的。所以我们从哲学上可以证明所有的精神只有一个来源，那就是自然界本身，其他的我们没有看到。神啊、上帝啊、鬼啊都是非科学的，也是没有根据的，是你假定的。唯一有根据的就是我们每天所进行的这样一种感性的实践活动，那么从这里我们就建立起一个世界观来，这个世界观应该是超越于心理主义和自然主义之上的。所以你要按照自然科学的眼光去追究的话，那肯定这个东西是没有自然科学的根基的，但是它有现象学的根基，或者说有胡塞尔意义上的"严密科学"的根据。胡塞尔把现象学当作一种严密的科学，在这种意义上严密的科学是有根据的，它不是杜撰的，它是从直接自明的东西出发的，那么从这些直接自明的东西我们可以建立起一种世界观。这绝对不是一个自然科学的问题，而是一个形而上学的问题，或者是一个哲学的问题。马克思主义你可以把它当作一门"科学"来看待，但是在什么意义上面？你如果当成一种传统的自然主义的科学，它是没有什么根据的，它提供不了什么牢靠的根据。但是你如果把它当作一个哲学的根据，哲学意义上的科学，或者是胡塞尔意义上的那种科学，那它是能够建立起自己的根基的。这就是我对当代的马克思主义哲学发展方向的一个估计或者是一个预测，在这篇文章里面提出了一个方案。

第十一讲 │ 苏格拉底和孔子的言说方式比较[13]

今天给大家讲的是关于孔子和苏格拉底的言说方式比较。前面讲的是关于方法论方面的一些深层次的问题，特别是解释学和现象学以及马克思手稿里面所反映出来的一些思想倾向，那些问题跟传统的哲学认识论和本体论方面的问题有更加紧密的关系。今天所要讲的这个问题跟现代哲学的语言学转向以后所出现的问题可能联系得更多一点，就是从语言学的角度来考察人们谈论的一些高层次的问题、一些哲学的问题，包括伦理道德问题、价值问题，特别是通过中西语言表达体现出来的一些特点来考察这两种文化，它们对于语言以及通过语言所看到的这个世界的立场和观点，有些什么样的区别。这个本来也是解释学和现象学题中应有之义，我们前面更重视的是它对于认识论和本体论的意义，那么在今天我们从语言学的角度再进行考察，这后面当然有现象学和本体论的背景。但是我们这个问题着重要谈的是从中西文化比较，从语言、言说方式的比较这个角度来入手。当然有一个目的，就是做一种中西文化比较，两种不同的言说方式的比较，以便于我们更加容易切入西方文化、它的言说方式，切入它们的认识论和本体论问题。但是另外一方面，也就是从言说方式本身所凸显出来的本体论和认识论问题来作一个探讨。因为言说这个东西不是一个单纯的工具问

---

[13] 本讲主要思想曾载于《开放时代》2000年第3期。

题，我们知道像海德格尔讲"语言是存在之家"，你怎么样生存，你就怎么样言说，它反映出人们的生存方式。从中西言说方式比较我们可以看出两种不同的生存方式，然后引起我们的一些思考。

要进行比较，我们最好是从源头上开始，我今天所选的源头是两个具有比较多的可比性的作家，一个是西方的苏格拉底，另一个是中国的孔子。苏格拉底和孔子的言说方式有更多的可比性，一方面他们都是源头，他们作为中西文化的源头，也可以说是正式的源头。西方在苏格拉底之前，称为"前苏格拉底"时代，到了苏格拉底以后，西方的文化就进入了一个正统。在前苏格拉底时代，当然有的后来也有影响，但那不是正统。在中国的孔子也是这样，战国时期，诸子百家，很多中途都散落了、消亡了，但是孔子这一系作为正统，一直延续下来。所以他们两个人基本上是中西文化正统的或者是传统主流的源头。这源头一个很重要的体现是他们都是伦理学方面的开创者，他们都把自己的哲学转向关注伦理学方面、伦理道德这方面。苏格拉底是很明显的，他从自然哲学转到伦理学，所以有的人称他为"西方的孔夫子"，自从苏格拉底以后，哲学的核心问题就转到了伦理学上面来了。当然也还有自然哲学，但是那往往是为伦理学、为精神哲学服务的，为了论证精神哲学的。孔子是更加明显的，他的哲学就是伦理学，就是道德哲学。

再一个就是苏格拉底和孔子他们有一个共同的特点，就是都没有写专门的著作，都是通过谈话、对话，然后由弟子们记录下来，传之于世。作为源头他们是这样的，他们用不着留下什么著作，他们通过语言说出来。但是这两个哲学家他们共同的特点却有不同的理由，孔子认为他是"述而不作"。就是说他之所以没有留下自己专门的著作，他是有他的考虑的，他自己是在转述古代圣贤们已经留下来的观点，所以他只是整理、删节中国传统的那些典籍，述而不作，然后通过跟弟子的对话把他的体会留下来。但是他不认为这是可以作为著作、当作经典留下来的，在这一方面，他表现出他的谦虚，他述而不作。那么苏格拉底呢，他不是出于这样一种目的，他之所以没有留下著作，是对于谈话、对于言说本身有一种考虑，就是这个言说不能当作经典著作留下来，他认为言说的本质是谈话，就是对话，对话的作用就是要激发人们去思考，关心真理、关心真相，追求智慧。这个智慧不是哪个人脑子里面有现成的智慧，然后把它写下来就成了著作了，就当作著作放在那里了，不是的。他对于智慧的看法、对于哲学的看法就是"爱智慧"，就是追求智慧。每个人都是有限的，都处于追求智慧的过程中，在追求智慧的过程中追求真理，逐步地揭示真理，但是这个真理不会原原本本以它本来的面目完完整整地揭示出来，人们也没这个能力。所以他经常嘲笑那些智者派，认为他们自以为有大智慧，而苏格拉底"自知其无知"，自认为是没有什么智慧的。这也是一种谦虚，但是这种谦虚不是对古人的谦虚，而是对上帝的谦虚，就是我没有什么智慧，但是我可以去追求，我在追求中通过对话，我们一起来追求，通过对话互相辩难、互相辩论，然后把真理一步一步地引发出来。所以他也没有留下什么著作，他认为谈话只是追求过程而已，只是一条道路，通往真理之路，用不着去把它固定下来。苏格拉底以后大量的著作才固定下来，由于苏格拉底的先例，人们也把这些称为对话的产物。我写了一部作品留下来了，但是留下来的作用不是当作真理的定本，而是当作抛砖引玉，引起后来的人继续讨论，作为继续对话的印证。

毕竟人的生命有限，对话要一代一代地继承下去，不是一个人就可以完成的。所以这个是一点同中之异。中西比较我们往往要注意这一点，就是有的人只注意到了同，但是没有区分同中之异，但是最重要的，是在同里面有哪些相异的地方，你只有把这个相异的地方清理出来，才能一方面了解西方究竟是什么样的，一方面了解自己究竟是什么样的，你区分出来了，否则的话，你既不了解西方，也不了解自己。你只注意到了同，同大家都是一样的，那能了解到吗？但是呢，我们刚才所讲的就是他们都把重点放在伦理道德的问题上，但是在伦理道德的表述方面，他们都有极大的区别，在内容上也有很大的区别，苏格拉底讲的善跟孔子所讲的人性本善，这个善的含义有很大的区别。我们今天不讲这些，我们今天所讲的是形式，他们对话的方式，这样一种道德观是采取一种什么样的方式表达出来的，从这个角度来切入。

首先我们要谈的就是对话、言说的标准。言说的标准问题，就是两个人的对话、几个人的对话如何能够对得起来。当然首先要有共同的语言，首先是同一种语言，不同的语言，鸡跟鸭讲，说了等于没说，所以要有共同的语言。有了共同的语言还不够，还要有共同的言说标准，你用那样一种语言说出来的东西，和我用这样一种语言说出来的东西是不是能够沟通，在什么样的基础上沟通，在语义上应该有一个标准。那么孔子和苏格拉底的言说是最经典的，现在流传下来了，他们虽然没有著作，但是他们有对话录，他们的言说可以说是中西方传统的言说标准的确立者，他们确立了这样一种言说标准。我们之间要对话，要有共同的基础，这个共同的基础是什么？我们怎么样才能达到共同理解？要有一个前提。从他们两个人的言说方式我们可以看出这样一个特点，两个人不同的特点，就是苏格拉底的言说标准是确立于言说本身、语言本身。言说方式它有一个标准，也就是你说的话别人要能懂，那么你首先要有一个语言的逻辑。当然苏格拉底那个时候还没有提出逻辑，但是已经隐含有这样一种意思，要合乎逻辑，合乎语法关系，你要把你的语法关系搞清楚。语言本身有一个逻辑层次，我们讲语言，一开口，你作判断、陈述或者描述，它都有一个逻辑层次的，虽然你每天在那么说，你自己并不知道，但是它是有的。那么我们就要把语言里面固有的逻辑层次提取出来，这个不管是中国人也好，西方人也好，都是有的。你如果语无伦次、主谓不分、一大堆语词堆在那里，人家怎么知道你说的是什么意思？所以中西方语言里面都有一种逻辑层次，它是语言固有的。古汉语也有语法，只不过这个语法是潜在的，没有提出来而已。但是古人都知道，你这个成不成话。苏格拉底的言说方式是建立在言说本身上面的。那么孔子的言说标准不是这样的，他建立在言说之外。孔子的言说也有语言的标准，孔子的哪一句话你说他是不符合语法的？或者说他是胡说八道，或者说他是颠三倒四，倒因为果？那也是找不出来的，他还是有一种潜在的语法的，当然他的言说的标准不在这上面，不在语法上面。他在什么上面？他在语法之外。他是在人的内心体验之中，内心感悟之中。孔子的言说标准是建立在这上面的，他是不用说出来的，而且也说不出来，真正你要他说出来，他也说不出来。他有那样一种体会，然后表现为很多很多的语言，《论语》嘛，很多很多的语录表现出来。语录本身当然有它的语法，但是他的标准不在于他的语法，尽管孔子的每一句都是有语法的，但是你要是想通过语法把他前后的意思连贯起来，往往会导致失败。

我们今天的人研究孔子的《论语》或者研究其他哲学家的篇章，往往犯这样的错误，就是想通过语法把它们连贯起来，然后就搞成一个定本，搞成一个现代版的。前些年我在台湾讲学的时候，台湾大学的一个系主任，从美国回来的，研究分析哲学的，他作了一场报告，叫作《孟子的现象学解读》，他用分析哲学的方式把《孟子》中的句子、词汇连接起来加以分析，然后构成一个体系。当时我们大陆去的金春峰老先生，他是搞宋明理学的，就问他，你讲的这些我看不出孟子的道德观、价值观、信仰到底在哪里。那个系主任就说，现代大学的哲学教授不讲这些，而是要教给学生，怎么样把一个文本加以处理，使它能够自圆其说，成为一个系统，这个系统如果能够把那些概念和命题最多地囊括进来，加以解释贯通，具有这样的一种解释力，就最好。如果你能够提出一个系统比我的系统解释更多的东西，那我可以放弃我的系统，我可以同意你的。他就是通过这样一种分析的方法，搞成这样的系统，完全按照语言逻辑本身的方法把它整理出来，认为这就对应于古典的那个文本。这是我们现代人所犯的一个严重的错误，就是你用这样的方式把他没说出来的、言外的东西撇开了。撇开了这些，中国传统的经典还有什么东西？基本上没有什么东西了。中国古代经典全部都是基于这一点才建立起来的，你把这个大头儿丢掉了，捡了芝麻丢了西瓜，那是对中国典籍的遗忘，或者是毁灭。但是我今天讲的还不是这个，主要是想把他们这两种言说方式比较一下。分析哲学当然是西方传统的一个极端的表现,但是在苏格拉底那里还不是这样。那么我们来看一下。

首先我们看苏格拉底的言说标准,他要谈话、对话,采取了什么标准?我们看看他一篇著名的对话《美诺篇》,就是美诺跟苏格拉底的对话。美诺是当时一个有名的智者,或者是智者派的弟子,一个青年,非常聪明,所以自以为自己从智者派那里学到了很多东西。美诺找到苏格拉底,就问他,你能不能告诉我"美德是否可教"?苏格拉底就说,你要跟我讨论有关美德的问题,那就必须有一个对话的平台、一个对话的基础,我们首先必须根据一个什么东西来判定"什么是美德"。他跟美诺在谈话中提出这样的一条规则,就是说,你要说什么是美德,那么这个命题如果有某种正确性,它不应该只是此刻,而应该是永远站得住的。就是说如果我们要谈论什么是美德的话,我们就要有一个标准,我们到什么时候才能认为我们对美德问题的讨论已经是充分的,就是我们在谈论中得出了这样一个命题,能够永远站得住脚,而不是在这种情况下能够解释,在另外一种场合下就不能解释。那是我们共同的一个标准、一个目标,我们大家朝着这个目标去努力,我们的讨论才会有它的成果。如果我们没有一个共同的标准,你说这个他说那个,那就打乱仗了,我们怎么样能够把我们的思考凝聚到一条线上来呢?如何能够永远站得稳?苏格拉底说,应该抛弃任何一个未经解释、未经承认的名词来作说明,任何答案如果是使用了未经解释或未经承认的名词,如果他使用的名词是我们双方没有同意的,那都无效。你使用的这个词未经解释,它和我使用的这个词可能表面是同一的,但实际上不是同一个,所以你对每个词要加以解释,并且通过解释要达到双方承认,就是互相之间,你承认我的解释,我承认你的解释,我们大家有共同的平台,这样才能使我们最后得出的定义永远站得稳。"站得稳"按照我们今天的说法就是有普遍必然性了。

所以苏格拉底就说,我们要谈论美德,首先要搞清楚"什么是美德",就要先谈到底什么是美德,而不是"美德是什么样的"。比如说美诺提出的问题是"美德是否可教",这个是当时讨论的热点问题,苏格拉底不光是跟美诺，跟普罗塔哥拉也都谈论过这个问题，美德究竟是否可教的问题。苏格拉底说这个问题其实是有前提的，你要讨论美德是否可教就要先讨论什么是美德，如果你讲的美德和我讲的美德不是一回事，那我们谈不起来。我们表面上好像谈论起来了，实际上是对牛弹琴，互相之间没有沟通，我们得出的哪怕是同一结论，其实有不同的含义，问题仍然摆在那里。所以首先要讨论"是什么"的问题，然后才能知道它"是怎么样"。美德是否可教，这属于美德是什么样的，美德是何样的，这属于次要的问题、第二位的问题，第一位的问题是"是什么"的问题，即美德是什么。苏格拉底说我对任何东西如果不知道它"是什么"，就不能够知道它"如何"。比如说美诺你站在我面前，我对美诺什么都不知道，那我怎么能够说他是漂亮的或是不漂亮的，是富有的还是不富有的，是高贵的还是不高贵的呢？你要让我讨论美诺的问题，首先你要让我知道美诺是一个人，如果美诺是一匹马，那我就不能说美诺是高贵的还是不高贵的，富有的还是不富有的。所以你突然提出来美诺是不是富有，是不是高贵，那我首先要知道美诺是一个人，如果这个都没有确立，你其他的问题都免谈。所以苏格拉底在言说中，首先看中的是言说本身的逻辑层次。"是什么"这个问题在逻辑上是先于"怎么样的"，也就是说实体的问题要先于属性，在逻辑上先于它的属性，首先要搞清它是一个什么东西，然后才能对它进行描述。如果这个前提没有，你那个描述是描述什么呢？你描述得再仔细，你到头来还是一无所获，人家会问你，你描述了这么多，那是一个什么东西？

所以这样一个言说的标准，它能够使我们的言说具有明确的概念，并且具有明确的定义。因为只有这样，一切的描述、一切的定义才具有它的根，这就是西方所谓的"本体论"问题。后来亚里士多德提出的"作为存在的存在"就是这样一个实体的问题，其实在苏格拉底这里已经隐含着了。只是苏格拉底没有发展成体系，但是在他的言说中已经体现出他的倾向，而这是建立在语言的逻辑之上的，西方的本体论是建立在语言的逻辑上的。为什么海德格尔讲"语言是存在之家"，就是本体论是从语言里面引申出来的，并不是通过体验和感悟这种方式。苏格拉底因为处处严格遵守这样一个标准，所以他在对话中时时刻刻处在主动的位置。他作为一个无知者，向那些智者派们提问、诘难，但是他的头脑比别人要清晰，因为他重视语言本身的逻辑层次。而其他的人比如美诺，在谈论的时候往往要陷入被动，因为他忽视了这样一个逻辑层次。比如说在对话中，苏格拉底就反问美诺，就是说你要把这个什么是美德的问题搞清楚，你不能一开始就讨论美德是什么样的，他就问美诺你觉得美德是什么呢？美诺因为自认为很聪明，他说这个谁不知道，比如说男人懂得治理国家，女人善于管理家务等，讲一大堆，奴隶要怎么样，主人要怎么样。苏格拉底就讽刺他：我只问你一种美德，而你却把你所留着的一窝美德都给我端出来了！我问的什么是美德是一个单数，而你讲的是复数的美德。苏格拉底说，不论美德有多少种，都有美德的共同的本性，要回答什么是美德这一问题，就必须着眼于美德的共同本性。也就是说我问你美德的时候，这个美德是单数，但是这个单数并不是指一种，并不是诸多美德中的一种，而是问的那个唯一的美德。那么什么样的美德才是唯一的美德呢？只能是所有那些各种各样美德的共性、共相，或者说是一切美德的共同本质，作为本质的美德才是单数的，才是"一种"美德，所有其他的美德都是这一美德的现象。所以这样的美德不论有多少种，不论它们多么不同，都有一种使它们成为美德的共同本性，我们要着眼于这个共同本性来回答问题，才能回答清楚。因为你要举例子的话举不完，例子是无穷无尽的，人们在生活中随时遇到美德，同一个人在一种情况下是一种美德，在另外一种情况下又是另一种美德，你把这些例子都举出来，那是举不完的，就算举完了，你也不知道什么是美德。所以你讨论这个问题必须要给出本质定义，什么是本质定义？本质定义就是用一句话回答"什么是美德"，这个美德必须适用于一切场合，它是一个概念，而不是一个例子。

那么什么样的美德能够适用于一切场合呢？苏格拉底通过不断地反问，使得美诺一步步接近答案，最后得出一个命题"美德就是知识"。美德的本质就是知识，美德就是知识，你可以在各种场合举出各种各样的美德，但是所有的美德有一个共同的本质，就是它们都是知识。美德就是善于运用导致美德的一切能力、才华、机会，但是这些要变成美德，都必须有知识，要有智慧，要善于运用。如果你有很强的智力、很强的体力，很充分的财富、健康，但是如果没有知识，你会把它们滥用，它们会导致一种恶。只有有了知识，你才知道怎么样才能更妥善地运用它们。所以"美德就是知识"这样一个命题，实际上给出了一个结构，美德属于一种知识，但知识并不一定是美德，你知道的所谓日常的各种各样知识并不都是美德，但是苏格拉底也有一种说法，"知识就是美德"，就是说作为知识的知识，作为最高的知识，那当然是一种美德。所以在这个地方把美德追溯为知识，就是追溯到一个更高的地方，知识的概念，就比美德的概念要更高。美德是一种知识，就是知识包含美德，你把美德的概念隶属于知识的概念之下，给美德作了一个归类，这就是一个本质定义，你就找到美德的本质了，美德的本质就是一种知识。当然这个本质定义还不完全，到后来亚里士多德提出真正的本质定义是"种加属差"，就是说美德是一种知识不错，但美德是一种"什么样的"知识？你还必须加以规定。你把它划到了"知识"之下，你还必须对特殊的具体属差加以规定，才是一个真正的、完全的定义。所以后来的亚里士多德提出"种加最近的属差"，属差也有很多的层次，但是你要把那个最近的属差规定下来。比如说"人是有理性的动物"，人是动物，但人这种动物跟其他的动物又不同，最直接的不同也就是"最近的属差"，就是他是"有理性的"，其他的动物都没有理性，所以有理性表达了人这种动物独特的属差。这是后来亚里士多德提出来的进一步的改进，但是这个大的前提是苏格拉底提出来的，就是你首先要把一个东西归属于某一个种，也就是对一个概念首先要找出是什么、它属于什么。美诺是一个人，然后我才能进行各种各样的规定，是一个"什么样的"人还要进一步规定，那是第二步的问题，最困难的问题是如何从五花八门中，从感性经验的层面提升到概念的层面，你才能够对任何一个对象下一个定义。

这在语言里面体现为一种语言结构——主词和谓词,谓词是用来描述主词的,那么这个主词究竟是一个什么样的意义?亚里士多德认为绝对的主词是一个"实体",谓词是实体的属性,是用来描述实体的,这是西方从苏格拉底、柏拉图和亚里士多德以来一个强大的传统,一直贯穿在语言、言说中的传统,它建立起了西方的本体论,有了西方的本体论、认识论作为铺垫,这个言说方式就获得了更加牢固的基础。言说方式和本体论互为基础,首先是从言说方式引出本体论,然后这种言说方式凭借本体论而牢不可破,一直延续到今天。当然"后现代"就想反叛这个传统,但是至今还没有反叛得了,没有做出决定性的反叛。

那么现在我们反过来看看孔子的《论语》。孔子在《论语》里面和弟子们讨论伦理道德问题,最重要的是"仁"的问题,仁义道德的"仁",所以有人说"仁"是孔子思想的核心。但是孔子对"仁"的讨论始终没有下一个明确的定义,到底"什么是仁",甚至没明确提出"什么是仁"这个问题。苏格拉底认为,你要讨论一个对象,首先要讨论"是什么"的问题,然后才能讨论它如何。但是在孔子的《论语》里面从来没有讨论它"是什么"的问题,从来都是讨论它"如何","仁"是什么样的,什么样的才能算作"仁",什么才能被人称作"仁",怎么样做才能被人称作"仁"。当然孔子的这个"仁"不是一个实体,也不是一个摆在面前观赏的对象,它是一种行为方式,当然不能对这种行为方式"是什么"作出一个实体性的定义,这跟西方的立足点是不一样的。西方人是先确立一个实体,然后行为方式也可把它实体化,所以西方人研究伦理的时候,总是想把"美德"定义下来,"美德"也不是一个实体,而是一种行为方式,但是对它可以实体化,作为一个概念下一个清晰的定义。但是在孔子那里不需要这个定义,不需要这个前提。所以在谈话中孔子的弟子经常"问仁",颜渊问仁,樊迟问仁,等等。"问仁"是什么意思呢?并不是问"什么是仁",孔子《论语》里面有很多问仁、问政、问君子等,所有这些问话的意思并不是什么是仁,什么是政,什么是君子,而是比较笼统地关于仁、关于政、关于君子,笼而统之地问。所以他不用下一个明确的定义,你要说这个仁究竟如何定义,那你就走偏了,你用西方的方式套在中国传统的典籍之上了。

孔子的弟子问仁一共有七次,每次都是不一样的。第一次我们来看一下,就是颜渊,也就是颜回,孔子的大弟子、最得意的弟子。颜渊问仁,孔子有三句话,代表三个不同的层次。第一句话是:"克己复礼为仁。"表面上看起来是对仁的定义,你问什么是仁,问关于仁的问题,就给你回答一句仁就是克己复礼,表面上看起来好像是一个定义。但如果你把这个东西当仁的"定义"就搞错了,实际上他只是举了个例子,有点像美诺关于什么是美德的回答。答:男人长于治理国家,这当然是美德,你不能否认说男人长于治理国家不是美德。孔子讲克己复礼就是仁,但是这不是对于仁的本质定义,他只是一种描述。仁是不是还有别的规定?当然多的是,美诺也讲男人长于治理国家,女人长于做家务,老人怎么样,孩子怎么样,国君怎么样,奴隶怎么样,它有很多很多的规定,有"一大窝"。但是在孔子那里,对颜渊的回答他只提出了一个,而不用提出很多。他对其他的人提出别的,其他的东西他不用对颜渊说,而是对别的人说。所以在美诺那里还有想要进行归纳总结的意向,提出了好几个定义,就会引起人有一种冲动,把所有的这些美德归总起来下一个定义。当然美诺没有这样做,是苏格拉底做出来的,但是美诺至少有一种搜集例证的倾向、一种冲动,这已经表达出西方思维方式的一个特点,就是要尽可能地搜集完备的例证,以便作出归纳。尽可能完备地搜集例证当然是为了归纳,你看所有这些东西都是美德,那你就可以在里面体会出美德一般来说是什么了。但是在孔子那里没有这个欲望,他不屑于这样做。这第一句话就是对颜渊说的,我们要注意,不是对任何人说的,特定地是对他的得意弟子说的。

第二句话就是:"一日克己复礼,天下归仁焉。"这句话就不是讲仁是什么啦,什么东西为仁,不是讲这个问题,而是讲已经提出来的克己复礼和天下、仁三者之间的关系。"一日克己复礼,天下归仁焉。"就是说你一旦克己复礼了，那么天下的人都会称道你是仁义之人。这是一种关系，这种关系已经不是对"什么是仁"作出一种规定，不管是经验的规定还是本质的规定，都不是这样的意思，而是怎么样才能使天下归仁，怎么样才能使天下的人都称道你是仁义之士，这是另外一个问题。但是它也符合于颜渊的问话，颜渊问仁，不是让你给仁下一个定义，而是你所知道的有关于仁的事情，你都告诉我。当然孔子这样说还是在范围之内的，你一旦做到了克己复礼，就会怎么样，就会使天下的人都认为你是仁。这是第二句话。第三句话："为仁由己，而由人乎哉？"这是第三个层次，这个问题又变了，这个问题谈的是，为仁由己，就是你要谈一个仁的行为，是由别人呢，还是靠自己呢？当然靠自己。"为仁由己，而由人乎哉？"这是第三个回答，这个回答当然也不是回答什么是仁的问题，而是说你怎么做到仁，如何才能做到仁，这个不要靠别人，而只能靠你自己。所以这三句话摆在一起是连着说下来的："克己复礼为仁。""一日克己复礼，天下归仁焉。""为仁由己，而由人乎哉？"颜渊问仁，他回答了这三句话。这三句话连贯起来看，非常生动，就像一个老者，德高望重，对年轻人说：你们要克己复礼啊，克己复礼做到了，人们都会说你们是仁义之人，只要你们想做，就是不难的啊！讲了一大通，我们日常听老师或者家长对我们训话的时候也往往是这样，它不一定是有严格的定义或者推理，就讲一大堆，你会觉得很啰唆，但是你无形当中就受了影响。你虽然觉得他啰唆，但是他是老者嘛，他有人生经验，他比你成熟，比你老成，他告诉你一些人情世故，应该怎么怎么样，虽然不是通过严密的逻辑，而是"动之以情、晓之以理"。你虽然觉得他啰唆，但是你还是觉得他说得有道理，无形当中你就把这些东西印到心里面去了，而且是深深地印在你心里头。你长大了，直到回忆不起来了，不知道这些是谁告诉你的，但是你心里就有了这些东西。

所以这些话所包含的并不是论证，不是证明，而是劝说，有情在里头。劝说也有一个标准，是内在的，它包含在回答问题、一问一答的背后。什么样的标准呢？就是说当你想要成为一个仁人，想要做到仁的时候，你就有了一个标准，你想要成为一个好人嘛，一个小孩子或者一个学生哪个不想做个好人呢？当你想要成为一个仁人的时候，这个标准已经隐含着啦。他问仁，为什么要问仁呢？颜渊问仁，无非是表示这样一个意向，就是我想要成为一个仁人，所以我才问。如果我根本不想成为一个好人、一个君子，不想成为一个有仁义道德的人，那我连问都不会问，我问它干啥？我之所以问，就是表达一个意向，但是我还不清楚怎么去做，怎么做到成为一个君子，那就要问了。所以他这个"想要仁"是一个内在的标准，这个是不用说出来的。颜渊问仁，从他这个问话本身就体现出来，他想要做一个仁者，不然他怎么会来问？他来问就是想要做，所以这个前提就不用说了，现在问题只是在于怎么样去做，如何去做。这个前提包含在对话的背后，用不着说出来，没有这个前提，对话根本就不会存在，不会形成对话，所有的对话都是由于颜渊想要做一个好人去问孔子，这样才引起来的，孔子就告诉他怎么做。所以孔子的教导对于那些想要成为仁人君子的人才是有意义的，对于那些甘做小人的人是无效的，不存在对话的基础。你根本没有这个意向，那我们根本不需要谈，孔子也不会跟你谈。你要有这个意向，你来问他，他才会告诉你。

那么颜渊呢，在这个对话里面听了以上的回答还不太满足，就问具体的细节、具体的实施办法。孔子就告诉他"非礼勿视、非礼勿听、非礼勿言、非礼勿动"，就是把视、听、言、动都落实到礼上。当然礼和仁是有联系的，礼是外在的，仁是内在的，你要问具体的做法，那我告诉你，你要心中有一个礼。但是我们必须注意的是他的言说方式，孔子的回答为什么不说"非礼勿想"？想应该是一切视、听、言、动的出发点，你如果能够做到非礼勿想，那其他的就不在话下了，你连想都没想过非礼的东西，那你就不会去看、不会去说、不会去动了。但是在孔子的对话里面，"非礼勿想"这句话是不用说出来的，如果连这一点都存有疑问，那就不用说什么了。如果你连"非礼勿想"都不愿意，你都没有这个意向，那孔子所有的这些话都算是白说了。就是说这是一个不用说出来的前提，你首先要有这样一种念头，然后孔子才跟你对话，然后孔子跟你的谈话才能谈得起来，对话才能形成，否则的话就不存在对话的基础。如果连非礼勿想都要让孔子来教导，那孔子不会教导，只会骂你"小人""不仁"。所以《论语》里面很多地方最后就落实到骂人，某某"小人也"，某某人不仁，"吾未见其仁"，我没有看到他有什么仁，甚至于"乡愿，德之贼也"，乡愿为什么不好，没有什么可说的，德之贼。所以想要仁、想要礼都是一切对话的潜在前提，它本身是不能成为讨论对象的，这个是态度问题，不用讨论的。这个东西还要讨论，那就没什么可说的，我们根本就不是一路人，你不想讨论这个问题嘛。你如果要想讨论这个问题，你得有这个前提。所以这个言说的标准是在言说之外，不受言说的检验，而是成为一切言说的前提，它不可能通过言说把它检验一番，所以到底什么是仁，是不能说的，礼其实也不能说，礼虽然是外在的，但是是靠人来体会的。所以它是言说的前提，必须在讨论之前默认，而在谈话之中时时去体验，时时去认可。这是颜渊问仁，这一篇是最长的。

下面还有第二个例子，就是仲弓问仁，仲弓也是孔子的弟子。回答仍然是三个层次。第一个层次："出门如见大宾，使民如承大祭。"就是出门好像要去会见贵宾一样，"使民"，你要命令那些老百姓去干一件事情，"如承大祭"，就像要祭祀那些神一样，你对老百姓也要恭恭敬敬的，你要让人民为你效力，必须对他们恭恭敬敬。"出门如见大宾，使民如承大祭"这是指外部表现出来的举止，仁人、君子必须这样，到处都表现出恭恭敬敬的样子。这是第一句话。第二句话"己所不欲，勿施于人"，这是主观对待他人的态度，前面那个是外部的行为举止。第三句话"在邦无怨，在家无怨"，在邦国和在家里都要没有怨言，这是指人的内心的一种心情。这个从外到内，好像也有逻辑层次，首先讲外面的，然后讲自己与他人，最后讲自己内心。但是所有的这些都是列举，都是"一窝"仁，也没有给"仁"下什么样的定义，只是描述了"仁"在不同情况下的特征。更重要的是，这三句话、三个层次，并没有说哪个是本质的层次，他就一套罗列下来了。其实按照孔子的意思，第二句话应该是最根本的，"己所不欲，勿施于人"是最重要的一句话，在别的地方也谈到这句话，"吾道一以贯之"，忠恕之道就是"己所不欲，勿施于人"，这是最核心的东西。但是在这个地方跟其他的话放在一起，这三句话没有一个逻辑层次，就是混在里面一起把它端出来。己所不欲、勿施于人是"有一言可以终身行之"的，这是最根本的一句话，但是在这个地方并没有突出出来。他就是非常随意地想到什么就说出来，但是你说他随意呢，也并不是完全随意，内心里有一个标准。对仲弓这样的人，我说的时候当然可以随意，对仲弓我说这三句，对别人我说别的，对颜渊我说的是克己复礼，然后对其他的人，他的说法又不同，比如第三个例子。

司马牛问仁，回答只有一句话，"仁者，其言也讱"。就是说，仁人说话是不太机灵的，说起话来吞吞吐吐，不是很流畅。孔子讲"刚毅木讷近仁"，好像看起来有点木讷，不太会说话，仁者是不太会说话的。当然你要把这句话当作对仁的定义，那就太荒唐了，他不是那个意思。司马牛问仁的时候，他用这句话来回答他，就说，仁者啊，他不是很会说话的，他后面有一个意思，他的意思就是司马牛太会说话了，你要问仁我就告诉你，仁者不是很会说话的。司马牛就反问了："其言也讱，斯谓之仁已乎？"一个人不会说话，这难道就是仁了吗？你要我不会说话，因为我太会说话了，那我就反问你一句，如果我不太会说话，那就是仁了吗？这一反问就露馅了，你要把它当成是定义的话，这定义就不是周延的，那么多人都不会说话，未必都是仁者啊。会说话的都不是仁者啊，不会说话的都是仁者吗？言语迟钝就可以说是仁了吗？这很奇怪啦，仁跟是不是会说话有什么关系？仁是一种内心的境界，同一种仁，一个人可以会说话，也可以不会说话。但是孔子为什么单单挑这一句？孔子应该是很难回答的，因为他一开始就说了，"仁者，其言也讱"这个命题一旦建立起来，除非你改，你如果不愿意修改的话，看你怎么回答。孔子的回答是答非所问。他说："为之难，言之得无讱乎？"就是说仁这个东西做起来很难的，所以说起话来也就不太利索了，说起来也就肯定没那么伶牙俐齿了，因为做起来很难。仁很难做到，所以也就很难说出来，这个也是没有回答他的问题，人家问的是，只要其言也讱，难道就是仁了吗？他的回答是仁很难，当然也就其言也讱。我们可以看出来这里头答非所问，回避了问题，顾左右而言他。从回答问题上来说，他是错开了。撇开这一点不谈，即便是按照孔子所说的"为之难，言之得无讱乎？"这也是站不住脚的，就是说做的时候难，未必说起来就难，有很多情况是说的时候容易，做起来难。还有另外一种情况，就是做起来容易，说不出来。做和说之间难道有这样一种关系吗？难道说很难，做就很难；说很容易，做就很容易？不是的。那么孔子在这里显然是躲躲闪闪，没有回答问题。但是后来的注家总要把孔子的话说圆，就是解释说，孔子看起来没把话说圆，但是他是有针对性的，他就是针对司马牛多嘴的缺点，太多嘴了。你来问仁，我首先纠正你这个缺点，我就借用你来问仁的诚心诚意，首先告诉你，你不要多嘴，这是让你受教啊！你还能来揪我的毛病吗？所以这个地方实际上是一种教训，表面上看起来是一种对话，实际上是利用人家来问问题而教训人家。你不能把逻辑引进来，把逻辑引进来，你就会发现这里头是荒谬的。

第四个例子是樊迟问仁，樊迟一共问了三次"仁"，每次得到的回答都不同。第一次是在《论语》的"颜渊"那一章里，孔子的回答只有两个字："爱人。"但是也太简单了，"爱人"两个字孔子当然也看得很重，但是单凭这两个字看不出什么，爱什么人，如何爱，都没有交代，就两个字"爱人"。所以后人就把这两个字单独挑出来，看作孔子的"爱人"精神，其实孔子的爱人是有原则的，他不赞成像墨子那种毫无区别的"兼爱"，爱一切人，孔子并不同意。所以孔子讲到爱人还说过别的话，还说过"恶人"，他说"恶不仁者，其为仁矣，不使不仁者加乎其身"，就是说如果有人把不仁义的事情加在你身上，你就要恨他。所以仁者不光要爱人，还要恨人，他应该爱憎分明。你光只是爱肯定是片面的。所以说"爱人"太简单了，不能说是对仁的比较全面的规定，很难这样来看。樊迟第二次问仁，他的回答又不同了,"仁者先难而后获,可谓仁矣"。仁者,你先要克服困难,要做很难的事情,然后才有收获,就是说你不要不劳而获,你要先难后获,先克服困难,然后才有收获。有人就猜测樊迟这个人是不是很怕困难,所以孔子就说先难后获,或者樊迟想要不劳而获。有人猜想,孔子对每个人的回答都是有针对性的,不是就语言概念的逻辑性来谈的,"先难后获"肯定也不能说是一个普遍性的概念,所以跟孔子教训司马牛的情况有点类似,他是因人施教。我们经常讲因材施教,不同的人要有不同的教法,孔子也是这样的,他用一个仁的概念教所有的人,每个人他的教法都不同。樊迟问仁问了三次,我说这个人受教育有瘾了,每次受到敲打又不吸取教训,受了三次教训孔子还是不喜欢他,骂他"小人"。樊迟第三次问仁,孔子回答"居处恭,执事敬,与人忠,虽之夷狄,不可弃也"。居处恭,执事敬,与人忠,这跟前面讲的没有本质的区别,就是住家的时候、执事的时候都要恭恭敬敬,与人打交道的时候要忠。后面一句有点意思,就是说你虽然跑到外国,也不可抛弃。有人说是樊迟这个人朝三暮四,不能坚持,主要是用这话来敲打他。这是孔子第六次回答仁。

第七次是子张同仁,子张也是孔子的弟子,但是有人认为子张后来偏离了孔子的教导,走向另外一个方面去了。孔子对子张的回答有一点特殊,他说:"恭、宽、信、敏、惠,能行五者于天下,为仁矣。"就是说你如果能够做到恭、宽、信、敏、惠,五个字,行于天下,那就是仁了。孔子对这五个字还加以具体解释:"恭则不侮,宽则得众,信则人任焉,敏则有功,惠则足以使人。"恭、宽、信、敏、惠,这五个字都有它的用处,合在一起就是大用,这当然是好东西。但是子张问的是仁,而不是问什么是好东西。如果你把仁规定为有用的品质,你当然可以这么回答:恭、宽、信、敏、惠可以给你带来巨大的好处。孔子通常是把这些有用的好处看成是跟利益结合得太紧的,"君子言义不言利",君子不应该考虑这些过分实用的东西。孔子的仁学、孔子的儒家精神之所以能够成为一种意识形态,就在于他超越功利之上,不谈功利的问题,主要谈道德的问题,你过于执着于功利的问题，那就是小人。所以有的人说子张这个人恐怕是一个小人，虽然他是孔子的弟子，但是孔子看出来他是一个小人，所以就用小人能够听得懂的语言来引导他。小人要诱之以利，恭、宽、信、敏、惠可以给他带来巨大的好处。当然这个解释是不是对，我们现在姑且不论，至少可以说孔子的回答随着具体情况的不同是不一样的。仁的含义也太宽泛了，仁本来就是一种超越的道德境界，结果变成了功利的技巧，怎么样不受侮辱，怎么样受人拥护，怎么样能够有信用，怎么样能够使人，怎么样获取功劳，这不是实用技巧吗？蝇营狗苟之徒，都可以利用它，怎么能说是仁呢？所以说他的仁的概念都是相对的，它本身没有什么标准，标准在于孔子自己的内心，他都是针对当时某个人的具体情况来作出不同的言说。当时孔子心里究竟怎么想的，我们现在也不知道了，我们现在不能把他从坟墓里挖出来，我们不知道他当时到底是一个什么样的心思。总而言之，可以肯定的是，这个标准肯定不在语言本身当中，而是在语言之外。事过境迁，当时的人已经不在了，我们只好任意解释、猜测，在中国古代的典籍中有大量这样的例子。他当时在什么样的情况下说这句话，你已经不可考，所以我们只能凭猜测。既然可以凭猜测，那就有不同的说法，所以中国古代典籍中的说法很多，因为它的语言有不确定性，甚至于断句都断不下来，断句要根据当时的语境，可当时的语境已经找不着了。所以我们对古代总的精神当然模模糊糊地知道，但你要进行考证、考据，那往往是歧见百出，公说公有理，婆说婆有理，都说得通。

《论语》里也有比较明确的话，关于仁，最重要的有两句话，一句是在《雍也》里面："夫仁者，己欲立而立人，己欲达而达人。""夫仁者"这个短语好像是一种定义了，是一般而论，这可不是对谁说的。所以有人认为这是孔子对仁的定义，比如张岱年先生就是这样一种观点。这句话就是孔子对仁的定义，对仁的界说。就是说孔子对仁还是有他的定义的。另外一句是在《学而》里面，有子概括的一句话："孝悌也者，其为仁之本欤！"孝悌难道不是仁的根本吗？这句话有人更加重视，像李泽厚，他认为这道出了仁的基础和标准，仁的基础和标准就是孝悌。实际上，前面这句话"己欲立而立人，己欲达而达人"只不过是"己所不欲，勿施于人"相反的说法，或者是另外一种说法。"己所不欲，勿施于人"，这只是一种禁止，要求做的就是"己欲立而立人，己欲达而达人"，这是同样的根基。但是这两句话，它们的根据还是"爱人"。就是按照通常的解释，为什么"己欲立而立人，己欲达而达人"，为什么"己所不欲，勿施于人"，还是因为爱人，还是对人有感情，所以你希望他过得好，你希望不要损害他，这是自然而然的一种感情。但是爱人不是什么人都爱的，而是有差等，所以要以孝悌为标准和差等，孔子和墨子之所以有不同就在于这一点。孔子强调家庭关系，孝悌差等是爱人的根本。所以你不要看表面，分析一下你会发现，"己欲立而立人，己欲达而达人"还是以孝悌为本。所以刚才讲的第二句话"孝悌也者，其为仁之本欤"是最根本的。我们要分析这句话的内在含义的话，我们要归结到孝悌上面来，离开了孝悌，并不是什么人都应该爱，什么人都应该立和达。但是孝悌和爱人到底是一种什么样的关系呢？是不是一旦孝悌了，就会爱人了？也未必。孝悌当然是爱人，但首先是爱自己的父母兄弟，其他的人当然也爱，像后来孟子所讲的"老吾老以及人之老，幼吾幼以及人之幼"，你可以把自己的孝悌、亲情推广到全社会。但是既然有差等，推广的范围越大，爱就越淡化。而更重要的是，在现实社会中，不同的爱，相互之间会起冲突，一旦冲突起来，你是爱自己的父母还是爱他人？当然是爱自己的父母，你要爱自己的父母，你就会跟他人发生冲突，怎么办？这是最难办的一个问题。比如说父子相隐的问题，孔子主张，即使父亲偷了别人的羊，也要父为子隐、子为父隐。你要父子相隐，当然一般理解为互相隐瞒，父亲偷了别人的羊，你是举报呢，还是为他而隐瞒？有人偷了羊，他的儿子就举报他了，孔子讲，我们不是这样，我们所讲的正直不是这个样子，举报父亲不算是正直，真正的正直应该是父为子隐、子为父隐，你不应该举报，亲情是第一位的。对他人你平时当然也要爱，但是一旦发生利害冲突的时候，每个人都应该站在自己家族的角度来说话，胳膊肘不要往外拐嘛，这是我们都懂的一个基本道理，你胳膊肘往外拐，你这个人就不是人了，你首先要向着自己的家里。

当然这个引起了争论，前年郭齐勇老师出了一本七十多万字的书，就是关于父子相隐的讨论，北师大的刘清平教授认为腐败的根源之一就在于父子相隐，现在许多贪官都是由于父子相隐导致的，父亲不揭发自己的儿子，儿子也不揭发自己的父亲，互相勾结，裙带关系导致了我们今天的腐败。然后有一大批人反驳他，那个论文集可以说是对刘清平的反驳，父子相隐不是腐败的根源，而且现代西方也有父子相隐，在法律上，亲属关系不互相告发，这是合理合法的。另外有一种意见就是，有人考证"隐"字，认为不是隐瞒的意思，而应该是互相校正的意思，如果这样来看，父子相隐，你当然可以理解为父子相互校正，但是这就跟前面的不相吻合了，前面说是有的人认为父亲偷了别人的羊，儿子举证，孔子反驳这个。举证当然是校正，就是你这样不应该啦，孔子是反驳这个意见的，认为我们不应该校正，不应该正直，而应该父子相隐。所以按照前面的意思连贯起来，"隐"还是应该是隐瞒的意思。这是个大问题，我们有兴趣的人，都可以去推敲一下。

总而言之，孔子的爱人是有差等的，而一旦有差等，就会有矛盾，就会有冲突，怎么解决？孔子的立场是站在家族、家庭的亲情上，认为父子亲情的关系是不可动摇的，是第一位的，孝悌是本，其他的是末。所以爱人的原则在差等的基础上不是一个普遍的标准，而恰好是一个引起家族纷争的原则。口头上来说，我们可以爱一切人，孔子也讲"泛爱众而亲仁"，但是这个泛爱众是推出去的。他不是"兼爱众"而是"泛爱众"，把自己家族的爱泛化到全世界，最后我们都可以归结为天下都是一家，五百年前都是一家，或者我们今天都可以说五千年前都是一家，我们都是炎黄子孙。但这是一个很抽象的标准，在现实生活中几乎不起作用，你如果出门碰上一个人，把他当成自家人，那你可能就上当了。所以这是一个非常淡化的道理，真正的硬道理还是自己的亲情，这是最要紧的。我在街上看到一个人，病倒了，躺在地上，人们在围观，我跑去一看，不是我家的，我扭头就可以走。如果一看，这是我大姨子，是我的熟人，那我当然义不容辞了。所以按照亲情来放大，首先当然是我自己家里人，对其他的人淡化到可以不屑一顾，因为我还有其他更重要的事情要做，更重要的事情是为了我更亲近的人。我去赚钱，我去养家糊口，我去上班，我如果失业了，我家里人怎么办？我朋友会怪我，这都是我比较亲近的人，利害关系应该更加重要。所以表面上是泛爱众，实际上是引起了家族纷争。家族纷争怎么解决？儒家学说最终必然导致大一统的国家意识形态，它的解决就是靠政治。把家族纷争最后推广到政治上去，你可以不顾任何人，但是政府要管，政府是"父母官"，一个县的县长、一个市的市长不可能认识每一个人，但他对每个人都有责任，他是父母官。所以政府是解决家族纷争的唯一的方法。在乡下发生械斗，赶快叫政府来，政府一来，就以家长的姿态：你们都是一家，不要吵了嘛，那个利益，互相吃点亏，父母官的话你们都不听吗？父母官是最高的家长。你这个家族讲孝悌当然是好的，但是孝悌要上升到对国家的孝悌，对国家、政府的孝悌就是忠，忠比孝更重要。这是孔子的另外一层意思，孔子的这一套东西最后是要放大成国家的原则。孝悌为什么是本？就是因为人做到孝悌，那么就不会犯上作乱了。有子的那句话后面还接着说了，孝悌的人犯上作乱是没有听说过的，如果一个人孝悌了肯定不会犯上作乱，如果一个人对父母孝顺，也不会对政府不忠，他从小受到了服从的训练嘛。当然这是一般来说的，相反的例子也不少，对家里孝顺的人，犯上作乱的也不少，那些大盗比如宋江都是很讲孝悌的，他就犯上作乱。他当然也认为自己并不是犯上作乱，他是为了招安，实际上他就是犯上作乱，很多起义的人其实很孝的。所以这也不能一概而论，而是一种想法，在家族里面训练出了一种服从的本能，一旦有权有势的人站在他面前，自然就会下跪，自然就会服从。

所以这样一种原则导致了中国传统君主的家长式的统治。而在言说方式里面就导致了一种话语权威，就是后面没有说出来的那个东西使他的话语变成了权威。话语本身有什么权威呢？有权威的人说话是不用高声的，他稍微在那嘀咕一句，咳嗽一声，所有的人都吓怕了。他的权威在于他的地位，有地位的人就是有话语权的人。当然这个地位是由背后的东西造成的，不是由于你说得多么头头是道，你多么严密，你多么无懈可击。你说得越多就越没有话语权，有话语权的人不用说多，说一个字就把问题解决了，作一个判断就够了，不需要证明。

下面讲第二个问题，就是对话的性质问题。苏格拉底和孔子留下来的都是对话，而不是著作。但是实际上，只有苏格拉底的才是真正在对话，孔子说的那些话并不是真正的对话，而是一种权威话语。孔子是让弟子提问，他负责回答，他是"诲人不倦"的教师，是答疑解惑者，即使他本人很谦虚，他的地位在弟子们面前也是居高临下的。相反，苏格拉底在对话中才是提问者，对方，包括他的弟子才是负责回答的人。苏格拉底实际上是用他的提问来教导人的，所以他所说的不是一种权威话语，而是一种启发式的话语。最妙的就是他那些问题，这些提问才是整个对话的灵魂，引导着对话走向富有成果的方向。苏格拉底说"我知道我是没有智慧的，不论大小都没有"，这样一种低姿态给思想活动的积极性和灵活性留下了极大的空间。他从来不强迫对方相信什么，而只是提问，让对方自由地回答，答案不是预定的，即使没有结果也不要紧，大家都在探讨嘛。所以他在对话中没有预设的前提，而是临场发挥，就是说他提出一个问题，他肯定要想到对方将如何回答，他肯定是想到了的。但是他并不用这样一种预设来限制对方，他只是猜测、估计对方可能会怎么回答，但是不限制对方。他听，并且观察对方究竟会如何回答，所以他给对方以充分的自由。你的回答也许完全出乎我的想象，那不要紧，我再继续往前推进，所以这样的对话不是预先策划好的，而是临场发挥、即兴的。那么，即兴的是不是就是漫无目标的呢？也不是。通常即兴谈话是从一个话题跳到另外一个话题，这个谈话就漫无目标的了，就是散漫的。谈了一大通，我们讲聊天嘛，就是网上聊天，聊天室，聊了一大通以后，脑子里一团糟，什么东西也没留下来。

但是真正的像这样一种对话呢，它是有一个标准的，就是话语本身的标准，它按照话语本身的标准、话语的逻辑，一个问题提出来了，它后面有逻辑。那么我按照这种逻辑再继续提问，对方也应该按照逻辑来回答，这个不是我对对方的限制，而是对话本身的要求。你说话要让人家懂，你前一句话跟后一句话应该有一种联系，你不要语无伦次，这个联系你要传达给人家，这是对话的基本要求。那么在这种联系中你如何去联系，那是你的自由。

所以话语本身的逻辑可以把这个言谈、这个对话引导到一个越来越清晰的方向，并不是一团糟的东西。虽然是即兴自由交谈，但并不是随意的，也不是散漫的。苏格拉底坚信话语自身有它的标准，话语不是我——苏格拉底的话语，而是一个高高在上的话语，像赫拉克利特所说的"神圣的逻各斯"，神圣的逻各斯是"一"。话语本身有它的逻辑，我们跟着它的逻辑去走，走这条路，它不是我发明的，但是它要靠我去发现，靠我的自由去发现。每个人都自由地处在对话中，自己灵感一闪念也好，自己的意向也好，我都可以充分地发挥；但是一旦进入话语，你就要受到话语本身的限制。这跟文艺创作有很多类似之处，一个作家、一个小说家，他想写什么东西当然是他的自由，他想怎么写就怎么写。但是他一旦写了，进入情节，就不得已了，这个情节会把他引向某个方向。托尔斯泰写安娜·卡列尼娜，本来想把她写成个坏女人，结果写着写着不是那么回事，最后安娜·卡列尼娜要自杀，托尔斯泰很不想让她自杀，但是没办法，她非得死不可。因为话语本身它有它的逻辑，她如果不自杀的话它就不合逻辑了，它就不是那么回事了，人家就认为是你造出来的一个东西，就显得虚假。只有它按照事情本身发展的逻辑走向那样一个结局，人家才认为这是真实的。苏格拉底的对话也是这样子，一旦你进入了对话，虽然你是自由的，但是有某种不得已，有某种必然性。这个必然性你如果随着它的必然的规律去走的话，它会把你引向一个越来越清晰的方向。但是这个标准不是苏格拉底独有的，而是人人都有的。人是理性的动物，人人都有理性，苏格拉底从来不强迫人家相信自己的判断，而总是诱导别人自愿地说出他想说但是暂时不说出来的判断。所以很多人都说苏格拉底很狡猾，他其实早就知道了，但是他不说，他故意问人家，他把人家引向他所需要的那个方向，引向他所设的逻辑陷阱。这个评价有部分对，但是也不完全对。就是说我们宁可相信苏格拉底虽然想到了他的方向，但是他并不认为自己想到的就是绝对正确的，他是留有余地的。我想到了，想到了怎么样呢，我又不是神，我是一个凡人，我是一个有限的人，只是"爱智慧者"。那么我只能够大致估计他将会怎么回答。而且呢，大致上我想把他引向某个方向，但是我不能强迫，那么我是不是能提出一些诱导性的问题？刑事学家们最反对的就是在审问的时候提出诱导，诱导那些犯罪嫌疑人说出他所需要的结论。犯罪嫌疑人不懂法律，他以为说出这句话没关系，但是办案人员诱导他说出来，这个是要不得的，这个是居高临下嘛，你要让他自由地说出来。

　　所以苏格拉底虽然想到了这个结论，但是他不是诱导，他只是就对方的回答提问，他还是让人家自由地回答问题。因为你即便是想出来一个你目前认为是真理性的结论，但是如果别人不是自由地回答，不是由别人的口自由地说出这个结论，那么你这个预想是未经证实的，它不是客观的嘛，它只是你想出来的。只有当别人自由地得出了你也想得出的结论，那么你这个预想才被证实，才证明不是我一个人想出来的东西，这个是客观的。为什么是客观的？就因为人家没有受到任何限制，人家是自由地说出来的。那么他自由地说出来，也跟我得出了同样的结论，那岂不是客观的吗？相反，你把别人放在不自由的、被动的、受教育的这样一个位置，即便人家最后承认你说得对，但是这个话语的普遍性也是未经证实的。因为是你强迫人家说的，或者是你诱导人家说的，所以你已经预定了某种方式，譬如以"动之以情"的方式，或者预设某些天经地义的前提，让人家害怕，让人家屈服，认为如果不这样说的话，那就违背了某些天经地义的东西，那我就不是人了，所以就只好得出你要的结论。如果是这样得出的结论，那这个结论就不是普遍的逻各斯。普遍的逻各斯看起来好像是一种神圣的规定，好像是上帝的一种规定，好像是不可违抗的命令，但实际上它是要由每一个人的自由来实现的。每个人是自由地说出来，那才是神圣的逻各斯，就像神庙里的神谕一样不受人为的干扰。你不要受任何限制，我问一个问题，你可以随便怎么回答。但是你一旦回答，唯一的要求就是你要让人家听懂。要让人家听懂你就要遵守话语的逻辑了，你就不能够自相矛盾了。所以如果遵守了话语本身的这样一个逻辑、一个标准，那么必定会一步一步地接近真理，但是在每一步都是自由的。所以苏格拉底把自己的这种方法称为"精神的助产术""精神的接生术"。接生术、助产术就是这个意思，就是说每个人都有精神，这个精神、这个真理并不是说靠外在的强力把它从你的脑子里面挖出来的，而是要靠你自己把它生出来。那么苏格拉底呢，只是作为另外一个人、另外一个自由人，帮助你把这个孩子生出来，把这个真理、这个逻各斯生出来，但是真正的生孩子还是由你自己去生，你自己不用力，不发挥你的主动性，不发挥你的自由，怎么能生出来呢？所以助产婆——据说苏格拉底的母亲就是助产婆——只能够帮助孕妇生孩子，而不能够代替孕妇生孩子，也不能强拉硬拽，不能够把他拽出来，只能够帮助她更顺利地生出来。这是苏格拉底的方式。

那么孔子的方式呢，我们刚才讲了，他很谦虚，他不认为自己是"生而知之"，而认为自己是"学而知之"，他不是圣人，但是他是贤人，他是君子。不过进入对话中时，他已经"学成"了，已经不用学了，顶多还要"学而时习之"。我们在对话中很难看到孔子通过对话学到了什么东西，只有唯一的一次，他隐隐约约地有那么一个意思，好像他还在这个对话里头得到了某些好处。但是一般来讲他是以学成者的身份高居于他的弟子之上的。当然还要学而时习之，学而时习之不亦乐乎，当然还要不断地温习，但是总的来说他已经学成了。所以面对学生，凡是需要知道的他全都知道，凡是他不知道的那都是不必知道的。所以有很多次他都说自己"不知""吾不知"，但是这种"不知"多半都是一种回避的方式，回避回答问题。人家问他祭祀泰山究竟怎么个程序，他说我不知道，其实他知道，他不说。因为他认为祭祀泰山那不是你做的事情，他认为只有皇帝才能做，你这个小小的国王怎么能够祭祀泰山呢？人家问他，他推说我不知。或者就是一种否定的方式，人家问他某某人是不是可以称得上仁者呢，他说"不知其仁"，这是一种否定的方式。还有一句话是说："知之为知之，不知为不知，是知也。"知之为知之，不知为不知，这个很有点类似于苏格拉底的"自知其无知"的说法，很多人也把它们相提并论。但是这个里面其实是有区别的，就是孔子认为自己所知道的那一点是不可怀疑的。他从来没有考虑过是不是会有这样一种情况，就是自以为知其实却不知，有没有这种情况。他把知和不知划分开来，我知道的我就说知道，我不知道的我就说不知道，我知道的东西是需要的，我不知道的东西对于我来说是不需要的，所以需要的东西我都知道了。那么有没有这种情况：你自己以为知道，但其实却不知道？这种情况在孔子那里是没有提到的。但是这恰好是苏格拉底的一个原则，自以为知道其实却不知道的情况，苏格拉底认为这种情况太多了。所以苏格拉底对自己的知和那些号称有知识的人的知——比如智者派，他们认为自己很有知识——都抱一种怀疑的态度。苏格拉底其实也很有知识，他的知识是很丰富的，他早年看遍了自然科学、看遍了当时哲学家的著作。看到阿那克萨哥拉的书的时候他才比较欣赏，其他的他都认为不解决问题，但是他很熟悉。智者派的学说他也很熟悉，但是他说自己是无知的，因为他认为这些知识都是值得怀疑的。智者派还没有达到这个程度，他们反而认为自己很有知识，所以苏格拉底要到处找他们辩论嘛，就是因为他抱有怀疑态度。自知其无知就是对自己所知道的那些东西抱怀疑态度，并不是说他真的没有知识。

所以孔子的自知其不知与苏格拉底的自知其无知本质上是完全不同的，苏格拉底是对已有知识的一种反思的态度，所以它导致了苏格拉底要把对话当作我们大家一起来探求真知的一个过程。苏格拉底对自己的知识抱有一种反思的态度，对已有的知识全部抱有一种反思的态度，他不满足于已有的知识，但是他自己又不确定他的知识是不是真的知识，恐怕都不是什么知识，所以他要跟其他人一起来探求，所以有对话，这种对话是一种探求真知识的过程。在孔子那里，对话是一种传授已知知识的场所，孔子是传授，不是探求。我已经知道了的东西，我要把它传授给人家。当然对于自己不知道的东西，孔子也是承认的，他很坦然。但是他认为这些知识不是必需的，如果是必需的话，那他当然要去追求了，但是这些不必需的知识他就承认他不知了，没有什么关系，有很多知识都是他不知道的。当然孔子其实也有很多知识，他从小就"多能鄙事"嘛，他多才多艺，吹拉弹唱都可以，他当过吹鼓手，很多东西他都知道。但是他认为你承认知道这些东西并不是你的光荣，说不定是你的丑事。你要说孔子你那么会吹喇叭你教我吹吹看，孔子会发脾气的，你贬低他嘛。所以孔子也承认他不知道的东西，但是他是抱着非常高傲的姿态承认他不知道那些东西。所以樊迟问他，怎么种菜啊，怎么学稼啊，樊迟问稼嘛，怎么样种庄稼，孔子的回答则是"吾不知也"——我不知道，他都说我不知道。但是等樊迟走了以后他就说樊迟"小人也"。并且他认为自己的无知并不是什么可羞的事情。他说："吾有知乎哉？无知也。有鄙夫问于我，空空如也。我叩其两端而竭焉。"这句话看起来好像是一种谦虚，我有知吗，无知也，有鄙夫问于我，空空如也，有鄙夫来问我各种各样的知识，比如说樊迟，樊迟肯定是鄙夫了，小人嘛，他来问我怎么种菜怎么种庄稼，我空空如也，我什么都不知道。"我叩其两端而竭焉"，最后这一句话很高傲了，就是我虽然什么都不知道，但是我"叩其两端"，我把所有的知识都包括在里面了。我叩其两端而竭焉，我把上下两端都搞清楚了以后，你中间的这些知识我全都包含在里面，都受我支配。所以有鄙夫问于我，我空空如也，这是很值得骄傲的事情。鄙夫啊、农妇啊、菜农啊，那些人来问我，我空空如也，我不知道麦子和韭菜，我四体不勤、五谷不分，这有什么值得羞愧的呢？这应该是很值得骄傲的事情，因为我是搞政治的。我搞政治的，我叩其两端而竭焉，你所有的农夫、菜农都在我的控制之下，我已经穷尽了你们的那些小知识。所以一般鄙夫的知识是不用学的，只需要从君子的立场叩其两端，就可以穷尽它的道理。

那么到底什么是"叩其两端"？这句话我没有看到别人像我这样解释，我是这样解释的，就是孔子说了自己不如老农老圃的话，然后说："小人哉，樊须也！上好礼，则民莫敢不敬；上好义，则民莫敢不服；上好信，则民莫敢不用情。夫如是，则四方之民襁负其子而至矣，焉用稼？"就是说凡是要学这些东西的都是小人嘛，我只要叩其两端而竭焉，什么是"两端"呢？就是上下两端。上好礼，则民莫敢不敬，上面好礼，则底下的小民莫敢不敬；上面好义，民莫敢不服；上面好信，民莫敢不用情；这是上下两端，是当权者和老百姓这两端，我叩其两端，所有的道理都在里面了。如果我做到了这一点，那么"四方之民襁负其子而至焉"，四方的老百姓都会背负着他们的孩子跑到我这里来，焉用稼？用得着稼吗？用得着学种庄稼吗？学种庄稼那是鄙夫的事情，君子的事情是叩其两端，掌握老百姓的人心，然后自己怎么来统治，这就是政治。这是我的一个解释，没有得到儒学界的公认。不知道有没有这种类似的说法，我也没有去考证，大家如果看到了可以告诉我。因为这两段话是在两个不同的地方，我把它们联系起来。

所以苏格拉底跟孔子不一样，他专门在谈话中找那些有知识的人，或者自以为有知识的人提问。我们可以看到跟苏格拉底对话最多的就是那些智者，智者就是当时自认为或者公认为有知识的人，大家可以花钱到他们那儿去学知识。智者是希腊历史上最早收费的教育家，收费授徒。苏格拉底是不收费的，苏格拉底认为自己没有知识，他跟人家谈话是免费的。但是智者你要跟他们谈话是要收费的，多少钱一个小时。但是苏格拉底不是去跟智者学，而是抱着一个学的姿态去问他们。不知道苏格拉底交不交钱啊，我搞不清楚，但是苏格拉底名气太大了，我估计他不交钱，他不收费就是很了不起了。所以他总是找自以为有知识的那些人去问他们，去诘难他们，去揭示他们的矛盾，去打破他们的自满自足，从而启发他们意识到他们的无知和浅薄，更重要的是要进一步地促使知识的深化。美德的问题、美的问题、善的问题等，我们通过讨论可以一步步更加深化，这就是苏格拉底的风格。那么孔子呢？他不是这样的。他带徒弟也不收费，只象征性地收一点干腊肉，但那不是因为他自认为没有知识，而是他高风亮节，道德高尚。他有一句话是这样的，"不愤不启，不悱不发"，通常的解释是：不到学生想求明白而不得的时候不去开导他，不到他想说而说不出来的时候不去启发他。就是学生有了问题，想求明白而不得，百思不得其解，这时来问孔子了，这个时候就是孔子教育的好时机了。不愤不启，不悱不发，就是他想到了一个东西但就是说不出来，怎么表述，这个时候就要问孔子，孔子恰好在这个时候就可以告诉他了。孔子是大智慧者，孔子是了不起的大哲学家，人家有问题有疑问去请教他，这个时候就有了一个落差，这个时候就是占领话语制高点的好机会了。所以朱熹对这句话的解释就是"待其诚至而后告之"，就是等到他有了诚心，而后告诉他。有了什么诚心呢，就是他认为你是高高在上的，你居高临下，有了这种心态的时候你再告诉他。如果他没有这种心态，你告诉他干嘛？他也不会听你的，他也不受教。所以诚心是很重要的，你首先要恭恭敬敬，要执弟子礼，在孔子面前你要甘拜下风，把他摆在高处，这就是诚心、至诚。我们常听到一个悖论，就是没有诚心你就进入不了中国传统文化，但是有了诚心你又跳不出中国传统文化。你首先把自己摆到很低了，你去学中国传统文化，你学进去了，学进去了怎么样呢，你就跳不出来了。这就是"诚心"的悖论，结论就是中国传统文化不可知，只可信。你要有诚心，你才能知，但是当你有了诚心，你知了以后，这个知就不是知了，它是你的信仰，已经不是知识了，中国传统文化不是一种知识，它是一种信仰、一种信奉。它这种信仰也不是西方的那种信仰，而是一种推崇、一种言听计从的崇拜。

这个悖论从孔子那里就已经开始了，就是说，你首先要对我有一种崇拜，有一种信奉，然后我才告诉你。但是我们设想一下，孔子如果面对像智者派，或者美诺这样一些人，自以为了不起的人，既不愤也不悱，也就是些聪明人。面对这些自认为聪明的人，那么孔子是不会跟他们说话、跟他们对话的，对聪明人你跟他说什么，你说也油盐不进的。他不崇拜你，那你就没办法跟他说了。所以孔子呢，只能成为那些脑子不太开窍的人的精神领袖，那些人是希望有一个他们崇拜的对象，这时候孔子就可以发挥他的作用，成为他们的精神领袖了。如果一个人抱有怀疑主义的态度，那孔子就会让他们回去，他也不想成为他们的精神领袖，也没有办法说服他们，因为他们已经自有一套了。孔子挑选的弟子首先是要有诚心。你要来问仁，你首先想要做一个仁人君子，这样的人我才收为徒弟，其他的那些人都是化外之民，不能够教育的。那么一旦成为精神领袖，他对他的弟子就可以任意褒贬、评点，他就是知人心者，所有的人他都掌握在自己的手掌里面了。搞政治的人就需要孔子这种能耐，就是他底下的人他都能够掌握，这个人能干什么，那个人能干什么，他是知人心者。所有弟子的优点、缺点都在他一人掌握之中，他都可以预见，某某人可以当国王，某某人可以当宰相，某某人只能当一个将军，某某人只能够去种菜，这些都是由他算定了的。所以孔子虽然看起来很谦虚，但是和他对话总使人感到一种不平等，一种精神上的居高临下，一种不容辩驳。你要跟他辩驳，你要跟他在逻辑上推导，像司马牛那样，说你这个判断不周延嘛，你要问他，他不给你回答的，你用逻辑去推理，他会认为你不开窍，你必须要诉之于内心体会，你要知道我为什么给你提这样一个问题，这是在敲打你，是在指出你的毛病，并不是在跟你辩论。你要辩论的话你找别人去，你在我这里受教你就要受我的敲打，我是一日为师，终身为父嘛！你应该懂得服从我。

这就是谈话的性质问题。一个是苏格拉底的对话，它是一种严格意义上的对话，两个自由人平等的对话。在孔子那里不是这样的，它是有一个落差的，它是一种教训，或者说是一种权力话语。

那么我们再来看看讨论的效果的问题，即他们对话的效果。苏格拉底的对话虽然有一个明确的目的，就是要寻求一个事物的定义。知识嘛，是以定义的方式表现出来的。但是苏格拉底知道，你要下一个定义不是那么容易的，他自己心里并没有一个预先的定义。我们可以从他的对话里面、在对话的过程中看出来，苏格拉底在对话开始的时候并不是已经想好了一个结论，然后来套别人的话。他自知其无知，他唯一相信的就是理性的辩证法。理性的辩证法，也就是说语言本身的逻辑，语言本身的规律，有一种规律，有一种逻各斯。所谓辩证法，苏格拉底当时提出来就是对话的意思，就是谈话，通过谈话来辨析。Dialectic，dia 就是在此之间，lectic 就是 log，log 就是指说话、表述。Logos 的词根就是 log，就是说话、表述。所以辩证法在苏格拉底那里就是对话的意思。那么对话呢，它有规律，它有逻各斯在里头，所以苏格拉底唯一相信的是在谈话中它自有一个逻各斯在支配着谈话的进程。我只要服从谈话的进程，服从逻各斯。谈话中间，我有一个想法，当然是我自由地提出来的，但是尽量地要通过一种逻辑的语言，让人家能够准确地把握的语言告诉人家，然后人家也同样地按照这种逻各斯来回答我。如果他没有遵循逻各斯，我马上给他指出来，迫使他按照语言本身的逻各斯，不是按照我的意思。你说话要清晰嘛。这样我们就能够不断地有所发现。所以它是一种探索，苏格拉底的对话是一种探索。他的目的不是要把已经知道的结论告诉你，而是我们大家共同一起去探索。比如说在《大希庇阿斯篇》里面讨论美是什么，什么是美，最后的结论是"美是难的"，美是很困难的，这就等于没有结论了。什么是美？美是很困难的。但是讨论没有白费，讨论半天，美是什么没有解决，虽然我们还不知道美是什么，但是毕竟我们知道了美不是什么，我们把不是的那些东西都排除掉了，我们的思维就进一步了，思维层次就有很大的提高嘛。这就是苏格拉底想要达到的目的，即我不是想要得出一个绝对的真理、一个最终结论，而是要提高我们的思维层次。我们同样陷在困境之中，我们同样只限于提出一些问题，但是我们提问的水平已经提高了。我们经常说这个人仍然处在矛盾之中，仍然处在困境之中，但是我们说这个人矛盾的水平已经提高了，它不是那种低级的矛盾，它已经深入到很深的层次、高层次的矛盾，那很了不起。一个人的矛盾如果能够达到高层次的矛盾那就很了不起了。当然，追求的目的还是要最后达到解决，但是那往往是永远也达不到的，真正哲学的问题永远也不能最终解决。

又比如在《普罗塔哥拉篇》里面关于美德是否可教的问题，双方激烈地辩论。这个跟《美诺篇》里面谈的内容有共同的话题。普罗塔哥拉是一个很聪明的智者，苏格拉底找这样一个辩论对手那可是棋逢对手了，双方都在拼命地辩，辩来辩去，双方都从自己的立场不知不觉地转到了对方的立场。本来苏格拉底是说美德不可教，普罗塔哥拉说美德可教，所以他要收费嘛，他可以教你美德，所以要收钱。然后苏格拉底就说，你说美德可教，我说美德不可教，你说美德可教有什么理由？然后不断地辩，辩到最后呢，这个普罗塔哥拉拼命地辩护这个美德是不可教的，苏格拉底拼命地证明美德是可教的，搞倒了，颇具喜剧性。最后也没有结论，最后苏格拉底说这个问题还需要进一步地研讨，我们大家讲了半天还是没有得出结论。但是毫无疑问，在这样一种开放式的讨论中，讨论双方的水平已经大大提高了。我们可以说美德这样的问题具有一种辩证性，你开始坚持美德可教，你去讨论，只要你按照逻各斯、严格的逻辑去讨论的话，那恐怕到最后会得出和你相反的结论。苏格拉底也是这样的，最开始坚持美德不可教，但是一旦讨论进去就由不得他了，最后迫使他得出美德可教的结论。这些都是开放式讨论得出的结论，就是说你后来就意识到这个问题多么复杂，不是你用一个命题就可以把问题解决的，所以你的思维水平就提高了。即便你没有解决问题，但是你给后人指出了继续深入的一个方向，提供了启发、提供了经验，所以这是开放式的讨论。苏格拉底最后并不追求一个封闭的答案，就是说我讲的是对的，你讲的是错的，并不要求这样一个结论，而只是要求整个对话的水平层次要上升一个台阶，这个就很不错。就是说他没有把自己的体系封闭起来，而是为后人留下了无限发展的余地。

那么相比之下，孔子的对话注重的只是结论，而完全不重视反复的辩难。孔子《论语》里面一般一问一答就是一个小节，很少有两个以上来回的，即便有，也不是针对同一个问题。像我们刚才讲的司马牛问仁，可以说有两个来回，但是它不是针对同一个问题，更没有贯彻同一个思路。就是说孔子的这些结论、这些命题究竟是如何得出来的，他的"吾道一以贯之"，这个道是如何贯穿他那些论点的，这个他都没有交代。他的"吾道一以贯之"在他内心，他内心有一杆秤，但在他的话语里面完全看不出来，你只能够去体会。所以，《论语》是中国传统官样文章里面的所谓"要字句"的始作俑者。我把中国的传统官样文章归结为一个"要字句"，要怎么怎么样，"我们要"怎么怎么样，我们在报纸上到处可以看到这种句型。有时候不一定包含"我们"，只是"要"怎么怎么样，有时候连"要"字也不提，但是一说出来，中国人每个人都懂。例如我们要怎么怎么样，"我们要五讲四美"，我们也可以把前面都去掉，就只说"五讲四美"啊，我们大家一听就知道，是说"我们要五讲四美"。这是从孔子那里来的，就是说这样一个句子、这样一个句型在中国人这里每个人都懂得。但是西方人不一定懂得，西方人把它归入"无人称句"。但是西语里面无人称句没有包含"我们要"的意思，所以他们经常抱怨这样一种句子没有主语。比如说让他翻译中国的报刊文章、社论，他们就不好怎么翻。我们，我们是谁？谁要？为什么要？这些问题在西方人看来是必须交代清楚的，但是在中国的话语里面是不能问的，一问你就成了异端。因为这是权力话语，上面来的，它不交代谁要，也不交代为什么要，它就是已经提供出来的结论。所以这样一些权力话语它来自一种道德制高点，这个道德制高点又是基于不可言说的东西，比如说情感，情感上的制高点，就是说我相信我的情感是合乎天道的。

在这一点上如果有人不相信的话，他就可以提出这样的问题。比如说宰我——孔子的一个弟子，就问孔子，说父母死了要守三年之丧，这个是不是太久了，守丧的时候你就不能干别的事情，你就必须在家里烧香、磕头，就不能从事生产了，这个太浪费了嘛，该做的事情都荒废了，需要守三年那么久吗？孔子问他："食夫稻，衣夫锦，于女安乎？"就是你吃的是大米饭，穿的是锦缎衣，你心安吗？你父母死了你心安吗？你吃得下吗？你穿得安吗？宰我就说："安。"孔子就很恼火，他说："汝安，则为之！夫君子之居丧，食旨不甘，闻乐不乐，居处不安，故不为也。今女安，则为之！"就是说你心安的话，那你就去做吧，君子是不这样做的，君子死了父母的时候吃饭也吃不香，听到音乐他也乐不起来，住也住不安，睡觉也睡不好，所以他不去从事这样一些事情，不去听音乐也不去吃美食，所以你要是心安的话你就去做。孔子等他走了以后就骂他，说宰我是"不仁"。他说："子生三年，然后免于父母之怀。夫三年之丧，天下之通丧也，予也有三年之爱于其父母乎！"为什么要居丧三年？你生下来你父母抱了你三年啊，三岁了你才能走路，然后免于父母之怀。三年之丧岂不是天下之通丧吗，父母死了你守丧三年是天经地义的。你难道不是也有三年受到你父母的爱护吗？这就是诉之于情感了。其实你要是跟他去较真，就是说父母抱了你三年你就要守三年丧，把它量化，用这样一种类比来推理，那是很可笑的。为什么父母抱了你三年就要守三年的丧，这两者有什么样的关系？没有什么关系，客观上没有什么关系。但是情感上有关系啊，抱了你三年你父母对你有恩呐，所以你要守三年的丧才能报答父母的恩，这完全是一种内心的感受，但这是孔子的内心感受。宰我他没有这种感受，他说他心安，那孔子对他一点办法都没有，只好骂他，你这个人不仁，你这个人不是人！父母抱了你三年，你守三年的丧都不愿意。孔子觉得自己是很重仁义、很重情的，但是客观上是没有什么规矩的。如果客观上要找类比的话，那我还可以找出来，父母养了你十八岁，你十八年都是在家里吃饭啊，那你父母死了后你就要守十八年的丧，这也可以啊，我比你情感更加深啊。所以这个实际上是没有标准的，只是信口说出来，表明他至少比宰我更加重视父母的亲情。一旦证明了自己是合乎亲情的，那么就有一种权力，就可以说出一种权力话语。骂人就是这种权力话语了，他为什么能够骂人，他凭什么骂人，因为他有权力。这种权力的根据不是以真正的权力为基础，不是因为孔子当了什么官，而是因为孔子自己在心性上、在情感上要比宰我更像一个人，更像一个君子。当然背后还有中国整个社会家庭宗族体制作为支持，这是孔子道德意识形态底气十足的根源。但是整个标准是他自定的，每个人都可以自定。所以中国的权力话语主要是一种情感的表白，而且往往导致一种情感的竞赛。你情感很深，我比你情感更深。我们在"文化大革命"期间，"爹亲娘亲不如毛主席亲"，谁对毛主席的情感更深？你说你情感很深，我比你更深。双方都说对毛主席情感深，双方的辩论都是表白自己的情感更深，所以就打得死去活来。

所以从历史上来看，苏格拉底和孔子两种不同的对话的效果也是不同的。苏格拉底的对话造成了西方哲学史上的一个大转折，就是从自然哲学转向精神哲学、转向伦理学。我们为什么说苏格拉底是西方伦理学的源头，西方道德哲学的源头，就是因为苏格拉底起了这样一个转折的作用。而且他刺激了后来一系列的人，像柏拉图、亚里士多德等这些超越苏格拉底的人，他们建立起了庞大的唯心主义体系。后来的柏拉图、亚里士多德都是从苏格拉底来的。苏格拉底自己没有体系，他是一种开放的心态，但他为后人建立体系提供了一个前提，提供了一个基础。而后人同样继承了苏格拉底这样一种开放的心态。虽然每个人都要建立一个封闭的体系，尽量使其封闭。但是后人就是从苏格拉底这样一个立场出发，把它看作开放的。吾爱吾师，吾更爱真理，你虽然是我的老师，但是真理是开放的。你发展了真理我也可以发展，我可以在你的基础上继续发展，所以一代一代的哲学家都是从苏格拉底那里走出来的，在精神上都受惠于苏格拉底，但是他们都不局限于苏格拉底划定的范围，也不局限于柏拉图划定的范围，都是希望有所突破、有所超越。亚里士多德是最典型的，他是柏拉图的弟子，他就超越了柏拉图，他就批判柏拉图，他的《形而上学》里面大段地批判柏拉图，这个是西方哲学的一个特点。亚里士多德批判柏拉图的时候颇类似于苏格拉底与智者派的交锋，他就是继承了这样一个批判的传统。

相反，在孔子那里则是树立了一个无人能够超越的"大成至圣先师"。孔子是圣人，高山仰止，景行行止，你只能够在他面前打住，只能够仰视。你只能够对他的学说不断地体会、学习，你不能够超越他，更不能批判他。孔子的学生以及学生的学生们，儒家的正统弟子们没有人批判过孔子。你可以发挥孔子的思想，但是没有人说"吾爱吾师，吾更爱真理"，而认为吾师就是真理，吾师就是真理的化身，你还爱谁啊？你要批孔子，那你就是异端了。当然道家里有人批判，佛家里也有人批孔子，但是儒家内部没有人批孔子。顶多批一批"亚圣"孟子，那是有的。但我既然是儒家的信徒，那么孔子所说的都是对的，孔子也许有说得不太清楚的地方，我来解释，我来发展，我来发挥。孔子当时可能不知道禅宗，不知道佛家，我可以把禅宗、佛家里面的东西吸收进来补充说明，这都可以。但是这些补充都是在孔子所划定的范围内的补充，绝对没有违背孔子的训导。所以中国传统的思维方式至此进入了一个原地转圈的框架之中，老是转不出来。当然也有发展，也有充实，也有变化，但它不是一种否定性的发展，不是一种自否定的发展，它是一种不断的积累、不断的积淀、不断的酝酿，是一种积淀型的发展。它发展到最后还是在这个框框之内。这种局面直到五四新文化运动才开始有了一些松动。"五四"前后其实已经有了，就是儒家的信徒同样地对孔子加以批判，"打倒孔家店"。"打倒孔家店"既不是从道家的角度，也不是从佛家的角度，当然吸收了一些西方的东西，但是那些人还是儒生，就是他们在批判孔子，他们反对的是孔子的体系，反对孔子独霸一方，独尊儒术。孔家店嘛，孔家开店，他们要打破这个店，但是儒家的学说他们还是继承的。他们只是要打破儒家的封闭性。在"五四"以来才有了一些这样的迹象，开始有了一种自否定的迹象，那么这种迹象在今天当然有了进一步的发展了，这个是我们要辨别清楚的。

第十二讲 | 让哲学说汉语
——从康德三大批判的翻译说起

今天的方法论课我给大家谈一谈另外一篇文章,就是《让哲学说汉语——从康德三大批判的翻译说起》,这是发表在《社会科学战线》2004年第2期上面的一篇文章,这篇文章的缘起是2004年,我和杨祖陶老师合作翻译的"康德三大批判"已经出齐了,而且在北京的人民大会堂举办了一个首发式,影响还是比较大的,那么有的人就说,你能不能谈一点这个翻译过程中的体会,有些什么感想,有些什么翻译方面的经验,或者教训?我想了一下,就写了这篇文章,"从康德三大批判的翻译说起",主题就是"让哲学说汉语",这样一个标题。这个标题以前也有人提过,但是像我这样的理解还没有人提出。"让哲学说汉语",好像以往的"哲学"都没有说汉语,都是说的英语或者德语,现在要让哲学说汉语,这涉及一个中国哲学的"合法性"问题。中国哲学的合法性问题我认为是个假问题,实际上这个问题只要把哲学这个概念澄清或者定下来就不存在。看你把哲学定义为什么,如果你把哲学定义为一般的智慧、聪明——有人不是说哲学就是"聪明之学"吗?至于聪明之学,那人都有聪明,人比动物聪明,所以凡人都有哲学——如果这样来理解,那中国人当然有哲学,不光中国人有哲学,越南人也有哲学,朝鲜人也有哲学,蒙古人也有哲学,凡是人都有哲学,这不存在中国哲学是不是"合法"的问题。但是如果你把"哲学"从聪明这个层次提升到更高,比如说智慧,有的人说哲学是"智慧之学",

那当然中国人有智慧，四大文明古国嘛，文明古国之所以超出那些未开化的民族，就在于它的智慧比较高。从这个角度来说，中国哲学也有它的"合法性"，这是毫无疑问的。但是如果你把哲学的概念再限制一下，你说哲学是"爱智慧"，那中国人就没有了，爱智慧是希腊人特有的，或者西方人特别发展起来的一门科学，专门讲"爱智慧"。中国人有智慧，很有智慧，但是中国人的智慧不是为了本身的爱，而是为了用在别的方面，比如政治、实用、道德、人生等。它的智慧是用来干别的事情的，比如说为人生的一些实际问题服务，我们所讲的"安身立命"，实际上也就是怎么样为人处世，怎么样治国平天下，实现政治抱负，实现人生的理想。但是对智慧本身抱有一种爱，为了智慧而追求智慧，这个中国人没有。要是从这个角度来说，那当然中国哲学没有这个意义上的"哲学"，没有这个意义上的"合法性"。所以，中国哲学的合法性问题前两年讨论得如火如荼，我一个字都没写，人家问我，我就说这是个假问题，这完全取决于你对哲学如何定义。

那么今天要谈的是让哲学说汉语，这个哲学是在爱智慧的意义上说的。你说智慧，或者是聪明，那我们历来都可以用汉语来说，凡是关于聪明方面的事情以及关于一般的智慧方面的事情我们都可以用汉语来说。但是爱智慧是西方人首先说起来的，我们现在在学着说，但是还没有说圆。哲学现在还不是说汉语，严格意义上的哲学，狭义的哲学，目前在世界上还没有说汉语，我们到国外的哲学系去看一看，没有什么中国哲学，中国哲学被放在文化学，或者语言学、汉学，或者历史学，放在这样一些部门去加以研究，而哲学系就是研究西方哲学。西方人写的哲学史我们都翻译成西方哲学史，其实在他们心目中这就是哲学史，顶多它对中国的哲学思想、中国的智慧捎带提一下，但是不把它当作哲学史中的成分。那么这里面有哲学思维的问题，我刚才讲的爱智慧，中国人没有这个习惯，没有这个传统；再一个还有汉语的问题，就是说古代汉语，中国传统的汉语文言文，这样一种文字是不适合于哲学的，不适合于严格意义上的哲学的。当然它可以适合于智慧，它可以说出很多箴言，言简意赅。本来要用一本书表达的思想，我们能用一句话表达出来，这个很了不起。中国的文言文特别节约字，这是大家公认的，但是它不适合于表达这种严格意义上的哲学，就是爱智慧。你专门为智慧本身，不仅仅是为能够表达什么人生哲理或者是别的方面的一些实用的命题，而且是对这个思想本身的爱，那么文言文本身的表达有它的困难，但是一百多年以来，文言文开始走向衰亡，五四运动以来白话文已经成了气候，所以我们这里谈的汉语已经不是过去的那种严格的文言文，当然也可以夹杂一些文言文，但是这已经不是严格的传统的汉语，而是指的现代汉语。让哲学来说现代汉语有没有这个可能？我在翻译"三大批判"的时候运用现代汉语，运用已经成熟的现代汉语来做一种纯哲学的翻译的时候，有下面一些体会，今天想跟大家谈一谈。

我先引述黑格尔的一段话。黑格尔讲："一个民族，除非用自己的语言来习知那最优秀的东西，否则这东西就不会真正成为它的财富，它还将是野蛮的。"所以黑格尔当时提出来一个口号叫作"教给哲学说德语"。他说，如果哲学一旦学会了说德语，"那么那些平庸的思想就永远难以在语言上貌似深奥了"。在当时提出这个话可以说是振聋发聩的，要教给哲学说德语，这个口气非常大。这个德语是教师，哲学反而是被教的，要用德语去教哲学，教给哲学说德语，这对当时德意志民族的民族自豪感可以说是一个巨大的提升。就是说，并不是要我们用德语来学着说一点哲学，而是说哲学需要学习德语，哲学本身需要学着用德语来说。这也意味着德语是一个巨大的宝库，我们以往已有的哲学反而在它的范围之内。如何穷尽、如何探索这样一个语言的宝库，这是当时的哲学家的使命，哲学要是学会了说德语，平庸的思想就永远难以冒充深奥了，因为德语是很深奥的，德语是真正深奥的。这是黑格尔当时提出的一个非常具有民族自豪感的说法。那么，我在这里提出这样一个口号——"让哲学说汉语"，也有类似的意思，只是说把这句话里面的德语换成汉语。那么刚才讲了这句话的口气很大，要防止把它和另外一句话混淆起来，就是为什么黑格尔不说"教给德语说哲学",而是"教给哲学说德语"?他凌驾于哲学之上,站在德意志民族语言的基点上来俯视哲学,下面我有两点解释:一个解释是,一个民族要学习哲学,为什么一定要用自己的语言?德意志民族为什么一定要用德语来讲哲学?当时德国人很喜欢学外语,在当时康德就说,北欧日耳曼人是最喜欢学外语的,以精通多门外语为自豪,在日耳曼人里面有很多外语天才,我们今天还可以看到像瑞典这样一些国家,还有像瑞士本来就是多语言的国家,他们往往一个人学好几门外语。那么为什么一定要用母语来讲?能不能通过普及外语教育来讲哲学?当然哲学在当时最需要普及的就是拉丁文和希腊文,特别是拉丁文在当时是哲学语言,你要追根溯源、学习哲学史那就是要学希腊文,你当时要是不懂拉丁文或者不懂希腊文或者两个都不懂,那你是没资格谈哲学的。在当时的欧洲,要谈哲学就要学这些。这些当然已经不是他们的母语了,能不能用普及这些外来语或者古典语言的教育来学习哲学,来表达哲学?如果用中国今天的情况来类比,就是说我们能不能通过普及英语教育或者是德语教育、法语教育,或者其他的外来语教育,来达到同样的目的?就是说我们也发展我们的哲学,但是我们是用英语来发展,中国人通过讲英语,通过非常流利的英语能够发展起我们中国的哲学吗?或者说能够发展出能够拿到世界上去的一种哲学吗?这个我认为是不可能的,中国人通过一种外来语来发展自己的哲学是不可能的,我们顶多只能模仿人家。曾经有研究生交课程论文,交来了一篇英语文章,我就把它打回去,我说你把它翻译成汉语。那就很难了,写英语文章很容易,但是要把英语文章翻译成汉语那就难了,我说你不把它翻译成汉语怎么知道是你的想法呢?你很可能是人云亦云啊,因为你的英语本来就是模仿嘛,你从小不是说英语的,你是说汉语的,你的母语是汉语。这个我认为是不可能的,所以一定要强调用自己的语言、用自己的母语来说哲学,这是一个方面。

第二方面就是说,刚才讲的是教给德语或者是教给汉语说哲学,这是必要的,但是另一方面,黑格尔讲的不是这个,他讲的是教给哲学说德语。

为什么要这样说？既然一个民族要用自己的母语来学习哲学，它的结论就应该是"教给德语说哲学"，按逻辑推论应该是这样的，就是黑格尔这句话它本来是这样的："一个民族，除非用自己的语言来习知那最优秀的东西，那么这东西就不会真正成为它的财富，它将是野蛮的。"但是结论呢，他不是说那我们就应该教给德语说哲学，要让德语去学着说哲学，他推出来的是相反的结论，就是要"教给哲学说德语"。这就有点奇怪了，为什么是反过来的？我们下面来作进一步的解释。就是说，在西方，我们都知道哲学是发源于古希腊，是希腊人创造的，用的是希腊文，最早的哲学是用希腊文，希腊人用自己的母语创造了西方哲学。然后接下来是罗马人，中世纪的基督教哲学家们用的是拉丁语，这是西方哲学传统的两大语言。那么在黑格尔时代，在黑格尔以前的时代，哲学往往是用拉丁文写的，拉丁文是必修课。不光是哲学，凡是你读文科，文科中学，比如 Gymnasium，那就要学拉丁语，这是必修课，就像我们从小要学英语一样。如果你还要学哲学或者神学，那你就需要再加一门希腊语。但是当时的拉丁语已经死了，已经是一门死去的语言，就像我们今天的文言文一样，在日常生活中谁也不用它，只有神父在布道的时候，哲学家在写文章的时候，他们可能采用拉丁语。在日常语言里面人们都不用拉丁语，而是发展出一大批各个民族各自的语言，在这些民族语言的基础之上形成了各大民族国家比如德意志、法国、英国、意大利等，这样一些民族国家已经形成。但是，在黑格尔时代，这个民族的文化在它的哲学层面上，拉丁语还有很大势力，当然已经开始有些不同了，完全用拉丁语写作的人还有，但是也有些人开始用德语写作，开始用法语写作，像莱布尼茨就是用法语和拉丁文写作的。像笛卡尔有的文章也是用法文写的，因为他要和人家论战，跟人家讨论问题，你不能用拉丁文去跟人家讨论，跟人家论战，所以有些也是用法文写的。但是，拉丁文仍然占据着一个统治地位。

一个民族如果在它的文化领域里面还是拉丁文占统治地位，那么按黑格尔的说法，这个民族还属于野蛮民族，因为本来除了意大利人、罗马人以外，当时的其他的民族都被称为野蛮民族，日耳曼人、哥特人、汪达尔人、斯拉夫人等，这都属于野蛮民族，同一个等级的。但是融合到欧洲文化里面以后，他们的精华部分比如哲学、神学，仍然是由拉丁文统治，所以在非拉丁神学家们、哲学家们眼睛里面，自己的民族还属于野蛮民族。为什么属于野蛮民族？因为他们的语言没有得到提升，他们的语言还是属于不上档次的，你要上档次你就必须说拉丁语，在大学里面、学院里面，高层次的，你就必须要摆出一副会说拉丁语的架势，不然的话，人家不理你，你是下里巴人。你要说德语，大学讲坛里面你说德语，人家说你太野蛮，这在黑格尔时代仍然有这样一种影响。但是实际上拉丁文已经失去了自然语言的根，人们在日常生活中不用它，它已经不是一种自然语言，它不是来自生活，而是来自书本，所以用它来表达哲学已经成了一种僵死的表达，一种教条化的独断的表达。你用拉丁语去表达传统的哲学命题是非常僵硬的，它已经不适合于表达新的哲学思想，而对哲学思想有一种禁锢、一种束缚。而这个民族的日常语言也没办法提升到优雅的、高级的层面，无法提升到哲学的层面，只能停留在粗鄙、简陋的层面。在当时黑格尔认为有两个重要的事件把这个局面打开了。一个是马丁·路德把《圣经》译成德语，这在德国文化史上是一个大事件，第一次使德语这一活生生的民族语言能够表达《圣经》了。以前的《圣经》都只能用拉丁文来宣读、来讲解，由那些受过训练的牧师在布道的时候一段一段地读、背诵，然后讲解，但是没有人把它翻译成德语，翻译成人们、大众，哪怕是没有文化的人都能够理解的这样一种语言。马丁·路德把它翻译成了德语，功莫大焉。再一个就是沃斯把《荷马史诗》译成德语，德国人通过这样的方式接受了希腊文化的教育。《荷马史诗》在希腊人那里就是生活的教科书、百科全书，当然它里面的知识现在已经过时了，但是它的精神，那种文明人的气质，那种修养都在里头。把这个东西译成德语，让德国人、粗野的日耳曼人能够受到教化，这是很了不起的。所以黑格尔高度地评价这两件事情，这就说明了把一种外来文化的精华部分通过翻译变成本民族的语言，对促进本民族文化的发展是非常起作用的，它能够提升民族语言本身，使它更加丰富，更加具有层次。路德对《圣经》的翻译被公认为奠定了现代德语的基础，德语的语法、德语的表达方式、德语的句型，在马丁·路德的翻译里面已经得到了规范化，从那个时候已经规范化了。我们今天要读马丁·路德，当然有些东西我们今天看起来过时了，有些表达方式现在不是这样，但基本上是可以读懂的，学过德语的人基本上是可以读懂的，就是它已经比较规范化了。当然它有个渐进的过程，从马丁·路德以后一直到康德，康德的学说我们在翻译的时候也遇到有些地方不是现代的表达，它还是古德语的一种表达，但是那种地方已经很少，至少它的语法规范，已经成体系了。

所以这样一种语言经过这样的规范以后，它更加便于人们思想情感的交流，便于他们在学术上以及文学上互相沟通思想，所以它已经成为一种学术语言和文学语言，《荷马史诗》和《圣经》被译成德语以后达到了这样的效果。那么这样一种语言是学术语言和文学语言，同时又有活生生的源头，它不是无源之水，它从日常生活中吸取丰富的营养，从而能够保持一种语言自行生长的生命力、永不枯竭的生命力，这是黑格尔对这两件事情所作出的高度评价。但是当然，他自己并不是搞翻译的，黑格尔有太多的东西要写，要创作，但是黑格尔在创作中实际上也对德语的发展做出了很大贡献。像伽达默尔就高度评价黑格尔"克服异化了的学院语言"，也就是克服了经院式的语言。在康德那里语言还带有很浓厚的经院色彩，所以我们读起来很沉闷，但是黑格尔的著作是力图克服这种学院的、经院的语言。但又"不陷入任何语言纯正癖"。黑格尔的语言经常爆发出一种生命的火花，如一种形象的比喻等，但它又是非常严密的。伽达默尔说，"他通过将日常思维的概念贯彻于哲学的生硬做作的表达中，从而恢复了他母语中的思辨精神"，恢复了德语母语中的思辨精神。也就是说黑格尔虽然没有搞翻译，没有把什么东西翻译成德语，但是他自己用德语写作，对德语的提升起了巨大的推动作用。在德国古典哲学以前，也有很多哲学家，像中世纪就有库萨的尼古拉,像近代就有莱布尼茨,库萨的尼古拉是用拉丁文写作的,莱布尼茨是用拉丁文和法文写作的,但是只因为有了从康德以来的一大批用德文写作的德国古典哲学家,德意志民族才成为了一个世界顶尖级的哲学民族。从康德以来德意志民族才成为了哲学民族,号称哲学民族。你要搞哲学你到德国去,你要搞文学你可以到法国去,你要搞经济、政治你可以到英国去,这个是已经有定评的,德国是一个哲学民族。为什么会这样?就是因为有一批这样的哲学家,他们用自己的母语,而这种母语有深厚的哲学土壤,在这样的一种土壤上面,他们使哲学生长起来了,这就是"教给哲学说德语"。教给哲学说德语是哲学的大幸,也是德语的大幸,是双赢的。

所以从这一方面,我们来看看"教给哲学说德语"。"教给哲学说德语"这样一个命题有双重的视角,或者有双重的意义。一方面,黑格尔这样说不是立足于国民教育的角度来提高群众的文化素养和知识,或者我们通常讲的怎么把哲学普及化,或者哲学的应用价值。哲学要有用,我们中国人通常都是这样认为,像科普一样,把哲学变成一种科普,"工农兵学哲学、用哲学",我们在"文化大革命"的时候,在农村,每个生产队都贴了一张条子,我们都是知青,都去帮着抄嘛,就是"13个哲学观点",就是从毛泽东的矛盾论与实践论里面总结出13个哲学观点,什么两点论啊,什么对立统一啊,教给农民去学。农民当然没有任何人感兴趣了,但你还得教他们去背诵,这就是把哲学变成一种科普。黑格尔不是这样,不是为了普及哲学而去"教给哲学说德语",而是立足于哲学本身的发展,哲学在这里是主体。我们都知道黑格尔是立足于"绝对精神"的,绝对精神在它的最高的表现形式中就是哲学,哲学是一种精神,它是一种主体,所以哲学说起德语来首先应该看成是哲学本身的发展。它是哲学本身的发展,其次它才是德语的发展,德语本来就在那里,哲学是外来的,那么现在我们"教给哲学说德语",哲学就发展、提高了,哲学获得了德语的营养和丰富的土壤,那不是得天独厚了吗?与此同时,德语随之也得到了发展,就是哲学发展起来当然德语也就提高了，这是一个意思。另外一个意思就是哲学本身是需要教的，也就是需要发展的。黑格尔的观点和我们今天的观点有所不同，我们今天的观点认为，哲学既然是西方人做出来的，那我们模仿就得了，你再怎么样学习你也赶不过超不过西方人。我们很多研究西方哲学的、写西方哲学史的教授们就是这种观点。你能够把西方人讲的话原原本本地翻译过来不走样，这就是功德无量了，你还要去发展哲学，你怎么发展哲学？你并不处在哲学的前列。哲学是别人发展起来的，我们本来没有，所以我们就把它翻译过来，你能够及时地紧跟当代哲学发展的步伐，亦步亦趋，那这样就不错了。人家搞出什么东西来，你马上能够反应，我们叫"同步"得到反应，国内哲学界能够跟西方哲学界同步，这个就是最高的理想。我们国内很多做西方哲学的教授们最高理想就是能够跟西方人同步，能够跟西方人说上话。西方人一看，你们中国人也懂啊，就觉得很了不起了。这其实是我们的一种误解，哲学不是这么个东西。你把哲学当作一种知识，当作一种技术来掌握，这根本就是忽视了哲学的本性。哲学本身是需要教的，需要发展的，我们的母语汉语没有发展出哲学，在某一方面是汉语本身的劣势，但另一方面它有它的优势。西方人不懂汉语，西方人尽管发展出哲学，但是无法在汉语的语境里来发展，这个是西方人的劣势，却是我们中国人的优势。我们本来有这个优势，就是我们能让哲学在我们中国人汉语的语境里得到发展，使哲学本身能够得到很大的推动，能够受益，本来应该是这样的。哲学本身需要发展，而且需要各个民族发挥自己的特长来推进它。那么在黑格尔时代，哲学如果被教得能够说德语，那就是哲学最大的发展。哲学已经在说法语，已经在说英语，以往一直在说希腊语、拉丁语，说了一千多年了，但是还没有说过德语。那么，从康德开始，人们尝试让哲学说德语，这是哲学本身的发展。

而且在黑格尔看来，哲学是最适合用德语来说的一种语言，他说："我们必须承认，德国语言富有思辨精神，它超出了单纯理智的非此即彼的抽象方式。"他说："一种语言，假如它具有丰富的逻辑词汇即对思维的规定本身有专门和独特的词汇，那就是它的优点","德国语言在这里比其他近代语言有许多优点，德语有许多词非常奇特，不仅有不同的意义，而且有相反的意义，以至于使人在那里不能不看到语言的思辨精神。"德语非常丰富，有很多词，同一个词有不同的意义还有相反的意义。比如说我们通过语言的分析，可以悟到里面有思辨的精神，也就是悟到里面有哲学，其实就是哲学。最典型的、人们谈得最多的就是 Aufheben 这个单词，我们翻译为"扬弃"。我们在前面已经和大家谈到过这个词，"扬弃"本身就有双重的含义，一个是取消，一个是保留，因为它的词根本来就是"捡起来"嘛，捡起来放到高处，放到高处你可以说把它取消掉，但是另一方面你可以说把它保存起来。这是德语里面非常典型的具有哲学含量的一些本土语言、本土的词。但是这样的一种说法有点像我们今天说的，"越是民族的就越是世界的"，越是德语特有的东西越是能够提高哲学。如果把黑格尔的意思仅仅理解为教给德语来说哲学，我们刚才讲的就会被误解为一种通俗化、普及化，哲学的普及、科普，同时会把黑格尔误解为把大量的外来语直接引到传统的语言里面来，比如在德语中引入大量的外来语。我们在汉语中引进了大量的舶来语、外来的词汇，造成了外来术语的大爆炸，这样固然可以在哲学领域造成一种学术泡沫，但是那是不能持久的，那是过眼烟云。黑格尔对外来语并不是一般笼统地排斥，他说外来语、外来词当然可以用，但是这些外来词必须成为本民族语言的一分子，当它已经成为我们日常语言的一分子以后，是可以用的。当时德国随着对外交往的扩展，德语里面已经渗进一些外来的成分、英语的成分、法语的成分，还有其他语言的成分，那么这个时候我们就可以在哲学写作里面把它引进来，在哲学的翻译、哲学的写作里面把它引进来，但是这个时候它已经是我们本民族的语言了，已经不陌生了。所以他讲哲学不需要特殊的术语，它固然也需要从外国语言里采用一些字，这些字却是通过使用已经在哲学中取得了"公民权"的了，已经成为本土语言的一部分了。当然在别的地方黑格尔也讲到过，就是说即使是这样，外来语和本土语言也还是有区别，比如说拉丁语、拉丁词或者希腊词，黑格尔偶尔也用一下，但是黑格尔用这些词的时候他特别说明："当我在用外来词的时候，我是采用它比较抽象的含义。"同一个词，同义词，一个拉丁词和一个德语词两个词你可以对译，但是我为什么采用拉丁词，这个地方就是要强调它的陌生的那种含义、抽象的含义。本土德语词就更加具体一些，因为是我们的母语，我们可以从它的词根，从它的词法连接的习惯进行揣测，很容易就能够体会到它的意思，那个就很具体。但是如果要表达一个抽象的含义，那我们通常就用拉丁词。这个不光是黑格尔的一种习惯，而且是我们在读很多哲学家的著作的时候，都可以发现的一种特点，就是当他采用本土语言的时候，他表达的意思比较具体，但是同一个词、同义词，如果他采用的是拉丁语，你就要注意了，它就不仅仅是你通常理解的本土语言，它带有一种抽象的含义，带有一种反思的含义，有这样一点区别。

所以，在黑格尔看来，哲学本质上就是从我们的母语里面，从我们的语言习惯里面，从我们的自然语言里面提炼出来的。哲学的词汇就是从我们的母语里面提炼出来的，希腊语就是从他们的母语里面提炼出来的，拉丁文也是从古罗马人的母语里面提炼出来的，因为哲学并没有生就的词汇，自然语言并不是一开始就有哲学词汇，那没有的。自然语言里面都是些日常的词汇，但是哪些词可以变成哲学词，那要经过提炼、经过使用，你把它使用在不同的组合方式、不同的场合、不同的意义上，这个时候这个词就得到了抽象，得到了提炼。没有现成的哲学语汇，凡是哲学的语汇最开始都是日常的，都是我们日用不知的一种习惯语，但是你经过反思以后把这个词提炼出来了。比如说"是"这个词，sein 或者 being 这个词，它就是日常的，德语也好，英语也好，希腊语也好，都是用得非常多的一个词，是日常语言，但是你把它单独拿出来，它就是个哲学词，它是从这个自然语言里面生长出来的。这个词我们中国人没有，我们中国人在自然语言里面没有相应的词，所以我们总觉得陌生。我们翻译过来想给它找到一个相应的词，找不到，所以我们只好一词多译，译成"是""有""在"，或者是"存在""存有",等等,在不同的场合用不同的译法表达它的意义,就是通过这种方式。所以这个词我们总感觉到陌生,因为它不来自我们的母语。但是经过解释以后我们可以揣测到它本来的意思。所以真正的哲学词汇肯定是要从我们的日常词汇里面提炼出来,我们要通过日常语言去解释它、去解读它,哪怕不能直接地翻译,我们也要从我们的日常语言里面去多方面地体会,用我们自己的语言去表达。如果你对 being 这个词不作这样的解读,你直接去读英文的原版,或者读德文的原版,哪怕你读希腊文的原版,你读完之后你也不知道它说的是什么东西,因为你没有那个根基。你只能模仿,它是那样说的我也这样说,它是这样用的我也这样用,但是你没有体会,没有语感。

  从黑格尔的上述看法里面我们可以得出一些启发,具有参考价值。我们研究一种外来的思想,比如说外国哲学,当然我们首先要外语好,这是毫无疑问的,但是我认为真正要把外国哲学研究透,更重要的是要精通母语。不是说我们学外国人怎么讲哲学,而是说我们要试图让哲学来说汉语,你要让哲学说汉语,你必须对汉语精通,你必须要有深厚的汉语功底,对中文的熟练把握,我们要能够用汉语思维透彻地表达乃至于理解外国人的哲学思想,而不仅仅是用外语来复述外国哲学家的文本。那么要做到这一点,你的语言就必须要能够不仅仅是表达外国哲学家的思想,而且是表达一般的哲学思想,当然也包括你自己的哲学思考。你由外国哲学的学习引发了你自己的哲学思考,那么你要试图用你的语言来表达。哲学思想既然是你的,那就跟你的亲身体验结合在一起。所以研究外国哲学一定要有的,一个是对母语的精通,再一个是对哲学本身的兴趣,对哲学本身要有一种兴趣,要有思考。这两方面是不可分割的,就是说对哲学本身的思考当然只能用母语,而不能用外语,你对别人的哲学思考可以用外语,那是模仿,但是你对自己的哲学思考只能用母语。如果你只能用外语的话,那你还没有自己的哲学思考。我这个说法可能有一些刺耳,有的人可能不太同意,有的人长期在美国生活,他就是用外语在那里思考,他也很有思想。但是他到中国来教学的时候他就发现有很大的困难，就是他不知道怎么用汉语来让学生懂得他的意思，你要把它翻译过来很难，一个词他要搞好几天，那么他怎么教学呢？没办法教了。所以真正的自己的哲学思考，我认为只能用母语。伽达默尔也认为，所谓的语言能力不是一种技术性的模仿能力，当然从小你必须模仿语言，大人教小孩说话，没有大人教你怎么能学会呢？但是他不仅仅是模仿，伽达默尔讲，"一般说来，语言能力只有在自己的母语中才能达到。这就说明我们是用母语的眼光学会看世界的，反过来则可以说，我们的语言能力的第一次扩展是在观看周围世界的时候才开始得到表现的"，这是伽达默尔的一个观点。从中我们可以引出这样的结论，就是语言能力在它的起源上，在它的根基上，它实际上就是一种哲学的能力。那么反过来，一个人真正说来就是用母语才能够进行哲学思维。母语也就是自然语言，日常的自然语言，是哲学的研究、哲学学术研究的源头活水，或者说土壤。

那么我们在"三大批判"的翻译里面就是要贯彻黑格尔所表达的上述思想，当然不光是黑格尔，也包括我们刚才讲的伽达默尔他们的这样一些观点。那么，在过去，在五四运动之前，乃至于五四新文化运动之后这一段时期之内，由于我们中国和外国、和西方在文化和语言结构上面有非常重大的差别，所以中国人要使外来哲学，特别是像康德这样的高度思辨的一种哲学，得到汉语的比较准确的表达，那确实是非常困难的。因为像康德的这样一种哲学是比较典型地代表了西方思维方式的特点的，其他哲学家可能也是西方思维方式，但是还没这么典型，还没有把它固有的特点发挥到这样淋漓尽致。像笛卡尔的《第一哲学沉思集》，里面已经有一些思辨了，但是它还是比较日常的，是业余哲学家的思考。在康德以前的哲学家都是业余哲学家，在康德以后才有了大学教授的哲学。当然康德以前也有大学的哲学教授，但是像康德这样由大学教授创立自己的哲学，这个是在康德以后。西方哲学由此上了一个台阶，就是说，它已经不是业余的，不是业余能够从事的。在康德以前也有大学的哲学教授，但是有的人是把哲学当作业余副职，他不当教授也可以，像斯宾诺莎，海德堡大学要他去他不去，他不去也比那些大学教授讲得好得多，大学教授没什么了不起。但是到康德以后就不同了，从康德以后你要进入哲学的门槛，你必须经过大学的洗礼。业余的哲学家当然也有，但是业余的哲学家毕竟是业余的，没有经过训练就达不到那样一个层次。所以康德集中代表了西方思维的特点，把它突出出来，把它的潜力充分地挖掘出来了。比如说他的思辨能力，康德的哲学最重要的一个特点就是非常思辨，以至于搞得非常晦涩，好像要故意使人不懂。你一个业余哲学家一边要干活、要做事情、要维持生活，你怎么能够进得去呢？我们今天也有很多业余哲学家，在干别的事情，但是业余爱好哲学、关心哲学，有的也写了一些东西给我看，但是他毕竟没有经过训练，我觉得好像还是不行。真正要上档次还是要经过系统的训练。

　　这样的训练之所以需要，就是因为西方思维方式这样一种越来越深入、越来越深化的思辨的特点，它是一门科学，这门科学发展到高层次以后非常复杂，它不是说你一般的思想体会三言两语就可以说得清的，或者你作一首诗就能把所有的意思包含在内，不是的，它有一整套的论证。在"五四"以前我们中国的汉语还是文言文，官方的汉语、学术语言还是文言文，所以这样一种汉语没有完成现代化的蜕变。现代化的蜕变就是说脱颖而出，就是变成一种与日常口语相一致的语言，就是现代语言，或者是近代语言。西方是近代语言，它跟口语相一致，你能说出来就能写出来，而且能懂，这样一种语言是比较成熟的。西方近代语言的重要的优势就在这个地方，就是说拼音文字在这个方面比较好办，它能够被说得出来它就能被写得出来，写得出来别人也就可以读，而且读了能够理解，它跟日常语言是一致的，它没有故弄玄虚卖什么关子。所以它就非常适合于更加精确的哲学表达和哲学讨论，它用的是日常语言，它有公共性，你能参与这个讨论，你发表出来所有人都能看，哪怕他没有经过哲学训练，他也可以看，他也可以懂得你们双方哪个对哪个错，他可以有判断的。所以它是非常方便的，西方近代语言在这个方面就有这个优势。而中国近代"五四"以前的语言不具有这个优势，它的文字表达和口头表达是分离的，而且你把它写出来，人家即便读得出来也不一定懂得，你没有文字功底，你没有考据，你没有古文功底你怎么懂呢？所以在这段时间，在"五四"以前我们谈不上建立起一套明确规范了的学术语言，我们在此之前当然也在谈学术，但是没有一套明确的规范性的学术语言，这是我们古代汉语的一个缺陷。

所以你要用古代汉语来翻译西方哲学的文献，就会发现缺乏相应的语法手段，很多语法现象你没法译过来，你只能用一种大而化之的方式去意会。在这方面，蓝公武的《纯粹理性批判》是非常典型的一个范本，《纯粹理性批判》当然现在有新的译本了，但是这个范本是不可丢的，我们研究翻译史的或者是研究古典哲学的，我们要好好地把它保留下来，这是一个非常好的范本。就是说在蓝公武的这个译本里面已经尽了最大的努力，把康德的那样一种转弯抹角的德文，当然经过康浦·斯密的英译本，然后把它转化为典雅流利的文言文。蓝公武的译本是非常典雅的，你要是读它，你不看原文，你就读汉语，非常典雅非常流利，从文言文的角度，堪称经典，而且气韵生动，非常严密。所以特别是老先生们都认为，这个本子不管怎样，不管以后什么时候会被淘汰，但是至少它是一个精品，不可多得。当然从康德哲学思想的连贯性和严密性来看，我们今天来看这个本子，它由于语言的限制经常在信息量上受到不少损耗，有的意思甚至都受到了扭曲。因为差距太大了，文言文和康德的德语或者是康浦·斯密译过来的英文差距太大，很多细微的地方表达不出来。那么五四运动最伟大的文化成就，或者说我认为最大的功劳，就是对古典汉语的改造，以及现代汉语的形成。这一点特别是最近几年来有很多不同的意见，就是有人责怪五四新文化运动败坏了中国的汉语，认为文言文的废止不是五四运动的功劳而是它的罪过，甚至认为是它最大的罪过。这包括上次来的王树人先生也是这样的观点，就是说"五四"败坏中国文化，特别是对文言文。当然"五四"的有些提法是过激的，就是说要拉丁化，要用罗马文字代替汉字，这是过激的，当然也实行不了。但是用现代白话文，或者从人们的日常语言、自然语言中形成一种现代汉语，这毕竟是"五四"以来的一个巨大成果，我们今天还在享受这个成果。当然我们今天也在败坏它，从中学以来就把五四运动的成果败坏到了无以复加的地步。我们进入大学，有了一定的自主权以后，我们要重新学习现代汉语。你不要以为你现代汉语学得挺好的，你的作文可以打九十几分，你可以写出范文来。中学生杂志经常出一些范文，狗屁不通，那些东西都是要不得的，那是败坏汉语的。我们进入大学以后应该主动去看一些堪称经典的汉语文本。

那么，现代汉语的经典在哪里？我国从清末以来就已经有一些有识之士留学西方，带回了一些西方的新思想和西方的文化，比如说马建忠的《马氏文通》，把西方的语法带给了汉语，这都为现代汉语的产生做了准备；到了"五四"以后，现代汉语的形成得益于大批优秀的翻译家，"五四"以后他们抛弃了像林纾那样一种以文言文翻译外国小说的做法。林纾本身也不懂外文，别人通过外文转述，然后他就用文言文把它表达出来，两个人合作，一个懂外文的讲，然后他就兴之所至地发挥，也很耐看，当时写的这些小说也很吸引人，就像古代的章回小说一样，但毕竟不是章回小说。于是，新起的这些翻译家开始尝试着用日常的口头语言去翻译西方文学作品，在这个过程中锻造了现代汉语，形成了与日常口语比较接近但是又不失学术气度的、具有文化学养的一种所谓的"翻译体"。我们今天称之为翻译体，翻译体当然带有贬义，带有看不起的意思，你的语言是翻译体。我们今天比较受欢迎的不是翻译体，还是那种半文半白的，表现出你有一点古典文学功底，但是又不至于看不懂，最好是像余秋雨的《文化苦旅》的那样一些东西。翻译体具有一种机械性，当然它也可以表达文学的东西，也可以表达美的东西，但是它比较明确，不太有那种中国传统的"只可意会，不可言传"的东西。中国传统文学的语言是追求那样一种意会，只可意会的东西，尽在不言之中，但是在西方文学作品的翻译中，它基本上是合乎西方的语法的，它有规范，包括标点符号，包括系词和介词。我们这两天在搞答辩，硕士生博士生答辩，有的文章写是写得蛮好，但就是没有系词，缺乏系词和介词，比如说对什么什么，关于什么什么，这样一些介词往往掉了，他靠意会，靠前一句话和后一句话，中间这句话你可以自然而然想到。我就往往要给他加上，我说这个作为一种学术语言你还是要规范化。系词和介词当然是西方来的，这不是中国的，中国人就是靠意会，就是两句话摆在那里你去体会、琢磨它们之间的关系，但是这个关系是很灵活的，它本来是这个意思，但是也可能是完全相反的意思。这个是关系词和介词。再一个就是倒装句型，这个我们中国以前，当然在文言文里面也有，但是在白话文里面一般是不用的，大量地运用倒装句也是从翻译体里面来的。再就是主句和从句，主从关系句，比如说一个西文的句子里面包含了一个定语从句，我们中国传统的文言文不是这样写的。你要把它写成白话文，那句子要很长啊，它句子里面有个句子，它这个句子是起其中一个句子成分的作用的，那么你要把它说成一句话，你不能把它变成两句，变成两句就不是了，你还只能把它用一句话表达出来，这句子就要很长啊。很长了以后它就大大扩展了句子的容量，包括对定语、对状语、对补语等，这些东西的容量大大扩展了。

所以翻译体很重要的一个特点就是句子长，句子特别长，中国的文言文里面没有什么很长的句子，白话小说比如《红楼梦》《水浒传》也没有长句子，长句是中国人所不习惯的。翻译体出现了大量的长句子，它强调句子的成分，以及句子和句子之间的逻辑关系，强调一种逻辑线索，包括文学作品也是这样。但另一方面因为还是中国人在那里写，在那里翻译，所以它还是保持了一些古代汉语的优点，比如说各种修辞手法，赋比兴啊、对偶啊、成语啊，包括一些典故啊。当然典故在翻译的时候不要随便用，否则会搞得不伦不类，但是有些还是可以用的，不是特别突出地方特色、民族特色的这些典故还是具有普遍意义的，类似"刻舟求剑"的这样一些成语，还有一些故事、典故，也是可以运用的。再就是一种简洁的文风，点到为止，言不尽意，还有意会的表达方式。刚才讲了有些人写东西还是比较喜欢意会，我通常希望他们在学术文章中把这个介词补上去，把它的关系搞清楚，但是在文学作品中往往还是有些意会，意会能够使行文更加简洁，你加上些介词就显得啰唆，显得累赘了。当意思明确的时候你不需要它，利用汉语的优势，利用汉语的前后次序关系，它本身具有表意功能，你颠倒一下意思就可能不同，你就用这种手段来表达。这就是从西方经典文学作品的翻译中所形成起来的一种翻译文体，这种文体对于20世纪下半叶的中国人的文化生活和精神生活可以说起了决定性的影响。王小波曾经说过，他的文学修养主要是通过读翻译文学作品获得的，就是说，那个时候我们年轻人都知道，你要想读好文章你就去读译著，那里面有好文章。因为当时的那些翻译者都是一些大师，本来是诗人，1949年以后写诗写不成了，就去搞翻译了，有的写小说写不成了就去搞翻译了，很多都是这样的人，非常有才气的，他们译出来的东西是很不错的，我们今天没有人能超越。现在有大量的作品重新翻译，我还是宁可找当时的那些老译本，当然也有不太好的，但是大部分都是精品。古典文学、经典文学作品的翻译，这个是非常重要的，所以王小波讲，是这些翻译家发现了现代汉语的韵律，没有这种韵律就不会有现代文学。在中国已经形成了一种纯正完美的现代文学语言，他说："我承认我的文学师承是这样一条鲜为人知的线索。"就是通过读翻译作品，当时我们这一代的文学青年都有这种感觉，王小波这话说出来我们大家都是非常同意的，都有亲身感受。他说，最好的作者在当时都在搞翻译，所以你要读好文章你就必须去读译著。当然王小波讲的是文学，除了文学，其他的翻译作品，像美学，还有哲学，都有同样的情况，可以说它们共同参与了现代汉语的塑造。在美学，比如说周扬译的《生活与美学》，那还是翻译得很漂亮的，周扬的翻译还是不错的。还有当时一大批这样的翻译家，哪怕他后来从政了，还有其他的一些人后来搞政治了，但是他们早年的那些东西还是很不错的。

再就是马克思主义哲学的经典著作，成系统地、大规模地被翻译到中国来，应该说对现代汉语的学术语言起了一种定型的作用。马克思主义哲学那些词汇怎么翻？到底该怎么译？当然他们参考了比如说日本人的译法，然后自己也做了很多的创造，我们今天的哲学语言都受到这个影响。我曾经讲，20世纪50年代中国大陆的哲学研究和其他的理论研究，在语言和文体方面主要是受马克思主义著作翻译的影响，这个当然有它的客观原因，因为那个时候只有马克思主义哲学。当然除了马克思主义著作之外，还有像贺麟的《小逻辑》、王造时的《历史哲学》当时还可以看到，康德的《纯粹理性批判》那个时代是看不懂的，大家觉得看得懂的还是马克思，特别是恩格斯的一些书，像《自然辩证法》《反杜林论》这样一些比较通俗的作品，加上列宁的《唯物主义和经验批判主义》这些作品。当然它的内容我们今天觉得已经过时了，有很多东西必须要超越，但是他们的文体使我们无形中已经受到了影响，怎么样表述一个哲学观点，比如说倒装句，怎么表达？从句怎么表达？修辞、介词怎么用？它那里面都无形中对人的思维有一种熏陶。马克思主义著作当然无疑是西方学术化的模式了，尽管我们把它中国化了，把它翻译过来了，也就是中国化的一种方式了，但是它基本上是一种西方哲学的思维方式。我当年看马克思、恩格斯的东西，最喜欢看恩格斯的书，因为流畅，觉得他非常有才华，滔滔不绝，思如泉涌，非常喜欢看。后来看多了以后又喜欢马克思，马克思的东西虽然比较晦涩一点，但也是非常有气势的。所以这样一种西方学术化的模式已经无形中渗入我们的思维方式里面，甚至于渗透到我们的语言方式里面来了。我们今天写的这些东西当然没有人说看不懂了，因为它是现代汉语写的，它跟我们的日常语言很接近，我们看了以后可以用它的原话在课堂上讲，大家都能懂。文言文就不行了，文言文你要讲，你得解释，必须要用白话文来解释。但是我们现在可以直接地讲，马克思怎么怎么说的，讲了不用解释，它就在那里。

那么这种现代汉语，这种规范化了的现代汉语当然实际上就不是纯粹中国文化的东西了，它已经是中西文化碰撞的一个杂交品种，杂交这个过程也不是一个很简单的过程，当年在这个方面有很多的争论，像20世纪30

年代鲁迅和梁实秋他们关于"硬译""死译""乱译"这样一些争论，这是很有意义的。当然我们今天不能决然地判定哪个就是绝对正确的，哪个是绝对错误的，但是这种争论本身毕竟是很有意义的。比如说鲁迅主张"硬"一点，梁实秋讽刺他"硬译"就是"死译"，鲁迅主张翻译要硬一点并不是单纯地从翻译技巧方面考虑，就是说如何能够做到像严复所讲的"信、达、雅"这三条，那就是高水平的了，鲁迅当然也要考虑这方面。但是还有一个方面的考虑，就是文化相互之间的交融，以及他所耿耿于怀的国民性改造，他把这个东西贯彻到他的翻译理论里面去了。也就是说"信、达、雅"，"信"当然没什么可说的，另外两个一个是"达"，一个是"雅"，鲁迅认为这是要随着时代而变化的，并不是说有个"达"的标准、有个"雅"的标准就是永恒的。"雅"的标准就是《诗经》、就是《离骚》、就是《史记》，"达"的标准就是大家都能够读懂。但是在鲁迅心目中这些东西都是变化的，你要大家能读懂，也许过了一段时间，过了几十年过了几百年，可能大家又读不懂了，因为语言在变化，语言在各个民族之间互相影响、互相交流、互相借取，你如果仅仅死守过去的那种标准，"雅"就守着《诗经》，"达"就守着我们现在普通人的理解水平，那我们这个民族不会有发展。鲁迅强调的这个"硬译"，就是不愿意一味迁就中国人的理解能力和欣赏口味，他认为这个都有待提高。中国人理解力不发达，欣赏口味偏窄、偏小，是因为中国几千年来的思想束缚所导致的，翻译家除了有一个介绍的任务以外，首先要为这种束缚松绑，要解除几千年的束缚。所以从这个角度来看翻译应该有一定的超前性，就是说你不要去适应一般老百姓的水平，你要让他们努一点力，如果他们想看的话，他往上跳一跳他能够够得着。他不跳当然够不着，觉得太深了，太转弯抹角了，但是他跳一跳、忍一忍就会习惯的。

他也提到过《纯粹理性批判》，他在一篇文章《为翻译辩护》里就谈到了。当时有的人抱怨翻译太硬了，说许多作品翻译得往往看了三四页还不知所云。鲁迅一方面指出来这当然是不好的，这个毛病就在于中国人喜欢赶时髦，自己懂也不懂就翻译过来了，导致翻译了一些谁也看不懂的书，再就是批评的缺席，翻译过来以后缺乏批评。缺乏批评一是对这种风气的批评，再一个这个批评还有广义的，就是你要解释，批评从广义的方面来说就是除了指责以外，你还要把别人看不懂的地方解释出来。但是在中国做这方面工作的人很少。但是另一方面鲁迅又为这种所谓的"硬译"辩护，他说，看了三四页都看不懂，要看你看的是什么东西，如果你看的是《纯粹理性批判》这样的书，你要翻开第一页就懂，那是不可能的。他说，哪怕一个德国人来看原文，如果不是一个专家，他翻了三四页也是看不懂的，翻完了才看得懂，他说："翻开第一行就译的译者，当然是太不负责了，但是无论什么东西翻开第一行就要读懂的读者也未免太不负责了。"就是说你读者也有一定的责任，你要去读懂它，你翻开第一页看个三四行不懂，你就觉得这是不好的译本，你就甩了，那是你不负责任，你既然想看那你就要花点力气。所以鲁迅讲："我的译作，本不在博读者的'爽快'，却往往给以不舒服，甚而至于使人气闷，憎恶，愤恨。"他举日本人的例子来为自己辩护，他说，日语和欧美语言很不同，但是他们逐渐地添加了新的句法，比起古文来更宜于翻译，而不失原来精悍的语气，开始的时候自然也是必须要寻找语法的线索位置，很给人不愉快的，但是经过寻找和习惯，现在已经同化了，成为自己有的了。他说中国的文法比日本的古文还要不完备，现在又来了外文，外文的句子也必须新造，说得坏一点就是硬造，他说："据我的经验，这样译来，较之化为几句，更能保存原来的精悍的语气。"但是因为有待于新造，所以原先的中国文法是有缺点的，那就要改造国民性。原来的汉语是有缺点的，你不要迁就原来的汉语，你要新造，不要把一句话断成好几句，要保留原文精悍的语气。我们中国人，一般没有经过训练的中国读者，最害怕的就是读翻译作品里面的长句，一看到长句就觉得头疼。所以有些译者为了可怜中国人的头脑，就把句子译得很短，明明是长句子他断成好几句，搞得琐琐碎碎的。苗力田先生的译本就有这个问题，我们去读他的《道德形而上学原理》，里面都是短句子。但是，变成短句子以后你就连不起来了，它的逻辑关系就被切断了，每个短句子都懂，但是短句子和短句子之间是什么关系，连起来是什么意思你就模糊了。所以好心肠的译者为了可怜读者的头脑往往就把一个句子切成好几句，这种做法对于文学作品来讲，也许像鲁迅所讲的只是失去了精悍，但是对于哲学作品的翻译来说是灾难性的。你如果把句子的逻辑关系切断来翻译的话那就完蛋了，特别像康德这样的大家，他的句子是不能切断的。

为什么害怕读长句子？我归结为中国的读者或者是作者缺乏一种精悍，鲁迅所讲的精悍，我把它理解为中气，缺乏精悍即是中气不足、底气不足。中国的古文我们可以看一看，到处都是短句子、短篇、小品。当然也有长篇，历史的东西，不断地记下来，记上几百年，那当然就是长篇了，《史记》也有几百万字，就是一篇篇小文章凑起来，都是小东西。所以中国人善于写出小品式的东西，诗呢，善于写短诗，没有史诗，我归结为中气不足，这个气它不连贯。中国人的气是一点一点的，它有爆发力，项羽说："力拔山兮气盖世！"刘邦说："大风起兮云飞扬，安得猛士兮守四方！"但是把它坚持下来，做不到。所以用这样一种从小习惯的文体，这样一种古典文学熏陶起来的欣赏口味，那么你面对康德这样大部头的著作，一气呵成的著作，那你就奈何不了它，你就没办法了。它要求你从一开头到最后都要记得开头说了什么。开头讲先验感性论，中间讲究验逻辑，先验分析论、概念论、原理论、辩证论，最后讲先验方法论，最后讲完了，你还要记得前面先验感性论讲的什么东西，它的那些定义，你要把它贯下来，一气呵成。中国人没有这个能耐，缺乏这个能耐。但是这个能耐不是天生的，不是说西方人天生有这个能耐，我们做这种翻译就是要训练中国人的思维模式，训练中国人的这种能耐。你能够把这本书从头到尾看下来，而且不忘记前面的，看了后面一句不要忘记前面一句，它都是有联系的，一个长句子，它前面一部分、后面一部分你要综合起来看，你不要抓住后面半句就下判断了，你要和前面半句连起来去体会它的意思。所以康德的作品被公认为最难读，一个重要的原因就是他的句子太长。德国人也抱怨，有人说，读康德的书，十个手指头不够用，我用每一个手指头按住康德的一个从句，十个手指头都用完了，他那一句话还没完。我们听到这种抱怨觉得很可笑，你读书怎么要用手指头去按住那个句子呢？用手指头去按住那个句子你不太笨了吗？但这正说明了德国读者力图对思想作整体把握，要把它的意思把握在手中。什么叫把握？Begriff, begreifen, 就是要用手把它抓住，用十个指头把它抓住、把握住。begreifen 就是理解，它的名词形式就是 Begriff, Begriff 就是"概念"，什么叫概念？我们把它翻译为中文的"概念"，其实没有把它的意思翻译出来，概念就是"抓住"的意思，它就要用手去抓。所以我们要对德国的读者表示钦佩，就是说他们在精神上有这样一种力度，要死死地抓住康德的那些句子。中国人顶多用一个手指头就可以了，顺着读下去，读到一个句子我点一个句子就是了，它有那么多从句，我一个从句一个从句顺着读下去就是了。到了读不懂的时候你怎么办？这个很方便的，你就说康德"充满了矛盾"，为什么？你看，我读不懂嘛！这句话跟那句话连不起来嘛。所以中国的译者到处都在拆解康德的那些句型，那些复杂的句型，来适合中国读者贫弱的理解力，这样一来，康德精神就已经丧失掉很大一部分了。但是如果你不想把句子拆开，怎么办呢？你就要自己去弄清楚这些句子的结构，要整体地而不是支离破碎地把握康德的思想，这个太难了。

所以我们讲翻译康德的著作实际上也就是研究康德的著作，你德文很好，你不研究康德，但是人家出版社和你约了一部康德的书，于是你就去译了，这样的作品肯定是失败的，我劝大家最好不要看。有人试过，译《法的形而上学基础》，人家一引用就错了，因为他本来不是搞这个东西的，出版社要他译于是他就译了，他从英文译了，请了个德语系的教授看了一下，哪里能行？就请了个德语系的教授看了一下，那根本就不能用的。你马马虎虎地了解一下他说了一些什么东西那倒也未尝不可，但是你要研究那是绝对不行的。所以我跟杨先生翻译康德著作的时候我们达成了一个默契，就是康德的原文可以改变他的逗号，可以增加逗号或者改变它的位置，可以加一些顿号，你们注意一下我们顿号用得很多的，没有哪个的翻译像我们这样频繁地使用顿号，顿号比逗号要低一个层次，我们增加了这样一个层次，更便于处理他的那些从句。但是句号是绝对不能动的，康德的句号你绝对不能动，当然极个别的地方我们也动了一下，有的是因为疏忽，有的地方也确实是因为不好处理，那是极个别的。一般来说，句号绝对不能动，分号也是不能动的，康德喜欢用分号，有时候这个分号用冒号来代替，不知道当时德语的标点符号是怎么定的，他喜欢打冒号，但是有时候冒号往往就是起分号的作用，我们就把它改成分号。我们用这种方式尽量保持一个句子各个成分的完整性，没有打句号，那你在读的时候你就不能够拆开来理解，你非要把一句话把握在一起，各个成分你都要考虑到，你考虑一个成分的时候其他的成分都必须在你的视野当中。这样当然很难，译者很难，读者也很难，因为康德的句子特别长，有时候外文一页就两句话，一句话就占半页。我们现在也有人在学康德的文风，前天一个硕士生的论文，一句话五百多字，五百多字那就大半页了，我们中文一页是七八百字，他一句话有五百多字，中间没有句号，但是也没有连贯。康德不打句号是因为他中间有连贯，你不能断开的，但是我们有的学生学的是他的形式，没有学到他的实质。一路讲下来，那不行，你还是要有节奏，思想要有节奏，你的节奏可以长可以短，但是要有节奏，人家看得出来。所以我给学生开的"康德原著选读课"也是这样的，就是你首先要在课堂上把一个句子读下来，这是个基本功，你们不要小看了。我让你读，我让你把这段话读下来，你要认真地读，一句话要读完整，你不要在这个地方停顿下来好像这又是另外一句话了，那不行。你要把它当一句话来读，要一口气把一句话读完，中间可以换一下气，但是马上要接下来，不能中断语气。这是一个基本功，就是让你熟悉一下康德的行文方式，他就是这样写作的，他是这样理解的。这是对康德的著作以及一般来说对外文、对外国哲学的这些作品，我们在读它的时候、在译它的时候所采取的一般的原则。

前面讲了中西文化及其翻译以及这个过程中的一些体会，下面我还要跟大家谈一谈另外一方面的体会，就是我对运用"杂交品种"的现代汉语的一些体会，就是说它的一些长处，在翻译过程中我所体会到的现代汉语的一些长处。别的著作可能还不是那么明显，但是，我觉得对翻译康德的著作至少它有一种特别的长处，就是现代汉语具有它的灵活性和多功能性。这方面的体会主要是跟康德著作的英译本以及个别俄译本对照所感受到的，特别是英译本，康德著作的英译本到处都可以找到，大家也可以去对照。英语在译康德著作的德文原本的时候，按道理来说应该有它的便利之处，因为德语和英语属于同一个语族，都属于条顿语族，即日耳曼语族，它们在语法、词汇、语感上面，应该说比起汉语来有一种无可比拟的亲缘关系，它们有很多词汇，特别是古老的词汇，都是一样的，有时候只是写法不一样但是读音是一样的，有时候甚至读音和写法都是一样的。但是实际上英语和德语也有相当大的区别，有时候甚至是不可克服的差别，因为毕竟它们分化以来已经有这么多年了，也可能有好几百年甚至上千年了。比如说在语法方面我们可以明显地看出来，英语的语法属于开放性的或者是分析性的语法，它是分析性的。也就是说，它基本上是一边说一边就理解，一边说一边理解这是分析性的，你说一部分我就理解一部分，你没说出来我就等着，你再说出来我又理解了，所以它的语法比较散漫，它是一种线性的结构，一条线贯下来，它特别适合于社会交往和商业活动，它便利，它即时可以发生它的效益，说了就做。这个是英语的特点，跟它这个民族特点、民族特性有关，英国是一个工商业的民族嘛，国际间的频繁交往首先是由英国人在全世界范围之内打开的，所以它的语言也就是这样的。德语的语法则恰好相反，德语语法是一种封闭性的、综合性的语法，也就是说，不是他一边说你就一边理解了，你要等他一句话说完了你回过头来，才能知道他整个句子的意思到底是说什么，所以它是一种集合性的团块的结构。德语的句子是这样一团一团的、一句一句的，每一句它是一个团，它凝结成一个整体，当他这句没有说完的时候你不知道他要说什么，说不定他说的时候你以为是这样了，最后结束时他来一个 nicht，全给否定了，你恰好理解反了。你开始还蛮高兴，最后你要全部推翻你的理解。

所以德语这样一种语言比较适合于闭门沉思，它不是一种交往性的语言，它是一种反思性的语言。你关在屋里，你读书，你思考问题，你可以搞得非常清晰，界线非常明确，这个意思和那个意思界线非常明确。它不图你马上就能理解，但是它营造这样一个团块，让一个句子前后没有逻辑矛盾，具有凝聚力，所以它适合于闭门沉思，它是一种沉思默想的语言。当然这也跟德国人的民族特点有关。跟英国人、法国人相比他们落后，他们只能够反思，法国人在那里闹革命，他们却在头脑里面闹革命。头脑里面闹革命那就是很沉静的了，德国人是戴着睡帽，躺在床上，在思维里面闹革命，那就很从容了，他用不着那么急急忙忙，他的工业也不发达，商业也不发达，当时四分五裂，国家不像国家，统一不起来，所以形成了德国人这样一种内向、封闭的特点。在语言方面，德语形成了特有的一种框型结构，它这种框型结构到处都用。当然现在德语可能有所改变了，这个我不是很清楚，反正现在德语的框型结构不像以前强调得那么厉害，随着交往的扩大，民族性也可以随之改变。但是在古典时期，那是非常严密的，它这个框型结构有很多原因、有很多方式，一个是德语的一些动词，许多动词都有一个可分前缀，它这个动词的词干你要和它的前缀联合起来，你才能知道它讲的什么意思。但是它这个前缀往往调到句子最后，作为封闭的一扇门，它要把这扇门一关，这个句子才完整，你才能知道它整句话讲的什么，前面动词词干当然放在第二位了，这跟英语差不多，但是它这个前缀调到最后，你不能忽视。你不能说我不管那个前缀了，我读了前面就理解了，那不行的，前缀很重要，有时候完全相反的，到底是 aus 还是 ein，完全相反，是出来还是进去，你要到最后那个前缀出来你才能够知道。所以在句子里面由动词的词干和它的前缀合围而构成一个框型结构，这种句子非常之多。再一种情况就是情态动词，情态动词和它所配的那个动词，情态动词就是能怎么样，必须怎么样，愿意怎么样，允许怎么样，这样一些词，允许干什么，愿意干什么，"干什么"的这个动词往往放在句子最后，前面是个情态，我愿意怎么怎么样讲了一大通，最后"愿意"的事还没出来，愿意干什么还没出来，你要看到最后那个词才知道他愿意做什么事情，这个是情态动词。还有一个是时态助动词，像 sein 和 haben 这样一些词，都属于时态助动词，就是说是表示时态的，它也是放在前面而把那个动词调到最后，把那个动词经过变形、变成分词放在最后，这也形成了一种框型结构。再一种情况就是从句，从句当然有一个引导词，这个跟英语是一样的，但是英语一个引导词以后马上动词就出来了，而德语的引导词后面有一个大口袋，要到最后引导的这个东西究竟要干什么，它那个动作才出来，动词放在最后，它里面装一个大口袋。凡是从句，它的动词都被放在这个从句的最末，与它的引导词形成一个框型结构，这是德语的一个特点，这是英语没办法表达的。框型结构是英语没办法表达的，英语没有这个结构。

所以英语在翻译德语的时候如何排列那些从句以及从句的从句，这里面特别容易造成混乱，因为它没有框型结构。你这句话跟它的从句，跟后面的——当然也有引导词——从句的从句，到底到哪里为止？以哪里为界？这从句到底管到哪一步？没办法区分开，如果句子复杂了你就没办法处理，简单地带一个从句那还可以处理，但是从句里面又套从句，从句的从句里面还套从句，你就没办法处理了。所以英语里面没别的办法，就只好把它拆开，用句号点断，或者把那个从句的主语又再说一遍，变成另外一个句子，变成两句。本来是一个从句，比如说一个定语从句，这个定语是定其中的某个词的，这个英语没办法，就把主句说了以后，再把这个词单独挑出来又构成另外一句，权当它是这个句子的定语从句，没办法。所以康德的长句子在英译本里面往往就变成了一些短句子，它是语法上处理不好、处理不了所导致的。

但是我们经过翻译发现了一个奇怪的现象，就是现代汉语居然有办法来处理大部分的框型结构，比如说对于动词前缀，以及情态动词、时态助动词所形成的那些框型结构，汉语都可以把主干动词做一种变形，比如说一个主动态的动词，我们就可以把它变成"对什么什么进行什么活动"，比如说"阐释"，我们就可以把它变成"对什么什么进行阐释"，"对什么什么作出阐释"。英语，你阐释一个东西那你就是"阐释某某东西"，阐释在第二位，然后就是那个客体、那个宾语，但是汉语可以把那个阐释放在最后，"对某某东西进行阐释"，"对某某东西作出阐释"，这就成了一个框，成了一个框型结构。又如"将什么什么加以怎么样"，"将某个问题加以什么什么样的处理"，它的动词放在最后，我不放最后也可以，"我处理某某东西"，我可以这样表达，但是我也可以说"对某某东西加以处理"，完全等价，很灵活的。你可以直接说，也可以把它调到最后变成一个框。对从句的框型结构也可以照此办理。从句，比如说定语从句，我们可以利用汉语的定语词尾"的"，什么什么"的"，这个"的"前面可以有很长的容量，可以包容很长的句子，当然有时候显得很讨厌，这个"的"字太多了。我们所谓翻译体，很多人觉得这个"的"字太讨厌了，不断地"的的的"，一句话里面有四五个，一句话长了甚至有七八个"的"，所以有汉语纯正癖的人就限定，一句话里面"的"字不能超过三个。当然这不成文，也不是说你超过三个就怎么样，人家还是能懂，当然为了文风比较漂亮一点最好不要超过三个，我们在翻译的时候没办法就用四个甚至于五个"的"，但是一般我们还是遵守这样一个不成文的规定，能够减掉一个我们就减掉一个，这个"的"字不要太多，在不引起误解的情况下我们减少"的"字，有时候也能做到，大部分情况下能够做到。因为这个"的"字在汉语里面有时候可以没有，有时候可以不要，"什么的"，"什么的什么"，有时候就可以说"什么什么"，就可以去掉，"中国的哲学"可以简化为"中国哲学"。有时候可以用"之"来代替"的"，"什么之什么"，你不要老是"什么的什么"，这样也可以消除一点不良影响。当然凡是定语从句你都用"的"字来表达往往会导致一点烦琐，但是它的好处是不容置疑的，就是它可以表达精确，一个不落，全都可以表达出来。就一句话，它不需要另外创造一句，加上一句，开辟另外一个句子，它不需要那样，这是定语从句。还有像条件从句，我们也可以变成这样一个框型，"如果什么什么的话"，"如果"后面可以加一大堆东西，最后"的话"，就把它框进来了。时间从句，"当什么什么的时候"，这个也把它框进来了；状态从句，"在什么什么的情况之下"；让步从句，"即使什么什么也罢"，这些都是可以表达框型结构的。还有一个比较从句，"像什么什么一样"，"比起什么什么来"。汉语有这样一些表达手段，当然是现代汉语，我也搞不清这些表达方式从哪来的，是不是从日语来的我也搞不清楚，反正现代汉语已经形成了这样一些东西，如何形成的请文字学家和语言学家去研究。反正我们在翻译的时候大量地运用这样一些手段来处理德语里面特有的一些框型结构，我们觉得得心应手。

我在我的文章里面选择了一个典型例证，作了一个比较，就是比较《纯粹理性批判》里面的一段话，今天在课堂上不能够讲这个比较了。我们将这一段话、我们对这一段德文原文的翻译，和康浦·斯密的英译本的同一段话，以及韦卓民先生根据康浦·斯密的英译本译成的汉语，英语、德语、我们的译文和韦先生的译文这四段话，作了一个比较，有兴趣的话大家可以去对照，可以去比较一下。就是说，显然康浦·斯密没有办法处理康德的框型结构，以致我们读韦先生的译本的时候不理解，不知所云，就是因为英译本首先没有处理好框型结构所导致的。用我们的译本一看，一目了然，非常清楚，但是你读韦先生的译本你就不知道他说的什么意思。这是很明显的一个特点，汉语译德文在这方面要优于英语，至少我们自认为我们的译本比康浦·斯密的英译本要强。当然康浦·斯密的英译本已经被英美学界所淘汰了，现在据说又有好几个新译本，20世纪90年代以来有四个《纯粹理性批判》的新译本，据说都比康浦·斯密的要强。苏德超他们对照过，说伍德（Alien W.Wood）的那个新译本跟我们的汉译本是处在同样的水平上面的。当然我没去对照，我也没看到过那个译本，但是根据苏德超的说法，英译本的水平已经达到我们这个水平了，或者说我们达到了20世纪90年代英译本的水平了。这个可以相提并论的，甚至是非常严格地对应的，就如苏德超所说的，你读起来甚至有一种错觉，认为我们的译本是根据伍德的英译本译过来的。其实我们根本不是根据伍德的英译本，还有另外两个译本，我们都从来没有看到过。

英文之所以没有办法处理这个从句，是因为它没有把动词，或者是前缀这些东西置于从句的末尾的语法手段，所以它这个句子就造不成一种封闭，造不成封闭就有一个毛病，就是它跟后面的粘连在一起，你的句子没有封口，没有封口它就容易和后面的句子混在一起，你就分不清楚，你可以这样理解也可以那样理解，后面的句子等于是放了鸭子，任其遨游。所以它的句子没有别的办法，就只好用句号把它点断；但是点断之后又带来别的毛病，你一点断问题就更大了，它本来是一句话，你把它点断之后变成两句，变成两句它的意思就走了，就不精确。在句法方面，我们认为现代汉语有它的长处，有它的优势。英译本当然也可以达到像伍德他们的译本那样精确，但是我估计你要是从英国人的眼光去读的话是很别扭的。但是我们的译本要从汉语的角度来看并不别扭，从汉语的角度来看我们的译本应该是很顺的。这并不表示我们比英译者技术更高，而是我觉得说明了汉语在翻译德语的哲学文章上面比英语有优势。当然英语也有它的优势，因为它毕竟是同一个语系，它有它那方面的优势。但是正因为它是同一个语系它又不同，就没办法处理一些问题。

刚才举的是句法，我们下面从词法来看，这一点就更加明显，现代汉语在翻译中的另外一个优势就体现在组词法的灵活性上。比如说，我们跟英语相比较，康德哲学中有两个很重要的术语，一个是 Wille，一个是 Willkür。Wille 就是意志，我们中文翻译为"意志"，这个基本上已经成为定译了，从前有的人把它翻译为"意欲"，但是"意欲"是不太恰当的。另一个 Willkür，我们翻译为"任意"，有的翻译为"任性"，像李秋零把它翻译为"任性"，我们翻译为"任意"。翻译为"任意"是为了和"意志"相沟通，它有个"意"字在里边，你要翻译为"任性"的话它没有"意"在里头，就和"意志"毫不相干了。这两个词在康德的道德哲学里面是非常重要的,一个是"意志",一个是"任意",这两个词是很不一样的,但是在某种意义上它们也可以相通,甚至有时可以互换,有时候康德也把这个"任意"说成"意志",广义的"意志",有时候把"意志'也称为广义的"任意",但是在很多场合里面他是严格区分的。这两个词在英文里面始终没有办法区分开来,因为英文里面只有一个词"will",只有一个词"will"用来表示这两个相差很大甚至有时候往往是对立的词,怎么办?如何把它们区分开来?这是两个特有的德语词,当代美国的一个康德哲学权威阿利森(Henry E.Allison)教授,他写了一本书叫《康德的自由理论》,我们这里的陈虎平,我的一个学生翻译的,阿利森在这本书里面就把这个词称为"英语界人士在译康德著作的时候所面临的主要困难",就是这个词太难了,没办法。他指出,通常的英语人士在翻译的时候要么就混为一谈,特别是早期的一些翻译,就是"will"就完了,根本不加区分;要么就把 Willkür 另外翻译为 choice,"选择",或者是搞一个复合词组"will of choice","选择的意志"。要么把它翻译为"选择的意志",要么把它翻译为"选择"。翻译为"选择"肯定不行,康德不是那个意思,它包含"选择",但是不能直接把 Willkür 翻译为"选择"。翻译成"选择的意志"有点相近,但是它又变成一个词组,它不是一个词了,不是一个词在很多情况下很不方便,非常不方便,阿利森想不出更好的办法,他就经常"为了避免混乱和消除复杂性,我将只运用德文的术语",就是不译,他就不译 Willkür,就那样写在上面,摆在上面。这个其实是很不负责的,你不译当然你没办法,你可以加注,但是你还是要把它变成英语的意思,你没办法把它变成英语的意思就说明,要不就是你不负责,要不就是英语本身有缺陷,有些意思表达不出来。英语经常是这样的,要表达海德格尔的 Dasein 就没办法了,就把它摆出来,就是 Dasein,就不译,不译有时候比译更好。但是在汉语里面往往不是这样的,汉语里面它可以译,必须译而且可以译,可以把它译出来,不翻译那是不行的。

这在汉语方面是有很大的便利之处的。就是说,现代汉语一般都是由两个字组成一个双声词，汉语是以字为单位，它不像英语、德语是以字母组成的单词为单位，字母本身没意义，但是汉语最小单位是字，字本身是有意义的。由两个字组成双声词，这是现代汉语中绝大多数词的构成方式，它具有比英语和其他的拼音文字的单词词汇大得多的信息量和灵活性。它具有灵活性，比如说"意"这个字，我们为什么把它翻译成"任意"，就是取它的有个"意"在里头，就可以说明它和"意志"有联系，这两个字有相通之处。你如果把这个翻译成"意志"，把那个翻译成"任性"，就切断了它们的相通之处了，你要运用汉语的优势。"意"这个词单独来看它有它的意思，它本身就有它的意思，它有非常丰富的意思，比如说它可以意味着"意见""意念""意气""意识""意思""意图""意想""意向""意愿""意欲""意志"等，用在反语序里面它可以意味着"本意""介意""经意""决意""刻意""立意""起意""任意""随意""特意""蓄意""用意""有意""愿意""在意""注意""着意""恣意"等，太多了，一个"意"字它可以包含这么多可选择的东西、可选择的词，你什么东西不在里头啊？所以"意"里面包含的东西当然你都要通过上下文的语境才能够体会出来，但是你如果和其他的词组合成一个双声词以后，那意思又很确定，它并不因为内涵丰富就变得意思不确定。单独一个"意"字当然是不确定的，可以表达所有的意思，它的确定性靠上下文来确定，你放在一个什么语境里面，单独一个"意"字它就可以确定它的意思。但是你如果把它组成双声词，它的意思就非常确定了。我们刚才念的都是双声词，每一个词它都有不同的意思。比如说"意志"跟"任意"，它是有区别的，"意志"是比较高层次的，它是很高级的意向，它跟"志气""志趣""志愿""志向"这些词相关，跟"志"这个字相关，都是比较高层次的，"志"嘛，"诗言志""志气""志趣"，一个人有"志趣"，有"志愿"，有"志向"，这个人有志向，志向很高，这都是比较高级的意向。"任意"当然有任选的意向，有这么个意思，有任选的意思，英文里面把它翻译成"选择的意志"当然也可以，但是汉语里面"任意"就可以了。它是否有高级的意向？这个未定，

"任意",它可以是高级的,也可以是低级的,它比"意志"就更加宽泛一些了。所以中文的双声词这样一颠倒啊,一重组啊,可以说最大地扩展了含义的可能性,扩展了它的可能性,它可以包含最幽微的、最隐微曲折的、丰富多样的可能性。同时由于它是双声词,它可以保持它基本的意思不变,它也很确定,但同时它又很灵活。

当然德文中有些词中文里面确实没有,你再怎么灵活也表达不出来。中文没有是因为中文的文化不同,比如 sein 或者是英语的 being。中国本来就没有西方意义上的形而上学,本来就没有存在论,也就没有这样一种固定的用法,这种词汇,但是,只要是中国人能够想到的,中国人总是能够把它表达出来。这是因为中国的汉字不像西方的拼音文字一样有一定的规范,拼音文字是靠字母的这样一种联结、排列、勾连,海德格尔不是讲"勾连"(artikulieren)吗?在语言里面,勾连是拼音文字的一种本质性的构词法,就靠一个字母和另外一个字母前后相继地勾在一起,这样才表达它的意思。但是汉字不是的,它没有拼音文字的规范。一般来说,一个汉字大多数都是一词一声一形一意,当然也有多声的,有少数的字是多音字,你把它区分开来,把它记住就够了。所以汉字就像意义原子一样,大多数情况下你都可以把它颠来倒去,每一个汉字就是一个意义原子,它本身就有意义;但是它也可以组合成别的意义,任意组合,变化无穷;同时它又保持它本身的原来的含义,它哪怕加入组合里面也保持原来的含义,在保持它的原来含义的同时它又变成与原来含义不同的一个新的词。这是词法上面现代汉语的优势。我们刚才讲汉语可以表达综合性的德语的框型结构,但从句法上说,汉语语法既不是分析性的,也不是综合性的,而是混沌的。汉语的语法结构是混沌的,当然它引进了西方的语法,主要是英语的语法,但是它本身还有这种灵活性,它并不受这个语法的束缚。所以通常现代汉语和英语的语法是比较接近的,它是倾向于分析性的,这跟日语不同。日语可能是吸收了一些德语的语法,日语不是经常把动词调到最后吗?它把它规范化以后也成了一种框型的东西,当然我没有深入研究了,它具体怎么形成的我不太清楚。但是至少现代汉语吸收的是英语分析性的语法，但是它本身既不是分析性，也不是综合性的。正因为如此，它不受综合性和分析性的束缚，它既可以用来表达分析性的语法，也可以用来表达综合性的语法，都可以表达。

那么刚才讲了，有些词在现代汉语里面没有，这本来应该说是现代汉语的缺点，但是在某些情况下这些缺点居然也可以变成它的优点。比如说我们刚才讲的 sein 或者 being 这种词我们没办法译，现在学术界争论很多的就是这种词到底应该怎么译，争得死去活来，没办法确定，用一个什么样的中文词才能够准确地把 sein 或 being 完全把握住。清华大学宋继杰编了一本上下册的书，就是《Being 与西方哲学传统》，专门讨论这个词，我也有两篇文章被收进去，国内哲学界的一些名家、一些大家，都写了长篇文章来论述。至少人们认为，如果这个词不能有对应的中文词，那至少说明中文有缺陷，中文也不是什么词都能表达的，至少 sein 这个词、being 这个词你不能够表达，这是中文的缺陷。但是这个缺陷有时候会变成优点，比如说西方人在使用这个词的时候，明明知道它有不同的含义，但是在每一次具体的场合之下他只取它的一个含义，所以就遇到困难了，往往就发生歧义了，因为它本身是多义的，你在行文中间只取它的一个含义，那不就会产生歧义吗？甚至产生根本性的问题。西方形而上学根本性的问题就是"being"的意义究竟怎么理解，比如说康德在批判西方的对上帝存有的本体论证明时，把它归结为理性的幻象，它是基于对 sein 这个词的误解。康德指出，sein 这个词只是一个逻辑上的系词而不能当作一个实在的谓词。什么叫逻辑上的系词？就是你只能把它翻译成"是"，理解成"是"，我们汉语也只能把它翻译成"是"，你不能把它理解成一个实在的谓词，就是你不能把它理解为"存在"。Sein 这个词本来就有双重含义，一个是"是"，一个是"存在"，"存在"就是实在的东西。我就是指向一个实在的东西，但是"是"它只是一个逻辑上的系词，一个联系词，它本身不具有意义。所以康德对上帝存在的本体论证明的批判，实际上是对西方传统两千年以来、亚里士多德形而上学以来的传统对上帝存有的那样一种证明的批判。中世纪的对上帝存在的本体论证明，其实都归结为对 sein 的不同的理解，sein 这个词本身发生着一种歧义。这在西方文字里面不管是英语、德语、希腊语、拉丁语里面，都有这个问题，都是一个词有双重含义，一个是逻辑系词，一个是实在的谓词，所以就导致了中世纪对上帝存在的本体论证明，利用"是"，利用 sein 这个词，想要从逻辑里面推出存在来。康德指出来这是一种混淆，但是连康德自己也没有避免这种混淆，比如说康德自己的范畴表里面就有 Dasein、Nichtsein，Dasein 和 Nichtsein 是一对范畴，我们把它翻译为"存有"和"非有"，但是如果严格按照康德的规定，这个 sein 不能翻译成"有"，或者"在"或者什么东西，只能翻译成"是"，它只是一个逻辑上的系词。那你就只能翻译成"此是"或者"非是"。但是不是的，康德在这里指的不是形式逻辑上的意义，他就是指的实在的谓词，范畴嘛，范畴就是一个实在的谓词，就是要规定经验的东西的，它只能运用于经验对象之上，所有的范畴都是这样。所以你不能把它翻译成"此是""不是"，你只能把它翻译成"存有""非有"或者是"此在""非存在"，只能这样翻译。它恰好是指的所谓现实性的范畴，这两个范畴属于现实性和非现实性，"存有"是现实性，"非有"是非现实性。可能性、现实性和必然性嘛，现实性范畴就是这两个范畴。所以中文中的一词多义，你如果能把它保留下来恰好可以避免西方语言的这样一种歧义，这是它的优势。西方的 sein 只有一个词，反而难免引起猜测和误解。我们一方面批判中国哲学为什么没有这样一个概念，为什么没有这种形而上学，这是中国哲学里面的一个缺点，但是另一方面我们也看到同一个缺点同时就是它的优点，就是说它可以避免这样一种混淆。如果西方人是用汉语思维就不会出现这样的麻烦，它分得很清楚，"是"跟"存在"怎么是一回事情呢？"是"只是逻辑上的说法而已，"存在"你要有经验的东西嘛，如果这样区分清楚，就不会有上帝存有的本体论证明，不会发生。之所以发生就是因为这个词有歧义，当然还有别的方面的原因，从语言来说就是这样的。

还有类似的，比如说 Subjekt 这个词，我们通常把它翻译成"主体""主观""主词"，有这样三种不同的译法。一个"主体"，有主体性，"主观"，有主观性，subjektiv，把它变成形容词就是"主体性""主观性"。"主词"和"主体"是运用得最多的，"主观"用得较少。这三种译法分别对应于西方的本体论、认识论和逻辑学，当它应用于本体论时我们可以把它翻译成"主体"，当它应用于认识论的时候我们可以把它翻译成"主观"，当它运用于逻辑学的时候我们可以把它翻译成"主词"，这在汉语里面非常好处理，非常清晰。但是在西方，正由于在三种不同的场合他们都用的是同一个 Subjekt，所以也就产生了歧义。康德在批判理性心理学的时候，就在语言上落实了这一点，就是人们把逻辑学上的"主词"冒充为本体论上的"主体"了，这个"我"作为一个思维的"主词"并不意味着就是"主体"，它并没有本体论上的意义，它只是一个逻辑上的意义。但是由于他用的是同一个词，可以作不同的理解，所以人们就把这一点混淆起来，这就造成了所谓的"纯粹理性的谬误推理"，理性心理学的"谬误推理"。整个先验辩证论里面讲"谬误推理"，实际上在语言上面就是根据这一点，是用逻辑上的"主词"冒充为本体论上的"主体"所造成的。我当时在课堂上讲过，如果西方人用汉语表达的话，恐怕就没有这个冒充，不会有这种毛病，也许就不会有劳康德来批判了。

还有，在现代汉语中没有特别的虚拟式，虚拟式是拼音文字一种特殊的语法现象，在汉字、汉语、象形文字里头没有这种虚拟式，但是可以通过语气加一些字来表达虚拟式。比如我们可以说"或许怎么怎么样就会怎么怎么样""会怎么怎么样""将会怎么怎么样""本来应该怎么怎么样""本来会怎么怎么样""本来可以怎么怎么样"，等等，来表达虚拟式。在这一点上英语译者在翻译德文文本的时候，因为英语的语法虚拟式不像德语的虚拟式那样确定，英语的虚拟式往往容易和过去时混在一起，用过去时来代表虚拟式，所以往往也容易造成混淆。而且在德语里面虚拟式更加复杂，德语各种不同的虚拟式更加复杂，所以英语译者在翻译德文文本的时候往往就把虚拟式省略了，不翻译，认为虚拟式无所谓。汉语也是这样，汉语也跟着不翻译，我们发现以前很多汉语译本里面都不太重视表达虚拟式。在一般场合里面可能问题不是很大，但是在康德著作里面这是很重要的，康德经常利用虚拟式来表达一些思想，他的"可以思想而不可认识"的东西，那你就只能用虚拟式来表达，一个东西可以思想但不一定可以认识，既然你不能认识但是你又可以想它，那不就是虚拟式吗？所以在康德那里虚拟式是一种非常重要的语法手段。但是在汉语里面可以用各种方式把它表达出来，你要表达不现实的东西、可能的东西、应该的东西，汉语总是可以找到一些词加在句子里面的，"将""会""本来""或许""也许"等。

再一个，汉语里面还有一个优势，就是它有一个古代汉语放在那里，作为储备。现代汉语跟古代汉语之间是有联系的，我们现代虽然不用文言文，但是我们知道在文言文里面，在古代汉语里面有一些语法，有一些表达方式，有一些语汇，可以作为我们语言的一个备用仓库，不过你不要随便乱用，在必要时才用，但是有一个巨大的仓库在那里为我们做后合。在翻译的时候你如果对古文、文言文修养好的话，可以有很大的便利，但是现在这样的人很少，包括我自己的古文修养也不行。但是有些人，像熊伟先生等老一辈人，他们对古文的修养比我们要强得多了，他们往往可以有一些意想不到的好的译法，这个是我们要看到的，就是古文虽然我们现在不用它，但是我们也不能完全把它抛开，我们还是要读古文。所以武大搞国学班我是非常赞成的，就是说国学班很有必要，因为我们现在学的汉语几乎从小就只学了报纸上的文章，或者是"范文"。我们刚才讲了，现代汉语我们也搞得很片面，古代汉语就更不用提了，古代汉语就读了那几篇，究竟什么味道我们还没有体会得到，我们就已经超越它们了，但是实际上真正有现代汉语的修养还必须要有一定古代汉语的功底，这个是不能丢的。

当然我讲的要让哲学说汉语，前面讲了那么多，实际上它不仅仅是翻译方面的事情，而是哲学思维本身的事情，我讲这么多，我讲翻译但是实际上我讲的是哲学，因为哲学的翻译它是以译者的哲学思维为前提的，你要翻译哲学的文章你必须要懂哲学，你找一个外语系一般的老师来翻译哲学，或者你翻译一篇哲学文章，然后让一个一般的外语老师来给你校对，那是很不负责任的，那是不行的。我原来也有这个想法，当年我翻译了康德的《实用人类学》，然后就拿给德语系的彭肇兴老师说："您能不能给我看一下？"他说："不行不行，我不行，那是哲学啊，这个我不懂，不懂这个专业。"他有自知之明。彭老师是很好的人，他有这个自知之明，他都知道哲学的翻译不是你外语好就能对付的，远远不是那回事情。但是另一方面，我的意图也是最终为了促进中国人的哲学思维，不仅仅是我翻译要以哲学思维为前提，而且我讲这段话的最终目的就是要促进中国人的哲学思维。当然古代汉语在今天看来已经不适合于我们今天哲学的翻译了，包括对西方古典哲学的翻译，用古代汉语去翻译现在已经不适合了，而且古代汉语总的来说不适合于哲学思维。中国古代有非严格意义上的哲学，像老子啊，庄子啊，当然你也可以说有哲学，然后从印度佛教哲学里面吸收了一些东西，有所补充，有所补偿，但是还很不够。那么现代汉语，我这里强调的主要是现代汉语，它不仅具有翻译上的优势，而且具有哲学思维上的优势，现代汉语是适合于进行哲学思维的。我们不要迷信，认为只有通过英文写出来的东西那才是哲学文章，我们用现代汉语写的就不是哲学文章。应该说它不仅能够成为哲学文章，而且有它的优势，它的优势体现在欧化了的现代汉语上。我认为在原则上它有可能透彻地理解西方最深层次的哲学思想，而且几乎是无所不能的。就是说我们用欧化了的现代汉语来翻译西方的经典几乎是无所不能的，没有什么东西不可参透，你总能找到办法这样那样地把它的意思表达出来，你不需要把原文照搬，不需要把那个东西音译过来。我们有时候没办法了就音译嘛，音译是没办法的办法，音译等于不译。但是我们现代汉语已经有办法了。当然还有很多是音译过来的，但是现在已经成了现代汉语的词汇了，我们不把它看作音译。比如说"理性"这个词就是音译过来的，reason，我们现在谁把它看作音译的呢？它就是现代汉语的词，它就是理性，人人都懂，它就是我们的词。

所以你总可以有办法把它原来的意思表达出来。当然"理性"还要区分，你把它等同于中国的"理"，等同于中国的"天理""天道"，那又有一层区分，我们现在还可以再作区分，正在做这个工作。但是至少在语言上有做工作的基础。所以相比而言，我们可以用我们的现代汉语去理解西方最深层次的哲学思想。

反过来看，西方的汉学家能够理解我们最深层次的思想吗？做不到。很明显，西方最好的汉学家在我们这里讲中国哲学，我们也觉得终究还是隔了一层，你总觉得他讲的不到位，至少那个最深层的东西他没法把握。所以相比之下，西方的汉学家和中国的西方哲学家相比应该说还处于不同的处境，我认为，中国的研究西方哲学的人处于高位，对于西方文化处于高位，就是说我们能理解他们，他们不一定能理解我们。我们觉得他们没什么神秘的，但他们觉得中国人很神秘，中国特别是古典的东西，西方人觉得很神秘，至今猜不透你到底想说什么。有时候我们看他们争来争去觉得很可笑，怎么会争这些问题？这根本不是中国哲学的问题，用这样一种方式来讨论我们都觉得很可笑，你根本不懂，你要真懂中国哲学，你必须要懂汉语，你要懂古文，你要能摇头晃脑地吟诵古诗，去读《论语》《孟子》，你要能够摇头晃脑地读，你能读吗？不行！他们都借助译本，然后认识几个汉字就了不得了，他们能说，有的说得很流利，但是最难倒西方人的就是看，就是读，读文章，读古文，这是最难最难的。那年我在瑞典，罗多弼，就是马悦然的大弟子，搞汉学的，他汉语说得非常好，但是最差的是阅读。一个是速度不行，我给他一篇文章他看好几天没看完，慢得很。再一个就是古代那些繁体字的作品，他说："我只读过《西游记》，还有《红楼梦》读过半本。"他就算西方了不得的汉学家了。你说《红楼梦》只读过半本，就算你还读过《西游记》，你就能理解中国古代文学吗？那么多的诗，那么多的文章，这个几乎是超出一般人能力之外的。所以我们应该说，在西方文化面前我们处于高位。

所以我们讲"教会哲学说汉语"，这肯定意味着哲学本身的一个大发展，教会哲学说汉语那肯定是哲学本身的发展，汉语中也有黑格尔所赞赏的那种思辨精神，比如说一个词常常会有相反的意思，汉语里面这种太多了，"易者，不易也"，"乱，治也"。你比如说现代汉语里面讲"亏"，"亏了"就是说损失嘛，但是我们讲"多亏某某人"，这是得了便宜了，"多亏""幸亏"，就是获得了帮助。而且德里达他们所羡慕的那种所谓的"解构"、所谓的"替补"，用一个词替补另外一个、互相替补、互相隐喻，解构它的这种固定的确定的结构，在汉语里面是大量地存在着。最明显的例子，汉语连动词的主动态和被动态都是模糊的，汉语里面主动态和被动态不太区分的，必要的时候区分一下，哪怕现代汉语，主被动态可以区分，也可以不区分，不区分你也可以意会到。有个美国人就很奇怪了，说你们和美国队打球，你们赢了你们可以说"大败美国队"，也可以说"大胜美国队"，"大胜美国队"和"大败美国队"都是你们赢了，他觉得很不公平，不可思议。就是说这个被动态主动态往往是不分的，可以不分，你可以意会到，我们中国人没有产生歧义，这个是随着语境、语气的变化而定的。西方语言里面的名词一般是从动词变化来的，这是拼音文字的特点，名词一般都从动词变化而来；在汉语里面相反，汉语里面动词一般来说都从名词变化来的。你翻开《说文解字》就可以看出来，一个词都是"从某""某声"，"从某"就是这个字是从那个字来的，那个字是个名词，"从某"的"某"通常都是个名词，它不是动词。动词也是这样，动词也是从那个名词然后再加上一个声音的发音，是这样来注解的。就是说汉语的动词都是从名词变化来的，西语的名词一般是从动词变化来的。西语这一特点是恩格斯曾经说过的，恩格斯是个语言天才，他研究过二十多种西方语言，就是汉语他没研究过，阿拉伯语他知难而退了，他搞了一阵子搞不下去了，但是西语他研究了。这个断语是他下的，就是说西方拼音文字的语言，名词都是从动词变化来的。因此西方语言的任何动词都可以很轻易地名词化，因为这个本来就是他们的一种词汇演变方式，就是这样来的。西方的词汇一个动词你把它变成名词，太简单了，在德语里面你只要把动词的头一个字母大写，那就是一个名词。一个动词，发音完全一样的，你要把它变成名词，你就把头一个字母大写，它就是一个名词。所以西方人习惯于把一个动词当名词来理解，我们可以把它称为"实体主义的倾向"，他们总是喜欢把一个动作、一种关系也看成一个东西、一个实体，这很方便，便于作为对象来研究。

汉语的动词要名词化就比较难了，尤其是那些原始的动词。原始的动词多半都是单音词，比如说种地的"种"、斫树的"斫"。"种""斫"这样一些单音词是动词，但是它们本身出身于名词，"种"（去声）它是从"种"（上声）来的，从"种子"来的，"斫"它是一个石头旁加一个斤字，它是从石斧来的，它本身出身于名词。但是你要把它当作名词来用，怎么也觉得别扭，你说一个农民的"种"怎么怎么样，这个很难听，一个伐木工的"斫"导致了什么什么，导致了水土流失，农民的"斫"导致了水土流失，说不过去。你要把它加成一个双音词，如农民的"斫树"导致了水土流失，这个还可以，还勉强可以，也不太习惯。因为现代汉语吸收了西方的东西，它比较能够习惯一些了，但是如果用古代的词来表达就很不习惯了，就是汉语里面要把一个动词表达成一个名词，所谓实体主义的表达方式，中国人很不习惯，也就是不习惯把一个动态的活动实体化、固定化；相反，在汉语中，中国人特别习惯于把一个固定的名词解构，变成一个动作，把名词变成动词，这个中国人很习惯。比如说"君君、臣臣、父父、子子"，这都是把名词变成动词，一个固定名词，我把它投入动作里面去理解，君要"像一个君"一样，臣要"像一个臣"一样，父要"像一个父"一样，儿子要"像一个儿子"一样。所以汉语在名词方面是缺乏确定性的，但是它具有灵活性。它缺乏确定性，它不像实体主义习惯于把一个词定下来。我们上次讲苏格拉底和孔子言说方式的比较，苏格拉底总是强调你这个东西"是什么"，你要把它定下来，你要下个定义，规定下来。而孔子他不，他的"仁"总是随时而变的，它带有灵活性。中国语言的这种灵活性在翻译的时候我们可以利用它。但是另一方面我们也要认识到，汉语的这种灵活性，如果我们还没有把西方哲学的确定性，包括西方语言的确定性吸收为我们的一种规范之前，这种灵活性在哲学思维方面并没有什么用处，它会显出它的负面的影响。就是说，这种灵活性恰好需要吸收西方的确定性，才能够发挥它的灵活性的长处，这是文化交流方面非常重要的一个原理，就是说我们中国文化有它的长处，但是这个长处是在吸收西方的长处以后才能够体现出来的。比如说儒家的那样一套道德理想，我们现在到新加坡、马来西亚，到这些地方去看，我们觉得实现得很好，甚至被我们作为儒家文化现代化成功的例子。为什么？恰好是因为它吸收了西方的长处。日本文化也是，日本文化里面有中国文化的因子，但是由于它吸收了西方的长处，所以他们所保存的中国文化的那些优秀的地方比我们保存得还多。比如说"礼"，日本人讲"礼"，韩国人讲"礼"，讲师道尊严，讲人与人之间和谐有序的关系，讲得很厉害，比中国人更像当年的中国人。当然他们也在不断地变化，但是比起中国人来至少要强，比如讲诚信，日本人讲诚信，韩国人讲诚信，中国人现在就不讲诚信，为什么？中国儒家文化里面就是讲诚信，但是为什么现在没有了呢？我们怪罪于西方人，我们就是因为吸收了西方的东西，败坏了自己的东西。其实不是的，恰好相反，因为你没有吸收西方的东西，所以你的诚信只停留在口头上。如果你吸收了西方的法制，诚信就有了生根的基础，儒家文化的理想在那个时候你可以恢复，你可以恢复那个传统，那个时候就不是简单地恢复了，那就是促进，那就是传统本身的发展。

所以我们讲，我们的哲学思维、中国的哲学思维对西方哲学有一种"高位优势"，这只是从可能性而言的。我们比西方人理解我们要更理解西方人，这是一个事实，但是它如何能成为优势？奴才了解主人，比主人了解奴才更多，"粉丝"了解明星，比明星了解"粉丝"更多，但奴才和"粉丝"并不处于高位。但根据黑格尔讲的主奴关系的颠倒，卑贱者将比高贵者更高贵。但这只是一种可能性，你要把它变成现实性，不是说我们仅仅有这样一个高位就可以下判断，21世纪一定会是中国文化的世纪，不需要下什么力气了，就凭我们的遗传基因、凭我们的天性就可以舒舒服服地当上世界文化的领头羊，有那么简单吗？你要想保留中国传统文化的长处，是件很辛苦的事情，你就必须要踏踏实实地向西方学习，把西方的长处吸收过来。比如说语言，你要发挥中国汉语的灵活性这样一个优势，你就必须把西方语言的确定性老老实实地吸收过来，你要讲语法，你要讲逻辑，你不能在译康德著作的时候自己去抒情，那不行的，你必须严格按照他的东西一板一眼地译过来。在译的过程中你可以体会到汉语确实有它的灵活性，有它的优势，这个是英语都无法比拟的。我甚至认为现代汉语是世界上最好译成别国文字的一门语言，最具有可译性的一门语言。当然也许可能有一点自大了，因为我接触的毕竟很狭窄，但是我通过我的体会有这么一种想法。所以这个是绕不过去的，你不能够走捷径，还必须老老实实地从头、从脚下的路走起，才能够发挥我们的优势。

第十三讲　对中国百年西方哲学研究中实用主义偏向的检讨[14]

今天我要讲的一个主题就是：对中国百年来西方哲学研究中实用主义偏向的一种反思。中国百年以来，西方哲学传进来经过了不短的历程。那么要反思这一百年来我们中国人对西方哲学的接受、对西方哲学的消化，有一个问题不得不专门来加以探讨。这就是中国人在接受西方哲学的时候抱有一种实用主义的偏向，因为在文化的传播和解读中，"先见"或者说像伽达默尔所说的一种"先理解"，这个是没有办法的事情，当然也是必然的。任何一个民族在接受异民族文化因素的时候都必须有一种先见，才能够得以接受。但是中国人在接受过程中，在一定的时候，他应该回过头来进行反思，这也是必然的。这就是说你不能老是先见，老是原来那种固定的成见。你经过一百年的接触以后，应该回过头来铸造一种新的视野。伽达默尔讲"视野融合"嘛，现在视野已经在逐渐融合，所以你必须把西方的视野也吸收进来，这就必须要对我们的先见进行反思，进行一番检讨。

我们可以看出，从1840年鸦片战争以来，中国的那些有识之士悟出了一个道理：那就是要向西方学习。这是在当时的情况之下我们立国保种的唯一办法。当时面临的危机就是存在危机，中国人、中华民族面临着一种存在危机。西方人已经打开了我们的国门，那么中国已经国将不国了，马

---

[14] 本讲主要思想曾载于《东吴哲学》2001年卷，安徽人民出版社，2001年12月。

上就要从地球上被分割、被瓜分，所以向西方学习是当时提出的一个迫切的任务。但是向西方人学习什么以及怎么样学？这个又经过了一个很长的过程，也就是说在中国的甲午战争和戊戌变法的惨痛教训以后，我们才有了一个大致上正确的理解，什么样的正确的理解？就是说要原原本本地对西方的社会制度、历史文化、思维方式以及由这些东西构成的有机整体进行考察和研究，也就是林毓生所讲的"整体性思维方式""思想文化解决问题"。从思想文化这个角度来解决问题，而且是有机整体地来解决问题，单个的零敲碎打那是不行的。你把西方文化的某一个片段割裂下来，支离破碎地、急功近利地从西方文化里面截取一些表面有用的东西，那个是没有效果的。比如说船坚炮利、简单的工业技术、实业这些东西，以及中体西用、洋务运动等，这些东西都是有利于我们跟西方文化进行沟通的。但是这是表面层次，我们悟出来这样一个层次的学习，不能奏效，实际上它的效果并不如我们原来所想的那么理想，所以要从这样一种表面的技术层面、物质层面的东西深入文化内部、思想文化的里面。但是要做到这一点，中国的知识分子要更加沉得住气、更加沉下心来考虑和谋划。所以经过这一段，特别是戊戌变法以后，中国人已经看出来了，中西的差异和优劣归根到底可以归结到人的素质的差异，要归结到这上面来。那么要改变这种状况，就必须对国人进行一场根本性的思想启蒙，特别是要吸收和传播西方近代以来的先进的哲学和人文社会科学的思想，这是当时达到的一个共识。所以在19世纪到20世纪的这个交界点上，在神州大地上开始了一场震撼民族心灵的西学东渐运动，西学东渐应该说是从那个时候开始的，前面的都不算。前面的办洋务、买西方的技术、买西方的武器，都还只能算一个序曲。这个时候进入思想文化的层面，西学东渐运动才开始发展起来，它的规模、它的声势、它的持久性以及影响力，应该说超过了一千多年前的佛教、超过了佛学，在这一百年的西学的熏陶之中铸造了现代中国不同以往的民族面貌。现代中国人和古代的中国人在民族面貌上已经不同，思想、意识、思维模式都有所改变。当然我们说传统的东西还在，还在起作用，但是总的来说,我们可以看出来现代中国人和古代中国人不一样。百年以来这样的文化熏陶,包括我们的言说方式、书写方式、文化模式这些东西都有所改变,这当然是极其必要的,而且也是不可避免的。

那么,我今天考虑的就是通过对一些个案的分析,我下面举一些个案的例子,来检讨我们在这一百年思想进程中的失误之处。这篇文章的标题是"对中国百年西方哲学研究中的实用主义偏向的检讨",主要是检讨我们在学习西方过程中的某些失误,其中最大的失误就是实用主义。其实实用主义包含两个层面的意思,一个是政治实用主义,一个是技术实用主义,这两方面又是相辅相成的。政治实用主义需要技术实用主义,技术实用主义最终是为了政治实用主义,像"富国强兵"或者是"治国平天下"这种理想是支配一切的。从里面我想获得一些带有普遍必然性的规律,获得一些启示。我们在世纪之交,19世纪到20世纪出现了一种错位,接受西方文化我们发生了一种错位。在百年反思中,我们经常听到一种论调,就是说我们向西方学习没有学到什么好东西,反而把坏的一面学到了。这是一个非常常见、非常普遍的说法:我们没学到好的东西,我们学到的都是不好的东西,被西方人所抛弃了的、西方人已经认为是不好了的,我们就把它捡过来了。当然我们要对这种说法进行分析,就是说,这里讲的"好"和"坏"是从思想文化在社会实践中实际的后果来判定的,好和坏就是看它有没有实际的效果。如果效果不好,那当然就不好了。我们总是说,西方人都说这个东西不好了,其实这也是一个借口,实际上还是因为我们没有看出这个东西在中国有什么好的效果。如果真的有好的效果,即使这个东西西方人说它不好,我们也不会对它采取其他的态度。这是因为在我们的社会实践中我们看不出它有好的效果,所以我们就说它是坏的。那么在实际生活中的好的效果和坏的效果是由什么东西、按什么标准来评价的呢?如果深入这一层,我们就发现,其实它的标准是在学习西方文化之前已经既定了的,也就是说是传统的。我们评价一个东西在现实生活中的好坏标准依然是传统的标准,那么你按传统的标准,当然你从西方人那里拿的东西不管它是好的还是坏的，肯定就有格格不入的地方，格格不入很可能产生的是一个"不好"的效应，哪怕仅仅是"看不惯"的效应，我们就对它有"不好"的评价。那么这样一种模式，就是说把任何学说和理论都放到眼前的实际后果中，并且用以往的传统的标准来衡量其好坏。这种思维模式、这种态度本身就是一种传统的思维模式。

例如在先秦，就有墨子提出的三表法，所谓"三表法"就是三个标准，我们看待一种学说、一种理论或一种政策有三个标准：一种是看它符不符合先王的圣人之言；一种是看它符不符合当下的经验；再一种呢是看老百姓怎么说，这个对人民能不能带来利益，按照老百姓的评价，带来利益它就是好的。这还是传统的思维模式，就是把一个东西放在我们的实践中用传统的标准、固定的标准来加以衡量。中国传统历来讲究的是"知行合一""学以致用"这样一种对待理论的态度，思想学说和理论在我们看来没有任何别的用途，而只能用来在实践中取得良好的效果，这是我们唯一的标准。这个原则一般来说呢也不能说它不对，"实践是检验真理的唯一标准"嘛，一个理论的好坏、成功不成功、正确和错误，我们要看它的实践效果，在实践中达到了好的效果，我们就说它是正确的理论。当然一般来说这是对的，也可以说这是我们中国人务实精神的优点。中国人的长处就在于排斥一切虚无缥缈的东西、不着边际的东西，包括宗教、信仰、彼岸这些东西，中国人都不是真正地相信的，即便相信，中国人也没有那样一种宗教的狂热或是宗教的献身精神，这个是很缺乏的。但是他比较讲究实行，中国人的思维方式比较实在。但是凡事不可绝对化。理论和实践当然应该结合在一起，我们讲理论与实践相结合这个是对的，但是理论和实践结合有不同的方式，也有不同的层次。最简单的层次就是"知行合一"，凡是一个理论我马上就看它能不能够和行、实践合为一体，如果它不相符合我就不管，就把它抛弃，这是最简单的层次，理论和实践结合最低的层次。那么比较高的层次呢，恰好是知与行在一定的条件下应该互相地独立、应该有一种独立的发展。在知的方面，它在一定的条件下，在一定的时间范围内，它应该有它独立发展的空间，你不要去管它能不能起作用。比如数学，学数学有什么用？如果说它没有用我们就放弃它，这在表面上看起来是知行合一的，但是实际上我们放弃了将来的大用。数学的用处你目前看不出来，而且有的内容也可能以后永远也没有什么用处，但是你还得研究它。你把它研究透了、研究深了，它的用处才可以体现出来。这是更高层次的理论和实践的接触，这和你表层的马上就可以拿来立竿见影，当然就不可同日而语了。

所以，理论和实践在一定条件下应该互相独立，甚至于应该有某种程度的互相分离，体现为一种张力的形式，虽然脱离，但是它们时时保持着能够结合的一种可能性。你可以不去考虑它当时的实际效果，但是它将来是可以有用的，它不是什么屠龙之术，学了没用的。这是理论方面跟实践方面有一定程度的脱离，实践方面也和理论方面有一定程度的脱离。有时候实践在某个时候是不考虑理论的，它不考虑认识和客观规律，它就是盲目地碰撞。你考虑那么多理论，你可能一步都迈不开来，这也怕那也怕；有时候在实践中需要冒险、需要试探、需要实验——科学实验就是"大胆假设，小心求证"，你大胆假设就要有创新精神。所谓创新精神并不是说理论上都已经给你设计好了，然后你再去做，那叫什么创新精神呢？创新精神就是做起来再说，开拓性地进行实践、尝试，然后再用理论去总结。实践在先，这是另外一种理论和实践脱离，它也是需要的，这方面中国人也很缺乏。中国人的所谓实践就是"践履"，所谓践履就是履行某种规范。文武周公孔孟这些人，程朱理学，他们已经把规范制定好了在那里，主要的问题在于你是不是按照这样去做、去实行。中国人讲的"行"是这个意思：知行合一。知就是非要马上就可以行的，而行一定是按照知的规范去行，你不能乱行，乱行反而你就不是知行合一，你就是盲目地去行了。所以中国人讲的知行合一是这样一种直接等同。知和行，知就是行了，行也就肯定是一种知了。这个到后来的心学、王阳明等人，他们就表述得更加明确了。中国这种知行不分的知行合一，就是贴得太紧了，就没有空间了，知也没有空间，行也没有空间。知的方面，只有给它一定的空间，科学才能够超前发展。我等在那里，我现在不去行，但是我把东西研究透了，那么它将来很可能会有实践上的飞跃。在实践方面呢，我不需要等到理论论证完了然后才去做，有时候理论根本跟不上，行动在前，行动是无前提的，取决于你的意志。这种创造性的实践活动在科学研究中也是需要的，甚至是科学发展的根本动力。所以这是两个不同的层次，显然里面显露出一种中西文化的差异。

西方文化一开始就有一种知行相分的"毛病"，柏拉图讲的根本就不是用来行动的，他的理念论有什么用？你学这些东西有什么用？你要这样问他，他就把你赶出去，你要讲有用你不要到我这里来，你到木匠或者石匠那里学去。你到我这里来学的那就是些没用的东西，但是呢它是真理，它是上帝创造这个世界的一套模式。你说它没有用，那当然没有用了，那是上帝用的，人怎么能够用它呢？但是人可以去知它、去了解它。所以一开始有知行相分这样一种"毛病"，但是呢，恰好是这样一种"毛病"给他们带来了优势。就是，一旦分离得很开的知与行在近代具有了一定条件使它们合为一体，那么它就诞生出了具有极强的理论性同时又具有强大的实践力量的近代自然科学，它在实践方面反而能够长足地发展。长期以来，因为知行相分所以他们不太注重行，所以他们在物质文明、现实的发明创造、技术这一方面可能落后于中华文明，在两千年间很长的时期落后，但是他们在理论上是先进的，到了一定的时候，他们的落后就变为先进，他们超越了东方文明。中华文明两千多年的先进，由于缺乏先进理论的指导，缺乏理论的超前性，所以总是停留在一种幼稚的状态，到最近一百多年就变为落后了。这就是中国为什么没有西方那样的科学。中国有那么发达的技术，为什么没有西方那样的科学，为什么没有产生出科学精神？就是因为过于讲究"知行合一"，知和行贴得太紧了。

那么由此来观察我们20世纪的中国人对西方哲学的引进，从哲学来看我们就可以看出来，我们一开始就是在急功近利的一种传统下作出的选择。

应该说本来洋务运动的失败已经向中国人证明了，急功近利不是解决中国危机的办法，中国的知识分子正是在接受洋务运动失败的这个教训之下才转向了西方的哲学、人文科学、社会科学的。但是急功近利的态度并没有消除，而是又在更高的层次上面得到了重复。更高的层次就是在哲学方面，在本身并没有直接的功利、直接的实际效应的哲学这个层次上面，再次地重复了急功近利。所以在相当程度上我们会说，实用主义以及功利主义、工具主义这种实践和理论不分，这是中国人治西方哲学的痼疾，是一个传统的老毛病。我们是以这样一种错位的心态进入、进行西方哲学研究的。西方哲学的研究本来的初衷就是没有用处的，作为哲学没有那样直接的用处。后来我们意识到，总不能够考虑那么多直接的用处，我们必须首先要把它学到手。但是一旦进入学习的过程中，我们还是忍不住急功近利，还是立足于我们的既定的哲学功利，从能否有利于我们自己的以往的哲学论证，来对西方哲学进行取舍，还一直是这样的态度。我们并不愿意冷静客观地、原原本本地进入西方哲学中去。一个很好的例子就是严复，严复当然是鼎鼎大名的，在中国引进西方文化、西方哲学的先行者中，首推严复。以往我们对西方哲学根本不了解，自从严复以后呢，他已经提出来了，西方船坚炮利的根源并不在于他们物质条件的优越，而恰好在于思想方法的先进。西方之所以比我们强，比我们先进，主要是先进在思想方法上，包括哲学。于是他主张大力地输入西方的科学方法论，比如说培根的归纳法。他说："西学之所以翔实，天函日启，民智滋开，而一切皆归于有用，正以此耳。"西方人之所以能够实实在在地启蒙、开民智、启发民智，一切都那么有用，西方的科学、人文科学、社会哲学，都能够达到有用的效果，正是因为他们的方法论即归纳法。培根的归纳法表明"知识就是力量"，所以正显出了它的用处。而中国历来强调"经世致用"的这样一种儒家学说，恰好没有用处。强调实用的恰好没用处，在历史上它曾经有用处，能够用来治国平天下，但在西方的船坚炮利面前它不堪一击。为什么没有用处了呢？因为它强调的实用只是限于政治实用，而不是技术实用，因而它不重视方法和方法论。西方的培根的归纳法在严复看起来，恰好就是由于重视方法论，所以"一切皆归于有用"。

所以严复的这个出发点是：你看西方的东西多么有用！在我们看起来好像是没有用的东西，哲学、方法论，你讲了半天方法论，人家已经走到前面去了，历来我们认为这个没什么用处，是空谈方法。但是没想到，恰好人家后发制人、后来居上，你那些东西反而没有用了。当然严复在这里重视方法论的掌握比只重视结果要更上一层楼。中国的传统儒家、法家，这一套政治理论始终是只看结果，只重视效果。荀子不是有"儒效篇"吗，专门讲儒家的效果。儒家的效果是好的，那么就是有用的，但是不注重方法。严复注重方法的掌握，应该说是提高了一个层次。但是这个层次呢，他的基础还是"一切皆归于有用"，终归还是要"有用"。所以最后他是要介绍进来一种有用的方法论或者说有用的哲学，这是严复介绍近代西方哲学的出发点。所以出于同一个目的，他大力宣传达尔文的进化论"物竞天择"，来激发中国人的危机感。我们看到严复以达尔文进化论的传播为他最大的业绩，以此而出名。但是很奇怪的就是，他却不去翻译达尔文本人的著作，而是翻译了达尔文的追随者赫胥黎的《进化论与伦理学》，而且他把它翻译成了《天演论》，连名字都给它改了。《进化论与伦理学》，从这个名字我们可以看出，他和达尔文不同，达尔文是个自然科学家，赫胥黎是想把自然科学的进化论跟伦理学结合在一起。那么严复选这篇把它翻译过来，显然是着眼于自然科学的伦理学意义，而不是单纯的自然科学规律。但他另外取了个名字叫作《天演论》，这名字其实不对。有人写过文章研究，说中国的"天"和西方的"自然"是不一样的，中国人的"天道"运行、"天演论"和"自然进化论"，其实这中间是不能等同的。这且不去管它，他翻译这本书，研究者也指出了，他不是原原本本翻译的，而是"从当时中国的社会实际出发，以此作为特殊的斗争手段，来呼吁中国新兴资产阶级的爱国运动"。这是黄见德先生在他的一本书《西方哲学东渐史》里面讲的。他还说："由于翻译这本书是出于政治的而非学术的动机，所以在翻译上它不是赫胥黎书的忠实译本,而是有选择、有取舍、有评论、有改造,把它和解决中国现实问题联系起来。"当然我们通常认为,他这样一种做法是非常符合我们中国知识分子的这种忧国忧民的理想的。但是你在研究它的时候,实际上考虑的还是怎么样有利于国家的前途发展。从主观动机的出发点来说,我们都认为这是值得肯定的;但是从学术的角度来看呢,它不是忠实的、原原本本的译本。他甚至于把其中本来包含有的关于科学的范围、科学的价值、科学的本质以及科学的确定性等,这样一些具有哲学本体论层次的部分全部删掉了。他认为这些东西都是空谈、没有用的东西,他把它们都删掉了。科学的范围、科学的价值、科学的本质这些东西在中国人心目中都是没有用的。所以他的这个翻译完全不符合他自己提出的"信、达、雅",特别是"信"。他讲这个翻译的主要、最重要的原则就是"信",把它放在第一位,但是他自己的翻译把西方人看来是最重要的部分、形而上学的部分,全部删掉了,恰好不可"信"。

为什么会这样?原因很明显,他在翻译的时候,当然你可以说他重视方法论,但是呢他忽视本体论。方法论他还可以接受,他把西方哲学仅仅看作方法论。但是西方哲学的本体论他不愿意译出来,没有兴趣,所以他还是一种急功近利的思想。而且更重要的还有另外一个原因,什么原因呢,就是说如果按照达尔文的"适者生存""优胜劣汰"的原则原原本本地翻译出来,并且像斯宾塞那样把它转用于人类社会生活作类比,那么它就只是一条客观的原则、客观的自然原则,从这条原则里面将会推出一个什么结论呢?就是说像我们这样的"劣等"民族应该被淘汰,也必定会被淘汰。物竞天择嘛,我们既然是"劣等"民族,我们被淘汰就只能认了。如果按照达尔文的进化论,我们不是要被淘汰吗,这是自然规律啊,你能违抗吗?这当然是严复所不能接受的。相反,他之所以翻译达尔文的学说就是为了激发中国人的一种危机感:我们将要灭亡了,我们该怎么办?你如果得出"劣等民族必须被淘汰"这样一个严酷的结论,那你不是适得其反,和你的这个初衷完全相悖了?所以他解释,如果仅仅是那样的话,那就只是"任天为治"、随波逐流、任其自然，该淘汰就被淘汰，这就是为帝国主义的侵略作辩护了。人家本来就强，按照达尔文的进化论就该把我们灭掉。但是他的目的不是这样的，他把进化论理解为一条主观的实践原则，来激发中国人的危机感，那么就能使中国人起来"与天争胜"。一个是"任天为治"，一个是"与天争胜"，争强，要自强，在这两个不同的价值标准面前，严复选择了后者。如果你完全按照自然科学的观点，那只能够任天为治，灭亡是必然的，这是自然规律。但是严复不是从客观自然规律、不是从理论这个角度出发，而是从实践这个角度，立足于实践。就是说我翻译这个东西不是要说明我们中国人该灭亡，而是说明我们中国人为了能够不灭亡你就要努力适应时代的要求，适应进化规律，你就得自强、就得奋起。这是他翻译进化论的伦理原则、伦理的立足点。他不是说完全客观地、科学地介绍西方的思想，而是一开始就有一个伦理的立足点，要激发国人起来抗争，发挥积极的作用。所以他的翻译仅仅是在政治伦理方面治国平天下的一种手段、一种工具而已。当然我们今天对他的评价呢，还是正面的评价，就是说他当然只能这样，否则的话难道说我们中国人就该灭亡吗？肯定不是这样的。但是这样一来达尔文的本来面目、真实面目就被模糊了、就被掩盖了，肯定是这样的。你要激发中国人的一种志气，自强，那么你就不能那样客观地、科学地、原原本本地把西方的什么东西都吸收过来，你必须有选择、有挑选、有评论、有取舍、有改造。

所以严复翻译的《天演论》不仅在翻译的时候删掉了一些东西，在行文中他也有不忠实于原著的地方，它是经过改造的、适合于中国人需要的、适合于严复对中国人的需要的理解的。所以他翻译的《天演论》与其说是赫胥黎的原本，不如说是严复所创造出来的，是他的一种创造和借题发挥，是他结合赫胥黎的一种观点来重写的。当然我们今天可以以当时时代的紧迫任务来为他进行辩护，就是说救亡图存，他当时这样做当然是对的，应该是对的。如果是任天为治，那样客观地翻译过来那将会是什么效果呢？那肯定是消极的后果。我们今天评价他当时那样做是对的。但是，我们今天一定不能够把那样一种方式当成我们今天一般的、正常地向西方学习的态度，因为我们今天已经没有那种亡国灭种的危机了。我们当然还有危机，但是是另外一种。它不是这个层次上的危机，已经没有必要用一些自造的幻影来蒙蔽国人的眼睛，激发我们的志气。而且我们国人的志气为什么只有通过这样一种自欺的方式才能被激发起来，这本身也是值得反思的。如果你把客观的东西原原本本地介绍过来，我们中国人根本就丧失信心了，中国人承受不起科学、承受不了真理，只能够自欺，这个也是我们传统中的一种弊病，这种国民性也应该反思。我哪怕认识了残酷的真理，我也能够承受得起，这才是一种比较坚强的国民性格，当然这种国民性格今天还有待于我们去塑造。这是严复的一个例子，这就是世纪之交的一个错位，这个例子是很典型的。

另外一个就是王国维。王国维是在另外一方面，跟严复所采取的立场是很不相同的，把他跟严复作一个对照很有意义。王国维的立场也是介绍西方哲学，但是他的立场比严复要高一等。在哪方面要高一等？王国维向西方学习康德和叔本华的哲学，康德的哲学他看不懂，看了很多遍也看不懂，就转向叔本华的哲学，他觉得深得他心，一看就懂了，马上就接受了。但他接受叔本华的哲学方向和严复不同。严复是为了救国救民，王国维是内向的，是发自内心的一种兴趣，而且是出自对人生的一种思考。在叔本华那里他找到了与他相契合的一种人生哲学，这个和严复的境界是完全不一样的，也就是在王国维这里他开始了一种"为学问而学问"的关切。他说："不研究哲学则已，苟有研究之者，则必须博稽众说，而唯真理是从。"这是王国维的观点。就是你不研究哲学则已，你要研究哲学的话就必须博稽众说、博采众说，然后"唯真理是从"。各种各样的学说你都要兼收并蓄，然后选择其中你认为是真理的，你去服从它。但是你要追问他的兴趣和关切从何而来，当然最终他不是出自学问本身，哪怕他是为学问而学问，他这种为学问而学问最终的基点和出发点，依然是来自救国志向。中国人缺乏一种真正为学问而学问的精神，即使是提倡"为学问而学问"，那目的最后还是来自救国的志向。所以他讲中国"今日最亟需者在援世界最进步之学问",中国今天最需要的就是要引进西方世界最进步的学问。这还是救国救民,跟严复的出发点基本是一样的。对中国人来说,恐怕永远都会是这样,我们今天也是这样,包括我本人都是这样。我讲"为真理而真理、为自由而自由",后面的潜台词还是这样,否则的话我干嘛这样说,干嘛这么努力地给大家说呢?还是有一种儒家的士大夫那种出发点的东西,最后还是为了国家和民族的强盛,改造国民性,拯救我们这个国家。现在我们陷入另一场危机,陷入道德危机、信仰危机、伦理危机,那么我们如何走出这种困境呢?还是这个观点,救世的观点。这没有什么不好,但是不要简单化,要把这个出发点尽量地推到后面去,尽量地扩大它的容量。要把西方的东西原原本本地容纳进来。你能不能容纳进来?比如说科学、"为真理而真理",你就追求这个东西。隐藏在背后的救国志向你不需要提,那是自然在那里的,但是你要形成一种新型的人格结构。王国维已经有这样一种结构,严复还没有。

王国维已经有这样一种结构,他虽然也是出于这样一种忧国忧民的志向,但是他在里面容纳了西方的一种科学精神:"为学问而学问","为艺术而艺术"。"为人生的艺术"和"为艺术而艺术"表面上看起来很冲突,但是你如果把艺术看作就属于一种人生的话,那么也没什么冲突。对艺术家来说,艺术就是他的人生。他"为艺术而艺术"就是为他的人生,他把人生看作艺术。所以在这里,表面上看起来它有一个矛盾,也就是说一方面:引进西方哲学是为了挽救民族的危亡,带有鲜明的政治色彩,但是另一方面它却要求输入不带任何政治性的纯粹哲学。这是黄见德先生在他的书里面指出的一个矛盾。表面上看起来是个矛盾,一方面它要求救国救民,但是它引进的恰好是和政治不相干的一种纯粹学问——叔本华的哲学。叔本华的哲学根本不谈政治,他只谈人生,好像是不相干。黄先生又讲,"王国维之所以提倡吸取'纯粹哲学',目的在于要求肯定哲学真理的独立价值,不致使它成为政治的附庸"。提倡纯粹哲学的目的是不使它成为政治的附庸，从政治上面把它分离出来。你老是为政治服务，充当政治的婢女，那样的哲学是不成其为哲学的，你要把它跟政治脱离开来。他提出了为真理而真理这样的取向，不要跟着当时的儒家学说和当时的社会需要去亦步亦趋。这说明什么问题呢？说明力图要摆脱政治的那种学问恰好具有强烈的政治倾向。你要把纯学问从政治上面脱离开来、分离开来，这本身就是一种政治的行为、一种政治的倾向，它本身具有强烈的政治倾向。如果仅仅是为儒家政治学说服务的那样一种哲学，那种哲学发展不起来，而且那种政治也是很可鄙的一种政治。什么东西它都干预，它也就没有自由的空间了。所以"纯学术"的这样一种行为、这样一种观点，"为学术而学术"的这样一种观点，本身具有政治效益。人离不了政治，你是服从政治也好，你是抵抗政治也好，这本身都是一种政治行为，这里就有一种辩证关系了。所以最脱离政治的一种学说也就是最具有政治上颠覆作用的一种学说，反之，最束缚于政治的学说也是在政治上最有害的一种学说。王国维的学说最脱离政治，但是他对政治最具有一种颠覆作用，恰好是能够跳出中国几千年的政教循环怪圈的一种学说。中国几千年政教循环，政治和教育、政治和哲学、政治和理论相互循环。理论为政治服务，政治又需要理论，又吸收理论，这种循环的怪圈，把一切思维的空间都窒息了。那么王国维的这样一种政治倾向就是要表达纯学问，让它独立发展。

所以王国维的努力可以说在另一方面，就是在致力于纯学问方面达到了中国人所可能达到的极致。他可以作为另外一种标杆，严复是前面一种标杆，就是出于一种救国救民、实用主义，把西方的哲学方法拿过来，来改进我们的方法，使我们国家能够在这里得到好处。另外一极就是王国维，他提倡纯学问，主张不要考虑它在现实政治生活中能够造成什么效果。当然王国维最终还是立身于政治。我们刚才讲了，不管严复也好，王国维也好，他们虽然体现出两极，但是这两极有个共同基础、背景，就是立足于中国的政治，中国人超不出政治。你要一个中国人完全去致力于纯学问，不考虑现实——像西方的分析哲学家那样，我就是一辈子搞这样一点点学问，搞这么点分析，然后大学课堂上面讲一讲，完了——中国人不干的。为什么分析哲学搞了这么久，从罗素开始，一直到今天，一百多年了，这么时髦，也没有一位学者在中国把它发展起来？现在研究分析哲学的人很少，即便研究分析哲学，也还是想把它跟中国的现实结合起来。中国人他有这种本性，很难摆脱的。你要是一个美国人的话，他很容易解脱，如果他有这方面的才能，他就去搞分析，美国人是无所谓的。他也可以到澳大利亚去，可以到英国去，他不在乎这个东西对他们国家的现实有什么影响，他无所谓，他是世界人。他就是真正地为学问而学问。但是中国人做不到，即便在中国做分析哲学，像徐友渔、陈嘉映这些人，也放着自己的学问不做了，净写些社会政论方面的文章或者一些随笔，在这方面出作品。他们的分析哲学到底有什么观点，我们都不知道，虽然也写了一些书，那书没多少人看。人们喜欢看他们的还是一些别的书，徐友渔的理论，陈嘉映的随笔，这些东西都是很刺激的，都是很耐看的。这说明中国人不管搞什么学问，都有一个背景，这是中国人渗透到血液里面的东西。包括我自己本人也是这样，为什么我明明知道分析哲学是现代西学中很重要的流派，但就是一直没有去弄它，也是这个原因。我觉得它跟现实离得太远。你要是为学问而学问，它当然也是一门很不错的学问，可以去搞它，可以去献身一辈子的，但是我不愿意那样干，觉得那样献身有点划不来。我还是喜欢搞一搞康德、黑格尔、海德格尔、尼采，这些人跟中国人的命运结合得更紧密一些，他们能对我们的人生起一种指导作用。分析哲学能对人生起指导作用吗？指导不了，如果真的能指导的话，这个人就完了，就变成一台电脑了。所以中国人还是从这个角度出发，几百年以后也改不了的。也不需要完全改掉，这是我们的特点，这是我们的特色，但我们要意识到它的负面影响。

所以王国维、严复，他们的立足点是共同的，他们还是立足于政治、立足于现实，特别是现实的政治生活，还是立足于这一点。问题就在于王国维在这一基点上面是不是达到了为真理而真理，他的"纯粹哲学"是不是能够完全容纳为学术而学术？其实还是不行的，其实还差一点。就是说他的这个为真理而真理的研究依然是有取舍的。比如说叔本华，他在介绍叔本华的时候并不是原原本本地介绍，他不懂得的方面、他不感兴趣的方面他就不讲，他只讲他有体会的东西。他有体会的那些方面当然就是他的人生哲学了。但是叔本华除了人生哲学以外还有一个维度，就是他的宗教哲学。叔本华的宗教哲学中讲了原罪意识——自由意志，每个人都有自由意志，这是人的原罪，当然就有由原罪所带来的痛苦。王国维就把叔本华的自由意志所带来的人生痛苦这一点吸收了，但是对叔本华的自由意志是罪这一点，就避而不谈，他不谈这个。所以他在接受、吸收和介绍叔本华的时候也是有偏颇的。我们可能下一次讲中国"西方哲学东渐的十大文化错位"的时候还要讲到，就是王国维对叔本华的接受也是有选择的，并不是说完全为真理而真理。人们讲这个宗教、解脱，讲彼岸这些东西，你虽然不感兴趣，但是你如果真的是为真理而真理，你就得去探讨一下。你说它错了也行，你说它对了也行，但是你总得去客观地探讨，至少要客观地介绍嘛。不管你探讨的后果怎么样。但是我们在王国维的书里面完全看不到这个层面。所以他把叔本华的自认为是真正的立足点的本体论束之高阁。叔本华的本体论，在叔本华那里是要命的东西，但是在王国维这里恰好把它砍掉了。不介绍他的本体论，不介绍他的超验的思想，不介绍他的"世界本质"这个层面，而只想停留在"生活本质"的层面上讨论人生和文学，不跟着他探讨世界本质，而跟着他探讨生活的本质，这就把叔本华的哲学从一种本体论完全变成一种人生哲学了。当然叔本华的哲学是一种人生哲学，但是它有本体论的根基，他自认为他还是从本体论中建立起来的，但是传到中国以来，我们就把它的本体论砍掉了，只取人生哲学这个层面来讨论。所以虽然我们已经进入西方哲学的人生哲学这样一个层面上了，但是依然透露出来我们的取舍还是实用主义的，当然这个实用主义是最高层次的实用主义。就是说不是别的实用，而是对人生有用。叔本华的哲学对人生有用，那么我们就把它吸收过来，它可以指导我们的人生，还是实用主义，但是是最高层面的，在最高层面上是实用的。

这样一种实用主义和严复那种低层次的实用主义结合起来，形成了我们中国一百年来西方哲学研究的两极。这两个极端：一个是考虑培根的归纳法，能够指导我们的科学研究，能够富国强兵，这是严复的一极；另外一个是叔本华的人生哲学，可以指导我们的人生和艺术，这是王国维的一极。那么我们可以说中国人治西方哲学，只不过是在这两极之间摇摆而已。国人取舍的程度在这两极之间挣扎，有的人这方面偏重得多一些，有的人那方面偏重得多一些，成分不同而已，总的基础是实用的，这是世纪之交的错位，这是我讲的第一个问题。

第二个问题呢，我要考察一下"五四"的"主义和问题"之争。"五四"以来的主义和问题，这当然是胡适提出来的，他说："少谈些主义，多研究些问题。"在"五四新文化运动"中，"启蒙"这个主题本身带有一种实用主义和功利主义的倾向。我曾经谈到过，就是说"启蒙"这个词在西方的启蒙运动中本来的意思是"光照"，enlightenment 是"光照"的意思，并不包含有"唤起民众""发动民众"这些意思。西方的启蒙学者一个个都是很孤独的，像卢梭，躲到山里面去住，躲到树林子去住，与社会隔绝起来，把自己的表也砸了，不要了。不要管时间，不要管世俗生活，就在那里沉思默想，在那里思考。蒙田是一个人孤独地去散步，把所想到的一些东西记下来。这些就是启蒙思想家，一种思想上的个人觉醒，至于唤不唤起民众，不是他的事。卢梭的思想当然唤起了民众——法国革命，但是唤起民众，那不是他的事情，那是别人的事情。他的事情就是坐在那里冥思苦想，他并不去唤醒民众，他最初的出发点不是唤起民众，而是要获得理性之光，要接受理性之光，照亮人类的内心。他是代表人类在思考，所以要沉得下心、沉得住气，要躲到树林子里去，隔绝外界，来思考理性本身的事情，思考人生本身的事情。这是西方的启蒙精神。

与此相反，"五四"的启蒙运动特别赋予了启蒙以"开启民智"这样一种社会意义。"启蒙"这两个字的翻译本身就表明了这一点，启别人之蒙，启发那些芸芸众生走出蒙昧，启开他们的蒙昧，要唤起民众。但是"五四"的启蒙运动很少强调思想创新。他们在思想上只是借用西方现成的观念来批判中国的现实和传统，这样来启发群众的认识水平。陈独秀也好，李大钊也好，很多人的启蒙思想是很少有思想创新的。鲁迅算一个，鲁迅算是有思想创新的，但其他人都是拿来某个人的思想。胡适拿来杜威的东西，李大钊拿来马克思主义的东西，每人拿来一种不同的东西来启发民众，拿来的都是人家现成的东西：哎，我觉得他讲得有道理！但是在自己的思想创造方面呢，没有做什么工作。他们认为不需要，人家已经做了，西方的启蒙思想家已经做了这个工作了，我们的责任就是把这些思想介绍给老百姓。"五四"的启蒙思想家一开始就把自己放在救世主这样一个位置上，他们是救世主，他们的工作就是把现成的真理拿来，来救世，来拯救老百姓、拯救国家。当然在这上面鲁迅是有创新的，他的创新在于针对自己的批判，但是他也有问题，他早年把尼采的这样一些东西，所谓"新神思论"，即德国唯心主义，如施蒂纳、尼采以及易卜生、克尔恺郭尔等人的这些思想，把这样的思想拿来。所以他们对启蒙运动的这样一些做法呢，我们有一种感觉就是，好像这一大群人都是谋略家、策士，都是些智囊团。"五四"的那些启蒙思想家都是些智囊团。当然他不是为了某个帝王出谋划策，他是为全中国人民在出谋划策，在设计一个未来的社会，所以都具有一种强烈的工具理性、实用理性的色彩。包括鲁迅在这方面也有，我曾经写过一篇文章就是讲到这一点。他并没有脱离中国传统的这种经世济民的儒家理想。他自己认为脱离了，但是实际上并没有，从他的态度方面我们可以看出来。

最典型的例子当然是陈独秀、李大钊与胡适他们双方的"问题和主义"之争，这在历史上影响很大的。胡适讲要多谈些问题，少谈些主义，这场争论表面上看起来好像是胡适从实用主义出发，批判某些人的理论空谈。谈那么多主义干什么，不解决问题嘛。你应该多解决些问题，多解决些现实问题。我们今天也有这个倾向。有些人认为有的作家写一些不着边际的作品，应该劝他们多研究些现实问题，多解决一些底层的社会问题，中国人的痛苦、老百姓的疾苦你要关心。在当时更是这样，胡适就是说要多研究些问题，少谈些主义。少谈些主义主要是针对马克思主义的，所以李大钊和陈独秀奋起反击。但是他们奋起反击，他们的辩护理由是什么？我们要认真地来考察一下。他们的辩护理由主要是辩护自己并不是一种纯粹理论的研究，而是本着"主义"来做一种实际的运动，这是李大钊和陈独秀的辩护。你说我们不涉及问题，你恰好说反了，我们就是要从主义出发解决问题。所以他们的争论并不是什么实用主义和反实用主义、实用主义和马克思主义的争论，而是实用主义内部的争论。都是实用主义者，李大钊和陈独秀也是实用主义者，并不是说只有胡适是实用主义者，其他人就不是。所以批判胡适的人对实用主义的基本原则、它的狭隘性并没有根本澄清，哪怕他们在反驳胡适的这种实用主义原理的时候，也没有对它进行学理上的批判，而只是进行同样是实用主义的辩护。所以这是一场实用主义对实用主义的争论。是一场什么样的实用主义对什么样的实用主义的争论呢？是一场狭隘的实用主义，也就是技术性的实用主义，对比较高超的实用主义，也就是政治实用主义，这两者之间的争议。李大钊和陈独秀代表一种政治实用主义，他们比较有远见，所以他们谈主义，谈主义并不妨碍他们谈问题。这两方面并不矛盾。但是胡适从实用主义的角度是非常直接的，就是说你那个东西不解决问题，不解决现实问题。哪个地方遭了水灾，能解决吗？你谈主义，你不研究中国农村的状况你能解决问题吗？你要去多研究些问题，少谈些主义嘛。这是一种技术性的社会改革要求。那么在当时的情况下，政治实用主义更加符合时代的需要，代表思维的更高层次，它是比较有远见的实用主义，你要批判实用主义，但是你自己背后的实用主义心态并没有得到反省，而且在今天依然被研究者们认为是理所当然。问题与主义之争，真理显然在主义一方，不在胡适这方，这是今天通常的评价。但实际上双方都有值得检讨的地方。

那么实用主义影响当然还是以杜威、以胡适为代表。杜威来华，然后引起了一波实用主义的热潮,以胡适、陶行知这样一些信徒为典型。但是杜威的实用主义和胡适的实用主义还是有不同的,在我的《中国百年西方哲学研究的十大文化错位》里面也提到了:杜威的实用主义是一种哲学,而胡适的实用主义,是一种技术,他以一种实用主义的态度来接受杜威的实用主义,他甚至没有把杜威的实用主义看作一种哲学,这恐怕是中西实用主义的一大区别。西方的实用主义再怎么实用,它是一种哲学,它有形而上学的支持。杜威的哲学是很形而上的。西方人讲实用,但是他们还是很注重形而上的方面,他们的这种实用本身可以成为一种"主义"。它是一种主义,它不是解决问题的方法,不是解决实际问题的技术。当然这种"主义"本身是强调要解决实际问题的,但它是一种主义而不是技术。要说主义和问题之争,恰好杜威的实用主义是一种主义,所以它有形而上学的层面,它在理论上致力于构建一个逻辑系统。杜威的实用主义是一个系统,它面面俱到、无所不通,逻辑上能够自圆其说,它有一个哲学体系。那么到了中国人这里,哪怕最为高深的"主义",也只是一种解决问题的法宝、技术、工具,比如说马克思主义。李大钊、陈独秀他们接受马克思主义,为什么?马克思主义有用啊,他们自己说的嘛,马克思主义是"本着主义来做实际的运动",它能够发动群众,最后能够真的解决问题,能够彻底地解决问题。所以最高深的主义在中国人看来也是法宝。"十月革命一声炮响,给我们送来了马克思主义",这是我们革命制胜的法宝。"法宝"这个词很有意思,有中国特色。姜子牙有一把神剑,那是他的法宝,其他的妖魔鬼怪也都有自己的法宝。《西游记》里面也是,每个妖魔鬼怪也都有一两件法宝。那么我们也有法宝,我们的法宝就是马克思主义。

我举个例子,就是陶行知,陶行知现在我们大家不一定很熟悉,他提出的教育理论在当时很有影响,是实用主义的实践观的一种体现。陶行知是一个很伟大的教育家,他对中国的教育改革提出了一些很好的设想,但是呢也有他的问题。他的教育理论提出了所谓"试验的方法",试验的方法是怎么样的方法呢?他认为,人们在遇到问题的时候——首先是"问题"

了，问题是放在前面的——我们就要想到种种方法来解决。要针对问题去设想种种方法来解决它。比如说有个人生病了，有的人画符放在辫子里面，有的人请巫婆，有的人到庙里烧香祷告，有的人请医生，有的人吃金鸡纳霜。金鸡纳霜是一种西药了，是治疟疾的。到最后，如果说吃金鸡纳霜好了，看看别人是不是也是吃金鸡纳霜好了，如果不分中外、男女老幼吃了都是灵的，那么金鸡纳霜能够治疟疾就不会错了。这当然是一种实用主义的想法，他称作"试验主义"，做试验嘛，遇到问题你就去试一试，这个方法不行用那一种，那个方法不行用这一种，这种试验主义就可以解决问题了。就是说你得了病以后，不妨多试一试。但是这种试验主义呢，大多数情况下你是来不及找到好办法的，乡下人都是这样的，这个庙拜佛不行了，我换一个庙，换一个师公来作法赶鬼。师公来了不行，我再去画符烧香、烧纸灰等，办法试尽了都没有希望的话，那最后就只有等死了。很多乡下人生了病没有办法就是这样。你说把这种方法运用到解决问题，能解决问题吗？这叫盲目乱动的试验主义，什么法子都试尽了，还是解决不了问题，只好等死。但是碰巧现在有了金鸡纳霜，有了西医，当然你可以去选一选、去试一试。乡下人在这些地方显示出他的愚昧，有人说西医是挖小孩子心肝的，有了病不敢去看西医。不敢去看西医，当然是缺乏这样一种勇气了，你不妨去试一试嘛。在这方面呢，试验主义可能有一种开拓性。就是哪怕别人传闻是罪恶的西医，你也可以去看一看，也可以去试一试，大胆假设，试了不行再说，不是还有个小心求证嘛，要有这样一种精神。但是这是很狭隘的，有了有效办法以后你才能碰得上，而且代价很大。如果你开始就碰上了，那么很好，如果你是晚了、快死了才去碰上，那代价就很大了。所以这种实用主义的方法，实际上跟传统的巫术没有什么区别。它还是一种巫术，要寻求一种法宝，当然巫术就是这样干的。原始时代就是这样的，一个人生病了请一个部落里面的巫师来，作法搞了半天，没办法救，死了；又一个人病了，又请他来，又死了，然后这巫师不行，把他废了，再换一个，可能到别的部落里面去请一个来。就是这样不断地试。连野蛮人、原始人都知道这个，不断地去试。所以胡适的理论将导致这样一种盲目乱碰的心理。实用主义完全忽视理论的话就会导致这种情况。那么陶行知呢，在这样一个基础上提出了他的教育改革论，就是"教育即生活，学校即社会"，有它一定的积极意义。教育即生活，你把教育当生活，在学校里面就是在生活，你不要从学校到学校，不接触社会，你要把社会上的生活知识都教给他。这个观点是对的，学校即社会，一个学校就是一个大社会，一个学生在学校里面就是学会怎么样去适应大社会，应该是这样的。但是拿到中国社会的具体环境中来，效果不一定好。可以说中国人本来就不重视理论思维，在学校里面更加如此，尤其是现在重理轻文，不重视理论性、理论思维、只重视技术。工科大学现在是最吃香的，理科现在已经不再吃香了，文科更加是走在边缘。所以不重视理论思维、只重视生活技巧，这在学校教育里面留下了祸根。当然我们不能就此说是陶行知造成的，不过陶行知这样一种教育思想呢，显然跟后来的发展趋势有关。20世纪60年代以后中国的大学都被撤销、都被下放，工农兵"上管改"——工农兵上大学、管大学、改大学——这里有一脉相承的这样一种思维模式，就是不要理论思维。凡是你学的东西马上就要和实践结合在一起。我们当时的那个时代，"文化大革命"期间、"文化大革命"以后的一段时间，连中学、小学里面都没有什么数理化了，只有两门课，一门是"工业基础知识"，一门是"农业基础知识"。我的弟弟他们就是学了这两门课，名为初中毕业或者是高中毕业，其实什么也没有学到。就知道怎么样用用滑轮啊，怎么样插秧啊，怎么样施肥啊，就知道这些。这就是中国的实用主义的典型，它实际上最不实用。

那么反过来我们看反对实用主义的这一方，就是李大钊、陈独秀他们代表马克思主义的这一方。他们对问题的提法依然是实用主义的，就是说他们要证实自己的理论是正确的，不是说从认识论、本体论这个角度来证实，而是从社会现实的迫切需要的角度，这个我们刚才已经讲了。中国需要马克思主义，而不需要实用主义；中国需要的是社会革命，而不是社会改良；也就是说中国需要的是政治实用主义，而不是技术实用主义。技术实用主义靠后，政治实用主义首当其冲，我们要改造社会，改造了社会，一切才谈得上。当然你真的要提实用主义的话，实用主义本身也是一个问题了；你要讲问题和主义，实用主义本身也是一个问题，究竟怎么样理解？马克思主义本身也是一个问题，你怎么来理解马克思主义？这本身是哲学探讨的话题，它本身也是问题之一。但是我们的争论，那场问题与主义之争，不讨论这些问题，它恰好不讨论实用主义的问题。实用主义是什么？拿来主义又是什么？这些问题都不探讨。他们不是学理上的探讨，而是策略上的探讨：我们现在需要哪一个？就是在这方面死争。所以20世纪早期的马克思主义者，只是停留在介绍的方面，而缺少对马克思主义的理论研究和精细咀嚼。所以"五四运动"提出的反对迷信和愚昧、建立科学和民主等这样一些口号，都是在理论上极不彻底的这样一种状态下提出来的。其他的对西方哲学的研究也是如此。这是问题与主义之争。

好，下面第三个问题呢，我们来看一看对马克思主义的理解和运用，这就是对唯物辩证法的理解。当然跟中国革命实践联系最密切的就是马克思主义了，所以马克思主义在当时占了上风，理论上和实践上都取得了优势。那么在这里，与具体的实践活动有直接关系的就是唯物辩证法，唯物辩证法被看作一种方法论了，跟我们的"法宝"意识可以最直接地结合在一起。那么由于唯物辩证法，我们在哲学领域的研究就有了一个标准，所以在当时研究哲学的很多。比如，对古希腊哲学的研究就贯彻了这样一种标准。比如说，李石岑、郭大力等人，他们在考察希腊哲学的时候，就对希腊哲学的三大哲学家进行批判、加以贬低。比如，苏格拉底、柏拉图、亚里士多德这三大哲学家，在他们看来都是属于唯心主义的。那么抬高的呢是赫拉克利特、普罗泰戈拉和德谟克利特这些反唯心主义的。普罗泰戈拉是诡辩学派、智者学派，在他们看来是属于怀疑论的，赫拉克利特和德谟克利特都是属于唯物论的。所以这里已经含有唯物主义和唯心主义"两条路线"这样一个意思了，当然还没有后来那么明确。但是对希腊哲学原著加以客观认真解读的很少,只有严群在那里搞一些认真解读,而且被人们所批判。他解读那些东西,人们都嘲笑他,认为那些东西没有什么用。这种急功近利的习惯在我们的哲学史研究里面一直保存下来,我们总是不愿意去完整地、历史地领会西方哲学的传统和精神,而是喜欢在一大堆哲学家里面挑挑拣拣,美其名曰"去粗取精"。去粗取精,西方哲学几千年,我们能取出来的有几个算精华的呢?赫拉克利特、德谟克利特这些唯物主义者算精华了,其他的算糟粕,其他多数人都算糟粕。直到20世纪80年代我们还在争论"要康德还是要黑格尔",这还是同样一种思维模式的表现。

康德、黑格尔两者之间对于我们来说当然有一种情绪化的东西,以前我们对康德批得太狠了,被黑格尔统得太死了,一讲就是黑格尔。因为马克思是黑格尔的学生,列宁批康德的唯心主义二元论最厉害。所以到了20世纪80年代,我们提出要康德还是黑格尔的问题,其实这个提法在当时是振聋发聩的,提这个问题本身是有它的思想解放的作用的。但是思维模式还是一样的,就是西方那么多哲学家我们选哪一个?我们立足于自己的标准、立足于我们目前的实际问题我们选哪一个?20世纪20年代马克思的唯物辩证法传到中国以后,人们认为这个东西是最适合于中国的,于是以此为标准来取舍历史上的哲学家。由于对唯物辩证法的关注,我们对德国古典哲学也形成了一个热点,在20世纪30年代,比如说对黑格尔哲学的研究,当时有张颐、贺麟、朱谦之、郭本道等人,他们做了一些理论工作。尤其是贺先生,他为了弄通黑格尔,预先学习了斯宾诺莎、康德,尤其是斯宾诺莎,贺先生是斯宾诺莎专家,而且也是得到国际学术界承认的斯宾诺莎专家。这个在中国学术界里面也是很罕见的,为了一个哲学家,对另一个哲学家的研究达到如此高度,是很罕见的。但是呢,也仅此而已,他为了研究黑格尔仅仅去研究了斯宾诺莎,其他的人他没管,他也是从中间挑挑拣拣的。所以他的学术活动最初的目的还是在于经世致用,当然不是为了给马克思主义提供论证。在20世纪30年代,当时贺麟先生还是一个唯心主义者。所以他研究黑格尔,他也是认为黑格尔对中国很有用。因为黑格尔跟理学、跟朱熹的思想很接近，他认为我们可以用黑格尔来宣扬朱熹的思想，而且比朱熹更先进。朱熹当然很粗糙了，黑格尔讲得很细致，应该说比朱熹更有用。朱熹当然是有用的，但是我们今天已经有了比朱熹更有用的黑格尔哲学，所以我们要去研究它，贺麟先生当时是这个思想。也可以说，那一代中国学者，几乎没有一个人不是把自己的学术思想建立在这样一种经世致用的政治实用主义之上的，几乎都是这样。

就马克思主义哲学本身来看，理论上最大的代表，当然除了瞿秋白以外，瞿秋白的理论主要是从苏联搬过来的。真正从马克思主义哲学本身来研究的还是李达，李达的代表作，就是20世纪30年代的《社会学大纲》。这部著作，虽然也受到了苏联的影响，但是里面也有自己的一些见解。比如说，当时马克思的《1844年经济学哲学手稿》刚刚发表，1932年嘛，刚刚问世，刚刚发表出来。那么李达就以这个手稿为依据，把马克思的辩证唯物论归结为实践的作用。李达在20世纪30年代就已经提出"实践唯物论"的这样一个归结点，马克思主义就是实践唯物论，这个在当时是很了不起的。我们一直到改革开放以后才把这个东西确立起来，而且在很长一段时间之内还受到冲击。20世纪90年代还有人提出质疑，马克思主义是不是能够归结为实践唯物论？我们刘纲纪先生还因此受到批评，当然刘先生还坚持自己的观点，我就坚持实践唯物论。我们知道20世纪90年代很有这样一种怀疑。但是李达在20世纪30年代就已经提出来，马克思就是实践唯物主义。但是也还是有差距，就是李达所讲的实践唯物论跟马克思所讲的实践唯物论还不一样。马克思在《德意志意识形态》里面已经提出了自己的哲学是实践的唯物主义，而不是抽象的唯物主义。但是他的实践唯物主义在《1844年经济学哲学手稿》里面呢，他把它归结为人的感性活动——自由自觉的生命活动，这样的唯物主义。"感觉通过自己的实践直接地变成了理论家"，是这样一种实践唯物主义。那么李达的这个实践唯物主义呢，是这样表述的："人类的认识过程，是在实践基础上由感觉起直到思维的统一的认识过程"，所以感觉是认识的源泉，"这是认识论的第一前提"；

另一方面，外物又是感觉的源泉，"这是认识论的第二前提"。感觉是认识的源泉，外物又是感觉的源泉，这是很朴素的。这种实践唯物主义是很朴素的，还是一种反映论，其实并不是实践论，他提出的实践论还是一种反映论的唯物主义。所以他为人类的认识提供了一个公式。这个公式有几个这样的环节：实践—直接的具体—抽象的思维—媒介的具体—实践，是这样一个循环。从实践开始，然后进入直接的具体，那就是感性了；再进入抽象思维，那就是理性了；再进入媒介的具体，把通过感性和理性所获得的一种认识当作一种手段、一种技术来改变世界，最后回归到实践——技术性的实践。所以李达的实践唯物主义——"实践论"，我把它称为"一头一尾的实践论"。开始的时候要实践，然后在认识过程中间不谈实践，然后谈完了以后又谈实践，把认识"运用于"实践。这是一头一尾的实践论。认识被放在实践过程之外作为认识的基础和检验标准，实践是检验真理的标准，这是一头一尾的。而认识过程本身呢还是反映论。实践在这里被抽象化了，变成一种操作、实行，变成中国哲学所讲的一种"行"，知和行的关系中的"行"，是一种操作，它的作用在于成功，最后要用实践是否成功来检验。实践的作用仅仅是成功，并不是人的本性的一种展开。实践所包含的感性的丰富性，以及人们的感觉的形成过程，在他这里面被忽视了。人的感觉怎么形成的，就是由外物引起感觉，那和动物的感觉有什么区别呢？外物刺激人的感官，人就有了感觉，那不是动物的感觉吗？但是马克思讲人的感觉是历史和文化的产物。有最美的音乐，没有音乐的耳朵，你也欣赏不了。你要欣赏最美的音乐，有音乐的感觉，你就要通过文化和历史。这个在李达这里呢，是处在他的视野之外。马克思讲人的感觉，感觉的人类性，是由于存在着人的对象、自然界才形成起来、发展起来的，五官感觉的形成是"以往全部世界史的工作"。这是马克思对感觉的一种理解，但是这个在李达那里就没有这一说。

由此就产生了对所谓的辩证唯物主义和历史唯物主义这两者关系的一种误解。我们通常教科书上写的辩证唯物主义、历史唯物主义，这就是马克思主义的体系了。在恩格斯那里，实践的概念和历史的概念本来是重合的概念。所谓实践唯物论就是历史唯物论，实践就是历史，历史就是人的实践嘛，本来就是一个概念，并没有产生一个所谓的脱离实践和历史的"辩证唯物论"的概念，这样一个概念是从苏联引进的，马克思和恩格斯都没有讲这个概念。当然你可以讲，并不是说你这样讲就错了，马克思当然是辩证唯物论的。但是提出这个概念来有这样一种意思，把辩证唯物论看作理论，而历史唯物论被看作理论的运用、理论的实践运用。我先有一个辩证唯物论，然后把它运用到历史上面。历史唯物论是辩证唯物论在历史领域里面的运用和扩展，我们的通常教科书是这样讲的。这样就形成了"两大块"的这样一个体系模式，李达也沿用了这样一个体系模式——辩证唯物主义和历史唯物主义，也沿用了这样一个从苏联来的、从苏联教科书里面来的体系模式。其实马克思的辩证法的意思，不是一种运用于一个什么地方的单纯的方法，当然它有方法的意思，但它根本的意思就是实践和历史的能动性的意思，辩证的意思就是能动性的意思，就是历史的能动性的意思、实践的能动性的意思。所以马克思的实践唯物论本来没有两大块，而是一个整体，它又被称为历史唯物主义。[15]

这种理解在革命战争年代应当说还是发挥了巨大的社会效用的，但由于它一直影响到后来的马克思主义哲学研究并成为基本的教条，其理论上的弊病便逐渐显露出来了，这就是使马克思主义哲学社会学化、实证化和工具化，而妨碍了对马克思主义哲学进行更深层次的理论探索。中国马克思主义哲学传播中的实用主义倾向的另一种表现就是片面追求"通俗化""大众化"，如陈唯实的《通俗辩证法讲话》主张"打破哲学的艰涩和神秘性"，使大众得到"比较具体的认识"，艾思奇写了《大众哲学》，并主张输入西方哲学要有选择，选择的标准是"要能作为这伟大民族奋斗行

---

[15] 由于录音故障，资料不全，以下部分由作者撰写的《对中国百年西方哲学研究中实用主义偏向的检讨》（《东吴哲学·2001年卷》，安徽人民出版社，2001）一文的剩余部分补足（第60—66页）。

动指针的,能推进伟大的战斗,造成这一战斗顺利进行的条件并完成这种战斗的胜利的"。[16] 这些说法是20世纪六七十年代的"工农兵学哲学、用哲学"的庸俗化思潮的滥觞。

毛泽东撰写于1937年的《实践论》,在理论上比李达的实践论进了一大步,主要就在于提出了实践伴随、决定和统一着人的认识过程的各个发展阶段的论点,而不再只是"一头一尾"的实践论了。他强调,实践不但是一切知识的来源,而且在认识过程中,不论是感性认识还是理性认识,都是在实践中且由于实践而产生出来,并由前者上升到后者的,不论是"现象问题"还是"本质问题"的解决,"一点也不能离开实践"[17]。他认为,不但感性认识是实践的产物,而且理性认识也无非是在实践中各种感官印象"反复了多次"的"飞跃"的产物。这已经很接近于马克思的"感性在自己的实践中直接变成了理论家"的说法。但由于他和李达一样,也把"感觉"(和"印象")仅仅理解为认识论意义上的五官感觉,把"实践"则理解为功利性和技术性的"实行"或操作,而不是饱含感性的丰富性("精神的感觉"和"实践的感觉")的"自然的人化"活动,他的这种比李达更加彻底的"知行合一"观就带有更为浓厚的实用主义色彩,留有更为狭窄的理论研究余地。

当然,对西方哲学研究的实用主义倾向在20世纪上半叶的中国是不可避免的,在一定意义上也是必要的。但问题是很少有人意识到这种方式的暂时性和有限性。贺麟先生也许是这少数人中的一个,他虽然承认哲学应回答当前时代所提出的迫切问题,但却主张融合中西哲学来建立自己个人独特的哲学体系。他自述在他的作品中"有我的时代、我的问题、我的精神需要。这些文字都是解答在我的时代中困扰着我的问题,并满足我所感到的精神需要"。[18] 因而他反对引进一点而不及其余、偏于求用而不求体

---

[16] 黄见德:《西方哲学东渐史》,武汉:武汉出版社,1991年,第517、528页。
[17] 《毛泽东选集》第一卷,第263页。
[18] 贺麟:《文化与人生》,转引自黄见德:《西方哲学东渐史》,第576页。

的偏向，主张对西方"全部文化的整体的体用之全"作全面的把握，要"以自由自主的精神或理性为主体，去吸收融化，超越扬弃那外来的文化的遗产，尽量取精用宏，含英咀华"。[19]不过，考虑到他常常在把他所说的"我"或"主体"理解为与客体对立的西方式的"逻辑主体"，还是理解为王阳明天人合一的"心即理"、因而理解为"大心"即"民族主体"这个问题上，表现出矛盾和动摇，他最终也难以破除以中国"知行合一"观念为基础的政治实用主义。例如他把黑格尔的"理性的狡计"比之于王夫之的"天假手于时君及才智之士以启其渐"，[20]就很容易导致知识分子自觉地充当"天时""天命"，即时代和政治的迫切需要的工具，而不是充当理性的工具。

20世纪上半叶，中国治西方哲学的学者中真正彻底摆脱了实用主义的束缚的，唯有一个陈康先生。他的一个最突出的特点就是提倡研究的客观性，主张"每一结论，无论肯定与否定，皆从论证推来。论证皆循步骤，不作跳跃式的进行。分析务求其精详，以免混淆和遗漏。无论分析、推论或下结论，皆以其对象为依归，各有它的客观基础。……总之，人我不混，物我分清，一切皆取决于研究的对象，不自作聪明，随意论断"。他自己不搞无所不包的（像熊十力、冯友兰、金岳霖、贺麟那样的）体系，并对这种古今中外"大杂烩"式的"玄学体系"冷嘲热讽；[21]但他的志向是要使中国人的研究成果"也能使欧美的专门学者以不通中文为恨（绝非原则上不可能的事，成否只在人为!)，甚至因此欲学习中文，那时中国人在学术方面的能力始真正昭著于全世界：否则不外是往雅典去表现武艺，往斯巴达去表现悲剧，无人可与之竞争，因此也表现不出自己超过他人的特长来"。[22]从学问上看，他也的确以其亚里士多德的研究在西方学者面前独树一帜，是外国人研究亚氏哲学也要参考的一位学者，着实为中国人争了

---

[19] 贺麟：《文化与人生》，转引自黄见德：《西方哲学东渐史》，第530—531页。
[20] 同上，第575页。
[21] 同上，第544页。
[22] 陈康：《论希腊哲学》，北京：商务印书馆，1990年，见"编者的话"。

一口气。只可惜他的重要学术论文大都是在国外用外文写的,在国内竟没有造成什么影响和回应。他曾撰有《中国文化关于知和行的两件显著事实的分析》一文,痛陈中国知行合一的道德"要求人以对待神的诫命的态度对待学说的结论",把道德变成行动的教条,没有理性,最终导致虚伪。[23]可以设想,倘若不是与这种传统知行观彻底划清了界线,他绝不可能在亚里士多德这样"无用"的古代学问上做出如此突出的成就,代表"我国学者在西方古典研究中的最高水平",并"实际超过西方学术界在这领域内的一般水平"。[24]

整个20世纪40年代,由于抗日战争和解放战争把全民置于一个决定命运的剧烈变动之中,在西方哲学方面真正值得一提的成果不多,时代的紧迫的政治任务掩盖了学术观点上的政治实用主义的问题。但解放后,在经过最初几年的社会稳定而进入国家社会生活的常态之后,政治实用主义的弊端就突出地暴露出来了,其中一个重要的表现就是20世纪五六十年代一边倒地向苏联学习及日丹诺夫讲话对我国西方哲学研究的严重干扰。日丹诺夫对于哲学史的定义是"唯物论与唯心论斗争的历史,也就是唯物论怎样克服唯心论的历史"[25]。这一定义导致用阶级斗争的眼光来看待哲学史,将任何学术问题都联系到政治问题,直到把哲学完全变成政治斗争的工具和政治需要的奴婢,窒息了学术本身的发展。学者们在回忆这一段历史时常慨叹苏联"左"的一套做法给我们的理论探索所造成的巨大损失,但却很少有人指出,当初我们无条件地依靠苏联经验,除了本身正是出于政治实用主义的考虑(加入"社会主义阵营"以对抗帝国主义威胁),而并非是出于学术上的考虑外,也与我们自身在学术研究中深受政治实用主义眼光的局限,因而对苏联的一套以政治代替学术的做法有某种程度的认同有关。所以60年代以后,尽管我国在政治上已经与苏联分手,甚至发生对立,

---

[23] 陈康:《论希腊哲学》,第577页。
[24] 陈修斋先生语,见《西方哲学东渐史·序》。
[25] 黄见德:《西方哲学在当代中国》,武汉:华中理工大学出版社,1996年,第50页。

但日丹诺夫的那套政治实用主义作风却并未退出学术领域，反而变本加厉，在"反帝反修"的声浪中发展到极致。

因此，在20世纪70年代末以前，我国的西方哲学研究成了整个学术园地中的"重灾区"，除了一系列的"资产阶级哲学批判"的文章和各种"供批判用"的翻译作品以外，严肃的研究成果可以说是乏善可陈。但最不可思议的是，50年代中期国内开展了一场"组织最好、声势最大、影响最深"的对实用主义哲学的批判运动[26]，矛头直指马克思主义的宿敌胡适和杜威。然而，如果说三十多年前的那场争论虽然并不是通过理论探讨解决问题，但毕竟还有一些理论性的话，那么这一次的大批判则完全是一场由上而下发动起来的群众性的政治运动，谈不上半点学术性。对实用主义的这种政治实用主义的批判听起来像是一个可笑的悖论，但只要我们不是把当时所提到的"实用主义"一词认真地理解为一种哲学观点，而是理解为一个上纲上线的政治符号，理解为"美帝""蒋介石反动派""旧中国""资产阶级"的代名词，也就没有什么不好理解的了。这场运动并没有澄清任何一个理论问题，也没有杜绝任何形式的实用主义，只是它所形成的模式在中国学术界带来了一个极坏的榜样，以至于"长期以来，这个模式在我国哲学界几乎起了支配作用，它严重阻碍了对现代西方哲学的研究和中西哲学的正常交流"。[27]尽管在此期间偶尔也有不同意见发表，如1957年贺麟、陈修斋等人提出唯物主义与唯心主义的关系并不等于革命和反革命的关系，唯心主义作为唯心主义也有自身的价值，朱谦之等一大批学者明确表示对日丹诺夫的哲学史定义不满，但不久就被打压下去了。在长期的政治高压下，从事西方哲学研究的学者们连人格都处于扭曲状态，遑论进行心平气和的学术研究，他们所能写和所能发表出来的作品都只能是大批判式的甚至谩骂式的。这种情况在《西方哲学在当代中国》一书的作者黄见德先生于该

---

[26] 黄见德：《西方哲学在当代中国》，第60页。
[27] 同上，第64页。

书"自序"的一段自白中可以看得很清楚。他说:"在本书的写作过程中,我还常常被一个问题的处理弄得甚为苦恼,心情至今仍然十分沉重。这里,我想借此机会向有关学者作出交代,以此希望得到解脱。就是本书在论述'左'的错误路线支配下,有的学者在当时的政治气氛压力下,违心地写的某些批判西方哲学的作品时,本来不想引用其中的文字,即使引证了,也不想标出作者的姓名,因为这不是他们的过错,对此他们是不能承担责任的。……但为了说明问题,还这些阶段西方哲学东渐历史的真实面貌,有的地方还是不得不抱着不安的心情引证了。虽然在书中为此有过具体和详细的解释,但还是使我一直深感内疚。"

不过,在相对平静的时候,西方古典哲学的研究由于与政治离得远一点,比起西方现代哲学的研究来又还多少有些进展。例如张世英1959年出版的《论黑格尔的逻辑学》就是一个比较客观和深入的研究成果,达到了一个新的研究高度。当然这也是与他所研究的对象是马克思主义的来源之一,有大量马列主义经典作家的论述保驾护航分不开的。但总的来说,这一段西方哲学的研究已被公认为是走了一段痛心的弯路,整个研究基本处于停滞甚至倒退状态。这也影响到马克思主义本身的研究。当马克思主义哲学作为一种西方哲学,被从它的整个西方哲学的机体上割裂下来,当作僵死的教条和整人的棍子,它就不再具有学术上和理论上的生命力;而当它以这种形态被拿来与中国的"具体实践"即政治运动"相结合"时,它就成了一种空洞的符咒,一种"立竿见影"和"急用先学"的"法定"。马克思主义哲学是人类数千年智慧的结晶,但在那个以几条经典语录解决一切问题的时代,中国人却并没有变得聪明起来,反而陷入了深深的愚昧。当时谁要想系统地读一读《资本论》,都得小心地不要让邻居和外人发现,否则会被视为"图谋不轨"。[28]

20世纪的最后20年,是中国西方哲学研究的真正的春天。改革开放的

---

[28] 这是我本人在1974年的一段经历。

春风与思想解放的惊雷催开了学术园地的百花齐放，迎来了我国自先秦以来思想最活跃、理论创获最多的时期。然而，从理论上来看，我以为这一局面的形成与政治实用主义的松绑有本质的关联。时代已经来到了这样一个时期，它不再像20世纪上半叶那样以现实的民族存亡的危机来凝聚一切物质和精神力量，也不再像20世纪50年代至70年代那样以虚拟的"阶级斗争危机"来巩固和加强个人崇拜的格局，而是将主要的精力转移到建设社会主义物质文明和精神文明的道路上来了。这时，人们才有可能排除一切与学术和真理问题无关的干扰因素，在西方哲学的研究中真正发挥出如杨祖陶先生所说的"为真理而真理"的理论精神和"为自由而自由"的实践精神，[29]作出创造性的高水平的学术成绩。当然，实用主义乃至政治实用主义的惯性仍然存在，但已不再成为一统天下的主导思想，而只是诸多学术倾向中的一种而已，而真正取得了学术思想上的大丰收的，是一大批摆脱或力图摆脱政治实用主义束缚的学者。人们开始懂得，以纯粹的科学精神进行客观的、深入的纯学术研究不仅是我们民族未来自立于世界民族之林的必经之路，而且本身就是值得一个学者毕生追求的崇高目标。

在这一时期西方哲学的累累硕果中，在古希腊哲学方面最有代表性且分量最重的有陈康先生的弟子和再传弟子汪子嵩、范明生、陈村富和姚介厚所著的《希腊哲学史》（已于1988年和1993年分别出了第1、2卷共170万字，计划出4卷）。[30]该书在钻研古典原著上所下功夫之深，文本分析（主要是对希腊语原文篇章、字句的考证和释义）之细，古今各种外文文献搜集之全，义理梳理之清晰和阐释之精到，在我国西方哲学研究中均为空前。国人首次以这样大的篇幅和这样长的连续钻研时间来深入研究古希腊短短一段哲学思想的历史，正表明这些学者已经完全调整好了自己的"为真理而真理"的学术心态，他们的做法已经与国际学术界的通行规范接轨。正

---

[29] 参看杨祖陶：《德国古典哲学的现代价值》，载《哲学研究》2001年第4期。
[30] 《希腊哲学史》四卷已于2010年全部出齐，总共6500多页。——作者补记

是由于"他们对这些著作和资料如数家珍,那般娴熟,那样从容,这种自信和力量,就是他们钻研原著功夫之深的证明",所以他们才"敢于同各国学者在学术上进行平等而深入的对话",[31] 在两千年来西方学者汗牛充栋的研究成果中游刃自如,力排众议。当年在中国学术界曲高和寡的陈康先生所播下的纯正的科学精神的种子,终于在中国大地上开出了灿烂的鲜花。

除希腊哲学外,我国西方古典哲学中更有基础的是德国古典哲学。在新时期,由于摆脱了政治实用主义的束缚,老一辈的德国古典哲学专家重新焕发了青春,一大批中年和青年学者则担当了向学术高峰发起冲击的生力军。大量的经典原著被翻译过来了,建立在对这些经典原著的仔细咀嚼和长期消化之上的一系列有分量的学术论著撰写和发表了,其中不少专著即使拿到国际学术界也是毫不逊色的,甚至是独树一帜的。如杨祖陶先生的专著《德国古典哲学逻辑进程》就是如此。杨先生在书中提出他的宗旨是:"通过这个历史时期的德国古典哲学的具体材料的研究,将各种哲学学说整理成为不同的哲学发展形态或发展阶段,寻找出这些形态或阶段的内在联系和将它们按一定的顺序贯穿起来的内在规律,从而使它们作为人类哲学思维由于内在矛盾而前进的、必然的、活生生的自己运动的过程呈现在眼前。"[32] 在该书中,这一宗旨得到了辉煌的实现。黄见德先生满怀激情地评述道:全书"从理论自身的演进逻辑地把握对象,通过德国古典哲学自身矛盾进展内在必然之谜的解开,把这个时期人类思维发展过程中的理论经验和思维教训淋漓尽致地呈现出来,从而使人们能够清晰地全面地认识和把握它的发展规律及其理论成就。这一成果对于锻炼和提高人们的理论思维能力,作用直接;对于坚持和发展马克思主义哲学,意义重大"。[33] 当然,杨先生的直接动机主要是科学地研究德国古典哲学的思想

---

[31] 黄见德:《西方哲学在当代中国》,第193页。
[32] 同上,第282页。
[33] 同上,第289页。

进展，其研究的结果却对"坚持和发展马克思主义哲学"提供了支持，这正好印证了这样一种辩证关系：如果马克思主义哲学是科学的，那么越是科学地研究一切哲学课题，就越能坚持和发展马克思主义哲学。反之，如果仅仅是为了政治意图而坚持马克思主义哲学，就难免偏离马克思主义哲学本身而使它的科学性遭到破坏。这就是由我国解放以来学术界数十年惨痛经验所获得的教训。

我曾在《思辨的张力：黑格尔辩证法新探》一书[34]中提出"人体解剖是猴体解剖的一把钥匙"这个原则"也完全适用于马克思与黑格尔的关系。就是说，只有理解了马克思哲学思想的真精神，才能真正深入地理解黑格尔哲学。马克思主义是研究黑格尔哲学思想的指南，这不光是一个当前学术方向上的政治性要求，而且也是一个学术思想本身的内在要求。不熟悉马克思主义哲学而能精通黑格尔哲学，在我看来至今仍然是一桩不堪设想的事情"。[35]我还在书中表明了作为一个学者的终极信念："我觉得，一本学术著作在作者此生能否得到学术界的承认和理解并不很重要，重要的是它是否真正具有学术上的价值，值得为之付出汗水和劳动。这种价值从本质上来看，应是超越时代、国界和个人生命的。这就是黑格尔以'绝对精神'的名义所表达的对人类精神价值之永恒性的信念。仅就这种超然于有限事物之上的崇高信念而言，我愿与黑格尔认同。"[36]当然，这绝不意味着我认为学问与社会政治毫无关系，人生活在现实社会中，与他人不能不发生各种关系，包括政治关系，人的行为本身就具有社会性。但人之所以为人，就在于他的思想具有超越性，他能不受现存社会关系的束缚，而自由地对这种社会关系进行反思、进行改进、进行新的设计，或将这种社会关系提升到人类一般的精神关系，甚至是永恒超脱的神圣关系。这样

---

[34] 该书已被国内学术界公认为20世纪90年代黑格尔研究领域的代表作，可参阅潘巍、楚惊鸿：《国内黑格尔研究述评：研究模式及其历史转换》，载《南京大学学报》2000年第8期。该文认为，黑格尔研究在20世纪90年代以后才真正出现模式上的转换，其标志是邓晓芒的《思辨的张力》一书。
[35] 见拙著：《思辨的张力》，湖南教育出版社，1992年，第7—8页。
[36] 同上，第10页。

一种活动主要是学者的使命。如果学者放弃了这种使命，而自觉不自觉地陷身于现存的社会关系中，成为一个实用主义者乃至于政治实用主义者，他就不再是一个纯粹的学者，甚至已经不是一个学者了。我相信，改革开放以来，这种信念不只是我个人的信念，而且也是一大批中国学者的内心信念，它引导着我们在学术园地中创造着前人不敢设想的丰硕成果。

正是由于这样一种共识，20世纪末中国西方哲学的研究虽然也有由历史原因所带来的某种不平衡（如古希腊哲学和德国古典哲学还是传统的强项），但总体上已经呈现出了全面开花的局面。如以往被人们所忽视的中世纪哲学在近些年来得到了高度的重视，以赵敦华教授的《基督教哲学1500年》为代表，出现了一大批新的研究成果。现代西方哲学界则跟随在一波又一波的"热"（尼采热、萨特热、控制论热、弗洛伊德热、海德格尔热、后现代热等）之后，拿出了一部又一部有扎实功底的研究专著。在这方面，刘放桐教授1981年主编并出版、1990年修订的《现代西方哲学》在国内影响巨大，但刘先生考虑到该书对以往"左"的一套僵化教条和批判模式还应有更大的突破，并且也是为了适应近年来研究水平迅速提高的大好形势，在2000年又出版了经过进一步修订的《新编现代西方哲学》。两次修订，标志着我国的现代西方哲学研究上了三个台阶。刘教授在修订本的序中提出了本书所贯彻的两个振聋发聩的"基本观点"：一是"西文现代哲学取代近代哲学是哲学思维方式的重要转型，它使西方哲学发展上升到一个新的、更高的阶段"；二是"马克思主义在哲学上的革命变革更与西方哲学的现当代转型有着原则的区别，在超越西方近代哲学上二者殊途同归，二者都属现代哲学思维方式"。[37] 在这里，第一个"基本观点"为现代西方哲学摆脱对西方哲学的旧的、"近代"的研究方式而提高到一个更新更广阔的视野，打开了无限的可能性；第二个"基本观点"则使马克

---

[37] 刘放桐：《新编现代西方哲学》，北京：人民出版社，2000年，第7页。

思主义哲学与现代西方哲学不再成为势不两立的敌人，而是可以并存和互相吸收的朋友。显然，这两个观点都是立足于人类哲学思维水平不断发展提高的客观事实所作出的实事求是的判断，而不是出于某种政治需要而作出的假定，它们极大地改善了我国现代西方哲学研究中的政治空气和学术空气。

此外，不但在横向领域的拓宽上，而且在纵向思想的深化和汇通上，二十年来我国的西方哲学研究也成绩斐然。如哲学研究已不再限于过去的认识论、宇宙论和方法论，而是扩展到宗教哲学、文化哲学、生存哲学、价值哲学、语言哲学、美学等向度。再就是以往条分缕析的各个"专业"也开始向相邻或交叉领域渗透，如古典哲学和现代哲学的渗透，西方哲学和马克思主义哲学的渗透，西方哲学和中国哲学的渗透。这一切，都基本上是建立在一种超越政治功利的自由的兴趣和科学的态度之上的，对我们民族的精神启蒙和文化建构产生了巨大的推动作用。

于是，马克思主义哲学研究在我国也就开始恢复了它的科学性的原貌。张一兵教授在他出版于1999年的《回到马克思——经济学语境中的哲学话语》一书中指出："实际上，150年前马克思主义哲学创立所形成的思想史突变，其真谛就在于结束了哲学作为一种包罗万象的终极真理体系的史前状态。马克思主义哲学之所以是科学，也就因为它使哲学成为一种随着社会实践不断向前发展的科学思想运动"，并力主以回到马克思的经典文本来扬弃那个曾经一度有其合理性的"传统解释框架"。[38]他提出，马克思主义哲学本质上是一种科学的实践的唯物主义，马克思的哲学思想与他的经济学思想具有内在的不可分割的关联；[39]而所谓辩证法，也只能是体现在现实的历史关系和经济关系中的"历史辩证法"，因而"历史唯物主义也不是抽象地指认历史中某种不变的物质始基，而是运用历史辩证法去真实

---

[38] 张一兵：《回到马克思》，南京：江苏人民出版社，1999年，第711—712页。
[39] 同上，第26页。

地面对人类社会历史生存中每一具体的有限的客观情境……在这一点上，作为一种方法的历史唯物主义与历史辩证法完全是同一的。它不是两个东西！"[40]这就彻底冲垮了由前苏联引进并成为国内三百多部教科书岿然不可动摇的框架的"辩证唯物主义和历史唯物主义"体系。可以看出，张一兵所理解的"实践"已不再是单纯现实的操作或实行，而是"能有"，即"一种逻辑与现实的科学联结"，一种"从现实中生成出来的进步之可能性"，而"历史"也不再是物质形态的自然延续，而是上述意义上的"实践"的"正在生成的现实运动"。这显然比传统的观点更切近马克思的文本和原意，并具有巨大的理论发展空间。实际上，当人们真正把马克思主义哲学当作科学来看待时，它对人的思想解放的革命性作用也就体现出来了。中国的研究者们开始发现，在我们对内自我封闭、对外"大拒绝"的年代里，"西方马克思主义"却已经做了那么多深入的研究工作，而那些非马克思主义的哲学也在时代的共同话题上有了如此具有启发意义的深入。我们当然用不着把他们的研究成果当作又一种教条，但的确可以作为重要的参考，用来形成我们有自己个人独创性的、具有现实和时代生命力的马克思主义解读方式。

综上所述，我们可以看出，一百年来的西方哲学研究之所以曲曲折折，除了时代的紧急任务时常干扰及中断研究的正常进程和程序外，国人思维方式上的"左"的习惯也起了很大的作用，这种"左"的思维习惯不能简单地归之于外来的影响或某个领导人的一时错误，而要到我们民族的传统心理去找原因。而这种"左"的思维方式的一个最重要的表现，就是在面对现实问题时不由自主地以实用主义的急功近利的态度来对待理论问题，特别是在政治的压力下以政治实用主义的方式处理学术问题，而不懂得或不屑于知道政治和学术是两个不同层面的事，若不能保持和对方的一定距离，所导致的后果往往会两败俱伤。在今天，政治实用主义的阴影已逐渐从学

---

[40]《回到马克思》，第514页，又参看第512页。

术领域中淡出，但技术实用主义的痼疾却并未得到彻底的根治，反而有恶性膨胀和层次下移之势。在今天，哲学被当作政策的工具、管理的技巧、效益的手段、晋职的招牌，总之是各种应用的"法宝"，似乎比以前还有过之无不及。在哲学领域内部，则是什么时髦炒什么，泡沫和广告满天飞，金钱和铜臭污染了神圣的哲学殿堂。正如极左的另一面就是极右一样，技术实用主义和政治实用主义也是同一根系上生长出来的两株病梅。今天的一个技术实用主义者，例如一个用废话装点起来的"最新某某哲学"的卖钱或卖名的"学者"，换个时代（甚至同时就）很可能正是学术界道貌岸然的"左棍子"。所以，学术界的实用主义今天仍然是干扰学术研究的严重障碍，而且政治实用主义虽然已经失势，但还随时有可能卷土重来，这方面的根基还未得到有效的清理。对此我们应有清醒的估计。

第十四讲 | 中国百年西方哲学研究的十大文化错位

今天给大家讲方法论的最后一讲。这次要讲的是另外一篇文章，就是《中国百年西方哲学研究的十大文化错位》。原来发表过一篇《中国百年西方哲学研究的八大文化错位》，那是在2001年的《福建论坛》上发表的，后来又加了两个文化错位，加了有两千多字吧，所以就把它整理成一个十大文化错位，成为在2002年武大召开的一个全国性的讨论会上提交的一篇论文，后来被收录到了《世界哲学》2002年的增刊中。在中国社会科学院宗教研究所工作的奥地利汉学家雷立柏博士（Leopold Leeb）看到了，十分欣赏，征得我的同意把它译成了德文，发表在德文杂志《今日中国》2003年第22卷上。这篇文章也是从方法论的角度，来反省我们中国一百年以来引进西方哲学、引进西方文化的历程，其中很重要的一个内容就是引进西方哲学。我们在对西方哲学进行研究的时候，产生了一些文化错位。这里列举了十个方面的我认为是比较重要的例子，试图要厘清我们在百年西方哲学研究中普遍流行的一些误解、一些误读。我认为如果把这十个方面的问题清除了，对我们今后在西方哲学研究方面的局面应该会有一个新的开拓。因为这十个方面是非常普遍的，而且非常地阻碍我们对西方哲学一些基本的概念研究。

首先呢，我们可以考察一下，就是宏观地来说，任何文化传播都要经历这样几个阶段。哪几个阶段呢？首先第一个阶段，最初两种不同的文化碰撞，它呈现出一种格格不入和互相排斥的状况。不管哪个民族，包括我们认为学习西方最积极的日本民族在文化碰撞的最初阶段，也经过了一个互相格格不入、互相排斥的初级阶段。在这个时候，因为是异民族文化嘛，所以在刚开始的时候人们更多地看到两种文化之间的相异之点，要么就完全不接受，要么顶多就说，它有它的长处，我们也有我们的长处，我们并不比他们差，以这种借口我们可以把它拒之于门外。那么这个阶段当然是初级阶段，这个阶段要提升，它有待于对两种不同文化之间的相同之点以及相通之点的发现。如果文化之间的碰撞和交融要进一步继续下去的话，你就不能永远停留在这个初级阶段。初级阶段是一个拒斥的态度嘛，你完全把人家拒之于门外，以种种借口，不管是硬的还是软的，总而言之是不接受，那文化就没办法交融了。

那么进入第二个阶段呢，就是说人们发现两种文化之间有可以相通的地方，甚至有相同的地方。于是，这有助于两种文化之间进行比附，互相解释。在印度文化、佛教文化传入中国的时候也发生过这种情况。一旦我们觉得佛教还是一种比较高级的文化，我们可以开始接受的时候呢，我们就经常用我们中国传统文化资源里面的某些因素去解读佛教文化、佛教哲学、佛教的宗教教义，这个叫"以老解佛"。我们以老子的这个道家哲学来理解佛家的哲学。第二个阶段我们也经历过，以老解佛、佛学的玄学化流行了一段时间以后，人们就发现还是不行，用中国的老子和魏晋玄学去解读佛经有它的局限性，因为毕竟是两种不同的文化嘛。你在两种文化中发现了相通或相同的方面，但是还有大量的是不能相通的方面，是不能够用道家哲学、玄学去解读佛家哲学的，有很多是做不到的。为什么唐僧要去西天取经呢？也就是说要把西方的原典文本原汁原味地介绍到中国来，这就进入第三个阶段。

第三个阶段呢，就是不满足于前一个阶段。你老是说古已有之，我们中国本来就有，那就不用学别人的东西了，复习一下自己的东西就行了。虽然这样说有利于克服某些障碍，就是让人觉得西方文化也不是什么天外来客,西方人也是人,跟我们也差不多,思考的很多问题、提出的很多问题都有相通之处,这当然有它有利的一方面。但是也掩盖了大量的问题,你终究不能够把对方原原本本地吸收进来。所以到了第三个阶段呢,人们就致力于去发现同中之异。前一阶段是发现异中之同,本来是不同民族的文化,然后我们从中发现相同的、相通的方面。而更高的阶段呢,就是要在相同、相通的里面再去发现不同的地方。反反复复,最开始是异,后来是同,然后又是异。这个异呢,跟第一个阶段的异不一样。它不是为了拒斥不同的文化,而恰好是为了理解不同的文化,更加深入、更加准确地去理解异民族文化。这就进入第三个阶段。所以第三个阶段呢,我们再次发现了文化之间的同中之异。通过比附以后,有些东西我们已经接受了,已经视为当然。老子跟释迦牟尼没有很大的区别,天下的这些圣人都是一样的,甚至有人说"老子化胡",老子西出函谷关后就变成了释迦牟尼,去教化印度人。编出这样一些神话来,反映了一种夜郎自大的心态。这时候呢,我们开始用一种陌生化的眼光,重新用一种陌生化的眼光,去深入那些本来以为没有问题的问题。那么,这个陌生化的眼光好像是第一阶段的一种复归,又发现它的同中之异了。但是呢,这个阶段标明的是一个更高的阶段,就是两种文化的真正融合从这里开始。前两个阶段都还没有。你拒绝它也好,你认同它也好,都在表面的层次上,没有深入本质,没有深入内层。只有当你发现同中之异,你用一种陌生化的眼光重新看待你已经认为被你所同化的那样一些观点、那样一些思想的时候,思想才开始融合。我们今天的中西文化比较就处于这样一个阶段。

中西文化比较我比较强调的就是,要发现同中之异。所以我的中西方文化比较总是指出中西文化之间的差异,而且专门是就那些看起来好像完全相同的方面去指出它们背后的差异。如果表面一看就知道的差异,那个没有什么说头,说了也是白说。但是具有理论性的就是在那些人们认为完全是一致的方面要指出它们的差异,这个就是文化融合的开始。以前都是猎奇,在此之前都是猎奇,或者是新瓶装旧酒,换一个套子,思想还是那些思想，然后换了一些名词，换了一些术语，吸收了一些外来语，一些流行的、时髦的名词"大爆炸"，那个没什么用的。你以为你引进了那些名词你就引进了西方的东西？实际上你根本就没有触及西方精神的内核。只有在你从相同的、相似的这些观点这些思想的背后去挖掘它的相异之处，这个时候我们才开始互相理解。很多人讲你这样就不能互相理解了，连那么相同的东西你都认为是完全不同的，那不是把两者又割裂开来了吗？很多人听了我的讲座以后就提问了：照你说来中国人跟西方人是如此不同，那怎么能融合呢？我的回答就是：我刚才就是在融合嘛。我把这个不同的地方告诉你了，你知道了，我们不就沟通了吗？因为我是中国人在这里研究嘛，我不是听一个外国人在这里说，我是中国人凭自己的理解而说出了不同的方面，这就是同呀。中国人也好，外国人也好，都可以看到这样一个层次，那不就沟通了吗？所以要从辩证的角度来看呀，它确实有这样一种内在的联系。当你说不同的时候，就是融合的开始。当你大而化之地说我们都相同，人同此心、心同此理的时候，恰好你跟对方是隔绝的。你用同一种语言说着完全不同的意思，但表面上好像我们大家都没有意见、都同意。比如说，"己所不欲，勿施于人"，全世界的人都在说这句话，难道就同了吗？当你说这句话的时候，恰好处于不断的争斗和误解之中。只有当你把这背后的文化背景剖析开来，指明在同一句话背后所隐藏的那些不同的理解，这个时候，相互之间的沟通才开始，理解上的相同才开始形成起来。

那么中国一百多年以来的中西文化碰撞呢，应该说在19世纪末以前，我们大致上处在第一个阶段。从1840年直到甲午战争以前，我们基本上处在第一个阶段。西方的文明，物质的东西我们可以拿来，物质文明我们可以拿来，但精神文明那是绝对不可能进来的。那么进入20世纪，在整个20世纪，基本上是处在第二个阶段以及从第二阶段向第三阶段的过渡。这个阶段，我们发现了很多相同的地方，我们把马克思主义跟中国革命的实践相结合，这不是同吗？除了马克思主义以外，还有很多其他的主义，我们都想把它运用到中国的实践，解决中国的问题。这就是看到它同的方面、相通的方面，我们甚至于还取得了现实的成果。但是我们跟西方文化的隔膜恰好在这一层面纱的掩盖之下越来越深。你无法理解所谓马克思主义究竟讲的是什么，你以为你已经把马克思主义、把马克思这个老祖宗都搬到中国来了。实际上你跟他根本就没有形成对话，也没有达成理解。所以我们讲这个时候的马克思主义是简单化的，是实用主义的理解。那么现在呢，是跨入到了第三个阶段，从本世纪开始我们进入第三个阶段。当然从20世纪末已经开始了，现在是处于第三个阶段的起步的时候。所以我这篇文章呢，主要是出于这样一个目的来写的，就是要在我们看起来好像已经吸收了的那些西方文化的观点里面，揭示出它的一种文化错位，实际上是不同的，实际上跟西方原本的那种理解是完全不同的。当我这样说的时候，那就意味着我已经从西方的原来的意思里面理解到了一些原本的东西了。当然是不是这样还有待于读者的评价，但是我自认为是这样的，就是说我是从这个角度来分析我们以往对西方哲学的这样一种解读，里面充满着文化错位。

　　要把这一点指出来，所以我选择了十个例子，这十个例子是我认为最有影响的十个例子。当然大家都还可以自己去选，几乎在每个领域我们都会碰到这样一些例子。这个特别是在我们的博士生答辩的时候，开题报告的时候，我们可以看出来。每次凡是涉及西方的东西和中国的东西之间的关系的时候，我每次都要提出来，这跟西方的东西到底是不是一个东西？有什么区别？你能不能指出来？你谈的这个，你所引进的这个外来语、这个概念、这个名词，跟中国本土固有的那种理解究竟是不是一回事？几乎是每次都要碰到这个问题，每当我提出这个问题的时候，他们都觉得非常棘手，难以对付。为什么呢？是因为我们这个研究生思维的习惯、惯性还在。我们做博士论文、硕士论文经常就是这样的，找一个西方的什么东西来跟中国的什么东西比较比较，来拉拢拉拢，这就是一条捷径啊。很多论文是这样写成的，走捷径呀。好像很新，因为你总能拈出有某个问题是人家没有把它放在一起来谈的。西方人是绝对没有这样做的,因为他不知道中国的东西嘛,中国人这样做的也不多,相对于面临的大量问题并不多。但是实际上这样的做法,是非常表面的,要更进一步,就是要挖掘出背后的差异。

那这十个例子呢,我大体上是按照时间来安排。首先是严复对达尔文进化论的接受,我称之为"选择性的接受"。严复在介绍达尔文进化论的时候,他就有选择性。这是我们近代一百年以来,可以说是思想引进的开山之作,就是严复所翻译的《天演论》。很多思想上的斗士或者是革命志士,或者是理论家,或者是哲学家、研究的学者,都是在当时读了严复翻译的《天演论》而思想上起了极大的变化。因为这是最新的思想,他们认为对于中国人来说这是新的,当然在西方已经不新了。19世纪达尔文的进化论早已经提出来了,在严复那个时代,是19世纪末、20世纪初才把它翻译过来。但是对中国人来说是闻所未闻的。严复把它翻译为《天演论》,他依据的原本是赫胥黎的《进化论与伦理学》。上堂课我已经提到这个问题,我就不再多讲了。我在这要提到的就是说,"进化论"的思想或者说是"天演论"的思想,在中国传统哲学和文化里面,是有它的根基的,我们不要以为完全是新的东西。当时的人以为完全是新的东西,我们引进了一种新思想,给我们以巨大的震动,振聋发聩。实际上呢,我们传统的典籍里面已经有它的根基。比如说,儒家的"公羊三世说"。比如说康有为的理论就是以"公羊三世说"作为理论根基,再用康德的天体演化论作为辅证。所谓"三世说"就是说从"据乱世",到"升平世",再到"太平世",历史是这样上升式地发展的。最开始是天下大乱;然后呢到升平世,有一个人来管理了,歌舞升平了;最后呢,达到太平世,大同世界。大同思想在中国是古已有之,早就有这种思想,当然我们以往的理解都是朝后看的,或者说是朝以前看的,就是回到古代。大同世界是人类的起点,远古时代就是天下为公的楷模。我们的历史观是一种倒退式的历史观,从三皇五帝以来,我们整个历史都在倒退,那么现在呢我们要回到古代就好了,回到天下为公的大同世界。包括孙中山也是这样看的，"天下为公"嘛。那么除了"公羊三世说"以外，还有墨家的这个"尚力论"，崇尚力量。像墨子讲的，"强必治，不强必乱，强必宁，不强必危"，就是说要强，要自强。一个国家要自强，如果不强的话那就会乱了。强呢就会天下大治。所以首先要国力增强，尚力。进化论被中国人理解为就是尚力嘛。就是说你要是不自强的话，你就会被淘汰。弱肉强食，我们像动物界一样，在这个人类社会，国家之间也是一个弱肉强食的关系，所以要自强。韩非子的变法思想就更为明显了。韩非子早就有变法思想，韩非子讲，"法与时转则治，治与世宜则有功"。"法与时转"就是说立法，法家讲立法，要法治，要法律嘛，但这个法律要根据什么来制定呢？与时俱进，"法与时转"嘛。我们今天讲"与时俱进"，其实韩非子早就讲了"法与时转则治"，天下就大治。你这个法律要根据时世，根据时代，根据改变了的历史条件。所以韩非子反对法先王，主张法后王。就是先王有什么可值得效法的，先王已经过去了，先王的那些圣法经传呀再好，它也是过去了的东西。它适用于过去那个时代，但是不一定适用于今天。所以呢，法家主张法后王，就是要按照今天的帝王，他所处的时代来改变自己的法制，改变自己立法的内容。这就是"变法"的思想，韩非子早就有。《易传》里面也有"穷则变，变则通"的变易观，穷则思变嘛，变才能够通呀。要变化，要跟上天时。读《易》你要"知时"，就是要知道这个时运、时代、时机，要把握这个时机。我们讲，我们今天处在一个"千载难逢的大好时机"，我们不要错过了改革开放的时机，要"抓住机遇"等，这在《易经》里面都有。就是一种要变异、要自强，要改变自身、跟上时代，否则就会落伍的观点。这还是中国传统的东西，这并不是从达尔文"进化论"那里来的。

在西方呢，在达尔文以前有康德的"星云说"，就已经表达了这种思想。在西方，这种思想当然还是具有开拓性的，这个恩格斯在《自然辩证法》里面对康德"星云说"给予了极高的评价。就是说从此以后呢，人们意识到了这个宇宙的发展，它是变化的，它不是静止不变的、永恒如此的。它不断地与时俱进，不断变化，这个宇宙是形成起来的。所以康德的《宇宙发展史概论》（现在译作《一般自然史与天体理论》）的"星云说"跟进化论呢，里面当然有一种思想的联系。在严复和康有为的书里面也都提到了康德的"星云说"。他们虽然认为这是完全西方来的东西，是新思想，但是其实跟中国传统的东西有密切的联系。康有为是比较明确意识到这一点的，他把所有这些东西都联系在一起，"公羊三世说"，《易传》里面的思想，达尔文的进化论，以及康德"星云说"都混在一起。这个是中国人在理解进化论的时候，他有一个先理解，一个前见，一个先见。从解释学的立场来说，先见是不可避免的，你肯定是要有先见的，不管你意识到也好，还是没意识到。但是先见在一定的时候要反思。先见是不可避免的，但是你一旦接受了以后，你反过来要反思，要知道你原来有些什么先见，这样就能够把你的先见和你所接受下来的东西区别开来，以便更进一步地深入对象。虽然深入对象还是有你的先见，但这个先见会不断地精确，不断地摆脱它的那种偏见的性质。先见，Vorurteilen，本来就是"成见""偏见"的意思，我们讲这个是预先设定的，预先就定了，预先就是这样去想的，那不是偏见吗？我们说这个人的这个看法有他的偏见，抱有成见，也就是说本来他就有那样一种东西，所以他才这样看。这是免不了的，但是要把它减少到尽可能的小，不太影响它的客观性。还是要接近、慢慢地接近客观性。所以呢，严复在翻译的时候把赫胥黎的《进化论和伦理学》里面的有关科学的定义、科学的范围、科学的价值等，这些本体论形式的东西砍掉了，他认为这些东西没有用，砍掉它们对中国人的理解没有害处。因为中国人有中国人的本体论，比如说《易经》，这个"穷则变，变则通"的变易观，这些东西是我们的本体论。我们可以把进化论安放到我们这个本体论的基础之上，这就把它中国化了。所以我们讲，把西方的东西中国化是从严复那里开始，就是这样干的。但中国传统里面当然还有另一方面，比如说道家的虚静无为，还有董仲舒的"天不变，道亦不变"，有一种反对变易的思想。但并不是说进化的思想就完全是从西方来的。在中国传统里面其实就有这方面的因素，所以进化论一被我们了解马上就把它结合到这种因素上面加以理解。这是非常重要的一个文化错位。

所以达尔文进化论本来在伦理上是一个中立的学说，他没有什么伦理思想，他是科学家嘛，达尔文是自然科学家，他通过研究自然界总结出了一些规律，然后把它发表出来了。本来他并没有说这个东西在伦理上有什么运用。赫胥黎把它运用到伦理方面，但是按照赫胥黎的那种伦理原则，跟我们接受它的时候所期望的那种伦理原则是背道而驰的。因为赫胥黎的那种伦理原则就是说，进化论证明只有那种先进民族、优秀民族才有存在的理由，那反过来说落后民族就活该灭亡了。如果你相信进化论的话，你落后民族就得自认倒霉。我们中国人就是不行，所以该灭亡。我们最好变成外国人，呵呵，让外国人来治理，或者说我们的姑娘都嫁到外国去。日本人当年就是这样，日本人是很客观的，竟然认为他们要跟外国人结婚来改善他们日本人的血统和体质。他们日本人嫌自己太矮了嘛，有"日本矮子"之称。当然现在日本人其实也不是很高，但是好像比以前要强一些。他们要改变他们的血统。但是中国人是绝对不会这样来接受这种观点的。所以中国人呢，把它改了一下，就把它变成了一种实践的学说，而不是一种理论。就是说历史摆在那里，印度已经被殖民了，波兰已经被占了，他们已经亡国了，还有很多国家已经被灭了，我们中国你想不要亡国灭种，那你该怎么办？例子已经在这里，你要不自强，你就会被灭亡。所以你要尽量地使自己变成优秀民族，要自强。这就是它的实践意义。我们中国人比较看重的是这个方面。为什么进化论和伦理学有关呢？不是说理论上有关，而是说在实践的意义上它有种激励的作用。所以要"与天争胜"，而不要"任天为治"，不要任凭大自然来摆布你，你要与自然倾向作斗争。我们本来很弱，我们现在要强大起来，这叫与天争胜，我们才能自立于世界民族之林。这是第一个例子，文化错位是免不了的。

第二个例子是王国维对叔本华的"活剥"，我把它称为对叔本华的"活剥"，生吞活剥呀。王国维早年学习康德和叔本华，康德呢他学不进去，对叔本华呢，他是"心甚喜之"，而且"大好之"。他对叔本华非常喜欢，非常热爱，于是热衷于叔本华的学说。他在《红楼梦评论》这篇文章里面，自称是"立论全在于叔本华立脚地的"。他的立场完全是从叔本华来的，他自称是这样。但是呢，我们可以看出来，他在介绍叔本华学说的时候，恰好把叔本华本人的立足之地，也就是叔本华的本体论给搁置起来了。本体论当然是西方哲学的立足地了，任何一个哲学家，如果他有本体论的话，那么这个本体论肯定是他的立足之地，这是西方哲学的通例。但是王国维把他的本体论搁置起来了，他的本体论就是有关"意志学说"的世界本质的层面，对于"意志学说"他从世界本质的层面来加以解释。我们读叔本华的《作为意志和表象的世界》就可以看出来，他把意志看作世界的本体。那么王国维呢，他把这个方面抛弃了，他自己这样说嘛："我只想在生活本质层面讨论人生和文学。"他不讨论世界本质，只讨论生活本质，讨论人生问题。叔本华当然也讨论人生问题，但是叔本华讨论人生问题，他的一个前提就是世界的本质就是这样的，世界的本质就是意志，"作为意志和表象的世界"嘛，世界的本质就是意志，世界的现象就是表象。叔本华的思想是从康德那来的，他的意志就是康德的自在之物了，就是本体，世界的本体就是意志，世界表现出来的现象就是表象。但是王国维呢，只想在生活本质的层面来讨论人生和文学。所以对于王国维来说，所有的意志仅仅是人生的欲望，它不是世界的本质，对世界本质他没有兴趣，我们要讨论的只是人生的本质，人生就是欲望，这跟佛教融合在一起了。

叔本华当然也有和佛教融合的一方面。佛教就是探讨人生的本质。中国式的佛教更加如此，中国式的佛教只探讨人生怎么过、怎么看待人生。谈到世界的时候也是从人生的角度看的，而不是从科学的角度看的。叔本华是从科学的角度看的。叔本华的意志，他举了大量的科学例子，来说明意志是世界的本质，意志是世界的本体。这是王国维不屑一顾的，他尽量把叔本华向他愿意理解的方向靠，甚至在翻译方面，他也做了些小动作。比如说，叔本华的美学里面一个关键性的概念就是"理念"，idea，这是从柏拉图来的。"理念"在西方是个很传统的概念，已经不用谈了。我们把它翻译成"理念"，当然现在你可以把它翻译成"相"，"理念论"翻译成"相论"，那都可以。但在西方是一个大家都知道的概念。翻译成"理念"也好，"相"也好，大家都知道。这个"相"也不是感性的象，还是理性的，是思想所看到的概念，它就是这种东西。但是王国维把它翻译成"实念"，实在的"实"，观念的"念"。为什么把它翻译成"实念"？他甚至于把它改换了一下，在叔本华用"理念"的地方，他在翻译的时候竟然把它改换成了"物"，物体的物，他说"理念"就是"物"。在翻译上他做了这样一些小小的改动，其实这一改完全改变了叔本华美学的核心。原来武大中文系的一个博士生王攸欣，他的博士论文就是谈王国维对叔本华的一种误置，他把这些小地方都抠出来了。把柏拉图的"理念"翻译成"实念"，这就大不一样了。按照中国人的理解，"实念"就是对实在东西的一种观念，或者说一种反映论的观念。"实念"就是真实的观念嘛。当然，柏拉图也是真实的观念，柏拉图的实在论就是理念论，这样也可以说。但这不是故意误导中国人吗？中国人看了"实念"会怎么想呢？他不会想到柏拉图的传统，他只会想到中国的这个实在论，中国人的自然实在论。而且你把它换成"物"就更是一个误译了，故意的误译，他明明知道不是那种意思。"物"和"理念"是完全对立的。"物"是现象界的东西，"理念"是彼岸的，是真理，是概念。概念怎么等于物呢？

再一个，叔本华把意志看成是万物的本原，但是也是一切罪恶之源，整个世界是充满罪恶的。所以叔本华认为这个世界上的日子是不值得过的。我们人生在这个世界上是没有办法的，勉强度日，处在罪恶之中，沉沦在罪恶之中。所以意志一方面是万物的本原，另一方面它是罪恶之源。这里有基督教的"原罪"思想，人有意志，就有罪恶，就要犯罪，这是"原罪"思想。这个观念、背景中国人很难理解，在王国维那里也把它撇开了。王国维讲的意志，他只把它理解为人生痛苦的根源，但是绝对没把它理解为罪恶的根源。你有意志，有欲望，有要求，那要求肯定不能够完全实现，你就会陷入痛苦。就算真的实现了,你又会有新的要求、新的意志,所以你永远摆脱不了痛苦。所以在王国维看来,意志就是人生痛苦之根源。这个在叔本华那里也有。但是王国维没有丝毫罪感。按照叔本华,人生痛苦的根源是你自己的罪,你不要怪别人,叔本华认为这是人的罪,人自己必须承担。但在王国维这里他没有这一说,意志就只是人生痛苦,就是人生痛苦的根源。所以它是人生哲学,它是一种文学,"为人生的文学"。所以叔本华的审美是解脱意志的一条道路,通过审美、通过艺术来解脱自己的意志,暂时的解脱,最终呢,它是不能解脱的。人生在世,审美只是暂时麻醉一下、陶醉一下,但是你还得回到现实生活中来。所以最终的解脱只有靠"天启""天惠之功",也就是上帝的恩宠、上帝的恩典,才能使灵魂得救。当然叔本华和基督教是有距离的,他不用基督教这一套东西来解释,但他里面冒出来的这几个字恰好说明他有基督教背景。虽然他不说,但他的文化背景在那里。"天启""天惠之功"这些概念都是基督教的概念,只有这样才能够得到解脱。所以叔本华认为解脱在彼岸,就是在死后,人才可以解脱。在此生、在现实生活中固然可以通过艺术暂时地解脱一下,但那不能根本地解决问题,根本解决就是在死了以后才能解脱,死了以后灵魂就得救了,实际上有这么个意思在里头。但王国维的审美没有彼岸,也没有死了以后怎么样,他不考虑死了以后的问题,死了以后就什么都没有了。所以王国维呢,他依赖的是审美和艺术。他认为通过审美和艺术的自我修炼和顿悟,我们可以解脱人生的痛苦。也就是在此岸,我们可以顿悟成佛。在此岸通过艺术、通过审美的顿悟我们可以成佛。这跟佛教的东西也是融合在一起的。但是中国的佛教恰好就是在这里撇开了彼岸,在此岸进行修炼,在此岸就能成佛。那多好,你也不必放弃自己的生命,你也不必等待上帝的恩典,你就靠自己积极的修炼,每天打坐参禅、看戏吟诗,你就能够升天了。这是王国维的审美和叔本华的审美从本体论上所生长出来的一种差异。

比如王国维对叔本华的悲剧概念在这里就有一种误解。叔本华认为在悲剧中应该注意的是自由意志和它自己的矛盾斗争。自由意志是自己和自己相矛盾，自由意志本身是个矛盾的东西。如何矛盾的呢？就是说你的自由意志自己去争取吧，即使你争取到了，你也会发现，你所争取到的那些东西仍然是不可忍受的，你会产生出新的自由意志来反对你曾经努力争取的东西，这就是自由意志本身的自相矛盾。叔本华认为这样一种矛盾造成了悲剧，他说："这种斗争在意志客体性的最高级别上发展到了顶点的时候，是以可怕的姿态出现的。"这就是叔本华的悲剧观，这跟西方传统的悲剧观，比如说古希腊的悲剧观有一脉相承的地方。古希腊的悲剧往往就是体现这个，像俄狄浦斯的悲剧。他自己杀了自己的父亲，娶了自己的母亲。当然他不是有意这样干的，但是他认为自己要负责任，他把这归结为自己的意志，然后自己惩罚自己。这是一种类型。还有一种类型就是两种同样合理的伦理的力量的相互冲突导致主人公的毁灭，这是黑格尔对古希腊悲剧的评价、分析。所谓悲剧就是两种同样合理的伦理力量，你从爱情出发，他从国家出发，当事人在这两者的冲突之间，也可能是外部冲突、对于其他人的冲突，也可能是他自己内心的冲突，最后导致他自己的灭亡。他自己的灭亡虽然是可悲的，但是是壮烈的，因为他通过自己的灭亡保全了这两种相互冲突的伦理价值。他用自己的死证明两种价值同样都合理。但是他一旦牺牲了自己，两者的矛盾就调和了、化解了。如果他还活着，这个矛盾是不能调和的，他不能把自己劈成两半。他必须承担双方所带来的矛盾，这就是自由意志本身的矛盾。如果体现在一个人身上的话，那么这两种不同的伦理力量就会导致一种内心矛盾。西方的悲剧观念这一点是一直延续下来的，比如说从古希腊到莎士比亚，莎士比亚的许多悲剧都是表达这样一种内心的矛盾冲突。并不是说好人和坏人冲突，如果是好人和坏人冲突那就没什么意思了。悲剧就是一个好人或者是一个坏人的内心冲突。莎士比亚的麦克白，我们说他是一个坏人，但他有内心冲突。还有其他的好人，像奥赛罗，他也有内心冲突。这些内心冲突你都不能指责他说哪一方是要不得的，双方都有理由，最后导致了主人公的毁灭。

叔本华的悲剧观在王国维这里变得肤浅化了。王国维在叔本华那里总结出三种悲剧。第一种是由坏人造成的，由坏人发挥他的能量造成的悲剧，这在西方人的悲剧观看来根本不算是悲剧了，但在叔本华看来这也算是一种悲剧，但是是比较肤浅的悲剧，因为造成了可悲的事情。我们说一个人杀了人，那就是悲剧了，发生了"不该发生的事情"，这是最肤浅的。第二种是由于盲目的命运。他是无辜的，不是故意要杀人，但由于盲目的命运，导致了可悲事情的发生。这是第二种，这当然也可以说是悲剧，但还不够深刻。第三种是"悲剧中之悲剧"，他认为这就是叔本华所表达的，就像《红楼梦》这样的悲剧，就是"由于剧中之人物之位置及关系而不得不然者"。《红楼梦》的悲剧就是这样，宝黛的爱情由于剧中人物的位置，他们的地位不同，以及他们的各种各样的关系，决定了林黛玉不可能嫁给贾宝玉，不得不然，所以《红楼梦》这样的悲剧是真正的悲剧。人在世上，身不由己，都是可悲的。人活在世上就是可悲的，因为你不能脱离一切关系生活在世上。生活在世上就意味着你生活在各种关系之中，你处在各种已经规定好的位置上。所以王国维认为这就是悲剧之悲剧。其实从叔本华的眼光来看，《红楼梦》根本算不上悲剧，因为它不是由于意志自身的自相矛盾所导致的，而是由于意志受到外在环境的阻碍，实现不了而导致的。林黛玉、贾宝玉都有意志，想要结合，但结合不了，所以导致了悲剧，最后林黛玉死了，贾宝玉出家了。这个缺乏真正的悲剧的要素，最根本的要素，就是意志本身的自相矛盾。这个钱锺书已经看出来了。钱锺书在一本书里面批评王国维的悲剧观，他说，这算什么悲剧？《红楼梦》根本不算悲剧，顶多是正剧。如果要把《红楼梦》变成悲剧，有一个办法，你就写贾宝玉、林黛玉结了婚，结了婚以后发现不过如此，然后林黛玉抑郁而死，贾宝玉出家了，这才是悲剧。结了婚不过如此，你的意志实现了，不是由于外在环境导致的，而是由于意志本身导致的，意志本身是个自相矛盾的东西。钱锺书这种观点很深刻，当然他没有展开了，但他很敏锐，因为钱锺书对于西方的东西比王国维了解的多得多了，特别对西方文学，他是沉浸进去了的。所以悲剧的因素应该是这样的，我放弃意志是由于意志的自相冲突，按照叔本华的观点：意志自相矛盾导致互相抵消，最后我放弃意志，这就是悲剧了。而不像王国维所讲的，由于意志的无法实现，而顿悟了，知道所有的追求都是一切皆空，这样来放弃意志。由于意识到意志的目的达不到而放弃意志，这完全是中国式的理解的悲剧，不光是《红楼梦》，也包括《梁祝》，也包括中国人所理解的各种各样的悲剧，其实都是这样一个类型。都是由于坏人，或者由于命运，或者由于某种关系，处于各种社会关系之中，不得已而然，导致了这种悲剧，导致了一个可悲的结局。所以从这个意义上来说，如果把悲剧严格按照西方的，包括叔本华的观念来加以定义的话，我们可以说中国人从来都没有悲剧，或者说中国人没有悲剧意识，中国人只有惨剧的意识，《窦娥冤》，很可悲，很冤，一个人冤枉地被杀了，老天爷都不容了，大夏天下起雪来了。只有这样一种惨剧。但什么叫悲剧？中国人不理解、不懂。这是王国维对叔本华的活剥。

第三个例子就是胡适。胡适的实用主义实际上已经不是杜威的原版的实用主义了。他自认为是杜威的弟子，也许杜威也很欣赏他，但实际上他的实用主义已经中国化了。中国历来就是实用主义的，他何必要跑到杜威那里把实用主义搬过来？他不必出国门，他也可以建立实用主义。但他又认为自己是杜威的弟子。有人指出来胡适没有原原本本地介绍杜威的实用主义。有人提出："在他的心中，实验主义的基本意义仅在其方法论的一面，而不是一种'学说'或'哲理'。"也就是说，杜威的实用主义还是一种哲学，我们讲"实用主义哲学"，它是一种哲学、一种世界观。杜威绝对没有把他的实用主义仅仅当作一种方法。如果仅仅当作一种方法，他就不会被称为哲学家，他没有资格当哲学家。但胡适对杜威的实用主义加以改造。他区分了作为一种"主义"的实用主义和作为一种"方法"的实验主义。胡适更喜欢把他的实用主义称为"实验主义"。实验主义当然更加倾向于"方法"，做实验嘛。实用主义更加倾向于"主义"，也就是一种哲学。胡适不是说"少谈些主义，多研究些问题"嘛。"五四"的"主义"与"问题"之争，就是出于这一点。胡适不愿意谈"主义",他愿意研究问题,愿意把这种实用主义变成一种实验方法,来对付某些问题。那么从这里就看出一种区别,就是说美国的实用主义,包括杜威的实用主义是一种普遍的原则,是一种哲学,而且它也不排除信仰,包括基督教的信仰。比如说詹姆斯,也是实用主义的代表人物之一。他就认为上帝本身就是一种很有用的假设,宗教也是一种很有用的东西,当然是实用主义,他把宗教都看成是有用的。但是既然如此,它就可以容纳宗教的信仰,你可以信仰。信仰是很有用的,是件很好的事情。但是胡适当然不信基督教,也拒绝一切所谓的信仰,拒绝一切宗教。胡适强调的是科学,他拒绝信仰主义,就必须把实用主义限制到一种实验方法上,它仅仅是一种实验方法。你不要把它当作一种主义来信仰、来信奉,它也谈不上是什么哲学,它就是我们处理问题的方法、一种工具。但是这种方法后面总有个目的,任何一种方法你在运用它的时候必须要有个目的,你为什么要运用这种方法?胡适是有目的、有背景的。他的背景就是中国传统的自然实在论,这是他的一个假设,一个最大的假设。胡适讲"大胆假设,小心求证",他最大的假设就是自然实在论,就是自然界是实在的,自然界里面有真理。所以中国传统相信自然这一点取代了西方的所谓信仰,取代了西方实用主义中信仰的地位。中国人不相信上帝,而相信自然,哪怕他入了基督教,他也不信上帝。他只是想信上帝,实际上是信不了,他相信的还是自然。上帝被理解为有自然法力的一种东西,你得了病的话向上帝祈祷,他就可以让你好。这样理解上帝,还是一个自然,还是一个自然神、一种巫术。所以杜威和詹姆斯他们否定形而上学,胡适也否定形而上学,但是双方否定形而上学的背景是不一样的。杜威否定形而上学,他就把现象界、自然界的物质实体否定掉了。自然界的物质实体在实用主义看来是一个不必要的假设,一个纯粹多余的东西。西方一直到今天,很多英美的哲学家们都是这样的,拒斥形而上学,你就不要设定什么自然界的实体,物质实体,那都是多余的。但是胡适的形而上学恰好是要引向对自然的这种信仰,引向传统的自然主义。这其实是另一种对形而上学的拒绝。拒绝形而上学、拒斥形而上学以后，他就偏离了实用主义的真理观，他的实用主义只是方法，而在理论上、哲学上，他其实不是实用主义的，而是朴素的自然主义的。比如说他主张真理是"深藏在事物之中"的，有待于我们去发现。我们通过主体的作用，通过运用实用主义的方法，我们就可以揭示出对象所固有的内在规律，这是朴素反映论。我们甚至可以说胡适是唯物主义的。他认为在客观事物、自然物本身里面隐藏着规律，隐藏着真理，我们可以通过做实验的方法把它揭示出来。

那么这种实用主义实际上并不是西方的实用主义，而是中国传统的实用主义，所谓"实用理性"。李泽厚讲中国的"实用理性"，这个词当然我不太赞同的，中国哪里有什么理性呢？但我们姑且这样说。中国有一种"实用理性"，有一种日常的、非常实用的做法，这样一种思维模式。比如说墨子的"三表法"就是这样的，"三表法"我们前面已经提到过了，所谓墨子的"三表法"就是，凡是我们的言论也好，我们的判断或行为也好，都有三个标准，"三表"就是三个标准。哪三个标准？"上本之于古者圣王之事"，就是追溯历史，本之于古者圣王之事。历史上记载下来的古代圣王们的事情，那可以作为我们经验的参考，这是一个标准。如果以往从来没有听说过，闻所未闻，那就值得我们怀疑了，我们就要推敲了。如果古已有之，以前也发生过，那么我们基本也就可以放心大胆地相信了。这是一个标准。第二个标准，"下原察百姓耳目之实"。"上本之于古者圣王之事"，"下原察百姓耳目之实"，"上、下"，上是古者圣王，下是老百姓，他们的耳目之实，是我们的判断标准。老百姓亲耳所闻、亲眼所见，一件事情发生了，怎么发生的呢？找几个当事人，找几个目击者，来问一问，他们的耳目之实是可以相信的。这是一个标准。第三个标准就是"发以为刑政，观其中国家百姓人民之利"。就是说你这个观点对不对，我们还要试行一下。在政治方面制定一项政策，试行一下，来试验一下，看看它对于国家百姓人民的利益有没有促进，也就是效果好不好。我们试用一下看它效果好不好，看它的社会效益、经济效益究竟怎么样。如果好的话，那当然这就是一个正确的观点了。所以这样一种实用主义实际上是和古代的，像墨子那样的实用主义一脉相承的。胡适的实用主义仅仅是一种方法，所以他的实用主义传播得很广，但是只在方法论的层面具有理论意义。在其他的方面，比如自由、民主啊，杜威在美国鼓吹的那种自由、民主、法治，那些东西，在中国倒是传播不开，传播得最开的就是胡适的方法，比如说"大胆假设，小心求证"，一切都通过试验，包括他对中国哲学史的那种重新建构，也是通过实证的考据，可以相信的才相信，传说的东西、没有根据的东西全部不谈。当然他是有一种变革的，但这种变革意义不大。因为中国古代的考据之学也很发达，汉学、朴学（清代朴学），这都是考据之学，都很重证据。所以胡适的实用主义基本上还是被限制在这种中国传统的实用理性范围之内，并没有真正地把杜威的实用主义吸收过来。他只是用来解决那些表面的、零星的问题。这是第三个错位。

第四个例子，我们要看一看牟宗三对康德的误读。你要讲西方哲学，我们都公认牟宗三对西方哲学跟中西哲学的会通是做得比较突出的。就康德哲学而言，人们认为他是权威。他翻译了，并且注释了康德的三大批判，而且在他的很多著作里面都谈到了中西哲学的会通。我这里举一个例子就是在他的《中西哲学之会通十四讲》这本小册子里头，当然它是一种讲课的记录了，别人帮他整理的，但是经过他审定的。他对康德哲学的讲解在这里头有一处硬伤，也就是说不过去的，你把康德的文本对照一下就可以看出来的。就是他对两个基本概念——一个是"经验的实在论"，一个是"先验的观念论"，或者是"经验的实在性"和"先验的观念性"——的解释是完全错了的。我们再仔细读一读《纯粹理性批判》"先验感性论"的第六、七、八几节里面，康德对这个问题的阐述，我们就可以看出来。牟宗三的这个误读是有他的背景的，他是立足于中国文化的背景来读康德的。所以导致这种误读也不奇怪。

我们已经讲过，在读康德的《纯粹理性批判》的时候，所谓"经验的实在性"和"先验的观念性"是康德一对不可分割的概念，他用来说明人类知识的形成，就是靠这两个方面，不可分的，因为康德是调和经验论和唯理论，调和经验论和先验论嘛。所以他讲，你要求知识的实在性，那么你就要求之于经验；你要求知识的先验性——所谓先验性就是普遍必然性了，就是规律性——那你就要求之于观念论。先验的观念论和经验的实在论是不可分的，康德认为真正的知识既有经验的内容又有普遍必然性，在这方面经验派和唯理论派双方都表现出它们的片面性。经验派讲究知识的实在内容、经验内容，但是那些内容都没有普遍必然性，都是或然的，通过归纳，都是偶然的知识，都只有事实的知识，但是那没有必然性。这在休谟那里讲得很明确了，因果性、必然性这些概念都是我们主观心理上的一种预示。实际上是说不通的，在自然界没有什么因果必然性，只是我们人的一种习惯、一种心理联想。我们把因果性、必然性的观念赋予了自然界，这就使我们的经验成了一种主观观念上的东西，叫作"经验的观念论"。经验派是这样的，它承认知识应该有经验的内容，但是它不承认有先验性，不承认有普遍性，那就只能使经验变成一种主观观念了。那么理性派恰恰相反，理性派承认有普遍必然性的知识，但是否认经验的内容，认为经验的内容既然是偶然的，所以它不是真知识。真知识只能是有普遍必然性的知识，它能够撇开经验的东西而直接把握客观自在之物，这就叫作"先验的实在论"。那么康德把这两方面结合起来，加以改造，就成为了他的"经验的实在论"和"先验的观念论"这一对范畴。他认为这一对范畴是相辅相成的，就是说一种真的知识既要有经验的实在性，同时也要有先验的观念性。那么经验的实在性离不了先验的观念性，这是康德的一个创见、一个创造。就是经验的实在性何以成立，何以可能？就在于它有先验的观念性为它提供条件，知识之所以可能的条件嘛，康德就是要探讨知识之所以可能的条件。那么这个条件在什么地方？在先验里面。但是光是这样一个条件还不行，还要有内容啊。所以要用这个条件去综合后天的内容，形成先天综合判断。这是康德的原意。

那么在牟宗三这里变成什么了呢？他认为所谓"先验的观念性"是一

个贬义词,在康德那里是一个贬义词。所谓"先验的观念性"意思就是"先验的虚假性",观念性就是虚假性。所以"先验的观念性"在康德那里不是一个好词。康德建立知识、科学知识的地位就是凭经验的实在论、经验的实在性,就凭这一方面,就建立起来了。那么"先验的观念性"它不是一种建设性的概念,而是一种排除性的,就是一个贬义词,就是说你们要防止先验的观念性,防止从先验的观念性方面得出一些虚假的判断。这是牟宗三对康德的一种误读。那么为什么要进行这种误读?他就是认为康德在这个地方有一种西方哲学的片面性,有一种缺陷,康德代表西方哲学的一种缺陷。什么缺陷呢?就是在先验的方面康德无法确立它的实在性,先验的方面是什么方面呢?就是本体方面,就是自在之物的方面,无法确立它的实在性。他只能在经验的方面确立它的实在性。所以先验的方面这个实在性在西方哲学那里都是确立不了的,只有在中国哲学这里才能确立得了。所以他转回到了中国哲学——儒家和佛家哲学。儒家和佛家哲学里面就是先验的具有实在性,那就是道德了。所以这样一解释,那就变成了这样一种对康德的看法了,就是说在康德那里,他实际上只具有一种科学知识方面的原理,而没有道德原理。他的道德原理跟科学知识的原理是完全不相干的。所以你要从科学知识里面确立道德的原理,在康德那里是做不到的,因为先验的东西和经验的东西是势不两立的。只有把中国哲学对先验的自在之物、物自身的这样一种实在论作这样一种理解,把它加入康德哲学里面去,才能弥补康德哲学的不足。这种观点从实质上看,还是一种老观点,就是"西方的物质文明,中国的精神文明"。西方只有物质文明,只有科学知识,而中国才有道德。西方从科学知识里面生不出道德来,必须靠中国哲学来补充。实际上还是立足于这样一个基本的立场来解读康德哲学,所以导致这样的误读。这是第四个。

第五个例子就是对"理性"概念的误解。这是一个很普遍的概念,但人们有一种误解,对理性的误解。西方的"理性",英文就是 reason,德文是 Vernunft。对这个词的误解,从翻译上来说我们也可以看出,reason

这个词翻译成"理性",本来是一种音译,我们从日本人那里接受过来的。因为中国传统哲学里面基本上没有"理性"这个词。中国传统哲学里面有"性理",有"性",有"理","理"和"性"都有,但是很少把"理""性"这样两个字连用。所以在翻译的时候是把 reason 音译,把它翻译成"理性"。当然里面包含有一定意译的成分,就是把理和性都包括进来了,但是它的意思和理、性不一样,它的意思完全不同于中国传统所讲的理和性。中国偶尔也会看到把它连用为"理性"的,但是那个意思据我理解还是分开的,就是理和性。当然可以把它放在一起,但它意思并不是"理性",而是理和性的意思。最近,田文军老师说其实也有"理性"当作一个专有名词来用的。他说他可以找给我看,他还没有给我找出来。但是我觉得即便找出来了,我也可以这样理解它。就是说像朱熹的性理,《性理大全》,性里面的理,你可以这样理解,但是理性你很难说它是理里面的性,你很难这样理解。

Reason 这个词被翻译过来的最初的那个意思还是把它当作一种能力,当作人的一种属性、人的一种能力来理解的。人的理性嘛,"理性之光"嘛,每个人都具有理性能力。这种理性能力包括逻辑推理,包括摆脱感性的束缚、超越性这样一些意思在里面,都属于理性的功能。理性本身是一种功能。但中国人理解的理和性基本上不是一种功能,而是一种实体,它是一种现实的存在。中国的"理"字,它来自玉石的纹路,玉石里面的纹理,它本来就是"治玉"的意思,《说文解字》里面讲:"理,治玉也,从玉,里声。"它一个"王"字旁嘛,"王"字旁就是玉。"里"表示它的声音,"理"本来是这样一个字源。那么它跟西方这个理性有相重合的部分,我们中国的"理"和西方的"理性"有重合的部分。哪些方面重合呢?就是像王国维所讲的,它有一种"分析作用"。就是可以分析,把对象分析出来,它的这种条理、它的系统,我们可以把它分析出来。所以,所谓的"理"它本身就是条理、规律、规则,有这样一方面的意思。你要讲理啊,你要讲规则啊,你要讲来龙去脉嘛,你这人怎么不讲理啊,你没有原则嘛,你还讲不讲理了，等等。它是一种基本原则、基本规律的意思。但是这个重合就到此为止了。西方的这个"理"、理性，也有这个意思，也有规律的这个意思，这就是它们重合的地方，其他的方面还有不能重合的地方。

我们曾经讲过，西方理性主义的集大成者就是黑格尔。他的理性里面有两个因素，一个是"逻各斯"，一个是"努斯"，根据我的分析里面有这么两个方面。那么"逻各斯"的方面是指语言和表达。那么"努斯"呢，它是灵魂，在希腊语里面它是灵魂嘛，它是指一种能动的超越性。灵魂的特点就是能动的超越，它自动，灵魂可以不受肉体的束缚，而且它可以超越肉体，所以它是一种超越性。而这两种意思都是中国的"理"字所不具备的。西方理性的这两个意思，一个是"逻各斯"，一个是"努斯"，这两个意思都是不能够在中国的"理"里面发现的。中国的"理"仅仅是说自然界的规律、法则。但是这个法则与语言有什么关系呢？没有。孔子讲："天何言哉，四时行焉，百物生焉，天何言哉？"四时、百物它的生长发育都有它的规律，"四时行焉，百物生焉"，春夏秋冬都有它的规律。但是，天何言哉，天不说话。所以中国的这个天理，包括天道——理和道在宋明理学里面已经打通了——在中国哲学里面跟语言是没有关系的，跟"逻各斯"是没有关系的。这个"道"字，我们用来翻译西方的"逻各斯"，这个我们前面也提到过，用"道"来翻译"逻各斯"当然很好，也没有别的办法，但是实际上是不准确的。就是说中国的这个"道"，实际上也有"道说""说道"的意思，但在哲学上没有哪个这样理解。在古文里面、日常谈话里你当然可以这样说，但是在哲学文章里面，没有人把这个"道"、天道理解为说道。天是不说话的，天怎么会"道"呢？天道怎么会"道说"呢？天道是不会道说的，它不会跟你说话，只会做给你看。至于这个"努斯"——灵魂，跟中国人所理解的"心性"也不相同。像荀子就讲到这个心它可以选择，孟子也讲到心是可以选择的。但只是选择而已。而灵魂——"努斯"，在西方它有一种自发性、能动性和自我超越性。它是一种超越性，它体现为人的自由意志，而且这种自由意志可以为自己制定行动的法则。

这是中国的心性所不具备的，它不具有这种超越的、自己制定行动法则的意思。这一点王国维在他的《释理》这篇文章里面，他就搞混了。他在《释理》里面讲："言语者，乃理性第一之产物。"就是说言语、说话是理性的第一个产物，这个当然不错。他说："此希腊及意大利语中所以以一语表理性及言语者也。"就是希腊语和意大利语中用一个词来表示理性和言语。他没有说什么词，我理解就是"逻各斯"。"逻各斯"既是说话，又是理性，我们可以把它翻译成理性。这是王国维在这里讲的一个西方的事实。但是紧接着他就说："此人类特别之知力，通古今东西皆谓之曰'理性'。"这就有问题了。他说这个是人类特别的一种认识能力，古今中外都把它称为"理性"，都是一样的。这问题就大了，因为所谓的这个言语和理性用一个词来表达，这只是西方的特点，中国没有。中国的"理"和语言毫不相干，甚至于是完全对立的。我们可以举一个例子，比如说"二程"中，程颐有一句话，他说"凡实理得之于心自别。若耳闻口道者，心实不见"，就是说凡是实理，凡是真正的理啊，"得之于心自别"，就是你在心里面得到了，你自然会分别出来。"若耳闻口道者，心实不见"，如果说能耳闻的和口里说出来的，那么在心里面其实没有见到。这个理你如果能够说得出来，那你就没有体会到；你如果体会到了，你是说不出来的。这就是中国人讲的理、天理、实理。实理是得之于心的，得之于心你自己就可以分别，但是你凡是耳闻口道的，那就不是实理了。这是程颐、程颢那里也有，他说得更明确，他说"吾学虽有所授受"，我的学问虽然有所授受、有人教授、有人教给我，我是接受别人的教导，但是，"'天理'二字，却是自家体贴出来"。我的学问是老师教给我的，但是"天理"两个字是我自己体会出来的，不是教给我的，不是我听来的，是我自己用心体贴出来的。所以我们的结论就是：中国的天理绝不是通过言语和逻辑能够说得出来、推论得出来的，而是凭直觉体悟到的，中国的天理是直觉体悟到的。

　　王国维的这样一个混淆，不光是他一个人做了，有很多人都做了这样的混淆，比如说胡汉民。胡汉民就认为：宋儒把名教归入了理性。但他这个理性是现代的理性，不是中国古代的理和性，他把它们混为一谈。贺麟把康德哲学称为"即心即理亦心学亦理学的批导哲学"，把康德哲学跟中国的心和理、心学和理学融合为一体，熔为一炉。所以陈康很看不起这些人，就是说这些人老是把不同的东西煮成一锅，搞得分不清楚了，实际上是应该分出来的。包括对黑格尔的理性的技巧、理性的狡计的观点，贺麟也把它跟中国的天理、道学、宋明理学混淆起来。还有冯友兰，把西方的逻辑理性和程朱理学糅合为一体，提出了"新理学"。冯友兰的新理学实际上就是把西方的理性、逻辑和程朱理学融为一体，但是程朱理学和逻辑有什么关系？没什么关系，跟逻辑、语言这些东西都没有关系。当然朱熹要论证的话，他还是要讲点逻辑的，所以他也有一些儒佛之辩啊，理学跟心学辩论啊。在所谓"鹅湖之会"上，朱熹和陆象山他们辩论，朱熹当然辩不赢啊，辩不赢他也没有输，因为他那个东西不是能够说得出来的，所以没辩赢也没关系。这是我们非常推崇的"鹅湖之辩"，是中国学术史上一个非常值得骄傲的事件，就是说两大派，理学和心学的代表人物在那里辩论，辩输了就承认输了。就是我辩不过你，辩不过你也没关系嘛，我心中自有天理在嘛，那还是我体会到的。我口头上辩不过你，这并不丢人，你口头上辩赢了又怎么样呢？无非是说你能言善辩嘛。所以说这样一种理性它跟逻辑实际上没什么关系，逻辑上你说得头头是道，不一定是对的，我逻辑上说不过你，也不一定是错的，逻辑不是一个评价的标准，至少不是唯一的标准，不是最高的标准。还有像这个金岳霖，把逻辑实证主义和中国的"道""道家"融会为"新道学"，有人指出来：所有这些新什么学里面，都"包含着难以克服的理论困难"，什么理论困难呢？最主要的就是一个："逻辑的本体如何过渡到现实的世界？"中国人历来重视的是现实的世界，不重视逻辑。所以你讲了那么多逻辑，西方来的逻辑，你如何能过渡到现实的世界呢？过渡不过来，因为中国没有这个基因，中国哲学里面没有这个基因，没有西方的哲学一开始就建立在逻辑理性之上的这样一个基因。中国哲学一开始就是建立在非逻辑的东西之上的，你怎么能从逻辑过渡来呢？

所以我们可以看出来：所有这些人虽然想要吸收西方理性中的"逻各斯"精神，但是没有吸收"努斯"精神，"努斯"精神是更深层次的。外在的"逻各斯"精神，即逻辑对语言的执着，这个是通过比较表面就可以看得出来的，但是背后的那种"努斯"精神、那种自由精神、那种超越精神，他们都没有吸收到。而在西方，这两者缺了一个，它的形而上学就会垮台。西方的形而上学都是由这两方面共同建立起来的。就中国传统的背景来说，中国传统哲学里面，包括理学、道学，也包括人们称之为玄学的中国哲学、魏晋玄学，从魏晋玄学以来的很多玄学家，他们哲学里面所缺乏的就是这两大因素，一个是"逻各斯"的因素，一个是"努斯"的因素，缺乏这两个成分。所以你把西方的逻各斯拿来，它就和中国哲学格格不入，跟中国传统哲学格格不入，处在相隔之中。我曾经下过一个判断，就是说宋明理学和整个儒家以及道家哲学绝对不是理性主义的，而是直观类推的。孔子讲"能近取譬"嘛，类比、打比方，举最近的例子打比方，这是中国讲哲学的人要掌握的一个最基本的方法，只要你掌握这个方法你就可以讲哲学了。所以中国哲学都是通过打比方建立起来的。当然也有建立一些概念的，进行概念上的建构的，但这种概念的建构，它的黏合剂还是打比方，还是类比，是直观类推，可直接悟到的，除了打比方以外就是直接参悟、顿悟，就是内心体验，就靠内心体验。所以我说，把理学，或者说把中国的"理"误认为西方的理性主义，这个是中国近代哲学中最大的误会。

好，我们再看第六个话题。第六个话题就是对科学这个概念，我们作了一种实用化的理解。我们把科学变成一种实用的东西，就是技术嘛。西方的科学，英文的 sience，德文的 Wissenschaft，它们的词根都有"知识"的含义，都是一种知识。在西方呢，都起源于哲学，也就是"爱智慧"，西方的科学起源于"爱智慧"。那么，说"爱智慧"呢，就是以追求真理作为生活的一种方式。哲学家，爱智慧的人，他的毕生的追求目标就是追求真理，就是爱真理、爱智慧。所以它最初与实用没有必然的关系，西的科学最初是不实用的,而且是拒斥实用的,不打算实用的。他们把"实用"看作低层次的东西。比如说柏拉图,柏拉图的学园就明确地反对把几何学用在实际的测量当中。几何学哪里是为了测量嘛。测量术在印度、巴比伦、埃及,都非常发达的,我们说古希腊的几何学同样受周边几个古老文明的高度发达的几何学、数学思想的影响,但是古希腊人有一个特点,他把这些数学的东西接受过来加以发展,而且朝着一种非实用的方向发展。比如说欧几里得几何,欧几里得完全是为了一种理论兴趣。你如果说实用的话他用不着搞出什么《几何原本》,搞一个体系出来。他只要掌握那些定理,一些记忆力好的人把它记下来,运用在某个具体的场合之下,就够了。东方历来是这样搞的,埃及也是这样搞的。但希腊人在这方面作了一种非实用的、超功利的理解。在柏拉图的学园里面,据说曾经有一个学生问柏拉图:你的学问有什么用?柏拉图就给他个银币,叫他开路。在伊壁鸠鲁和斯多亚派那里呢,对自然的知识的追求,最终还是要达到自己"不动心"的这样一种境界、哲人的境界,但是也没有什么实用的考虑。伊壁鸠鲁的原子论,原子在宇宙中的运动,等等,这些东西都不是求实证的,也不是求实用的,就是为了使自己安心,达到一种哲人的超越的境界。它是一种生活方式、一种生活态度。

到了中世纪,知识更加是如此。中世纪的知识,甚至有一些科学的早期形态,比如说炼金术等,其实这些知识,中世纪的人主张都是为了上帝的信仰,本身不是为了实用。当然,最后肯定有实用的目的,比如说炼金术为了给教皇聚敛财富,于是去进行早期的化学实验,做各种实验。但是对于这些炼金术士来说,寻找哲人之石、寻找炼金方法啊,实用的考虑倒是其次的。他们还是要追究物质的秘密,上帝把什么样的秘密隐藏在物质里面了?我们能不能把它发现出来?所以他们还是为上帝的信仰服务的。那么这种哲学,也就是本来意义上的科学,按照亚里士多德的说法,它确实是起源于人的惊奇感、惊异。哲学起源于惊异,起源于好奇心,如同审美似的一种生命冲动。这是属于人的本性里面的。哲学的这种起源也就是科学的起源，科学精神里面就包含有哲学的层次。到了近代的科学，虽然它发挥了巨大的实用价值，但是它的科学精神仍然是立足于这种好奇心，仍然是立足于亚里士多德所讲的这种惊异感，也就是对真理本身的一种热爱和追求。人都有这样一种自发的冲动，孩子从小就已经表现出来了，只要你不把它压抑下去，那么它就会发展成为一种科学精神，这就是科学精神。

我们古代有科学技术但是没有科学精神。"五四"以来，我们对西方的"赛先生"加以引进，但是没有注意到这些方面。我们从来都是从有用和无用的角度来看待科学。比如说20世纪20年代，科玄论战，科学与玄学之战，它的主题就是：科学能否解决人生观的问题？或者说，科学是否万能？那么反对科学派的玄学派就讲，科学不是万能的。科学不是万能，我就把它抛弃了，或者就把它贬低了，但前提就是说，他们需要一个万能的东西。玄学是万能的，科学不是万能的。玄学派方面是这样理解的。那么科学派方面呢？相反，科学派就认为，科学是万能的，科学的那些问题，也要拿到科学本身的基础上加以解决，它们是可以解决的。张君劢认为科学不能解决人生观的问题，丁文江和胡适等人呢，就认为可以，而且必须把人生问题、社会问题、精神问题都纳入科学的范围内进行考察，不能够允许"玄学鬼"在这里立足。他们把玄学派称为"玄学鬼"，说他们是一种迷信、一种非科学的东西。那么前提就是说科学是万能的。既然说是"万能的"，也就是说科学是一种工具。由于科学是一种万能的工具，所以科学派必须坚持它；而由于科学不足以成为一种万能的工具，所以玄学派要贬低它。他们的前提是共同的，都是要寻找一种工具。那么，双方的这种理解，都是对中国传统的一种继承，就是对客观知识的一种理解。玄学派继承了中国历来对客观知识的一种蔑视态度。中国的宋明理学不说得很明白吗？"闻见之知"那只是小知，大知就是"诚明所知"。"诚明所知"就是道德，道德知识那是最高的，诚则灵。至于"闻见小知"，"耳目之知"，或者是对自然科学的那种知识，那是不值得追求的，它不能够解决我们的道德问题。所以，玄学派是继承了中国传统的这一方面，把科学看作一种具体操作层面的东西。当然它是有用的,但仅仅是操作层面上的一些雕虫小技,"奇技淫巧",这在中国传统的语境里面当然是个贬义词了。你搞得很巧,如此而已。但是西方近代由于显示了这种"奇技淫巧"的威力,迫使我们不得不重视它。所以科学派就抓住这个东西了,就认为它是万能的,它能解决一切问题。所以这一场论战,我们通常认为是科学派取得了胜利,胡适、丁文江这些人取得了胜利。但是这种胜利不是因为在理论上占了上风,理论上并没有占上风,而是当时时代的迫切的需要,是科学的工具作用压倒了对生命的个人的沉思,压倒了玄学。玄学有什么用呢?我们现在面临着亡国灭种的危机,当然要用科学,当然就要把一切都纳入科学的范畴里面,一切问题都放在这里面来加以解决。正是由于这种实用主义的需要才使科学派得到了胜利,但在理论上并没有澄清问题啊,甚至没有跟玄学派划清界限。你科学派和玄学派划清界限了吗?实际上你不是科学派,你只是技术派,当时的科学派实际上是技术派,如何让这种技术能更高一点,不是那种具体物质层面上的技术,而是"救国""保种"的高等技术。但是科学精神你继承了多少呢?可以说没有。

科学精神完全是出于对真理本身的兴趣,为真理而真理,出于一种对知识的惊异感、一种自由的探索的精神。这一点在科学派里面呢,实际上也是非常微弱的。所以西方科学在传到中国来的最初阶段,实际上处在一种"夹生状态"。就是说我们知道西方的科学很厉害,但是西方的科学精神我们并没有理解到,我们还是从中国传统的实用主义角度来看待西方的科学问题,所以我把它称为"夹生状态"。中国人对科学的这种解释,始终没有脱离实用主义的窠臼。我们上次专门谈到实用主义的理解,已经讲到这一点了。科学有用,所以有用的就是科学。我们讨论"实践是检验真理的标准"也很容易滑向实用主义的理解。"实践是检验真理的标准",那么凡是实践检验是成功了的,那就是科学的。这种理解跟传统的迷信有什么区别呢?迷信也是因为它有用、它"灵",才有人迷信它,并不是无条件地迷信。我求神拜佛,有效的我才去求,没有效的我就不拜了。我换一个,我到另外一个庙里去。如果有效了,实践检验是真理了,那肯定有效,下次我还到那里去。所以,"实践是检验真理的标准"要看在什么语境下说。如果你还是处于传统实用主义的语境的话,那跟迷信并没有什么区别。所以,马列主义之所以是"科学"的,在我们看来,也是因为它在中国革命实践中导致了成功。至于这一科学它的真理体系到底是什么,没有人关心,没有人感兴趣,没有人有好奇心。讲了这么多年的马克思主义,谁有好奇心为了看他的原本去学点德文,把他的原著拿来看一看,有没有这种好奇心呢?有没有这么搞马克思主义的?好像没有,好像一个都没有。你为了学马克思主义去学德文,你把原本拿来看一看,看看翻译错了没有,看看我们的理解、我们的解释错了没有,看马克思有没有一些话跟我们现在流行的马克思主义者讲的那些话相冲突?没有人有这种兴趣。所以它是完全实用主义的。

科学在今天被称为"第一生产力",更加成为了一门技术。它是生产力啊;生产力是什么?生产力当然是一门技术了,科学技术是第一生产力嘛。真正的科学精神已经丧失殆尽。我们的科学为什么不发达?为什么没有创新精神?因为没有兴趣嘛。什么叫创新精神?创新精神、自由的研究是建立在兴趣之上的,建立在好奇心之上的。你不好奇怎么能创新呢?你一切都是别人已经说过了,我只要把它搬过来就是了,那怎么能创新呢?所以科学精神丧失以后,这样的科学就更加不适合作为一种安身立命的人生观的基础。这就是对西方的科学精神的偏离。这种偏离就导致了人生观的基础中,科学是一个空白。所以就有非理性主义、东方神秘主义、新儒家、新保守主义来填补这个空白。安身立命的地方你没有把科学精神放进来,那肯定就把别的精神放进来了,把非科学的精神放进来了。这是第六点。

下面讲第七个错位,就要谈一谈对辩证法的诠释。我们对辩证法的诠释也是一种错位、一种"降级",这跟中国传统的惯性有关。辩证法这个词来自希腊文 dialektik,本来是互相谈话,"dia"就是互相,"leg"就是谈话,后来发展为 logos,"逻各斯","逻各斯"就是从 leg 发展出来的,它就是谈话、表述，就是在两个人之间我们来谈话。所以它就是"对话"的意思。辩证法本来就是对话的意思，互相辨析，互相答辩，有这个意思。也就是在语言和概念的层次上面所进行的一种人际交往，它是一种超感性事务的活动，它跟感性事务相比，已经超越到一个更高的层次了，它有一种超越性。因此，从它的根源来说，它只可能是主观辩证法或者是概念辩证法。辩证法原来的根源就是主观辩证法、概念辩证法。在早期，它往往体现为诡辩，智者学派把它们运用于诡辩。它是主观运用的、随意运用的，为了某个具体的目的。后来成为客观辩证法，也只是由于主体的对象化活动。主观辩证法是根，后来发展为客观辩证法，是由于主观辩证法把自己的活动对象化了，把自己的活动体现在对象上、客观上。那么在辩证唯物主义这里，所谓对象化就是人的能动的实践活动或者说历史活动，人的一种历史实践活动。但是这种历史实践活动里面所包含的客观辩证法仍然具有人的主体性在里面。你不能把这个主体性给它丢了，你把主体性丢了，你就丢掉它的根了，它不是一种离开人的主体的纯客观规律。

我们往往把客观辩证法理解为一种纯客观规律，其实不是的，我们往往把它理解为中国古代的《易经》或者道家所讲的"变易之说""否极泰来""相反相成""反者，道之动"等这样一些思想，我们把它称为"辩证法"。其实我们往往忽视了，这些东西都是作为自然界本身客观的关系来谈的，它没有纳入人的主体性。所以严格说起来这种称呼，说它们是"辩证法"，是不对的。古人从来没有说这个是辩证法，辩证法是谈话嘛，《易经》讲的"变易之说"，老子讲的"反者，道之动也"和谈话有什么关系啊？所以中国的辩证法是一种朴素的理解，就是说世界、自然界本身具有比如说"一分为二"的性质，表现出了对立双方又斗争又统一的关系，也就是所谓的"矛盾关系"。但其实用"矛盾"这种现实的事物，就是韩非子讲的，一个矛，一个盾，"以子之矛攻子之盾"这样一个寓言，来理解、翻译德文的"Widerspruch"是很不恰当的。Widerspruch 在德文里面，Wider 就是冲突，相背离、相冲突，Spruch 是从 Sprechen 来的，就是说话。"一句话里的自相冲突"，在德文里面就表达了我们所理解的"矛盾"的意思。但是用"矛盾"来翻译其实不对，因为韩非子说的是很具体的，我们前面讲了，中国人习惯于打比方，一个矛一个盾，用非常具体形象的东西来表达那个意思，但是你直接把"矛"和"盾"放在一起来表达Widerspruch的意思呢，就偏离了。因为"矛"和"盾"是两个实物，没有表达出对话、辨析这种主体性的思想。这样一来问题就变得很复杂了，什么是Widerspruch？Widerspruch就是一句话里面的自相冲突、自相反对。如果要用来表达客观辩证法，它就应当表现为同一个东西的自我否定，同一个东西的自否定，这就是Widerspruch。在主观辩证法里，它表达了同一句话的自相冲突，在客观辩证法里面表达了同一个东西的自否定。应该这样来理解。

马克思把辩证法称为"否定性的辩证法"，辩证法的矛盾所表达的就是自否定，否定性的辩证法。但是你把它翻译成"矛盾""矛盾原则"，就把"否定之否定""自否定"这样一种规律，把它等同于我们经常所讲的"对立统一"了。"矛盾同一"和"对立统一"其实是不一样的，矛盾的同一性就是自否定的原则，或者否定之否定的原则；但是"对立统一"是不一样的，"对立统一"不是自相否定而是互相否定，我否定你你否定我，我跟你对立你跟我对立，我们斗争，既斗争又同一。我们把"矛盾原则"理解为这样一种"对立统一"的原则，其实是理解错了。我们一讲"矛盾原则"就想到"对立统一"，甚至把它们看作等同的，看作同义语，我们把"矛盾"真正的意思——"自否定"给掩盖、抛弃了。这是自苏联就有这个毛病，苏联20世纪60年代以前，一直都是把"否定之否定"规律从辩证法的规律里排除出去的，认为"否定之否定"是唯心主义的，只有"量变质变""对立统一"才是唯物主义的。毛泽东也接受了这个，毛泽东也不承认"自否定"的原则。比如说毛泽东的《矛盾论》讲的整个都不是Widerspruch，不是矛盾，讲的只是对立。他举的例子都是不矛盾的例子，是对立的例子，共产党和国民党怎么样，这一方和那一方怎么样。凡是有差别的东西，他把它们都称为矛盾，他说"差别就是矛盾"，而否认由同一个东西自相矛盾才是矛盾。其实差别也好，"对立统一"也好，都是建立在同一个东西的自相矛盾的基础之上的。"对立双方"如何产生的？不是说从一开始就摆在那里的，而是由同一个东西的自相矛盾所产生出来的。所以，一个东西的自相矛盾是最根本的，比"对立统一"要根本。"对立统一"预设了两个东西，一个矛，一个盾，已经造出来放在那里了。然后我们去尝试一下，看它们如何冲突。差异更加如此，差异怎么来的？归根结底是由一个东西的自我否定而导致的，应该这样来看。但是毛泽东把一切界限都取消了，认为差别就是矛盾，凡是有差别的就是矛盾的。我跟你不同，我跟你就是矛盾。他把不同的东西都对立起来，把一切矛盾、一切人民内部矛盾都变成敌我矛盾了。因为它是矛盾嘛，矛盾怎么可以调和呢？本来都是共产党人，彭德怀也好，刘少奇也好，邓小平也好，都是他的同志，但是跟他有差异呀，那就是有矛盾了。所以矛盾永远存在，而且要不断地搞下去。每隔七八年再来一次"文化革命"，把跟他不同的东西都消灭一次，消灭了它又会产生出来，资产阶级不断地会产生出来嘛，党内的资产阶级也不断地产生出来嘛。产生出来有个办法就是跟它斗争，把它消灭掉，把它吃掉嘛。什么叫"综合"？综合就是"一个吃掉一个"，我把你吃掉了，我就把你综合了。这是毛泽东所理解的矛盾的思想。

　　黑格尔在《小逻辑》里面对这三个层次是有区分的，"差别"是泛泛而谈的，"差异"是最泛的一个区别。"对立"比"差别"有理论性一些，有哲学性一些，就是说它把所有的差别归成两边，归成两类不同的或者相反对的东西，这就成了"对立"。但是"对立"还没有达到顶点，对立双方还有中间派；而达到顶点就成了"矛盾"了，它就要服从"排中律"，没有什么中间派了。所谓"对立"，实际上是同一个东西自相矛盾所产生出来的，它们本来是同一个东西，但是同一个东西自相矛盾、自我否定，于是就产生出对立面，去跟它斗争，但是它的根源就在于自我否定。毛泽东不愿意承认自我否定大概就是从这个角度考虑的，我怎么能自己否定自己？我已经当了主席了，我要把自我否定，不当主席，让别人来当？所以他不承认有"自我否定"这一说。那么这样解释呢，还是把辩证法的高级的概念思维方式降低为日常朴素的实物式的思维方式了。它的根源在哪里？就在于中国人的传统思维方式。我们不要归结到毛泽东个人的意图，要归结到他的这种思维方式。毛泽东在党内的理论水平应该说是最高的，不是最高的也是最高的之一吧，他就是这样一种思维模式，典型的中国传统的思维模式，就是逻辑矛盾也可以归结为实物式的思维方式。他举大量的例子，"能近取譬"嘛，采取打比方的方式、类比的方式，一类比就带来一个问题，就是你把一种高级的概念思维变成了一种实物思维，把它实体化了、实物化了。当然我们可以说，差别也好，对立统一也好，都是矛盾同一性的一种体现，但是它有层次的，你不能把它的层次混起来。它的最深层次就是矛盾，就是同一个东西的自否定。它才是一切运动发展的根据。黑格尔在《逻辑学》里面讲"根据"。什么是根据呢？根据就是一个东西自否定，自己否定自己。

中国谈辩证法的人几乎没有人达到这个层次。除了与受苏联教科书影响有关以外，跟中国传统的朴素的辩证法的局限性也有关。这样层次的辩证法没有深入到主观辩证法的层次，所以不能够对主体的自由的能动性产生激励作用。中国传统的辩证法不是自由的，它跟自由毫无关系。我们今天把辩证法和人的自由主体性结合起来，有人可能会感到很奇怪，认为辩证法和主体的自由有什么关系啊？在西方它就是有关系的。西方的主观辩证法、概念辩证法就是通过自由讨论嘛。苏格拉底的辩证法就是提问嘛，让你自己去回答，看你怎么去回答。我们前面在《苏格拉底和孔子的言说方式比较》中已经谈到了这个问题，他就是触及了人的自由精神。对话是自由的对话，没有话语霸权，每个人都有自由，你想到什么就说，然后我根据你说的我再来说，所以它是有一种自由的主体性的。但是在中国这种实物性的表达方式之下，它变成了一种实用性的工具，变成了一种"孙子兵法"啊、驭人之术、人君南面之术、皇帝驾驭他的臣子啊，搞人际关系、掺沙子、丢石头啊、吹风啊之类各种各样的技巧，是一种在政治斗争中能够立于不败之地的手段。所以，经过"文化大革命"以后，当这种手段被充分利用了以后，人们给辩证法就安了一个名字，叫作"变戏法"。它确实就是"变戏法"，它就是变魔术嘛，一种骗人的办法。所以现在辩证法名声扫地，没有人再谈辩证法了，恐怕只有我还谈一谈。中国已经没有人谈辩证法了，要么就是那些头脑僵化的人，他们还改不了那种毛病，还在谈。一般的头脑稍微灵活的人已经不谈了。

第八个，就是对实践概念我们要进行考察。实践的概念，当然我们是根据马克思的观点来解释它的。但是在这种解释中呢，也造成了某种"变形"，也有某种文化错位。"实践"这个词最初在希腊语里面意味着实行、使用、练习、做什么，practice 本来是个希腊词，在这种意思上和中国古代的"践履""行"可以说是相当的，就是践履、实行、练习等，都是指的对某种既定的知识或者道德原则加以实行、遵守，在希腊文里倒是跟我们中国的"行"是相当的。但是在马克思那里，在德文当中有两个词，一个是 Praxis，它从希腊文直接来的，但它除了上面讲的这种含义以外，还有一个含义，从词典上查出来是"通过一定的实践活动所获得的经验"。我们说"他的实践、某某人的实践、中国革命的实践"，这个实践呢意味着我们通过实践所获得的经验，这是就它的后果而言。还有一个词是 Praktik，从德文词典上看，这个词有实践、实行，有步骤地、采取的方法之意，凡是 –tik 结尾的德文词，都含有某种方法、某种步骤的意思，Praktik 是一种实践的方法、实行的方法。但是呢，它还有一个意思，就是"感到有些问题的方法"，就是感到一种既定的方法有问题，需要再思考，内心并不踏实，还在犹豫；还有就是"并非总是无可指责的和被允许的措施"。那么这里就有一种新的意思了，Praktik 的意思里面包含一种冒险，它有"问题"，并不是对已经没有问题的理论去践履、践行、实行它。我们中国人常说，你不但要知道，你还要能做到嘛，你知道了道理你就该去做啊，知行合一嘛，你知道你又不去做，那你知道有什么用呢？我们通常都这样讲。但是在 Praktik 这个意思里面呢，就是说你不一定知道，而且你不一定被允许，你知道可能是有问题的,你以为你知道了,但是你不一定知道,你是留有问题的,或者你根本是盲目的、行不通的。我们很看不起盲目的实践,但是 Praktik 里面就有这个意思,就是冒险的实践。讲了那么多理论,还不如去做一做,把所有的理论都撇开,我不去实践任何理论,我就是要去做,发挥自己的首创性。什么叫首创性?别人没做过,也没有现成的经验可以吸取,就靠你自己去闯,失败了不要紧,即便失败也要去做,它包含这个意思。

马克思的"实践"概念就有这个意思,有一种试探、冒险的探索,有一种开拓精神的含义。所以,马克思把实践看作人类自由意志的发挥。人的自由不能老是受既定知识的束缚,人家没做过的事情我就是要做一做。所以比如说巴黎公社,按照知识来说,马克思当时认为是绝对不可能成功的,巴黎公社怎么可能成功呢?时机不成熟嘛,当时的条件不成熟,肯定会失败嘛。但是当事情发生了,马克思对待巴黎公社起义,并没有指手画脚地在旁边批评它,而是高度热情地赞扬它,他说:"这些巴黎人,具有何等的灵活性,何等的历史主动性,何等的自我牺牲精神!……历史上还没有过这样英勇奋斗的范例!"马克思这样赞赏巴黎公社,就是说他不是从知识论的角度去批评它,而是从自由精神、首创精神这个角度去赞扬它。虽然它没有理论指导,那些人完全是在蛮干、在冒险。就是蒲鲁东那些小资产阶级在那里指导,可以说是没有指导,凭工人自发地在那里拿起武器。但是他对这种冒险或者说首创精神加以赞赏,这就是实践哪!实践才出真知,你失败了才知道为什么失败嘛。失败了以后当然要总结经验、总结教训嘛,所以失败的经验也不是毫无意义的,你不能凭成功就评价一个理论,也不能凭失败就完全否定这种自由精神。

中国的马克思主义哲学家一开始就把实践的这种创造精神和首创精神给忽略了,把实践仅仅纳入中国传统的"知行关系"的旧框框里面来加以讨论。比如说毛泽东的《实践论》他的副标题就是"论认识和实践的关系——知和行的关系",实践论就是探讨这个的。当然这个知,不再是理学家的德性之知、诚明所知,而是科学知识,但是关系模式还是一样的。就是说把实践仅仅理解为在既定原则下的按规程操作,一种工具性的、操作性的行动,并且要通过操作来检验、来修正既定原则。我们讲"实践是检验真理的标准",实践有了正确的理论指导,那么我们去践履它,我们把它实现出来;实现出来如果效果不好,那么反过头来,用实践的效果去检验我们的理论嘛,看它是不是真理嘛。这是《实践论》里面所讨论的知和行的关系。那么实践的其他方面,比如说情感的方面、自由意志的方面、创造力的方面都被抽掉了,在《实践论》里面不讨论这些东西。不讨论这些东西,那这个实践论不就是传统的知和行的关系吗?并不是马克思所说的感性活动,自由自觉的感性活动。马克思讲自由自觉的感性活动就是实践,要有自觉,要有自由。但是感性活动在毛泽东的《实践论》中也被划归到"感性认识"里面去了。感性活动是一种感性认识,感性活动是为了感性认识,它的价值就在于可以充实感性认识。那么到了李泽厚那里呢,就更加把它片面化了,李泽厚认为马克思所讲的实践是一种"纯物质过程"。什么叫纯物质过程呢?他认为是一种"人化",但是是"客观的人化"。马克思手稿里面讲的,"人的本质力量的对象化和对象的人化",李泽厚把它区分成两个方面,一个是"主观的人化",一个是"客观的人化"。他认为实践就是客观的人化,主观的人化那不讲,那是"唯心主义的残余",马克思早期手稿还不是完整的马克思主义,还是一个过渡阶段嘛,所以主观的人化应该把它清除掉,留下客观的人化。什么叫客观的人化呢?就是人通过物质的手段,改变物质的自然界以满足自己的物质需要这种活动,这就是唯物主义。这就是李泽厚理解的"实践唯物主义",就是人们通过物质手段改变物质自然以满足自己的物质需要这种活动。但这种活动和动物的活动就没有什么区别了,动物也是以物质手段改变物质的自然,它把那个东西吃掉了,就改变了,就满足了自己的需要,自己就饱了嘛。那么人的活动跟动物性的活动没什么区别,这难道还是马克思主义吗?所以很多人都没有把实践理解为像马克思所讲的那种自由自觉的生命活动,那种感性活动。自由自觉的生命活动，里面有自由，也有自觉，"自觉"就是有意识的活动，bewußt 可以翻译成"自觉"，但它本来的意思就是"有意识的""被意识到的"，你把自由排除了，你把意识也排除了，只剩下物质活动、物质运动，那不是动物吗？马克思的唯物主义就成了动物的唯物主义了。

所以对实践概念的理解在这方面有一个很重要的失误，就是把实践里面的人的自由精神给去掉了。我们一讲实践，就成了一种被束缚的东西：实践是检验真理的标准，实践能够让你不要痴心妄想，你们要现实一点，你们要去搞搞社会实践。比如说到灾区去啊，那个地方被水淹了，你们到那个地方去和那些农民同吃同住，尝尝他们的甘苦，了解他们的疾苦啊，你们就会懂得社会了，就不会调皮、不会搞"自由化"了。这是对人的自由精神的一种限制，我们了解的实践就是这样。你们大学生在课堂里面，成天就是听老师讲课、看书，在纸上面做功夫，你们也得到底下去实践实践，要锻炼锻炼，要吃点苦，就像军训一样，就是这个意思。我们理解的实践就是这样。为什么要这样呢？因为这样一来我们才能把我们所学到的东西用在实际方面，要练习这方面的本事，不要异想天开，如此而已。但实践的这种创造精神却没有考虑在内，我们认为那倒是一种"另类"，某某人他动手能力强，他创造发明能力强，但他不按规矩办事，我们就说他有"怪才"，这倒是一种很少见的现象，其实这是实践的本质啊。

第九个误读就是"存在"的概念。存在的概念我们前面也提到过了，这里再把它强调一下。就是说我们中国人最初引进西方哲学的时候，我们就已经发现了西方有一个词是不好翻译的，就是英文里面的 being，德文里面的 sein，希腊文里面的 on。这个词是不好翻译的，它是西方拼音文字里面的一个系词，我们通常翻译成"是"。但它也有动词的含义，就是"有""存在"，有什么东西，存在什么东西，有起来、存在起来。中文的这两个词都可以作动词理解。同时它还有名词的含义，就是"存在的东西""存在者"，我们把它翻译为"本体"，或者翻译为"实体"。存在本身具有动词和名词的双重含义，我们讲"社会存在着"，我们也讲"这是一种社会存在"；加上"是"的系词含义，在词性上就具有三重含义了。但是，有这么多含义我们怎么译它？在古代汉语里面我们从来没有固定的系词，古代汉语表达系词关系当然有很多方法，但是没有一个专门用的系词来表达这个"是"的含义。所以我们通常用动词或者名词来表达这个词，但是一旦用动词或名词来翻译的时候，它的系词的逻辑含义就丢失掉了，它的"是"的含义就被丢掉了，而这恰好是它的根本含义。being这个词，"是"是它的根本含义，它本来就是个系词；然后你可以把它当作一个动词来用，因为系词在一句话里面它也起一种作用嘛，所以你把这种作用当作一个活动来理解，它也可以当作一个动词来用，它用了以后会有一种结果；你也可以把它当一个名词来用，把这种活动用它的活动者来代表。所以西方哲学有一个特点，从亚里士多德开始，就是从on，也就是being这个词的逻辑含义，或者说是语法含义里面，由它的逻辑动作，就是联系、把两个词联系起来这个动作里面，引出它的动词的含义。它是个联系词，联系词是个动作嘛，那么引出它的动词含义，然后再把它固定化为名词，给它一个名词的含义。

现代汉语当然已经把西方的语法接收和吸收过来了，比如说用"是"作为一个固定的系词，这是欧化了的现代汉语里经常使用的，用"是"来作系词，什么"是"什么。但是尽管如此，它跟西方文字不一样，还是有差别的。尽管有一个系词，但是这个系词不像西方的系词那样，可以和其他的动词搭配起来，来表达时态或者主动态、被动态等，也不可以加在任何句子里面。西方人用来表达时态，它就可以加在任何句子里面，它用being来表达时态嘛，正在进行的、已经进行的或者将来进行的，它都可以用"是"来表达。所以"是"在西文里可以加在任何句子里，所以它可以成为一个普遍的、逃不了的范畴，一切语言里面都可以有个"是"字，而且都必须有个"是"字来联结，那它就是个最高范畴了。当然现代语言分析哲学不太相信这一点，这是传统的说法，这里且不管它。

在汉语里面却没有这一点，没有这种用法，再加上"是"字在汉语里面还有另外两个意思。一个是正确的意思，我们讲"实事求是"，这个"是"就是求正确的东西，要根据实事来求正确的东西。"是"本来就是上面一个"日"，底下一个"正"，正对着日，那就是正确的意思。还有一个意思就是"这"的意思，我们讲"是日"怎么怎么样，古汉语里面，"是日"就是当天，就是那一天、这一天。"是可忍，孰不可忍"，这都可以忍，还有什么不可以忍呢？它有"这"的意思。那么这个"是"字还有这么两个意思，情况就更加复杂了。所以，现在是各种译法都在那里并存，有的用"是"来翻译，有的用"有"来翻译，有的用"存在"来翻译，有的用"在"来翻译，有很多很多的译法并存。

但是用"有"来翻译呢，也显然只是它的一个方面，中文里面的"有"字它是"具有"的意思，有什么、我有什么、拥有什么，是这个意思。在西方哲学里面呢，它是一个很低层次的概念，亚里士多德的十个范畴之一，低层次的就是"拥有"。当然"实体"也是范畴，但是"实体"是最高层次的，因为"实体"可以上升到 on，就是这个"是"。但是"拥有"这个概念比"是"这个概念层次要低。也有人建议我们用"是"来强行翻译 being，看看行不行。比如说陈康、王太庆、王路这三代学者，这三代学者中都有一些人主张强行用"是"来翻译，用"是"来统一一切，就定义为"是"，不习惯先忍着，行不行？但是显然，如果你要强行翻译的话，除了我们读起来感到别扭、不习惯以外，还损失了西文里面本来具有的一些含义。比如说它确实还具有一种实在的含义，就是讲实体。这个"是"虽然是一个逻辑系词，但它确实还是有实体方面的意思，含有"存在"的意思，含有"有"的意思。所以，我认为呢，目前还是"存在"这个译法，相对而言比较好一点，它是一个动词又是名词，既可以表达动词方面的意思又可以表达名词方面的意思。把它拆开来，用"在"也可以表达"是"的某些意思，"存在"里面包含一个"在"嘛，我就可以用"在"。在翻译海德格尔的时候，有的人就把它翻译成"在"，"在"跟"是"有某方面重合，就是当这个"是"用来表达位置或者时空关系、与周围环境的关系的时候，它用"在"。某某东西在某时、某处，是某处，这有一定的重合之处，当然最后纯粹的系词的含义还是表达不了，那也是没有办法的，我们只好通过一词多译，但尽量地做到在同一个哲学家、同一段话中不要多译，如果多译你要把它注出来，挺麻烦的，但这是一种文化差异。

与此相关的就是 ontology 这个词，也导致了很多译法。有的翻译成"有论""万有论"，有的翻译成"存在论""存有论""本体论""是论""是者论"，我们萧诗美老师主张翻译成"是态论"，各种各样的说法都有它的道理。译得最多的还是"本体论"，比较好懂。但是，我们今天已经对这个事情讨论了很多了，所以几乎已经成为学术界的一个常识，大家都知道这个问题难办，也都知道在哪些方面难办、为什么难办，所以它成为了一个常识。我认为呢，要找一个中文词来直接对应它已经不太重要了，我们已经知道、理解了，这是一个文化差别。所以我们今天更重要的是要反思一下，为什么汉语里面找不出一个和 being 相对应的词，为什么？原因何在？人们都看出来了，因为中国古代缺乏逻辑思维，不重视语言和语法。当然古代汉语也有它的语法，但那是不严谨的、不严密的，它可以有多种解释，经常造成歧义，有时候是故意造成歧义。中国人不太重视语法形式，这是一个很重要的原因。但是，除了这个原因还有没有别的原因？也就是西方人并不是单凭逻辑思维就建立起了 ontology，ontology 本身并不是一个单纯逻辑上的概念，它是"本体论"嘛，它跟逻辑是有区别的。西方的形而上学，一个是本体论，一个是认识论，一个是逻辑，所以 ontology 作为本体论来说呢，它实际上和逻辑是有区别的。它当然是由逻辑建立起来的，但是为什么古希腊的逻辑就能建立它，我们中国古代的形式逻辑就不能建立它？墨家的形式逻辑、荀子的形式逻辑、名家的形式逻辑为什么就不能建立起 ontology？这个里头要到更深的地方去找原因。

就是说要使一个系词变成更深的形而上学的概念必须有个条件，就是逻辑本身，包括这个 on 本身，要有一种能动的超越的力量，要具有一种能动的超越性。这一点在希腊语里面有这个根基，比如说 on，它的词根来源于eimi，eimi的意思就是"起作用"的意思，所以它能够成为一个系词。它在逻辑关系里面起作用，起一个关系作用，它能把两个词、主词和谓词联系起来，这是一种作用。所以这种能动超越的力量也就是海德格尔所讲的"在"的力量，"在起来"的力量，它跟"在者"是不同的，on你可以理解成"存在者"，也可以理解为"在本身"。海德格尔认为亚里士多德遗忘了存在本身，就是因为他把这个存在当作存在者，仅仅当作存在者，而忘了它里面包含着一种存在起来的力量。这种力量使逻辑上抽象的系词成为了"存在"和"本体"，使它在起来了。系词不单是一个联系的纽带，而且是一种力量，不单是把两方面挂起钩来，而且使两方面有了内在的联系。所以这个系词是值得推敲的，它里面其实体现了一种"努斯"精神，一种个体自由的精神，体现了能动的超越性。所以你单纯从逻辑上面把on理解为"是"，把它到处去这样翻译，你试试看，你就会发现你会失败得一塌糊涂。你不考虑逻辑自身的超越，这样你并不能使中国人的逻辑提升到ontology，提升到本体论，反而使中国人对逻辑的理解更加工具化和平面化。我们以为西方人也是这样的，以为西方人讲"是"的时候和我们讲"是"的时候是一样理解的，仅仅是一个系词而已，这就错了，这就把on的意思、being的意思理解得太狭窄了。

这就是我们前面讲的，中国人不但缺乏逻辑精神，也缺乏自由精神，不但缺乏"逻各斯"，也缺乏"努斯"，这是导致我们误解的一个文化差异。

最后一个呢，我想讲一讲"自由"这个概念，对它的这种附会，就是把我们中国人通常所理解的自由的概念附会到西方的自由概念上，这是怎么来的。

西方的自由，英文的freedom、德文的Freiheit，这个概念呢，在西方是以意志概念为前提的。所谓自由是意志自由，没有意志的自由在西方人看来是不可思议的，你讲没有意志，又讲有一个自由，那算什么自由呢？那么，意志自由是什么呢？就是个体自己决定自己的行为准则的自由，我自决，我自己决定自己的行为准则，我按照自己的规则去办。它最早体现为古希腊的"努斯"精神，同时也包含有"逻各斯"精神，"逻各斯"在这里被理解为一种自我定形、自我规范，内心的一种自我规范。当然我要运用"逻各斯"我就必须要先有"努斯"，要有一种自己自由、自决的精神，但这种自由、自决要发生效用，必须要采用"逻各斯"。到了近代就体现为英国经验派的追求个人幸福，他也要有一种意志，有要追求一种幸福的欲望。大陆理性派，像康德的这种自由，就是自律，自律也是自由意志，自律是真正的自由意志。

那么前面讲了，中国传统中缺乏"努斯"和"逻各斯"，中国人在接受这个概念的时候呢，就有两种偏向。第一种是把它附会于"老庄"的自由放任，任自由。任自由其实是任自然呐，任其自然，老庄讲的任自由、逍遥游就是任其自然，这种思想我称为"无意志的自由"。中国人、老庄所理解的这种无意志的自由，就是说你不要执着嘛，意志就是执着，老庄认为你抛弃执着、抛弃意志你就自由了，因为你和大自然合为一体了，你把自己融化在自然之中了。庄子讲"齐物论"嘛，万物齐一，你有什么了不起，无非是自然的一分子嘛，跟任何一个事物、跟任何一块石头没有两样，都是一样的，那么你就自由了，你就没有执着了。你要有执着，你要有意志，你就要受到限制，你的意志肯定要受限制，环境不允许你把你的意志实现出来，最好的办法就是抛弃你的意志。抛弃你的意志就自由了，退一步海阔天空嘛，我把我的意志抛弃了不就海阔天空了吗？谁也限制不了我。你想不准我怎么样，我本来就没打算怎么样，这样你就限制不了我了，我就自由了。道家的这种附会呢，有点类似于西方的"努斯"精神，像庄子所讲的"独与天地精神往来"，"独与天地精神往来"好像是超越嘛，超越就是努斯精神啊，"独与天地精神往来"，很清高呢。但是呢，由于它没有和自然划清界限，所以它不是真正的超越性，不是真正的自由意志，"独与天地精神往来"，你就成了自然了，你没有跟自然划清界限。你不讲自由意志，把自己融化到自然里面，跟天地精神相往来，你本来就是在天地之中嘛，你回归本性，回归你本来的状态，所以它跟自然混为一体。因此，你也不能把精神从自然里面独立出来、超拔出来。好像"独与天地精神往来"有一种"独立"精神了，但是这个精神跟自然没有划分界限，因此它并不独立。真正独立的精神是自由意志。它跟自然是对立的，它不同于自然，它不肯把自己消融于自然，这才是西方的自由意志。还有等而下之的，容易堕入到为所欲为的禽兽行为，还美其名曰"任其自然"。竹林七贤里面很多都是一种堕落的生活方式，当然他们是有意识那样做的，放浪形骸，不穿衣服不穿裤子，然后到大自然里面去，以天地为屋宇，想干什么就干什么，想怎么做就怎么做。刘伶酗酒，带个小孩在后面，背把铲子，"死便埋我"，我喝到哪里死了，你就把我埋了，这是很简单的事情，你本来就是大自然的一个成分嘛。

另外一个附会呢，就是把儒家的大丈夫精神附会给西方的自由精神。儒家的这种附会呢，有点类似于西方的"逻各斯"精神，因为它讲究规范。我们讲"逻各斯"与中国的天理、天道有重合之处。它讲规范，但中国的规范是"纲常名教"，它不是语言的逻辑，它不讲逻辑的。"纲常名教"讲什么逻辑呢，从逻辑上讲它是非常荒谬的，因为这个"纲常名教"，它是建立在既定的家庭血缘关系之上的。家庭血缘关系不是由逻辑推出来的，也不是由你的自由意志所决定的，你生在一个家庭之中，你并没有决定生在一个家庭之中，你也推不出你为什么会生在这个家庭之中。所以，当你以一个家庭关系作为你的一切行为的根本基础的时候，你是不自由的，或者说你是他律的，不是自律的，你是必须服从的，没有什么道理可讲，由不得你。但是儒家把这一套规范内化为人的内心一种自觉的遵守、一种坚持，你不要他守节还不行，他"三军可夺帅也，匹夫不可夺志也"，甚至"富贵不能淫，贫贱不能移，威武不能屈"，认为这就称得上"大丈夫"。今天很多人把这种对他律的自觉承担叫作"自律"或者"自由"，听起来也很像，因为它确实体现了一种超越于物质利益之上坚守道德原则的独立性，需要很强的执着和意志才能做得到的。但由于它所执着的那个原则本身并不是由自由意志建立起来的，而是由自然血缘关系先天决定了的，本质上是他律，所以我把儒家的这种独立承担的精神称为"无自由的意志"，与西方的自由意志、人为自己立法还是根本上不同的。

那么，这两种偏向的附会，即用中国传统的道家和儒家的概念来附会西方的自由概念，最初附会的是谁呢？还是我们前面所讲的严复。严复除了翻译《天演论》之外，还翻译了穆勒的《论自由》。穆勒，我们今天通行的译名是约翰·密尔，严复把他翻译成约翰·穆勒。约翰·穆勒有本书叫 On the Liberty，中文是"论自由"的意思，但是严复把它翻译成《群己权界论》。为什么把《论自由》翻译成《群己权界论》？他有非常多的考虑，他认为不能用"自由"这两个汉字来译它。因为"自由"这个词古已有之，它就是指道家的那种逍遥游、逍遥自在、不负责任，没有束缚也没有意志，"无为而无不为"。说是"为所欲为"，但是因为他什么都"不欲为"，所以它实际上是"无为"，这种无为又体现为"为所欲为""无不为"。这样一种自由，严复很敏锐，他觉得用来翻译这个 liberty 是不恰当的，他根据穆勒的这本书的内容、所表达的意思，他把它翻译成《群己权界论》。因为在穆勒那里，自由是一种权利，自由权，但这个自由权有它的界限，在群体和个人之间有它的界限，个人的权利不能够妨碍群体、妨碍他人，这个穆勒在《论自由》里面讲得很清楚。个人的权利不能妨碍群体，它的限度就是以不妨碍他人为度，在这个度里面，你为所欲为都可以。穆勒的自由观表达了西方传统的自由观，西方在18世纪以来，甚至更早，人们就已经形成了这样一个观点，就是人的自由实际是一种法权、权利。既然是一种权利它就有它的界限，就是你有权，他人也有权，你和他人的权利应该公平。所以它就是一种法，权就是一种法，权利包含一种义务，你有权利，就有义务不妨碍他人同样的权利。这是穆勒的意思。所以翻译成《群己权界论》就这方面来说是非常恰当的，恰好他就是要划定这个权利，他跟庄子的自由是完全不一样的，庄子是完全不讲权利的。但是呢，在实际的理解中，他又把中国传统的老庄与西方的自由主义、个人主义混为一谈了，把道家的自然精神和西方的个人自由精神混为一谈了。所以黄克武先生指出,他的自由思想中,"他对西方自由思想中环绕着自我利益与权利等观念的了解并不充分"。这是一方面,把西方自由观念跟道家的老庄以及杨朱的思想混为一谈。

另一方面呢,他又立足于儒家的立场,把儒家群己平衡的观念投射到穆勒等人的思想上来了。中国儒家也有群己平衡的观点,即所谓"己所不欲,勿施于人"的"忠恕之道",以及"絜矩之道",也就是尊卑有序的标准。《群己权界论》跟中国儒家群己平衡的观点很接近。但中国儒家的群己平衡是基于等级制度之上的,而不是基于一切人之间平等的公平原则,所以当你用中国儒家群己平衡的观点来理解群己权界的时候,你就"无法完全体认把自由作为合法的权利,而以此来追求个人的隐私、生活品位与自我利益的想法"。这也是黄克武先生说的。所以严复所讲的群己平衡或群己权界的思想呢,还是儒家所讲的恕道、絜矩的思想,所谓"絜矩"就是心里有杆秤,你和他人之间要将心比心嘛,己所不欲,勿施于人,你在上下等级关系中,每个人都既是居上位者也是居下位者,上有老下有小,上有国君下有百姓,所以要设身处地为每个人考虑他的处境,你不愿意的你也不要加之于别人嘛。用这样的思想来理解西方的群己权界,这种理解还是建立在一种天然情感的基础上,而没有理解到西方权利、法权的本来意思。特别是隐私权,隐私是不能够公开的,因为是他的权利,每个人都有自己的隐私。儒家是不承认隐私权的,儒家的君子每个人都是向每个人敞开的,只有制度是封闭的。由于这种误解呢,严复所理解的群己平衡仅仅是理解为己和群要同等地看待,既不能够己轻群重,也不能够己重群轻,个人和群体之间要保持一种平衡。我们今天也在讲,要兼顾个人利益和国家利益,中国古代其实都有,儒家里面就有这个思想,你不能侵害他的利益。老百姓要生活,当然有他的权利范围啦,民为贵,社稷次之,君为轻。社稷在这方面,当君王的你要看得轻一点,国家要看得轻一点,群众、人民你要看得重一点。国家不要太过于剥夺人民,不要剥夺得太多了,要采取中庸之道,群己并重,不可偏废。严复的"群己权界"是从这个方面来加以理解的。但是这种平衡用什么标准来衡量呢？什么样才算平衡呢？仍然是以群的标准，仍然是以国家的标准。孟子之所以讲民为贵、社稷次之、君为轻，他的意思当然不是说不要国家只要有民就可以了，他最终的目的还是为了国家，为了国家的安定，君王应该懂得这个原则，那么国家就长治久安了。表面上你把国家放得比人民要轻，但实际上你的国家是安定了。所以严复也是这样理解的，群的标准、国家的标准是至上的，要达到群己平衡，还是为了维护国家、有利于国家，而不是老百姓的标准，老百姓还是在国家之下的臣民。

所以严复很自然地认为，国家在危机的时刻，个人就要"减损自由"以"利国利群"，个人就要做出牺牲啊，国家在有困难的时候，个人就要牺牲他的自由。这个"自由"呢，当然是指的道家那种无拘无束、任自然，也就是我们今天所讲的"自由化"。国家要完成它的使命，所以你不能搞自由化，严复就讲要减少个人自由，因为国难当头。但是这里的自由绝对不是指儒家的大丈夫精神。我们前面讲有两个附会，一个是道家的任自由精神，另外一个就是儒家的大丈夫精神，都把它附会于西方的自由精神。但是这里讲的减少个人自由以利国利群呢，当然是指道家的，儒家的大丈夫精神怎么能够减少呢？在这个时候不但不能减少，而且还要加强儒家的担当，国难当头当然要发挥儒家的大丈夫精神。他为什么说要减损自由呢？如果是儒家那种独立自由精神，那么倒应该说必须增加这种自由，要通过增加自由来渡过难关，每个人要有担当精神、有承担精神，那就好了。所以，在哲学的层面上，严复所理解的自由是儒家的由己、成己、为己、修己、克己，自由以从道，克制自己，克己复礼，服从国家利益，这正是儒家的自由精神、担当精神，乃至于杀身成仁舍生取义。我们讲儒家的自由人格就是这样一种人格。但这种自由和西方的自由是完全不一样的，当然跟道家的自由也是不一样的，道家的自由是没有责任的，儒家的自由是杀身成仁舍生取义，所以这种自由越是国难当头越是要提倡。那么严复为什么要讲在国难当头的时候要限制个人自由、减少个人自由呢？就是因为他这时对自由的理解是道家的，他是指对道家意义上的自由化要限制，但是儒家的自由呢要提倡，绝对不能减少。

所以严复在这里是自相矛盾的，他没有厘清自由概念的多重含义。西方的自由概念他也没有完全理解，他用中国的两种自由的观念去附会，而这两种自由的观念他又没有搞清它们的关系。所以他经常发生这样的自相矛盾：要减少个人的自由以利国利群，但是他又讲儒家的自由精神是一种杀身成仁舍生取义的精神，那怎么能减少呢？那就不能减少嘛。所以严复对西方自由的理念作了儒家和道家的双重理解，为了抑制道家自由化的危害，他诉诸儒家的国家主义，而为了软化国家主义的极权统治，他又诉诸儒家的民本思想和群己平衡观，为道家的自由自在、无拘无束的理想留下余地。你还是要给老百姓一点自由，给他们自由他们会感激不尽的，乡下的农民你给他一碗饭吃，他每天就端着这一碗饭在你的肖像前来敬拜，那是有利于国家主义的，群己平衡观是有利于国家主义的。所以，在国家稳定的时候呢，你可以给庄子的自由化、杨朱的"为我"留下一定的余地，你不能赶尽杀绝，人家搞点自由化也没什么关系。如果国家稳定的话那有什么关系呢？国家不稳定当然要铲除它了，但是你也要留下点余地。那么儒家的国家主义呢，在这种解释中也成了一种自觉意识，就是把国家极权建立在儒家的这种承担意识、担当意识的基础之上，把专制统治也跟自由拉上了关系，这种自由就是孔子的"忠恕之道"以及朱子的"八条目"，"修齐治平"，以内圣外王作为自由的终极理想。自由的终极理想就是通过群己权界达到内圣外王。

可见他的思想并没有进入穆勒自由观的内部，反而经常对穆勒的自由观进行批评，当发现他不符合中国传统观念的时候，严复经常对他采取批评的态度。所以严复到了晚年转向中国传统文化，这是很自然的，是有他的必然性的，他的整个思想基本上还是中国传统的。但是在当时，他是最了解西方的一个人。包括他对《论自由》的翻译，可以看出他颇费苦心，他就是为了避免这种混淆，但最后还是混淆了。所以严复在当时可以说是对西方的自由观理解得最透彻的一个人，但是呢也是对自由观作了一个全方位中国式误读的人，把老庄道家的、杨朱的以及孔孟的有关自由的观点全部附会上去了。在严复以后，无数的学人等而下之，特别是研究中国哲学的学人，在涉及西方来的自由观的时候，完全遮蔽了西方自由观的原貌，而且就连中国式的附会也是片面的，没有达到严复的这种全方位。严复虽然是附会，但是是全方位的，他把中国的各种自由都把握在视野里面了。但是后来的学人往往都是从一个方面，或者是立足于庄子，或者是立足于杨朱，或者是立足于孔孟、程朱来理解自由，很少有人达到严复这种综合的程度。这是一个很有趣的现象，严复的理解在当时来说是最深刻的，但是他的误解也是全方位的。

后　记

本书是在我2006年春季学期给研究生开设的"哲学史方法论"课的讲课录音基础上整理而成的。这门课每周一次，每次三个小时，常常拖堂到近四小时，一共讲了16次。在编辑出版本书时，有两讲没有收入进来，一次是关于黑格尔《哲学史讲演录》导言的，由于当时录音未能录上，没有留下资料；另一次是谈中西怀疑论的比较的，由于考虑到不想使本书篇幅太大，而且该讲演在别的地方作过多次并已收入到了其他文集，为避免重复，删掉了。于是还有十四讲，它们都是根据我以往发表的有关方法论的文章而作的讲演。其中"苏格拉底与孔子的言说方式比较"一讲也已收入其他文集，但由于它与方法论的关系十分密切，为展示我的有关方法论的思想全貌，这次在这本专门谈哲学史方法论的文集中又再次收入了。

我在武汉大学从教二十多年，有两门研究生的课是必开的。一门是德国古典哲学原著选读，这是每学期都要开的，就是带领研究生逐字逐句读原典，主要是康德的《纯粹理性批判》。这门课从2000年起开始有录音资料，七年间已积累了约200万字，现已整理接近完毕，不久就可以出版。目前这门课已转入对《实践理性批判》的解读。另一门就是哲学史方法论课，基本上每隔一年就要讲一遍，使每一届研究生都有机会轮到一次。这门课是我们武大哲学系的传统课程，老一辈学者如萧萐父、陈修斋、杨祖陶等先生在我们读研究生期间就给我们上过这门课，中西哲学史的研究生都在一起上，还曾出过一本相关的论文集《哲学史方法论研究》（武汉大学出版社，1984年）。这门课的特点是中西融汇、古今贯通、观点鲜明、思路开阔，用哲学思维来分析哲学史，用哲学史来促进哲学思维，在当时就引起了我们那几届研究生极大的兴趣，觉得这样才是真正深入了哲学的堂奥。我毕业留校后,自己也承担起了这门课的教学工作。据一些毕业了的研究生反映,这门课是他们在武大哲学系几年学习期间收获最大的一门课,加上原著选读课中逐字逐句解读的训练,才开始懂得了如何做学问,如何做哲学思考。

本次哲学史方法论课,由于是最近的一次,所以也是内容最丰富的一次。多年来思考的积累使我在课堂上滔滔不绝,巴不得一口气把所想到的都倾倒出来,总觉得时间不够,形成了一种典型的"满堂灌"式的教学。如果把所讲的不加删节全部收进来的话,估计全书要超过50万字。但奇怪的是,这门课不但没有人感到厌烦,没有人打瞌睡,而且由于课堂开放,什么人都可以进来,找个位置坐下来听,所以听众有越来越多之势,甚至有一种热烈的气氛,高峰时达到一两百人。其中有外系的,也有外校的,不但有研究生、教师,还有个体户、小商人、职员。有从西安专程赶来的书商,也有每个星期六坐火车来武汉,听完课又赶回长沙的湖南师大的研究生。每次课后,都有一大群学生跟着我边走边谈,问问题,一直送到家门口,时常还在我家门口展开一场临时的讨论会,形成武汉大学校园中的"一景"。我知道这门课的缺陷就是没有更加深入的课堂讨论,本应该留出时间来让大家发表意见、互相切磋。但如果这样干,恐怕就不能讲这么多新内容了,所以我宁可把讨论放到课后回家的路上进行(大约有20分钟),学亚里士多德的"逍遥学派"。

重庆大学出版社的陈进先生,原来也是我的研究生,对出版这本书抱有很高的热情。书中的大部分录音都是由他组织人或亲自整理成文字的,他们是:林吉辉、曹天鹏、柳波、杨福林、吴昌华、余爱媛、苗在超、张倩、林峪、钟邦、赵玺。另外有几讲是我的朋友王里整理的,在此我特向他们表示衷心的感谢!

是为记。

邓晓芒

2007年7月28日于珞珈山

再版后记

本书初版已有六年多了，反响似乎还不错。有位作中国哲学的老师对我说，他受益最多的就是这本书，这是最让我高兴的。因为我写这本书的目的，就是想让中国人通过引入西方哲学的方法论，而在中西比较中锻炼自己的思维能力；而如果有治中国哲学的学者能够从中获益，这无疑是这一目的的最高层次的实现。回想二十年前，当我写《思辨的张力》的时候，曾经有过一种悲观，认为要让中国人接受黑格尔他们那一套思辨性的方法论几乎是不可能的，就像一头牛，本来是吃草，你要让它喝汽油，怎么可以！但现在，我发现世界已大为不同，年轻一代起来了，他们中有的人已经很少受传统的束缚，而敢于用自己的眼睛来看待这个变化了的时代。几乎可以肯定，我的书的读者绝大部分都是40岁以下的人，而且以在校大学生居多，他们生活的时代与三十年前相比以及与中国几千年传统相比，有了天翻地覆的改变。这是真正所谓"三千年未有之大变局"，因为这是改革开放的时代，是自然经济悄然解体的时代，是大学扩招、农民工大批进城的时代，是互联网大行其道、势不可当的时代！在这样的时代，那些《三字经》《弟子规》《二十四孝》之类的老古董无可奈何地沦为了笑料，中国人在思维模式上即将迎来一场新的变革。

当然，阻力仍然是巨大的。这种阻力主要来源于知识界的守旧力量，在当今时代，这股力量也许并不以守旧的面目出现，甚至连自己都不认为自己守旧，但他们的思维模式却的确是陈旧的。这种陈旧的思维模式，由于世风的浮躁而更加放大了它的弊病：浅尝辄止、望文生义、故步自封、坐井观天。但随着思想领域的改革开放日益走向深入，我相信，一种符合时代精神的思想必将突出重围，开辟出一片光明的天地来。

这次再版，没有作大的修改，只是接受了读者对初版排印过密、看得人头昏脑涨的意见，拉开了行距，看起来舒服多了。

邓晓芒
2014年11月12日于喻家山